JN207838

行政法総論
第四版

行政法講義Ⅰ

行政法総論

第四版
行政法講義 I

大浜啓吉
Ōhama Keikichi

岩波書店

はしがき

　本書の初版が1999年に上梓されてから20年が経った．この間，グローバリズムの進展は著しく，先進諸国においては既存の社会秩序は変容し，経済的格差をはじめ様々な問題が噴出しアメリカ程ではないにせよ社会の分断が進行している．日本においても，政府の役割は小さくなるどころか拡大しており，行政法の役割も重要性を増している．

　第一に，2012年に第3版を刊行してから既に7年余になるが，この間，本年2月1日までに124本の法律が新たに制定され，廃止，改正された法律は多数に上る．第4版では改正された法律の記述を更新するとともに，行政手続法など重要な法改正について分かりやすい解説を心掛けた．

　第二に，基礎理論の章を組み替えた．初版を発刊した頃には有意味だった議論も今日では詳論の必要のないと思われる箇所は思い切って削除した．他方，2014年に国家公務員法等が改正され行政組織の在り方が大きく変わった．内閣人事局が創設され，幹部職員の人事管理を内閣官房長官が府省横断的に行うことになった．従来の政官関係を根本的に変容させるものであり，重要な改変である．そこで行政組織法の解説は質量ともに詳細になった．

　第三に，日本は英米のようなコモン・ロー（判例法）の国ではないが，実務的にも理論的にも判例の重要性は増大しており，判例の論理を認識することは行政法を学ぶ上で重要である．第3版刊行以降にでた20余の最高裁判例をはじめ重要な下級審裁判例についてもできるだけ取り上げることにした．

　第四に，これまで改訂のたびに頁数が増加したが，今回の改訂では僅かだが減少した．3版までの図を9割削除し，丁寧かつ簡潔な表現に徹したので，より充実した内容になったのではないかと思う．

　本書は司法試験や公務員試験の基本書として多くの読者を得てきたが，あらためて読者に感謝すると同時に，第4版も行政法を「学ぶ」喜びと「議論する」楽しさを引きだす素材となることを願ってやまない．

最後に本書が少しでも読みやすいものになったとしたら，それは岩波書店の伊藤耕太郎さん，馬場裕子さんとスタッフの皆さんの緻密にして誠実なご協力の賜物である．記して深甚なる謝意を表する．

　2019 年 9 月 20 日

　　　　　　　　　　　　　　　　　　　　　　　　　　　　　　大 浜 啓 吉

第三版 はしがき

　論語の冒頭(学而第一)は、「子曰く、学びて時に之れを習う、また説ばしからず乎．朋有り遠方より来たる、また楽しからず乎．人知らずして慍らず、亦た君子ならず乎」の言葉で始まる．高校時代に読んだ貝塚茂樹先生(中央公論社刊の「世界の名著」シリーズ)や尊敬する吉川幸次郎先生の解説によれば、この文章の趣旨は、学問をして、しかるべき時に何度も繰り返しておさらいすると理解が深まり、自分のものとして体得される．それこそ人生の悦びではないか．学問について志を同じくする友達が遠いところからやって来て、学問について話し合う、愉快なことではないか、ということだという．

　しかし、私は初読の時から、「遠方」を文字通り「遠いところ」、つまり距離的概念と理解することに、いま一つ得心がいかなかった．空間的概念というよりも、むしろ時間的概念と理解すべきではないかと考えるからである．つまり、古の書物を読み、想像の中でその著者たる学問上の「朋」と対話することの楽しさを説いた文章として読むべきではないかと思うのである．孔子の生きた時代は、通信および移動手段も乏しかったであろう．そういう時代に「遠方」の学問上の友達というのは考えにくいし、議論の楽しさを距離の離れた友に限定する必要もないのではなかろうか．

　論語がその冒頭で「学ぶ」喜びや「議論」により認識を深めることの楽しさを説いたことは、真理に近づくにはディアレクティック(ディアレクティケー)が必要だと説いたソクラテスに通ずるものがある．思うに、人間の本質には「学びたい」という欲求がある．「学ぶ」悦びとは、自らの認識を広げることにある．認識を広げるためには「考える」必要がある．「考える」ためには、具体的な素材がなければならない．人間は虚空の中で「考える」ことは難しいからである．書物を読むことは著者と対話することであり、その意味で書物は「考える」素材の一つであるが、論語は同時代の友ばかりでなく、古の著者をも友とし、これらの友と対話することによって一つの真理に至り得ることを「学問すること」の喜びといい、楽しみだといったのであろう．

　本書の新版を公刊してから、6年が経過した．時代の流れは早く、行政法規の改

廃も少なくないし，判例の進展も著しい．2009年8月の歴史的な政権交代の後，新自由主義的政策の一部の見直しもなされたが，基幹政策に根本的な変化はみられないように思われる．しかし他方，地球規模での金融市場の暴走や資源の枯渇問題は人々に不安材料を与えるとともに，中曽根政権以来の規制緩和路線の結果，市民間の経済格差は拡大し，財政赤字も膨張している．これらは少子高齢化の進捗と相まって，年金，医療，教育等の領域を中心に新たな行政ニーズを発生せしめつつある．

そこで第3版では，この間の行政法規の改正や新判例を取り込んだのはもちろんのこと，この間の学説・判例の進展に対応すべく全体を見直し，より丁寧な記述と内容(理論)の充実に努めた．その結果，引用した判例は130程増え，本文の頁数も81頁の増加となった．また，目次を入れ替え，小見出しを増やしたこともあって，体系的にも，また視覚的にも一層読みやすいものになったのではないかと思う．2011年10月に『行政裁判法 行政法講義II』を上梓したので，これを機会に本書も「行政法講義I」のサブタイトルを付すことにした．両著によって，「法の支配」の原理に基づく行政法通則の全体を見渡すことができるようになったと思う．

21世紀に入って10年余が経つが，今や世界も日本も大きく変わろうとしている．工業化社会のもたらした大量生産，大量消費による産業資本の利潤拡大路線が終焉を迎えつつある今日，この路線の帰結ともいうべきいわゆる「盆栽型」(indoctrination type，針金を使って枝を曲げる)教育も根本的見直しを迫られている．「盆栽型」教育においては，人間の個性や内面の豊かさは価値をもたず，標準化された規格に収まることが人々に求められるのであって，論語のいう「学ぶ」喜びや「議論する」楽しさなどは無視されざるを得なかったからである．education(教育)の語が，ラテン語の「educere(引き出す)」を語源とすることでも分かるように，教育は，本来，人間がもつ固有の能力や才能を引き出す役割を担うものである．

本書が，行政法を「学ぶ」喜びと「議論する」楽しさを引き出すよき素材となることを願ってやまない．

第3版も，岩波書店の伊藤耕太郎さんとスタッフの皆さんに大変お世話になった．本書が少しでも読みやすいものになっているとしたら，それは緻密にして誠実かつ献身的なご協力のお蔭である．記して謝意を表する．

2012年3月1日

大 浜 啓 吉

新版 はしがき

　本書の初版を公刊してから，7年が経過した．この間，行政法の基盤をなす諸制度の大幅な改革が行われた．内閣機能の強化と行政組織の減量・効率化を目的として省庁の再編をはじめとする一連の行政組織改革が行われるとともに，1999年の地方自治法改正(新地方自治法)を契機に地方分権改革は一層の進展を見せている．

　新自由主義に基づく規制緩和政策は衰えるどころか勢いを増し，あまたの行政法規の改正が進行している．また，情報公開法に続いて，個人情報保護法および行政機関個人情報保護法等が制定され，民主的政府の実現に大きな役割を果たしつつある．さらに，2006年に行政手続法が改正され，行政立法(命令等制定)手続が追加された．行政の裁判統制の分野でも，2004年に行政事件訴訟法が42年ぶりに改正されたが，この改正が行政法総論に与える理論的影響も無視できない．この間，学説・判例にも重要な進展が見られることは言うまでもない．新版では，こうした新しい動向に対応すべく大幅な改訂を行った．

　第一に，初版では触れることができなかった新たな問題について新しく編を設け，章を起こして解説することにした．すなわち，第1編・行政法の基礎理論に「行政主体」の章を設け，国の行政組織の基本原理について解説するとともに，自治体の行政組織および従前の機関委任事務の廃止に伴う自治事務・法定受託事務や国の関与についての基礎知識を盛り込んだ．また，近時，行政法総論の論点としても重要性を増している「条例」の基本問題について，解説することにした(第2編第1章第4節)．これによって，自治体行政および地方自治法の重要な部分をカバーすることができた．また，いわゆる政策評価法や行政手続法の改正で付け加えられた命令等制定手続＝意見公募手続について詳しく説明を加えた．さらに，新たに「情報と市民」(第3編)を起こし，情報公開法と行政機関個人情報保護法を中心に解説を加えた．

　第二に，行政法の基本原理についても記述を一新した．行政活動を政策形成活動と政策実施(執行)活動に二分して，「法制定(立法学)の原理」と「法執行の原理」を分けて説いた点は変わらないが，初版で独立の章として扱った公法・私法論を，新版では行政法の基本原理の章(第1編第4章)に取り込んでその理論的意味をより明

確にするとともに，「法律に基づく行政の原理」についても，内容を整理してよりわかり易いものにするように努めた．

　第三に，行政判例百選(第5版)に掲載された判例の全てに触れるという方針は今回も堅持したが，それだけでなく，この間に出された重要な新判例については，最高裁ばかりでなく下級審の裁判例にもできるだけ触れるように努めた．判例実務の底流を正確に認識することが重要だと考えたからである．

　第四に，初版では伝統理論を詳細に説く反面，自説を控えめにしたが，時代の流れは速く伝統理論の限界は一層はっきりしてきたので，新版では公定力論など既に耐用年数の切れた概念に大鉈を振った箇所も少なくない．その場合にも，伝統理論の根本に遡ってその意味を明らかにし，新しい考え方の筋道をはっきり示すことに意を用いた．より分かり易い表現にすることを重視したこともあって，全体の7割近くを書き改める結果となり，頁数も大幅に増加(100頁)したが，内容的に新版の名に相応しいものになったと思う．

　実は，国家試験等のために本書を利用している読者から本書の続編(行政救済法)を早く出版してもらいたいとの声が強く，いずれを先にすべきか迷ったが法制度改革の激しい現状に鑑みて行政法総論の新版の刊行を優先させることにした．近いうちに『行政裁判法』を上梓する所存である．

　恩師高柳信一先生の告別式で，思いがけず清水誠先生(東京都立大学名誉教授)に再会することができた．清水誠先生は，私が早稲田大学法学部の学生時代のゼミの先生であり，2年間にわたって担保物権法を中心に民法を教わった．先生の誠実なお人柄もさることながら，ヒューリスティックなゼミの進め方は新鮮であり，また単なる解釈技術ではなく市民社会(資本主義)の本質に迫る骨太の議論等からいたく刺激を受けたものである．熊本高校時代に学校の勉強など何一つしたことがない私が，平野義太郎の『民法におけるローマ思想とゲルマン思想』や原田慶吉の著作などを読み漁り法律学の面白さを感じることができたのは，清水先生の影響が大きかったと思う．その当時の記憶は今でも鮮明であるが，青年時代のやわらかい頭に市民法の基本を叩き込まれたことは，その後，行政法を勉強する上でも，ものの考え方の基礎になっているように思う．

　私は，その後，早稲田大学政治学研究科(行政法専攻)に進んだが，当時興味を持っていた立法学をやるには法研よりも政研の方が適していると考えたからである．あの頃の初心は，本書でも政策形成や立法学の記述に生きていると思っているが，いずれにせよ，なんとか一人前の研究者になれたのも，学部時代からの多くの先生

方の学恩の賜物であることを思わずにはいられない．

　本書の成るにあたって，高梨文彦（朝日大学法学部），洞澤秀雄（札幌学院大学法学部），福永実（大阪経済大学経済学部）の3氏に大変お世話になった．この3氏は，法令の改廃，判例の細かい文言の訂正から，表現の示唆に至るまで緻密にして誠実かつ献身的な協力を惜しまなかった．少しでも読み易いものになっているとしたら，彼らの協力のお陰である．また今本啓介（小樽商科大学），今川奈緒（早稲田大学大学院政治学研究科博士課程）の両氏は誤植の訂正，索引の作成等で協力して頂いた．

　初版に引き続き，岩波書店の伊藤耕太郎さんとスタッフの皆さんには大変お世話になった．記して謝意を表する．

　2006年10月23日

大 浜 啓 吉

初版 はしがき

　憲法が国を作るのであって，国が憲法を作るのではない．これは近代法の常識に属する．したがって，日本国憲法が作った国と大日本帝国憲法が作った国とは違う国であり，その基本原理も異なる．ところが，我々は日本国憲法が作った「国」に生活しながら，しばしば違う国にいる錯覚を覚える．毎年制定される法律の中には，これが平和主義と市民の自由を高らかに謳った「国」の法律かと首を傾げたくなるものがあるし，また，この「国」の中で，未だに彼の「国」の制度や法原理が通用しているのを知って愕然とすることがあるからである．行政法もその例外ではない．

　わが国の行政法は，明治時代にドイツから輸入されたものであるが，明治憲法下の立憲君主制に固有の行政法理論が，今日においても，そのままの形で，あるいは姿形を変えて支配的学説の中に生きつづけている．敗戦を終戦と呼ぶ風土においては望むべくもないことかも知れないが，本来なら，新しい「国」の誕生とともに，立憲君主制下の行政法理論は一度徹底的に洗いなおし，新しい理念の下に新しい行政法理論が打ち立てられるべきであったであろう．しかし，残念なことに，新しい

「国」においても，立憲君主制の時代と同様に法治国家論ないし法治主義の概念が——形式的法治国家から実質的法治国家へという修正を施されてはいるが——行政法の基本原理として生き延び，今日多くの学説の承認を得ているのである．だが，日本国憲法の法の支配(rule of law)の原理が行政法に投影されると何故に法治国家論(法治主義)になるのか，行政法に初めて接した学生時代から，この素朴な疑問が完全に氷解することはなかった．民法の全条文を暗記するほど民法を得意とした私が，最も苦手としていた行政法の研究者の道を選んだのも，実は行政法の基礎理論にあたるこの部分がどうしても理解できなかったからに他ならない．そういう時期に読む機会のあった高柳信一先生の論文は，難しかったが，当時の私を大いに引きつけるものであった．

　本書は，こうした年来の疑問に対する私なりの解答であるが，恩師高柳信一先生の創唱にかかるいわゆる公法・私法一元論(市民公法論)の問題意識を自覚的に承継し，私なりに発展させたいと考えて書いたものである．高柳信一先生は，伝統的通説が前提とした公法の基礎的諸原理が立憲君主制に特有の理論であって，法の支配を原理とする現憲法の下では，公法の本質は市民法を修正する行為規範にすぎないことを明快に主張された．本書の第1編「行政法の基礎理論」は，この高柳理論をベースにしたものである．もっとも，私なりの独自性を出した部分もある．以下では，この点を中心に私なりに本書の特色と考えている若干の点を指摘しておきたい．

　第一に，公法・私法一元論の呼称を止め，「行政法・私法新二元論」の言葉を採用したことである．伝統的に使われてきた「公法」の概念は，行政イコール国家だと観念された時代，すなわち行政が法律の執行以上の役割を担っていた立憲君主制下の概念であって，行政権の概念が根本的に変化し，法律の執行を基本的任務とする現憲法の下では「行政法」の言葉を用いるべきだと考えたのである．また，公法・私法一元論の眼目は，本来国家の存立の基礎を市民社会に見出すということにあるのであって，法のレベルにおいて行政法と私法の原理が同一だというのではなく，別の原理からなることを否定するものではない．したがって，一元論よりも二元論と称する方が内容的にも分かりやすくかつ正確だと思う．

　第二に，行政法は単に市民法の修正形態にすぎないというものではなく，より積極的に公共政策の実現を目的とすることを強調しておいた．このことは，高柳理論においても当然の前提とされていたと思われるが，必ずしも前面に出されてはない．私が，行政法の実質が公共政策の体現にあることを強調したのは，何よりも，行政の中枢である霞が関の官僚の主要な仕事が政策を法律に仕上げること，つまり法律

案の作成にあることを直視し，この活動分野を行政法の対象として取り上げるべきだと考えたからである．伝統的に，わが国では解釈論が重視され，立法論は軽視されてきたし，現在でも，行政法学の主要な任務が解釈学のみにあることを強調する論者は少なくない．しかし，私見によれば，これは天皇の裁可した法律を所与の前提——お上の意思である法律は正しいのだ——とした立憲君主制下の負の思考の残滓にすぎない．国民が主権者である民主主義の発想の下では，国民一人一人が自らの生活の中から公的政策課題を発見し，立法による解決を目指すこと——立法学——は，解釈学に劣らぬ重要性を有するというべきである．その意味で，政策形成過程は行政法学が本格的に取り組むに値するテーマだというべきであろう．本書が「行政の政策形成」機能に光を当て，政策形成過程における行政の役割と限界を法の支配の原理との関係で明確にするよう努めたのもそのためである．

　第三に，高柳理論の下では，新しい「公法」原理の具体的内容は必ずしも明確にされていなかった．本書では，行政法の対象を法律案の作成を含む行政活動全般に拡げるとともに，これを「政策」の観念を軸に政策形成活動と政策実施(執行)活動に二分することにした．何となれば，法制定の原理と法執行の原理には自ずから相違があると考えたからである．前者は，学際的研究が要求される「立法学」の原理として考察されるべきである．そこで，後者すなわち意思自治理論を基礎にする法執行の原理としては，「法律に基づく行政の原理」と「デュー・プロセスの法理(原理)」が導かれることを明らかにした．これが，法の支配の原理を行政法に投影した場合における「行政法」の基本原理の具体的内容に他ならない．

　ところで，本書は，早稲田大学における私の行政法の講義を基礎にしたものであるが，もちろん完璧というには程遠いものである．初学者を念頭において，分かりやすさを心掛けたつもりであるが，他方では，私なりの問題の切り方なり見解なりを打ち出すために論文風の記述になってしまったところもあり，学生にはやや難解に感じられる部分があるかも知れない．私見が未熟なものであることは，私自身よく承知している．ただ，かつて平野龍一教授が述べられたように，法律学は決断の学問であるから，未熟であっても，自分なりに考え，議論し，一定の結論を思い切って出すことも大切だと思う．特に大学で若い学生に講義をする以上，単に判例や学説の紹介に終わるのではなく，自らの見解を積極的に述べることが学生が問題を考える上で，最もよい刺激になるものと信ずる．本書にはまったくの試論にすぎないものも少なくないが，今後思索を重ねてより説得力のあるものにしていきたいと考えている．

初版 はしがき

　当初は注を入れず，必要な文献は本文に織り込むつもりで書きはじめたのであるが，途中からどうしても注を付けざるを得なくなり，全体のバランスを欠くことになってしまった．今日行政法の文献は膨大であり，貴重な刺激を受けた論文等も少なくないが，学生の勉学の便宜を考えて必要最小限のものに限定することとし，重要文献も割愛せざるを得なかったことをお断りしておきたい．他方，本書で取り上げた判例のほとんどは，学部のゼミナールで取り上げ議論したものである．大学で行政法の講義を担当するようになって今日まで，私は一度として――父が亡くなった翌日も――学部の講義を休講にしたことはない．学生あっての教師であるから，今後とも講義を大切にしたいと考えているが，その意味でも，これまで熱心に講義を聞きこのテキストの出版を心待ちにしてくれている学生諸君にこの書物を届けることができるのは私にとっても大きな喜びである．

　研究者の道を歩みはじめてこの方，実に多くの先生方のご指導にあずかってきたが，ここでは出会いの時間にそって，水本浩先生(立教大学名誉教授)，堤口康博先生(早稲田大学名誉教授)，高柳信一先生(東京大学名誉教授)の３人の恩師を挙げさせて頂く．この他にも多くの先生方のご指導を受けたが，この３名の先生方なしに今日の自分があり得なかったことは確かである．学問的にも人間的にも尊敬して止まない優れた先生方に出会うことができたのは誠に幸運であり，幸せなことであった．この機会を借りて心から御礼申し上げる．

　小林秀雄は，作家は処女作に向かって成熟するといった．どんな大家の作品もその芽は処女作にあるという程の意味である．同様に，私は人生は青春に向かって成熟するものだと考えている．青春こそ永遠の詩である．父母には心配のかけどおしであったが，あの時代を忘れないためにも，本書を私の原点である青春に捧げたいと思う．

　索引の作成については，早稲田大学大学院政治学研究科博士課程(行政法専修)の今本啓介，高梨文彦の両君が協力してくれた．本書の出版にあたっては，岩波書店の伊藤耕太郎さんにお世話になった．本書が少しでも読みやすいものになったとしたら，それは，伊藤さんとスタッフの皆さんのお蔭である．記して謝意を表する．

　　1999年10月22日

　　　　　　　　　　　　　　　　　　　　　　　　　　　大　浜　啓　吉

目　　次

はしがき
第三版　はしがき
新版　はしがき
初版　はしがき
主要参考文献及び引用一覧

第1編　行政法の基礎理論

第1章　国家と行政法……………………………………………3
　第1節　行政法の意義……………………………………　3
　第2節　行政とは何か……………………………………　6
　第3節　近代国家の成立と公法理論……………………　10
　第4節　公法と私法………………………………………　18

第2章　行政法の法源および効力の範囲………………………29
　第1節　行政法の法源……………………………………　29
　第2節　行政法の効力の範囲……………………………　34

第3章　行政活動の主体…………………………………………39
　第1節　行政組織…………………………………………　39
　第2節　行政組織の基本原理……………………………　49
　第3節　国の行政組織……………………………………　52
　第4節　行政組織の構成原理……………………………　61
　第5節　自治体の行政組織と事務………………………　69

第4章 行政法の基本原理……………………………………87
第1節 法治主義………………………………………87
第2節 法の支配と行政法の基本原理………………95

第2編 行政活動

第1章 政策形成…………………………………………117
第1節 政策と法案……………………………………117
第2節 行政計画………………………………………128
第3節 条　　例………………………………………136

第2章 行政立法…………………………………………159
第1節 行政立法の意義………………………………159
第2節 行政規則………………………………………181

第3章 行政上の法律関係………………………………193
第1節 私人の地位……………………………………193
第2節 行政上の法律関係と民法の適用……………199
第3節 行政法と民事法………………………………220
第4節 特別の法律関係………………………………228

第4章 行政処分…………………………………………235
第1節 執行作用の基礎………………………………235
第2節 行政処分の意義と種類………………………239
第3節 行政裁量………………………………………256
第4節 行政処分の成立と効力………………………282
第5節 行政処分の瑕疵………………………………298
第6節 行政処分の取消しと撤回……………………307
第7節 附　　款………………………………………316

第5章　行政手続 ……………………………………………321
第1節　行政手続の意義 ……………………………321
第2節　行政手続法 …………………………………326

第6章　行政契約 ……………………………………………359
第1節　行政契約 ……………………………………359
第2節　行政契約の問題点 …………………………363

第7章　行政上の事実行為 …………………………………379
第1節　行政指導 ……………………………………379
第2節　行政調査 ……………………………………399
第3節　即時執行 ……………………………………408

第8章　行政上の強制 ………………………………………413
第1節　行政上の強制の基本構造 …………………413
第2節　直接的な強制執行システム ………………421
第3節　間接的な強制執行システム ………………428

第3編　情報と市民

第1章　情報公開 ……………………………………………443
第1節　情報公開の理念と意義 ……………………443
第2節　情報公開法 …………………………………447

第2章　個人情報保護 ………………………………………473
第1節　個人情報保護制度の意義 …………………473
第2節　行政機関個人情報保護法 …………………476

事項索引 ………………………………………………………485
判例索引 ………………………………………………………493

主要参考文献及び引用一覧

(行政法)

阿部・解釈学Ⅰ・Ⅱ	阿部泰隆・行政法解釈学Ⅰ・Ⅱ(有斐閣, 2008・2009)
阿部・再入門上	阿部泰隆・行政法再入門 上(第2版)(信山社, 2016)
阿部・システム上・下	阿部泰隆・行政の法システム(新版)上・下 (有斐閣, 1997)
今村・入門	今村成和(畠山武道補訂)・行政法入門(第9版) (有斐閣, 2012)
宇賀・概説Ⅰ・Ⅲ	宇賀克也・行政法概説Ⅰ(第6版)(有斐閣, 2017), 行政法概説Ⅲ(第5版)(有斐閣, 2019)
宇賀・公文書	宇賀克也・逐条解説公文書等の管理に関する法律 (第3版)(第一法規, 2015)
宇賀・個人情報逐条	宇賀克也・個人情報保護法の逐条解説(第6版) (有斐閣, 2018)
宇賀・三法の解説	宇賀克也・行政手続三法の解説(第二次改訂版) (学陽書房, 2016)
宇賀・自治法概説	宇賀克也・地方自治法概説(第7版)(有斐閣, 2017)
宇賀・情報公開逐条	宇賀克也・新・情報公開法の逐条解説(第8版) (有斐閣, 2018)
碓井・行政契約	碓井光明・行政契約精義(信山社, 2011)
碓井・公共契約法	碓井光明・公共契約法精義(信山社, 2005)
碓井・都市行政法Ⅰ・Ⅱ	碓井光明・都市行政法精義Ⅰ・Ⅱ(信山社, 2013・2014)
遠藤=阿部・講義Ⅰ	遠藤博也=阿部泰隆編・講義行政法Ⅰ (青林書院新社, 1984)
大橋・行政法Ⅰ	大橋洋一・行政法Ⅰ 現代行政過程論(第4版) (有斐閣, 2019)
大浜・行政裁判法	大浜啓吉・行政裁判法(行政法講義Ⅱ)(岩波書店, 2011)
大浜・法の支配	大浜啓吉・「法の支配」とは何か―行政法入門 (岩波新書, 2016)
雄川・法理	雄川一郎・行政の法理(有斐閣, 1986)
雄川・理論	雄川一郎・行政争訟の理論(有斐閣, 1986)
兼子・行政法学	兼子 仁・行政法学(岩波書店, 1997)
兼子・自治体行政法	兼子 仁・自治体行政法入門(改訂版)(北樹出版, 2008)
兼子・総論	兼子 仁・行政法総論(筑摩書房, 1983)

小早川・上	小早川光郎・行政法 上(弘文堂, 1999)
小早川・下Ⅰ・Ⅱ・Ⅲ	小早川光郎・行政法講義 下Ⅰ・Ⅱ・Ⅲ (弘文堂, 2002・2005・2007)
櫻井=橋本・行政法	櫻井敬子=橋本博之・行政法(第6版)(弘文堂, 2019)
佐々木・行政法論総論	佐々木惣一・改版日本行政法論総論(有斐閣, 1924)
佐藤・組織法	佐藤 功・行政組織法(新版)(有斐閣, 1994)
塩野・行政法Ⅰ	塩野 宏・行政法Ⅰ 行政法総論(第6版) (有斐閣, 2015)
塩野・行政法Ⅱ	塩野 宏・行政法Ⅱ 行政救済法(第6版) (有斐閣, 2019)
塩野・行政法Ⅲ	塩野 宏・行政法Ⅲ 行政組織法(第4版) (有斐閣, 2012)
芝池・総論	芝池義一・行政法総論講義(第4版補訂版) (有斐閣, 2006)
芝池・読本	芝池義一・行政法読本(第4版)(有斐閣, 2016)
杉村・総論	杉村敏正・全訂行政法講義 総論 上(有斐閣, 1969)
高木・行政法	高木光・行政法(有斐閣, 2015)
高橋・行政法	高橋滋・行政法(第2版)(弘文堂, 2018)
高柳・再構成	高柳信一・行政法理論の再構成(岩波書店, 1985)
田中・上	田中二郎・新版行政法 上(全訂第2版)(弘文堂, 1974)
田中・中	田中二郎・新版行政法 中(全訂第2版)(弘文堂, 1976)
田中・総論	田中二郎・行政法総論(有斐閣, 1957)
原田・要論	原田尚彦・行政法要論(全訂第7版補訂版) (学陽書房, 2011)
藤田・総論	藤田宙靖・行政法総論(青林書院, 2013)
藤田・組織法	藤田宙靖・行政組織法(有斐閣, 2005)
美濃部・行政裁判法	美濃部達吉・行政裁判法(千倉書房, 1929)
美濃部・撮要	美濃部達吉・行政法撮要 上(第5版)(有斐閣, 1937)
美濃部・日本行政法上・下	美濃部達吉・日本行政法 上・下(有斐閣, 1936・1940)

〔行政手続法・情報公開法・地方自治法・その他の領域〕

雄川ほか・現代行政法大系	雄川一郎=塩野宏=園部逸夫編・現代行政法大系1~10 (有斐閣, 1983~1985)
基本法・コンメ	村上順=白藤博行=人見剛編・新基本法コンメンタール 地方自治法(日本評論社, 2011)
行管センター・逐条解説	行政管理研究センター編・逐条解説行政手続法 (ぎょうせい, 2006)

主要参考文献及び引用一覧

行政判例百選	宇賀克也＝交告尚史＝山本隆司編・行政判例百選（第7版）Ⅰ・Ⅱ（有斐閣，2017）
斎藤・法的基層	斎藤誠・現代地方自治の法的基層（有斐閣，2012）
塩野古稀上・下	小早川光郎＝宇賀克也編・行政法の発展と変革——塩野宏先生古稀記念 上・下（有斐閣，2001）
争点	高木光＝宇賀克也編・行政法の争点（有斐閣，2014）
総務省・詳解	総務省行政管理局編・詳解情報公開法（財務省印刷局，2001）
高木ほか・手続法	高木光＝常岡孝好＝須田守・条解行政手続法（第2版）（弘文堂，2017）
仲・すべて	仲　正・行政手続法のすべて（良書普及会，1995）
西谷・実定行政計画法	西谷剛・実定行政計画法（有斐閣，2003）
西村・社会保障法	西村健一郎・社会保障法（有斐閣，2003）
松本・地方自治法	松本英昭・要説地方自治法（第10次改訂版）（ぎょうせい，2018）
村上・自治体法学	村上順・政策法務の時代と自治体法学（勁草書房，2010）
村上・地方分権	村上順・日本の地方分権（弘文堂，2003）
室井ほか・コンメ	室井力＝芝池義一＝浜川清＝本多滝夫編・コンメンタール行政法Ⅰ行政手続法・行政不服審査法（第3版）（日本評論社，2018）
安本・都市法	安本典夫・都市法概説（第3版）（法律文化社，2017）

（**憲法など**）

芦部・憲法	芦部信喜（高橋和之補訂）・憲法（第7版）（岩波書店，2019）
小林・憲法講義上・下	小林直樹・憲法講義（新版）上・下（東京大学出版会，1980・1981）
佐藤・憲法	佐藤幸治・日本国憲法論（成文堂，2011）
佐藤功・ポケット憲法上・下	佐藤　功・憲法（新版）上・下 ポケット註釈全書（有斐閣，1983・1984）
高橋・立憲主義	高橋和之・立憲主義と日本国憲法（第4版）（有斐閣，2017）
西尾・行政学	西尾　勝・行政学（新版）（有斐閣，2001）
野坂・基本判例	野坂泰司・憲法基本判例を読み直す（第2版）（有斐閣，2019）
野中ほか・憲法Ⅰ・Ⅱ	野中俊彦＝中村睦男＝高橋和之＝高見勝利・憲法（第5版）Ⅰ・Ⅱ（有斐閣，2012）
美濃部・憲法撮要	美濃部達吉・憲法撮要（第5版）（有斐閣，1932）

宮沢〔芦部補訂〕・全訂憲法　　宮沢俊義(芦部信喜補訂)・全訂日本国憲法
　　　　　　　　　　　　　　　（日本評論社，1978）

第1編

行政法の基礎理論

第1章

国家と行政法

第1節　行政法の意義

　行政法の対象　(a) 日本の社会は，明治維新によって「近代国家」への道を歩みはじめた．そして今日（2019年2月1日現在）まで，4,807本の法律が制定されている．もっとも，このうち廃止，全面改正，失効した法律を差し引くと1,977本の法律が現在効力を持っていることになる（表1）．しかし，この中には「行政法」という名のついた法律はない．憲法，民法，刑法，商法，民事訴訟法，刑事訴訟法という法律はあるが，行政法という法律はないのである．同様に，わが国には労働法とか，環境法とか，経済法とかの名称の法律もない．きわめて大雑把な言い方をすれば，1,977本の法律からこれら六法を除いた法律は全て何らかの意味で行政法の色彩を帯びているといっても過言ではない．そのうえ，毎年国会で色々な政策を実現するための法律が成立するが，これらは大抵の場合，所管する行政機関が定まっておりその執行の任に当たる．その意味では，行政が執行機関となって政策を実現するための法律は何らかの意味で行政法たる性質を有するといってよいだろう．

　(b) 行政法学の対象は，これらの法律だけに限らない．憲法や条約をはじめ，法律の下にある政令，府省令，条例，訓令や通達等々の無数の法規が行政法の対象に含まれる．したがって，行政法とは，ある特定の法律を指す言葉ではなく，行政に関わる法の総体をいう．行政法学は，従来，これら無数の法規群を一つの理論体系によって統一的に説明しようと試みてきた．

表1　現行法令件数

(2019年2月1日現在)

	法律	政令	勅令	閣令	府庁省令	計
総件数　A	4,807	5,316	157	12	17,141	27,433
廃　止　B	2,328	1,938	63	1	7,450	11,780
全　改　C	148	85	7	0	1,031	1,271
失　効　D	194	297	15	1	2,678	3,185
実効性喪失 E	160	860	2	0	2,256	3,278
現行法令数 A−(B+C+D+E)	1,977	2,136	70	10	3,726	7,919

(法務省資料により作成)

行政法の定義　行政法とは，行政の組織，行政の活動，その活動から生ずる紛争の処理に関する法をいう．すなわち，行政法は，①行政組織法，②行政作用(行政活動)法，③行政裁判法(私人の権利利益の救済に力点を置いて行政救済法ともいう)の三分野からなる．

　第一に，行政組織法とは，行政主体(国・地方公共団体等)の組織と権限および行政主体相互間の規律，行政機関の地位につく職員の資格，職務内容を定めた法規範のことである．内閣法，内閣府設置法，国家行政組織法，地方自治法，国家公務員法，地方公務員法等がこれに当たる．

　第二に，国・公共団体等の行政主体が私人に対する関係において法律に基づいて行う一切の行政活動を行政作用という．行政活動の中心をなす行政作用法とは，行政作用の根拠または基準を定める法のことである．所得税法，法人税法，都市計画法，建築基準法，土地収用法，電波法，風俗営業法などのように，行政庁が一方的に法律関係を形成したり，私人の自由や財産に実力を加えたりする法律がこれにあたる．行政主体が公権力を行使した結果，行政主体と私人との間に生じる法律関係を権力関係という．他方，行政が，民事法に基づいて活動することがある．行政主体が庁舎建設のため請負契約を締結したり，備品を購入したりする場合には，契約当事者として民商法の適用を受けるが，この場合，行政主体の行為の公正を確保するため，あるいは公益保護のため一定の規制が行なわれることがあり，これを規制規範という(会計法29以下，地方自治法234，234の2，238の5④，国有財産法24)[1]．行政指導などの事実上の行為も直

接の根拠規範は不要であるが，規制規範が働く．

　第三に，行政裁判法(行政統制法，行政救済法ともいう)とは，行政作用に際して生じた行政と私人間の紛争を解決するためのルールを定めたものである(大浜・行政裁判法4頁参照)．行政不服審査法，行政事件訴訟法，国家賠償法等がこれに属する．

行政法の理論　(a) 伝統的通説は，立憲君主制下の行政理論の骨格を承継しており，国民主権に立つ現憲法とは両立しがたい．新憲法は，法の支配を基本原理とするものであるから，行政法の定義もこれを基礎にしたものでなければならない[2]．

　第一に，行政法学は行政活動全般を対象にすべきである．その意味で，行政活動の動態に視野を広げておく必要がある．その場合，考察の中心が法規範の解釈にあることはいうまでもないが，事実行為も行政活動として重要な意味を持つ限り積極的に取り上げ，関連する法的枠組みの中で捉えなければならない．また行政手続の思想は本来，このような行政活動全般に手続の網をかぶせることによって行政をコントロールすることを狙いとするものである．

　第二に，行政法をどう認識し，体系化するかに関わる問題であるが，行政法(公法)と私法は伝統的学説が考えたように，二律背反的な関係として理解されるべきではない．行政法は主権者(国民代表議会)の特定の実体的権利義務関係の存在(形成・変更・消滅)を求める意欲の表現であって，国家機関(行政庁)および私人が，その規範内容に従って行為(作為・不作為・給付・受忍)することを命令する行為規範たる性質をもつものであり，市民法を補完または修正するものであるから，両者の関係は立体的重層的に考えるべきである(高柳・再構成89頁)．行政法と私法は，目的・保護法益を異にする別種の法体系ではなく，同

---

　1)　規制規範とは行政活動の根拠となる法律があることを前提として，その活動のあり方につき規制を行う規範のことをいう(塩野・行政法Ⅰ82頁，藤田・総論64頁)．
　2)　「行政法は憲法を具体化した法である」(F. Werner)といわれる．この命題は，オットー・マイヤー(Otto Mayer, 1846-1924)の「憲法は滅びるが行政法は存続する(Verfassungsrecht vergeht, Verwaltungsrecht besteht)」に対するアンチテーゼであって，行政法は憲法に書いてあることを具体化した法律の意味ではなく，行政法は憲法を基礎に憲法に拘束され，憲法違反の法律は無効と解すべきである．したがって憲法原理が変われば，行政法理論も変わらなければならない．大浜・法の支配87頁以下．

一の目的を達成するための権利義務の形成の方式(規範構造)の違いにすぎない．市民法だけでは社会に生起する問題を実質的に解決できない．行政法は，市民社会に生起する問題を解決するための政策実現法である点に特色がある．

(b) 従来，行政法理論は裁判官の関心を引くことはあっても，行政実務(行政官)の関心を必ずしも引かなかった．これは，行政法学が静態的な規範分析に終始したことにも一因があるといえよう．現代においては，行政実務家に行政手続の重要性を喚起する上でも，行政(作用)法が実は公共政策実現の手段であることを強調することが重要である．その意味で，行政法体系は，政策を中心に，政策形成，政策決定，政策遂行といった政策実現過程の動態を視野に入れ，市民との接点を重視していくべきであろう．

このように，行政法とは社会に生起する公共的問題を解決するための政策を法規範として具体化したものである．現実の社会において政策を実現するためには，行政権が組織されなければならないし(行政組織法)，政策の実施(法律の執行)に当たっては一定の手続を踏むこと(行政手続法)も必要である．その意味で行政法は，①授権された法律を執行する主務官庁があること(行政組織規範の存在)，②授権法は行政庁を拘束すること(行為規範性)，③行為規範の内容は一定の政策実現にあること(政策実現法)，を特徴とする．我々の社会と国家は，憲法を遵守する限り，ダイナミックな政策決定を行うことができるのである．

第2節　行政とは何か

明治憲法下の行政概念　(a) 行政法は法によって行政をコントロールすることを目的とする．そのため前提として「行政」とは何かが論じられてきた．近代国家における行政は，国家作用の一つであり，立法および司法の観念とともに歴史的に発展してきた．

(b) 明治憲法では，天皇が統治権の「総攬」者として位置づけられていた(4)ので，厳格な意味での権力の分立は行われず，議会は天皇が立法権を行う際の協賛機関(5)にすぎなかったし，司法権も「天皇ノ名ニ於テ」裁判所が行

うものとされた(57①)．また行政権の主体は天皇であり，内閣の組織は勅令たる「内閣官制」によって定められ，国務各大臣はそれぞれ単独に天皇に対して責任を負うものとされた(10, 55)．

行政権の統制を行政権の手に留保するため行政裁判所を設置し，行政事件については司法裁判所の裁判権を排除した(61)．行政権を司法権による掣肘拘束から解放し，行政権の地位を保障しようとする制度をとる国を行政国家(Verwaltungsstaat)という(雄川・理論6頁)．

明治憲法は，権力を分立せず，また国家作用の機能に基づく分立もしなかったために，第一に，行政権は単なる法律の執行機関ではなく，8条の緊急命令，9条の独立命令に見られるように法創造機関でもあった．第二に，行政権の固有の裁量権が強調された結果，行政処分を行うに当たっても，法律が欲したところをではなく，行政官庁が正しいと信じたところを行うのが当然とされた．これは，行政がア・プリオリに公益を代表するものとされていたことを意味する．

（c）欧米諸国においては，市民社会の自律的発展が重視されたため，国家の役割は最小限の秩序維持等に限定された．これに対して，明治国家は，資本主義の発達が遅れ，国家(天皇制官僚)主導で近代化を図る必要があった．議会による行政のコントロールを嫌ったのも，目的達成の効率を重視したからに他ならない．

日本国憲法下の行政概念　（a）日本国憲法は国家作用を立法，行政，司法の三権に分け，「行政権は，内閣に属する」と規定し(65)，その組織は法律で定めるものとした(66①)．他方，内閣は行政権の行使について，国会に対し連帯して責任を負う(66③)．ここでいう「行政」の意義であるが，憲法学の通説によれば，65条の「行政権」は権限分配に関する規定であるから実質的意味の行政の意味に解されるが，66条3項の「行政権」は内閣の権能の行使についての責任を明らかにしたものであるから形式的意味の行政を意味する(佐藤・憲法479, 504頁．野中ほか・憲法Ⅱ197頁以下)．

まず，形式的意味の行政とは，内閣に属する全ての権限をいう．問題は，実質的意味の行政をどう定義するかである．通説は，国家作用の中から立法作用と司法作用を除いたものが行政だとする(塩野・行政法Ⅰ6頁)．すなわち，立法

とは国民の権利義務について一般抽象的な法を定立する作用であり，司法とは具体的争訟について，法を適用し宣言することによって，これを裁定する作用をいうが，これらの国家作用がそれぞれ分化し，独立の機関の権限に属することになったあとに残った作用が行政だとするのである．これを控除説という．控除説の難点は行政作用の独自性を明確にしていないことである．また控除説は，歴史的に見て，自由と財産以外の事柄は法律の根拠なしに行政が自由に活動し得るという法治主義の思想と表裏をなしている．その意味で，立憲君主制下の行政概念を引き継ぐものであり，実質的な官僚統治を温存するものであって，妥当とは言い難い．

　これに対して，行政の内容を積極的に定義しようとする学説がある．田中二郎は，「行政は，法の下に法の規制を受けながら現実具体的に国家目的の積極的実現をめざして行われる全体として統一性をもった継続的な形成的国家活動である」と定義する（田中・上5頁）．積極説は，行政を単に判断作用にとどまらず，国家目的を具体的に実現しようとする能動的な作用とする点に特徴があるが，その結果，行政の固有の領域を認め，大幅な自由裁量の承認や義務付け訴訟の否定，あるいは行政処分に特有の効力を付与する等の解釈論上の立場と表裏をなしていた[3]．

　(b)　ところで，国家作用の中には性質上，立法，行政，司法の各作用のいずれに属するか明確でないもの(例えば，議員の選挙，裁判官の選任，外交や条約承認など)があることはつとに指摘されてきた．従前は，解散権のような統治作用を「行政」の概念に含めずに，憲法7条によって根拠づけようとする説が有力であった．近年，憲法学において，行政権の概念から「執政」の観念を析出して，国政の大綱・施政方針の決定など国家的レベルの危機管理等，実定法による一般的・抽象的な規律になじまない活動をいうと定義し，法律の執行作用を意味する狭義の行政と区別し，憲法65条の行政権は執政と理解されるべき

---

　[3]　義務付け訴訟は，2004年の行訴法改正で法定化されたので，もはや意味を持たない．また田中説は，条例は国会の制定するものでないので，「立法」ではなく，形式的意味の「行政」に含まれるとし「行政立法」と位置づけていた（田中・上159頁）．しかし，地方公共団体は地方社会を基盤とする国家と考えるべきであるから，自治体は独自の立法作用と行政作用を有するというべきである．

だと主張する説がある[4]．しかし，この説は，国家緊急権を内閣の権限としつつ，これを法律の拘束から解放しようとの意図を含み得る点で賛成できない．

　（c）思うに，法の支配の原理は，行政権が法律に従って組織され，その権力の行使が法律に基づいて行われることを要求する．他方，権力分立の原理は，法の支配を制度化したものであるが，国家作用は立法，行政，司法の三つの作用にもれなく分割されるべきだという意味ではなく，一部門が権力を併有することを禁ずる趣旨だと解されるから，行政権は自ら法律を制定し，法律執行から生ずる争いを裁断してはならないことを意味する．すなわち法の支配の原理，権力分立の原理のいずれの原理からも，行政とは《法律を執行する作用》だという結論が導かれる[5]．この立場からは，いわゆる内部行政も法律の定めの下に行われる以上，法律の執行ということになる．

　（d）ところで，行政法総論の主要な対象は行政作用法であるが，行政作用法の実質を「一定の公共政策を具体化した法規範」だと解する本書の立場からは，いうまでもなく基本的政策の「決定」は国会で行われる．しかし，現実の行政権（内閣はもちろんのこと，府省庁を含めて）は政治の中心に位置し，実質的な政策形成機能を有している．行政権は政策を立案し，国会に対して法律制定を積極的に求めていく必要がある．実際にも法律案の多くは内閣提出法案として国会に提出されている[6]．霞が関の官庁の現実の仕事の大半は，政策の立案に割かれているといっても過言ではない．したがって，政策形成もまた主要な行政活動の一つであることは疑いがない．従来の行政法学は，政策形成活動につ

---

　4)　阪本昌成「議院内閣制における執政・行政・業務」佐藤幸治＝初宿正典＝大石眞編『憲法50年の展望Ⅰ　統合と均衡』（有斐閣・1998年）204頁以下．石川健治も外交，軍事，行政組織編成権，その他の国家指導にかかわる作用を執政権としている（「政府と行政」法学教室245号74頁）．

　5)　同旨，高橋和之『現代立憲主義の制度構想』（有斐閣・2006年）126頁以下，毛利透「行政概念についての若干の考察」『統治構造の憲法論』（岩波書店・2014年）219頁．内閣は国会の制定した法律を受動的に執行するだけでなく，独自の政策を策定し，法案を国会に提出することができる．「法律の執行」とはこれらを含む概念として理解されなければならない（高橋・立憲主義380頁以下参照）．

　6)　外交関係の処理，条約の締結，予算の作成などが実質的意味の行政に含まれるか否かは議論のあるところであるが，憲法73条はこれを行政権（内閣）の事務として規定している．他方，同様の疑問のある法案提出権については憲法に規定がないが，法案提出権も憲法73条1号にいう「国務を総理する」に含まれると解される．佐藤・憲法480頁参照．

いては，これを等閑視してきた．政治学や行政学の領域だという暗黙の前提に立っていたからである．あるいはこれは事実活動であって明確な法論理がないことを理由とする立場もあり得ようが，こうした領域も本来，内閣の行うべき「事務」のうち「国務を総理すること」(憲法 73・1 号)に含まれると解すべきであるから，行政法学の対象から切り捨てるべきではない．

第 3 節　近代国家の成立と公法理論

1　ヨーロッパにおける歴史的変遷

封建国家　本節では，行政活動の担い手である国家および行政の発展について一瞥しておきたい[7]．

　中世の封建国家にあっては，長年の伝統に根ざす「旧きよき法」が強固に支配していた．中世ヨーロッパにあっては，封建貴族間に臣従誓約が交わされ，臣下は主君から封土を受ける代わりに主君に対して種々の奉仕義務を負ったが，権力は多元的・競合的に存在しており，主君と臣下はともに独立した政治権力主体(城主)として，それぞれ自らの所領に対して支配権(行政権・司法権)を行使した．国王は「旧きよき法」を擁護し実現するためにその地位にあったから，これを勝手に改廃することは許されなかった．国王がその責務を果たさず，「旧きよき法」を改廃すれば，封建諸侯は抵抗権を行使し得た．その意味で，国王の統治権は近代国家の公権力と違って，抽象的一般的な支配権ではなく，例えば，戦時に際して馳せ参ぜよといった内容が具体的に特定した請求権の集合体であったのである．

　絶対王政　(a) 中世末期になると，農業生産力が著しく発達し，余剰分が農民の手に残り徐々に商品流通がはじまる．それとともに社会の底流に資本主義的生産様式と貨幣経済が進展していく．他方，領主は「旧きよき法」を遵守す

---

　7)　さしあたり，高柳信一『近代プロイセン国家成立史序説』(有斐閣・1954 年)，村上淳一『近代法の形成』(岩波書店・1979 年)，同「良き旧き法と帝国帝政(1)〜(3)」法学協会雑誌 90 巻 10 号，11 号，91 巻 2 号，大浜・法の支配 51 頁以下．

る限り富を増やすことはできず，経済的に困窮していく．そうした事態から抜け出すためには唯一の富の源泉である土地をより多く獲得するほかなかった．こうして支配者間に闘争が起こる．この過程の中から強大な国王が登場してくる．これが絶対王政である．

　絶対王政は，封建的危機を体制的に克服し，各荘園内での分散的な封建的支配を全国規模で統合再編成するものであった．その背後には，都市の成立と市民階級の勃興があった．国王は貴族を抑えて全国を統一的に支配するために強力な常備軍を備える必要があったが，これには多額の金銭を必要としたので，商工業を保護し都市の市民階級と積極的に提携しなければならなかった．他方，都市の市民階級は，商工業の発達を妨げる地方割拠制に立つ封建貴族に鋭く対立し，君主に財政的援助を与えた．やがて貴族は領主権の弱体化を王権によって補完すべく宮廷貴族化していった．このような絶対王政の成立は，法的に新しい関係を作り出すことになった．

　第一に，新しく登場した常備軍は，封建法上の義務に基づく軍隊と違って国王がカネで傭った傭兵であったため，国王はその財政的基盤を磐石なものにするため新たに課税権を確立する必要があった．国王が課税権を打ち立てるために協賛機関として設けたのが等族会議である．しかし，課税権は「旧きよき法」にはないものであったから，必然的に封建諸侯との間に政治的軋轢を引き起こさざるを得ず，やがて等族会議は王権を制約する近代議会の前身としての役割を担っていくことになる．

　第二に，軍隊を養い国力を培養するために，国王は強力な国内行政を展開していくことになる．ここに軍事行政，財務行政，警察行政など，「旧きよき法」に代わって積極的な福祉増進のための行政が必然化するのである．絶対王政期の国家が，目的に着目して福祉国家と呼ばれたり，手段に着目して警察国家（Polizeistaat）と呼ばれたりするのはそのためである．

　第三に，司法裁判所と行政裁判所の分化現象をあげておかなければならない．絶対君主の出現は，新しい君権行政法をもたらしたが，それは一方で新しい官職ないし職業官吏制を形成せしめ，他方で新しい法形式を生み出した．中世封建国家では，国家作用（司法・行政）は貴族が担っていた．しかも，官職に対する彼らの権利は「旧きよき法」の一角をなしていた．しかし，軍事，財政，警

察等の新しい君主行政は,「旧きよき法」の外側において展開された.これらは君主の専権の下になされたので,官吏に対する命令という形式をとり,人民に対して直接発布されるという形をとらなかった.つまり官吏が人民に対して直接命令を下す形をとったのである.こうして,裁判所と行政権(君主)との対立が激化していった.すなわち,裁判所は官職特権をもつ貴族が裁判官の地位について,主として民刑事の裁判を司り,行政には国王直系の上級市民層が任用され,しかも君主行政は一般的福祉を強力に追求することになっていたのである.

(b) このように,絶対王政期(警察国家モデル)における公法関係の要点は,①主権は君主にあり,②君主は何らの法的拘束を受けることなく公権力を発動し得たこと(法の片面的拘束性)にあった.人民の側は,一方的に義務付けられるだけであり,君主に対して権利を主張し得ない.すなわち,ここでは立法と行政は未分化であった.したがって,③君主と人民との間には厳密な法律関係(権利義務関係)は存在せず,「法律状態」が存在するだけであった.その意味で,法治行政が成立しているとはいえない.なお,経済取引の主体としての国家を国庫(Fiskus)と呼ぶが,絶対王政の下にあっても,国家(君主)が経済取引に関与する場合には,当然に市民法の規律に服するものとされた.これを国庫理論という.

立憲君主制 (a) 資本主義的生産様式が確立し,市場が形成され商品の流通が拡大していくと,新たに市民階級が勃興し,やがて封建的諸関係を打破すべく市民革命が起こる.17世紀のイギリス,18世紀のアメリカ,フランスでは市民革命が成功したが,中世以来分裂を続けていたドイツではブルジョアの力が弱く三月革命(1848-49年)が失敗に終わり,ドイツ諸邦は立憲君主制国家に移行する.これを支えたのが法治国家論であった[8].

---

[8] ドイツにおいて法治国家を初めて体系的に説いたのはモール(Robert von Mohl, 1799-1875)であり,自由主義的要素が色濃くでていた.しかし,明治期の日本に影響を与えたのは,シュタール(Friedrich Julius Stahl, 1802-1861)の形式的法治国家論やO・マイヤーの学説であった.シュタールによれば,法治国家は国民の自由に任せられる領域を法律で厳密に規定し,不可侵のものとして保障するものであり,そもそも「国家の目的や内容」ではなく,法律を実現する「態様と性格」を示す概念にすぎない.19世紀前半のドイツでは,官僚の手で新しい市民社会が育成されるようになったが,行政を司法から解放(行政権の司法権からの独

第一に，主権は国民でも君主でもなく，法的に構成された国家にあるとされた(国家主権論)．そこでは，国家は法的主体であり，自らの目的とそれを遂行する意思を有するものと擬制され，法的に権利義務関係の主体となる(国家法人説)．国家法人説の特徴は，国民主権の原理の基礎となる社会契約説に反対する点にあり，立憲君主制を基礎づけた点にある．すなわち，統治権は法によって認められたものとして国家に帰属するが，これを行使する権限は国家機関としての君主に与えられる．当時の国家学は，国家権力の核心として，行政(官僚制)，軍隊，外交上の諸権能をあげたが，これらがそっくり君主の手に残されたため，君主＝行政権には固有の天皇大権があるとされた[9]．他方，国民は国家から付与された「地位」を有するにすぎない[10]．この地位は法律の規定をまって初めて権利性を付与される．法的権利でないものは「自然の自由」と呼ばれ，この事実上の自由が侵害されても法的関係は発生しなかった(したがって，警察権の対象でしかなかった)．

国家主権論と国家法人説は，ドイツの立憲君主制を基礎づける理論であって，フランス革命を典型とする「国民主権」の観念とそれを基礎づける「社会契約説」の対極にある思想であった．法の支配の原理の下では，自然権思想に基づく「個人の尊厳と自由」が前国家的人権として観念される．これに対して，国

立)した上で，法律で規定された私人の自由と財産を守るために行政権に対する「法的拘束の原理」が唱えられた点に法治国家論の特色がある．

9) 君主の権限はオールマイティーであり，ただ私人の自由と財産に対する侵害には原則として議会の同意(法律の根拠)が必要とされた．ドイツ帝国憲法をモデルとした明治憲法においては，天皇は法律の裁可権(明治憲法6)を有していたから，法律が成立するためには天皇の承認(裁可)が必要であった．国家法人説は，実質的に天皇主権を糊塗する理論に過ぎなかったともいえる．

10) 国家法人説は，イェリネック(Georg Jellinek, 1851-1911)が唱えたものであるが，美濃部達吉ら日本の学者に大きな影響を与えた．この説は，歴史的には王権神授説に対抗し，警察国家の中からいかにして国民の自由と財産を守るかに関心を向けた点で一定程度の進歩的志向を持っていたが，国家を統治権の主体と見る点で，国民主権を排斥する役割を果たした．また国家が法を作り出すと同時に法によって拘束されるという「国家による自己拘束の理論」を生み出し，法を超える存在を認めない点で進歩的役割を果たしたことは否めない．しかし，この理論は個人の尊厳を核とする国民主権の思想とは明らかに異なる．美濃部達吉の天皇機関説が自由主義的立場から神格的天皇制に対する抵抗の役割を果たし得たとしても，より根本的視点からこれに対峙する批判的武器たり得なかったことは留意されるべきである．国家法人説は，日本国憲法の下で役割を終えているといわなければならない．

家法人説の下では，国民が国家に対して有する自由と人権は「国家の自己制限」の結果にすぎず，国民(個人)は法律によって与えられた限りで権利・自由を認められるにすぎない．「法律の留保」原則は，これを表現したものであった．

　第二に，議院内閣制の採用である．立憲君主制下にあっては，君主の親政はあり得ない．大臣の輔弼によって行政が行われる．議会は全行政について大臣の責任を問えるが，君主には問えない．ここから内閣の君主に対する独立性という要素が出てくるが，このことが実は官僚の地位を強化し，絶対的官僚制として議会に対する優位を形成していくのである．責任内閣制の登場によって，君主の力は弱体化するように見えがちであるが，実際には自らの手を汚さず，社会的諸力から中立であることによって逆に権威を帯びてくる．

　(b) 立憲君主制国家を支えた法治国家論の特徴は次の点にあった(図1)．①統治権(主権)は国家機関としての君主にあり，②国民は国家から付与された「地位」を有するにすぎず[11]，この地位は法律の規定をまって初めて権利性を付与されるが，逆に法律があれば国民の権利自由を侵害することができた．法的権利でないものは「自然の自由」と呼ばれ，この事実上の自由が侵害されても法的関係は発生しないので，警察権の対象でしかなかった[12]．③行政権の発

---

　11) G・イェリネックによれば，国民が国家に対して有する地位は，①受動的地位，②消極的地位，③積極的地位，④能動的地位に分類し得る(芦部信喜ほか訳『一般国家学』学陽書房・1974年)．わが国でも，この分類は基本的に受け入れられてきたといえよう．①受動的地位とは，国民が統治の客体として国法に服従し，国法の定める義務を履行しなければならない関係に立つことを意味する．②消極的地位とは，国家の干渉を受けず，国家から自由であるという関係を指す．例えば，散歩，睡眠，食事する自由である(自然の自由)．これらは，国家の作用とは無関係なので放任されているのである．権利にまで高められた表現の自由や信教の自由などとは性質が異なる．③積極的地位とは，国家に対して一定の給付を要求し得る積極的な関係にあることを指す．法律の制定をまって，受益権または裁判請求権として顕現する．④能動的地位とは，国家活動に能動的に参加する関係に立つことを指す．国会議員等を選挙したり，罷免したり，司法権の行使に参加したりするのがこれに当たる．
　12) 学問上の「警察」とは，①国の一般統治権に基づき，②公共の安全と秩序を維持するために，③権力的に(命令・強制して)人の自然の自由を制限する行政作用をいう．②は警察作用が消極目的に限られることを示す重要な要素であるため警察権限行使の限界が説かれた．すなわち，㋑警察消極目的の原則(警察権は，社会的障害の防止および危険の除去を目的として行使されるべきであって，積極的に社会公共の福祉を増進するための規制を加えてはならない)，㋺警察責任の原則(警察違反状態＝公共の秩序や安全に対して障害を生じさせていることについて責任を有する者に対してのみ警察権は発動される)，㋩警察公共の原則(警察権は公共

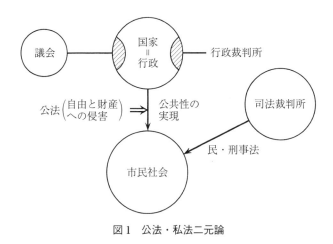

図1　公法・私法二元論

動に起因する紛争については，司法裁判所とは系列を異にする行政裁判所が管轄する．

2　日本における二つの国家

明治国家　(a) 明治憲法は，天皇の統治権の根拠は憲法典にあるのではなく，憲法典が天皇の権力によって認められているという形をとった(欽定憲法)．統治大権は神勅に基づき祖宗から継承したものであるから，臣民はこの憲法に対して永遠に従順の義務があるとされた(上諭)．天皇主権は国体の原理ともいう[13]．

の安全と秩序維持の目的のために発動し得るのであって，逆に公共目的に無関係の民事上の法律関係には原則として介入し得ない＝これを民事不介入の原則という)，㈢警察比例の原則(警察権は，社会公共に対する障害の大きさに比例して行使されなければならず，常に警察目的を達成するための必要最小限でなければならないこと)の四原則からなる．この四原則は，天皇に警察大権があった明治憲法時代の産物であったのであり，日本国憲法の下では再検討が必要である．戦後，昭和22年にアメリカ法の影響の下に自治体警察を原則とする(旧)警察法が制定されたが，昭和29年に全部改正され現行警察法が制定され，行政法の一分野として発展している．荻野徹編『関根謙一　警察法等論文集』(立花書房・2018年)参照．

13)　国体思想は儒学が正統学とされた江戸時代から存在するが，明治維新後に天皇統治の正当性を根拠づけるために《日本は万世一系の天皇が支配する神国》であるとされ，日本の国柄の優秀性が唱えられた．教育勅語で《忠孝の道》などの徳目が国体の精華として示された．大正時代に国体論争があり，神権学派(穂積八束，上杉慎吉)によれば，「国体」は主権の所在を，

明治憲法1条は「大日本帝国ハ万世一系ノ天皇之ヲ統治ス」と定め，これに照応する4条前段は「天皇ハ国ノ元首ニシテ統治権ヲ総攬シ」と規定している．この2カ条が「国体」の原理に当たり，憲法の根本規範をなすものとされた．他方，法治主義は4条後段の「天皇ハ……此ノ憲法ノ条規ニ依リ之ヲ行フ」の文言，並びに議会の設置，国務大臣による輔弼の制度，司法権の独立，臣民の権利義務の保障などの規定を根拠とする．これら立憲主義的諸制度に依拠して法治国家が説かれ，法治国家＝法治主義は明治憲法下における公法原理とされたのである．

(b) 明治憲法は，ドイツ・プロイセンをモデルに立憲君主制国家を作ったため，立憲君主制国家を支える法治国家論の特徴がそのまま——否，むしろより純化された形の——公法原理として持ち込まれることになった．その特徴は次のような点にある．①行政（国家）は本来，法を創造できる．②行政は固有の公益判断権を独占している．③国家・社会二元論が採用され，国家は社会の外にあって，社会に対して優越している．④憲法に列挙された人民の特定の権利を剥奪・制限する場合には，法律の根拠が必要であり（「法律の留保」原則），行政処分の形式によって行う．

(c) これを要するに，法治国家論とは行政（国家）は本来オールマイティーであり公益を独占している．法律によって行政に権限が授与されるというのではなく，行政は本来法律がなくてもア・プリオリに権力を持っているが，法律によって行政権力の行使に歯止めをかける仕組みをいう．つまり，権利を奪い義務を課す場合には法律の根拠が必要であるが，法律がなければ行動できないというものではなく，法から自由な立場で自らのイニシアティブで公益のために行動できるということである．

第一に，「法律の留保」原則は，国家が憲法以前から有していた権力を再確認するものであったことである．第二に，元来「法律の執行」にすぎない行政処分が「公益の実現」の名で行われたことである．このことは，取消訴訟の場

「政体」は主権行使の形態を示す概念とされた．他方，立憲学派（美濃部達吉）は，「国体」には歴史的倫理的概念が混在しており，憲法学では「政体」が重要であるとした．この対立はやがて国体明徴問題（1935年）に発展し，天皇機関説を唱えた美濃部達吉の『憲法撮要』などの三著書が発禁処分となった．

面で行政による「公益独占」の概念を無批判に承認すると同時に,「反射的利益論」の跋扈を許すこととなった.

つまり法律が主人で行政が家来なのではない．行政府は立法府に従属するのではなく，国家権力が法律に従属するのだという論理である．国家自身が法秩序の創造者であり，その保障者だとするのである．その根底には，君主の権限は憲法によって創造されるのではなく，憲法が制定されればそれに制約されるという思想がある．換言すれば，法治国家はあくまでも「国家の自己拘束」でしかなく，国民の生まれながらにして有する権利自由という観点は出てこない．したがって，国民は何でも争えるというものではない．明治憲法下の行政訴訟の限定列挙はこのことを示す例である(大浜・行政裁判法 15 頁)．法治国家論と法の支配の原理とはその根底にある思想が異なる．

日本国憲法の作った国家　(a) 日本国憲法は，国民主権を採用するとともに(1)，基本的人権および適正手続を保障し(11, 31)，これを担保するために憲法の最高法規性を明記した上で(98)，裁判所に違憲法令審査権を認めている(81)．このように日本国憲法がアメリカ流の「法の支配(rule of law)」の原理を採用していることは明らかである(大浜・法の支配 109 頁以下，143 頁以下)．さらに憲法は地方自治の規定を置き(92~95)，明治憲法下の地方制度の思想を根本的に変更したが，これは地域(自治体)レベルにおける法の支配の原理の実現を保障したものと見るべきであろう(大浜啓吉「条例制定権と法の支配」自治研究 88 巻 2 号 27 頁，3 号 18 頁)．

(b) 従来，行政法学においては，国家の問題を正面から論ずることは少なかった．行政法の基本原理は，国家をどう位置づけるかと深い関わりをもっている．とりわけ日本においては，明治憲法の下で確立した行政法理論が，敗戦後の日本国憲法制定後においても，徹底的な批判的検証を受けることなく維持されてきた．そのため「憲法は変わっても，行政法は変わらない」(オットー・マイヤー)状態を呈したのである．しかし，明治憲法が作った国家と日本国憲法が作った国家とは，天皇主権から国民主権へと主権原理が 180 度転換した全く別の国家である．だからこそ，国家論が重要なのである．新しい国家にふさわしい行政法理論を創造する必要があるからである．そこで，本書の基本的立場を明らかにしておきたい．

市民社会では市民相互間の問題は，基本的には私的自治(市民法)に委ねられる．しかし，社会には私的自治では解決できない公共性のある(社会構成員の全員に共通する)問題が存在するため，これを処理する機構が必要になる．国家は市民社会の公の事務(外交・防衛・通貨・その他主として社会の枠組みに関わるもの)を処理する目的で，市民の合意(社会契約)の下に作られた機構である．したがって，①国家は，何よりも人権を侵害してはならない．つまり，私人＝市民は自由に活動し，自己実現を果たして幸福を享受するために契約を結んでこの機構を創設したのであるから，契約の目的に反する事柄を委ねることは本来あり得ない．②国家機構としては，三権分立の制度(権力の水平的分立)が採用される必要があるだけでなく，③地方自治制度(権力の垂直的分立)が不可欠である．いうまでもなく権力分立は人権保障を確実にするための制度的表現であるが，地方自治制度もまた自治体(国家)レベルで住民主権を実現し，究極的には人権保障に資する制度である．すなわち，国家機構は強大な実力装置を持つため，潜在的に人権を抑圧する危険性を孕んでいる．そこで，国家と私人の中間に地方公共団体を組み込み，地域住民の身近な公的問題の処理を行う機構を設ける(団体自治)とともに，住民の意思でこれを運営するものとした(住民自治)．もっとも，地方公共団体の権限は行政権と立法権に限られ司法権は除かれる(憲法76①)．

日本国憲法が作った国家は，このように理解されるべきである．そして，この国家機構の基礎にある原理を「法の支配」と呼ぶ．本書は，「法の支配」の原理を行政法レベルに投影させた新しい行政法理論の構築を目指すものである．

第4節　公法と私法

1　問題の所在

(**a**)　公法と私法の問題は，18・19世紀ヨーロッパ諸国における市民社会と国家の分裂を起点とするものである[14]．公法と私法の分化のあり方は，それぞ

---

14)　封建社会においては，土地に対する公的支配権と私的支配権は領主の領有権として合

れの時代や国(特に市民革命の性格)によって相違が見られるが，日本では公法と私法を区別する意義または必要性は，主として次の点にある．①行政法の範囲を確定すること，②行政上の法律関係に関わる法の解釈・適用に際して疑問が生じたときに，これを解決する手段として役立てること，③行政事件訴訟法が「公権力の行使」(3①②)，「公法上の法律関係」(4)と「私法上の法律関係」(45①)の文言を用い，当事者訴訟にも行訴法の適用があるとしているので，訴訟手続を決定する必要があること，等である[15]．

(b) 他方，公法・私法の問題の根底に理論的(本質的)な問題と解釈技術的(制度的)な問題とが含まれていることが，つとに指摘されてきた[16]．しかし，わが国では，理論的問題が深められることなく，実際にはもっぱら解釈技術的次元の問題に限定して論じられてきた．これには色々な理由が考えられるが，わが国は近代国家の仕組みおよび近代法そのものがドイツから輸入されたことと深く関係しているように思われる．すなわち，立憲君主制が所与の前提とされ，かつ国家主権論と国家法人説を無批判に受け入れたため，国家論が貧困になったことも一因であろう．その結果，近代国家のあるべき行政法の理論的探求が蔑ろにされ，行政主体の意思の優越性，公権・公義務の特殊性，行政強制，行政事件の観念(訴訟手続)など「公法」の特殊性を強調する立憲君主制に適合的な公法理論の体系が支配的となった．

戦後，日本国憲法の制定に伴い，行政裁判所が廃止され，行政事件も司法裁判所の管轄に属することになり，公法と私法の区別を支えていた制度的基盤が失われた．そのため，今日，多くの学説が公法・私法二元論を否定し，もはや不要の議論とさえ言われるが，それは法解釈のレベルのことであって，理論的問題は残されたままである．

何よりも日本国憲法成立とともに大日本帝国は消滅し，新たに日本国が成立

体して存在しているが，近代的土地所有権の成立とともに，公的支配権としての統治権・地租と私的支配権としての所有権・地代とに分化する(高柳・再構成 26 頁)．

15) 室井力「公法と私法の区別」行政法の争点〔新版〕22 頁，藤田・総論 42 頁以下．
16) 宮沢俊義「公法と私法の区別に関する論議について——方法的反省の必要」『公法の原理』(有斐閣・1967 年)1 頁以下，高柳・再構成 25, 71 頁以下，塩野宏『公法と私法』(有斐閣・1989 年)57 頁以下参照．田中・上 72 頁以下の「類型としての公法私法の区別」と「特定の実定法における区別」の整理も，この点を意識したものである．

し，天皇主権の国から国民主権の国に生まれ変わったことが重要である．行政裁判所の廃止(憲法76②)は，国家原理の変革の帰結の一つに過ぎない．国家原理が転換した以上，行政法の理論的問題に本格的に取り組む必要がある．

(c)「公法と私法」の理論的問題とは何か．一つは，市民社会と国家との関係をどう捉えるかであり，いま一つは，行政法の基本原理を明らかにすることである．日本国憲法の制定によって国家原理が変更された以上，旧来の法治国家論から引き出された行政法の基本原理も変更されて然るべきであろう．本書では，具体的な法解釈上の問題は「行政上の法律関係」(第2編3章)で扱い，本章では理論的問題を検討する．

2　国家と社会の峻別論——国家・社会二元論の立場

学説　(a) 公法と私法の区別は古くローマ法に遡るとされるが[17]，ここでは近代以降の理論的な区別について取り上げる．第一に，主体説がある．法律関係の主体として，行政主体またはその機関が当事者となっているかどうかを基準とする．明快な基準であるが，行政主体が当事者として民事取引をすることもあるので，妥当とは言い難い．第二に，法律関係が権力的な手段を以って規律されているか否かを基準とする権力説がある．一方当事者に公権力の行使が認められる場合には公法であり，両当事者が平等な場合には私法ということになる．ドイツでは，この説が有力であった．フランスでも行政機関の活動を権力行為(actes de puissance publique)と管理行為(actes de gestion)に分け，前者を公法と考える立場が有力化した時期があったが，次第に利益説が有力化していった．第三に，公益の実現を目的とするかどうかを基準とする説を利益説という．フランスの行政裁判所であるコンセイユ・デタ(Conseil d'Etat)の判例法において，公役務(service public)の概念を基軸に行政法理論が形成されていく中で支配的となったものである．公の施設が私法形式で利用されることもあるし，電気・水道等の供給は公の利益を目的とするが私法関係の形がとられているか

---

17)　公法と私法の区別の議論は，ウルピアヌス(D. Ulpianus, 170頃-228)が「公法とはローマの統治組織にかかわる法であり，私法とは個人の利益にかかわる法である」と説いたローマ時代に遡るとされる．恒藤武二『法思想史』(筑摩書房・1977年)161頁．

ら，この基準で全てを区別し得ないことも確かである．いずれの説も，決定的基準となり得ていない．

(b) 資本主義の高度な発達に伴い，市民社会の自律性は著しく減退し，国家の「政策」介入なしには，社会の健全性と豊かな生活を持続し経済を発展させることができなくなっている．しかも，介入の手法は多様であり，とりわけ非権力的手法が多く用いられるようになってきた．したがって，市民社会成立時における公法・私法の理論的区別で現代の行政法を捉えることは不十分といわなければならない．

国家・社会二元論 (a) 近代市民社会においては，平等な権利主体たる市民が自由な意思の合致によって，権利義務関係を形成する．他方，近代国家の行政は，国民代表議会の制定した法律に基づき，法律に適合して行われなければならない．行政の役割は，国民代表議会によって決定された法律(国民の意思)を執行・具体化することにある．

ところが，伝統的通説は，行政処分によって，行政庁(Y)と私人(X)との間に形成された法律関係は，私人相互間の法律関係とは性質および法原理を異にするという．これが公法・私法二元論と呼ばれるものである．公法・私法二元論は，19世紀末のドイツの理論を基礎にして成立したものであり，立憲君主制と不可分の関係にある．すなわち，主権が君主にある国家においては，主権の正統性は社会を構成する人民ではなく，神(王権神授説)や神話(明治憲法における「朕力祖宗二承クルノ大権」に示されている記紀の神話)に求めざるを得ない．国民(臣民)に基本的人権は認められず，単なる統治の客体として位置づけられるに過ぎない．また君主に主権が在るとされるので，国家と社会は原理的に対立する関係に置かれることになる．法治国家(Rechtsstaat)論は，絶対王政時代の警察国家を克服し，立憲君主制国家に移行する段階で登場したものであり，私人の自由を恣意的権力による侵害から護ろうとする自由主義的な思想を内包していた．

しかし，第一に，立憲君主制の下では君主が主権をもっている反面，国民は無権利であり，ただ法律の定めた限りで権利・自由を有するにすぎない(自然の自由)．換言すれば，統治権をもつ国家(天皇)は私人の「自由と財産」を侵害するには法律の根拠が必要だということになる．第二に，法治国家は形の上で

国家と社会の対立を前提としているが，近代国家が前提とする意味での「社会」の観念がない．何故ならば，近代国家においては，社会を構成するのは《理性をもった自由で平等な尊厳ある個人》であり，国家は社会に奉仕することによって主権者である国民個人の人権を護ることを原理とするものだからである．法治国家論は，「基本的人権」の思想も「社会」の観念も前提としていないのである．第三に，法治国家論の下では違法な行政権の行使に対する私人の権利救済は司法裁判所ではなく，行政権内部に行政裁判所を設置して処理するものとされる．行政権の司法権からの独立を重視したからに他ならない．その結果，実定法で司法裁判所は私法関係の事件を扱い，行政裁判所は公法事件を扱う形が制度化されたのであった18)．

(b) ドイツ法を継受した明治憲法が，公法・私法二元論を採用したのは当然の帰結であった．

穂積八束(1860-1912)——当時の国権学派の代表的存在——によれば，公法は権力関係の法をいい，私法は平等の法をいう．ここで権力関係というのは，実定法以前の社会的実態に基づく国と私人間の関係において，優劣強弱が認められる関係をさす．つまり，実定法規と関係なく権力関係＝公法関係を認め，そこでは私法規定は絶対的に排除されることを意味する．穂積八束は，この点を次のように述べた．「民法ノ制定ハ欣フヘシ濫用ハ忌マシムヘカラス……我民法ノ条項ハ行政ノ事物ニ向カイテ何レノ点マテ進入セント欲スルカ誠ニ余ハ公用物ノ上ニ「此ノ所民法入ルヘカラス」ト云ウ標札ヲ掲ケ新法典ノ実施ヲ迎ヘントス」19)と．

これに対して，美濃部達吉(1873-1948)——民権学派の代表的存在——は，公法関係としての権力関係も実定法が規律する限りのものであるとし，公法関係にも公益上の支障がない限り，かなりの範囲と程度において私法規定の適用を認める立場をとった．美濃部説は，大正期以降の判例に多大な影響を与えているが，その代表例が公法人の土地工作物の管理の瑕疵から生ずる不法行為責任

---

18) 行政法ではなく公法と呼ばれたのは，「社会」に対する「国家」の優位が前提とされていたからである．
19) 穂積八束「公用物及民法」『穂積八束博士論文集』(有斐閣・1913年)412頁．

を民法で処理した判例(大判大正5・6・1民録22輯1088頁＝徳島遊動円棒事件)である．美濃部理論は，公法関係・私法関係の相対化理論と呼ばれるが，これは両者の共通性，関連性，交錯に注目しながらその相違を説いた点にあった．

(c) 日本国憲法は，行政裁判所を廃止し，最高裁判所の下に司法裁判所が民事・刑事事件の他に行政事件も扱うこととなった．まず，裁判制度の上で二元論の拠って立つ基盤がなくなってしまった．加えて，主権の所在が天皇から国民に移り，二元論を支えた行政権(法律の制約がない限り本質的にオールマイティーの権限)の概念が崩壊してしまった．こうして，一元論の制度的基盤が整ったが，新憲法の下で一元論がすぐに通説となった訳ではなかった．

田中二郎の三分説 (a) 田中二郎は，美濃部の二元論を継承しつつ，より徹底した理論を打ち出した．田中は，既に戦前において二元論に立って，いわゆる三分説を主張していたが，新憲法が制定され，行政裁判制度が廃止された後にも，その基調は変わるところがなかった．田中説の特色は，公法と私法の問題に二つの視角を設けた点にある(田中・上72頁以下)．

一つは，類型としての公法と私法の区別である．これは法現象の特質を論理的に抽出したものである．そして，類型としての公法は，国家的・政治的・支配的・他律的・公益的規律である点に特色があり，他方，類型としての私法は，個人的・経済的・平等的・自律的・私益的規律である点に特色があるとする．ほとんどの学説が，公法と私法の法解釈技術的区別の問題に終始していた当時，意識的に理論的区別に近い「類型」を提示した点は注目に値する．

いま一つの視角は，特定の実定法における公法と私法との区別の問題である．区別のあり方は，国により，時代によって必ずしも軌を一にしないが，わが国の実定法は，公法と私法の区別を認めているという[20]．

(b) 田中説によれば，法律関係はまず，公法関係と私法関係に分かれるが，公法関係にも権力関係と管理関係の二つがあるから，全体としては，三つの法律関係からなる(図2)．

---

20) 田中は実定法上の根拠として，①別個の訴訟手続が設けられていること(行政事件訴訟法3①，4，45)，②公法上の債権と私法上の債権とでは，時効に関する取り扱いが違うこと(会計法30，地方自治法236)，③実定法上，明文で「公法上の法律関係」「私法上の法律関係」の文言が用いられていること(行訴法4，45)をあげる(田中・総論207頁以下)．

公法関係		私法関係	
権力関係	管理関係	私法規定	法の一般原則
	△公共性 　△法規 △　　△		
⇩ (私法の適用なし) ⇩ 抗告訴訟	⇩ (私法の適用あり) △が加わると伝来 的に公法化する ⇩ 当事者訴訟	⇩ 民事訴訟	

図2　田中三分説

　第一は，権力関係または支配関係である．行政権の意思の優越性が保障される分野であり，行政権の発動たる行為について特殊の効力が認められ，これに関する争訟は，抗告訴訟として行う．ここでは，法の全体に通ずる一般的原理または法技術上の規定を除いて，私法の規定の適用は排除される．租税賦課処分，農地買収処分，違法建築物に対する除却命令などがこれである．第二は，管理関係であり，公益実現のために，私法の規定を排除して特殊の法的取扱いを認めている分野である．これは法の体系の区別ではなく，個々の法規または具体的な法律関係についての区別である．公物の設置・管理とか公企業の経営・管理等をめぐる関係がこれに当たる．この場合には，法が明文で特別の取扱いを認めているか，または実定法が純然たる私法関係と区別して取り扱われるべき公益上の必要があることを規定している場合に限って，公法関係としての特殊性を主張することができる．管理関係に関する紛争は当事者訴訟で行う．第三に，行政が私人とまったく同様の立場で，事務用品を購入したりする場合には，私法の規定の全面的な適用を受ける．

　田中三分説の批判　(a) 第一に，田中説の根拠と実益に対しては，①行政処分について抗告訴訟という特殊の訴訟を設けていることは，何も「公法体系」が背後にあることを意味しない．また，公法関係か私法関係かを決定しなければ抗告訴訟の対象(行政庁の公権力行使)が決まらないというものではない．当事者訴訟の決定についても同様である．②会計法30条については，二元論が勝

手に「国の公法上の債権」と解釈しているのであって，実定法の解釈問題にすぎない．③実定法上「公法」の文字があることは，必ずしも統一的な公法体系があることを意味しない．

　第二に，田中説が，穂積八束に代表される絶対的な公法・私法二元論の硬直性[21]を克服するため管理関係の概念を設けて，国民の権利保護に厚い解釈論を展開した点は評価に値する．他方，包括的概念として管理関係を作った点にはマイナス面もある．特に明文の規定を欠くときに，公共性の故をもって特殊の取扱いを認めることは恣意に流れる危険性がある．個別具体的な法関係を見定めて，行政法規であれば当事者訴訟が妥当する場合があると解釈すれば十分である．

　第三に，田中説は権力関係に独自の公法原理があるとする．まず権力関係は，具体的な実定法規に基づく処分によって成立するが，法律関係の内容は実定法規で定められている．つまり，行政庁の意思の発動は，権利義務関係の一方的形成の局面に限定されており，法律関係の内容全体に及ぶことはない．次に「独自の公法原理」については，実定法上の根拠はなく，「国家(行政権)はア・プリオリに私人に対して優越的立場に立つ」という思想があるにすぎない．行政処分に《行政権の意思の優越性の保障》があるとの主張(田中・総論209-210頁)がその例である．すなわち，法治国家論の下では，国家(行政主体)は公共性を独占的に体現し，一般公益の担い手であり，他方，市民社会(私人)は本来公益とは無縁であって，専ら私益を追求するものとされる．国家は公益を実現するためには，私人の自由と財産を侵害することができるが，恣意的になされては困るので「法律」によってこれを抑制すると考えるのである．

　このように，田中説は，権力関係の領域では，国家の優越性を前提としている．これは立憲君主制の思考の残滓にすぎず，日本国憲法の法の支配の原理と矛盾するものであって許されない．

　(b) 今日，多くの学説が二元論を採用せず，また公法・私法の区別を不要だとするに至っている[22]．その理由とするところは，論者によって若干の違い

---

21) 絶対的な二元論は，公法人，公物，公企業の法律関係等を全て公法的規律に服する公法関係とし，私法規定の適用を排除していた．

はあるが，おおむね次の点にあるといえよう．①行政と私人との間の紛争が司法裁判所の管轄となり，制度的な基盤が喪失したこと，②実定法の規定を離れて行政権の活動に事物の性質上当然に権力性なり優位性が認められるという法解釈を組み立てることは，方法論的にも，もはや承認しがたいこと，③行政活動の複雑多様化に伴い，権力行政と非権力行政を截然と区別することは困難になったこと，等である．

　問題は，公法・私法の区別が不要だとすることの意味である．それは，つまるところ，公法・私法二元論の一つの側面である法解釈論のレベル（例えば，権力関係，公権の特質としての不融通性，会計法 30 条等）で「特殊な公法原理」を否定することに尽きる．そして，多くの論者が，権力関係であれ，非権力関係であれ，何も包括的な法関係の観念を前提にする必要はなく，個別的な法規の解釈を問題にすればよいと主張する[23]．この点は私も賛成である．

　(c)　しかし，公法・私法の問題には，個別法規の解釈問題に解消し得ないものが残る．少なくとも，「行政に関する法的規制の特殊性がどのように構成されるべきか」について，理論的問題は残る．ここでは，若干の点を指摘しておこう．

　第一に，「行政法と私法」ではなく，「公法と私法」という形で問題を立てること自体に疑問がある．というのは，「公法と私法」という設問自体，戦前の概念と議論をそのまま引き継いでいるからである．思うに，原理のまったく異なる「明治国家」の制度をそのまま引き継ぐことなど元来できない筈である．立憲君主制の下では，行政の役割は法律の執行以上のものであったから，まさに「公法」と呼ぶに相応しかった．しかし，日本国憲法の下にある行政権は法律の誠実な執行（憲法 73・1 号）を任務とする機関なのであって，この行政権を

---

22)　今村・入門 21 頁以下，塩野・行政法 I 28 頁以下，原田・要論 24 頁以下，藤田・総論 42 頁以下，芝池・総論 26 頁以下，小早川・上 172 頁以下．
23)　「過去の二元論はいちおうご破算にし，全法律秩序のなかで，行政に関する法的規制の特殊性がどのように構成されているかを新たにみなおす」ことの重要性が強調されている（今村・入門 21 頁）．また「行政法学の課題は，無数に制定されている行政法規の実証的な規範分析を通じてそこにおいて認められている行政手段の特殊性や行政の特権ないし優越性を析出しこれらを体系化して，行政の優位性の限界や，行政権力に対する国民の地位を見定めることである」（原田・要論〔第 6 版〕26 頁）と主張されている．なお，藤田・総論 42 頁以下参照．

縛る法は公法ではなく「行政法」でなければならない．ここには，単なる名称以上の問題が含まれている（大浜・法の支配 1 頁以下）．

　第二に，資本主義の高度化した今日，もはや「神の見えざる手」によって社会の調和が保たれる時代ではない．現代社会においては，市場ないし市民社会の健全な発展を確保するために，行政法規による規制は必要不可欠である．国民主権の下における議会および国家の役割を論究し，憲法原理にふさわしい新しい行政法理論を創造することこそが，現代における行政法学の課題である．

第2章 行政法の法源および効力の範囲

第1節　行政法の法源

1　意　義

（a）行政法の法源とは，行政に関する法を適用するに当たって法として援用し得る法の存在形式を意味する．狭義には，裁判で準拠しうる法の存在形式（基準）をいう．法が成文の形式をとるかどうかによって，成文法源と不文法源に分かれる．行政法においては，「法律に基づく行政の原理」が支配するため，原則として成文法源主義がとられ，不文法源は補完的な意味を有するにすぎない．

（b）成文法源の形式としては，憲法，条約，法律，命令，条例・規則がある．これら法形式の全体は，相互に統一した段階的な法秩序を構成しており，各形式の間に矛盾があってはならない．そこで，次の三原則が認められている．

第一は，後法優位の原則（後法が前法を破る）である．通常は，後法によって，前法を廃止または改正の措置がとられる．第二は，特別法優越の原則である．特別法とは，一般法が事項，地域，時間等の適用領域を限定しないのに対して，適用領域を限定した法をいう．特別法が存在するときは，特別法が一般法に優先し，一般法は特別法と矛盾しない限度において補充的に適用される．第三は，上位法優位の原則である．憲法98条は「この憲法は，国の最高法規であつて，その条規に反する法律，命令，詔勅及び国務に関するその他の行為の全部又は一部は，その効力を有しない」と規定しているが，これは憲法を頂点とする統

一的な法秩序があることを示している．

　もっとも，条約と憲法のいずれが優位するかについては，争いがあるが，通説は，憲法が条約に優位すると解している．他方，国家の三要素の一つである領土については，条約締結によって定められる場合が多いので，この点に関する限り条約が憲法に優位しているという他はない．憲法と条約を除く国内法の形式としては，一般に「法律上位の原則」が妥当するとされてきた．しかし，法律と条例の関係については，単純に常に法律が条例に優位するというべきではなく，地方固有の事務については，法律は全国一律に規定すべき事項についての標準法ないし枠組み法を規定し得るのみであって，基本的には同格と解すべきである．

2　成文法源

　憲法　憲法は国家の基本構造を定めるものであり，国の最高法規である．行政権は憲法によって生み出されたものであるから，行政活動は憲法に違反することはできない．憲法の基本原則は，法律となって初めて行政法の固有の法源となるのであって，憲法それ自体は行政法の法源ではない．しかし，憲法から直接行政活動の規範が引き出される場合がある．例えば，比例原則(13)，平等原則(14)，適正手続原則(13, 31)，損失補償請求権(29③)などは，行政法の法源として機能する．

　条約　条約は，国家間の約定であり，国際法上の法形式であるから，国内法上の効力を直ちにもたない．しかし，憲法98条2項は「これを誠実に遵守することを必要とする」し，憲法7条1号は天皇の「公布」について規定しているから，条約は国法の一形式として国内法的効力が認められていると解される．もっとも，条約には国際人権規約のように自動執行的な(self-executing)ものと，国内法の定めが必要なもの(non-self-executing)とがある．いずれにせよ，条約の内容が国内行政に関する場合には，行政法の法源となる．工業所有権の保護に関する1883年3月20日のパリ条約，結社の自由及び団結権の保護に関する条約(87号)，団結権及び団体交渉権についての原則の適用に関する条約(98号)，日本国とアメリカ合衆国との間の犯罪人引渡しに関する条約等がこれである．

　法律　法律は，行政法の最も重要な法源である．明治憲法では，天皇は帝国

議会が協賛した法律を「裁可」する権能を有していた(6)．したがって，天皇の裁可(承認)なしには法律は確定的に成立しなかった．

現憲法下では，いうまでもなく法律は両議院で可決したときに成立する(59①)．法律が主権者たる国民の一般意思の表明である以上，当然のことである．「法律に基づく行政の原理」は，法の支配の原理のコロラリーである．したがって，行政上の組織および作用に関する基本的事項は全て法律で規定される．特に行政法の場合，通則的な法典はないので，法源としての行政法の多くは，個別の法律として制定されている．現行制定法の大半は行政作用法である．

他方，日本では教育基本法を皮切りに，近時，50本弱の様々な基本法が制定されている．しかし，基本法は一定の領域における法や政策の理念などを掲げるものが大半であり，通常は国民の具体的な権利義務を定めることはないので，組織について定めたものを別にすれば，厳密には法源性を有しない．しかし，個別作用法の解釈の方向を示す役割を担っているので，その限りで法源性を有することになる．

命令 命令とは，行政権の定立する法規範のことをいい，政令，府令・省令，規則などの形式がある．憲法73条6号は政令についてのみ規定しているが，政令以外の命令を禁止する趣旨ではない．政令以外にも政令の委任に基づき，または法律もしくは政令を実施するための命令の制定は許されると解されている．国家行政組織法は「各省大臣は，主任の行政事務について，法律若しくは政令を施行するため，又は法律若しくは政令の特別の委任に基づいて，それぞれその機関の命令として省令を発することができる」(12①)と定め，また「各委員会及び各庁の長官は，別に法律の定めるところにより，政令及び省令以外の規則その他の特別の命令を自ら発することができる」と規定している(13①)．公正取引委員会規則(独占禁止法76)，国家公安委員会規則(警察法12)等は後者の例である．

また内閣から独立している会計検査院と内閣の所轄の下にある人事院も，それぞれ会計検査院規則(会計検査院法38)，人事院規則(国家公務員法16①)を定めることができる．また最高裁判所規則も行政事件訴訟法に関する手続を定めている限りで，行政法の法源といえる．

自治体の自主法(条例・規則) (a) 地方公共団体が自治権に基づいて制定す

る法を自主法という．憲法94条にいう「条例」がこれに当たるが，地方自治法はこれを条例と規則の二種類に分けている．

　(b) 条例は地方公共団体の議会が制定するものである(地方自治法96)．原則として，当該地方公共団体の地域の範囲内において効力を有する．憲法92条および94条を直接の根拠とするものであるから，法律の委任は不要であるが，「法律の範囲内」で自治事務および法定受託事務について制定することができる．

　もっとも，条例の中には，法律の委任に基づき法律の趣旨を補足するために制定されるものもある．公衆浴場法施行条例，風俗営業法施行条例，屋外広告物法施行条例などがこれであって，これらを「法令事務条例」という(従前は「委任条例あるいは施行条例といった)[1]．この性質は委任立法と同じである．

　(c) 規則は地方公共団体の長が制定するものである(地方自治法15①)．また地方公共団体の委員会もその権限に属する事務に関して規則その他の規程を制定することができる(地方自治法138の4②)．

3　不文法源

　行政法の法源は，成文法源が圧倒的に重要であるが，補完的な役割を担うものとして不文法源も認められてきた．主たる不文法源としては，慣習法，判例法，法の一般原則(条理法)がある．

　慣習法　(a) 慣習法とは，人々の間で行われる慣習が法的確信を得て法的効力を有するに至ったものをいう．行政法の領域では，法律に基づく行政の原理との関係で慣習法の成立する余地はきわめて少ないが，まったく認められない訳ではない．

　一つは，地方的民衆的慣習法であり，公物や公水の長年にわたる使用関係(例えば，河川水利権，温泉使用権，国公有原野での放牧権)等が多年の慣習によって，国民の間に法的規範として承認されるに至ったものである．この場合，行政庁も公物の管理に当たって，これらの権利を無視し得ない(地方自治法238の6①

---

[1]　学説には「法律規定条例」の用語を使うべきだとするものがある．斎藤誠「条例制定権の限界」争点207頁参照．

は旧慣による公有財産の使用権を承認している).いま一つは,行政先例法である.これは行政庁における長年にわたる取扱例が,国民の間で法的確信を得たものであり,例えば,法令の公布が官報をもって行われること等がこれに属する(最大判昭和32・12・28刑集11巻14号3461頁,行政判例百選45事件).

(b) 租税行政においては,国税庁長官によって多数の法令解釈通達が出されている.通達は,上級機関の下級機関に対する命令(訓令)を文書化したものであるが,裁判所がこれに従わなければならないいわれはない.したがって,通達は法源ではない.判例は通達の法源性を否定している(最判昭和43・12・24民集22巻13号3147頁,行政判例百選55事件).

もっとも,通達によって示達された租税法規の解釈が,「長年にわたり,税務官庁によって実施され,相手方である人民の側においても,その取扱いが異議なく承認され,それが正しい法の解釈として,法的確信にまで高められるようになった場合には,そこに一種の慣習法としての行政先例法が成立する」余地を認める見解がある(田中二郎『租税法』有斐閣・1968年,95頁)[2].

判例法 (a) 判例は,具体的紛争の解決を通して抽象的な行政法規について,その意味内容を明らかにし,法の存在しない場合にも,条理に従って具体的に何が法であるかを宣言する機能を果たす.もっとも,わが国では,英米法に見られるような判例拘束性の法理は採用されていないので,過去の判例が直ちに法規範として機能することはない.しかし,判決の判断の中に示された合理性が,他の類似の事件に及ぼす事実上の効力については否定し得ない.

(b) 行政作用法における行政法規は,本来,一定の政策を実現するために作られたものであるが,不備欠陥も多い.判例は,その欠陥を補い,実定法を明確にし,解釈の基準を明らかにする機能を果たしている.とりわけ最高裁判所によって繰り返し出された法解釈は,事実上一般的な法として認識され,法源とみなされることがある.総則的規定のない行政法の領域で判例の果たす役割は大きい.

(c) 行政法規は行為規範として,行政庁による解釈に第一次的通用力が与え

---

[2] 税務行政においては,通達が事実上,法源と同様の機能を果たしていることは周知のことである.納税者に有利な場合という限定をつけて,行政先例法の成立を認める立場もある.

られている．すなわち行政庁は自ら遵守すべき行為規範の内容を自ら決定できるという特権を有している．この点，三権分立の下で，行政活動を法律によって事前に統制することを目的とする行政法の一つの限界ともいえよう．であればこそ，行政法において判例の果たす役割は事後統制の観点からはもちろんのこと，先例としての行政の指針となるという意味でも重要である[3]．

　(d) もっとも，判例の法源性にも限界がある．①判例は個々の紛争解決を目的とするものであるから，行政法理論の体系的把握を目指すものではない．②あらゆる分野にわたって判例法が形成されている訳でもない．③最高裁判所は新しい判例理論の形成にきわめて慎重な態度をとりがちであるし，仮に判例自体が国民によって支持されない場合には，法理論としての力も弱い．

　法の一般原則（条理法）　法令に明文の規定がなくても，国民の正義感にかなう条理を基準にして判断しなければならない場合がある．これを法の一般原則ないし条理法と呼ぶが，法の規定の欠陥を補うものとして重要な意義を有する．具体的には，平等原則，比例原則，禁反言の法理，信義誠実の原則，信頼保護の原則などがこれにあたるが，個々の法解釈基準として作用する場合もある．

第2節　行政法の効力の範囲

1　意　　義

　行政法規は，どのような範囲で効力を有するのかについてここで検討しておこう．基本的には他の法分野の法令の効力と変わらないが，行政法は政策の実現を目的とすることから客観情勢の変化に伴って改廃の速度が激しい．また特定の地域のみを対象とするものがある点でも，他の法分野における法令の効力と異なる面がある．

2　時間的効力

　(a) 法律は別段の定めのない限り，公布の日から起算して20日を経過した

---

[3] 橋本博之「判例実務と行政法学説」塩野古稀上361頁以下参照．

日から施行される(法の適用に関する通則法2)．実際には，法律(附則)で施行日を定めるのが通例であるが[4]，一般には公布即日施行の例が多い．公布の時期については，法令が掲載された官報の日付の日の午前零時ではなく，一般の人が東京の「官報販売所又は印刷局官報課で……閲覧し，又は購読しようとすれば」可能な時点だとするのが判例である(最大判昭和33・10・15刑集12巻14号3313頁，憲法判例百選209事件)．

(b) 憲法39条は刑罰法規の不遡及を規定しているが，民事法規については，遡及禁止の原則はないとされている(最大判昭和24・5・18民集3巻6号199頁)．行政法規の場合には，私人に利益を与える法律の遡及効は認められるが(公務員の給与ベースの改定など)，私人に不利益を与える法律の遡及効は，法的安定性，信頼保護の見地から許されないとの説が有力である(田中・上66頁)．

租税法分野において，所得税，法人税等の期間税について，年度の途中で法改正が行われた場合に遡及適用の可否が問題となることが多い．裁判例には，租税不遡及の原則に反して違憲無効とするもの(福岡地判平成20・1・29判時2003号43頁)と，遡及適用の合理性を認めて適法とするもの(福岡地判平成20・1・29の控訴審・福岡高判平成20・10・21判時2035号20頁；東京地判平成20・2・14判タ1301号210頁，その控訴審・東京高判平成21・3・11訟月56巻2号176頁)があった．最高裁は，暦年途中の租税法規の変更及びその暦年当初からの適用が，納税者の地位に対する合理的な制約である場合に，当該財産の性質，変更の程度，保護対象となる公益の性質などを総合的に勘案して判断されるべきであるとし，憲法84条に違反しない場合があることを認めた(最判平成23・9・22民集65巻6号2756頁，租税判例百選3事件)．私人の不利益効果をもつ行政法規遡及適用禁止の原則にも例外があることになる．

(c) 改正前の建築基準法の下では，適法であったものが，法改正後の新法によれば，違法な建物となってしまう場合がある．これを既存不適格という．建築基準法では，これを適用除外とする規定を置いている(建築基準法3②③)．基

---

[4] 法律の場合，施行日を政令に委任することが多い．命令の場合は，一般に附則で施行日を定める．条例は，「条例に特別の定があるものを除く外，公布の日から起算して10日を経過した日から，これを施行する」(地方自治法16③)．

本的には，立法政策の問題である(塩野・行政法Ⅰ73頁)．

　(d) 行政法規には，有効期間を限定しているものがある(イラクにおける人道復興支援活動及び安全確保支援活動の実施に関する特別措置法附則2条，2009年民主党政権の成立で延長されなかった)．これを限時法という．この場合，期限の到来によって当然に失効する．それ以外の法律は，新法によって改正または廃止されて初めてその効力を失う．

3　地域的効力

　(a) 行政法規は，これを制定した行政機関の権限の及ぶ地域についてのみ効力を有する．国の制定する法律は，日本国の領土の全域，地方公共団体の場合には，その区域内に効力を有する．

　もっとも，次のような例外がある．第一は，法律であっても，憲法95条の地方自治特別法のように，一部の地域のみに適用される場合がある．首都圏整備法，近畿圏整備法等も一定の地域だけに適用されるものである．第二は，本来の適用地域を越えて適用される場合がある．公の施設の区域外設置において，条例の効力が区域外に及ぶ場合(地方自治法244の3)や事務委託において，受託した地方公共団体の委託事務の管理執行に適用されるべき条例・規則等が委託した地方公共団体の条例・規則等として効力を有する場合がある(地方自治法252の14，252の16)．

　(b) 条例は，原則として当該地方公共団体の区域内においてのみ効力を有する(最大判昭和29・11・24刑集8巻11号1866頁＝新潟公安条例事件)．地域内であれば，住民以外の人にも効力が及ぶ(属地主義の原則)．問題は，区域外では一切適用がないかどうかである．公租公課の強制徴収を行う場合には，対象者が当該地方公共団体の区域外に居住していても，条例の適用がある．

4　対人的効力

　(a) 行政法規は，原則として属地主義により，領土または区域内にある全ての人を規律する．自然人か法人かを問わないし，住所や国籍のいかんも問わない．

　(b) もっとも，次のような例外がある．第一は，天皇は日本国憲法におけ

る地位と矛盾する限りにおいて，行政法規の適用が排除される[5]．第二は，国際法上，治外法権を認められている外国の元首，外交使節その他の外交官等である．日米安保条約に基づいて日本に駐留する米軍については，いわゆる地位協定によって，税法その他各種の行政法規の適用が排除または制限されている．また土地の使用等について特別の立法措置がとられている．第三は，日本国外にある日本人の行為について，わが国の行政法規が適用される場合がある．旅券法や外国為替及び外国貿易法などは，本来，属人的に適用される．判例には，漁業法65条1項1号および水産資源保護法4条1項1号の委任に基づき北海道知事が定めた北海道海面漁業調整規則に違反したとして起訴された事件で，この規則が外国領海等で行われた行為にも属人的に適用されると判示したものがある（最判昭和46・4・22刑集25巻3号451頁，行政判例百選53事件）[6]．第四は，外国人である．行政法規は，原則として外国人にも一律に適用されるが，外国人に対して特別の定めをしているものもある．外国人が鉱業権者となることを否認した鉱業法17条，外国人・外国法人等を無線局免許の欠格者と規定する電波法5条，外国人が被害者の場合の相互保証主義を定めた国家賠償法6条などがその例である．

5 行政法の解釈

（a）行政法は，第一次的には行為規範の性格をもつものであるから，これを執行する行政機関が解釈適用する．解釈の統一性を確保するために，上級機関が解釈通達を示達することもある（国家行政組織法14②）が，法律の解釈の問題は法律の執行機関にとって宿命的課題として存在する．個々の条文の文言の解釈はもちろんのこと，多様な法源からなる行政法においては，法規内容の矛盾をなくし，法秩序全体の調和と統一が図られるようにしなければならない．

（b）法解釈は，法の意味を認識する作業である．しかし，法の言語そのも

5） 天皇には民事裁判権が及ばないと解するのが相当であるとした判例がある（最判平成元・11・20民集43巻10号1160頁，憲法判例百選168事件）．
6） 最高裁は，本件規則の目的および保護法益に照らして，本件規則の定める禁止規定およびその罰則規定が外国の排他的経済水域において日本国民の営む漁業にも適用されると判断した（最決平成8・3・26刑集50巻4号460頁）．

のが多義的であるため，実際にはしばしば複数の認識が成り立ち得る．そのうちから一つの解釈を選択することは，実践的な価値判断を伴う．つまり法解釈には，つねに価値観の対立が反映せざるを得ない．価値判断に傾きすぎて，言語の意味から離れすぎると，立法論になってしまい，実定法の解釈の域を逸脱してしまう．したがって，法解釈はあくまでも言語の枠内で行われる必要がある．

(c) 解釈の方法には，①文理解釈，②論理解釈，③目的論的解釈，④歴史的(沿革的)解釈等がある[7]．実定法規の解釈には，これでなければならないという解釈方法はないのであって，色々な解釈方法を組み合わせて解釈が行われている．ただ，今日では，立法目的や制度の意図を考慮して解釈する目的論的解釈を中軸に据えて，他の解釈方法を取り入れるべきだとの主張が有力である．思うに，政策実現法としての個々の行政作用法の場合，一定の政策の実現を目的としているのであるから，政策全体の仕組みを理解した上で，当該政策実現に際して予算，補完的な役割を果たす他の個別法まで視野に入れて政策および法律の意図を探る「仕組み解釈」が要請されることが多い．

(d) いずれにせよ，法の支配の原理の下では，最終的な法解釈の権限は，裁判所にある．裁判所は違憲法令審査権を有するから，法解釈にあたっても，立法者の主観的な立法意思だけを探究するのではなく，人権救済機関の立場から法規範に内在する客観的な立法意思の究明をしなければならないこともある（福永実「行政法解釈と立法者意思」広島法学38巻1号114頁以下参照）．

---

[7] 本文で述べた解釈方法以外にも，勿論解釈，拡大解釈，縮小解釈，類推解釈，反対解釈などが補充的に利用される．

ょ
第3章 行政活動の主体

第1節　行政組織

1　行政主体

行政主体　(a) 法の支配の眼目は，行政権の行使を法律に基づかせることにあるから，行政権のあらゆる行為(活動)は究極的には法律に根拠を持たなければならず，法律や条例の実現として現れるものでなければならない．行政権は内閣に属する(憲法65)．国民主権を基礎におく国民主権モデルにおいては，始原的法の定立は国会(立法権)が有し，内閣(行政権)は法の執行機関として行政活動を統轄する地位にあるが，実質的には政策決定過程の主体であって，政策執行を担うのは「行政各部」(憲法72)である．しかし，行政各部(行政組織)は，それぞれが一つの国家機関にすぎず，例えば行政処分によって発生する法律(権利義務)関係の一方当事者とはなり得ない．行政上の権利義務が帰属するためには法人格が必要である．

(b) 法人格を持つ行政上の権利義務の帰属主体を行政主体という．統治団体として行政上の権利義務の主体となりうる地位を有するものは，国と地方公共団体である．非統治団体として，公共組合(健康保険組合，土地区画整理組合など)，特殊法人，独立行政法人，国立大学法人，地方公社，地方独立法人等があるが，これらは個別の法律によって法人格および公権力を行使する権限を付与されている．

国　(a) 国家の観念を巡っては社会科学上の奥の深い議論が展開されてきた

が，ここでは行政組織法の観点から必要な限りで触れる．国家の定義は多種多様であるが，通説によれば，①主権(統治権)，②領土，③人民を要素とする概念であって，「一定の地域(領土)を基礎として，固有の支配権(国家主権)のもとに一定範囲の人間(国民)によって組織された政治的組織体(統治団体)である」(小林・憲法講義上 26 頁)と定義されている．

(b) 近代国家は，資本制社会を背景にして，絶対制国家，立憲君主制国家，民主的代議制国家と発展してきたが，日本国憲法によって作られた国家が民主的代議制国家の形態をとっていることはいうまでもない．すなわち，国家は市民社会の内部で解決できない公共的な問題を解決するために，自由で平等な市民が相互に契約を結び，社会の健全性を維持し，国民の生活と人権を護ることを目的として作られた機構である．国家は統治権を有し，三権の一つである行政権は対外的に国家を代表するとともに，対内的には法律の定めるところにより公権力を行使することができる．国家は法人格を持つ[1]．明文の規定はないが，民法が「外国法人は，国，国の行政区画及び外国会社を除き，その成立を認許しない」(民法 35①)として外国に法人格を承認している以上，日本国に法人格があることを前提にしていると解される．実定法には，国家賠償法や国有財産法のように法人格に着目した用語法にたつものもあれば，国籍法や出入国管理及び難民認定法のように領土と主権に着目した用語法を採用しているものもある．

地方公共団体 地方公共団体とは，都道府県，市町村のように，一定の地域，その地域内における住民，法人格を要素とし，その地域における行政を行う目的をもって設置された団体であって，住民に対して包括的な支配権を有するものをいう．何が憲法上の地方公共団体に該当するかについては議論があるが[2]，

---

1) 国家法人説は，19 世紀のドイツにおいて，国民主権論に対抗する形で登場し立憲君主制を理論的に基礎づけた．国家が法人格を有することは，国家法人説とは無関係である．

2) 一つの説は，憲法上の「地方公共団体」は，基礎的自治体である市町村だけであり，都道府県は含まれないとし，「地方自治の本旨」に反しない限り道州制を設けることは立法政策の問題とする(伊藤正己『憲法〔第 3 版〕』弘文堂・1996 年，603 頁以下)．他方，憲法上の「地方公共団体」は，すべて「地方自治の本旨に基づいて」法律で定められるべきであるが，憲法は二段階の地方公共団体を保障していると考える立場がある(宮沢〔芦部補訂〕・全訂憲法 762 頁以下，佐藤・憲法 552 頁)．この立場では，濫りに都道府県から憲法上の地方公共団体とし

地方自治法は，都道府県および市町村を「普通地方公共団体」とし，特別区[3]，地方公共団体の組合，財産区を「特別地方公共団体」としている(1の3③)．特別地方公共団体は，普通地方公共団体の派生的なものであって，一定範囲の事務を分担するが，いずれも法人格を持ち，権利義務の主体となることに変わりはない(2①)．

その他の行政主体　(a) 現代行政には，統治団体以外にも行政活動を担う非統治団体がある．とりわけ1980年代以降，いわゆる「小さな政府」論が勢いを持ちはじめ，従来，政府部内にあった行政機能ないし公的活動を政府の外に出す民営化路線がとられてきた．もっとも，民営化の中身は株式会社，公益法人と様々であるが，行政活動を担っているかどうかに注目すると，「その他の行政主体」として，独立行政法人，国立大学法人，特殊法人，公共組合，地方公社，地方独立法人等をあげることができる．これらは「特別行政主体」と呼ばれ，制定法上，行政主体たる地位をもつものとして位置づけられている(塩野・行政法 III 116頁)．

(b) 独立行政法人とは，2001(平成13)年4月に独立行政法人通則法および個別法によって設立された法人であって，国の行政機関に置かれた施設等機関[4]の事務を執行部門から切り離して自律的，効率的に運営するために独立の法人格を与えたものである．小さな政府を目指す行政改革の中で行政運営の効率化

ての地位を奪うことは許されない．高橋・立憲主義394頁は，二層制構造を「地方自治の本旨」の要請だとするが，憲法の絶対的要請ではないとする．現行の都道府県が憲法上の「地方公共団体」に含まれるとの説(法学協会編『註解日本国憲法(下)』有斐閣・1953年，1376頁，佐藤功・ポケット憲法下1204頁)もあるが，歴史的経緯だけを論拠にするのは解釈論として弱いように思われる．いずれにせよ，道州制の中身が決定的な意味をもつといえよう．なお，地方自治法は都道府県の廃置分合を認めている(地方自治法6①，6の2)．

3) 特別区は，東京都の23区だけであるが(地方自治法281)，原則として市に関する規定が適用されており(地方自治法283)，平成10年の地方自治法改正で「基礎的な地方公共団体」であることが明示された(地方自治法281の2②)．もっとも，都と区の間の事務配分および相互関係，区相互間の関係等の点で，市とは異なる扱いを受けている(地方自治法281の6，282～282の2，283)．なお，「大都市地域における特別区の設置に関する法律」(2012〔平成24〕年8月29日成立)により，東京都以外の道府県内でも，一定の要件を満たせば特別区を設置することができるようになった．

4) 国家行政組織法8条の2の規定する施設等機関(試験研究機関，検査検定機関，文教研修施設，医療更生施設，作業施設)の多くが独立法人化された．しかし，まだ実施的事務を行う機関で府省やその外局に付置されているものが多数ある．

のために企画立案機能と実施機能を分離し，イギリスのエイジェンシーをモデルとして行政組織の外に出したものである．

独立行政法人通則法2条1項によれば，独立行政法人は，公共上の見地から確実に実施されることが必要な事務及び事業であって，国が自ら主体となって直接に実施する必要のないもののうち，民間の主体に委ねた場合には必ずしも実施されないおそれがあるもの，又は一つの主体に独占して行わせることが必要であるものを，効率的かつ効果的に行わせることを目的として，法律によって設立される法人，と定義されている．

職員の身分について公務員型と非公務員型の区別がある他は画一的な制度であったが，2014(平成26)年の法改正で，㋑国立病院機構，国立高等専門学校機構，都市再生機構などのように，3年から5年の中期目標・計画に基づいて公共的な事業を実施する中期目標管理法人(2②, 29)，㋺日本原子力研究開発機構，理化学研究所，産業技術総合研究所，農業・食品産業技術総合研究機構などのように5年から7年の中長期的な目標・計画に基づき実施する国立研究開発法人(2③, 35の4)，㋩国立印刷局，造幣局，統計センター，国立公文書館などのように国の事務と密接に関連した事務・事業を単年度の目標・計画に基づき実施する行政執行法人(2④, 35の9, 51)に区分された[5]．

各法人の事業目的・任務，運営の基本的仕組みは個別法で規定される．業務の公共性から，組織，人事，業務方法，財務について国の関与を受け，当該法人を所管する主務官庁に置かれる独立行政法人評価委員会の評価を受けることになっている．

(c) 地方独立行政法人は，国の独立行政法人に倣って，2003(平成15)年の地方独立行政法人法によって設立された地方公共団体から独立した法人である．住民の生活，地域社会，地域経済の安定等からその地域において確実に実施されることが必要な事務・事業であること，民間に委ねた場合には必ずしも実施されないおそれがあることが必要である(2)．国の独立行政法人が個別法によって定められるのに対して，地方独立行政法人は条例ではなく，議会の議決を経て定款を定め，総務大臣または都道府県知事の認可を受けなければならない

---

5) 行政執行法人は公務員であるが，それ以外は非公務員である．

(7, 8).

　(d)　特殊法人とは，「法律により直接に設立される法人[6]又は特別の法律により特別の設立行為をもって設立すべきものとされる法人」のうちから独立行政法人通則法にいう独立行政法人，国立大学法人法によって設立された国立大学法人，大学共同利用機関法人を除いたものをいう(総務省設置法4・15号)[7]．この定義は設立手続に着目したものであるが，他方，特殊法人の行う業務を行政組織の内部から切り出して，独立の法人としたのは，業務の性質が企業的経営になじむこと，能率的経営のためには行政機関から外す方がよいことを慮ったからである[8]．このように，特殊法人は一方で，行政の役務を民主的能率的に提供するために経営の自主性と弾力性が要請され，他方で業務の持つ公共的性格の故に行政の監督に服すべきだとされ，事業，予算，人事の面で主務大臣の統制の下に置かれている．

　特殊法人の行政主体性を判断する際には，設立手続の要素だけでなく，法人の組織，財務，業務の性質，国の関与のあり方等を吟味する必要がある．既に民営化された特殊法人(農林中央金庫，日本消防検定協会)や株式会社形態に転換された特殊会社(JR，NTT，日本たばこ産業株式会社)[9]，日本放送協会などは行政主体とはいえない．

　2001(平成13)年，特殊法人等改革基本法(平成18年3月31日までの時限立法)が

---

　6)　「法律により直接に設立される法人」は，公社と呼ばれ，かつては三つの公社(日本国有鉄道，日本電信電話公社，日本専売公社)が存在した．その後，小泉内閣の下で郵政民営化が議論され2003(平成15)年4月に郵政公社が設立されたが，2005年の衆議院解散後の国会で，いわゆる郵政法案が可決され，2006年10月より分割民営化(ゆうちょ銀行，日本郵便，かんぽ生命の三事業は郵便局に業務委託されている)されたので，現在は存在しない．

　7)　特殊法人の概念は，総務省の審査が及ぶかどうかの観点から設けられた実務的用語である．かつては，本文の定義に加えて，実務上，その新設・目的変更・改廃について，旧総務庁の審査・監査の対象となる法人を実務上「特殊法人」と呼んだが，現在では総務省行政管理局の審査に服するものという要件を含めるのが一般的である．しかし，行政主体性の観点からは本文で述べたような観点が強調される必要がある．

　8)　特殊法人は，政府の民営化路線の中でその非効率性や民業圧迫論などの批判が寄せられ，縮小が図られてきたが，これまで，ダム建設，高速道路，新幹線の建設など民間企業にはできない巨大プロジェクトを成功させたり，公団住宅の建設や民間にできない低利の融資を行ったり，国土開発，都市の住環境整備，住宅政策等に果たしてきた役割も大きい．

　9)　JR東日本，JR東海，JR西日本は，政府が全株式を売却して完全民営化され，設置法も廃止されたので，もはや特殊会社ではない．

制定され，特殊法人等整理合理化計画が閣議決定され，原則として独立行政法人に再編される方針が打ち出された．その後，同法 5 条に基づく特殊法人整理合理化計画(閣議決定)に従い，事業の廃止，統廃合，民営化等が行われ特殊法人は激減しており，現在のところ，特殊法人としては，日本放送協会，日本私立学校振興・共済事業団，日本年金機構，日本中央競馬会等が残っているだけである．その後，2006(平成 18)年に行政改革推進法が成立し，政府系金融機関の統廃合が進み，2008(平成 20)年 10 月，株式会社日本政策金融公庫法により，国民生活金融公庫，中小企業金融公庫，農林漁業金融公庫，国際協力銀行が日本政策金融公庫に統合された．

　(e) 公共組合とは，公の行政を行うことを目的として，私人たる組合員によって設立された公法上の社団法人である．土地改良区(土地改良法)，土地区画整理組合(土地区画整理法)，市街地再開発組合(都市再開発法)，水害予防組合(水害予防組合法)，健康保険組合(国民健康保険法)，農業共済組合(農業災害補償法)などがこれにあたる．土地の区域を基礎とせず，特定の目的によって結びつく人的結合体であり，土地改良区のように一定の地域に画される場合にも，それは事業目的から出てきたものにすぎず，地域団体的性質を持つ訳ではない．

　公共組合は，①設立を強制され(国民健康保険法 13)，あるいは強制加入制がとられること(土地区画整理法 25)，②国家または都道府県知事による関与が行われること(土地区画整理法 14，45②，125，国民健康保険法 106 以下)，③業務の遂行を公権力の行使として行えること(土地区画整理法 41，103，農業災害補償法 87 の 2)，④事業の受益者が限定されるので費用負担と自治的管理が認められていること(土地区画整理法 31，40，40 の 2，土地改良法 16 以下)等の特色がある．これらは行政主体性が付与された結果といえよう．

　(f) 地方 3 公社は，地方公共団体が個別の法律によって設立するものであり，出資者も地方公共団体に限定され，理事長は地方公共団体の長によって任命される．土地開発公社(公有地の拡大の推進に関する法律)，地方住宅公社(地方住宅供給公社法)，道路公社(地方道路公社法)などがある．国における特殊法人に対応するものといえよう．

2 行政機関

理論的意味の行政機関概念　(a) 行政は，国や地方公共団体などの行政主体がその名と責任において実施するが，行政主体はいずれも法人であるから，実際に行政権を行使するには，行政主体の手足となって活動する機関を設け，自然人をその職にあてて業務を行わせるほかはない．「職」とは，細分化された国家の事務の最小単位であって，客観的に一定範囲に固定化されている．国家は，職を担う自然人たる個人(公務員)を選任して職務を行わせる．選任された個人は限定された職の範囲で国家を代理する権能を与えられるが，これを「権限」という．権限は個人に与えられたものではなく，職を担荷することによって発生する客観的なものである．このように，行政主体のために手足となってその職務を行う組織を「行政機関」という．これを「理論的意味の行政機関」という．

行政機関は，行政組織を構成する基礎的単位であり，行政組織の中で役割(任務)ごとに権限を配分される．その権限の範囲内において行政機関が行う行為については，その法律上の効果はもっぱら行政主体に帰属し，行政機関そのものには帰属しない．このことを行政機関には法人格がないという．つまり，行政機関は権限を有するが，権利を有しないのである[10]．行政機関は，一定の地位(ポスト)を指す概念であって，そのポストに就いている自然人を指す概念ではない．したがって，大臣のような独任制の行政機関だけでなく，公正取引委員会や中央労働委員会等の合議制機関も，「行政機関」に含まれる．

行政機関の概念は，公務員の概念とは異なる．公務員は，身分上の概念であって，行政組織における職務権限とは必ずしも結びつかず，行政主体との間の雇用関係に着目した概念である．公務員の雇用関係における権利義務を規律するのが公務員法である．これに対して，行政機関は職務ないし地位に着目した概念であって，法律によって一定の職務権限が付与されている．

---

10)　もっとも，これは対私人との外部関係について言えることであって，内部関係においてはしばしば自己の名において行為し，これに一定の法律上の効果が帰属することがある．権限の委任，事務の嘱託，協議などがこれであり，その限りで行政機関にも「人格」的なものがあるともいえる．

行政組織法では，行政機関の権限の範囲が明確に定められ，行政機関相互間の一定のルールによって規律されて初めて行政主体の活動が可能になる．

(b)「理論的意味の行政機関」の概念は，その権限の内容に応じて，行政庁，補助機関，諮問機関，参与機関，執行機関等の種類に分け得る．

(i)行政庁とは，行政主体の意思を決定し，これを外部に表示する権限を与えられている行政機関をいう．国の場合を特に行政官庁という．国の主務大臣，各庁長官，都道府県知事，市町村長のほか，税務署長，国税局長，建築主事などもこれに当たる．これらは独任制であるが，公正取引委員会，人事院，人事委員会などのように合議制のものもある．

(ii)補助機関とは，行政庁の権限行使を補佐する権限を有する行政機関をいう．各省の副大臣，大臣政務官，事務次官，事務官，技官などの職員，委員会事務局の職員などがこれに当たる．自治体では，副知事，副市町村長，会計管理者，会計職員，職員などがこれに当たる(地方自治法161～175)．

(iii)諮問機関とは，行政庁の諮問に応じまたは自ら進んでこれに意見を述べる権限を有する機関であるが，意見や答申には拘束力がない．利害関係者の意見を反映したり，専門的意見を政策に反映させたりするために要求されるものであるから，答申は最大限尊重されることが望ましいとされる．

(iv)参与機関とは，行政庁が意思決定するための前提となる議決機関であり，その議決なしには有効な意思決定はなし得ない．電波監理審議会(電波法85, 94)，検察官適格審査会(検察庁法23)などがある．また，重要事項に関する調査審議を行うための審議会(国組法8)などがある．

(v)執行機関とは，行政庁の命を受けて実力をもって執行することを任務とする機関であり，警察官，徴税職員などがある．なお，地方自治法にいう執行機関(138の4等)は，議事機関としての議会に対する用語であるから，意味が異なる．

これらは，行政作用法上の観点からの分類である．行政庁を中心に意思決定過程への関与や執行の面など，私人との法律関係を考察する上で各機関の役割を明らかにするためにも意義がある．

事務配分的行政機関概念 (a) 国家行政組織法は，「省，委員会及び庁」を行政機関と呼んでいる(3②)．これを3条機関という．内閣府設置法の行政機

関も，事務配分的機関概念に依拠している[11]．これは「事務配分の単位」を示す概念であって，行政事務を処理する者を任務の観点から捉えたものであり，一定の任務を達成するために必要とされる行政事務を相互に協力して処理すべき者の総合体を指す．ここでは，省，委員会，庁がそれぞれ全体としてまとまった一つの「行政機関」とされている．つまり，行政官署（行政庁および補助機関などからなる行政機関の統合体）を表示するものである．

この行政機関の概念は，もっぱら行政組織の事務配分に着目し，行政事務をまず最大の単位である省，委員会，庁に配分し，それをさらに内部部局である局，部，課，室などに配分し，最終的には最小単位の「職」に配分することで，国家行政組織を系統的に構成しようとするものである．

(b) 二つの行政機関概念の意義　「理論的意味の行政機関」概念は，ドイツ法の系譜を引くものであり，内閣法が行政官庁理論を背景にして行政事務の管理主体としての各大臣の地位や権限を規律するという意味で，対外的権限行使の単位に着目するものである．行政作用法の観点から行政主体と私人との間の法律関係を捉える場合には，行政官署そのものを問題とするよりも，官署の中で法律関係につき最終の責任を持つ権限の帰属者である行政庁を明示する方が適切である．行政事件訴訟法，行政不服審査法，行政手続法，行政代執行法などが行政庁の概念を用いているのはそのためである．

他方，「事務配分的行政機関」は，事務配分の単位に着目するもので，もともとアメリカ法に由来する概念であるが，行政組織の所掌事務を総合的に捉える上で優れており，行政組織における事務配分を体系的に定め，組織内部の機関相互間の関係を規律するのに適している[12]．近時の立法には，事務配分の単位としての組織体に着目する行政機関概念が用いられる例が多いのもそのためであろう[13]．

---

11) 内閣府は，内閣におかれる機関であるため国家行政組織法の適用がない（国組法1）．内閣府の組織も「任務及びこれを達成するため必要となる明確な範囲の所掌事務を有する行政機関により系統的に構成」（内閣府設置法5①）されるとしているので，事務配分的機関概念に依拠していることは明らかである．

12) なお，国組法20条，21条等の「職」の概念は「理論的意味の行政機関」概念に対応する（藤田・組織法32頁）．

13) その例として，行政手続法2条5号，情報公開法2条1項，政策評価法2条1項など

3 委任行政

委任行政 (a) 委任行政とは，行政主体がその行政事務を自己の行政機関に行わせないで，その行政主体以外の私人に委任して行わせることである[14]．委任の仕方としては，㋑法律により直接行われる場合と㋺法律に基づく指定による場合もある．㋑の場合として，給与の支払義務者が源泉徴収して国に納付するとか，日本弁護士連合会が行う弁護士登録や懲戒処分(弁護士法8，15①，56①②)がある．㋺の場合として，地方自治法の定める指定管理者制度(地方自治法244の2③)，建基法の定める指定確認検査機関(建基法6の2)がある．指定の対象が法人の場合には，これを指定法人という．公権力の行使それ自体ではなく，主として検査，検定等の特定の業務を民間に委ねている場合が多い．

(b) 委任の効果としては，権限が委任者に移るので，受任者は自己の名において権限を行使する．受任者のした行為は国家のした行為となるが，法律関係は受任者と相手方私人との間に生ずるので，民法上の代理とは異なる．そのため，不服審査においては，原処分は指定機関との前提で主務大臣に審査請求をしなければならず(火薬類取締法54の2)，指定機関の処分については，当該指定機関を被告として取消訴訟を提起することになる(行訴法11②)．

指定確認検査機関(指定法人)のした建築確認につき付近住民のした取消訴訟を国家賠償請求訴訟に変更した事案につき，最高裁は指定機関の確認事務は建築主事による場合と同様に，地方公共団体の事務であるとして行訴法21条1項の訴えの変更を認めた(最決平成17・6・24判時1904号69頁，行政判例百選7事件)．これに対しては有力な批判がある(塩野・行政法Ⅲ 165頁，安本・都市法158頁)．

(c) 委任される行政が公権力の行使にかかわる場合には，法律の根拠が必要である．国と受任者とは行政組織法上の関係にあるが，行政機関相互間の関係と異なり，根拠法律の定める範囲内で委任者の指揮監督に服することになる．

がある．
14) 行政機関相互間の権限の委任とは異なる概念である．

第2節　行政組織の基本原理

1　行政組織法

行政組織法の意義　(a) 行政組織法とは，行政主体の組織に関する法をいう．行政主体は法に従って行政活動を行うが，その活動のためには行政機関を必要とする．行政機関は一定の権限を定めて組織されていて初めて活動できるが，行政組織法は，これら行政機関の組織を規律するのである(佐藤・組織法2頁)．

(b) 明治憲法の下では，天皇が行政組織を規律する権限を有していた[15]．天皇は統治権の総攬者であり，全て行政権は天皇に属するものとされていたし，天皇は官制大権および文武官についての任官大権を持っていた(明治憲法10)．国の行政組織はもっぱら天皇の勅令の形式で定められた(行政組織勅令主義)[16]．議院内閣制は排斥され，ドイツ的立憲君主制に基づく帝室内閣制と呼ぶべきものが採用された．すなわち，内閣は憲法上の機関ではなく，国務各大臣は天皇の輔弼機関として天皇に対して単独で責任を負い連帯責任を負わなかった(国務大臣単独輔弼原則)．内閣総理大臣も他の国務大臣と同格であり，ともに議会に対しては勿論のこと，国民に対しても何らの責任を負わなかった．

主権が天皇にある以上，憲法が地方自治を保障しなかったのはいうまでもない．地方行政組織は法律の形式が用いられ徐々に整えられたが，近代的意味の地方自治の原理に基づくものではなく，中央集権的政府の基礎機構として位置

---

15)　明治憲法は行政権について明文の規定を置いてない．明治維新の当初，律令制に擬した太政官制の復活が図られ，独任制の太政大臣(三条実美)のみが天皇を輔弼した．1885(明治18)年に，内閣職権(太政官達)が発布されるとともに太政官制は廃止された．1889(明治22)年，明治憲法発布と同時に，勅令135号によって従前の内閣官制が改正・補充された．内閣官制という場合，前者の太政官達ではなく，後者の勅令を指すことが多い．内閣総理大臣は天皇に組閣を命じられ，同輩中の首席としての位置を与えられていたが，憲法上各大臣は同格であり内閣は合議体ではなく，各国務大臣がここに天皇を輔弼するものとされた．大浜・法の支配71頁以下参照．

16)　勅令は，公式令(1907年公布)によって定められた法律に次ぐ重要な法規であった．手続上，枢密院に諮詢され，その議を経て上諭を付して公布された．通常は内閣総理大臣と主任の大臣の副署がなされたが，内閣総理大臣が単独で副署する場合もあった．

づけられていたにすぎない．このように，明治憲法下の行政組織は，およそ民主的行政とはほど遠い制度であったといってよい．

（c）国民主権が確立した国における行政組織について見ると，例えばドイツ，フランス等の大陸法系の諸国のように，憲法で行政機関の組織編成権を行政府に授権している国がある．他方，英米に目を転じると，イギリスでは，行政組織は枢密院令で定めるのが慣習化されているので事実上内閣が決定するに等しい．アメリカでは議会が行政組織編成権を完全に握っており（行政組織法律主義），議会が設置したポストに誰を任命するかは大統領の権限とされ，その多くは上院の承認を要するものとされている．ここでは，行政組織に対する議会による民主的統制が重視されている．

（d）これに対して，日本国憲法は国民主権の下に三権分立を採用して，行政権は内閣に属するとした（憲法65）．内閣は，法律の定めるところにより，その首長たる内閣総理大臣およびその他の国務大臣でこれを組織する（同66①）．ここでいう法律とは，内閣法である．議院内閣制が採用された結果，内閣は行政権の行使について国会に対して連帯責任を負う（同66③，69）．間接的に主権者国民に対して責任を負っている．

2　行政組織法定主義

憲法規定　（a）憲法は，行政組織法定主義について何ら規定を置いていない．憲法73条6号は，「この憲法及び法律の規定を実施するために，政令を制定すること」と規定しているが，従来「立法技術的にみて極めてできの悪い規定」との評価が一般的であった[17]．しかし，行政組織を政令で制定することを意味すると読めば，行政組織政令主義も成り立つであろう．つまり，内閣の組織は法律で定める（憲法66①）と明記されているが，行政各部の組織については内閣の命令である政令に委ねると解釈することも理論的には可能である．しかし，現行法は「行政各部」についても行政組織法定主義が採用されている．

17）　佐藤功「わが国における委任立法」公法研究14号40頁．すなわち，この条文を素直に読めば，「この憲法を実施するために政令を制定すること」ができることになるが，憲法を実施するために法律の委任を抜きにして政令制定ができるとする説は皆無であり，法の支配の原理に反する．

（b）問題はどの範囲まで法律で定める必要があるのかである．思うに，行政組織法定主義は行政組織の全てを法律で定めよということではない．そこで，行政組織を法律で定める範囲について，判断基準を設けておかなければならない．

思うに，行政組織の機能と議会による民主的コントロールの視点から考察すべきであろう．行政組織規範は行政主体(国家，あるいは自治体等)の意思の担い手を創設しその権限を定めるものである．行政権は，政策形成と法執行の役割を担うが，そこでは何が合法であり，それをどのような手続の下に実施するかの判断が行われる．確かに行政権は，実体的な私人の権利義務そのものを定めることを主要な任務としていない．しかし，㋑行政主体相互間の権限の分配(国・地方公共団体およびその他の行政主体にいかなる行政権を分配するか)に関して定めるほか，㋺法律の委任を受けて行政立法を定立する場合があるし，㋩私人の権利義務関係に直接影響を与える事実認定を行い，㋥法律関係の実施を担う場合もある．

㋑は行政作用の主体に深く関わる定めである．㋺は，法律の定めた基準を具体化するものであるから，作用法の延長線上にある．㋩㋥は，私人の権利義務と密接に関わるものである．したがって，民主的コントロールの立場からは㋑㋺㋩㋥全て法律によって規律すべきであろう．

他方，㋭行政機関相互間の権限の分配，連絡・調整，㋬権限の指揮・監督については，必ずしも私人の権利義務と直接の関係を持たないから，議会＝法律による統制の必要性は少なく，行政組織内部の規律(政令)に委ねられてもよい．

行政法の基本原理との関係　（a）行政組織法定主義は，「法律に基づく行政の原理」から引き出されるべきものであろうか．行政法の伝統理論は，行政上の法律関係を，行政主体と私人との間の外部関係を規律する行政作用法と，行政主体の内部組織――つまり行政機関相互の法関係――を規律する行政組織法に分けて，「法律による行政の原理」は外部関係にだけ適用されるとしてきた．すなわち，法治国家論は，行政組織の編成権を君主の手に残しながら，人民の自由と財産を侵害する「法規(Rechtssatz)」定立の権能を議会に帰属させてきた．

（b）日本国憲法は，行政組織の編成について規定していない．理論的には

国会で決めるか，内閣で決めるしかないであろう．「法律に基づく行政の原理」から法律で定めるべきだとの見解もあるが，この原理は行政の法律執行過程を統制するものであって，行政組織の細部をどう構成するかの問題までカバーするものではない．仮に法律で内閣に行政組織の権限を与えても，違憲とまではいえないと解される．憲法は内閣と会計検査院の組織は法律で定めることを要請している(憲法66①，90②)．また行政組織の経費は予算で賄うのであるから，国会による予算統制が及ぶことはいうまでもない．

第3節　国の行政組織

1　国の行政組織の意義

憲法規定　(a) 憲法が行政組織について直接規定しているのは，「内閣は，法律の定めるところにより，その首長たる内閣総理大臣及びその他の国務大臣でこれを組織する」こと(66①)，内閣総理大臣は「行政各部を指揮監督する」こと(72)，それに内閣の職務として「一般行政事務」「官吏に関する事務を掌理すること」(73本文・4号)だけである[18]．

憲法72条にいう「行政各部」とは，内閣の統轄の下で行政事務を分担する行政の各部門を意味するが[19]，内閣総理大臣は，「閣議にかけて決定した方針に基いて，行政各部を指揮監督」しなければならない制約がある(内閣法6)．この制約の根拠は，分担管理原則(憲法74)である．分担管理原則とは，内閣に属する事務は内閣総理大臣その他の国務大臣に分担して管理されなければならないことを意味する．つまり，この原則によれば，合議体としての内閣は，憲法73条に列挙された事務を除く外は，各省大臣の分担管理する行政事務に対して「統轄」する権限しか有していない(藤田・組織法124, 126頁)．だから，内閣総理大臣の指揮監督権の行使も，単独では行使できず，行政各部の統轄に

[18)] 憲法上の機関である会計検査院(憲法90)は，行政組織の一つであるが，内閣から独立した地位を有している．

[19)] 内閣総理大臣の指揮督権の対象となる「行政各部」は，国組法3条2項の定める「省，委員会，庁」および内閣府法の分担管理事務を所掌する内閣府(3②, 4③, 6②)である．

限定され，行政各部の統一を図る必要がある場合，または内閣のもつ行政の統轄・総合調整の任務を果たす必要がある場合に限定されると解すべきであろう．

(b) 分担管理原則について，憲法上の原則とみるべきか，立法政策的な原則とみるべきかについては議論がある．近時は官僚に対する政治の優位性，とりわけ首長としての内閣総理大臣のリーダーシップの強化が主張され，総理大臣の権限を拡大することで内閣強化の法改正が行なわれてきたが，次の点には留意が必要である(大浜・法の支配200頁以下参照)．

第一に，憲法は「行政権は内閣に属する」(65)としており，合議体としての内閣中心主義を採用している[20]．第二に，憲法74条は法律及び政令には主任の国務大臣の署名が必要であると規定しているが，その趣旨は各国務大臣が「行政事務を分担管理」(内閣法3①)することを前提にした上で，「署名」は法律および命令に対する「主任の国務大臣」の執行責任を明らかにしたものと解される．第三に，内閣法6条の「内閣総理大臣は，閣議にかけて決定した方針に基いて，行政各部を指揮監督する」の規定も分担管理原則があるから「閣議にかけなければならない」のだと解されてきた．もっとも，内閣法は「行政事務を分担管理する大臣」と「行政事務を分担管理しない大臣」(無任所大臣)を認めており(内閣法3①②)，分担管理原則は憲法上絶対的なものではない．

---

[20] 憲法上，内閣に具体的にどのような権限が属するのかについては，内閣は本来行政権の全般にわたり自ら執行する権限を有するとする広義説と，憲法73条各号に列挙された事務に限定され，それ以外は専ら各省大臣の分担管理するところに委ねられるとする狭義説の争いがある．狭義説によれば，内閣法3条1項の分担管理原則は内閣の権限を限定することになるが，その根拠は憲法74条が行政各部の「長」と国務大臣との同一人制を前提としているからである．これに対して，広義説によれば，憲法73条本文は「他の一般行政事務」と明記されており，内閣法3条の分担管理原則は法律レベルで採用された政策にすぎず，憲法上内閣の権限を制約する根拠にはならないので，各省大臣に対する事務分担は立法政策の問題に過ぎないことになる．両説の対立は，内閣府設置法が内閣府に内閣補助事務の外，「分担管理原則」の対象となる「一般行政事務」を行わせたことにあった．狭義説によれば，内閣には憲法73条各号に列挙された事務以外の権限はなく，各大臣が分担管理する行政権の行使を「統轄」する権限のみを有するに過ぎない．したがって，内閣府設置法が内閣府に「一般行政事務」をも行わせるのは憲法違反ということになる．従来の行政実務の立場とされている．森田寛二『行政改革の違憲性』(信山社・2002年)14頁以下．他方，広義説は憲法73条本文に「他の一般行政事務」と明記されている以上，内閣は行政権の全般にわたり自ら執行する権限があるので憲法違反ではないとする．1999(平成11)年の中央省庁再編は，内閣府に「統轄」以外の事務も担当させているので広義説に拠ったものである(藤田・組織法123頁以下)．

行政組織法の改革　1990年代に行政改革が政治課題となり，1997年12月の行政改革会議の最終報告書を受けて，1998(平成10)年6月に中央省庁等改革基本法が公布され，改革の基本理念や方針，推進体制・手順等を定めた．これに基づいて1999(平成11)年7月，中央省庁等改革関連17法律が成立し，2001(平成13)年1月から，従来の1府22省庁体制から1府(内閣府)12省庁体制に再編された(図1)[21]．中央省庁再編の目的は，それまでの省庁間の縦割り構造に基づく官僚主導の政策形成の弊害を打破し，政治主導による政策の統合と行政の効率化を図ることにあった[22]．

内閣・内閣総理大臣の権限　(a) 国の行政組織については，内閣が国家行政組織を統轄する(国組法1，2①，内府法5②)．内閣が職権を行うのは閣議による(内閣法4①)[23]．会計検査院と内閣の補助機関(内閣官房，内閣法制局，人事院，安全保障会議)は，内閣の統轄下にないので国家行政組織法の規律には服さない[24]．

(b) 行政組織の最高機関は内閣である．日本国憲法は，内閣総理大臣の地位と権限の強化をはかったが，内閣中心主義の原則がとられているので内閣総理大臣の優越性には制約があることに留意する必要がある．

内閣総理大臣は，①内閣の「首長」(憲法66①)であって，国務大臣の任命・

---

21) その後，2006(平成18)年，防衛庁が「省」に格上げされた．また国家公安委員会は内閣府の外局であって委員長と5人の委員からなる合議制機関であるが，委員長は国務大臣が充てられる．したがって，厳格には省でも庁でもないので「1府11省1委員会」というべきであるが，国家公安委員会の事務は警察庁が処理しているので(警察法15，16②，17)，通常「庁」に含め12省庁体制と呼んでいる．なお国家公安委員会の「主任の大臣」は内閣総理大臣である．

22) 背景にあったのは新自由主義に基づく「小さな政府(行政のスリム化)」の実現であった．そのために中央省庁等改革基本法は，国家公務員の「少なくとも10％」の削減を定め，また独立行政法人を政府機構の外にだすことで公務員数の削減を図った．しかし，今日行政のスリム化どころか肥大化が進んでいるのが実態である．行政組織再編のいま一つの目的は，政策形成を官僚主導から政治主導へ切り替えることであった．第一に，省庁設置法の権限規定が削除されるとともに，従来個別行政分野をもたない首相には政策の発議権がなく調整役に徹していたが，内閣法4条で発議権が明記された．第二に，首相の権限強化と補助部局の整備のために内閣官房を強化するとともに内閣府が新設された．もっとも，これらの改革が憲法の予定した議院内閣制や民主主義の実現に資するものか疑問もある．大浜・法の支配206頁以下参照．

23) これを閣議決定という．これに対して，本来主務大臣の所管事項であるが，重要な案件として閣議に付されて決定されるものを「閣議了解」という．実務上の概念である．

24) 国家行政組織法は「内閣の統轄の下に」の語を使っているが，ここでいう「統轄」とは上級行政機関が下級行政機関に対して総合調整および指揮監督することを意味する．

罷免権(憲法68)や閣議を主宰し，内閣の重要政策に関する案件の発議権(内閣法4②)を持つとともに，法律案，予算その他の議案を国会に提出することができる(内閣法5)．また「閣議にかけて決定した方針に基いて」行政各部の指揮監督権を持つ(憲法72, 内閣法6)[25]．さらに主任の大臣間の権限の争いを裁定し，行政各部の処分・命令を中止せしめる権限を持つ(内閣法7, 8)[26]．②内閣府の主任の大臣として内閣府の事務を分担管理する(内府法6②)．③内閣府以外にも，内閣直属の補助部局が担当する事務について主任の大臣である(内閣法制局設置法7, 安全保障会議設置法13)．このように内閣総理大臣は，①②③の三つの法的地位を併有している．

国務大臣　(a) 国務大臣は内閣の構成員であるが，原則として「主任の大臣として，行政事務を分担管理する」(内閣法3①, 国組法5①)．「主任の大臣」を「行政大臣」という(内閣の構成員とは別個の概念であって，内閣府における内閣総理大臣および各省の大臣のことであり，行政長官ともいう)．これを国務大臣＝行政大臣(行政長官)同一人制という．行政大臣の「分担管理する行政事務」は，1「府」12「省」に割り当てられている．

(b) 内閣法は，国務大臣の数を14人以内とし，「特別に必要のある場合」には17人以内とすることができるとしている(内閣法2②)．2011(平成23)年3月11日の東日本大震災からの復興を目的として同年12月内閣の下に復興庁が設置され復興大臣が置かれた[27]．復興庁は2021年3月31日で廃止されること

---

25) 判例によれば，内閣総理大臣は指揮監督権の外に憲法上指示権を有しているが，閣僚に対する「指示」は，法的拘束力を伴わないので閣議にかけて決定する必要がないという(最大判平成7・2・22刑集49巻2号1頁, 行政判例百選19事件)．また「閣議にかけた方針に基づき」とは個別案件のすべての意味ではなく，一般的な方針を定めておくことでもよいと解されている．しかし，内閣総理大臣の所掌事務は，憲法上行政事務全般にわたるものではないので，内閣の意思を媒介にしない場合には「内閣を代表」するとはいえず，指揮監督も指導助言の指示も出すことはできないと解すべきである(塩野・行政法III 59頁)．

26) このうち，行政各部の指揮監督権(内閣法6)，主任の大臣間の権限の争いの裁定権(同法7)は「閣議にかけて」行う必要がある．逆にいえば，閣議を通さないと官僚組織に対して指揮監督権⇒命令を下すことができないということを意味する．しかも閣議は次官会議を経ないと行えない慣行である．そのため，この規定は，閣議の全会一致の慣行とともに官僚支配の切り札とされてきた．もっとも，条文の解釈論としては，内閣が行政権の最高機関であることと，行政事務を各大臣が分担管理することを調和させるための規定と解すべきであろう．

27) 復興庁の所掌事務は復興庁設置法で定められており，国家行政組織法の適用は除外されている．なお復興庁の主任の大臣は内閣総理大臣である．

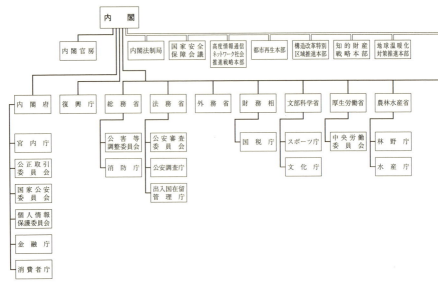

図 1　国の行政組織

になっているが，それまで国務大臣の数は最大限 18 人までとされている．またオリンピック・パラリンピック特別措置法(平成 27 年 6 月成立)により，国務大臣に「東京オリンピック・パラリンピック担当」が追加され，現在国務大臣の数は最大限「19 人以内」である．

2　内閣の補助部局

補助部局の意義　(a) 分担管理原則は，行政権限をコントロールする機能を有していたが，グローバル化が進行した今日，この原則だけでは国内外の状況に的確に対応することは難しく，分担管理原則の限界がはっきりしてきた．そこで国政全体を見渡した総合的かつ戦略的な政策判断と国民のニーズに応える機動的な意思決定をするためには，分担管理原則を遵守しつつ行政各部間の政策調整の必要性が高くなってきた．

(b) 内閣補助部局は，内閣の機能を強化し，内閣総理大臣がリーダーシップを十分に発揮できるような仕組みとして設けられた(内閣法 12④)，具体的には，内閣官房(内閣法 12)，内閣府(内閣府設置法)，内閣法制局(内閣法制局設置法)，

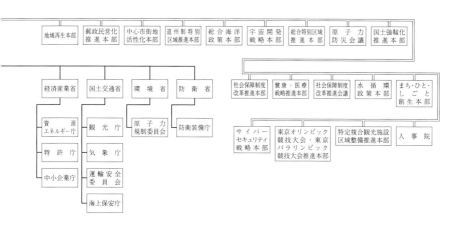

(出典：行政管理研究センター・行政機構図)

安全保障会議(安全保障会議設置法)，復興庁，20の各種本部，原子力防災会議(原子力基本法)，人事院がこれである．これらのうち，人事院を除く補助部局の主任の大臣は，内閣総理大臣とされている．

(c) 内閣法制局は，政府提出の法律案，政令案，条約案を審査し，これに意見を付し，所要の修正を加えて内閣に上申したり，法律問題に関し内閣等に意見を述べたりすることなどを所掌事務とする(内閣法制局設置法3)．内閣法制局の憲法解釈，行政法規の解釈が政府の公定解釈とされている．

(d) 補助部局の一つに複数の「本部」等(都市再生本部など)が設けられている．複数の省庁に跨る問題について総合調整を行い，政府としての統一的な指針，計画を策定し，総合的一元的行政を推進するために設けられるものであるが，内閣府，内閣官房とは別個独立の組織である．法律に基づくものと閣議決定に基づくものがある．前者の場合，主任の大臣は内閣総理大臣であり，かつ本部長である．副本部長は国務大臣が充てられる．本部の事務局は内閣官房や内閣府に置かれている．

(e) 人事院は，内閣補助部局の一つに挙げられてきたが，人事行政の政治的

中立性の要請から，内閣の「統轄」の下になく，「所轄」の下に置かれている(国公法3，4④)[28]．

内閣官房 (a) 内閣官房は，1人の内閣官房長官，3人の内閣官房副長官[29]，各々1人の内閣危機管理監，内閣情報通信政策監，国家安全保障局長，3人の内閣官房副長官補等の行政機関からなる(内閣法12以下)．

内閣官房の主たる事務は閣議事項の整理その他内閣の庶務のほか，内閣の重要政策に関する基本方針の企画・立案・総合調整，閣議に係る重要事項の企画・立案・総合調整，行政各部施策の総合調整，内閣の重要政策に関する情報収集である(内閣法12②)[30]．内閣官房は「戦略の場」として位置づけられていて分担管理事務をもたないが，最高かつ最終の調整機能を与えられた補助部局である．

(b) 従来，各省の事務次官以下の一般職公務員の人事については，事務方の自律性に委ねられていた．他方，政の官に対する優位を確保するために幹部職員の人事を政治が差配すべきだとする主張はかねて根強くあったが，中央省庁等改革基本法13条は，事務次官，局長，その他幹部職員の任命については任命権者が内閣の承認を要するとし，2008(平成20)年の公務員制度改革基本法11条は，内閣官房に人事局を置くと定めた．2014(平成26)年，国家公務員法改正で，国家公務員の人事管理に関する戦略的中枢機能を担う組織として内閣官房に内閣人事局が設置され，各省庁の幹部約600人の人事を首相官邸が一元管理することになり，人事局長は内閣総理大臣が内閣官房副長官の中から指名するので(内閣法21)，官邸の意向が官僚人事に強く反映されるようになった．その結果，従来政策のシンクタンクとしての知恵と技術と誇りを持っていた官僚の政策立案機能が著しく衰弱し，ボトムアップの政策決定は，内閣総理大臣を中心とするトップダウンの方向に大きく舵がきられるようになった．

---

28) 「統轄」とは，上級行政機関が下級行政機関に対して，総合調整しつつ指揮監督することを意味する．所轄については，72頁参照．
29) 内閣官房副長官は，天皇の認証官とされている(内閣法14②)．
30) 特に「内閣の重要政策に関する基本的な方針に関する企画及び立案並びに総合調整に関する事務」(内閣法12②2号)は，内閣官房の専管事項であるから内閣府の事務から除外されていることに注意せよ(内府法4①柱書カッコ書)．

内閣府 (a) 内閣府は，2001（平成13）年1月に発足した内閣の統轄の下における行政機関であるが，国家行政組織法の適用がない（国家行政組織法1）。各省の場合は，組織の基準を定める国家行政組織法があり，その下に各省設置法がある。これに対して，内閣府の所掌事務には，内閣補助事務と分担管理事務（内府法3①②）という性格の異なる二種類の事務がある。内閣補助事務については，各省より上位に位置付けられるが，内閣総理大臣を主任の大臣とする分担管理事務については，組織の基準ではなく設置される組織そのものを定めており，各省と同格の地位にある（内府法7）。

(b) 内閣補助事務は，内閣として恒常的に関与すべき重要政策を補助することであるが，「行政各部の施策の統一を図るために必要となる」短期及び中期の経済の運営に関する事項をはじめ多数の事項の企画・立案・総合調整に関する事務を行う（内府法4①）。このほかにも「閣議において決定された基本的な方針」に基づく重要政策の企画・立案・総合調整の事務も所掌している（内府法4②）。内閣府が「知恵の場」といわれる所以である。

(c) 分担管理事務は，皇室，栄典，公式制度，国の治安の確保等各般にわたるが，それらは「内閣総理大臣が政府全体の見地から管理することがふさわしい行政事務」のことである（内府法3②）。具体的な所掌事務は，内府法4条3項に多様な事務が列挙されている。内閣府は，内閣の統轄の下に，これらの行政事務を分担管理する。

(d) 内閣府には，複数の省庁に跨る政策の調整役として特命担当大臣の職が設けられている（内府法9，11，11の2）。特命担当大臣は，内閣総理大臣を助け，命を受けて，特定の内閣補助事務およびこれに関連する分担管理事務を掌理する（内府法9）。

(e) 内閣府には，内閣総理大臣または内閣官房長官を長とする経済財政諮問会議，総合科学技術イノベーション会議，国家戦略特別区域諮問会議，中央防災会議，男女共同参画会議などの「重要な政策に関する会議」があり，内閣の重要政策に関して行政各部の施策の統一を図っている（内府法18）。

3 内閣の統轄の下にある行政機関

3条機関 (a) 国の行政機関は「省，委員会及び庁」である（国組法3②）。

省の設置,廃止,任務,所掌事務の範囲は別に法律で定める(国組法3②, 4).

(b) 3条の行政機関には,その所掌事務を分掌させる必要がある場合においては,法律の定めるところにより,地方支分部局を置くことができる(国組法9).国の出先機関といわれるものがこれである.国家公務員の3分の2は地方勤務とされている.

省 (a) 省は,各省大臣の分担管理する行政事務および国組法5条2項により当該大臣が掌理する行政事務を扱う(国組法3③).

(b) 省には,内部部局として官房,局が置かれ,官房または局には部(特に必要がある場合),課およびこれに準ずる室を置くことができる(国組法7①②).官房,局,部の設置,所掌事務の範囲は政令で定める(国組法7④).

外局 (a) 委員会と庁は,省の外局としておかれる.外局は内部部局(内局)に対する概念であるが,大臣の「統括」の下にありながら,内局の通常事務と異なる特殊の事務を扱う.

(b) 委員会は,基本的にはアメリカの占領政策の柱である民主化を目的として設置されたが,委員会ごとに,政治的中立性(国家公安委員会),専門技術的判断(公正取引委員会,原子力規制委員会[31]),利害調整(中央労働委員会,公害調整等委員会),と性格が多様である.第一に,委員会は国家意思を決定し表示する機関である.内部部局は事務局(補助機関)と呼ばれる.第二に,委員の任免方法,任期,資格要件が一般の公務員の規律と異なる.職権の独立性に特徴があるため内閣総理大臣または大臣の「所轄」の下にあるが,他方では法案提出権がなく(国組法11),財務省に対して直接予算請求権もない(財政法20).

(c) 庁は,内部部局で処理するには担当事務が大きすぎる場合,あるいは政策の実施に関する機能を重視して設置される.

付属機関 (a) 府,省,委員会,庁には,サービスの提供や研究等の組織として適合的な附属機関を設置することができる(塩野・行政法Ⅲ81頁).付属機関には,審議会等(国組法8,内府法37, 54),施設機関等(国組法8の2,内府法39, 55),特別の機関(国組法8の3,内府法40〜42, 56)の三類型がある.

---

[31] 原子力規制委員会は環境省の外局であるが,原子力規制庁は原子力規制委員会の事務局であって,その長は長官と呼ばれる(原子力規制委員会設置法27①②④).

(b) 国の重要事項に関する調査審議，不服審査その他学識経験を有する者等の合議により処理することが適当な事務をつかさどらせるための合議制の機関を置くことができる(国組法8)．一般に8条機関という．これにも，㋑政策提言型審査会(社会保障審議会，地方制度調査会)，㋺不服審査型審査会(社会保険審査会，情報公開・個人情報保護審査会)，㋩事案処理型審議会(運輸審議会，食品安全委員会)など三種類がある(塩野・行政法 III 82頁)．

審議会は，行政の外部の専門知識のある学識経験者や国民各層の利益を代表する事業者等を参加させることで，中立性を確保しつつ行政の民主化を実現する長所がある．

(c) 施設等機関(国組法8の2)には，財務省の財政総合政策研究所，厚生労働省の検疫所，総務省の自治大学校，防衛省の防衛大学校，法務省の刑務所，少年院などがある．独立法人化される以前の国立大学も従前は文部科学省の施設機関であった．

(d) 特別の機関(国組法8の3)は，「特に必要がある場合」に法律で設置されるもので，法務省に置かれる検察庁，文部科学省に置かれる日本学士院，文化庁に置かれる日本芸術院，防衛省に置かれる自衛隊，総務省に置かれる中央選挙管理会，国税庁に置かれる国税不服審判所などがある．なお，警察庁は内閣府の特別機関である(内府法56)．

第4節　行政組織の構成原理

1　分配・結合・調整の原理

分配と結合の原理——階層制　(a) 行政組織は，行政権の一定の活動を前提として成り立っている．行政権の活動は，行政機関を通して私人に対して行使されるものであり[32]，その法的効果は国に帰属する．つまり，行政組織は組織すること自体が目的なのではなく，行政活動によって実現される一定の政策目

---

32) 行政権の活動には，対外的な国際的活動があるが，これは国際法の規律に服するので，ここではこれを除いた対国内活動に限定して話を進める．

的を達成する手段にすぎない．したがって，行政権の本来の目的である政策形成や法律の執行が適切かつ効率的に遂行されるような組織でなければならない．

(b) 司法組織では「機関の徹底的な同位秩序」が支配しているのに対して，行政組織においては「上下秩序」が支配する点に特色がある．行政意思の分裂は許されないからである．

行政意思を貫徹するためには，行政権の頂点に位置する内閣から末端の行政機関(職員)に至るまで上下秩序＝階層制(hierarchy)が不可欠である．階層制は，単線の上下関係ではなく，あたかもピラミッドのように，行政組織の底辺から頂点まで同位の機関が並立する階層がいくつかあり，階層を昇るにつれて機関の数は減少し，頂点において数は一つになる構造を有している．すなわち，いくつかの「係」が次の層の「課」を構成し，それを底辺として一つの「局」が形成され，さらに局を底辺として大臣を頂点とする「省」が作られる．逆に言えば，「省」に管轄として分配された「事務」は，種類ごとに「局」に配分され，さらに局内の「課」に分けられ，課内の事務はさらに細分化された「係」に配分される．この細分化された最少の活動単位を「職」という．「職」は一人に割り当てられたひとまとまりの職務であり権限である[33]．自然人たる公務員を初めてこの「職」に就けることを採用といい，他の「職」に移すことを昇任，降任，転任，配置換えという．

このように，階層制はピラミッドの各層の底辺における「分配の原理」と，頂点における「結合の原理」からなっている(佐藤・組織法57頁以下)．憲法のいう「行政各部」は，行政事務について「分配の原理」と「結合の原理」が存在することを前提としているものと解される．

調整の原理 (a) 行政組織における第三の原理が「調整の原理」である．行政組織は，分配と結合の原理だけではその目的を十分に果たすことができない．分配の原理は，必ずしも一つの基準によって徹底的に行われている訳ではなく，

---

[33] 国家公務員法は「職」を一般職と特別職に区分している(国家公務員法2①)．国家公務員法は，事務官・技官等の分類を除いて，「官」と「職」を区別していないが，明治憲法下では「官」は官吏の身分を表し，「職」は具体的な職務を意味した．もっとも，裁判官や検察官は，現行法の下でも官と職が区別されており(裁判所法39，40，47，検察庁法3，15，16)，例えば，判事の「官」にある者を東京地方裁判所所長の「職」に付けるという言い方をする．

実際にはしばしば省庁間に事務の競合が見られる．また縦割り行政の弊害もつとに指摘されてきた．さらに権限行使の独立性が保障された機関(人事委員会や公正取引委員会)など性質上，指揮監督を及ぼすべきではない行政事務の分野もある．これらは現代行政の複雑性の反映でもあるから，肥大化した行政組織には色々な意味で「調整」が必要となっている．内閣の権限の一つである「国務を総理する」(憲法73・1号)とは，行政権の最高の機関として社会に必要な政策を策定し，各行政機関の総合調整を図りながらそれを実施することを意味する．その意味で内閣の調停機能は憲法上の要請ともいえる．

　第一に，ピラミッド構造の頂点に位置する省庁間の調整制度が注目される．内閣官房による総合調整，内閣府による総合調整(内府法5②)，各省間での調整(中央省庁等改革基本法28・1号2号，内府法7⑦，国組法2②，15)という三つのレベルでの調整が行われている．

　第二に，対等な行政機関相互の調整・協議も制度化されている．共管事項を設けるもの(石油パイプライン事業法5①，41は総務大臣，経済産業大臣と国土交通大臣の共管による基本計画の決定)や協議を定めるもの(道路法32⑤の定める道路管理者と警察署長の協議)，他の行政機関に対して権限行使の勧告・要請を定めるもの(大気汚染防止法21①の知事から都道府県公安委員会への要請)がある．協議とは，一般的に対等な行政機関が相互に話し合うことであるが，共管事務が存在することが前提となる．もっとも，主務官庁と関係行政機関との間の協議(河川法53の定める流水許可，河川区域内の土地占用許可，工作物の新築の許可について国土交通大臣が関係行政機関と行なう協議)もある．

　第三に，調整のための機関が置かれていることにも注目しなければならない．事務次官の任務は，「大臣を助け，省務を整理し，各部局及び機関の事務を監督する」こと(国組法18②，内府法15)にあるが，広い意味で省の所掌事務一般について調整を行うための補佐機関といえよう．他方，「官房」の重要な任務の一つが調整にある(内閣法12②)が，内閣，内閣府および省には「置く」とされている(内閣法12①，内府法17①，国組法7①)のに対して，庁には「置くことができる」とされている(国組法7③)．また各省組織令で規定された各省の大臣官房の任務も，各省内部における「調整」である．各省および各庁に置くことができるものとされた「総括整理職」(国組法18④)は，法律で定められた

「所掌事務の一部」について調整する権限と責務を負う[34].なお,政令によって内部部局たる「官房,局若しくは部又は委員会の事務局」に置くことができるとされる「総括整理職」(国組法21④)についても同様である.

(b) 戦後,わが国の行政組織＝公務員制度は,アメリカ型の職階制(position classification system)を基礎に資格任用制を導入したが,この制度の根底には,組織とは「職」＝職務・職責の体系であり,その職を遂行するにふさわしい人材を任用すべきだという考え方がある[35].職階制によって人よりも「職」に重点をおいた科学的な人事管理(アメリカ型の開放型任用制)が可能になる筈であったが,実際には日本では,終身雇用と年功序列を基本にした閉鎖型任用制が採用され,人事院の度重なる完全実施の試みも挫折し,職階制は有名無実となっていた.2007(平成19)年,国家公務員法改正および「国家公務員の職階制に関する法律」の廃止によって,職階制は廃止された.地方公務員法においても2014(平成26)年の地方公務員法改正により,職階制は廃止になった(地公法旧23).

2　行政機関の相互関係——行政官庁法通則を中心に

行政機関　行政機関の対外的な権限は,形の上では行政官庁の権限として現れる.しかし,実際には,行政決定は下部組織を含む行政の内部の複合的な決定である.行政組織法の観点からは,その内部の階層制に着目して,どのように職務が分配され,指揮監督権の下に結合されるのかに注意を払う必要があろう.各省庁設置法は,事務配分的な行政機関概念を採用しているために,その任務と所掌事務を「行政庁(各省大臣等)」の権限としてではなく「各省庁」の権限として規定している.

---

34) 財務省に置かれる財務官(財務省設置法5),国土交通省に置かれる技監,国土交通審議官(国土交通省設置法5)等がその例であり,次官級の官職である.

35) 国家公務員法旧29条1項は「職階制は,法律でこれを定める」と規定し,これを受けて「国家公務員の職階制に関する法律」(昭和25年法律180号)が制定されたが,その2条1項は,「職階制は,官職を,職務の種類及び複雑と責任の度に応じ,……分類整理する計画」と定義していた.これは職務の性質に着目して「職種」にまとめ,これを職務の複雑さに応じて「職級」にまとめ,職級明細書を作成して,すべての官職をいずれかの職級に格付けして整理分類することを予定したものである.これを開放型任用制という.

国家の意思を決定し，これを外部に表示する権限を有する行政機関が行政庁である．誰が行政庁にあたるかは，国家行政組織法および各省設置法で特定される．例えば，医薬品の製造販売は厚生労働大臣の許可が必要であるが(医薬品・医療機器等法12)，厚生労働大臣の権限は，国家行政組織法および厚生労働省設置法によって定められている．

権限の限界　行政官庁の権限は限界がある．権限の行使は個別法の定める所掌事務の範囲にとどまる．また地域的にその職務を行う範囲が画されている場合がある(税務署長)．これを管轄区域といい，一定範囲の人にだけ及ぶ場合を対人的限界という(人事院規則は一般職の公務員だけを規律する)．さらに，一定の行為形式のみが許されている場合があり(政令は内閣のみ，省令は大臣のみが出せる)，これを形式的権限という．

上級機関の指揮監督　階層制は，「職」のそれぞれを上下関係で位置づけ，上位の職に下位の職に対する指揮監督権を与えている(内府法7，58，国組法10～14)．これによって行政組織の統合が図られる．指揮監督権には，次のものがある．

(i) **監視権**　上級機関は下級機関の事務処理が適切に行われているかについて把握するために，上級機関の担荷する事務について報告を求め，帳簿等の書類を閲覧し，事務の現状を視察する等の権限が必要である．これが監視権である．

(ii) **同意・承認権**　下級機関が権限を行使するにあたって，予め上級機関の同意または承認を受けなければならないことがある．例えば，都道府県が都市計画区域を指定しようとするときに国土交通大臣の同意を得なければならないとされている(都市計画法5③)．同意を得られない場合，法律に特別の定めがないかぎり，下級機関は不同意の取消訴訟や義務付け訴訟を提起できない[36]．

(iii) **訓令権・通達権**　上級機関がその所掌事務につき指揮命令権に基づいて下級機関に対して発する命令を「訓令又は通達」という(内府法7⑥，58⑦，国

---

36)　この種の監督手法を「許認可権」ともいう．この用語は，私人の権利義務を規制するものではなく，行政組織内部の行政機関の権限行使の規制に関するものであるから，「同意・承認」の語の方が適切であろう(藤田・組織法75頁)．

組法14②).一般に訓令を文書化したものを通達というが,両者とも指揮命令権に基づくものであって,下命と通知の性質を併有する(藤田・組織法77頁).

(iv) **取消・停止権** 通説は上級機関が下級機関の行った行為を違法と判断した場合に,その効果を失わせる取消権と一時的にストップさせる停止権を認めてきた(田中・中38頁,佐藤・組織法238頁).行政処分は適法に行われるべきであるから(適法処分の原則),これが違法に行われた場合に取消権は認められるべきである.

近時は法律の根拠なしに取消・停止権を認めるべきではないとする否定説が有力である(原田・要論52頁,大橋・行政法Ⅰ406頁).また職権取消しを「命ずることができる」だけだとする説もあるが,下級行政機関がこれに従わない場合に,単に懲戒権を発動するだけでは指揮監督権の実効性がないので,取消権を認めて差し支えないと解する.

(v) **代執行権** 上級機関が下級機関に代わって権限を行使することをいう.法律の根拠なしに代執行権を行使することはできない(塩野・行政法Ⅲ40頁).

(vi) **権限争議裁定権** 下級行政機関相互間の権限に関する争いを上級機関が裁定することである.行政機関の権限争議は,法律上の争訟性を欠くので裁判所の審判の対象とならない.したがって,基本的には関係する行政機関の上級機関によって裁定されることになるが,協議が調わないときには内閣総理大臣が閣議にかけて裁定する(内閣法7).

権限の委任と代理 (a) 行政庁は,法律によって与えられた権限を自ら行使するのが原則であるが,場合によっては他の行政機関にこれを行わせることもできる.これが代理や委任という方法である.

(b) **権限の委任** 権限の委任とは,行政官庁がその権限の一部を他の行政機関(下級行政庁または補助機関)に移譲する行為をいう.委任の語が用いられず,「分掌」(国有財産法9①②),「行なわせる」(国家公務員法21)などの語が用いられる場合もある.ところで,行政法上の委任は民法の委任とは概念が異なる点に注意を要する.民法上の委任は契約の一つであって,受任者は委任の本旨に従い,善良な管理者の注意をもって,委任事務を処理する義務を負い(民法644),受任者は,委任事務処理の状況や委任終了後の経過および結果報告の義務(民法645)がある.つまり,委任者に受任者をコントロールする権限が残されてい

る．また各当事者はいつでも契約を解除できる(民法 651)．

　これに対して，行政上の委任は，A 庁が B 庁に自己の権限を委任した場合，その権限は B 庁に完全に移り，A 庁はその権限を失う．B 庁は委任された事項の処理にあたっては自らの名を表示しなければならない．したがって，委任された権限行使の効果も責任もまた B 庁に帰属する．もっとも，委任が下級機関に対して行われた場合には，上級機関としての指揮監督権は残ると解される．したがって，委任には，必ず法律の根拠が必要である(国公法 55②，地方自治法 153①②，電波法 104 の 3①)．委任が効力を生ずるには，その旨を受任者に送達するだけでなく，一般に公示する必要がある．

　(c) 権限の代理　権限の代理とは，行政庁の権限の全部または一部を他の行政機関(補助機関または他の行政庁)が代わって行い，それが本来の行政庁の行為として効果を生じることをいう．委任のように，権限の所属が変更されるのではなく，権限は依然として本来の行政庁に属し，代理機関は被代理庁の代理者であることを外部に明示してその権限を行う(顕名主義)．代理関係が効力を生ずるには，その旨を公示する必要はない．「代行」(国公法 11③)，「職務を行う」(内閣法 9, 10)の用語法もある．

　(i) 法定代理　権限の代理のうち，法定の要件事実の発生に基づいて，当然に代理権が発生する狭義の法定代理(国公法 11③，なお地方自治法 152①)と一定の要件が生じた場合に一定の者により指定される指定代理(内閣法 9, 10，地方自治法 152②③)とがある．後者は，実務上，特に法律上の根拠がない場合にも任命権を根拠に認められると解されている．

　代理の範囲については，大臣の代理が，事務次官の更迭などもできるのかという形で問題になるが，一身専属的な権限については代理の範囲を超えると解される．

　(ii) 授権代理　被代理庁の授権行為に基づいて代理関係が生ずる場合を授権代理という．法律の根拠が必要かどうかについては消極説もあるが，通説は，行政官庁の担荷者がその権限の全ての事項を自ら処理することは事実上困難であり，補助機関にこれをさせることは違法とはいえないとして法律の明文の規定は不要だとしており(塩野・行政法 III 32 頁)，実務上も法律の根拠なしに行われる．代理の場合，行為の効果は被代理機関に帰属するし，代理機関に対する

指揮監督権も残るので，特に法律上の根拠は不要と解してよいであろう．

専決・代決 (a) 専決・代決は，内部的な事務処理方式であり，行政官庁が補助機関に代理権を授与することなく，事実上，当該事務処理の最終決定権(決裁権)を与えるが，外部に対しては行政官庁の名で表示されるものである．現実の行政運営では，補助機関が行政庁の印を押印することは頻繁に行われているが，明文規定はない．通常は，訓令(文書管理規則)の形式で行われている．その意味で，行政運営上の慣習とみるほかない．

(b) 専決・代決は，内部的委任ともいう．「専決」とは，行政庁の権限事務を補助機関が常時，代わって決裁することが認められている場合をいう．外部に対しては行政庁の名で権限行使されるが，補助機関が行政庁の名義を無断で用いるのではなく，慣例上，決裁権限が委ねられている場合でなければならない．大臣の命によって，事務次官が大臣の名で依命通牒(通達)を発するような場合がこれにあたる．

「代決」は，特に行政庁や専決者が休暇その他の事故等で不在のときに，より下級の補助機関が決裁者に代わって決裁する場合をいう．内部的に決裁権者があらかじめ直近の下位の機関に指定してある点で専決と異なる．外部的に代理であることが表示されない．代決者は事後に決裁権者に報告する義務がある．

(c) 専決・代決は厳密な意味での法律の根拠を欠き，慣習として行われているが，裁判の場でその適法性が問われることもある．デモ行進の許可権限を公安委員会が警視総監以下の警察官に内部委任するのを適法としたもの(東京高判昭和39・4・27東高裁刑時報15巻4号73頁)，分限免職処分を教育長に専決させた事案につき，これを適法としたものがある(最判昭和43・2・16教育人事関係裁判例集6巻49頁，教育判例百選101事件)．また住民訴訟(4号訴訟)において補助職員の不法行為責任を肯定した事案がある(大浜・行政裁判法319頁，最判平成3・12・20民集45巻9号1455頁，行政判例百選22事件)．三菱ふそう事件では，国土交通大臣による道路運送車両法旧63条の4に基づくリコール等の改善措置に関する報告要求が，内部規定で専決を許された課長ではなく課長補佐だったことが問題にされた．原審は無罪としたが，控訴審判決は，リコール対策室長がメーカーに指示を出すことは大臣も了承していたので適法な要求であったとし，専決権者より下位の職員に委ねることを認めた(東京高判平成20・7・15判時2028

号 145 頁＝三菱ふそう事件).

第5節　自治体の行政組織と事務

1　はじめに

（a）明治憲法には，地方自治を保障する規定はなかった．地方制度は府県制・郡制(1890年)，市制・町村制(1888年)のいずれも法律によって定められていたが[37]，府県知事は内務大臣によって任命された勅任の官吏であり，市長は長らく内務大臣が天皇の裁可の下に任命し，町村長も町会が選出して府県知事の許可を得なければならなかった(1936年から43年までの間は，市町村長は市町村会による選出制となった)．地方行政は非権力的事務に限られており[38]，国は地方公共団体に対して一般的後見的な監督権をもち，強力な指導と監督を行っていたので，基本的に地方公共団体は政府の事務を地方に分担させるための国の出先機関にすぎなかった[39]．

日本国憲法は，地方公共団体の組織と運営は「地方自治の本旨(principle)に基いて，法律でこれを定める」と定めた(92)．住民に身近な地方の事務は，国から独立した地方公共団体を設けて(団体自治)，住民の意思に基づいて実施すること(住民自治)を保障したのである．すなわち，地方公共団体には広範な立法および行政の権能が保障されている(94)[40]．他方，国には立法および司法的

---

37)　府県制は郡制とともに1890(明治23)年にプロイセンの制度を範として制定された．郡制は1923年に廃止された後も郡長が管轄していたが，1926年に郡長制度の廃止後は単なる地理的名称となった．他方，市制・町村制もプロイセンの制度を範として明治憲法および帝国議会開設に先行して制定されたが，1911年に市制と町村制に分けられ，1947年の地方自治法の制定により廃止された．

38)　地方公共団体は，事業団体として社会的サービスの提供を主要な任務としており，統治団体としての性格は弱かったので，これを中間団体とする説もある．塩野宏『国と地方公共団体』(有斐閣・1990年)3頁以下．

39)　明治憲法下の地方公共団体は，固有事務(公共施設の設置管理などの非権力的事務や団体の組織および財務に関する事務)，団体委任事務を国の後見的監督の下に執行していた．これ以外に，都道府県庁が，地域の公共の秩序を維持する行政事務を処理したが，これは内務大臣の任命にかかる県知事等が国の官吏の立場で行ったものであって，地方公共団体の事務ではなかった．

関与が認められているが,行政的関与については国全体の総合的施策を必要とする分野に限って法律の定めに従って認められるにすぎない.

(b) 戦後,いくどとなく地方の時代が叫ばれたが,憲法の理念を実現した法制度というには程遠い実態が続いていた.とりわけ機関委任事務の仕組みは,都道府県知事や市町村長を国の機関と位置づけることによって,国,都道府県,市町村の間に実質的な上下関係を築くものであった.1995年地方分権推進法は,国と地方公共団体との役割分担,地方公共団体の自主性・自立性を高めること,個性豊かで活力に満ちた地域社会の実現を図ることを基本理念として地方分権改革を目指すものであったが,1999年に地方分権一括法が制定(2000年4月1日施行)され,地方自治法も根本的な改正がなされ,機関委任事務の全廃,国の関与の縮減,国・地方公共団体(以下,自治体という),都道府県と市町村の「行政的対等原則」が盛り込まれた[41].

2 自治体の行政機関

自治体の組織 (a) 憲法92条は「地方公共団体の組織及び運営に関する事項は,地方自治の本旨に基いて,法律でこれを定める」と規定している(地方行政組織法定主義).自治体の行政組織の特色の第一は,首長主義(presidential system)の採用である.すなわち,自治体においては,議事機関としての議会と執行機関[42]としての「長」とが,ともに住民の直接選挙で選ばれる二元的代表制が採用されている.議会と長を対立させ,相互に抑制と均衡を図りながら地方行政の運営を行う趣旨であるが,他方,長に対する不信任決議(地方自治法

---

40) 自治立法権とは,条例制定の権能をいい,自治行政権とは,地方公共団体が自ら担当すべき事務の範囲を定め,その事務を自ら遂行することをいう.自治行政権を担保するために,憲法上,自治財政権,自治組織権も保障されていると解される.裁判例は,地方公共団体に憲法上,自主財政権,課税権があることを認めている(福岡地判昭和55・6・5判時966号3頁=大牟田市電気税訴訟,地方自治判例百選3事件).

41) 村上・地方分権がこの間の改革の経緯と論点を俯瞰するのに便利である.なお,制度改革の裏づけとなるべき,国庫負担金の見直し,国から地方への税源の移譲,地方交付税の見直しのいわゆる「三位一体改革」が目下の課題とされている.

42) 講学上の「執行機関」は,警察官や徴税職員のように私人に対して実力を行使する権限を与えられている行政機関を指すが,自治法でいう「執行機関」は自治体の意思を内部的に決定する議事機関(議会)と対比して用いられており,講学上の行政庁にあたる.

178①，以下，条文だけの引用は地方自治法を指す）とこれに対する長の議会解散権(178①)が認められるなど，首長主義を基本としつつも議院内閣制的な要素が取り入れられている．

 (i) 議会は，議決機関として条例の制定・改廃，予算を定める等，重要な事項に関する議決権を持つ(96①)．さらに「議会で議決することが適当でないものとして政令で定める」法定受託事務を除き条例で議会の議決事項を追加することができる(96②)．その他，議会は，執行機関に対する監視・統制権として，検閲権・検査権・監査請求権(98)，意見書提出権(99)，調査権(100)等を持っている．さらに，選挙権(97, 103, 182)，会議規則の制定，議員資格の決定・懲罰などの自律権が認められている(120, 127, 129～135, 137)．

 (ii) 首長は，自治体を「統轄し，これを代表する」(147)とともに，自治体の「事務」を「自らの判断と責任において」誠実に管理・執行する(138の2, 148)．長が管理・執行する事務(担任事務)は，議会への議案の提出，予算の調製・執行，地方税の賦課徴収，財産の取得・管理・処分等が概括的に例示されている(149)[43]．担任事務の管理・執行については住民に対して直接責任を負うものと解される．長は「議会の議決について異議があるときは」これを再議に付することができる(176)．「議会の議決又は選挙」が違法と認めるときは，長は再議に付すか再選挙を行わせなければならない(176④)，その他，長には議会を招集し(101)，予算案を提出する権限(211)がある．また，議会が成立しない場合や議会が指定した軽易な事項については，議会の権限を代行する「専決処分」が認められている(179, 180)．

 2017(平成29)年の地方自治法改正で，長によるガバナンスの強化として，内部統制に関する方針と体制整備の規定が設けられた(150)．これは第31次地方制度調査会答申および会計検査院による「不正経理」の指摘を契機とするものであるが，都道府県知事および政令指定都市の市長は，内部統制に関する方針を定め，これに基づき必要な体制を整備しなければならないとされ，市町村長の場合は，努力義務とされている(150①②)．事務の管理・執行が適法・適正に実施され，住民の福祉の増進を図ることができるように，毎会計年度，首長

---

43) 列挙された権限には長の排他的権限に属するものがある(180の6)ことに注意せよ．

自らが行政サービスの提供等の統制評価報告書を作成して議会に提出させることにしたものである[44].

(b) 第二の特色は，執行機関(長，委員会，委員の三種類)の多元主義が採られていることである．執行機関は法律で定めるものとされ(138 の 4①)，条例で設置することはできない(執行機関法定主義)[45]．自治体では，首長主義の下，地方行政の総合性を確保し行政責任を明確にするために長に権限が集中する仕組みがとられている．しかし，自治体行政の，民主的で公正な運営(選挙管理委員会〔181〕，監査委員〔195 以下〕)，政治的中立性の確保(公安委員会〔180 の 9〕，教育委員会〔180 の 8〕)，利害調整(農業委員会〔202 の 2④〕，地方労働委員会〔202 の 2③〕)等を目的として，長から独立して職務権限を行使する執行機関として，法律の定める委員会，委員の制度が設けられている(180 の 5, 138 の 4①)．

委員会とは，講学上の行政委員会であって合議制であるが，委員は独任制であって現行法上は監査委員があるだけである(180 の 5①4 号，195)．ともに法定主義が採用されているために，自治体の情報公開制度では，不開示決定に対する不服申立ては形式上，長・委員会などに対して行い，実際の審査は諮問機関である情報公開審査会で行う形が採用されている．その答申を長が事実上尊重する慣行が定着しつつある．

各機関は，委員の身分保障のほか，職務の独立性(138 の 2)，規則制定権が認められている(138 の 4②)．もっとも，委員会等は「長の所轄の下に」置かれ(138 の 3①)，長の「統轄」に服する(147)ことを忘れてはならない．ここで「所轄」とは，実質的に上下関係にない，ある程度独立性をもった機関が形式的に他の機関の下に属することをいう．所轄庁は，法令所定の権限を行使するが，それは人事権，予算請求権，事務について報告を受ける権限等であって，

---

44) 宇賀克也編『2017 年地方自治法改正』(第一法規・2017 年)2 頁以下(宇賀執筆)，8 頁以下(板垣勝彦執筆)，堀内匠「内部統制および監査制度に係る改正までの道筋」自治総研 2017 年 8 月号 32 頁以下．

45) 執行機関法定主義の結果，条例で法定外の行政委員会を設置することもできないと解される．なお，実際には，地方自治法が定めるもの(選挙管理委員会，監査委員)以外は個別法が定めており，具体的には，地方教育行政の組織及び運営に関する法律(教育委員会)，地方公務員法(人事委員会または公平委員会)，警察法(都道府県公安委員会)，土地収用法(収用委員会)，労働組合法(都道府県労働委員会)，農業委員会等に関する法律(農業委員会)などがある．

個々の権限行使について具体的な指揮命令権を有しない[46]．そこで，自治体行政の一体性・総合性や有機的運営を確保するために長による総合調整の仕組みが採用されている(138の3③，180の2〜180の4)．

(c) 第三の特色は，自治体組織の基本構造についての画一主義である．アメリカやドイツの自治体組織は複雑であるがバラエティーに富んでいるのに対して，日本では戦前に真の意味の自治体がなく，日本国憲法下で住民自治を確立する必要から，人口 1000 万人を超える東京都から人口 200 人弱の東京都下の青ヶ島まで，地方自治法によって画一的な自治体組織が定められている．もっとも，議会の議員定数(90，91)，役職の配置(161，168)，附属機関の設置(138の4③)，内部組織の構成(158)など一定の範囲では個別の自治組織権が認められている．

内部組織 (a) 自治体の執行機関の組織は，「長の所轄の下に，それぞれ明確な範囲の所掌事務と権限を有する執行機関によって，系統的に」構成されなければならず，「執行機関相互の連絡を図り，すべて，一体として，行政機能を発揮するようにしなければならない」(138の3①②)．執行機関は，法律で定めることになっている(138の4①)．自治体の情報公開審査会が執行機関ではなく，諮問機関とされているのはそのためである(執行機関法定主義)．以下では，「長」を中心に述べる．

(b) 長の職務を補佐するために，補助機関が置かれる．補助機関は，都道府県に置かれる副知事，会計管理者，市町村に置かれる副市町村長，会計管理者，出納員その他の会計職員，それに一般職に属する職員及び専門委員などによって階層的に構成されている(161，168，171，172，174)．

自治体の長は，その権限に属する事務を系統的に分掌させるために内部組織

---

[46]　内閣と人事院(国家公務員法3①)，都道府県知事と都道府県公安委員会(警察法38①)も同様の関係にある．なお，平成11年改正前の国家行政組織法4条は「前条の行政機関の所掌事務の範囲及び権限は，別に法律でこれを定める」と規定していた．改正法は「任務及びこれを達成するため必要となる所掌事務の範囲」と文言を改めた．「権限」の語が削除され，「任務」の語が持ち込まれたのである．これは従前の各省設置法が，所掌事務と権限を列挙していたことと対応していたが，設置法に権限を規定することの弊害を慮って，こうした規定の仕方を改めたために，国家行政組織法4条の文言も改められたものである．地方自治法138条の3第1項の文言は，国家行政組織法4条の文言と平仄が合わないことになったことに注意せよ．

を設けることができる(158). 2003(平成15)年の地方自治法改正前には，都には局，都道府県には部を置き，局または部の数を法定し，条例で必要に応じて増減できるものとし，市町村は条例で部課を置くことができるが，その数などは法定していなかった．しかし，内部部局に対する規制は自主組織権に対する侵害だとの批判もあったため，法改正によって，内部組織の数や名称に関わる定めは削除され，内部組織の編成については，「事務及び事業の運営が簡素かつ効率的なものとなるよう十分配慮」(158②)して，各自治体が自由に定めることができるようになったのである．もっとも，長の直近の下位の内部組織の設置およびその分掌する事務については条例で定めなければならない(158①)．その条例の制定・改廃は遅滞なく，その要旨その他総務省令で定める事項について都道府県にあっては総務大臣，市町村にあっては都道府県知事に届け出なければならなかった(旧158③)が，2011(平成23)年の改正によって，この届出義務は廃止された．

(c) 自治体の長は，その権限に属する事務を分掌させるため，条例で，必要な地に，都道府県にあっては支庁または地方事務所，市町村にあっては支所または出張所(これらを「一般的出先機関」という)を設けることができる．これら出先機関の位置，名称および所管区域は条例で定めなければならない(155①②)．

(d) 自治体の長は，一般的出先機関のほか，「法律又は条例の定めるところにより，保健所，警察署その他の行政機関」を設けなければならない(156①)．これを「特別出先機関」という．「その他の行政機関」とは住民の権利義務に影響を与え得るものを指すと解される．「公の施設」でも，そのような性質を有する限りこれにあたるが，156条3項の「所管区域」になじまない公の施設(病院・学校など)は「行政機関」にはあたらない．特別出先機関は，長の補助機関としてではなく，独自の名と責任で事務を執行する点に特色がある．

(e) 執行機関には，法律または条例の定めるところにより，執行機関の附属機関として自治紛争処理委員，審査会，審議会，調査会，その他の調停・審査・諮問・調査のための機関を設置することができる(138の4③，202の3)[47]．

---

47) 附属機関と似て非なるものに公の施設(244)がある．これは自治体が「住民の福祉を増

附属機関には都道府県における環境保全審議会のように法律で設置を義務付けられているものもあるが，それ以外は，自治体が法律または条例に基づいて随時設置できる．

3　自治体の事務

自治体の権利能力　(a) 自治体は，「地域における事務及びその他の事務で法律又はこれに基づく政令により処理することとされるものを処理する」(2②)．法人たる自治体にとって，「処理する事務の範囲」とは自治体の「権利能力の範囲」を意味する．

自治事務の中核は前段の「地域における事務」であるが，その中身は法定されていない．「地域における事務」であっても，法律・政令で法定受託事務とされることがあり得るし，また国の行政機関が自治事務について直接執行することも認められている(250の6)が，2条2項の趣旨は，基本的には自治体が住民の福祉増進のために自主的に「地域の事務」と判断して条例を制定し実施することが期待されているといえよう．後段の「その他の事務」は，例外であって，例えば「北方領土問題等の解決の促進のための特別措置に関する法律」11条に基づいて，根室市が北方領土に本籍を有する者の戸籍事務を処理している場合のように，本来は地域事務に該当しないが，特に法令で処理するものとされている事務(非地域的法定事務)をいう．

(b) 市町村の区域内に住所を有する者は，当該市町村および都道府県の住民であり，住民は法律の定めるところにより，その属する自治体の「役務の提供をひとしく受ける権利を有し，その負担を分任する義務」を有する(10)．自治体行政の守備範囲は，福祉国家理念の下で急速に拡大してきたが，近時は，市場原理による公共的問題の解決と自己責任を強調する小さな政府論が有力化し，国の基幹政策として国と自治体の行政のあり方に大きな影響を与えている．地方分権改革の根底にも，新自由主義的な思想が流れていることは確かである．

しかし，市場は万能ではない．また国家も政府も，もともと市場で解決でき

進する目的をもってその利用に供するための施設」であり，図書館，公民館，劇場，体育館，病院，公園などがある．

ない問題を解決するための機構として誕生したことを忘れてはならない．伝統的な地域コミュニティーが失われ，都市型社会が到来した今日，地域の治安の維持，まちづくりの責務，弱者に対する福祉サービスなど市場システムでは供給することのできない固有の自治体サービス（事務）は残るし，むしろそのニーズはますます強まっているといえよう．

分権改革前の事務区分 （a）1999（平成11）年改正前の地方自治法では，自治体の事務は，自治事務と機関委任事務に大別され，自治事務は，さらに，公共事務，団体委任事務，行政事務に三分されていた[48]．また，自治体が処理できない八つの事務が掲げられていた（旧2⑩）．

（b）旧規定の下における自治事務のうち，公共事務（固有事務）は，伝統的に組織運営事務と自治体の存立目的を達成するための事務として非権力的事務を指す概念であった[49]．団体委任事務は，形式的観点にたった区別であって，「法律又はこれに基く政令により」自治体に委任されたものをいう[50]が，個々の法律の授権によるから権力的事務，非権力的な管理事務，費用負担に関する事務，調査統計に関する事務などその内容は雑多で統一した性質がなく，委任した側に監督権はなかった．行政事務は，内容に着目した概念であり，日本国憲法下で初めて登場した権力的規制事務のことであったが，条例を根拠にする必要があり（旧14②），公安条例，公害防止条例，青少年保護条例等が制定されてきた．

（c）機関委任事務とは，国（その他の団体）がその権限に属する事務を法律（またはこれに基づく政令）で都道府県知事，市町村長その他の執行機関に委任して

---

48) 改正前2条2項は「普通地方公共団体は，その公共事務及び法律又はこれに基く政令により普通地方公共団体に属するものの外，その区域内におけるその他の行政事務で国の事務に属しないものを処理する」と規定し，3項は地方公共の秩序の維持，公園・道路・河川等の管理など22の事務を例示していた．

49) 伝統的学説は，自治体は警察権の発動のような私人の権利自由を剥奪するような権力的行政は行えず，もっぱら住民に対する積極的なサービスを担当する公共事業団体のようなものと考えてきた．したがって，上下水道などの公共事業の実施や公共施設（道路，公園，病院など）の設置管理や地方公営企業の経営などがこれに含まれるとしていた．日本国憲法下で，自治体の位置づけは根本的に変化したので，伝統的学説には問題があった．1999年の自治法の改正で従前の「公共事務」を論ずる実益はもはやない．

50) 具体的には，伝染病病院の設置，失業対策事業，国民健康保険事業の実施などがこれに当たる．

行わせる事務のことであった(旧148). 平たくいえば, 自治体の執行機関である知事や市町村長を国の下部機関として利用し, 国の事務を管理・執行させる仕組みであったといってよい. 実際にも, 機関委任事務は年々増え続け, 歳出予算規模で都道府県事務の8割, 市町村事務の4割が機関委任事務で占められていた.

明治憲法下では, 都道府県知事や市町村長は国の機関として国家事務を執行していたが, これを公選首長の下でも維持したのが機関委任事務の制度であった. そのため, 地方議会は, 機関委任事務に対して, 議決権, 監督権限および条例制定権限を有さず, 100条調査権も行使できなかった. また, 機関委任事務は, 監査委員の監査対象から外され, 主務大臣の指揮監督権に服し(旧国組法15①, 旧地方自治法150), 職務命令に従わないときは職務執行命令訴訟によって職務執行を強制され, 内閣総理大臣は首長を罷免することができた[51]. もっとも, 1991(平成3)年の地方自治法改正で議会の関与が拡大され, 検閲, 検査および監査の請求権能が認められ(旧98), 監査委員の監査対象とされ(旧199), 職務執行命令訴訟での内閣総理大臣による罷免の制度が廃止された.

自治事務と法定受託事務 (a) 1999(平成11)年に成立した地方分権一括法によって, 機関委任事務が廃止されるとともに, 自治体の事務について新しい事務区分がなされた. すなわち, 国の直接執行事務とされたもの(国立公園の管理, 駐留軍用地特措法における土地調書等への署名押印の代行など)および事務自体が廃止されたもの(国民年金の印紙検認事務など)を除いて, 従前とはまったく異なる観点から自治事務と法定受託事務に二分されることになった.

(b) 自治事務とは, 自治体の処理する事務のうち, 「法定受託事務以外のものをいう」とされている(2⑧). 地域事務は, 原則として自治事務であり, 法定受託事務は例外である. また, 自治事務については, 「法律又はこれに基づく政令により地方公共団体が処理することとされる事務が自治事務である場合

---

51) 制定時の地方自治法146条1項は「内務大臣は, 都道府県知事が著しく不適任であると認めるときは, 法律の定めるところにより, 法律で定める弾劾裁判所にその罷免の訴追をすることができる」と定めていたが, 昭和22年改正で職務執行命令訴訟の規定が置かれ, 司法裁判所による裁判を経て, 知事に対しては内閣総理大臣が, 市町村長に対しては都道府県知事が罷免できるようになった.

においては，国は，地方公共団体が地域の特性に応じて当該事務を処理することができるよう特に配慮しなければならない」(2⑬)とされている．自治体の事務のうち約 55％ が自治事務化され，国の関与類型(後述)も自治体の自主的な判断を尊重するべく原則として非権力的なものに制限された．

（c）法定受託事務には，1号法定受託事務と2号法定受託事務の二種がある．一つは，「法律又はこれに基づく政令により都道府県，市町村又は特別区が処理することとされる事務のうち，国が本来果たすべき役割に係るものであつて，国においてその適正な処理を特に確保する必要があるものとして法律又はこれに基づく政令に特に定めるもの」(1号法定受託事務)である(2⑨1号)．いま一つは，「法律又はこれに基づく政令により市町村又は特別区が処理することとされる事務のうち，都道府県が本来果たすべき役割に係るものであつて，都道府県においてその適正な処理を特に確保する必要があるものとして法律又はこれに基づく政令に特に定めるもの」(2号法定受託事務)である(2⑨2号)[52]．

法定受託事務は，国の事務が委託されて自治体の事務になったと観念されているのではない．国の事務という観念を外して，自治体の事務だとしたのである(これを「現住所主義」という)[53]．つまり，従前の機関委任事務のうち，相当

---

[52] 法定受託事務の一覧性を確保するために，地方自治法2条10項が定められた．1号法定受託事務については，2条10項を受けて，298条が規定するもの，個別法律が規定しているもの(別表第一に掲記)，政令が定めるもの(自治法施行令別表第一に掲記)がある．他方，2号法定受託事務については，地方自治法299条が規定するもの，個別法律が規定しているもの(別表第二に掲記)，政令が定めるもの(自治法施行令別表第二に掲記)がある．

[53] これに対して，「本籍主義」と呼ばれる考え方がある．現住所主義は，自治事務と法定受託事務の制度的共通性を重視し，国と自治体との「適切な役割分担」に鑑みて法定受託事務に強い国の関与が法定されたものであると理解する．他方，本籍主義は二つの事務の原理的な相違，すなわち，自治事務の原則性と法定受託事務の例外性(自治事務に関する法律は全国的基準，法定受託事務を定めた法律は自治事務の成立根拠)を強調することで，立法裁量による法定受託事務の増加や関与の増大をコントロールすることの重要性を指摘するものである．また法定受託事務を本来的法定受託事務(国会議員選挙，自衛官募集，旅券に関する事務など)と非本来的法定受託事務(農地転用許可，生活保護決定，産廃の監督など)に分けて，後者は本質的に国の事務ではないので，自治体に自主的な地域裁量執行を認めるべきこと等を主張する．本籍主義の視点は法の支配の観点から支持されるべきものである．立法過程で法定受託事務が 45％ に膨らんだことにも示されているように，現実には法定受託事務は従来の機関委任事務と大きく異ならず，国の関与が強められる可能性が残されている．立法政策を視野に入れた本籍主義の洞察は今後重要性を増すであろう．ただ解釈論的には，現住所主義との間に大きな相違を齎さないように思われる．兼子仁「新地方自治法における解釈問題」ジュリスト1181号

部分を「地域事務」として把握しなおし，そのうちから，なお国または都道府県が「本来果たすべき役割に係るもの」を法律またはこれに基づく政令で指定する方法で括りだす方式が採られたのである．法定受託事務は，自治体の事務のうち約45%を占めている．法定受託事務については，国または自治体の「適正な処理を特に確保する必要」(2⑨1号・2号)の観点から，権力的関与が残されている．

(d) 条例制定権は，自治事務と法定受託事務の双方に及ぶ(14①)．自治事務と法定受託事務の区別の効果は，国(または都道府県)の自治体(または市町村)に対する関与の仕方にある．なお，都道府県は，都道府県「知事の権限に属する事務」の一部を条例で市町村に処理してもらうことがある(252の17の2①)．この場合，条例を制定するに当たっては，関係市町村長とあらかじめ「協議」しなければならない(同②)．市町村が処理することになった事務は，市町村長の管理・執行する市町村の事務となり，都道府県知事は当該事務の管理・執行の権限を失う．

(e) 地方議会は，自治体の事務について，制限列挙された議決事項のほかに，条例で議決事項を追加できる(96②)．また事務の調査権があり，特に必要があると認めるときは出頭・証言・記録提出請求権(100①)および事務の執行状況についての検査と監査委員に対する監査の請求を行う権限がある(98①②)．もっとも，事務の性質上議会の調査の対象にしないことが適当と考えられるものについては政令でこれを除外することができる．

(f) 監査委員は，必要と認めるときは，一般行政事務(内部組織，職員の配置，事務処理の手続，行政の運営等)も監査の対象とすることができる(199②)が，自治事務，法定受託事務のいずれについても政令で対象外とされるものが定められている(199②カッコ書)．

(g) 自治事務では知事に対して審査請求ができるのに対して，法定受託事務にかかる不服申立てについては，全国的な統一性の観点から法令を所管する大臣に対して審査請求する(255の2①1号，行政不服審査法4)．

40頁以下，村上順「自治体の事務処理と国の関与」行政法の争点〔3版〕162頁以下，芝池義一「地方公共団体の事務」法学論叢148巻5=6号59頁以下，村上・地方分権237頁以下．

(h) 自治事務については，国の行政機関による代執行は認められない．これに対して，知事の法定受託事務については，法令を所管する大臣は一定の要件の下に「勧告」「是正の指示」「高等裁判所に対する訴訟の提起」「代執行」をすることができる(245の8①②③⑧)．上記の規定は，市町村長による法定受託事務について，関与者としての知事にも準用されている(245の8⑫)．

4 自治体に対する国の関与

国の関与の意義 (a) 自治事務と法定受託事務を分ける理論的に明確な基準を立てることは難しい．機関委任事務の廃止に伴い，主務大臣の包括的指揮監督権限は廃止され(旧150, 151)，また個別法による関与の廃止・縮減が行われた[54]．分権改革によって，国と自治体および都道府県と市町村との「行政的対等原則」が制度化された．しかし，行政の統一性，適法性を確保するためには国または都道府県の関与を全て否定することはできない．そこで，地方自治法は自治体に対する国の関与が公正かつ透明に行われるように，関与の基本原則と自治事務および法定受託事務のそれぞれの性格に応じた国の関与の基本類型を定めた．関与には，都道府県に対する国の関与と市町村に対する国または都道府県の関与があるが，ここでは，国の都道府県および市町村に対する関与に絞って説明する．

(b) 国の関与とは，国の行政機関が一定の行政目的を実現するために自治体に対して具体的かつ個別的に関わる行為のことである(245)．自治法は，自治体が「その固有の資格」[55]において当該行為の名あて人となる者に限り，国の自治体に対する支出金の交付および返還にかかるものが除かれている(245本文カッコ書)．

自治法は，関与の行為類型として三種類を列記している．第一は，㋑助言または勧告，㋺資料の提出の要求，㋩是正の要求，㊁同意，㋭許可・認可・承認，

---

54) 例として，運輸大臣(当時)の港湾管理者の臨時地区の設定の認可(港湾法旧38①)，自治大臣(当時)の地方債発行の許可の原則協議制への移行(地財旧5の3①)などがある．

55) ここにいう「固有の資格」とは，一般私人が立ち得ないような立場にある状態の意味であり(通説)，行政不服審査法7条2項，行政手続法4条1項と同義である．大浜啓吉編『自治体訴訟』(早稲田大学出版部・2013年)23頁以下参照(大浜執筆)．

ⓗ指示，ⓘ代執行(245・1号)であり，第二は，自治体との協議(245・2号)である．第三は，「一定の行政目的を実現するために具体的個別的に関わる行為」(245・3号)である[56]．3号は「包括条項」であるが，包括条項が規定する関与には，検査，監査，立入検査，命令，確認，それに並行権限の行使(250の6)等が含まれる．

これらのうち，1号と2号に掲げられた関与を「関与の基本類型」という．ⓐ助言・勧告，ⓑ資料の提出の要求は，事実上の行為であるから法的効果を伴わない非権力的関与である．ⓒ同意，ⓓ許可・認可・承認，ⓗ指示，ⓘ代執行は，法的効果を伴う権力的関与である．なお，ⓕ是正の要求については，例外的な権力関与の一つであるが，その性格については争いがある(後述)．他方，3号は「基本類型外」の関与である．

関与の法定主義　(a) 関与には「法律又はこれに基づく政令」の根拠が必要である(245の2)．これを関与法定主義という．権力的関与だけでなく，非権力的関与についても，関与法定主義が妥当する．非権力的関与についても法令の根拠を要するとしたのは，国と自治体が対等な関係に立つことを前提とするものであり，画期的な制度といえよう．

(b) 245条の2の「法律」の中には地方自治法も含まれる．基本的関与のうち一定のものについては，一般的根拠規定が置かれている．すなわち，技術的助言及び勧告，資料の提出の要求(245の4)，自治事務及び一定の場合の2号法定受託事務に係る是正の要求(245の5)，市町村の処理する自治事務に係る都道府県の執行機関の是正の勧告(245の6)，都道府県の法定受託事務に係る是正の指示(245の7)と代執行(245の8)がこれである．

関与の基本原則　(a) 関与の基本原則として，第一に，245条の3第1項は，「国は，普通地方公共団体が，その事務の処理に関し，普通地方公共団体に対する国又は都道府県の関与を受け，又は要することとする場合には，その目的を達成するために必要な最小限度のものとするとともに，普通地方公共団体の

---

56) もっとも，「相反する利害を有する者の間に利害の調整を目的としてされる裁定その他の行為及び審査請求その他の不服申立てに対する裁決，決定その他の行為」は除外されている(同条3号カッコ書)．

自主性及び自立性に配慮しなければならない」と規定している．比例原則（必要最小限度の原則）を定めたものであるが，今後の立法にあたっての指針である．

　第二に，国は，自治事務の処理に関しては，代執行および「基本類型外」の関与(245・3号)を，法定受託事務の処理については，地方公共団体が「基本類型外」の関与を設けることがないようにしなければならない(245の3②)．つまり，自治事務，法定受託事務のいずれについても，基本類型外の関与の謙抑主義が謳われているのであり，これを「一般法主義の原則」という．

　第三に，「協議」は，自治事務と法定受託事務に共通する関与の「基本類型」であるが，国または都道府県の施策と自治体の施策との調整が必要な場合に限って認められるように立法の指針が定められている(245の3③)．

　第四に，「同意」「許可，認可又は承認」「指示」は自治事務の原則的な基本類型ではないが，これらの関与が許される場合を限定する立法の指針が定められている(245の3④⑤⑥)．

　(b) 行政手続法は，国または自治体と私人との関係を対象とするものであるから，国と自治体との関係には適用されない(行政手続法4①)．しかし，国と自治体，あるいは自治体間が対等な当事者として把握される以上，両者の間に公正・透明な手続が確保されるのは当然の帰結であろう．そこで，地方自治法は，関与の手続についても，行政手続法に準じた手続(公正・透明の原則)を規定した(246〜250の5)．具体的な内容としては，①書面主義の原則(247①，248，250②)，②許認可等の基準の設定・公表(250の2①②③)，③許認可等の標準処理期間の設定・公表(250の3①②)，④届出の到達主義(250の5)，⑤自治体が国の助言・勧告等に従わなかったことを理由とする不利益取り扱いの禁止(247③)，⑥国の行政機関による並行権限の行使の際の通知義務(250の6)が規定されている．

　自治事務への関与　(a) 自治事務の処理については，「助言・勧告」，「資料提出の要求」の非権力的関与と「協議」が関与の基本類型である．代執行，同意，許可・認可または承認，指示については，一定の要件のある場合を除いて関与しないようにしなければならない(245の3②④⑤⑥)．このように，地方自治法は「基本類型外」の関与を規定しないように求めているが，地方自治法の規定に国会の個別立法を禁止する法的拘束力がないことはいうまでもない．実

際，分権改革後の法律である地方教育行政組織及び運営に関する法律50条（「指示」）や農地法59条（「是正の要求」）には，権力的関与の類型が設けられている．

(b) 是正要求は，違法状態を是正するための例外的な権力的関与の一つである (245の5①⑤)[57]．各大臣は，その担任する事務に関し，都道府県や市町村の自治事務の処理が「法令の規定に違反していると認めるとき，又は著しく適正を欠き，かつ，明らかに公益を害していると認めるとき」は，違反の是正または改善のため必要な措置を講ずべきことを求めることができる．もっとも，市町村に対する是正の要求は，原則として都道府県を通して行われる (245の5①②)．

是正の要求には，法的拘束力があるが，具体的措置の内容は自治体の裁量による．問題は，是正要求を受けた自治体の側で，これを適法だと解釈している場合である．一つは，自治体としては第三者機関への審査の申出，その後の高裁への出訴をすることができる (250の13①，251の3①，251の5①，252)．いま一つは，いかなる是正措置もとらないことも可能であろう．個別法でもない限り，国の側はこれを強制する手段をもたないからである[58]．是正の要求は，かつての機関委任事務のように都道府県知事などが各大臣の下請機関として機能する仕組みが温存されたともいえる．

(c) さらに，国の行政機関は，自治事務について，例外的に「法令の定めるところにより自らの権限に属する事務として処理」することができるとされている (250の6①②)．これを「並行権限」という[59]．この場合，国の行政機関は，

---

[57] 「是正の要求」は，旧規定では，「内閣総理大臣の措置要求」（旧246の2）として，「不当に経費を支出し，若しくは不当に財産を処分する等」財務に関してのみ認められていた．なお，自治体がこれに応じない場合には，代執行等の措置をとることはできないと解されるので，権力的関与とはいえないとの説もある．

[58] 兼子仁「新地方自治法における解釈問題」ジュリスト1181号46頁．

[59] 並行権限とは，ある事項を自治体の事務としながら，それと重なり合う事項を国の事務としても規定するような場合をいう．「国土交通大臣は，都道府県若しくは市町村の建築主事の処分がこの法律若しくはこれに基づく命令の規定に違反し……ている場合において，国の利害に重大な関係がある建築物に関し必要があると認めるときは……建築主事に対し必要な措置を命ずべきことを指示することができる」（建築基準法17①）．また「……社会資本整備審議会の確認を得て……必要な措置をとることができる」（建築基準法17⑦）との規定がその例である．

「当該事務を処理すべき差し迫つた必要がある場合」を除き，あらかじめ当該自治体に対し，当該事務処理の内容および理由を記載した書面により通知しなければならない(250の6①②).

法定受託事務への関与 (a) 法定受託事務には，「助言・勧告」(245・1号イ)，「資料提出の要求」(1号ロ)，「協議」(2号)のように，努力義務を課すだけで法的拘束力がないものがある．他方，「同意」(1号ニ)，「許可・認可または承認」(1号ホ)，「指示」(1号ヘ)，代執行(1号ト)には，法的拘束力がある．もっとも，第2号法定受託事務の場合には，是正要求も含む．つまり，権力的関与も認められている．

(b) 是正の要求　他方，市町村が行う2号法定受託事務の処理について，各大臣は，都道府県の執行機関に対し，是正の要求をするよう指示することができる(245の5②)．大臣の指示には拘束力があるので，当該指示を受けた都道府県の執行機関は，違反の是正または改善のために必要な措置を講ずべきことを求めなければならない(245の5③)．また，「緊急を要するときその他特に必要があると認めるときは」都道府県の執行機関を介さずにダイレクトに「違反の是正又は改善のため必要な措置を講ずべきことを求めることができる」(245の5④)．求めを受けた自治体は「違反の是正又は改善のための必要な措置を講じなければならない」(245の5⑤)．

(c) 是正の指示　各大臣は，「都道府県の法定受託事務の処理が法令の規定に違反していると認めるとき，又は著しく適正を欠き，かつ，明らかに公益を害していると認めるときは」違反の是正または改善のため講ずべき措置に関し，必要な指示をすることができる(245の7①②④)．

(d) 代執行　各大臣の所管する法律もしくはこれに基づく政令にかかる都道府県知事の法定受託事務の管理・執行が法令の規定や当該大臣の処分に違反するものがある場合，または当該法定受託事務の管理・執行を怠るものである場合において，他の方法によってその是正を図ることが困難であり，かつ，それを放置することにより著しく公益を害することが明らかであるときは，各大臣は代執行の手続(勧告，指示)に入ることができる(245の8①②)．この規定は，旧地方自治法に規定されていた職務執行命令訴訟(151の2)の後の代執行を踏襲したものである．機関委任事務の下では「命令」とされていたが，それが廃止

されたために「指示」に改まった．

　私人に対する行政強制として行う代執行法の規定する代執行とは仕組みが異なり，各大臣は高等裁判所に対して「当該事項を行うべきことを命ずる旨の裁判を請求する」ことができ(245の8③)，当該高等裁判所は「請求に理由があると認めるときは」当該都道府県知事に対し，「期限を定めて当該事項を行うべきことを命ずる旨の裁判」をする(245の8⑥)．それでも都道府県知事が当該事項を行わないときに，各大臣は代執行を行うことができるのである(245の8⑧)．以上の手続は，市町村長の法定受託事務の管理・執行の場合に準用されている(245の8⑫⑬)．

　法定受託事務に係る処理基準　(a) 法定受託事務については，本来国または都道府県が果たすべき事務であるから，整合性を確保するため，関与とは別に，都道府県の事務については各大臣が，市町村の事務については原則として都道府県知事が，事務処理に当たりよるべき処理基準を定めることができる(245の9①②)．また，各大臣は，特に必要があると認めるときは，市町村長その他の市町村の執行機関の担任する事務の基準を定めることができる(245の9③)．

　(b) 処理基準は，旧機関委任事務時代の通達と異なり，法的拘束力をもたず，新たな義務を創設することもできない．解釈基準や裁量基準として一般的指示をするだけである．過剰な干渉にならないように，処理基準は必要最小限度のものでなければならない(245の9⑤)．自治体が処理基準に従わない場合には，違法・不当として「是正の指示」を受ける可能性があり得ると解される．

5　国の関与に関する係争処理

　紛争処理制度　(a) 国の権力的関与に対して自治体に不服がある場合は，自治体の長その他の執行機関は，国の行政庁を相手方として，総務省に設置された国地方係争処理委員会(以下，「係争委員会」という)に，審査の申出をすることができる(250の7，250の13以下)．係争委員会は，両議院の同意を得て総務大臣が任命する5人の委員から構成される(250の8，250の9)．

　(b) 紛争処理の手続は，国の関与に不服のある長その他の執行機関が，文書で審査の申出をする．係争委員会は，自治事務については，関与が違法もしくは不当と認めたとき，法定受託事務については，関与が違法であると認めた

ときは，国の行政庁に対して，その理由と期間を示して必要な措置を講ずべきことを勧告する(250の14)．勧告を受けた行政庁は必要な措置を講じなければならない(250の18)．係争委員会は職権で調停手続をとることもできる(250の19)．

 (c) その措置に不服がある場合，30日以内に国の行政庁を被告として，当該自治体の区域を管轄する高等裁判所に訴訟を提起し，違法な国の関与の取消しまたは不作為の違法確認を求めることができる(251の5)．

 (d) 都道府県と市町村との間では，都道府県の関与について争いが生じたときは，自治紛争処理委員の制度が設けられている(251以下)．

第4章 行政法の基本原理

第1節　法治主義

1　法治主義とは何か

法治主義の意義　(a) 法治主義は美濃部達吉の創唱にかかる概念であり，ドイツにおける法治国家(Rechtsstaat)の概念とほとんど同義に用いられている．法治国家とは，警察国家(Polizeistaat, Etat de police)の対立概念であって，権力分立思想の下で，国家活動が法律の制限の下に置かれる国家のことをいう．歴史的に見ると，絶対主義国家から立憲君主制国家に移行する際に，君主のオールマイティーの権力に制限を加え，人民の「自由と財産」を侵害する行為については国民代表議会の同意，すなわち法律の根拠が必要だとするものである．その背景には自由主義的政治思想がある．

「行政は法律の制限の下に行動しなければならない」という命題が法治国家論の主たる関心であったため，わが国では，より馴染みやすい「法治主義」の語が多用された．「法律による行政の原理(Prinzip der Gesetzmäßigkeit der Verwaltung)」もほぼ同義で用いられてきた．

(b)「法律による行政の原理」は，法治国家における行政法の基本原則を表現するものであるが，O・マイヤーはこれを「法律の支配(Herrschaft des Gesetzes)」と呼び，これには，①法律の法規創造力(Rechtssatzschaffende Kraft des Gesetzes)，②法律の優位(Vorrang des Gesetzes)，③法律の留保(Vorbehalt des Gesetzes)という三つの原則が含まれるとした．

①法律の法規創造力の原則とは，法規を創造するのは立法権（法律）のみであって，行政権は法律の授権がない限り法規を創造することはできないということを意味する．ここで，「法規（Rechtssatz）」というのは，国民の権利を制限しあるいは義務を課す一般的抽象的な法規範のことである．

②法律の優位の原則とは，法律の形式によって表明された国家意思が，他の全ての国家意思に優越し，法律は法律によってだけ廃止，変更することができ，法律に反する他の全ての法形式は無効となることを意味する．したがって，この原則は，行政活動は既に存在する法律の定めに違反して行われてはならないことを意味する（藤田・総論59頁）．

③法律の留保の原則とは，行政権の活動が私人の権利自由を侵害するときは法律の根拠が必要であることを指す．つまり，一定の対象を除くすべての場合，行政権の活動はそれ自体自由であることが前提となっている．行政権は「自らの力で活動するのであって，法律の根拠に基づいて活動するのではない．」[1]「法律の優位の原則」が既存の法律に違反してはならないという消極的内容を持つのに対して，「法律の留保の原則」は，法律が存在しない場合においても，行政が一定の活動をするためには，法律の根拠が必要だという積極的内容を有することになる（藤田・総論60頁）．

法律の留保の原則　（a）従来の学説は，法治主義は今日のわが国においても妥当する行政法の基本原理だとの認識の下に，「法律の留保の原則」は一定の行政活動をするには必ず法律の根拠が必要だと理解し，法律に留保された行政作用の範囲はどこまでかを熱心に議論してきた．

伝統的通説は，法律によって留保されるのは，行政が私人の自由と財産を侵害する行為についてのみであるとしてきた（塩野・行政法Ⅰ80頁）．これを侵害留保説という．この立場からは，任意的行政活動，補助金の交付や行政指導などは法律の根拠がいらないということになる（田中・総論32頁）．判例および実務も，基本的に侵害留保説にたっているように思われる．

（b）これに対して，日本国憲法の採用する国民主権と議会制民主主義を理由に，私法が適用される私経済行政を除く全ての国民の権利義務に関わる行政

---

1) 塩野宏『オットー・マイヤー行政法学の構造』（有斐閣・1962年）114頁．

活動に法律の根拠が必要だとする全部留保説がある(今村・入門9頁, 杉村・総論42頁). この立場からは, 非権力的な給付行政, 補助金行政, 行政指導にも法律の根拠が必要とされる. そこで, 非権力行政については法律の根拠を不要とするべきだとして, 「原則(公行政)全部留保説」も主張されている(芝池・総論48頁).

(c) 侵害留保説と全部留保説の中間に幾つかの説がある. 国民の生存権の保障も行政の重要な任務であるから, 生存権や社会権の確保を目的とした行政についても法律の根拠が必要だとする社会権留保説も有力である. また, 近時, ドイツでは行政活動の本質的事項(Wesentlichkeit)については議会が法律で定めるべきであり, 行政に委ねてはならないとする本質(あるいは重要)事項留保説が有力であり, 重要性がない行為は行政限りで決めてもよいとする. ドイツの判例もこれを支持している(阿部・解釈学Ⅰ102頁).

現在最も有力なのが権力留保説である(原田・要論88頁, 兼子・行政法学58頁). これは, 行政庁が権力的な活動をする場合には法律の根拠が必要だとするものであり, 国民に権利を与え義務を免ずる行為についても法律の根拠を要する点に新しさがある[2]. その結果, 行政指導や行政計画については法律の根拠は不要ということになる.

小括 (a)「法律の留保」論は, 行政実務と学説との問題意識の乖離を示す典型例の一つといえよう. 判例および行政実務は, 侵害留保説をとっているが, このことは現実には法律の根拠のない行政活動があまり問題とされていないということを意味している(櫻井=橋本・行政法17頁). 他方, 学説の問題意識は, 法律の根拠がない場合にも行政は一定の活動をしなければならない場合があり, そのことを法律の根拠が求められる範囲という形で議論しているのである. その範囲を余りに拡大すると, 法治主義が形骸化する. そこで, 学説は, 何とかその齟齬をなくすべく色々な理論を立てて法律の根拠を要する範囲を絞ろうと腐心してきたといえよう.

---

2) 藤田・総論82頁以下は, 法律の留保論の現代行政法における多面的性格について説得力ある分析を行っている. 同様の問題意識を本書および拙著『行政裁判法』では《表の利益・裏の利益》として考察しておいた.

(b) しかし，法律の根拠を要するのはどの範囲なのかという問題の立て方自体がおかしいのではないか．第一に，学説の問題意識の前提には，行政は「法律の執行」を任務とする(憲法73・1号)というドグマがあるように思われる．全部留保説への批判にそれは如実に表れている．しかし，行政の任務は狭義の法律の執行に限定されるものではない．法律の執行過程で行政に集まった様々な情報を整理し，現在の政策の弱点を見直して新政策を立案するのも行政の重要な任務である．その意味で，政策の立案から法律案の策定，国会への上程に至る仕事も憲法で認められた行政活動である．

第二に，法律の執行ということの意味である．確かに大多数の行政法規は行政作用法の性格を有するが，法律の執行とは，単に機械的に行政処分をすることではなく，行政のイニシアティヴによって当該法律の目的とした一定の政策を社会の中で実現することにこそ法律執行の実質的意味がある．しかも，多くの場合，政策は1本の法律で完結しているものではなく，予算措置，政府省令，通達，行政指導等の多様な法形式の下に実施されている．法律の留保論の議論では，法律の執行が，実は政策の実現であることを忘れている場合が多い．

第三に，その結果，法律の留保で議論されてきたのは，どのような場合に法律が必要かという問題を立てておきながら，議論は少しずれた論点の下に行われてきた．すなわち，最初から，常識的に行政の活動が必要とされる事例を念頭に置いた上で，法律の存在しない場合に，何とか行政活動を正当化する理論の巧拙を競っているのが現状であるように思われる．そうであるならば，本来，問題の立て方を変えなければならない．つまり，法律の執行の問題ではないということから出発すべきであろう．社会が行政の出動を求めるのが合理的である限り，社会のニーズに応えるのは行政府や立法府の任務である．正当な手順としては，問題を分析し，政策を立案し，法律案を策定して国会で議論し，法律を作ってこれを執行しなければならない．あらゆる事態を想定して事前に法律を作っておくことができないのは当然である．従来，数多の学説間で議論されてきた問題は，行政法の基本原理の問題というよりも，むしろ政治の問題であったり，内閣が「行政各部を指揮監督」すること(憲法72，内閣法6)で対応すべき事柄であったり，あるいは「国務を総理する」(憲法73・1号)に読み込むことで済む問題であったように思われる．

2 法治主義の問題性

明治憲法下における法治主義 （a）19世紀にドイツで生まれた法治国家の概念は，元来国民の自由を保障する自由主義的原理であって，国政が議会によりまたは議会の参与によって制定された法律によって行われなければならないというものである．しかし，明治国家における法治主義は，天皇主権の下位の原理でしかなく，必ずしも自由主義的原理として機能したとは言い難い．すなわち，立法権，行政権，司法権は全て天皇に淵源し，天皇が行使するものとされていたのであって，立法権といえども本質的には天皇に属し，議会は協賛機関にすぎなかった．したがって，法治主義という場合の「法」は国民の意思を化体した法律ではなく，支配者としての天皇の意思を化体した「法律及び命令」を意味していたのである．

（b）法治主義の行政法における投影である「法律による行政の原理」も，国民の意思である法律によって行政権をコントロールするという意味ではなく，天皇の権限は本来「オールマイティー」であるが，法律に定めがある限りその制約を受け，法律の定めに従わなければならないという意味でしかなく，いわば天皇の万能な権限に自制を加える原理でしかなかった．であるが故に，逆に法律で規定されたことは臣民の協賛を得たものとしてより強力な力を発揮した．その結果，「法律による行政の原理」は行政権を強化する役割を果たし，法律万能主義的傾向を生み出した．しかも，行政権は司法権と対等であるとされたため，行政の行為は司法的統制を受けなかった．司法裁判所の他に行政裁判所を設けたのはそのためである．その結果，法治主義は国民の意思によって行政をコントロールするための原理ではなく，逆に国民に対して権力者の意思である法律への服従を強いるものでしかなかった．

このように，臣民は基本的人権がみとめられず，本質的に無権利であったが故に，行政権は不特定多数の臣民を保護する立場にあるとの公益独占思想がア・プリオリに措定され，法治主義の内容の一つをなしていた．法治主義の概念に内包された公益独占思想は，他方で，そこでいう「法」が上から与えられた法律（および命令）であるが故に，法律の中身を制約する人権の概念も，また違憲法令審査の制度も存在しないという仕組みと一体をなしていた．

法治主義の三原則の検討　(a) 明治憲法下の法治主義の概念は，日本国憲法下の法の支配の原理と相いれないことは明らかである．否，むしろこれを日本国憲法制定時に徹底的に批判し廃棄する必要があったというべきである．しかし，わが国では戦争責任問題等の他の様々な分野におけると同様に，公法原理の徹底した批判は行われなかった．逆に，法治主義が持っていた形式的な意味の自由主義的要素だけに光をあて，その内容を換骨奪胎し，「実質的法治主義」の名の下に「法律による行政の原理」として現在も生き続けている．

私が「法の支配」の原理こそ憲法を支える原理だと強調するのは，国家原理が180度転換した以上，明治国家の公法原理との断絶を明確にする必要を強く感じているからに他ならない．また，法治主義の具体的内容として展開される，①法律の法規創造力，②法律の優位，③法律の留保の三つの原則についても，これらが現憲法の下でどれほどの意義のある議論なのかを検証しておく必要があったというべきであろう．

(b) 第一に，「法律の法規創造力の原則」であるが，これは立憲君主制の国家にあって，元来，君主の権力がオールマイティーであることを前提に，「自由と財産」の問題に関しては「法律」のみが法規を定立できるというものである．O・マイヤーの「法律の支配」の眼目は，「行政は法律との関係において司法同等の価値を有する」という点にあったとされている[3]．つまり，行政処分には判決と同じ効力があるということにあった．しかし，日本国憲法41条は，国会は「唯一の立法機関」と規定しており，内閣は「法律を誠実に執行」する責務を負っているのであるから，今日，この原則を「法律による行政の原理」の一内容として掲げる意味はないといって差し支えない．

法の支配の原理を行政法に投影した「意思自治原則」の理論の下では，私的自治では解決不能な事項については，国民代表議会で決定することになるのは当然のことであって，これは行政法の問題というよりも，立法権と行政権の守備範囲の問題ということができよう．

(c) 第二に，「法律の優位の原則」は，O・マイヤーによれば，行政は単に法律に奉仕するのみでなく，自己自身が社会の支配者であるから，司法に関し

---

3) 前掲，塩野宏『オットー・マイヤー行政法学の構造』112, 124頁.

て暗黙に認められていた原則を敢えて掲げる必要があるという．つまり，立憲君主制の下で行政権が君主にあることを前提に，議会の決定である法律と君主の命令とが衝突する場合には，法律が優位するということを示すものである．しばしば行政活動は既存の法律に違反してはならない(藤田・総論 59 頁)と説かれるが，本質的には君主に固有の行政権を自己抑制する原則として存在していたといわなければならない．

　法の支配の原理の下では，君主の行政権ということ自体があり得ないのであるから，法律の優位をいう必要はない．現代の日本においては，むしろ憲法の優位が重要である．憲法，条約，法律，条例といった国法秩序における規範間の形式的効力の優劣の問題はあるが，これをことさら「法律による行政の原理」の内容として説明する必要はないのである．

　(d)　第三に，「法律の留保の原則」についてはどうか．「留保」という言葉は，君主のもつ行政権の全面的な規範定立権を前提に，「自由と財産」の問題についてだけは議会が「留保」するという意味をもっている[4]．すなわち，法律の制定し得ない領域(明治憲法における天皇大権)が存在することを当然の前提として，君主の同意の下に法律を制定し得る領域はどこまでかという発想に基づくものである．この用語自体，現憲法にまったく相応しくない．日本国憲法制定時において，当時の支配階級の意識がいかに明治憲法的観念に染まりきっていて，これから抜け出すことができなかったかということは，憲法制定史の教えるところであるが，当時の行政法の通説もまた如何に新憲法の意義について鈍感だったかが，こうした用語法に疑問をさしはさむことなく，法治主義の内容として戦後にそのまま引き継がれたことからも知られる[5]．

---

　4)　O・マイヤーは，法律の留保について次のようにいう．「憲法ノ下ニ於ケル法律ハ唯或ル種ノ特ニ重要ナル事項ニ関シ凡テノ国家作用ノ必要ナル条件ヲ定ムルノミ．其ノ余ノ事項ニ関シテハ執行権ハ全クソノ自由ヲ有シ法律ニ準拠セス自己ノ力ニ依リテ発動ス．余輩ハ此自由活動ニ対スル特定ノ事項ニ付テノ限界ヲ称シテ之ヲ法律ノ留保トイウ．」(美濃部達吉訳『オットー・マイヤー独逸行政法第 1 巻』信山社・1993 年，123 頁).

　5)　法治国家論においては，公法(国家権力に関する法体系)と私法(市民社会の秩序に関する法体系)とは区別され，前者は行政裁判所，後者は司法裁判所の管轄とされた．そこでは，もともと行政活動の司法統制の観念が存在しなかったことも留意しておく必要がある．奥平康弘『法ってなんだ』(大蔵省印刷局・1995 年)230 頁以下．

小括 （a）日本国憲法の下では，立法権は行政権の同意なしに法律を制定し得るのであるから，立憲君主制下の体制のように，法律の入り込めない行政権の独自の領域を措定したり，逆に何が法律事項かを見定めたりする必要はない．行政権の行う《法律の誠実な執行》（憲法73・1号）の外，行政は自ら公共政策を立案し法案を提出する責務を負っている．行政が遂行する政策の実現には，予算，政省令等を含めて法的根拠が必要であることはいうまでもない．何が法律に留保されるのかという発想自体が成り立たない．「法律の留保」論として議論されてきた問題は，行政法学というよりもむしろ本来「立法学」ないし「立法政策学」の領域で議論されるべき事柄に属する[6]．

（b）教科書検定——現行法上その法的根拠に疑問があるが——についても，それが取消訴訟の場面で問題になるのか，あるいは国家賠償の場面で問題になるのかによって，考慮すべき要素は異なってこよう．いずれにせよ，法律の根拠なしに行った行為であれば，あらゆる場合に違法の効果を発揮するということにはならない．

（c）補助金についても，国が交付主体になっているものと自治体が交付主体になっているものがあり，憲法(89)，地方自治法(232の2)，それに補助金適正化法（これは国が交付する補助金についてだけ適用される）による規制がある．また自治体が交付する補助金については，規則や要綱で規制している例もある．国が交付主体となっている個別補助金について述べれば，法律に基づくもの（法律補助）と予算の範囲内で行政庁の裁量によって支出されるもの（予算補助）とがあるが[7]，予算補助については法律による規制がないので，従来「法律の留保」の問題として議論されてきたのである．しかし，現行の制度を法律の根拠のない支出だから違法だと論じたところで，実務に対する影響は皆無に等しい

6）「法律の留保」論で議論されているのは，どういう事項が法律で定められるべきかという問題であって，行政法を「政策立法」と考える本書の立場からは，それが私的自治で解決できない国民共通の公共的性格を持った事項である限り，法律による民主的統制の仕組みの問題である．

7）　法律補助の例としては，土地改良法126条，水産資源保護法31条，社会福祉事業法58条，私立学校法59条，文化財保護法35条，46条の2，等がある．予算補助の例としては，要綱事業として行われる密集市街地整備促進事業，優良建築物等整備事業，住宅市街地総合整備事業等がある．

し，裁判によって是正を期待することも難しい．重要なのは，民主的統制の仕組みを作りだすことにあるのであって，法効果論ではないというべきであろう．

この種の問題は「行政指導」など他にも多数あるが，いずれにせよ従来のように，法治主義における「法律の留保」として議論する実益があるのか根本的な疑問がある．

第2節　法の支配と行政法の基本原理

1　法の支配の原理

社会と国家　(a) 法の支配の観念にも歴史的変遷があるが，13世紀にヘンリー・ド・ブラクトン(Henry de Bracton, ?～1268)が「国王は，神と法の下にあるべきである」と述べたことが，中世的な「法の支配」の淵源として知られている．1948年の世界人権宣言も「法の支配によって人権を保護する」ことを謳っており，その観念の発現形態は，時代および国によって相違があり，確立した定義がある訳ではない．法治国家論が，議会の制定した「法律」を意味するのと異なって，「法の支配」にいう「法」は，「自然法」あるいは客観的な正義を意味すると考えてよいであろう．そして，イギリス法の根底に，「法の支配」の思想があったことは疑いがない．

近代国家の原型であるフランスにおいては，革命によって封建社会の基盤であった教会秩序(神)と身分制度が否定され，近代国家の二本柱である主権と人権の原型が確立された．その鍵となったのが「人(homme)」と「市民(citoyen)」の概念であった(大浜・法の支配41頁)．「人」とは個人のことであり，「市民」とは国家構成員としての個人を意味する．封建社会において，身分は人間のアイデンティティーそのものであったから，身分を取り払ってみると「個人」が現れてこざるを得ない．神の従者(sujet)に過ぎなかった「人」は，市民社会においては，理性をもった尊厳ある社会の主体(sujet＝構成員)として捉えられることになった．そして，この世の問題の解決を神に縋るのではなく，理性をもった「市民」の意思によって解決しようとして構想されたのが国家である．同時に，国家は《尊厳ある個人》の自由を確保する役割を果たす装置とし

ても必要であった．

　啓蒙思想家は，国家を《自由意思をもった個人》の社会契約によって説明しようとした．契約の目的は自然状態の無秩序を克服するため(ホッブス)，多数決で選出した立法機関に統治を委託するため(ロック)，あるいは人民の意思(一般意思)を法として制定するため(ルソー)と違いはあるが，「人」が契約によって国家を作るという点では一致している．

　このように，近代国家は理性をもった「人」＝「市民」が自らの《自由と尊厳》を護るために主権者となり，議会で法律を作り，行政にこれを執行させ，市民社会内部の紛争および国家と社会(個人)間の紛争は裁判所によって裁断するという権力分立制度を採用している．したがって，国家は市民社会に対立するものではなく，市民社会の中にその存立の基礎と正当性の根拠がある(大浜・法の支配39頁以下)．すなわち，個人を起点にして社会が構成され，国家は社会に奉仕することによって究極的に個人の人権を護るという原理が形成された．これを「法の支配」という．個人あっての社会であり，社会あっての国家であるから，社会と国家は一元的に存在することになる．「法の支配」する社会においては，《個人の尊厳⇒社会の自律⇒国家の補完》という図式が成り立つ．

　(b) 国家は，市民社会に生起する公共性のある問題を解決するために人為的に作られた機構(fiction)である．本来，私人相互間の紛争や問題は私的自治で解決すべきであるが，社会には，私人の力ではどうにも解決できない公共的な性質の問題がある．それが個々人で解決するには手に余る公共性をもった問題である限り，社会全体で解決しなければならない．そのために作られたのが国家である．つまり国家は，平等な人格を持った自由な市民が契約を結び，私的自治の枠外にある事柄を処理するための機構として設けたものに過ぎない．すなわち，近代国家の根底には，「個人の尊厳」(人はみな平等であり自由な存在である)という価値が共有されているのであるが，個人が自由な活動によって自己実現を可能にするためのシステムが国家機構であり，これを支えているのが「法の支配」の原理である．

　近代国家と意思自治原則　(a) 近代国家の目的は，平和のうちに個人の尊厳と自由を保障することにある．国家には，この目的実現のために権力が付与されるが，国家権力の集中が権力濫用を齎すことは歴史の教訓であるから，その

弊害を防止するために国家機構を権力の作用ごとに三権に分けた．国民を代表する政策決定機関としての国会，執行機関としての内閣，そして国家の根本規範である人権を保障し，国家機関の憲法遵守義務を統制し社会内部の紛争解決を任務とする裁判所がこれである．内閣は，法制定と法執行を架橋する位置にあって，自ら政策を策定し国会に法案を提出すると同時に，自らの責任において行政各部に法律を執行させる権能を有する．

行政法も私法もともに国会の制定した法律である点で変わりがないが，行政法は，議会の決定した事柄を行政に執行させるための法規範であるから，第一次的な名宛人は行政権である[8]のに対して，私法は私人に何らかの行為を求めるものではなく，私人間に紛争が生起したときの解決のルールを示したものであるから，名宛人は司法権である．

(b) ここで，行政法と私法(市民法)との関係をいま一度レビューしてみよう．近代市民社会における法的紛争は，形式的には全て市民法で解決し得るのであるが，社会の発展変化とともに様々な問題・障害が発生し，そのあるものは，市民法的な事後的救済・制裁の方式では実質的に十分に解決・除去されない．そこで，こうした問題を行政的手段によって事前予防的に規制し，あるいは市民法を修正して特定の権利義務関係を積極的に形成するために議会制定法(行政法)が必要となってくる．行政法においては，議会が市民法では実質的に解決できないと認定した政策課題を行政機関のイニシアティヴによって——多くの場合には行政処分(実体的な権利義務関係の形成)を通して——解決する方式が採られる．すなわち，行政法と私法は，ともに近代国家の産物であり，国民の意思自治をその母体とする点で共通するが，ただその発現形態において異なるに過ぎない．

(c) では，行政法と私法の違いはどこにあるのであろうか．結論からいえば，それは規範の性質の相違にあるというべきであろう．すなわち，私法が私人間の紛争を解決するための裁判規範として，裁判官を名宛人とするのに対して，行政法は，社会を健全に維持するために，市民法では実質的に解決できない公

---

8) 行政と私人との間に紛争が生じたとき，裁判所は行政法規に従って紛争を解決するので，行政法の規範の第二次的名宛人は裁判所である．

共的政策課題を，主として行政の主導の下に一定の手続を経て実施するよう行政にその執行を義務付ける行為規範である．

規範の性質の相違は，権利義務の形成方式の相違をもたらす．民法が「私的自治＝契約自由の原則」をその導きの糸にするのに対して，行政法は「法律に基づく行政の原理」をその導きの糸とするのである．ここに，行政法と私法を異なった法体系として認識すべき根拠がある．国家と社会を意思自治原則の下に一元的に捉えることは，必ずしも法体系の一元性を意味しない．すなわち，法体系のレベルでは，行政法は私法とは相対的に独立した体系を有している．

問題は，このような立場をとる場合，どのような行政法の基本原理が構想されるのかということである．とりわけ，内容の点で，法治主義とどのように異なるかが問題となる．以下では，この点について検討することにしよう．

2 法の支配と立法学

法制定と法執行 (a) 日本国憲法は「法の支配」を基本原理としている．法の支配は国家のあり方を示す行政法上の原理であるが，行政法上どのような固有の意義を持ちうるかについては必ずしも明らかにされてこなかった[9]．法治

---

9) 法の支配の観念は元来「人の支配ではなく法の支配を(Non sub homine, sed sub lege)」という中世的な法観念に由来するものであるが，ダイシー(A. V. Dicey, 1835-1922)がイギリス憲法の原理としてこの観念を用いて以来，英米法の公法原理として人口に膾炙するところとなった．もっとも，彼はイギリス憲法の特色として法の支配を指摘したのであって，必ずしも理論的な原理として「法の支配」を構想したわけではない．その意味で，「法の支配の原理」といっても，実はその具体的内容が歴史的・理論的に明確に確定している訳ではない．ダイシーによれば，法の支配の内容は，①正規法(regular law, 制定法とコモンローを含む)の絶対的優越＝すなわち何人も通常裁判所によって通常の法的方法で確定される明白な法違反によるのでなければ処罰されず，また違法に身体・財産を侵害されないこと，②法の下の平等＝すなわち，すべての人は通常裁判所によって執行される法に等しく服するのであって，政府・公務員個人も市民と同じ法に服すること，③憲法の一般的原則(市民的自由)は裁判所の判例によって確立されてきたものであること，の三点に要約されるという．A. V. Dicey, An Introduction to the Study of the Law of the Constitution(Macmillan, 10th ed. 1959), at 187-205. しかし法の支配の内容は，この三点に尽きるものではない．このことは，アメリカで確立した違憲立法審査権が法の支配の発展形態として一般に承認されていることからも窺い知ることができる．その意味で，法の支配の内容は，決してダイシーのあげた三点に限定される訳ではなく，より弾力的な概念として用いられてきたことを知っておく必要があろう．例えば，アメリカの行政法学者デイビスは，ダイシー的な法の支配の理解は，政府や法制度に不可欠の裁量を禁じようとする点で有害であるとさえ述べている．K. C. Davis, 1 Administrative Law Treatise 2; 13

国家ないし法治主義が，「法律の支配」を中核とし，歴史的・理論的に民主主義や人権保障の要請に応えることのできないものである以上，明治憲法の立憲君主制下の行政法理論と決別し，「法の支配」の原理を導きの糸として憲法適合的な行政法の基本原理を構築する必要がある．

　(b) 伝統的通説は，行政活動の大きな領域を占める政策策定(立案)機能を行政法学の視野の外に置いて無視してきた．その根底には，行政活動を内部と外部に分け，法治主義が及ぶのは外部活動に限り，内部活動には法治主義は及ばないという考え方があった．しかし，行政権の中枢を担う霞が関の官僚の仕事の力点は《法律の執行》よりも《政策策定》にある．法律執行過程の実質は政策の具体化の活動であるから，執行過程では豊富な情報が齎される．法律(政策)の欠陥や改善すべき点，その周辺に存在する他の社会のニーズに関する情報も行政に集まる．すなわち，法律の執行(政策の実現)過程は，社会における行政ニーズの宝庫でもあるといってよい．したがって，内閣の職務を定めた憲法73条1号「法律を誠実に執行し，国務を総理すること」にいう「国務の総理」の概念には《政策の策定》が包含されていると解されるのである．具体的な法案作成は「行政各部」が担い，練り上げられた政策は法律案として内閣が国会に提出することになる．

　(c) 第一に，行政権の性格が根本的に変わったことが重要である．明治憲法下では行政権(国家)がア・プリオリに法に先立つものとして措定され，本質的に固有の任務を与えられていたのに対して，日本国憲法下では行政権は憲法によって創設され，内閣と行政各部は法律によって組織され，個別の法律(作用法)によって一定の権限を与えられる．

　(d) 第二に，法律案は，内閣提出の法律案が90%を超えていて，議員立法を圧倒している．行政法の原理を考える場合，法律の制定(政策策定)の段階に

(2d ed., 1978)．ただ，法の支配の概念の核心には，①万人に対して等しく「法が支配する」こと(公法と私法の区別の否定)，②政府による抑圧から個人の自由・人権を護る原理であること(それ故，為政者こそ法によって支配される者である)，③法の内容の適正手続，④そのために法は裁判所によって適用される(その結果，司法裁判所が格別の役割を担っている)こと，の四点が包含されていることについては，ダイシー以来，人々の間に共通した認識があるといってよい．

おける行政活動の重要性を無視して済ませる訳にはいかない．法律制定の活動と法律執行の活動は分けて考えるべきであろう．伝統的学説は，行政活動の二つの領域を明確に区別して論じてこなかったために，行政法の原理を論ずる上でも混乱が見られる[10]．

立法学 (a) 人間社会はルールなしには成り立たないから，社会あるところに必ず法がある．しかし，法にも人間社会に本来的に存在する法，社会の歴史的発展の中で生成する法，そして社会的問題を解決するために人為的に作る法の三つのレベルがあり得る．英米法には，common law（コモン・ロー），statute（制定法）の他に equity（衡平法）という三種の法体系があるが，都市社会が到来し，人間社会が複雑に発展をとげるに従って，制定法はますます重要性の度合いを高めざるを得ない．英米において，立法学がいち早く誕生した所以である．立法学(legislation, Gesetzgebungslehre)については，未だ確立した定義がある訳ではないが，ここではさしあたり，立法学とは「立法権の活動に特有の法現象を統一的・体系的に認識することを目的とする学問をいう」と定義しておく[11]．ところで，立法とは一般的・抽象的な規範を定立することをいうが，行政法が社会における公共的な政策課題に対する解決の体系だとするならば，立法の過程は，政策を立法化する過程であるから，おおよそ政策形成過程と内容において変わるところはない．ただ，政策形成過程が行政権の活動を中心にした概念であるのに対して，立法過程は立法権の活動を中心に置く点で異なる．

(b) 立法権の任務は，「優れた正しい法」を発見・創造し，所定の手続を踏んでこれを国民に公示することにある．立法学は，①立法政策論（立法目的の確定，効率の勘案等を行う政策学的研究），②立法技術論（法文の精密化，体系化，合理

---

10) 例えば，田中二郎は，行政法の基本原理として，①地方分権の原理，②民主主義の原理，③法治国家・福祉国家の原理，④司法国家の原理の四つをあげている（田中・上40頁以下）が，これらは個別の行政法を制定する際の指針という意味で「法律制定の原理」に近い．他方，兼子仁は，①国民主権と人権に基づく責任行政，②国民の生存権を保障する積極行政，③法治主義と法律・条例に基づく行政，④行政を第三者的裁判に服させる司法国家，⑤透明・公正手続きによる行政，⑥地方自治の本旨に立つ自治体行政，の六つをあげている（兼子・行政法学53頁）．ここには法律制定の原理と法律執行の原理の混在が見られる．

11) 立法権の活動は法律の制定に限らないが，行政法を対象とする本書の関心は法律制定の活動にあるので，以下ではその他の立法権の活動については言及しない．

化等を進める技術の研鑽)，③立法制度論(立法の手続・機構・組織等に関する研究)，④立法過程論(立法権の事実過程に関する実証的〔政治＝社会学的〕研究)の四つの分野からなるといえよう[12]．もっとも，これまで立法学が体系的に研究されたことはほとんどなく，これら四分野ごとにバラバラに，主として，②は立法実務家，③は憲法学者，④は政治学者によって担われてきたといえよう[13]．①の立法政策論は，刑事政策学のように既に確立した分野もあるが，多くは個々の法分野ごとに制度の利害得失を衡量し，合理的な制度設計を目指した個別の論考であって，体系的な取組みはまだ十分とはいえない．

(c) 立法政策論を含む立法学が，わが国の社会に根づかなかったのは，わが国の公法学が明治憲法の下で生成発展してきたことと無縁ではない．すなわち，法治主義の概念の下では，「法」とは国民の意思を化体した法律ではなく，主権者としての天皇の意思を化体した「法律及び命令」を意味し，天皇の官吏の手によって作られ，臣民を統治する手段として機能した．「法律による行政の原理」も，国民の意思によって行政をコントロールする意味ではなく，天皇の万能の権能に自制を加える原理でしかなかった．したがって，法律で規定されたことは議会の協賛を得たものとしてより強力な力を発揮し，行政権を強化する役割を果たし，法律万能主義的傾向を生み出したのである．このことが，一方で法解釈学の過剰な偏重を生み，他方で立法学の貧困の原因になったといえよう．すなわち，法律は官僚によって作成・執行されることによって所与の前提とみなされた．法律が天皇のお墨付き＝裁可(明治憲法6)を得た法規範である以上，その意味を認識・確定し，法規範を整合性のあるものとして解釈する

---

12) 小林直樹『立法学研究——理論と動態』(三省堂・1984年)32頁．すなわち，本文の①②は「正しい法」を発見・創造し，それに言語表現を与える段階に相当し，③④は所定の手続を踏んでこれを国民に公示する段階に相当する．学説の中には，「立法の政策的適否及びその実体化のための法技術の考察を立法政策と呼び，その学問的研究を立法学という」(竹内昭夫＝松尾浩也＝塩野宏編『新法律学辞典〔第3版〕』有斐閣・1989年)とする見解がある．これは，①②のみを立法学とするものであるが，③④も立法学に含めるべきである．とりわけ，④は立法事実の確認，立法の背景や目的を確定する上でも重要であり，政治学や法社会学ばかりでなく公法学の立場からも研究する必要性が高い．なお，芦部信喜「日本の立法を考えるにあたって」ジュリスト805号10頁以下参照．

13) 規範的観点から立法過程論を考察したものとして，長谷部恭男「討議民主主義とその敵対者たち」『憲法の理性〔増補新装版〕』(東京大学出版会・2016年)167頁以下参照．

ことが学問の主要な課題とされ，立法論はしばしば不当に軽視された．そこにあるのは，何が人民にとって必要な政策かという視点ではなく，天皇によって「決定」された政策を合理的に解釈しようとする臣民的な感覚でしかない．しかも，行政は公益を代表するものと措定されていたので，社会における政策課題の発見もその解決手法も全て官僚の手に委ねざるを得ない．国民一人一人が自らの生活の中から公共的課題を発見・提起し，自分たち自身の問題として政策を議論し，立法による解決を目指すということは，天皇主権の体制の下では，本来あり得べからざることだったのである．

(d) 日本国憲法の下では，解釈論と並んで立法論・政策論が重視されるべきである．現代社会は，資本主義の高度の発展によって複雑高度化し，利害が錯綜し，国際化の著しい進展によって，国家介入を不可欠とする案件が飛躍的に増大している．国会が唯一の立法機関である以上，私人間の法律関係で解決できない公共的問題は，国民全体で議論し，解決されなければならない．日本国憲法の下では，「法律」の概念自体が180度転換していることが認識される必要がある．すなわち，法律は国民の意思であって天皇の意思ではない．また法律は為政者による単なる統治の手段ではなく，公的問題を解決するための手段であって，もっぱら国民の人権を充足するために存在するのである．行政もまた法律の執行過程を通じて国民の意思を吸い上げ，新しい政策課題を解決するために政策立案(立法化)の責務を負っている．

ところが，実際には日本国憲法が制定されたにもかかわらず，司法法(民法・刑法・商法等)の影響の下，相変わらず行政法の領域においてすら解釈論中心主義が支配的であり，明治憲法下の立法過程の慣行もほとんど改められることなく未だ幅を利かせている．たしかに法制度上は，公務員は天皇の官吏から国民「全体の奉仕者」(憲法15②)に変わったが，敗戦後も官僚制が温存されたことと相俟って，日本国憲法の下にあっても，官僚が法律案を作ること(内閣提出法案)，内閣法制局が立法過程で重要な役割を演じていること，国会審議のあり方，など立法過程の大筋は戦前とあまり変わっていない．「憲法は変わっても，立法過程は変わらない」現象が続いている．

(e) 憲法が変われば，立法過程も行政過程も変わるべきである．すなわち，①法律の執行を主たる任務とする官僚は，執行過程から得られた情報に基づい

てより良い法律を作るために法律案を作成し，国会に提出する責務があるが，それと並行して議員立法が今少し多用され重視される必要があろう．

②内閣法制局は，1885(明治18)年の内閣制度の創設と同時に設置された内閣の補佐機構であったが，内閣の法律顧問の立場および勅令の審査権を有していたこともあって，その権限は強力であった．そうした特異な歴史的沿革から，今日においても，しばしば，明治憲法下の「伝統」を墨守し，法律の公定解釈権を独占し，あたかも立法機関の上に立つかのごとき観を呈することがあるといわれる[14]．しかし，現在は，内閣法制局設置法によって設置された内閣の法律問題に関する補助部局にすぎないのであって(内閣法12④)，明治憲法時代とは根本的にその性格を異にする．その任務も基本的には閣議に附される法律案，政令案，条約案の審査や法律案，政令案の立案，法律問題に関する意見を述べること等にある(内閣法制局設置法3)．内閣の任命にかかる官僚機構が，国会が自ら提起した法案を審査過程で押しつぶすようなことは許されない．たしかに精緻な立法技術も必要であるが，法制局が不当に介入して政策の中身にまで口を出すようなあり方は憲法理念にそぐわないので改める必要がある．今後は，国会の立法スタッフおよび両議院の法制局を充実することが必要であろう．

③国会審議のあり方についても，帝国議会の方法をそのまま踏襲している点は問題である．現在でも，政府提出の法律案を議員が問いただし，政府側がこれに答えるという形式が採用されている(昭和30年改正前の国会法旧78条参照)．法律案の説明，質疑に対する答弁等について国務大臣を補佐するための政府委員の制度(国会法旧69)も，もともとは明治憲法(54)に由来するものであるが，立法機関の法律案審議のスタイルとしてはおかしな制度といわざるを得ない[15]．

---

14)　阪田雅裕「内閣法制局の機能」論究ジュリスト9号47頁，同『法の番人内閣法制局の矜持』(大月書店・2014年)，西川伸一『知られざる官庁新内閣法制局』(五月書房・2002年)，五十嵐敬喜『議員立法』(三省堂・1994年)118頁以下参照．

15)　「国会審議の活性化及び政治主導の政策決定システムの確立に関する法律」(平成11年法律116号)によって，政府委員制度は廃止されることとなった．この法律は，中央省庁等改革基本法等の改革関連法と同様，政治主導の行政を目指すものである．2001年から，各省に副大臣および大臣政務官が設置されたが，それまでは「内閣は，国会において国務大臣を補佐するため，両議院の議長の承認を得て政府委員を任命することができる」(国会法旧69)とされた．政府委員制度が廃止されたことで，もはや官僚は国会で答弁できなくなるが，例外的に「両議院の議長の承認を得て，人事院総裁，内閣法制局長官，公正取引委員会委員長，原子力

また議場も内閣の席が上にあり，議員席が下にあって，議員同士が議論するスタイルになっていない．これでは政策の是非を議論するには不十分である．欧米で行われている読会(Reading of Bills and Resolutions)制の採用をはじめ根本的な改革が望まれる．

立法学と行政法 (a) 我々は先に理論的な観点から，行政法と私法の区別を規範の性質の相違に求めたが，立法学は，法を創造する過程を対象とするものであって，法規範の解釈を対象とするものではない．立法過程を導く規範は，私法のような裁判規範として機能することはないし，また法の存在を前提とする行政法と同様に行為規範として把握することもできない．行政権は，憲法上，執行機関の性格を有するものであるから，その行為を法律で縛ることによってその目的を良く達成することができるのに対して，立法権は国民を代表する機関であって，国民の意思を受けて政策を法律として作り上げる機関である．立法機関の任務は，国民の意思を最もよく実現し，優れた法律を作ることであるから，立法権を縛るものは憲法をおいて他にない．立法学は，政治的意思のぶつかり合う場を対象とするものであるから，従来の解釈学的発想だけで規律し得るものではなく，政治学的・社会学的考察が不可欠である．また政策それ自体については，社会科学ばかりでなく自然科学の知識が必要となる場合も多い．立法学が学際的要素を含む所以である．

しかし，立法学の本籍は公法学にあるというべきであろう．私見によれば，公法学とは国家機関の活動に特有な法現象を対象にした学問であるから，公法学の体系は本来，行政権の活動に特有の法現象を対象とする行政法学と立法機関の活動に特有の法現象を対象とする立法学の両者からなるものといえよう．

(b) 法律案の作成は，内閣提出によるもの(内閣法5)と議員の発議または委員会の提出によるもの(国会法56, 50の2)とがある．前者は行政権の活動として行われ，後者は立法権の活動として行われる．立法過程は，「正しい法」を発見し，それに言語表現を与える実体形成と所定の手続を踏んでこれを国民に

規制委員会委員長及び公害等調整委員会委員長を政府特別補佐人として議院の会議又は委員会に出席させることができる」(国会法69②)．また，委員会においては，衆・参議院規則で必要に応じて官僚に政府参考人として出頭を求め，説明を聴くことができることとされている．

公示する手続形成からなる[16]．

　まず，手続形成面については，憲法上，国会を構成する各議院に自律権が保障されている．国会での審議手続(手続形成過程)については，憲法のほか国会法，衆議院規則，参議院規則等によって規定されているので，本来，立法学の対象であって，行政法学の対象ではない．次に，実体形成面については，内閣提出の法律案は行政活動の一環としての性格を持つので法律案の作成過程は行政法学の対象となるが，一旦国会の委員会で審議に付せられた後は，内閣は自由に修正・撤回することはできない(国会法59)ので，その限りで行政法学の手から離れる．他方，議員の発議(同法56)または委員会提出の法律案(同法50の2)は，立法権の活動そのものであるから，活動面の性質だけを捉えれば行政法学の対象ではないが，それが行政権の行為規範を定立するものである限り，行政法学も法規範の内容には無関心ではいられない．このように，法律案の実体形成の面については，法律案提出の主体の如何を問わず，行政法学の研究対象となるのであって，ここに立法学と行政法学とは交錯することになる．

　法制定の原理　(a) 国会の制定する法律のほとんどは内閣提出法案であり，行政各部が自ら管轄する領域の政策を策定し法律案を作り，所定の手続を経て内閣から国会に上程される[17]．国会に上程されるまでは行政活動として行われるが，法律案は国会に引き継がれるのであるから，立法行為を支配する原理は法律制定過程の行政活動を包含するものでなければならない．立法行為も法の支配の原則に服さなければならないが，問題は法の支配の原理を立法行為に適用した場合，そこからどのような法理が引き出されるかである．

　(b) 第一に，法の支配が手続面にどのように現れるかを検討してみよう．

---

[16]　両者は，内容と形式，目的と手段の関係に立ちながら，相互にからみ合って発展していく．団藤重光『法学の基礎〔第2版〕』(有斐閣・2007年)178頁以下．

[17]　内閣提出法案の立法過程も，本来立法学の研究課題である．とりあえず小林直樹『憲法政策学』(日本評論社・1991年)，大島稔彦『立法学——理論と実務』(第一法規・2013年)，中島誠『立法学〔第3版〕』(法律文化社・2014年)，平井宜雄『法政策学〔第2版〕』(有斐閣・1995年)，阿部泰隆『政策法学の基本指針』(弘文堂・1996年)をあげておく．なお，「立法学」については，実は，末弘厳太郎「立法学に関する多少の考察——労働組合立法に関連して」法学協会雑誌64巻1号による立法学の提唱以来，かなり多くの人の関心を集めてきたし，海外には多くの文献があるが，ここではこれ以上は立ち入らない．

法律は国民の意思を体現するものであるから，審議手続において「全国民の代表」である議員の意思が十分に反映する手続を確立するとともに決定過程を公開する必要がある．デュー・プロセスの法理は，もともと，自己の意思が適切に代表されない決定手続によって拘束されるべきではないとの思想を内包している．アメリカの判例では，立法作用にはデュー・プロセスの法理が及ばないとされているが[18]，これは法の創造作用の場面では国民の意思を反映する手続と制度の確立が前提となっているからに他ならない．このことは，委員会の手続においても，本会議の手続においてもいえることであって，法律案には十分な審議時間を確保することが要請される．この点で，近時，わが国で行われているいわゆる一括法案には問題が多い．例えば 1999(平成 11)年に成立した「地方分権の推進を図るための関係法律の整備等に関する法律」(地方分権一括法)は，地方自治法をはじめ国家行政組織法など合計 475 本の法律(その時点で法律の約 30％にあたる法律に関係した)を一括して改正するものであった．本来なら関係する複数の委員会で個々の条文を慎重に審議すべきであったが，実際には関連委員会での審議は行われていない[19]．今日，国会が一つの法案にかける審議期間が年々短縮していることの問題が指摘されているが[20]，いわゆる一括法案の処理の仕方には多くの問題が残されており，立法学の研究課題の一つである[21]．

(c) 第二に，立法行為には実体的デュー・プロセスの法理が妥当する．実体的デュー・プロセスの概念は，論者によって見解の相違があるが，その狙いが個別の基本的人権の侵害に当たらない場合の根拠を提供することにあるという点では異論がない．実体的デュー・プロセスを巡る論議には，アメリカ法の強

---

18) Bi-metallic Inc. Co. v. State Board of Equalization, 239 U. S. 441(1915).
19) その後も一括法案方式は多用されている．2015(平成 27)年に成立した平和安全法整備法は 10 本の法律改正を一括したものであり，国際平和支援法は従前テロ対策特別措置法で行なわれた政策を一般法に切り替え，新たに役務の提供や臨検などの任務が追加されている．十分な審議がなされたかについては疑問が呈されている．
20) 上田耕一郎『国会議員』(平凡社新書・1999 年)142 頁，大山礼子『日本の国会――審議する立法府へ』(岩波新書・2011 年)86 頁以下．
21) また審議の公開は，民主政治にとっては生命である(憲法 57①)から，国会法 52 条 1 項が，委員会の非公開を原則としているのは憲法違反の疑いがある．山本悦夫「日本国憲法 57 条の会議公開の原則」法学新報 97 巻 9＝10 号 148 頁以下参照．

い影響が見られるが[22]，私は，この概念をアメリカの判例理論や概念を借用するのではなく，法の支配の原理に内在する独自の理論概念として用いることにする[23]．

　個々の行政法は政策実現の手段であるが，どのような政策も許されるというものではない．法の支配の原理は，議会が創造する「法」が自然法ないし正義に適った内容の法であることを要請する．憲法 13 条は「生命，自由及び幸福追求に対する国民の権利については，公共の福祉に反しない限り，立法その他の国政の上で，最大の尊重を必要とする」と規定している．つまり，憲法は「立法」に関しては，「生命，自由及び幸福追求に対する国民の権利」を最大限に尊重することを求めているのである．これが，まさに実体的デュー・プロセスの法理に他ならない．

　法の支配の原理は，議会に対して，法律は単に政策手段ではなく，「正義に適った法」であることを要請する．法律が「正義に適う」ためには，「合理性と適正性」を備えたものである必要がある[24]．その意味で実体的デュー・プロセスの法理（憲法 13）は，議会の立法行為を支配する原理であり，議会はそのような法律を作ることを義務付けられるのである．もっとも，この義務に対応する国民の権利は，手続的性質を有するにすぎないと解すべきであろう．もしこれを実体的権利として構成するのであれば，基本的人権とオーバーラップしてしまい，従来の実体的デュー・プロセスの理論と何ら変わらないものになって

---

22)　もっとも，アメリカ憲法の場合，連邦の権利章典の規定が州に適用されないと考えられたため，連邦憲法修正 14 条のデュー・プロセス条項を介してこれらを州に及ぼす必要性があったのであり，わが国とは事情が異なる．

23)　デュー・プロセスの概念は，歴史的にはマグナ・カルタに淵源をもち，法の支配や自然的正義の観念と結合して発展を遂げてきたものであるが，そこでは手続的デュー・プロセスの観念ばかりでなく，政府の権限は公共の利益のために行使されるべきだという実体的デュー・プロセスの観念が内包されていたことも確かである．Franc R. Strong, Substantive Due Process of Law: A Dichotomy of Sense and Nonsense (Carolina Academic Press, 1986). なお，常本照樹「経済・社会立法と司法審査(1)」北大法学論集 35 巻 1＝2 号 1 頁参照．

24)　実体的デュー・プロセスの法理の具体的な内容として，①法律制定の必要性（法律以外の方法で目的を達成できる場合には法律を作ることは許されない），②法律の有効性（法律によって目的を達成しうる場合でなければ法律を作ってはならない），③濫用の恐れの強い法律（「通信の秘密」を害する一般的な盗聴法など）は作ってはならない，④規制目的の明確性，⑤手段の相当性が挙げられてきた．これらは，従来憲法訴訟の理論で検討されてきたが，本来は立法政策の原則である．

しまうからである．憲法 13 条は，立法府に向けられた規範であり，立法の原理を明記したものと解される．立法府には当該公共的課題の性質によって，どのような立法を行うかの裁量の余地が与えられていると考えられる．他方，立法府は「優れた正しい法」を作ったことを，国民に対して説明する義務があり，国民の側には説明を求める手続的権利がある．国民の有するこの手続的権利は，法律の執行過程において，法律の違憲性を主張する場合に意味を持ってくる．すなわち，国民が法律の違憲性を主張する限り，法律の「合理性と適正性」を支える立法事実の立証の負担は議会(被告たる国)の側が負うことになる．

　第三に，行政法規を定立する立法過程において，立法者は政策目的を実現する上で，多元的な利害調整をはからなければならない．すなわち，一定の法律要件の下に《A 集団の利益(自由や財産)＝表の利益》を制限するが，これは他方で《B 集団の利益＝裏の利益》を保全するためである．電力会社 X が原子力規制委員会 Y に原子炉設置の許可を申請した場合を例にとれば，X は原子炉等規制法 43 条の 3 の 6 (旧 24①)の定める要件を充足すれば，Y の許可を得ることができる．つまり，法律関係として表にでてくるのは XY 間の法律関係である．法律要件は，《表の利益》に着目して規定されるが，付近住民の利益は《裏の利益》として法律要件に書きこまれることはない．取消訴訟において，第三者の原告適格が問題となるのは，《裏の利益》が条文として書き込まれないためである．しかし，立法過程においては，付近住民の安全を護るために法律要件に何を盛り込むかが検討されなければならない(大浜・行政裁判法 149 頁参照)．立法過程における利害調整の配慮や保護利益の検討は，法律の執行過程に紛争が生じた場合に有力な証拠となる．

3　法の支配と法執行

意思自治原則　(a)「法の支配」する近代国家は「理性の支配」と「制限政府」によって特徴づけられる．ヨーロッパでは，宗教改革や宗教戦争を経て，信仰は内面の問題，社会生活は世俗の問題という通念が形成されていった．近代社会は神を離れた人間理性を根拠に「法」を考えるようになった．「法」は，一方で事物に内在する秩序から市民生活の秩序(市民法)へと変質していくが，他方で市民社会は個人の生命と財産の安全を確保し，私人間で解決できない公

共性のある問題を解決するための人為的機構としての国家を必要とするようになった．つまり，国家は市民社会の病理を正し健全に機能するために奉仕する役割を担うべく作られたものである．「法の支配」の原理は，市民社会と国家とが共通の基盤に立つ(国家社会一元論)という思想を基礎としている．市民革命後の市民社会と私的自治の成熟がこの背景にあることはいうまでもない．

(b) 近代国家における法的関係は「意思自治原則」の下に整理することができる．意思自治原則の社会(あるいは私法)における発現形態が「私的自治＝契約自由の原則」であり，国家(あるいは行政法)における発現形態が「法律に基づく行政の原理」である[25]．つまり，国家(行政法)も社会(私法)もともに意思自治を原則とする点では共通の基盤に立つ．

法執行の原理 (a)「法の支配」の原理は，法律の執行段階でどのような形をとるのであろうか．「法の支配」から引き出された法執行の原理を，ここでは「法律に基づく行政の原理」という．

「法律に基づく行政の原理」は，①国民主権の国家を前提にすること，②個人の尊厳を最高価値として承認すること[26]，③行政権を法執行機関として把握すること[27]，の点で法治主義を基礎とする「法律による行政の原理」とは基本的性格が異なる．この原理の下にどのような原則が引き出されるかを考えてみよう．

(b) 第一は，「授権執行の原則」である．行政権は，法律の授権があって初

---

25) 「原理」と「原則」の言葉を較べると，原理の方が上位概念であろう(ここでは，原理は根本をなす理論，原則は例外を除いて一般に適用される法則という程度の意味の相違を前提にする)．私の体系では，「法の支配の原理」の下に「意思自治原則」を置くので，私的自治と法律に基づく行政とはともに「原則」と呼ぶのが相応しい．ただ，通常は，「法律による行政の原理」の言葉が用いられるので，行政法独自の理論体系としては，原則よりも原理の呼称のほうがより適しているようにも思われる．そこで，以下では，従来の呼称との差異を念頭においた上で「法律に基づく行政の原理」という用語を用いる．

26) アメリカでは，19世紀後半以降の資本主義の高度の発展が巨大市場を生み出し，さまざまな社会的問題が発生するに及んで行政介入が不可避となり，古典的「法の支配」概念との格闘を通して，現代社会にふさわしい行政法原理が形成された．大浜啓吉「法の支配と行政法」塩野古稀上131頁以下参照．

27) 行政権は内閣に属する(憲法65)とは，内閣が政治過程の要の位置にあって政策全般を総合調整しつつ，政策執行の最終的な責任を負うことを意味する．実際の「法律の執行」は「行政各部」である．

めて法律を執行することができる．明治憲法には「行政権」の所在について明文の規定はなく，「国務各大臣ハ天皇ヲ輔弼シ其ノ責ニ任ス」(55) とされていた．「輔弼」の語は，行政権を握るのは天皇であることが前提とされている[28]．他方，法律は帝国議会の「協賛」の下に成立し，天皇の「裁可」を必要とした．すなわち，法治国家論の下では，天皇が握る行政権は元来自由に行動し得る存在であるから，原則として法律がなくても活動することができる．ただ「自由と財産」を制約するような法律については法律の根拠が必要とされる．この点で，根本的に法の支配の考え方とは異なる．換言すれば，明治憲法の下では授権執行の原則は成り立たなかった．

法の支配を原理とする日本国憲法の下では，行政権は憲法によって創設されたものである．法律によって組織され，法律によって任務と所掌事務とを与えられる．法律を執行するためには，組織法と作用法の根拠が必要である．憲法は国会を「唯一の立法機関」(41) とし，内閣の任務の第一に「法律を誠実に執行」すること(73・1号)をあげているが，これは授権執行の原則を含意しているものと解される．すなわち，法律の執行の段階においては，行政権は法律による授権なしに私人の権利義務に影響を与える決定をなしえない．行政はあくまでも法律に従属し，法律に拘束されるのである[29]．

国会は「唯一の立法機関」であるから，原則として内閣への委任立法は禁止される(Non Delegation Doctrine)．例外として法律が一定の事項について政令の制定を委任した場合には，政令を制定することができる(憲法73・6号)が，これは広義の「法律の執行」ということができよう．

---

[28] 憲法上の機関としては国務大臣があるだけであり，内閣の組織は勅令たる「内閣官制」で定められており，国務大臣は天皇に対して責任を負っていたので，天皇が行政権をもっていたことは明らかである．

[29] 課税については，憲法84条が課税法律主義を明記している．具体的な内容としては，課税要件法定主義と課税要件明確主義が含まれる(金子宏『租税法〔22版〕』弘文堂・2017年，76頁)．旭川市の国民健康保険条例が保険料の算定方法のみをさだめ，具体的な料率決定を旭川市長の告示に委任している点等が争われた事案において，最高裁は「国，地方公共団体等が賦課徴収する租税以外の公課であっても，その性質に応じて，法律又は法律の範囲内で制定された条例によって適正な規律がされるべきである」と述べ，本件の告示は国民健康保険法81条にも，憲法84条の趣旨にも違反しないと判示した(最大判平成18・3・1民集60巻2号587頁，行政判例百選23事件)．

(c) 第二は,「適法処分の原則」である．すなわち,私法における権利義務関係は,基本的には当事者の対等な意思の合致によって発生するものであり,他から強制されることはない．私人の場合,権利も義務も自らの意思にその源がある．民法(家族法は除く)の規定は,意思の合致が真正に行われるためのルールを定めたものであり,直接,私人の実体的な権利義務を定めたものではない．その意味で,民法は,私人間で権利義務関係に紛争が生じた場合の裁判規範としての性格を有する．

これに対して,行政法は,基本的には社会に存在する公共性のある課題を解決するための政策手段の実質をもつものであり,行政庁の介入という手法によって政策実現をはかるものである．その意味で行為規範の性格を有する．私法のような事後救済・制裁方式ではなく,事前予防的な規制をしたり,私人に一定の給付をしたりすることによって,問題の解決を図ろうとする点に特色がある．政策のメタ決定は,国民代表議会が行う．国会における意思の表明は選挙された「全国民の代表」者である国会議員を通じて行われる．政治的には,例えば消費税法という法律に反対の国民は多数いるであろう．しかし,それが選挙のチャンネルを通して,国会で法律として成立した以上,法規範的には法律は国民の意思とみなされる．したがって,行政庁が適法に法律を執行した場合,国民はそれに従わなければならない．すなわち,行政処分によって行政庁(Y)と私人(X)との間に権利義務関係が適法に成立した場合には,私人はこれに拘束されるのである．逆に,処分が法律要件を充足せず,違法に行われた場合には,法律＝国民意思の実現とはいえないので,私人はこれに従う必要はない．憲法は行政に対して,「法律の誠実な執行」を求めているが,「誠実な執行」の文言には実体的適法性と手続的適法性が含意されている．

ここではまず前者について説明しておこう．法律は,通常,ABC の要件が充足されれば,α の効果が発生するという要件・効果の形式で規定されている．営業許可を例にとれば,行政庁(Y)は私人(X)から許可申請があれば,法律の規定する ABC の要件事実の認定ができれば具体的な許可処分を行う．仮に B の要件事実が欠落しているにもかかわらず,Y が処分をしたとしたら,当該処分が違法となる．また,B 要件が「土地の適正且つ合理的な利用に寄与するものであること」(土地収用法 20・3 号)のように,行政庁に裁量義務を課してい

る場合，当該義務が適正に遂行されないときには，当該処分は違法となる．適法な処分がなされてはじめて XY 間に法効果(α) = X は一般的禁止を解除され，自由に営業するという法効果を享受する．行政法の執行は，一般にこのような権利義務関係の発生・変更・消滅という方法を通して，社会的に必要な政策の実現をはかるのである．

このように，行政法においては権利義務関係の形成の方式が行政庁の一方的な判断によって行われるために，外形上行政庁に何らかの優越した地位が与えられているかのように見えるが，そうではない．決して行政庁がア・プリオリに私人に対して優越的地位に立つものではなく，法律が行政庁に対して権利義務関係の形成を命じているにすぎず，法律関係の成立後は処分の公権力性は消尽する．したがって，行政庁の行為は実体法レベルで，法律に適合したものでなければならない．「適法処分の原則」は，実体法上の原理としては行政の執行過程において，実体法上の適法・違法を判断する基準となる．

(d) 第三は，「手続的デュー・プロセスの原則(法理)」である．手続法のレベルでは，XY 間の法律関係では，私人 X の側にある種の優越性が付与されているというべきである．実体的な法律関係を押しつけられる私人の側としては，法律の執行が適法に行われる限り，一人の「国民」としてこれに服さなければならないが，そうでない限り，何らこれに縛られる理由はないからである．しかも，法律の執行が適法に行われたことを保障するのは執行の客体である私人以外にはない．国民の意思である法律を執行する任に当たる行政庁は，それが真に国民の意思であることを，その一人である処分の相手方に丁寧に確認しながら行うことが要請される．逆に，執行の客体である当事者又は利害関係人は，当該処分が真に法律要件に合致するものであるかどうかを確認する権利を有しているというべきであろう．つまり，主権者の意思たる法律を個々の主権者である私人に投げ返すのであるから，当該私人には，たえず法律の執行過程の適法性を確認し，検証する手だて(権利)が与えられる必要がある．これを「手続的デュー・プロセス(due process of law)の原則(法理)」[30]という．その根拠

---

30) 憲法31条が，刑事手続を念頭において，生命と自由について，デュー・プロセスを規定したのは，近代国家のあり方としては当然のことである．アメリカ憲法のデュー・プロセス

は，憲法73条1号「法律を誠実に執行」することに求めることができる．

このように，行政法規の執行過程において，実体的法律関係のレベルでは，行政庁に法律関係の形成に限って優越的な地位が与えられる反面，手続的法律関係のレベルでは，私人にある種の優越的な地位が与えられていると考えるべきである．すなわち，「法律を誠実に執行する」の文言には，「適法処分の原則」と「手続的デュー・プロセスの原則」の二つが含意されており，行政の執行過程における手続上の適法・違法を判断する際の準則となる．

(e) 第四は，「裁判的救済の原則」である（大浜・行政裁判法1頁）．「法の支配」の原理は，裁判的救済を不可欠の要素とするものであり，裁判所に対して「人間の尊厳と自由」の保障機関であることを命ずる．現代においては，あらゆる法的紛争は，司法審査の対象となるというのが立憲主義の要請となっているといっても過言ではない．とりわけ，行政の執行過程における実体的瑕疵および手続的瑕疵によって私人の権利利益が侵害された場合には，裁判上の救済が図られなければならない．憲法32条が「裁判を受ける権利」を保障したことの意味が，ここにある．このことは，行政事件訴訟法，行政不服審査法，国家賠償法，損失補償法のいずれの適用においても妥当する．

このように，「法律に基づく行政の原理」は行政法の執行過程を支配する原理として機能するのである．

条理上の原則　行政上の法律関係には，法一般に共通する条理上の原則がある．一つは，民法典の規定する信義誠実の原則，権利濫用禁止の原則(1②③)，禁反言の法理，憲法に定めのある平等原則(14)，比例原則(必要性の原則，過剰規制禁止の原則)がある．これら以外にも，時代の進展による新しい行政ニーズが要求されるに伴い個別の法律関係において明文の規定がない場合に条理上の原則が生まれることを認めなければならない．

条項には「財産」の文言があり，またその適用も刑事手続に限定されないのであるが，わが国の場合，憲法31条は「財産」の文言がない上，条文上の位置の点からも，果たして行政手続に適用できるかについて，憲法解釈論上議論がある．私は従来，デュー・プロセスの法理の根拠を法の支配の原理から導いてきたが，これに加えて憲法73条1号の「法律を誠実に執行」の文言に含意されていると考える．

第 2 編

行政活動

第1章

政策形成

第1節 政策と法案

1 行政活動と政策策定

行政活動 (a) 行政活動とは,行政権が公共政策(public policy)を策定し,これを実施することをいう.ところが,従来,行政法学では法律の実施(執行)の側面のみを取り上げ,公共政策の策定に関わる活動を正面から取り上げてこなかった.行政活動を行為形式に類型化し,その法的性質および行政作用法上の問題点を検討する方法をとる有力な学説も,《政策を策定し法案を作る》活動を行為形式として捉えてこなかった.内部効果しか持たないこの分野は,もっぱら政治学ないし行政学の対象と考えられてきたのである[1].しかし,法案の策定を中心とした公共政策の立案活動は,行政活動の中でも最も重要なものの一つであり,行政法が行政活動の法的コントロールを任務の一つとする以上,これを無視することはできない.とりわけ,行政法を《公共政策を具体化した法規範》と捉える本書の立場からは,行政の政策策定と法案作成の活動もまた法的観点から検討しておく必要がある.

(b) 法の支配の原理の下では,行政権は憲法上,法律の執行をその基本的任務とする(憲法73・1号).法律の執行とは,法律の機械的執行を意味するの

---

[1] 内部効果とは,行政庁の活動が行政権(国家)の外側(社会)に居る私人の権利義務に影響を与えないことを意味する.

ではなく，もう少し膨らみのある概念であって，執行過程における行為の法適合性が問われると同時に，当該政策の是非，欠陥，当不当，国民の反応などの夥しい情報が行政権にもたらされる．つまり，法律の執行は，当該政策に対する市民の受容と批判を通して，新しい政策課題を行政に認識させる過程でもある．換言すれば，法律の執行過程を支配する「法律に基づく行政の原理」(とりわけデュー・プロセスの法理)には，新たな政策課題の発見とそれをさらに政策として立案し，法案にまとめて議会の判断を仰ぐことが内包されている．これを政策策定・法案作成(政策形成)機能という[2]．

(c) 政策策定・法案作成(政策形成)の機能が，執行過程を支配する「法律に基づく行政の原理」と矛盾せず，そのコロラリーとして引き出せるものだとしても，行政の政策策定の活動そのものを律する内在的な原理は別のところに求めなければならない．政策の執行と政策の策定は，それ自体異なった作用であり，私人との関係においても自ずから異なった配慮が働かなければならないからである．これはまさに立法学の課題である．

政策 (a) 行政活動は，私人の法的利益に直接影響を与えるか否かを基準にして，政策の策定(作成)と政策の執行(実施)に大別される．行政権の策定する公共政策の範囲は広範である．行政権の本質が法律の執行にある以上，既存の政策の執行過程の中で行政は様々な新しい政策課題を突きつけられる．つまり執行過程に随伴する様々な情報が，第一次的には新しい政策課題の認識の契機

---

2) これに関連して，内閣の法案提出権が憲法上認められるか否かについて，学説上議論がある．消極説は，法律案の提出は法律制定作用に属するとする(佐々木惣一『改訂日本国憲法論』有斐閣・1954 年)．この立場では，内閣法 5 条は憲法違反ということになる(鈴木安蔵『憲法学原論』勁草書房・1956 年)．これに対して積極説は，①憲法 72 条の「議案」に法律案が含まれる，②法律の発案は国会の議決権を拘束せず，すでに憲法慣行となっていることを理由にこれを認める(佐藤・憲法 437 頁)．今日，内閣法 5 条によって，法律の大半は内閣提出法案が占めるに至っており，この問題を議論する実益に乏しいが，行政の法律案の策定活動の性格を明確にする上でもその重要性を失っていない．思うに，法律案の策定が立法過程において立法の起点になっているが，法律案の策定過程の性質を立法作用と見ることはできないので，憲法 41 条に違反するとはいえない．他方，内閣は憲法上，「国務を総理する」権能(73・1 号)を有しており，法律の執行に随伴して立法の必要性を判断し，政策の立案をする権限があるものと解される．なお，野中俊彦「議会運営の諸問題」法律時報 46 巻 2 号 18 頁，清水睦「立法過程における国会と政府の役割分担をめぐって——法案の発案・提出を中心として」中村睦男＝前田英昭編『立法過程の研究——立法における政府の役割』(信山社・1997 年)3 頁以下参照．

となることも多い．むろん第二次的には，執行過程に関わらない外部環境から政府の政策課題(憲法改正や小さな政府の実現など)が発見されることもある．要するに，公共政策とは，行政の認識した新たな問題に対する解決手段の体系のことである[3]．

(b) 政策は，必ずしも一つの法律で実現されるとは限らず，多くは法律，予算，計画，政省令，行政規則，通達，行政指導等の複数の形式に分散して表現される．しかも，政策は一定の手続を経て法律，予算等の公式の公示形式で定められる．問題は，どの範囲までを政策と考えるかである．政治学や行政学といった主として事実を研究対象とする学問においては，国会における総理大臣の施政方針演説や外務大臣の外交演説，あるいは政府首脳の記者会見での発言なども政策概念の中に内包することになろうが，法規範を主たる研究対象とする行政法学では，政策の概念をそこまで広げるのは適当ではない．施政方針演説等も行政が政策を策定する契機になることはあるであろうが，政策そのものとはいえない．我々としては，あくまでも公式の公示方式で定められたものを政策と考え，そこに至る行政の活動を政策形成過程として把握すれば足りる．

(c) 政策を公示形式で定められたものとする場合，議会との関係が問題になる．学説には，「政治機関により決定済みの活動案を政策と考え，行政機関の決定に委ねられている事項の立案・決定活動は政策の実施活動の一部である」(西尾・行政学246頁)とするものがある．たしかに，法律にせよ予算あるいは法律の委任に基づく政省令にせよ，形式的には議会の議決が前提となっている．しかし，政策形成過程を時系列的に見れば，行政が自らの情報に基づいて政策を練り，それを内閣が法律案として国会に上程し，一定の手続を経て法律として成立するのであるから，政策策定活動は，国会における法律の成立を基準にして前後を分け，前段階までを政策策定(作成)とし，決定後の段階を政策執行(実施)とするのが適当であろう．予算についても同様に考えるべきである．

---

3) 行政機関が行う政策の評価に関する法律(以下「政策評価法」という)2条2項は，「この法律において「政策」とは，行政機関が，その任務又は所掌事務の範囲内において，一定の行政目的を実現するために企画及び立案をする行政上の一連の行為についての方針，方策その他これらに類するものをいう」と定義している．

2 政策形成過程

政策形成 （a）行政活動は元来，政策の執行活動を基本とするものであるから，行政の政策策定活動は基本的には政策の執行に随伴するもの，あるいはその施策の延長線上にあるものに限定すべきであろう．これは，各省庁が省庁設置法によって具体的な任務と所掌事務が定められていることからも明らかである．このことは，政策概念の立て方にもよる．広義の政策概念の中には，憲法改正とか，小さな政府の実現とか，元号の問題といった主として政党意思に発する政治的課題も含まれるが，これらは行政各部が打ち出すテーマとしては必ずしも相応しくない．こうした思想・哲学等の世界観に根ざす大きな問題は，社会の中で政治家と市民が議論するのに相応しいテーマであり，場合によっては，時の内閣がこのような哲学と世界観に基づいて一定の政策の策定を官僚に命じることもあり得よう．

ここでは，行政各部が執行活動に付随して発見・認識した政策課題を法律案として具体化しようとする場合を念頭におくことにする．公務員は「全体の奉仕者であつて，一部の奉仕者ではない」（憲法15②）し，政策形成の問題を考えるにあたっては，とりあえず政治的要素を取り去って，純粋な政策過程を考察しておくことが大切だからである．もっとも，立法化の具体的なあり方は，各省庁によって異なり，ひとまとめに論じ得ない面もあるが，ここでは一般的に「政策」がどのようなプロセスの下に生み出されるのかという観点から検討を加えることにしたい．

（b）政策過程は，次の諸段階からなる．①政策課題の発見・設定（agenda setting），②政策原案の作成（policy making），③政策決定（policy decision），④政策執行（policy implementation），⑤政策評価（policy evaluation）の各段階である．もっとも，これらの段階は，単線的なものではなく，連続的かつ複線的に進行している．前述したように，行政の政策形成を根拠づけるものは，本来，ある政策の執行過程がもたらす様々な市民の反応や情報にある．一つの政策の実施が新たな政策課題を生み出すことも稀ではない．このことを踏まえた上で，各段階についての若干の検討をしておこう．

①政策課題の発見・設定（agenda setting）　社会には多種多様な問題が存在す

る．問題とは，望ましい状態と現実との間にギャップが存在する場合をいうが，政策課題はこれが市民法で解決できない場合に，行政の介入によって果たし得ると認識されることによってスタートする．

　②政策原案の作成(policy making)　政策課題の発見の後，行政は当該問題にどのように対処するかを模索する．解決策は色々なレベルと手段があり得る．予算措置で対応すべきもの，行政指導で片づくもの，計画手法が適切なもの，法律制定が必要なもの等々である．また，その内容をどう構成するかも重要な検討事項であり，関連情報を収集・分析し多数の選択肢から適切な手段を選ばなければならない．その際，人権との関係が重要な意味を持つ．ある政策の立案が表現の自由を損なうことにならないかどうか，あるいは経済的自由を過度に制限することにならないかどうか，あるいは生存権規定に照らして十分な施策といえるかどうかといった点が検討される必要がある．学識経験者や利害関係者の意見を政策立案に生かすために設けられる審議会は，この段階に組み込まれることが多い．

　③政策決定(policy decision)　政策決定は，政策原案の種類によっても異なるが，仮に法律や予算という形式の場合には，この決定は議会によってなされる．その意味では，まさに政治的決定である．したがって，ここでは様々な社会的利害の調整が行われるから，原案が複数あるような場合を含めて，最終的な政策決定はこの段階で行われる．

　④政策執行(policy implementation)　決定された政策を実施に移す段階がこれである．政策の実施機関は，国の行政機関ばかりでなく，自治体を通して行うものもあれば，独立行政法人，特殊法人，認可法人，さらには第三セクターによって行われるものも稀ではない．政策が法律の形式で公示されている場合には，行政処分によってこれを行う．従来の行政法のテキストは，この段階を各種の行為形式に分類してきた．

　⑤政策評価(policy evaluation)　執行された政策の効果を評価し，必要に応じて当該政策の継続，修正，変更，廃止等の新たな政策課題に繋げていくために行われるものである．従来，会計検査院が国の収入支出の決算の検査(憲法 90)を正確性，合規性，経済性，効率性，有効性の観点から行ってきた(会計検査院法 20)．また，総務省は毎年度 20 程の個別の業務を取り上げて，無駄や改善す

べき点を各行政機関に勧告する行政監察を実施してきたし，各省庁の内部で同様の行政監察が行われてきた．さらに，財務省は予算の執行状況について内部監査を行ってきた．

政策評価　(a) 政策評価のルーツは，イギリスのサッチャー政権下のVFM(Value for Money)を重視した政策機関の業績測定やアメリカにおける1993年の政府業績評価法(Government Performance and Result Act)等にあるが，これは基本的に新自由主義的思想を背景にしたものであった．1997年の行政改革会議最終報告書が政策評価の導入を提言したのも，同様の考え方に立つものであり，日本では，中央省庁再編とともに導入され(内閣府設置法5②，国家行政組織法2②，総務省設置法4・16号17号18号)，2001(平成13)年には「政策評価法」が制定された．

(b) 政策評価法は，中央省庁における政策評価の基本的枠組みを定める．政府は，政策評価の「基本方針」を定め(5①)，各府省は，この基本方針に基づき3～5年の期間ごとに政策評価の「基本計画」を定め(6①)，1年ごとに事後評価の「実施計画」を作成し，評価方法を定め(7①)，事後評価を行わなければならない(8)．評価結果は当該政策に適切に反映させなければならない(3①)．

政策評価法によれば，政策評価の仕組みには，①各府省の内部に政策評価部門を設けて，自らの政策について行うもの(6)，②総務省が行うもので，二以上の府省に共通する政策について統一性又は総合性を確保するために行われるもの(12)，③民間有識者で作る「政策評価・独立行政法人評価委員会」(総務省の審議会)なる第三者機関を設けて，政府全体の観点から行う活動がある．③における委員会の任務は，総務大臣の諮問に応じ，政策評価に関する基本的事項および総務省の行う政策評価に関する重要事項を調査審議し，これらの事項に関し総務大臣に意見を述べるとともに，政府全体の政策評価に関する基本方針の策定に際して意見を述べることである(総務省組織令121，123)．

(c) 政策評価の対象は，行政機関の政策であるが，行政機関の範囲は情報公開法より狭く内閣府，各省等である(2①)．政策とは，「行政機関が，その任務又は所掌事務の範囲内において，一定の行政目的を実現するために企画及び立案をする行政上の一連の行為についての方針，方策その他これらに類するもの

をいう」と定義されている(2②). 評価は, 原則として事後評価であるが, 一定の領域については, 事前評価を行わなければならない(9). 後者は, 国民生活や社会経済に相当程度影響を及ぼす政策や多額の費用を要することが見込まれているものであって, かつ政策効果の把握の方法が開発されているものが要件とされている. 対象政策は政令で定められる.

(d) 政策評価の方式としては, ㋑事業の必要性や費用対効果を事前に検証する事業評価方式, ㋺あらかじめ定めた目標に照らして目標期間終了段階で総括的な実績を測定する実績評価方式, ㋩特定のテーマを設定し, 一定期間が過ぎた段階で掘り下げた分析を行う総合評価方式がある.

行政機関の長は, 政策評価を行ったときは, 一定の事項を記載した評価書を作成しなければならない(10①). 評価書は, 速やかに総務大臣に送付するとともに, 当該評価書およびその要旨を公表しなければならない(10②). また少なくとも年1回, 政策評価結果の政策への反映について総務大臣へ通知し公表しなければならない(11).

政策評価は, 執行中の公共事業等の限られた分野には有効であろうが, 行政執行の全ての分野に妥当するかどうか, また理論的にも政策を客観的に評価する物差しが可能か等の困難な問題がある. いずれにせよ, 政策評価を含めて, 各段階の情報は新たな政策立案過程にフィードバックされていくことになる.

政策の構造 (a) 政策は, 法律, 予算, 計画等の形式で定められ, 一定の手続を経て公示されて初めて執行可能になる. もっとも, 例えば, 行政規則のように政策の一端を担うにもかかわらず, 公式には公示されないものもある. その意味で, 特定の政策は必ずしも一つの公示形式で表現され尽くされるものではなく, 複数の形式に分散して表現されるのが一般である. 公示形式は, 執行活動を枠づける役割を果たす点で重要である. ここでは, 主として法律を念頭におきながら, 政策がどのような構造から成り立っているかを検討しておこう.

(b) 政策は一般に, 誰が(主体), どのような目的を達成するために(目的), 誰に対して何を行うか(名宛人および対象行為), その際如何なる手段を用いて行うか(手段)が明確になっていなければならない. つまり, 政策は, ①主体, ②目的, ③対象者ないし対象行為(対象物), ④手段の四つの要素からなる. これ以外にも, 政策を実施するための財源が重要な要素として存在するが, これは

法律の中に規定されることは稀であり，予算等の別ルートで規定されているので，ここでは取り上げない．

　①主体とは，どの官庁が当該活動の実施主体になるかということである．前述の通り，国の行政機関ばかりでなく，自治体や特殊法人，第三セクターなどが実施主体になることも多い．

　②目的とは，政策課題にとって望ましい状態，あるいは政策課題が解決された状態をいう．政策目的は，当該政策が何を目的とするかによって，ある行為によって消滅してしまうこともあろうが，継続的行政活動の場合には，半永久的に不動の達成さるべき目的として掲げられる場合もある．また，多くの行政法では，第1条に「目的」として掲げられることが多いが，行政法は，しばしば政治的妥協の産物であるため，その文言は抽象的であったり，相互に矛盾した内容であったりすることも稀ではない．このように，目的が不明確の場合には，行政裁量の幅も拡大することになる．

　③対象とは，当該行政活動が誰のどういう行為に対して行われるかということである．規制行政の場合であれば，有害物質を排出する企業が名宛人であり，如何なる物質をどの程度排出する行為を禁止するかを明確にしておくことが望ましい．市民社会の国家に対する利益は一元的でなく，常に多元的である．したがって，政策はB集団の利益(付近住民の快適な環境を享受する)をA集団の利益(公害企業の財産権)を制約することによって保全する形をとらざるを得ない．法律の文言にでてくるのは，A集団の利益(表の利益)を代表するXの利益だけが要件・効果として明記され，これを許可するYとの抽象的な法律関係として現れる．しかし，公益＝公共性の実質をなすのは実は法律関係として表にでてこない裏の利益(付近住民の快適な環境を享受する利益)である．抗告訴訟の原告適格を判断する場合には，公益の実質をなすB集団の裏の利益を無視してはならない(大浜・行政裁判法149頁以下参照)．

　④手段の概念は広い．目的を達成するために，行政機関にどのような権限を与えるか，権限行使の要件はどのように定めるか，その際の手続はどのようなものにするか，こういった問題が全て広い意味での手段概念に包摂されるからである．その意味では，③の対象とも密接に関係する．すなわち，手段の概念は行政庁にどのような権限を与えるかという問題であるから，特に処分などの

権力的手段を用いる場合には，手続規範の遵守が重要な意味をもつ．

(c) 特定の政策が法律で表現されている場合でも，解決策の全てが一本の法律で規定され尽くされることはなく，また，一つの条文の中に収まり切れるものではない．法律を読む側からすれば，法律，政省令，計画，行政立法，予算等の全体を見渡さなければ政策の全貌は見えてこない．したがって，広い視野で政策を理解した上で，公示形式という衣(法律要件)の検討をしなければならない．

3 立法過程

内閣・与党・官僚 (a) 立法過程とは，法律を作り出す過程をいう．立法過程は，憲法の枠組みの下にあるものの，法的要素よりもむしろ政治的要素が濃厚であるが，ここでは法的観点に立って行政権の活動範囲に焦点をあてる．

議院内閣制の下においては，政権政党(政府与党)の政策が予算，法律を通して実現されていく．したがって，行政の打ち出す政策は，根本的には政権政党の政治的基本方針に規定されざるを得ない．しかし，政権政党といえども，その政治意思のみによって予算や法律を自由に動かせるかというと必ずしもそうではない．政党の政策立案能力には限界があるから，政府の政策形成は政権政党と行政(政府官僚)の協議と調整という協働作業によって行われる．

(b) 2001年1月の省庁再編に伴って，内閣機能が強化され，内閣が政策形成の重要な役割を担うようになった．内閣法が改正され，内閣総理大臣の指導性の強化，内閣官房の機能強化，内閣府の新設が図られた(本書54頁以下参照)．

内閣提出法案の作成過程 (a) わが国の行政組織は，基本的に縦割りでできており，政策の立案も原則として省庁ごとに行われてきた．2001年の省庁再編で複数の官庁に跨る政策の企画・立案・総合調整機能の強化が図られたが，ここでは，一つの省庁で政策が法案として立案される典型的な場合を見ておこう(大島稔彦『立法学——理論と実務』第一法規・2013年，71頁以下)．

(b) 政策(法律案)の起案は，当該政策を実施する各省庁の担当部局(通常は主管課)が行う．わが国の官庁には，独立して政策立案にあたる部門は存在しないため，政策を実施する部署が同時に政策の起案も担当するのが普通である．起案書(法律案)は関係する部署の合議(あいぎ)にかけられる．これは，行政組織内の関

係者の承認を求める手続であり，問題が二つ以上の部局に関係する場合には当該起案書（法律案）が回付され，また職務系列上の上位者の決裁を受けなければならない[4]．他の省庁（予算に関係する場合には財務省）と関連がある場合には協議して調整を図る．また利害関係者や業界団体との折衝が必要なものは，意見聴取，協議，調整が行なわれる．必要がある場合には審議会に諮問しその答申を得る．このように，主管課が原則として事前に関係部局に根回しをして同意を得た上で法律案要綱を作成し，当該部局の所属する局長の下に開かれる局議を経た段階で，これを条文の形に整えて内閣法制局の下審査を受ける．その後さらに大臣または事務次官の主宰する省議にかけられて了承された後，大臣の決裁が行われるのである[5]．大臣決裁を経た法律案は，閣議請議書に付されて内閣総理大臣に提出される（内閣法4③，国組法11）．実際には，内閣官房に提出され，内閣官房から内閣法制局に回付され正式の審査に付される．予算関係法案の場合には，これに加えて財務省主計局の審査が必要である．内閣法制局長官の決裁を経た法律案は，事務次官連絡会議を経て，与党の関係機関の了承を得た後に閣議に上程され，閣議決定後に国会に上程される．

（c）法律案は，政府与党の審査にも付される．自民党の単独政権であった時代においては，政策決定は，各省に属する官僚を中心とする調整によって支えられつつも，政策決定は政府と与党の二元体制の下で行われてきた．他方，与党は法案の事前審査の制度をもっていたので，行政各部の意思に発する政策であっても，与党の事前の審査，決定を経ずに閣議決定はできない仕組みになっていた．

2009年9月に成立した民主党政権を経て，2012年12月に政権を奪還した自由民主党と公明党が与党になって以降は，自民党は政務調査会を経て総務会で方針を決定し，公明党とは政府与党連絡会議で最終調整する仕組みになった．

---

[4] この間，原案は修正を受けたり拒否されたりすることがあり得るが，関係者全員からの押印を得ることができれば，大臣に進達される．これが稟議制と呼ばれる手続である．稟議とは元来，下級者が上級者の意向を伺うことを意味するが，通常の意思決定（事務稟議）以外の法律案や事業計画案等の新たな政策決定を行う場合（政策稟議）も本文で述べた手続に則って進められる．

[5] 西尾・行政学301頁以下，大森彌「日本官僚制の事案決定手続き」『現代日本の政治手続き』（年報政治学・1985年）87頁以下参照．

すなわち，自民党の政務調査会では，各府省庁組織を基礎に縦割りの 13 の部会が予算や法案を審議し，次いで上部機関の政務調査会審議会で決定される[6]．政調審議会で決定された政策は，さらに党大会に代わる常設の党議決定機関である総務会において全会一致で決定され[7]，所属議員に党議拘束をかける．政治家はこうした党内の政務調査部会や総務会の審議等を通して自らの意見を法律案に反映する場が確保される[8]．与党である公明党とは，①与党政策責任者会議，②政府与党協議会，③政府与党連絡会議，④与党国会対策会議など様々なレベルで政策の調整が行われるが，与党政策責任者会議で与党審査は実質的に終了し，政府与党連絡会議で審査され，閣議決定に至る．いずれにせよ，政府が国会に提出する法案や予算案は閣議決定前に与党（自民・公明）の了承を得なければならない．政権与党の事前審査制は自民党が公明党に譲歩すること（集団的自衛権の行使容認に対する制約が付けられた等）も多く，事前審査制は連立政権の安定に寄与するところが大であった．

　もっとも，法律案は国会を通らなければ法律にならないので，各府省庁はさらに与党の国会対策委員会に出向いて法律案の説明を行い，国会上程の了承を得る必要があった．国会対策委員会は，国会の機関ではなく，各党が議院運営委員会の指導機関として設置しているものであり，各党間で話し合い，国会の各常任委員会の自党の理事と密接に連絡しながら国会審議の全体を睨み，日程の調整や具体的な戦術を練る機関である．国会対策委員会の審査は，もっぱら国会運営の観点からのものとされている．内閣提出法律案は，形式的には内閣参事官室から国会に上程されるが，実質的には国会対策委員会担当副委員長が国会の関係常任委員会の党所属理事と協議して上程日程等を打ち合わせて決定される慣行になっており，内閣が国会運営の協議に加わることはない．

　6）　政務調査会審議会は，政務調査会長，15 名以内の副会長で構成されている．政務調査会審議会では各部会で了承された案件について部会長から説明をうけるが，補佐役として府省庁の担当局長が同席する．
　7）　総務会は，衆議院から 11 名，参議院から 8 名，総裁指名の 6 名で構成されている．
　8）　佐々木毅＝清水真人編『ゼミナール現代日本政治』（日本経済新聞社・2011 年）377 頁（飯尾潤執筆）．

第2節　行政計画

1　行政計画の概念

行政計画の意義　(a) 計画という政策の形式が，現代行政において重要な役割を担って登場してきたのは，第二次世界大戦後のことである．そのルーツは，二つの世界大戦時における戦時計画と大恐慌時の経済政策の計画にあったが，戦後，わが国(および資本主義国家)においても，経済発展が政治の最重要課題となり，その目標を達成するために経済計画，国土開発計画などの各種の計画が簇生してきた．資本主義の高度化に伴い，経済社会に対する国家介入が常態化するのは世界的現象である．法律と計画は，ともに国家介入の形態の一つであり公共政策を実現する手段であるが，決定主体と規範構造の点で相違がある[9]．

法律は議会が制定するのに対して，計画は行政が決定する．また法律が「要件・効果」の形式で規定される(これを「条件プログラム」という)のに対して，計画は「目標・その実現手段」の形式で規定される(これを「目標プログラム」という)．こうした相違から，次のことがいえよう．法律は私的自治に委ねておいたのでは達成できない政策課題について，行政処分を媒介にして実現するものである．これに対して，行政計画は，行政が個別行政分野の将来を予測し，望ましい施策を実施できるように人為的統制を加えることを狙いとするものである．つまり，行政計画は政策の基本目標を設定し，その目標を達成するための手段を総合的に提示するものである(塩野・行政法Ⅰ234頁)．行政計画を提示することで関係する行為主体にインセンティブを与え，一定の方向性を枠づけるが，必ずしも履行が保障されている訳ではない．その意味で，公共政策の形成機能をその主要な役割とするものといえよう．

(b) このように，政策の方向性を枠づける行政計画が新たな国家介入の形

---

[9]　行政計画には，法律に根拠を有するものとそうでないものとがあるが，法律の根拠がなくても，それが政府の政策として閣議決定を経て公示された場合には，政府内の行政機関を拘束する．

態として出現したのは，議会の立法能力の衰退と関係している．社会が単純素朴であった初期資本主義の時代と違って，社会は複雑高度化し，今や経済活動は国家の枠を超えてグローバルに展開されるまでになっている．こういう時代にあっては，個別的な立法といえども，広い視野から長期的な将来展望の中で個々の政策を位置づけ，段階を踏んで政策を実施することが望まれる．また，科学の進歩に伴い，オペレーションズ・リサーチ，システム・アナリシス，費用・効果分析，ビッグデータの解析等々の技術が開発され，将来予測が相当程度可能になったことも，計画手法の隆盛に与って力があったといえよう．そして，このような計画の策定は，議員の対等性を基本原理とする合議体としての議会よりも専門的知識を有し上命下服の組織原則を持つ行政官僚機構の方がより相応しいであろう．議員立法を原則とするアメリカにおいてさえ，事実上の大統領提出法案が急増していることもこのことを端的に示している．

行政計画の類型 (a) 行政計画は様々な行政分野で行われており，その性質も多種多様であって，名称もまちまちであり，「基本方針」「構想」「要綱」等が用いられることもある．ここでは，従来の議論を参考に若干の整理を試みる[10]．

①期間による区別として，長期計画，中期計画，短期計画がある．毎年度策定されるものを単年度計画というが，予算もある意味では単年度の支出計画といえる．

②対象領域によって，経済計画，財政計画，国土計画(国土形成計画，国土利用計画)[11]，エネルギー基本計画，社会計画，防災計画，事業計画等の区別がある．

③対象範囲の広狭によって，総合計画と特定計画の区別がある．前者は，国土形成計画，都市計画のように計画の対象範囲が総合的に空間の全体的な形成を目指すものをいい，後者は道路整備計画，住宅計画などのように特定の公共

---

10) 西谷・実定行政計画法5頁以下，芝池・読本172頁，塩野・行政法Ⅰ234頁以下．

11) 1950(昭和25)年に制定された国土総合開発法の下で，様々な公共事業の上位に立つ全国総合開発法(全総)が策定され，10年から15年単位で社会資本整備が行われてきた．わが国の資本主義を牽引してきたといっても過言ではない．1998(平成10)年の「五全総」が最後となったが，2005(平成17)年に同法は改正され，国土形成計画法となった．

事業に関するものをいう(安本・都市法15, 33頁以下参照).

④内容によって，目標計画，実施計画に区別し得る．基本計画(マスタープラン)は目標計画の典型であり，事業計画，管理計画，処分計画等は実施計画に当たる．

⑤法律の根拠の有無によって，法制上の計画と事実上の計画に分かれる．

⑥法的拘束力の有無によって，行政機関を拘束する拘束的計画(imperative plan)と，単なるガイドラインないし青写真を示すにすぎない非拘束的計画(indicative plan)に分かれる．拘束的計画には，都市計画や区画整理の事業計画・換地計画のように行政処分の基準となり，行政機関だけでなく私人に対しても拘束力を持つものや一定期間の財源措置を伴う防衛力整備計画，各種の5カ年計画等がある．もっとも，私人を拘束するためには法令の根拠が必要であることはいうまでもない．非拘束的計画には，国土形成計画や国土利用計画などがある．

このように，行政計画には様々な類型があるが，いうまでもなくこれらは排他的な関係にある訳ではなく相互にオーバーラップし得るものである．

(b) 法的な観点からは，計画に法的根拠および拘束力があるかどうかが重要である．とりわけ，個別の行政処分の根拠や基準となる拘束的計画(都市計画としての土地区画整理の事業計画・換地計画，都市再開発の事業計画・権利変換計画等)は，外部的な法効果を有する．これはさらに，計画が規制の効果を持つ規制効計画(これには土地利用計画，環境計画，産業計画がある)と，私人に対する融資，補助金，租税特別措置などの給付措置を伴う給付効計画(私人が行政計画に沿った事業計画を策定し，行政庁の認定を受けて公的支援を得る「私計画認定方式」をとる場合が多い)がある(西谷・実定行政計画法77, 176頁以下参照)．

(c) 規制効計画の場合，多くの法律で要件的規制がなされており，計画の策定を「必要なもの」に限定したり(都市計画法11①)，他の法律で具体的に規定したり(都市再開発法3, 3の2)，政令に委任したり(下水道法2の2①)することが多い(芝池・総論230頁)．また，給付効計画の場合は，行政裁量によって給付措置がとられるタイプのものが多い(中小企業支援法3, 4)．

しかし，それ以外の行政計画の大半は，直接法的効果を伴わない指針的計画である．このような観点から，行政計画を定義すれば，行政計画とは，「行政

権が将来における一定の政策目標を掲げ，それを達成するために連関性のある手段を体系的に提示したものをいう」ということになろう[12]．

2 計画裁量

意義 (a) 行政計画は，法律，実施(法規)命令，行政規則など様々な行為形式で定立されるが，その際，権限規定や手続規定等の法形式を遵守しなければならない．

行政計画の策定には，法律上の根拠がある場合が少なくない(都市計画法7，13)．しかし，法律は計画の目標や計画策定の考慮要素を規定するだけで，具体的内容は計画策定権者に委ねられる(都市計画法13①1号・2号・7号・11号，都市再開発法4②3号，水道法5の2④，下水道法2の2③，森林法4③)．特に，政策の指針を示す政策形成行為(policy planning)としての行政計画は，目標プログラムの規範構造を有するため，目標の設定についても，手段選択についても行政機関に裁量が認められる．行政裁量が行政処分という法律執行の段階で問題になるのに対して，計画裁量は政策形成の過程で行使されるので，それ自体は立法に類似した性質を持つものといえよう[13]．

(b) 計画裁量にも限界がない訳ではない．少なくとも，法の一般原則と憲法上の原則が外枠として存在することは疑いがない．ドイツでは，比較衡量要請(Abwägungsgebot)の原則が唱えられている[14]．しかし，わが国では，通説・判例は都市計画決定そのものの処分性を否定している(大浜・行政裁判法96頁以下)．ただ都市計画決定の違法性の有無の審査では広い裁量性を認める傾向にあり，行政処分の裁量審査における判断過程統制論の手法を取り入れる方向性

---

12) 行政計画に対しては，①科学技術によって，未来を正確に予測し得るのかどうか，②計画の不完全性に委ねるよりも，自然の調整あるいは市場原理に委ねた方が合理的ではないか，③広範な政策決定を議会ではなく，官僚に委ねてよいのかどうか，といった基本的な問題があることも忘れてはならない．
13) 計画裁量の司法統制については，安本・都市法366頁以下，碓井・都市行政法I 160頁以下参照．
14) 比較衡量要請とは，ドイツで行われているもので，計画によって影響を受ける公的利害と私的利害について，それぞれにかつ相互に適正に比較衡量しなければならないという要請である．

を示している(本書 278 頁参照).

3 計画手続

手続的規制 (a) 法律が計画策定に当たっての考慮要素を規定したとしても,目標プログラムとしての性格上,行政庁の広範な裁量権を実体法的に統制するには自ずと限界がある.そこで,計画内容の適正を確保するためには手続的規制が重要である.

(b) 計画策定手続のあり方は,計画の種類・対象,その有する効果等によって相違があり得る[15].計画法制の体系的な解明は学説上確立したものはない.そこで,ここでは利害関係者の参加の方法に焦点を当てながら,若干の手続を素描することにしたい.

(i) 縦覧された計画案に対する意見書の提出 行政庁が計画案を公告して一定期間公衆の縦覧に供し,その間に利害関係人等に意見提出の機会を与えるものである.都市計画決定(都市計画法17①②),土地収用法における事業認定(土地収用法25),地域森林計画(森林法6)などがある.

(ii) 公聴会への参加 行政庁が一定の計画案を立てる際に,広く一般利害関係人の意見を聴取するために公聴会を開催するものである.ダイオキシン類対策特別措置法に基づいて大気中に排出されるダイオキシン類の総量削減計画を作成する場合(ダイオキシン特措法11),国土利用計画法に基づく市町村計画を定める場合(ダイオキシン特措法8④),都市計画案を作成しようとするとき(都市計画法16①)などがこれである.

(iii) 個別的同意 特定街区に関する都市計画案については利害関係者の同意が必要であるし(都市計画法17③),生産緑地に関する都市計画についても同様である(生産緑地法3②).

(iv) 計画提案制度 都市計画区域または準都市計画区域のうち,一体として整備し,開発し,または保全すべき土地の区域としてふさわしい一定規模以上の土地の区域について所有権者等に都市計画決定または変更を提案する制度が

---

15) 現在,計画について規定をもつ法律の数は314,計画策定主体別の計画数は586 あるとされている(西谷・実定行政計画法2頁).

設けられた(都市計画法21の2). 同様の提案制度は都市再生事業を行おうとする者にも認められている(都市再生特別措置法37).

(c) 今後の制度づくりの方策としては，できるだけ民意を反映する仕組みや利害関係人の手続参加を意味あらしめるための手続を整備して，裁判統制に結び付けていくことが肝要であろう[16].

4 行政計画と私人の救済

行政訴訟 (a) 行政計画に反対する国民，あるいは行政計画によって違法に権利利益を害された私人は，行政訴訟でこれを争い得るであろうか. 大部分の行政計画は，行政の目標や指針を示すにすぎず，私人を拘束するものではないから処分性がなく，取消訴訟で争うことはできない. 裁判例には，新産業都市建設促進法に基づき知事が作成する新産業都市基本計画について原則として処分性を否定したものがある(大分地判昭和54・3・5行集30巻3号397頁). 他方，計画が私人に対して一定の法的効果を有する場合には，取消訴訟における処分性を認めるべきであろう[17]. 判例には，都市施設(公園)の区域は，「適切な規

---

16) 行政手続法研究会(第一次)報告(1983年11月)は，土地利用規制計画策定手続と公共事業実施計画確定手続について次のような提案をしたことがある.
　第1111条(土地利用規制計画の定義)　「土地利用規制計画」とは，特定の地域を指定し，土地の用途規制を行い，又は政令で定める公共施設の配置若しくは開発事業の施行に伴う権利制限を当該地域に課する計画をいう.
　第1112条(土地利用規制計画策定手続)　行政庁が土地利用規制計画を策定するに際しては，他の法律に特別な定めがないかぎり，以下の手続によらなければならない.
　　一　他の関係行政機関(地方公共団体を含む)の意見を聴取すること
　　二　計画案を公衆の縦覧に供すること
　　三　利害関係人に書面で意見を述べる機会を与えること
　　四　意見を申し出た者につき聴聞を行うこと
　　五　決定された計画は，理由を附して公表すること
　第1113条(争訟手続)　① 審理期間に制限を設けるものとする.
　　② 計画の効力は，所定の争訟の提起期間及び専属管轄に関する規定によってのみ争うことができるものとする.
　　③ 計画の取消判決によって，計画の効力は，対世的統一的に決定されるものとする.
17) 私人に対して法的拘束力をもつ計画には，色々な種類のものがある. 本来は行政救済法で論じるべきものであるが，若干の判例に触れておく. ①道路に関する都市計画決定には処分性がない(最判昭和62・9・22判時1285号25頁)，②土地区画整理事業計画については，かつてはいわゆる青写真論によって処分性が否定されていた(最大判昭和41・2・23民集20巻2号271頁). しかし，最高裁は判例を変更して，土地区画整理事業計画の決定に処分性を認め

模で必要な位置に配置されたものとなるような合理性をもって定められるべきものである」から，「民有地に代えて公有地を利用することができるときには，そのことも……合理性を判断する一つの考慮要素となり得る」とし，旧建設大臣の判断は，他に特段の事情がない限り，社会通念に照らし著しく妥当性を欠くものとして，公園設置にかかる都市計画決定は裁量権の範囲を超え又はその濫用があったものとして違法となると判示したものがある(最判平成18・9・4判時1948号26頁＝林試の森公園事件).

同じく，都市施設に関する都市計画決定・変更の裁量審査が問題となった事案において，最高裁は「当該都市施設の規模，配置等に関する事項を定めるに当たっては，……諸般の事情を総合的に考慮した上で，政策的，技術的見地から判断することが不可欠である」が行政庁の広範な裁量権の行使は「①重要な事実の基礎を欠くこととなる場合，②事実に対する評価が明らかに合理性を欠く場合，③判断の過程において考慮すべき事情を考慮しないこと等によりその内容が社会通念に照らし著しく妥当性を欠くものと認められる場合に限り」裁量権の範囲の逸脱・濫用に当たるとした(最判平成18・11・2民集60巻9号3249頁＝小田急線訴訟，行政判例百選75事件).

(b) 取消訴訟とは別に，計画の執行により重大な損害を生ずるおそれがある場合には，後続処分の差止訴訟(行政事件訴訟法3⑦，37の4)を提起することもあり得よう.

民事差止訴訟 計画が実施に移された段階においては，民事の差止訴訟を提起できる可能性もある.

た(最大判平成20・9・10民集62巻8号2029頁，行政判例百選152事件). 施行地区内の宅地所有者等は都市計画決定によって，換地処分を受けるべき法的地位に立つこと等を理由とする(大浜・行政裁判法99頁). ③都市計画法に基づく用途地域(工業地域)の指定については，建築基準法上新たな制約を課すことになるが，それは一般的抽象的な義務にすぎないから処分性はないとする(最判昭和57・4・22民集36巻4号705頁，行政判例百選153事件). また建築物の高さの最高限度，最低限度を定める高度地区の指定についても，処分性を否定している(最判昭和57・4・22判時1043号43頁). 同様に，地区計画の決定も処分性がない(最判平成6・4・22判時1499号63頁). 判例の基本的態度は，事業計画ではなくそれに続く具体的処分を争えば足りるというものである. しかし，計画そのものを争わせた方がより根本的な解決になるのではないか. なお，判例は，④都市再開発法の第二種市街地再開発事業計画については，処分性を肯定している(最判平成4・11・26民集46巻8号2658頁)が，これは第二種事業の特殊性に由来するものである.

損害賠償　(a) 行政上の計画は，情況の変化に応じて変更・手直しされる性格を持っている(都市計画法21, 土地区画整理法10)．他方，当初の計画を信頼し，これに賛成・協力した国民が計画の変更によって損害を被ることがある．この場合，私人の信頼は保護されるべきであろうか．行政の「計画担保責任」として論じられてきた問題がこれである(西谷・実定行政計画法282頁以下)．

この点について，市が市営住宅団地の建設計画を立てていたが，市長の交代等の理由でこれを廃止したために，それまで市の指導に従い浴場建設を進めていた私人が損害を被った事件で，裁判例は，計画の変更自体は適法であるが，私人に対しては仮に典型的な不法行為でないにしても，少なくとも適法行為による不法行為が成立するとして市に対して損害賠償の支払いを命じた(熊本地玉名支判昭和44・4・30判時574号60頁)．また，沖縄県の一村長がある企業の誘致政策を進め，村有地の整地工事まで終わった段階で，反対住民の支持で当選した新村長が建築確認不同意を表明し工場建設を断念せざるを得なくなった事件で，最高裁判所は，政策の変更は適法であるが，損失補償などの代償措置を講ずることなく施策を変更することは信頼関係を破壊するものとして違法であり，不法行為責任を生ぜしめるとした(最判昭和56・1・27民集35巻1号35頁，行政判例百選25事件)．両事例とも，契約の締結はなかったので，契約責任の追求ができず，また計画(政策)の変更自体は適法としているが，計画を信頼した者との関係で相対的に違法になるとして不法行為責任を認めたものであった．そこで，学説には，行政行為の撤回に伴う信頼保護原則を基礎とした不法行為法的構成と解する立場(塩野・行政法Ⅰ241頁)，信頼保護の法理に準じて損失補償として構成すべきだとの見解がある(原田・要論129頁)．

(b) 計画が政府の政策指針的なものにすぎない場合に，私人がこれを信頼して具体的な行為に及んだとしても，その信頼を補償する必要はないであろう．しかし，行政の側の個別具体的な勧奨の結果，強固な信頼関係が形成された場合には，信義則上も計画担保責任は生じるというべきであろう．

(c) その後，第一種市街地再開発事業に積極的に協力していた地権者が，再開発ビルのテナントが変更されたことで，当初の計画が実施されていれば得られたであろう利益や精神的苦痛の慰謝料を請求した事案において，第一審(福島地郡山支判平成元・6・15判タ713号116頁)は，信義則を理由に損害賠償請求を

認めたが,最高裁は「原計画変更の結果,上告人らが社会観念上看過することのできない程度の損害を被ったとは認め難く,右変更を違法なものということはできない」として上告を棄却した(最判平成10・10・8判例自治203号79頁＝郡山市市街地再開発事業事件).

第3節 条　例

1 総　説

自治立法　(a) 地方公共団体(以下,自治体という)は,国と並ぶ統治の主体であって,地域レベルにおける国民主権原理を体現すると同時に,人権保障を究極の目的とする国家機構である.この点で,国家機構とその性質において異ならないが,司法権を行使することはできない[18].憲法94条は,自治体は「法律の範囲内で条例を制定することができる」と規定している[19].通説は,「国会は……唯一の立法機関」(憲法41)であるから,法規たる性質を持つ条例を制定するには憲法94条で特にその例外を定める必要があったと解している[20].しかし,自治体は,憲法に伝来する公権力を有するのであるから,自治立法権の根拠は自治体の固有の権限の一つとして憲法92条にあると解される[21].条例は法律と並んで行政処分の根拠となる[22].

[18)] 条例で裁判所を設置することは許されていない(憲法76①)からである.
[19)] ここでいう「条例」には,議会の制定する条例を意味するとする狭義説,条例と長の制定する規則を含むとする広義説,条例,規則のほか,各種委員会の定める規則その他の規定が含まれるとする最広義説(多数説)がある.立法の形式(種類)や規定事項,相互関係については法律(地方自治法)に委ねられていると解される(佐藤功・ポケット憲法下1221頁).
[20)] したがって,94条は国の統治機構の一部である自治体に自治立法権を創設したものということになる.佐藤功・ポケット憲法下1224頁,宮沢〔芦部補訂〕・全訂憲法772頁.判例も,条例が「地方自治の本旨に基づき(92条),直接憲法94条により法律の範囲内において制定する権能を認められた自治立法に外ならない」(最大判昭和37・5・30刑集16巻5号577頁,行政判例百選44事件)としている.
[21)] 兼子仁『自治体法学』(学陽書房・1988年)14頁.この立場では,94条は自治体の固有の権限である自治立法権を確認した規定と見ることになる.
[22)] 条例を行政立法の一種と見る見解がある(綿貫芳源「条例の性質とその司法審査の基準」公法研究35号169頁).これは明治憲法時代の観念を引き摺って,地方自治は国の「行政」を自治的に遂行する制度と解し,地方公共団体の議会を行政機関の一つと解する考え方と

(b) 自治体の長が制定する「規則」は,「法令に違反しない限り」において,「その権限に属する事務に関し」制定することができる自治立法の一つである(地方自治法15①,以下,条文だけの引用は地方自治法を指す). 議会立法に対して執行機関の定立する規範であるから行政立法である. したがって,住民の権利制限・義務賦課や罰則を法律・条例の委任なしに定めることはできない.「5万円以下の過料」を科すことができるだけである(15②).

　長の「規則」の専管事項には,①首長等の法定代理者が欠けたときの職務代理職員の指定(152③),②会計管理者の権限に属する事務処理のため「必要な組織」を設ける権限(171⑤),③財務補助職員の指定(243の2①後段),④財務事項(地方自治法施行令173の2)などがある. これに対して委員会の「規則」は「法律の定めるところにより,法令又は普通地方公共団体の条例若しくは規則に違反しない限りにおいて」定めることができる(138の4②). したがって,個別の法律の根拠(例えば,警察法38⑤,地方教育行政の組織及び運営に関する法律15,地方公務員法8⑤)が必要となる. 条例の専管事項でない事柄と規則の専管事項でない事柄が競合した場合には,条例が優先すると解される(塩野・行政法III 193頁).

　条例制定の手続　(a) 条例の制定改廃は,自治体の議会の議決による(96①). 条例案の議会への提案権は,自治体の長(149・1号)と議会の議員(112①)および委員会にある(109⑥). もっとも,長が予算を伴う条例案を提案する場合には一定の制約がある(222①)が,議員の場合にはそうした制約がない代わりに,提案に当たって議員定数の12分の1以上の者の賛成が必要である(112②)[23]. 実際に大半が,長の提案によるものであり,執行権の優位の点で国の場合と異ならない.

いえよう(最判昭和27・12・4行集3巻11号2335頁,地方自治判例百選A16事件,田中・中143頁,杉村・総論77頁参照). しかし,憲法解釈上,自治体の自治立法権を否定することはできない. このことと地方議会の(除名等の)行為を行政事件訴訟法3条の「行政庁」の行為と見るかどうかとは別の問題である.
　23) 住民も選挙権者総数の50分の1以上の連署をもって条例の制定・改廃を直接請求する権利がある(12①,74～74の4). なお,議員条例(地方議会議員の発案にかかる条例)に限定されているが,制定の手順につき,加藤幸雄＝平松弘光『議員条例集覧』(公人社・2011年)109頁以下参照.

また提案権が長に専属しているものには，都道府県の支庁および地方事務所並びに市町村の支所または出張所の設置に関する条例(155①)，地方公共団体の長の直近下位の内部組織に関する条例等がある．他方，議会の側のみに提案権が専属するとされるものは，議会の委員会の設置に関する条例(109①)，市町村の議会事務局の設置に関する条例(138②)等がある．

(b) 条例は原則として「出席議員の過半数」の賛成で可決される(116①，例外として179)．条例の制定・改廃の議決があったときは，その日から3日以内にこれを自治体の長に送付しなければならない(16①)．長はその日から20日以内にこれを公布しなければならない(16②)．条例は公布されて効力を持つ．公布の方式は条例で定められる(16④)．原則として，公布の日から起算して10日を経過した日(つまり公布の日を第1日として11日目)から施行する(16③)．

自主条例 (a) 条例制定は，自治体が自らの政策を実現するための手段であるが，憲法によって自治立法権が付与されたにもかかわらず，戦後初期には，必ずしも十分に活用されず自治体組織の内部事項に関する条例や自治体の秩序維持のための条例が多かった．分権改革以前は，機関委任事務については条例制定権が認められていなかったので，自治体の条例制定権は自治事務だけに限定されていた．その結果，条例は，法律の個別委任に基づいて制定される委任条例(施行条例)と法律から独立して制定される自主条例の二種類があるとされてきた．現在でも，委任条例の概念は，広く使われているが，分権改革後は機関委任事務ばかりでなく，団体委任事務の概念も消滅したので，委任条例の概念はもはや不要である．自治体の事務概念は大きく変わったと見なければならず，自治体の制定する条例は，すべて自主条例の性格をもつことになる．

(b) 個別法に根拠のある事務でも「自治体の事務」であることに変わりはない(現住所主義)．すなわち，自治体はどのような法令に基づく事務についても条例を制定することができると解される．従前の「委任条例」の用語は適切とはいえず，むしろ「法令事務条例」というべきであろう[24]．これも，自主条例の性格をもつことはいうまでもない．条例の形式をとるが，その実質は国の

---

24) 山口道昭「規制関与と自治体の対応は」小早川光郎編『地方分権と自治体法務』(ぎょうせい・2004年)168頁．これを「法律規定条例」と呼ぶ説もある(斎藤・法的基層333頁)．

法律を補足するものであるから，委任立法と類似した構造を有する．条例が授権法規の委任された範囲を超えた場合には無効となる．

法令事務条例には，都道府県が制定する屋外広告物法に基づく屋外広告物条例，文化財保護法に基づく文化財保護条例，風営法に基づく風俗営業取締法施行条例，旅館業法に基づく旅館業法施行条例，公衆浴場法に基づく公衆浴場法施行条例，都市計画法33条3項に基づく開発許可基準条例，同法58条に基づく風致地区条例などがある．市町村が制定する消防法に基づく火災予防条例，水道法や下水道法に基づく上・下水道条例，都市公園法に基づく都市公園条例，介護保険法に基づく介護保険条例，社会福祉法に基づく社会福祉法人助成条例などがある[25]．

(c) 自主条例は，自治事務だけでなく法定受託事務にも及ぶ．戦後の当初から，ふぐ取扱規制条例，普通河川条例，青少年保護育成条例などがあったが，1969(昭和44)年の東京都公害防止条例を皮切りに，環境保全型条例，土地利用規制や景観保全等の「まちづくり」条例，原子力発電所の設置についての住民投票条例，情報公開条例などの住民参加型の条例が登場し，さらに近時は地方分権の流れに乗って福祉分野の条例(高齢社会対策条例・介護保険条例)，街づくり条例，景観条例など自治体の積極的な政策実現のための新しい仕組みを志向する条例も目立つようになってきている[26]．

必要的条例 (a) 自治体が条例によって決定しなければならない事項(「必要的条例事項」)を定めた条例のことを必要的条例という．

(b) 1999(平成11)年改正前の地方自治法14条2項は，「普通地方公共団体は，行政事務の処理に関しては，法令に特別の定めがあるものを除く外，条例でこれを定めなければならない」と規定し，行政事務条例主義を定めていた．改正法14条2項は「義務を課し，又は権利を制限するには，法令に特別の定めがある場合を除くほか，条例によらなければならない」と規定した．これは必要的条例事項を明記したものと解すべきである．すなわち，文字通り《義務を課

---

[25] 法令事務条例にも，政令の枠組みの中で制定されるもの(都市計画法33③④⑤)とそうでないもの(公衆浴場法2③，旅館業法4②)があるが，重要性に相違はない．
[26] 磯崎初仁「自治体立法の可能性」松下圭一ほか編『自治体の構想2 制度』(岩波書店・2002年)93頁以下参照．

し，権利を制限する》には，執行機関の規則ではなく，議会の意思としての条例が必要であることを意味する[27]．

(c) 自治体の組織や内部事項に関するもので条例によるものとされているものに，㋑都道府県・市町村の議員定数(90①，91①②)，常任委員会，議会運営委員会・特別委員会(109①)など議会の組織・運営に関する事項をさだめるもの，㋺都道府県の事務の一部を市町村に処理させる事務処理の特例(252の17の2①②)，支庁・地方事務所・支所・出張所の設置(155)，自治体の内部組織の設置および事務分掌(158①)，地域自治区の設置(202の4①)など執行機関の組織に関する事項，㋩職員の給料・その支給方法(204③)等に関する事項などがある．

(d) 住民の権利義務に関する事務に関する事項(14②)や公の施設の設置・管理に関する事項(244の2①)についても条例による必要がある(兼子・自治体行政法80頁以下)．もっとも，公物管理権に基づく庁舎管理規則等は，これまで通り規則によることができる．

(e) 従前の機関委任事務については，条例を制定することができなかったので，長の規則で定められていたが，改正後は，その内容が「義務賦課・権利制限」事務の場合は条例化されることになった(食品衛生法50②，51，河川法28，29②，73，74①，75①②)．また，従来，長の規則制定権を根拠に法規としての性質を有する事項を規則で定めていたが，「法令に特別の定め」(14②)がない限りできなくなった．

(f) 条例に違反した者に対し2年以下の懲役もしくは禁錮，100万円以下の罰金，拘留，科料もしくは没収の刑または5万円以下の過料を科すことができる(14③)．1999年改正前には秩序罰としての過料を科すことにつき否定説が強かったが，明文でこれが認められた．

任意的条例 (a) 任意的条例とは，必要的条例事項でない事項について，自治体の発意に基づいて条例を制定するものである．情報公開条例，公害防止条

---

[27] 「義務を課し，権利を制限する」の文言は，政令・省令などの制定に関しておかれている内閣法11条，国家行政組織法12条3項などに倣ったものである．芝池義一「条例」小早川光郎＝小幡純子編ジュリスト増刊『あたらしい地方自治・地方分権』68頁．

例，生涯学習まちづくり土地条例，景観条例などがこれである．中には法律に先立つ政策を打ち出したものも多い．今後とも，福祉，環境，過疎対策など法律を先導するような条例を設けることは大いに期待されているといえよう．また，従来，規則や要綱で定められていた事項を条例化する場合にも任意的条例が用いられることが多い(老人・乳幼児医療費助成条例など)．

(b) 自治基本条例も任意的条例の一つである．これは，定まった定義がある訳ではないが，議会での議決を通して住民の自治への意識を高め，自治体の将来像や基本的ルールの正統性を確保する狙いがある．その嚆矢となったのはニセコ町まちづくり基本条例(2000年12月)である．

2 条例制定権の範囲

条例の対象となる事項 (a) 地方自治法14条1項は，自治体は「法令に違反しない限りにおいて第2条第2項の事務に関し，条例を制定することができる」と規定している．したがって，条例の対象となるのは，「地域における事務」(以下，「地域事務」という)と「その他の事務で法律又はこれに基づく政令により処理することとされるもの」である(2②)．この規定は，1項を受けて法人としての権能を明確にする趣旨でおかれたものである．「地域事務」とは，一定の地域における統治団体としての事務一般を処理する権能を有することを示すものであり，自治事務と法定受託事務が含まれる．国と地方公共団体との役割分担(地方自治法1の2②)を前提に，国が自治体と並行して「地域事務」を規律することはあり得る(250の6①)ので，その限りで自治体の排他的権能を意味しない．いずれの事務についても条例を制定することができる．かつて機関委任事務については，条例を制定することはできなかったので，法定受託事務について条例制定が認められた意義は大きい[28]．2条2項後段の「その他の事務で法律又はこれに基づく政令により処理することとされるもの」とは，字義上は地域にかかわりのない事務をいうことになるが，法定受託事務を意味するのではない．一般には北方領土に本籍を有する者の戸籍を根室市が管理するな

---

28) 法定受託事務の場合，その内容，基準，手続等が国の法令で詳細に規定されているため，自治体が独自に条例を制定する余地は少ないとされる．

どがこれに当たるとされている(基本法・コンメ23頁).

(b) 1999(平成11)年改正前の2条10項は,自治体が処理することのできない事務として,司法に関する事務,刑罰および国の懲戒に関する事務,国の運輸,通信に関する事務等8種の「国の事務」を掲げていた.旧2条10項が削除された以上,ア・プリオリに,これらの事務を自治体の条例対象の事務から排除することはできないと解される.

もっとも,第一に,「国が本来果たすべき役割」に関するもの,例えば,①国家としての存立にかかわる事務,②全国的に統一的な規律が必要とされる事項(義務教育制度,社会保障制度),③地方自治に関する基本的な準則に関する事務,④全国的な規模でもしくは全国的な視点に立って行わなければならない施策および事業の実施等(1の2②),については条例の対象外である.第二に,旧2条10項の下で,私法秩序の形成に関する事項(権利能力・行為能力の付与や制限,物権の創設)や刑事犯の創設に関する事項などは,自治体の事務の範囲外と解されていたが[29],自治体の役割の観点から「住民の福祉の増進を図る」(1の2①)ために必要な事務であると判断される場合には,条例を制定することができると解すべきである.そのためには,個別事項ごとに条例制定の可否を検討する必要があろう.

憲法と条例 (a) 憲法上「法律」に留保されている事項は,本来全国一律に規律すべきであるから,条例の所管事項ではないのではないかが問題とされてきた.自治体の自治立法権は,憲法92条の「地方自治の本旨」によって保障されたものであるから,当該事務が「自治体の事務」と解される以上,法律の文言が「法律」と書かれていた場合でも,特段の合理的理由でもない限り,基本的には「条例」で規律することを排斥する趣旨と解すべきではないであろう.

(b) 財産権と条例 憲法は財産権の「内容」は,法律で定めるとしている(憲法29②).物権や債権等私法上の基本的事項については,法律で定めるべきである.問題となるのはゴルフ場等の乱開発を防止するため条例で許可制や取引規制をすることが許されるかどうかである.

---

29) 成田頼明「法律と条例」清宮四郎=佐藤功編『憲法講座4』(有斐閣・1964年)208頁以下.

かつては，平成11年改正前の地方自治法2条3項18・19号が「建築物の構造，設備，敷地及び周密度，空地地区，住居，商業，工業その他住民の業態に基く地域」や「地方公共の目的のために動産及び不動産を使用又は収用」の規制を「法律の定めるところにより」と明示していたために，土地利用規制や公用負担は国の専管事項であって，条例による規制を否定する説が有力であった．しかし，この規定が削除された現在，否定説の条文上の根拠はなくなった．他方，財産権の「内容」と「行使」を分けて条例で規制できるのは「行使」だけであるとする説がある．判例にも，ため池の破損，決壊等による災害を未然に防止するために，ため池の堤とうに農作物を植える行為を禁止する奈良県条例について，「それは，災害を防止し公共の福祉を保持する上に社会生活上の已むを得ない」ものであって，「ため池の堤とうを使用し得る財産権を有する者が当然受忍しなければならない責務というべきである」としたものがある(最大判昭和38・6・26刑集17巻5号521頁，地方自治判例百選27事件)．この判決の読み方として財産権の内容と行使を区別する説の影響を指摘する見解があるが，両者を截然と区別することは困難である．地方議会という民主的基盤があることを理由に条例による「内容」規制を認めるべきであろう．

問題は，奈良県ため池判決のように災害防止を目的とした(消極目的による)警察規制だけでなく，環境保全等の積極目的による財産規制が認められるかである．本来「まちづくり」は住民の都市形成権を基礎にした自治体の権限と解されるから，条例による財産権規制は，比例原則に反しない限り許されるものと解される[30]．

(c) 罪刑法定主義との関係　地方自治法14条3項は，条例違反に対する制裁として罰則を一般的包括的に委任しているが，罪刑法定主義を定める憲法31条および個別的委任を求める73条6号に違反しないか．条例による罰則の定めは憲法94条によって直接授権されたものであるから，特別の委任の規定は不要であり，地方自治法14条3項は罰則の範囲を法律によって示したものとする説がある(佐藤功・ポケット憲法下1237頁)．しかし，刑罰権の設定にはや

---

[30]　大浜啓吉「法の支配と国家高権論――現代社会における都市形成権の確立にむけて」堤口康博＝大浜啓吉編『現代日本社会の現状分析』(敬文堂・1997年)239頁以下．

はり法律の委任が必要だと解するべきであろう．ただ，条例は法律に準ずる地方議会という民主的基盤があるので，一般的包括的委任で足りると解される[31]．

(d) 租税法律主義との関係　憲法84条は租税法律主義を定めているが，地方税法2条は「地方団体は，この法律の定めるところによつて，地方税を賦課徴収することができる」と規定した上で，3条1項は「地方税の税目，課税客体，課税標準，税率その他賦課徴収について定をするには，当該地方団体の条例によらなければならない」として条例主義を採用している．しかし，憲法92条は「団体自治」を含意していると解するべきであるから，この規定の合憲性が問題となる[32]．自治体の「行政を執行する」権能(憲法94)には財政高権(課税権)も授権されていること，条例が民主的基盤を持つことから，この規定は憲法の趣旨を確認したものと解される[33]．

神奈川県臨時特例企業税条例に基づいて法定外普通税である臨時特例企業税を課された会社Xが，法人税の課税標準につき欠損金の繰越控除を定めた地方税法の規定に違反して無効であると主張して，既にXが納付した平成15年度分および16年度分の誤納金の還付等を求めた事案につき，最高裁は，本件条例の実質は，「繰越控除欠損金額それ自体を課税標準とするものにほかなら

---

31) 大阪市の街路等における売春勧誘行為等の取締条例(昭和25年制定)において，地方自治法14条の条例による罰則の委任が白紙委任であって，憲法31条に違反するかが問題になった事件で，最高裁は，刑罰権の設定には法律の授権が必要であるとしつつ，条例が議会の議決を経て成立する自治立法であり，その内容も相当程度具体的である(平成11年改正前の地方自治法2条3項7号および1号)ことを理由に合憲だとした(最大判昭和37・5・30刑集16巻5号577頁，行政判例百選44事件，地方自治判例百選28事件)．

32) 通説は，憲法94条を根拠に自治体に固有の課税権を認め，地方税法は枠組法の性格を有するとしている．

33) 国が地方税の非課税措置によって自治体の電気ガス税(当時)の課税を禁止した結果，5億円余りの損害が生じたとして国家賠償請求をした事件において，下級審裁判例は，憲法92条が財政自主権(課税権を含む)を自治体に認めているとし，憲法94条の「行政を執行する」には「租税の賦課，徴収をも含む」とし，「地方公共団体の課税権を全く否定しまたはこれに準ずる内容の法律は違憲無効たるを免れない」と判示したが，「地方公共団体に認められる課税権は，……抽象的に認められた租税の賦課，徴収の権能であって，憲法は特定の地方公共団体に具体的税目についての課税権を認めたものではない」として広範な立法裁量を認めている(福岡地判昭和55・6・5判時966号3頁＝大牟田市電気税訴訟，地方自治判例百選3事件)．これは，地方税条例を法律(地方税法3①)の授権によって制定できるとする法律委任説に依拠するものである．しかし，自治体は本来，憲法92条に基づいて課税権限を有していると解されるので，地方税法は，単に地方税に関する大枠を定めたものにすぎないと解すべきである．

ず，……地方税法の定める欠損金の繰越控除の適用を一部遮断することをその趣旨，目的とするもので特例企業税の課税によって各事業年度間の所得の金額と欠損金額の平準化を図り法人の税負担をできるだけ均等化して公平な課税を行うという……法定普通税の課税要件等に関する地方税法の強行規定の内容と矛盾抵触するもので違法，無効である」と判示した(最判平成 25・3・21 民集 67巻 3 号 438 頁，地方自治判例百選 32 事件)[34]．

(e) **基本的人権の保障との関係** 法律の委任なしに条例で基本的人権を制限し得るか．人権の制限には法律の委任が必要との説もあるが，判例は法律の授権なしに条例による精神的自由や個人の自律の制限を承認している[35]．

3 法律と条例の関係

法律先占論 (a) 法律先占論とは，法律と条例が抵触する場合において，国の法令が明示的・黙示的に先占している事項・領域については，法律の明示的な委任がない限り条例を制定し得ず，これに違反する条例の定めは無効になるというものである[36]．戦後初期の民主主義がまだ十分に根付いていない時期に実務主導で形成された理論である．当初は，法律が条例に優越することを金科玉条とし，法律の先占領域を拡大する方向で解釈され，その結果，国の自治体に対する優越性を保障する役割を果たした．しかしその後，時代の要請に対応して条例の制定の範囲を拡大する方向に修正を施しながら，今日においても強

---

[34] 本件条例は，本来なら法人税法 57 条 1 項により，当該各事業年度の所得の計算上，損金額に算入することとされている「欠損金額」に相当する金額に課税するものであった．ところで，法人事業税は県のサービスの対価として応益的な税であるのに，現行制度では原則として所得を課税標準としているため，行政サービスとの受益関係が税負担に的確に反映されない．本来なら全国一律，全業種を対象とする外形標準課税を導入すべきであろう．平成 13 年度の税制改正で外形標準課税が導入されなかったため厳しい財政状況に追い込まれた神奈川県は，臨時措置として欠損金繰越制度の遮断により法定外普通税として「臨時特例企業税」を条例で課税したのであった．

[35] 公安条例と集会・結社の自由に関するものとして，最大判昭和 35・7・20 刑集 14 巻 9 号 1243 頁＝東京都公安条例事件；最大判昭和 50・9・10 刑集 29 巻 8 号 489 頁＝徳島市公安条例事件，行政判例百選 43 事件．青少年の健全な育成を目的とする有害図書の規制に関するものとして，最大判昭和 60・10・23 刑集 39 巻 6 号 413 頁＝青少年保護育成条例事件，地方自治判例百選 29 事件．美観風致のためにビラ貼り等を規制するものとして，最大判昭和 43・12・18 刑集 22 巻 13 号 1549 頁，憲法判例百選 60 事件などがある．

[36] 田中二郎「国家法と自治立法」法学協会雑誌 80 巻 4 号 454 頁，参照．

い影響力を持っている[37].

　法律先占論によれば，㋑法令の規定がない場合には，法令の先占のない未規制領域であるから原則として条例で規制することができる(例外として，戦後廃止された姦通罪を条例で処罰することはできない).㋺法令に規定がある場合には，法令と条例の目的・対象の異同を基準として，条例制定の可否を論定する.①法令と対象・目的を同一にする場合は，法律の委任がない限り条例による規制はできない.②法令の規定と目的を異にする場合(例えば，狂犬病予防法と同一の対象である飼犬について，危害防止の見地から飼犬取締条例を制定するなど)[38]，あるいは対象を異にする(横だし条例の)場合(例えば，食品衛生法に基づく厚生労働省告示で禁止していない食品または添加物を条例で定める)には，条例による規制が許される．しかし，③国の法令と同一目的・同一対象につき法令より「高次の基準」や「強い態様」の規制を加える条例(上乗せ条例)は許されない．もっとも，④法令の先占領域は，当該法令が条例による規制を明らかに許さない趣旨であるときに限られる(明白性の理論という)[39]とされている．

　(b) 1960年代の日本経済の高度成長は，負の側面として公害問題を伴うものであった．1969(昭和44)年には東京都公害防止条例が制定されたのを契機に，各自治体はこれに対処するため，公害防止条例等を制定し法律を上回るより厳しい規制で臨むようになった(村上・自治体法学36頁以下)．ところが，法律先占論では，法律が規制していない事項を規制対象とする「裾切り条例」[40]や法律よりも厳しい規制を加えた「上乗せ条例」規制をした条例は違法・無効となる可能性がある．そこで，法律と条例の抵触の問題は，実践的な課題として浮上

---

37) 兼子仁『新地方自治法』(岩波新書・1999年)196頁は，これを「法律趣旨解釈論」と呼ぶ．内容に着目する限り，その通りであるが，本書では法律先占論の枠組みは維持されている点に着目して名称を維持した．
38) 広島県金属屑条例(昭和26年制定)は，古物営業法および質屋営業法と相俟って金属類の盗犯防止を目的としていたが，法律が規制していない未成年者との取引を規制していた．判例はこれを営業の自由の制限であって未成年者の行為能力を制限するものではないので適法とした(最大判昭和32・4・3刑集11巻4号1319頁)．
39) 成田頼明「法律と条例」清宮四郎＝佐藤功編『憲法講座4』(有斐閣・1964年)202頁．
40) 裾切り条例とは，法令が一定程度の重要性をもつ事項(対象)だけを取り上げて規制し，それ以下のものは規制の対象から外している場合に，外れた事項(対象)を取り上げて規制する条例をいう．

することになった.

徳島市公安条例判決　(a) デモ行進につき「蛇行進」を禁じた道路交通法77条1項4号による規制(「蛇行進をするなど交通秩序を乱すおそれがある行為をしないこと」の義務)[41]と公安条例3条による規制(道路交通秩序の維持にとどまらず,「地方公共の安寧と秩序の維持」の義務)の重複規制が問題になった事案につき,最高裁判所は,「条例が国の法令に違反するかどうかは,両者の対象事項と規定文言を対比するのみでなく,それぞれの趣旨,目的,内容及び効果を比較し,両者の間に矛盾抵触があるかどうかによってこれを決しなければならない」とし,①ある事項について法令でこれを規律する明文の規定がない場合(横出し条例)でも,規定の欠如がいかなる規制も施すことなく放置する趣旨であるときは,条例による規制は法令に抵触する.②国の法令と条例とが並存する場合でも,㋑条例が法令とは別の目的に基づく規律を意図するもの(広義の上乗せ条例)で,その適用によって法令の意図する目的と効果をなんら阻害することがないときや,㋺両者の目的が同一であっても(狭義の上乗せ条例),法令がその規定によって全国的に一律に同一内容の規制を施す趣旨ではなく,それぞれの自治体において,「その地方の実情に応じて,別段の規制を施すことを容認する趣旨であると解されるときは」両者に矛盾抵触はなく,条例が法令に違反する問題は生じ得ないとした(最大判昭和50・9・10刑集29巻8号489頁＝徳島市公安条例事件,地方自治判例百選31事件).この判決は,法令の趣旨の解釈によって,重複規制が特別の意義と効果を有し,かつ合理的である場合には条例制定の余地を広く認めることで,条例の規定する事項が法律に先占されているか否かを基準とした先占理論を緩和し,条例による上乗せ規制を合法としたものであった.

(b) 本件は,規制の対象(道路における集団行進)の点で共通し,規制目的の点で競合している(法律：道路交通秩序の維持,条例：地方公共の安寧と秩序の維持)が,判決は目的の基本的な同一性を認めた上で,「条例による重複規制がそれ自体として特別の意義と効果を有し,かつ合理性が肯定される」として上乗せ規制

---

[41] 道路交通法77条1項4号は,デモ行進のように道路に人が集まり一般交通に著しい影響を及ぼすような行為を事前許可制にしているが,本件において,徳島県はデモ行進の許可に「だ行進,渦巻行進,フランスデモ等交通秩序を乱すおそれがある行為をしないこと」等の条件を付していた.なお,「集団行進及び集団示威運動に関する条例」は届出制を採用していた.

条例の合法性を認めた．しかし，道路交通法は，機能的には「表現の自由」を規制する面があるが[42]，法律の範囲を超えて条例で規制を強化することは認められないと解すべきであろう．

　徳島市公安条例判決の枠組みの核心は「法令の趣旨」の解釈論にあるが，第一に，判決は法律と条例が競合し規範の衝突が生じたときは法律が優先するという考え方を前提にしている．換言すれば，国の権限は無限定であり，条例制定権の範囲は国の立法政策によって決まるという思想は維持されている点に注意しなければならない．第二に，条例の規制の対象となる人権の性質を考慮する必要がある[43]．助成条例の場合も同様である[44]．条例が財産権を規制するものか，生存権を実現するものか，そこに人権間の価値の衝突がどのような形で生じているかなどを分析する必要がある．第三に，条例の目的が法令と異なるのかどうかの判断に当たって可能な限り「自治体の役割」を重視する姿勢，すなわち地方自治の核心に係る事務領域について規律する法律は最小限規制立法とみなして，自治体が条例で独自に規律できると解すべきであろう．

　判例の検討　(a) 最高裁の徳島市公安条例判決は，法律と条例の抵触の問題について，上乗せ条例の合法性を導く判断枠組みを提供したが，その後，条例を違法と判断する判決が相次ぐことになった．問題は，判例の風向きが変わった理由である．一方で中央政府に自治権の尊重を求めながら，他方で公安条例の制定によって表現の自由を圧殺する自治体側の人権感覚の矛盾や自治体の政策法務(粗雑な条例制定)のあり方にも一因があるとの指摘もある(村上・自治体法学116頁)．自治体が人権保障のセンスを磨き，周到な立法技術や法務能力の向上に努めなければならないのは，勿論であるが，同時に，徳島市公安条例最高

---

42)　最小限規制立法(最小限のナショナル・ミニマム規制)と解することができよう．
43)　高田敏「条例論」雄川ほか・現代行政法大系(8)213頁以下参照．高田は，生存権の自由権的効力に間接的に抵触する法律は無効になり，また憲法92条は自治体に「不可侵の自治権」を保障しており，これを侵害する法律は違憲となるという．後者は，本文で述べたように改正地方自治法に現実化されたと見ることができよう．野坂・基本判例55頁以下参照．
44)　助成条例の一つに給付上積み条例がある．給付上積み条例とは，国の法令に基づく給付(金銭給付・人的サービス)よりも給付を増やすことを定めた条例のことをいう．これも保健福祉財源の適正確保の見地から給付限度法(最大限規制立法)と解する立場(政府解釈)もあり得るが，むしろ憲法の生存権保障を重視して最低給付水準法(最小限規制立法)と解して「上積み給付条例」の適法性を導くべきであろう(兼子・自治体行政法103頁)．

裁判決の提示した判断枠組み自体に問題がないかどうかも検討する必要があろう．

(b) 普通河川管理条例　この事件では，法律が直接規制対象としていない(いわゆる裾切りされた)施設を条例で規制する場合に，条例の規制が法律の規制より厳しくてよいかどうかが問われた．普通河川(小さな川)は一般には河川法の管理対象にならないが，実際には放置できず管理の必要性があるので各地で普通河川条例が定められている場合がある[45]．河川法は，河川管理者以外の者が設置した施設(堤防の工作物)を河川管理施設とするには，私権保護のために施設設置者の同意を必要としていた．ところが，本件条例は同意を得ずに河川管理施設に組み込んでいた．Xが自分の家屋を覗き見されないように，自分の土地の両端に木の塀(工作物)を設けたので，高知市長Yが除却命令を出したところ，Xがその無効確認を求めて提訴した．判決は，普通河川にも河川法を準用する途がある(旧河川法100)ことを理由に，法律に定めのない厳しい横だし規制を定めた条例は河川法に違反して許されないとした(最判昭和53・12・21民集32巻9号1723頁＝高知市普通河川管理条例，地方自治判例百選33事件)．

「財産権」を規制する河川法を最大限規制立法(全国一律のナショナル・マキシマムの規制)と解することには問題がある．河川法3条2項の同意要件は，もともと大規模ダムのような明白で同意を得易いものを予想した規定である．小規模施設が無秩序に設けられることが少なくない地域の小河川において，いちいち同意を得ることは容易ではない．その意味で，この判決は普通河川の小規模施設の規制の意義や地域の実情という立法事実の検証が不足しているように思われる．財産権規制の場合，むしろ最小限規制立法を原則と考えて，損失補償を活用する方がより適切であろう．また，本判決は，河川法の規制対象外の事項についても国の事務であることを前提としている．しかし，本件発生の時点で，この考え方がやむをえなかったとしても，もともと適法であった条例が1972(昭和47)年の河川法改正で，市長村長が指定すれば河川法の準用が認められることになったこと，つまり事後にできた法律によって条例が無効とされた

---

45) 法令による規制からこぼれ落ちたものを拾い上げて条例で規制することを「落ち穂拾い条例」とよぶ．

ことには問題が残る．さらに，1999(平成11)年の地方分権一括法によって，機関委任事務が廃止され，指定区間内の一級河川・二級河川の管理事務は1号法定受託事務，準用河川・普通河川の管理事務は市町村の自治事務となった．本判決の意義は失われたといってよいであろう．

(c) ラブホテル規制条例　旅館業法3条によれば，学校等から約100メートル以内ではラブホテル建設を禁止「できる」が，約100メートルを超えると「善良の風俗」を著しく害する旅館でも許可しなければならない．ところが，(市町村は風営法や旅館業法の施行条例を制定する権限を有しないにもかかわらず)A町は，条例で法定施設に加えて住宅地，官公署，公園等の「付近」にまで対象範囲を拡大した上，建築主は旅館業営業許可の申請前に，予め町長(Y)の同意を得なければならないが，上記の教育文化施設の「付近」の場所については原則として「同意しない」ものと定めていた．Xが町長の同意を求めたのに対し，Yが予定地付近に文化教育施設があること等を理由に不同意としたので，その取消しを求めたのが本件である．法律よりも強い規制を定めた条例の効力が争点であった．判決は，旅館業法は「全国一律に施されるべき最高限度の規制を定めたもので，各地方公共団体が条例により旅館業法より強度の規制をすることを排斥する趣旨までを含んでいると直ちに解することは困難である．」しかし，条例で「旅館業法よりも強度の規制を行うには，それに相応する合理性，すなわち，これを行う必要性が存在し，かつ，規制手段が右必要性に比例した相当なものであることがいずれも肯定されなければならず」当該事案では規制が比例原則に違反して違法であると判示した(福岡高判昭和58・3・7行集34巻3号394頁＝飯盛町旅館建築規制条例事件)．本判決は，上乗せ条例が許容されることを前提とした上で，「職業選択の自由」を規制する旅館業法を「最小限規制立法」と解し，条例の合理性を問題にしたものであり，評価できる．本件では，条例の作り方が粗雑に過ぎたために(町長の「不同意」要件が「不適当と認めた場所」と裁量が包括的な規定となっていること，場所規制が「付近」となっていて明確性を欠くこと等)無効とされたに過ぎない．

他方，風営法で規制されていないモーテル類似施設の建設につき，町長の同意がなければ建築できないとする条例の適法性が問題になった事件がある．判決は，風営法および旅館業法と本件条例とは，一部共通する目的を有するが，

両法律は都道府県に独自の基準設定を委ねているから，両法律とも全国一律に同一内容の規制を施す趣旨ではないことは明らかであるとした上で，「本条例は，その規制対象や規制地域を明確に定め，規制方法としても建築規制という風営法ないし旅館業法とは違った観点からの手法をとり，また，その規制方法と規制目的とに合理的関連性が認められるから」両法律の目的・効果を害することはなく，本条例の規制程度も旅館業法に比較して著しく不合理で比例原則に反するともいえないとした(盛岡地判平成9・1・24判時1638号141頁＝前沢町モーテル類似施設規制条例事件)．また，町全域において，ラブホテル等の建築を禁止する条例につき，風営法規制対象外のラブホテルの建築を規制したとしても，同法が上乗せ規制を許さない趣旨とまではいえず，地域の実情に応じた規制を行うことは自治体本来の責務であると判示したものがある(名古屋地判平成17・5・26判タ1275号144頁，名古屋高判平成18・5・18判例集未登載＝地方自治判例百選34事件，最決平成19・3・1判例自治271号60頁)．

　(d) パチンコ店規制条例　風営法は，パチンコ店等の風俗営業につき都道府県公安委員会の許可制をとっており，「営業所が，良好な風俗環境を保全するため特にその設置を制限する必要があるものとして政令で定める基準に従い都道府県の条例で定める地域内にあるとき」は許可してはならないと定めている(4②2号)．県条例によれば，準工業地域内でのパチンコ店営業は禁止されていない．宝塚市のパチンコ店等建築規制条例によれば，パチンコ店等の建築を計画するものは，あらかじめ市長の建築同意を得なければならないとされ，商業地域以外の用途地域の建築計画には同意を与えないと定めていた．Xは準工業地域内での建築を計画して市長の同意を求めたが，同意を得られなかった．そこで，風営法が許容しているものを市条例で禁止することができるかが争点となった．判決は，風営法との関係について，法律と条例の目的が相当部分重なるとしながら，風俗営業の場所的規制は全国的に一律に施行されるべき最高限度の規制を定めたものであるから，市町村条例によって更に強度の規制をすることは違法となるとした(神戸地判平成9・4・28判時1613号36頁＝宝塚市パチンコ店規制条例事件，大阪高判平成10・6・2判時1668号37頁も同旨)．

　他方，同様の規制をしていた伊丹市教育環境条例については，神戸地判は「風営法が風俗営業の規制に関し，同法の規定のみによって全国的に一律に同

一内容の規制を施すものではなく,各地方公共団体により独自の規制を施すことを前提としていることは,同法がその規制対象地域の定めを各都道府県の条例に委ねていることからも明らかである」として,風営法よりも厳しい規制を定めた市条例を適法とした(神戸地判平成5・1・25判タ817号177頁＝伊丹市教育環境保全条例事件).

二つの裁判例は,いずれも分権改革以前のものであるが,宝塚市条例が商業地域以外での建築を一切認めないものであったのに対し,伊丹市条例は,学校,公民館,公園,児童遊園地等の敷地の区域内および通学路の両側20メートル以内の区域内等でのパチンコ店建築を規制し,関係者への聴聞等の一定の手続の下で建築を認める余地も残されていた.このように,二つの条例の規制の態様と程度の違いも結論を分けた一因といえよう.しかし,分権改革後の条例のあり方としては,伊丹市条例判決の方が自治権拡大という意味であるべき方向を示すものといえよう.

(e) 水道水保護条例　水道水源の保護を直接規制した法律はない.三重県旧紀伊長島町(現紀北町)では,産業廃棄物処理業者が,町に廃棄物処理施設の建設計画があることを知ったので,これを阻止すべく水道水源保護条例を制定し,厳しい立地規制を課した.すなわち,水道水質の汚濁を防止し水源を保護するために,町長Yが水源保護地域を指定し,Yとの協議や審議会の意見を聴いた後,規制対象事業と認定した場合には,産業廃棄物処理事業場を設置できない.Xは県知事から廃棄物処理法15条に基づく廃棄物処理施設の設置の許可を受けたが,Yの規制対象事業認定処分を受けたため,その取消訴訟を提起した.原審は,法律と条例では趣旨目的を異にするもので適法な条例だとした(名古屋高判平成12・2・29判例自治205号31頁).最高裁は,条例制定権の限界については本件条例と廃棄物処理法とは異なる観点からの規制に当たる適法な条例であることを前提としたが,規制対象事業を認定する際の町長と事業者との「協議」は重要な地位を占める手続であるから,町長Yは「Xと十分な協議を尽くし,Xに対して地下水使用量の限定を促すなどして予定取水量を水源保護の目的にかなう適正なものに改めるよう適切な指導をし,Xの地位を不当に害することのないよう配慮すべき義務がある」として破棄差し戻した(最判平成16・12・24民集58巻9号2536頁＝紀伊長島町事件,行政判例百選28事件,差戻

後の控訴審・名古屋高判平成 18・2・24 判タ 1242 号 131 頁は，Y の配慮義務違反を認定して X の請求を認容した）．

　他方，阿南市における事案では，廃棄物処理法によって知事に与えられた審査権限と，水道管理者である市長が条例上有する権限とが同じであるとした上で，知事と市長が「同一事項について二重に審査をする制度を設けることは，申請者に過度の負担をかける結果となり相当ではない」として，本件条例は少なくとも管理型最終処分場に適用される限り，廃棄物処理法 15 条に違反して無効だとした（徳島地判平成 14・9・13 判例自治 240 号 64 頁＝阿南市事件）．

　紀伊長島町事件の最高裁判決は，正面から法律と条例の効力について論じていない．問題の条例は，廃棄物処理施設の設置を阻止するために制定したものであったが，条例の定めた「協議」という手続規定を重視して「配慮義務」を導き出すことで，結果的に町に「狙い撃ち」された業者を保護した．重要なことは，廃棄物処理法と目的の異なる条例自体の適法性が前提とされていることである．阿南市事件は，法律と条例の二重審査という形式を重視することで条例の違法性を導いているが，法律先占論と同じ思考が感じられ，分権改革後の条例論に影響を与える実質を備えていないといえよう．

4　分権改革後の法律と条例

分権改革後の法律と条例　(a) 憲法 94 条は「地方公共団体は，……法律の範囲内で条例を制定することができる」と規定し，地方自治法 14 条 1 項は「地方公共団体は，法令に違反しない限りにおいて……条例を制定することができる」と定めている．そこで，分権改革以前における通説・判例は，これらの条文を伝統的な国家観を基礎に解釈し，法律優位・条例劣位の原則を導き出してきた．すなわち，法律と条例の抵触の問題は，もっぱら条例が法律に違反しないかどうかという「条例制定権の限界」の問題として捉えられ，①条例制定権の範囲の事務かどうか（「範囲」），②当該条例が法律の規定に違反していないか（「限界」）が問題とされた．そして，法律と条例が競合・重複する並行条例について，上乗せ・横出し条例の可否が議論されてきたのである．

　分権改革後の今日，機関委任事務が廃止され，既述したように地方公共団体の事務は「地域における事務及びその他の事務で法律又はこれに基づく政令に

より処理することとされるもの」(地方自治法2②)とされ，自治事務と法定受託事務(地方自治法2⑧⑨)のいずれについても条例を制定することが可能となった．このようにして，分権改革後の《法律と条例の抵触》問題は，従前とは異なる様相を呈することとなった46)．

(b) 法律と条例の抵触の有無を判断するにあたって，改正地方自治法は，国と地方の役割分担と自治体の自主性・自立性の尊重(1の2②)を定めるとともに，立法にあたっても(2⑪)，解釈・運用にあたっても「法令の規定は，地方自治の本旨に基づいて，かつ，国と地方公共団体との適切な役割分担」を踏まえる必要があるとしている(2⑫)．また，国は自治体の自治事務の処理に対して「特に配慮しなければならない」(2⑬)．これらの規定は，法令が存在すれば当該事務領域を「先占」したものとみなす先占理論の根っこにある考え方を転換したものといえよう．地域事務を法令と条例が並行して規律すること自体は否定されていないが，仮に並行して規律が行われた場合にも，可能な限り自治体の自主性・自立性を尊重し，法令がこれらの原則に適合するように解釈されることが求められる(法律の条例適合的限定解釈)．

(c) 法律の明文で都道府県に上乗せ条例の制定を認めているものがある(大気汚染防止法4①，水質汚濁防止法3③)．もともとは条例による規制が先行し法律が後追い的にこれを承認したものである(村上・自治体法学27頁以下)．他方，法律の明文で横だし・裾切り条例を認めるものもある(大気汚染防止法32，水質汚濁防止法29，騒音規制法27，振動規制法23，悪臭防止法23)．これらは確認規定(入念規定)であって，「条例で必要な規制を定めることを妨げるものではない」と規定されている．

(d) 法律と条例が抵触する場合，法律が優位に立つという解釈は，果たして憲法92条および94条の正しい解釈といえるであろうか47)．ある学説は，地

---

46) 岩橋健定「条例制定権の限界——領域先占論から規範抵触論へ」塩野古稀下365頁以下．
47) 公害規制条例につき，公害規制を財産権規制として捉えるのではなく，人間の健康・生命・生活環境の維持という積極目的の実現と考えることによって，条例優位性を説いた先駆的業績として，清水誠「公害に関する法律と条例」東京都公害研究所編『公害と東京都』(東京都・1970年)606頁以下．

方自治行政の核心部分については憲法上国の立法によっても侵害し得ない「固有の自治事務領域」が存在し，その領域については自治体に第一次的権限と責任が留保されており，この領域を法律が規律する場合には立法者の意図いかんにかかわらず全国一律に適用される最小限規制立法(ナショナル・ミニマムの規定)とみなし，自治体がそれを不十分と考える場合には条例で独自の規律(上乗せ・横だし)を付加することができると主張する[48]．問題は何が「固有の自治事務領域」に当たるかであるが，それは固定的に限定されているのではなく，時代の要請に応じて動態的に形成され発展していくと見るべきだという．基本的に正しい方向性を示すものといえよう[49]．

　(e) わが国の伝統的学説は，明治憲法の立憲君主制の概念に引きずられたために，日本国憲法第8章の「地方自治」の制度を正しく理解してこなかった．地方自治制度も「法の支配」の原理の観点から解釈する必要がある[50]．第一に，憲法92条は「団体自治」を認めたものと解されるが，このことは，国と地方公共団体という二つの国家(政府)を認めたことを意味する．国家はその基礎にある「社会」の公共的課題を解決する目的で作られたものであるから，日本国憲法は，日本社会と地域社会との二つの「社会」と二つの「国家」(国と地方公共団体)が重層的に存在することを前提としている．両者は，それぞれの社会の現下の課題に相違があるだけである[51]．決して《上下関係》にあるのではなく，

---

　48)　逆に法律の規制の趣旨が全国一律の均一的な規制をめざしている場合(最大限規制立法)には，条例で上乗せ・横だし規制を定めることは許されない(原田尚彦『環境権と裁判』弘文堂・1977年，246頁)．これに対して，基本的に法律先占論に立つ塩野説は，憲法の地方自治保障を「内容的保護システム」(地方公共団体の組織運営のすべてに国法の網をかぶせることができるが，当該国法の内容には一定の限界が憲法上あるシステム)と解して，原田説を環境に着目した「事項的保護システム」(逆先占論)を採用するものとして批判している(塩野・行政法 III 234頁)．しかし，原田説は必ずしも地域の環境保全と住民の健康な生活環境等の事項に限定した理解ではなく，より一般的な意味で「固有の自治事務領域」を説いている点に注意する必要がある．
　49)　兼子仁は，自治行政に関係のある法令を規制事項の性質と人権保障とに照らして条理解釈し，上乗せ条例は，①立法的規律の最大限度まで規定している「規制限度法律」との関係では違法となるが，②全国的規制の最低限度を定めている「全国最低基準法律」との関係では許容されるとする．原田説と同じ志向をもつ学説といえよう(兼子仁『条例をめぐる法律問題』学陽書房・1978年，69頁以下)．
　50)　大浜啓吉「条例制定権と法の支配(1)(2)」自治研究2012年2月号27頁以下，同3月号18頁以下参照．

《対等・同格の関係》にあると見なければならない．これを人権の享有主体の角度から見ると，国民・住民は二つの国家（政府）機構によって二重に人権が保障されていることになる．

　第二に，「法律と条例」の関係においても，憲法92条に「団体自治」が含意されている以上，国の事務を規律する「法律」が地域社会の事務を規律する「条例」にア・プリオリに優越することはない．つまり，伝統的学説が法令の形式的体系として，《憲法，条約，法律，政令，条例》という一直線で優劣関係を捉えていたことには根拠がない．法律と条例は，同格であり，相互に事務領域を異にするだけである．換言すれば，「日本社会」の課題の解決を目的とする「法律」が，「地域社会」の課題の解決を目的とする「条例」に必ず優先するという論拠はない．法律と条例が重複・競合する場合，国民一般を対象とする法律が，特定の地域社会の人々を拘束し得るのは，日本社会における人権保障のナショナル・ミニマムを規定する場合，あるいは「標準法」として各地方公共団体の事務領域の基準を示す場合ということになるし，またその場合にのみ当該法律は合憲となるのである．

　第三に，法律が条例に優先する形式的論拠として，憲法94条の「法律の範囲内で条例を制定することができる」の文言が挙げられてきたが，ここにいう「法律」も「団体自治」の制約を受けるので，地方公共団体の《固有の事務領域》を侵害することができないことが前提となっている．理論的にも，「法律」が全国民を対象に《一般的抽象的規範》を定立するものである以上，特定の地方公共団体の住民だけを対象とすることはできない．憲法95条は，「一般法」が全国民を対象とすることの証左でもある[52]．したがって，法律が本来の国の事

　51）　首長提出の条例については，自治体から総務省への報告義務もないことから，自治体の条例制定の実態の正確な把握・集計は現在，事実上不可能とされている．その点，議員条例（地方議会議員の発案にかかる条例）に限定されているが，地方社会の抱える問題を示す興味深い資料として，加藤幸雄＝平松弘光『議員条例集覧』（公人社・2011年）201頁以下がある．

　52）　憲法95条の趣旨としては，国会の多数派が特定の自治体にのみ不利益な立法を押し付けることを防止しようとするもの（高橋・立憲主義400頁）と説明されたり，地方自治権の侵害の防止である（野中ほか・憲法Ⅱ389頁）と説明されたりしている．これまでの実例は，広島平和都市建設法など，国の財政的援助を内容とするものであった．ただ，憲法規範としての意味は，本文に述べたように，法律は地方公共団体の固有の事務に介入すべきではないという前提が重要である．

務以外の事項を規定した場合には，《本来の国の事務以外の事項》については，当該地方公共団体の住民を拘束する効力はなく，標準法としての意味しか持ち得ない．つまり，憲法 94 条の「法律の範囲内で」とは，条例は全国民を対象とした法律事項を侵害してはならないという意味でしかなく，法律が条例の上位にあることを意味するものではない．他方，憲法 94 条を受けた地方自治法 14 条 1 項の「法令に違反しない限りにおいて」も，憲法 92 条の「地方自治の本旨」に基づき，かつ，「国と地方公共団体との適切な役割分担を踏まえた」(地方自治法 2⑪)法令に違反してはならないという意味であって，ア・プリオリに法令が条例の「上位」に在ることを意味するものではない．

(f) 条例と法律は，形式的効力において，上下関係ではなく，同格の関係に立つが，国はその役割を果たす上で，並行権限を行使する場合があり得る(国が自らの権限に属する事務としてこの権限を行使する場合につき，地方自治法 250 の 6 参照)．この場合において，地方公共団体固有の事務領域を対象にした法律が条例に違反するかどうかの問題が係争処理行政手続の対象となり，訴訟提起の可能性がある(地方自治法 251 の 5・1〜4 号)．その場合には，国は当該事務の対象が国の役割を果たす上で必要不可欠であるという立法事実を立証する責任を負うことになる．

第2章 行政立法

第1節　行政立法の意義

1　序　説

行政立法の意義　(a) 行政立法とは，行政機関が法律の空白部分を政府省令等の一般的な規範を定立することによって補充する行為，もしくは定立された規範そのものをいう[1]．行政立法は，講学上の用語であって，法令上の用語ではない．憲法は，内閣に「政令を制定する」権限を与えている(73・6号)ほか，「命令」という国法形式を認めている(81, 98)．政令は内閣の定める命令のことであり，命令は行政機関の制定する法規の謂である．これらは，特定の法律を補充する一般的・抽象的法規範たる性質を有するものであるから，一般に行政立法と呼ばれる．

(b) 行政権の本来の任務は，「法律を誠実に執行」することにある(憲法73・1号)から，法律の委任があるとはいえ，行政権が立法作用を担うことは本来望ましいことではない．ただ，立法権が対応するのに現実の困難な事情があることも確かである．すなわち，①現代行政は複雑多様であり，それに応ずるために専門的・技術的事項が著しく増大したこと，②事情の変化に機敏に対応すべ

---

1) 行政手続法検討会報告(2004年12月17日)の定義によれば，行政立法とは「内閣又は行政機関若しくはその機関の職員が，命令，規則又は訓令・通達その他の準則(準拠すべき定め，ルール)であって公にするものを定める行為であって，処分その他法令を個別事項へ当てはめる行為に当たらないもの」をいう．内部規範としての行政規則を含めている点に留意せよ．

き事項が増え無視し得ないこと,③客観的公正,政治的中立性を保つ必要のある事項の存在すること等,がこれである.その意味で,行政立法は現代国家の政策遂行にとって,不可避のことだともいえよう.

(c) 現代行政の執行過程は,議会で制定された法律に基づいて行政処分が行われ,私人がこれを任意に履行しない場合には,その義務の履行を強制的に実現するものである.しかし,実際には,法律は(政策の骨格となる)目的や要件等の大綱を定めるだけで,細部については行政の専門技術性を生かしてその判断に委ねることが多い.行政立法は法律の枠組みの範囲内で,法律と行政処分の中間にあって,法律の規定を具体化した「行政基準の設定」の役割を担っている[2].利害関係者を行政基準設定手続に参加させるべきだとの要求がでてくるのもそのためである.

伝統理論 (a) 明治憲法下では,四種類の命令,すなわち,法律に定めのない事項を定める独立命令(9後段),既存の法律に代替する内容を定める代行命令＝緊急命令(8,70),法律を執行するための細目を定める執行命令(9前段),法律の委任に基づく委任命令が認められていた[3].このうち,前二者が日本国憲法で認められないことについて,今日異論はない.そこで,伝統理論(通説)は,後二者は日本国憲法に承継されたとして,憲法73条6号本文は執行命令,但し書は委任命令の形式的根拠を明示したものと解している.

憲法規定を受けて,伝統理論は,行政立法を法規の性質を持つ法規命令と法規の性質を持たない行政規則に分類し(田中・上158頁),行政の行為形式の一つとしてきた(塩野・行政法Ⅰ102頁以下).ここでいう「法規(Rechtssatz)」は,国民の権利・自由を直接に制限し義務を課す法規範と狭義に解され,外部効果を持つものをいい,法規命令とは行政主体と私人との関係を規律し紛争が生じ

---

2) 通達や要綱等の内部規則もこれに含まれる.行政計画も場合によっては行政基準になる場合がある(兼子・行政法学94頁).なお,最近は,法規命令と行政規則の相対化を背景にして,行政立法を《法律と処分の中間で行政機関が法律の定めを具体化した基準を策定するもの》と捉えて「行政基準」の語を用いるテキストがある.宇賀・概説Ⅰ273頁,大橋・行政法Ⅰ129頁.

3) 執行命令と委任命令はともに特定の法律に基づき発せられるもので,法律に従属して存立するので,美濃部達吉はこれを「法律付属の命令」と呼び,独立命令と対比した(美濃部・憲法撮要536頁).

たときにこれを適用するものをいう．他方，行政規則は，内部効果しかないもの，すなわち行政機関相互を拘束するが，私人を規律する効果を持たず，裁判上の基準とならないものをいう．

　通説の基本的な視点は，当該定めが私人の法的利益に直接影響を与えるかどうかにある．そのため，内部効果を有するにすぎない行政規則は「法律による行政の原理」の射程外に置かれ，法律の授権なしに定立し得るのに対して，外部効果をもつ法規命令は「法律による行政の原理」が適用される結果，個別に法律の授権が必要であるということになる[4]．

　(b) 法規命令には，委任命令と執行命令の両者が含まれ得るとされる(塩野・行政法Ⅰ104頁以下，藤田・総論294頁以下)．委任命令とは，法律の委任により，私人との権利義務関係の内容自体を定めるもの(国家公務員法102条1項が公務員の政治的行為の制限をあげて人事院規則14-7に委任しているなど)をいう．これに対して，執行命令とは，権利義務関係の内容自体ではなく，上位法を実施するための手続についての定め(法律によって届出が義務づけられている場合の様式や必要的記載事項等を定めるなど)をいう．

　委任命令は，法律を補充して国民の権利義務の内容を新たに定めるものであるから，個別の作用法の根拠が必要である(内閣法11，内府法7③④，国組法12①③)が，執行命令は既に設定されている国民の権利義務の具体的細目や手続を規定するものであるから，組織法上の一般的授権があればよく，作用法の根拠は不要であるとされてきた(内府法7③，国組法12①，13①)[5]．

　新しい枠組み　(a) 伝統理論によれば，法規たる性質を有しない行政規則はそもそも「立法」ではないのであるから，法規命令と行政規則をともに行政「立法」で括る整理の仕方には理論的な一貫性がない．むしろ「立法」を広義に解して，立法とはおよそ一般的・抽象的法規範を全て含むと解すべきであ

---

[4] 明治憲法の下では，法律事項と大権事項とが峻別され，法律と勅令の所管事項は原則として排他的なものとされていたので，議論の焦点は天皇の大権事項に議会の権限は及び得るかにあった．

[5] しかし，委任命令も執行命令も私人の法的利益に影響を及ぼすものであるから，この見地から両者を区別することは理論的には不可能である(藤田・総論296頁)．むしろ，後述するように，憲法73条6号の両者を「実施命令」の概念の下に包摂し，私人の権利義務関係に影響を有するものである限り作用法上の根拠が必要だと解すべきである．

る[6]．この立場からは，法規命令も行政規則もともに行政による一般的・抽象的法規範の定立であるから，行政「立法」として括ることができる．すなわち，行政立法には，私人の権利義務に直接影響を与える実施(法規)命令と私人の権利義務に直接影響を与えない行政規則がある．

(b) 伝統理論では，法規命令にあっては，委任規定さえ置いておけば，あとは如何ようにも，その内容を決定することができる．他方，行政規則は，法律と関りなく行政が自由に定めることができる．このように，伝統理論では，行政立法における裁量は行政処分の裁量とは比較にならないほど広範なものであり，いわば構造的裁量とでもいうべきものであり，行政立法を有効に統制する手立てを理論的に導き出すことはきわめて困難である．

(c) 思うに，行政立法の問題は，行政権の本来の任務である「政策の執行」という視点から，すなわち政策の執行において行政立法が果たしている役割に焦点を当てて捉え直す必要がある．ある政策体系は，法律の執行だけで達成できるものではない．法律は政策の大綱のみを定め，法律執行の対象や基準については行政立法(政令・府令・省令)に委任する方法で行うのが一般である．とりわけ内閣提出法案の場合，所管の省庁を中心に政策体系を作るが，その場合，基本的事項は法律に書き込むが，その他は政府省令，通達，予算措置(補助金)，行政指導といった様々な形式の組み合わせで行われる．したがって，行政立法論は，政策体系の中における機能の観点から再構成する必要がある．

2 実施命令

実施命令の意義 (a) 憲法 41 条は国会を「唯一の立法機関」としている．ここでいう「立法」とは，およそ一般的・抽象的法規範を全て含むと広義に解されるべきである(芦部・憲法 306 頁)．国会が「唯一の立法機関」である以上，行政機関は原則として「立法」を行うことは許されない．これを委任立法禁止

---

[6] 19世紀のドイツ立憲君主制およびこれを承継した明治憲法の下では，「国民の権利・自由を直接に制限し，義務を課す法規範」を「法規(Rechtssatz)」と考えてきたが，日本国憲法の下では，立法とは「直接または間接に国民を拘束し，あるいは国民に負担を課する新たな法規範」(野中ほか・憲法 II 79 頁)もしくは「およそ一般的・抽象的法規範をすべて含む」(芦部・憲法 306 頁)ものと解している．

の原則(Non Delegation Doctrine)という[7]．この原則の根底にある思想は，国民の代表者としての議会が基本的な政策決定を行うべきであり，任命にかかる行政官僚はこれを忠実に執行するべきだということにある．この原則の例外を定めたのが73条6号本文の定める「実施命令」である[8]．すなわち，「法律を実施」する政令その他の命令に限って行政による「立法」が許される．

ところで，憲法73条6号は，明治憲法下における立憲君主制概念の残滓である執行命令と委任命令という区別を憲法上の概念としては否定した上で，政令をもっぱら「実施命令」として認めたものと解される．執行命令の概念が，行政権がオールマイティーと観念されていた明治憲法下の概念であったのに対して，「実施命令」の概念は，「法律の誠実な執行」(73・1号)を本質とする国民主権の下の行政権から引き出された概念である．より一般的な言い方をすれば，実施命令とは法律を執行する上で必要な一般的規律のことをいう[9]．すなわち，実施命令は，従前の執行命令と委任命令の両者を包含する概念であって，行政主体と私人との間の権利義務に関する規律を含む．したがって，実施命令は，行政主体と私人を相互に拘束するだけでなく裁判の基準となる．また，実施命令にも，行政代執行法上，自力執行力の余地はある(行政代執行法2)．もっとも，個別具体的な規範ではないから，行政処分とは異なる．

(b) 委任命令は，「実施命令」の一形態として許されるが，あくまでも法律

---

7) この点，アメリカ憲法1条も「一切の立法権(All legislative Powers)は合衆国連邦議会に属する」と規定しており，判例法上，委任立法禁止の原則が確立していると解されている．アメリカ憲法の圧倒的影響の下に成立した日本国憲法にもこの原則は継受されたと考えるべきである．明治憲法下の「命令」法の体系は，主権原理を異にする現憲法の下では根本的に洗い直す必要があった．これをきちんとやらずに明治憲法下の命令法の体系を無批判的に受け入れたところに，わが国の行政立法論の不毛があったと思う．

8) これに対して，塩野・行政法Ⅰ106頁は，委任立法の法的正当化根拠を問題としつつ，「わが国においては，憲法上の根拠は必ずしも明確でないが，一般的には，憲法73条6号が委任立法の存在を予定しているといわれる」とする．

9) 用語について述べておく．法律が行政権に対して一般的・抽象的規範の定立を委任することを立法の委任というが，実施命令を委任した個別の法律のことを授権法律といい，これに基づいて行政権の行う立法を委任立法という．本文で述べたように，私は憲法上の概念としては，委任命令・執行命令に代えて実施命令の概念を用いるべきだと考えるが，同時に，実施命令は，法律レベルの概念として，政令以下の行政立法で法律を実施する性質を持つ命令を包摂する概念としても使うことができる．従来の用語法である「法規命令」とほぼ同義と理解してよい．

を執行するという行政権の本質の枠内でしか行えないという制約を受ける．通説は，憲法73条6号本文は執行命令を定め，但し書は委任命令を前提とした規定と解しているが，そのように解する必要はなく，但し書は，憲法31条との関係で特に罰則を設ける場合に委任が必要であることを示す注意規定だと解すれば足りる．

(c) 内閣提出法案の場合，官僚が政策を立案し法案に仕上げるが，その際，何を法律に書き込み，何を行政立法に委ね，何を通達で行うかは確立したルールがある訳ではなく，政策立案主体の政策的裁量に委ねられている．つまり，実施命令(行政立法)に何をどう盛り込むかは，政策立案過程における裁量の問題である．

実施命令の形式　(a) 行政立法は，権限の所在によって，内閣の制定する政令(憲法73・6号，内閣法11，内府法7②，国組法11)と内閣以外の行政機関が制定する命令に分類することができる．

(b) 政令は，閣議決定によって成立するが(内閣法4①)，閣議に付する前に内閣法制局が審査し，これに意見を附し所用の修正を加えて上申される(内閣法制局設置法3)．政令には，主任の大臣が署名し，内閣総理大臣が連書することが必要であり(憲法74)，天皇がこれを公布する(憲法7・1号)．政令は，通常，何々法「施行令」という形で公布される．

(c) 内閣以外の行政機関が制定する命令には，次のようなものがある．

(i) 内閣府令・内閣官房令・省令　内閣総理大臣および各省大臣が，その主任の行政事務について，法律若しくは政令を施行するため，または法律若しくは政令の特別の委任に基づいて発する命令である．内閣総理大臣が内閣官房に係る主任の行政事務について，法律若しくは政令を施行するため，または法律若しくは政令の特別の委任に基づいて発するのを内閣官房令といい(内閣法26③)，内閣府の長として発するものを内閣府令，各省大臣が発するものを省令という(内府法7③④，国組法12①)．一般的に，何々法「施行規則」として公布される．

(ii) 外局規則　外局(委員会および庁)の長が，別に定めるところにより発する命令を外局規則という(内府法58④，国組法13①)．公正取引委員会規則(独占禁止法76①)，国家公安委員会規則(警察法12)，中央労働委員会規則(労働組合法26

①)などがその例である．

(iii) 独立機関の規則　会計検査院，人事院等の国家行政組織法の適用外にある独立行政機関が発する命令を独立機関の規則という．会計検査院規則(会計検査院法38)，人事院規則(国家公務員法16①)がこれに当たる．

(iv) 規則・規程　地方公共団体の長が制定する規範を規則といい(地方自治法15①)，各委員会が制定する規範を規則あるいは規程という(地方自治法138の4②，警察法38⑤)．

　告示　(a) 権限の所在による分類とはやや性質が異なるが，行政機関が決定した事項を広く一般に公示する行為または形式を告示という(国組法14①)．通常は官報によって行う．地方公共団体の場合には，広報や掲示板を利用することが多い．告示そのものは法規範の形式ではなく，その法的性質も一般処分，法規命令，行政規則，営造物規則，事実行為としての通知等様々であり得る．したがって，告示によって表示された決定の法的性質はその内容によって個別的に検討する他ない．

(b) 法定の細目的行政立法として，生活保護法8条1項に基づく生活保護基準(厚労省告示)，地方税法388条1項による固定資産評価基準(総務省告示)[10]，健康保険法76条2項に基づく健康保険医療費算定基準(厚労省告示)，国民生活安定緊急措置法4条4項に基づく政府の指定した「生活関連物資」の標準価格(経産省告示)，独占禁止法2条9項，72条に基づく「不公正な取引方法」などがあり，法規命令の性質を有する．他方，大学，大学院，高等専門学校の設置等に係る認可の基準は行政規則の性格をもつ(塩野・行政法Ⅰ112頁)．

(c) 学習指導要領は，学校教育法34条(「小学校においては，文部科学大臣の検定を経た教科用図書又は文部科学省が著作の名義を有する教科用図書を使用しなければならない」)，同施行規則52条(「小学校の教育課程については，この節に定めるもののほか，教育課程の基準として文部科学大臣が別に公示する小学校学習指導要領による

---

10)　総務大臣は固定資産評価基準を定め，これを告示しなければならず(388①)，市町村長は評価基準によって，固定資産の価格を決定しなければならない(403①)．これは全国一律の評価基準によって各市町村全体の評価の均衡を図り評価の不均衡を解消するためであるから，この基準は裁判所だけでなく国民をも拘束するもので，法規命令と解しているようである(最判平成25・7・12民集67巻6号1255頁)．

ものとする」)等に基づく文部科学省告示の形式で公示されている(中学・高校についても同趣旨の規定が置かれている)が,その法的性質については争いがある.学習指導要領は,教育課程編成の基準となっているだけでなく,教科用図書検定基準として教科書の内容を規制する基準として作用している文書である.1947年に当時の文部省が作成した頃は,文部省は「教師の研究の手引き」と位置づけていたが,その後,行政解釈が変更され,学校教育法34条→学校教育法施行規則→学習指導要領というように,告示形式であるが法律の再委任によって法規たる性質をもつとされた.

　判例は,当時の文部省の実施した中学2・3年生を対象とした全国一斉学力調査(テスト)事件において,「全体としてはなお全国的な大綱的基準としての性格をもつ」と判示した(最大判昭和51・5・21刑集30巻5号615頁＝旭川学テ事件,行政判例百選21事件).また,学習指導要領違反および教科書使用義務違反等を理由に懲戒免職処分の違法性が争われた事件で,学習指導要領の法規としての性質を認めた原審の判断を是認している(最判平成2・1・18民集44巻1号1頁＝伝習館高校事件,行政判例百選52事件).もっとも,原審(福岡高判昭和58・12・24判時1101号3頁)は,学習指導要領は「学校教育における機会均等と一定水準の維持の目的のための教育の内容及び方法についての必要かつ合理的な大綱的基準」としているので,つまるところ,法規といっても大綱的基準としての意味でしかないと解し,有力学説に従ったと見られる.思うに,このような白紙委任が認められるかも疑問であるが,法的性格については,非拘束的指導・助言文書にすぎないと考えるべきであろう[11].教科用図書検定基準も文科省の告示の形式をとっている.

　(d) 他方,一般処分の性質を持つものがある.環境基本法16条1項に基づ

---

[11] 学習指導要領は,文部科学大臣が小・中・高校の「教育課程」(カリキュラム)の基準として公示するものである(学校教育法施行規則旧52, 74, 84)が,その法的性質については見解が分かれている.行政解釈によれば,学校教育法34条(小学,49＝中学,62＝高校)で文部科学大臣に「教科に関する事項」の行政立法権が授権され,これがさらに文科省令である学校教育法施行規則52条(74, 84)に再委任されたものを告示の形式で制定したものであるから,法規命令の性質を有する.これに対して,学説は,学校教育法34条の委任は教育の地方自治や教育基本法旧10条の「不当な支配」禁止の制約を受け,法規命令事項は大綱的基準に限定されるとしている.兼子仁『教育法〔新版〕』(有斐閣・1978年)382-385頁.

く環境基準は告示の形式で定められているが，裁判例は法的拘束力を否定している(東京高判昭和62・12・24行集38巻12号1807頁，環境法判例百選8事件)．確かに環境基準は行政上の努力目標を示すものであって，私人たる事業者の権利義務に直接影響を与えない．しかし，汚染物質の総量規制制度の下では規制基準の算定根拠となっており，また大気汚染防止法や水質汚濁防止法等の個別の法律とリンクすることで環境保全施策の達成すべき目標として機能しており，一定の法的拘束力があると解すべきであろう．また，判例は，特定行政庁が建築基準法上の「みなし道路」(42②)を告示によって一括指定した場合にも法的効力(処分性)を認めた(最判平成14・1・17民集56巻1号1頁，行政判例百選154事件)．

実施命令の成立・効力・消滅 (a) 実施命令が成立するためには，①主体(正当な権限を有する行政庁が定立するものであること)，②内容(法令の授権の範囲内であって，上級の法令に抵触せず，法的に可能・明確なものであること)，③手続(適法な手続を経たものであること)および形式(命令の種類を明記し権限ある行政庁の署名した文書であること)の全てにわたって法律の定める要件に合致し，④公布することが必要である．公布の形式は，国にあっては官報に記載して行う(最大判昭和32・12・28刑集11巻14号3461頁，行政判例百選45事件)．公布によって，一般国民は官報を閲読し得る状態になるので，予定された施行期日から効力をもつことになる(最大判昭和33・10・15刑集12巻14号3313頁，憲法判例百選209事件)．地方公共団体にあっては，「条例等の公布に関する条例」(公告式条例)の定める様式に従って行われる(地方自治法16④⑤)．

命令の施行時期についての一般的な法令の定めはなく，各命令が具体的にこれを定めるが，通常は，附則で施行期日を法定し，公布日から一定の猶予期間を経て発効する方式がとられる(ただし，地方公共団体の規則につき，地方自治法16⑤参照)．自ら施行期日を定めていない法令については，「公布の日から起算して20日を経過した日から」施行される(法の適用に関する通則法2)．なお，公布した法令の内容に誤記・誤植がある場合は，官報に所定の様式の正誤表を掲載して訂正する．

(b) 実施命令が消滅する原因には種々のものがある．①命令の形式そのものが廃止された場合には命令も消滅する．もっとも，明治憲法下の勅令が政令

に，閣令が旧総理府令に読み替えて存続させられたように，命令の形式が廃止されても，当然に失効せず，内容的に憲法その他の法令に抵触しない限り，効力を維持する場合もある．②個々の具体的命令が，上級の法令または同種の命令によって明示的に廃止される場合はもちろん，従前の内容と抵触する命令が出された場合には，後法優位の原則によって従前の命令は廃止される．③命令に施行期間の定めがあるときは終期の到来によって，解除条件の定めがあるときは条件成就によって，命令は消滅する．④命令は，根拠法を実施するために存在を許されるのであるから，原則として根拠法令の消滅によって消滅する（大阪地判昭和 57・2・19 行集 33 巻 1＝2 号 118 頁は許可認可等臨時措置法の失効によって，同法の委任を受けた許可認可等臨時措置令も失効するとした）．

(c) 実施命令の内容が，憲法，法律その他上位法の委任の範囲を超えたときは無効である．また，授権法律の具体的かつ明確な基準が示されていない場合には，委任規定そのものが違憲無効となる．また根拠法令の明示を欠くとき，制定権者の表示がないときも，当該実施命令は無効と解される．

3 基準の理論

意義 当該行政立法が「法律を実施」するものといえるかどうかのテストが「基準の理論」である[12]．基準の理論とは，議会が行政に立法を委任するに当たっては，授権法律に具体的かつ明確な基準が示されていなければならないことを意味する[13]．基準の理論は，司法審査の場において，授権法律の憲法適合性審査と行政立法の法律適合性審査として機能する．

授権法律の憲法適合性 (a) 憲法適合性審査のレベルでは，今日に至るまで授権法律を違憲とした判例はない．

(i) 判例は，かなり早い時期から，ほとんど白紙委任に近い国家公務員の政

---

12) 大浜啓吉「委任立法における裁量」公法研究 55 号 172 頁以下参照．
13) 従来の通説は，委任立法を合憲とした上で，授権法律の違憲判断基準として「包括的白紙委任でないこと」という消極的な基準を設けるのみで，積極的基準を提示していない．これは委任立法の合憲性の根拠を憲法 73 条 6 号に求めた結果であろう．同号は，内閣の事務を列挙したものであって，委任立法に対する何らかの積極的な基準を引き出すことは困難だからである．

治的行為の人事院規則への広範な委任(国家公務員法102)につき，国公法102条1項の「政治的行為」とは，公務員の職務遂行の政治的中立性を損なうおそれが，現実的に起こり得るものとして実質的に認められるものを指し，同項はそのような行為の類型の具体的な定めを人事院規則に委任したものであるから，白紙委任には当たらないとし合憲の判断をしている(最判昭和33・5・1刑集12巻7号1272頁，憲法判例百選212事件；最判平成24・12・7刑集66巻12号1722頁)．

(ii)近時，国家公務員共済組合法および厚生年金保険法改正(いずれも当時)の授権規定が，退職一時金利子加算の返還を義務づけ，このうち利率の定めのみを政令に白紙委任していた問題につき，最高裁は，明文の規定はないが「予定運用収入に係る利率との均衡を考慮して定められる利率とする趣旨でこれを政令に委任したものと理解できる」とし，「白地で包括的に政令に委任するものということはできず，憲法41条及び73条6号に違反するものではない」と判示した(最判平成27・12・14民集69巻8号2348頁，行政判例百選46事件)．問題は，利率を政令に委任することが許されるかどうかにある．

思うに，最高裁は過去の退職一時金の運用の経緯を根拠に憲法41条の委任立法禁止の原則を不当に軽視するものである．政令には何らの具体的な基準も示されていないし，行政の運用経緯も「基準」にはなり得ない．原審(東京高判平成25・9・26民集69巻8号2391頁)は，「本件規定は不当利得返還に係る民法典の規定の特別規定たる性質を有する」とし，「民法は利率についての定めを法律で定めているから，これを変更するには法律で直接定められていることが必要」とし「白地で包括的に政令に委任することは違憲無効」と判示した．支持されるべきであろう．

(iii)道路整備特別措置法24条3項は，高速道路株式会社等は高速道路料金の徴収を確実に行うため，国土交通省令で定めるところにより，国土交通大臣の認可を受けて料金の徴収及びその付近における車両の一時停止その他の車両の通行方法を定めることができ，同法59条は当該会社が定めた通行方法に違反した運転者は，30万円以下の罰金に処すると定めている．24条3項は，犯罪構成要件の内容を株式会社に委ねており，憲法31条，41条，73条6号に違反するのではないかが争われた．最高裁は，国土交通省令で定めるところにより，同会社は通行方法を定めることができるものとされ，かつ，定めるにあた

っては大臣の認可を受けることとされているから，実質的には同会社に委任しておらず，省令に委任したものであって，その委任は白紙委任とはいえないと判示した(最判平成22・9・27判時2126号143頁)．

(b) このように，判例は委任の仕方が包括的・白紙的かどうかに視点を当てているが，むしろ基準それ自体，すなわち委任の中身を具体的に問題とすべきである．その際，当該法律がどのような人権を制約するのかの視点が重要である．

第一に，国民の権利義務に関わる問題を委任する場合，制約される人権の性質によって判断すべきである．①精神的自由に関わる委任は許されない．精神的自由の問題は行政が機敏に対応する必要がなく，内容的にも立法の末梢的部分とはいえないからである．②経済的自由や社会権に関わる委任についての委任は許されるが，「基準」の合憲性の審査にあたっては人権の性質との関係で基準が具体的といえるかどうかが判断されることになろう．

この点で，文科省令と文科省告示によって運営されている教科書検定制度が問題になるが，第一次家永教科書(国家賠償)訴訟において，最高裁判所は，検定の根拠は学校教育法(旧)21条1項，40条，51条である(同条は小・中・高校において文部大臣の検定を経た教科用図書を使用しなければならないとのみ定めている)とした上で，教科用図書検定規則(文部省令)，検定基準(文部省告示)は教育基本法，学校教育法の関係条文から明らかな教科書の要件を教科書検定の審査内容および基準として具体化したものにすぎず，法律の委任を欠くとはいえないとした(最判平成5・3・16民集47巻5号3483頁，行政判例百選79事件)．教科書検定については，学校教育法34(旧21)条(旧70, 80条による準用)が，小・中・高校における検定済み教科書の使用義務を定めているが，検定手続，基準につき委任の規定を欠いている．実際の教科書検定審査は，文科省令(教科用図書検定規則)と告示(検定基準)，学習指導要領(文科省告示)に従って行われている[14]．教科書執筆者の表現の自由との関係で検閲に当たらないか，国家は教育にどの程

---

14) 教科書検定制度は，文部科学省設置法4条10号の所掌事務の規定と学校教育法34条5項に組織法上の規定があるのみであり，検定規則・検定基準ともに具体的基準を示した委任命令ではなく，執行命令の形がとられている(学校教育法142)．野村武司「教科書検定の法的性質」争点276頁参照．

度介入が許されるのか，子どもの学習権等の視点から教科書検定の許容性が論じられなければならない．判例は，検定審議会の「改善意見」は行政指導であるから原則として違法とならないとする（最判平成9・8・29民集51巻7号2921頁＝家永教科書検定第三次国家賠償訴訟）が，検定手続，基準等については法律で明記すべきであろう．

　第二に，委任立法が国民の権利義務に直接関わらない場合には，例えば，①国土利用計画法5条1項のように，包括的・白紙的委任であっても即時に無効になるとは解されない[15]．この場合には，むしろ手続的裁量統制の手法を考案すべきである．②国家行政組織法7条5項，6項のように，行政組織を政令に委ねる場合にも，法律の中に基準らしいものが示されることはないが，その故をもって無効とはならないと解すべきである．この類型の場合には，政令を議会の承認にかからしめる等の議会統制の手法が考えられるべきであろう．

　実施命令の法律適合性　(a) 次に，実施命令（委任立法）の法律適合性審査について検討しておこう．

　(i) 農地法旧80条は，国が強制買収により取得した農地につき，農林大臣が「政令で定めるところにより，自作農の創設又は土地の農業上の利用の増進の目的に供しないことを相当と認めたとき」には，旧所有者又はその一般承継人に売り払わなければならない旨定めていた．ところが，農地法施行令旧16条4号は，その認定基準を「公用，公共用又は国民生活の安定上必要な施設の用に供する緊急の必要があり，且つ，その用に供されることが確実な土地等」に限定していた．最高裁は，農地法旧80条はすでに農地たる実態を失っている買収農地については法律上当然に地主への売払いを予定していると解すべきだとし，これを売払いの対象から除外した政令の規定は農地法の委任の範囲を超えて無効とした（最判昭和46・1・20民集25巻1号1頁，行政判例百選47事件）．ここで決め手になっているのは，法律の趣旨解釈である．

　(ii) 児童扶養手当法4条1項5号の委任を受けた同法施行令1条の2第3号

15）　国土利用計画法5条1項は，「国は，政令で定めるところにより，国土の利用に関する基本的な事項について全国計画を定めるものとする」と規定しており，全国計画の作成に当たっては国土審議会および都道府県知事の意見を聴かなければならない等の手続規定がある．しかし，この手続に裁量統制の実質的意味があるかは疑問である．

カッコ書が，婚姻外懐胎児童のうち「父から認知された児童」を支給対象から除外したことは，法の趣旨，目的に照らし支給対象児童との均衡を欠くので，法の委任の趣旨に反し無効であるとした判例(最判平成14・1・31民集56巻1号246頁，憲法判例百選213事件)がある．

(iii)旧監獄法施行規則120条は，14歳未満の者の在監者との接見禁止を定めていたが，最高裁は，この規定が幼年者の心情を害することがないようにという配慮の下に設けられたものであるとしても，それ自体，法律によらないで，被拘禁者の接見の自由を著しく制限するものであって，監獄法(平成18年改正で「刑事収容施設及び被収容者等の処遇に関する法律」に統合された)50条の委任の範囲を超えた無効なものであるとした(最判平成3・7・9民集45巻6号1049頁，行政判例百選48事件)．接見の自由が重視されたためであろう．

(iv)他方，銃砲刀剣類所持等取締法は，文化庁長官の登録を受けたものを所持禁止の除外対象とし，鑑定の基準を旧文部省令・銃砲刀剣類登録規則(平成3年改正前14①)で定めることにしているが，判例は鑑定の基準の定めは所管行政庁に専門技術的観点から一定の裁量権が認められており，登録の対象を日本刀に限定した規則を法律の委任の趣旨を逸脱したものではないとした(最判平成2・2・1民集44巻2号369頁)．(iii)との相違は，こちらは美術品の価値という財産権が対象となっているからであろう．

(v)戸籍法50条1項は，「子の名には，常用平易な文字を用いなければならない」と規定し，その範囲を法務省令(戸籍法施行規則)に委任している(同②)が，最高裁は，同規則60条が「社会通念上，常用平易であることが明らかな文字(子の名に用いる「曽」)を定めなかった場合，同条は，法による委任の趣旨を逸脱するものとして違法・無効と解すべきである」とした(最決平成15・12・25民集57巻11号2562頁)．

(vi)住民Xらは，高知県東洋町の議会の議員の解職請求を企図して，町選挙管理委員会(Y)に署名簿を提出して受理されたが，Yは解職請求代表者の一人が非常勤公務員の農業委員会委員であったために，解職請求者の署名簿の1,124名分の署名のすべてを無効とする決定をし，Xらの異議の申出も棄却する決定をした．そこでXらは，本件棄却決定の取消しを求めて提訴した[16]．地方自治法85条1項は，「解職の請求」につき，公職選挙法の普通地方公共団

体の選挙に関する規定を準用しているが，問題は，農業委員会委員は在職中，議員の解職請求代表者となれない旨規定している地方自治法施行令の規定が，地方自治法85条1項に違反して無効かどうかであった．最高裁は，「地方自治法85条1項は，専ら解職の投票に関する規定であり，これに基づき政令で定めることができるのもその範囲に限られるのであって，解職の請求についてまで政令で規定することを許容するものということはできない」と判示し，地方自治法施行令の規定(108②，109，113)のうち，公職選挙法89条1項を準用することにより，公務員につき議員の解職代表者になることを禁止している部分は，その資格が解職請求手続にまで及ぼされる限りで，地方自治法85条1項に基づく政令の定めとして許される範囲を超えて無効であるとした(最大判平成21・11・18民集63巻9号2033頁，行政判例百選49事件)．

(vii)平成18年改正の新薬事法は，一般医薬品を三つに区分し，その販売について委任を受けた省令は，店舗販売業者に対し第一類および第二類医薬品について，店舗において対面で販売・授与させ，インターネットで販売することを禁止した．インターネット等による販売を広範に規制する省令の違法性が争われた事案において，最高裁は「(これらの)各規定は新薬事法の趣旨に適合するものではなく，新薬事法の委任の範囲を逸脱した違法なものとして無効というべきである」と判示した(最判平成25・1・11民集67巻1号1頁，行政判例百選50事件)．

(b) これらの判例は，委任立法が授権の範囲を超えているかどうかを判断するのに，実体的アプローチを採用している．法律の趣旨・目的，他の条文との整合性，比例原則などを重要な判断材料としており，行政の裁量権行使の過程には何ら眼を向けていない．ところが，近時，最高裁は行政処分の裁量判断で定着した判断過程審査の方式を行政立法に適用した．生活保護法に基づく生活扶助の老齢加算の支給を3年かけて段階的に減額・廃止しようとする保護基準の改定の違法性が問題とされた事案において[17]，最高裁は保護基準を具体化

---

16) 地方裁判所の判決に不服がある者は，控訴することはできないが，最高裁に上告することができるとされている(地方自治法80④，74の2⑧)．
17) 生活保護基準の策定は厚生労働大臣に委任されており，大臣はこれを告示の形式で定めている(8①)．この場合の告示の法的性質は実施命令(法規命令)である．

するに当たっては,「老齢に起因する特別な需要があるか,改定後の生活扶助基準の内容が健康で文化的な生活水準を維持できるものであるか,及びその具体的な方法」につき高度の専門技術的な考慮とそれに基づいた政策的裁量が認められているとし,裁判所の審査では,老齢加算を段階的に廃止した大臣の判断の過程および手続に過誤・欠落があるか否か等の観点から,統計等の客観的な数値と合理的関連性や専門的知見との整合性の有無について審査がなされるべきであるとした(最判平成24・2・28民集66巻3号1240頁,最判平成24・4・28民集66巻6号2367頁,行政判例百選51事件).行政処分における裁量の判断過程審査は,判断過程の手続に着目するとか,必要とされる考慮要素に配慮しているか等,被処分者の利益や人権の視点から判断過程を批判的に検討する方向性がみてとれたが,本判決は社会保障審議会の専門委員会の「中間とりまとめ」を媒介に裁量判断の合理性を認めるという審査を行っている点に特徴がある.判断過程審査方式が法規命令の審査に普遍性のある適切な方法であるかどうかについては,いま少し検討すべきことがあるように思われる.

(c) 授権された立法をさらに下級行政機関に再委任することができるかについても,基本的には基準の理論が妥当するものと解する.もちろん授権法律がそれを許さない趣旨である場合に,再委任が許されないのは当然である.問題は,犯罪構成要件についても委任できるかである.判例は,改正前の酒税法が委任立法を制定すべき機関を特定せずに,処罰の対象を再委任したものを許容した(最判昭和33・7・9刑集12巻11号2407頁).犯罪構成要件の委任については,受任機関を明示した上で,特に個別具体的な委任がない限り許されないと解すべきであろう.

(d) わが国では,政令等の行政立法に対する抽象的規範統制は認められていない[18].「法律上の争訟」(裁判所法3①)に該当しないからである.したがって,行政立法が違法であっても,それに基づく処分があるのを待って,その違法性を取消訴訟で争うことになる.しかし,行政立法が私人に対して直接不利

---

[18] 1991年の湾岸戦争の時,政府は自衛隊法100条の5に基づく特例政令を発し,自衛隊機を使って,アンマンの難民をカイロに輸送しようとした.国会で海部首相は,異論があれば裁判所で争えと居直ったが,わが国では抽象的規範統制は認められていないので,特例政令の違憲違法性を裁判所で直接争う手立ては現行法上存在しない.

益を与える場合には，直接これを争わせる方がよいであろう．アメリカでは，プリインフォースメント・レヴューが広く行われており，今後の立法論的な課題である．

4 行政立法の手続的コントロール

手続的統制の意義　(a) 行政立法の手続的コントロールの手法としては，イギリスのように議会の同意を要件とするものと，アメリカのように利害関係人を手続に参加させるものとがあるが，1993(平成5)年制定の行政手続法は，行政立法について何ら規定を置かなかった．もっとも，政令については，内閣法制局の審査が法定されており(内閣法制局設置法3・1号)，また個別法には，審議会への諮問や関係人への意見聴取を要求するものがあった[19]．しかし，それらはきわめて例外的であり，内容的にも一貫した手続法の思想がある訳ではない．従前の行政立法の制定過程は，まったく行政の裁量に委ねられており，しかも，その過程は非公開であるから，国民各層の多様な意見が反映されるシステムにはなっていなかった．

(b) 1999(平成11)年3月23日「規制の設定又は改廃に係る意見提出手続について」が閣議決定され，4月1日からパブリックコメント手続が開始されることになった．パブリックコメント制度は，アメリカにおけるルールメイキング(規則制定手続)やイギリスのグリーンペーパー制度をモデルにしたものである．この制度が，政令，府令，省令，告示のほか，行政手続法上の行政処分基準等の行政立法に広く適用されてきたことは画期的なことであった．この制度運用の蓄積の下に，2005(平成17)年，行政手続法が改正され，「第6章　意見公募手続等」が加えられた．

意見公募手続　(a) 意見公募手続等の対象は，「命令等」である．「命令等」

---

19)　個別法の例として，①政令の制定・改廃につき審議会への諮問を要求するものとして，公害健康被害補償法63条2項，電波法99条の11，河川法4条2項，②省令や独立行政委員会の規則等の制定につき公聴会を要求するものとして，不当景品類及び不当表示防止法6条，労働基準法113条等がある．③省令の制定・改廃に協会の意見を聴くことを求めるものとして，液化石油ガスの保安の確保・取引適正化法89条，高圧ガス保安法75条等がある．なお，平岡久「行政立法」雄川ほか・現代行政法大系(2)85頁以下参照．

とは，内閣又は行政機関が定める，㋑法律に基づく命令(処分の要件を定める告示を含む)又は規則，㋺審査基準(申請により求められた許認可等をするかどうかをその法令の定めに従って判断するために必要とされる基準)，㋩処分基準(不利益処分をするかどうか又はどのような不利益処分とするかについてその法令の定めに従って判断するために必要とされる基準)，㋥行政指導指針(同一の行政目的を実現するため一定の条件に該当する複数の者に対し行政指導をしようとするときにこれらの行政指導に共通してその内容となるべき事項)，である(行政手続法2・8号)．

　行政手続法検討会報告においては，意見公募手続等の対象は「行政立法」および「規準」の二つとされていたが，法律では「命令等」の語に改められた[20]．憲法には「行政立法」の語はなく，「政令」「命令」の語を用いている(憲法73・6号，81)ので，講学上の「行政立法」の用語を避けたのであろう．「命令等」の概念には，実施命令(法規命令)と行政規則の両者が包含されるので，改正法によって，行政規則の外部効果が法律によって正面から承認されたことになる．

　(b) 意見公募手続を設けた趣旨は，本来，命令等が国民の権利義務についての規範となるものであったり，あるいは処分または行政指導に際して行政機関が拠るべき規準・指針などであったりするからである．したがって，実施命令(法規命令)に限らず，訓令・通達等の行政規則(行政処分基準)や行政指導指針(36)などのように，行政機関の事務処理の基準となり，結果的に私人の権利義務に影響を与えるようなものは意見公募手続を義務付けておく必要がある[21]．もっとも，第6章の意見公募手続等の適用が除外された命令等がある(4④)．

　また，審査基準や処分基準の設定については，従来，行政庁が一方的に行い，利害関係人といえどもその策定過程には関与できなかったために基準策定過程

---

20) 行政手続法検討会報告において，「行政立法」は「命令，規則又は訓令・通達その他の準則であって公にするもの」を定める行為と定義され，「規準」は「(1) 命令による定めであって，国民の権利又は義務について定めるもの，(2) (1)以外であって，処分又は行政指導に際し行政機関が拠るべきこととされる基準，指針その他これに類するもの」と定義されていた．

21) 中央省庁等改革基本法50条2項は，「政府は，政策形成に民意を反映し，並びにその過程の公正性及び透明性を確保するため，重要な政策の立案に当たり，その趣旨，内容その他必要な事項を公表し，専門家，利害関係人その他広く国民の意見を求め，これを考慮してその決定を行う仕組みの活用及び整備を図るものとする．」と規定している．これが具体化したのが，意見公募手続である．

の民主化を図ることが望まれていたが，平成17年の行政手続法の改正により，手続参加の道が開かれた(2・8号，38以下)．しかし，基準そのものを争う制度までは用意されていない．アメリカのルールメイキングの場合は，利害関係人を参加させるだけでなく，規則そのものへの裁判統制の道も開かれている[22]．今後の検討課題といえよう．もっとも，行政処分基準が意見公募手続の対象となり，公表されることによって，司法審査に大きな手がかりを与える可能性が生まれたことは重要である．従来は行政規則というだけで司法審査の対象とならなかったが，行政手続法に組み込まれることによって，行政処分基準そのものの合理性を問えるようになったばかりでなく，当該処分の基準適合性判断が適切に行われたかどうか(平等原則違反，事案の個別的事情との整合性等)を問題にすることができるようになり，外部性を獲得するに至ったといえよう．

(c) 改正法は，行政立法全体に通じる一般原則を規定した．一つは，命令等を定める機関(閣議の決定により命令等が定められる場合にあっては，当該命令等の立案をする各大臣．以下「命令等制定機関」という)は命令等を定めるに当たっては，当該命令等がこれを定める根拠となる法令の趣旨に適合するものとなるようにしなければならない(38①)というものである．これは，実体的な観点からの要求であるが，命令等の内容が「根拠となる法令の趣旨に適合」することは当然のことである．

いま一つは，命令制定後の努力義務に関わるものであり，命令等制定機関は，命令等を定めた後においても，当該命令等の規定の実施状況，社会経済情勢の変化等を勘案し，必要に応じ，当該命令等の内容について検討を加え，その適正を確保するよう努めなければならない(38②)．制定当初は公正な内容であっても，社会経済情勢の変化や技術の進歩等により，現状に合わなくなったり，不公正な内容になったりすることがあり得るので，常時，内容の公正を確保することを求めたものといえよう．

筑豊じん肺訴訟判決は，国家賠償を求めたものであるが，旧通商産業大臣の鉱山保安法に基づく保安規制権限，「特に同法30条の規定に基づく省令制定権

---

[22] 大浜啓吉「アメリカにおけるルールメイキングの構造と展開(1)～(5)」自治研究62巻11号～63巻6号参照．

限は，鉱山労働者の労働環境を整備し，その生命，身体に対する危害を防止し，その健康を確保することをその主要な目的として，できる限り速やかに，技術の進歩や最新の医学的見地に適合したものに改正すべく，適時にかつ適切に行使されるべきものである」のに，これを行使しなかったことが著しく合理性を欠き違法であると判示した(最判平成 16・4・27 民集 58 巻 4 号 1032 頁)．最高裁が規制権限の不行使に基づく国家賠償責任を初めて認めた判決であるが，命令制定権限を有する者は，一旦省令が制定された後においても，適時にかつ適切に改正する義務があることが前提とされている点が注目される．また，石綿工場の粉塵対策が争われた事案において，労働大臣(当時)の規制権限の不行使について，上記の平成 16 年の最高裁判決と同旨のことを述べた上で，本件において「石綿工場に局所排気装置を設置することの義務付けが可能となった段階で，できる限り速やかに，旧労基法に基づき省令制定権限を適切に行使し，罰則をもって上記の義務付けを行って局所排気装置の普及を図るべきであった」と判示し国賠法 1 条の違法性を認めた(最判平成 26・10・9 民集 68 巻 8 号 799 頁＝泉南アスベスト事件，行政判例百選 224 事件)．

命令案の公示と意見の募集　(a) 命令等制定機関は，命令等を定めようとする場合には，当該命令等の案及びこれに関連する資料をあらかじめ公示し，意見(情報を含む)の提出先及び意見提出のための期間(意見提出期間)を定めて広く一般の意見を求めなければならない(39①)．これを意見公募手続という．公示する命令等の案は，具体的かつ明確な内容のものであって，かつ，当該命令等の題名及び当該命令等を定める根拠となる法令の条項が明示されたものでなければならない(39②)．意見提出期間は，公示の日から起算して 30 日以上でなければならない(39③)．

(b) もっとも，意見公募手続をとる必要性や合理性が認められない場合も当然あり得る．そこで，行政手続法も，意見公募手続の義務付けの適用除外を定めた(39④)．公益上，緊急に命令等を定める必要があるため意見公募手続を実施することが困難であるとき(1 号)など 8 項目を挙げている(2 号〜8 号)．

(c) 意見公募手続には，特例がある．命令等制定機関は，30 日以上の意見提出期間を定めることができないやむを得ない理由があるときは，30 日を下回る期間を定めることができる．この場合においては，当該命令等の案の公示

の際その理由を明らかにしなければならない(40①). 命令等制定機関は，委員会等の議を経て命令等を定めようとする場合(39④4号に該当する場合を除く)において，当該委員会等が意見公募手続に準じた手続を実施したときは，自ら意見公募手続を実施することを要しない(40②).

(d) 多様な意見を集めるためには，意見公募手続を周知させる必要がある．そこで，命令等制定機関は，意見公募手続を実施して命令等を定めるに当たっては，必要に応じ，当該意見公募手続の実施について周知するよう努めるとともに，当該意見公募手続の実施に関連する情報の提供に努めるものとされている(41).

結果の公示等 (a) 命令等制定機関は，意見公募手続を実施して命令等を定める場合には，意見提出期間内に当該命令等制定機関に対し提出された当該命令等の案についての意見(提出意見)を十分に考慮しなければならない(42). そして，意見公募手続を実施して命令等を定めた場合には，当該命令等の公布と同時期に，①命令等の題名，②命令等の案の公示の日，③提出意見(提出がなかった場合には，その旨)，④提出意見を考慮した結果(意見公募手続を実施した命令等の案と定めた命令等との差異を含む)及びその理由，を公示しなければならない(43①).

命令等制定機関は，必要に応じ，提出意見に代えて，当該提出意見を整理又は要約したものを公示することができる．この場合においては，当該公示の後遅滞なく，当該提出意見を当該命令等制定機関の事務所における備付けその他の適当な方法により公にしなければならない(43②). ただし，提出意見を公示し又は公にすることにより第三者の利益を害するおそれがあるとき，その他正当な理由があるときは，当該提出意見の全部又は一部を除くことができる(43③).

また，命令等制定機関は，意見公募手続を実施したにもかかわらず命令等を定めないこととした場合には，その旨(別の命令等の案について改めて意見公募手続を実施しようとする場合にあっては，その旨を含む)並びに命令等の題名，命令等の案の公示日を速やかに公示しなければならない(43④).

(b) 意見公募手続の適用除外(39④)のいずれかに該当することにより，意見公募手続を実施しないで命令等を定めた場合には，当該命令等の公布と同時期

に，「命令等の題名及び趣旨」と，「意見公募手続を実施しなかった旨及びその理由」を公示しなければならない．ただし「命令等の趣旨」については，39条4項1号から4号までのいずれかに該当するために意見公募手続を実施しなかった場合には当該命令等自体から明らかでないときに限る(43⑤)．

なお，意見公募手続における公示は，電子情報処理組織を使用する方法その他の情報通信の技術を利用する方法により行うものとされている(45①)．公示に関して必要な事項は総務大臣が定める(45②)．

行政立法手続の課題　(a) 行政立法の手続は，「意見公募手続等」と呼ばれるように，従前のパブリックコメントと大差なく，「命令等の案」および関連資料を公示し広く一般の意見を求めるものである．寄せられた意見や情報のうち，これを採用しなかった場合には，理由を付してこれを公表することになっている．従来，行政立法手続がブラックボックスの中で行われていたことからすると，格段の進歩といえよう．

(b) しかし，制度の運用次第では，行政決定に正当性を付与するだけに終わる可能性もない訳ではない．利害関係人の意見表明も最終案の採否も，つまるところ，そのイニシアティブは行政が握っており，「正当な意見」が採用されない場合にこれを是正する道はないからである．その意味では，意見公募手続の制度は，事前の権利救済に主眼を置くアメリカ型の手続モデルとは似て非なるものといえよう．この限界を克服するためには，従来の発想を転換し，行政立法手続を「証拠に裏付けられた理由ある決定」を行うための情報を集めるための手続として構成する必要がある．私は，これを手続的デュー・プロセスモデルに対して，証拠的決定モデルと呼んでいるが，その核心は，証拠に裏付けられた合理的な決定を確保すると同時に裁判によって最終決定された命令・規則を争うことを可能にする点にある．法の支配の原理の下では，行政の恣意的な決定に対する司法審査が確保される必要がある．

第2節　行政規則

1　行政規則の意義

意義と種類　(a) 行政規則とは，行政機関によって定立される一般的定めで私人の権利義務に直接関係しない性質のものをいう[23]．行政命令あるいは行政規程ともいう．行政規則は，行政権の内部にしか効果が及ばないので，法律の授権なしに行政機関が自由に定立することができ，任意の形式でこれを告示すれば足り，公布を要しないとされる．行政規則は私人の法的利益に直接影響を及ぼさないから，原則として裁判規範となることはない．

(b) 行政規則には，①行政事務組織および権限分配，事務処理の手順に関する定め，②公務員，国公立学校の学生・生徒等の特別な法律関係にある者に関する定め，③公共施設(営造物)の利用規則，④下級機関に対する法規の解釈の基準を示す行政執務規則(解釈基準・裁量基準)，⑤補助金の交付規則・交付要綱などの給付基準，⑥行政指導の基準を定めた指導要綱などがある．

(c) 行政規則は，一般に訓令・通達，告示などの形式がとられるが，府令，省令，規則，指令，指定等の形式の場合もあれば，内規，要綱，告示等の形式の場合もある．行政規則かどうかは，用いられた名称ではなく，内容で判断する他ない．

訓令・通達　(a) 上級行政機関がその指揮命令権に基づいて下級行政機関に発する命令を訓令という．訓令の形式については，別段の定めはなく，口頭または書面でなされるが，文書によって示達されたものを通達という．大臣の命により次官が通達を発する場合のように，行政官庁が補助機関に代理してこれを発せしめる場合を依命通達という．また下級機関の要請に基づいて出された訓令を指令ということがある．

---

23) これに対して，行政規則が，一般的抽象的規律だけでなく，個別具体的な規律も含まれることを指摘し，行政規則を行政立法の下位概念として位置づけるのに疑問を呈する見解(塩野・行政法Ⅰ102頁)がある．「個別具体的な規律」をどう解釈するかの問題があるが，本書では，本文で述べたように行政立法の概念の下に説明することにした．

行政の一体性を保持し行政意思の分裂を防ぐために，上級機関は下級機関に対して指揮命令権を有するが，その一環として下級機関の権限行使を指図するために発するのが訓令・通達である．通達には，実質的に職務命令の性質を持つものがある（内府法7⑥，国組法14②）が，多くは法律の解釈や裁量判断の具体的指針を示すために出される．例えば，税務行政のように，複雑な行政法規を運用し，全国レベルでの膨大な事務量を抱え，かつ公平性が強く求められる領域においては，税務署ごとに異なる判断をすることは許されない．そこで，国税庁長官が各税務署長に通達をだして，統一した扱いをすることが行われている．往々にして複雑膨大な行政法規は，通達なしには成り立たないとさえいわれる（通達行政）．通達は，官報に公示されることもあるが，公示は効力要件ではない．

　(b) 通達は，行政機関の内部的規律に関するものであって，行政組織の外部に対しては法的効果を持たない．したがって，違法な通達が発せられ，そのため私人に対して事実上の不利益が及んでも，その処分は通達違反を理由に違法となるものではないので，私人は原則として訓令・通達そのものに対して抗告訴訟を提起することはできず，通達に基づく処分がなされた後で，当該処分に対する抗告訴訟を提起することになる（最判昭和43・12・24民集22巻13号3147頁＝墓地埋葬に関する通達，行政判例百選55事件）．逆に，行政庁の側も，処分が通達に適合していることを理由に適法性を根拠づけることはできない．裁判所は，法律を自ら解釈し通達の取扱いが法の趣旨に反するときは独自にその違法を判断する[24]．

　(c) 通達は，上司が部下の職務に関して発する職務命令[25]と異なり，行政機

24）　他方，公務員が通達違反を理由に懲戒処分に問われた場合，一般的には裁判所は通達に違反したかどうかを判断基準とするが，通達は一般的抽象的な事態を想定しており，具体的事例がこの想定外である場合には通達は射程外となり，別の解釈が許容されることになる．

25）　職務命令とは，上司が部下の職務を指揮するために発する命令をいう．「職務上の命令」ともいわれる（国家公務員法98①，地方公務員法32）．職務命令は，公務員個人に対して発せられるから，公務員がその地位を退けば失効する．また，本来の職務事項に止まらず，職務遂行に必要な限り公務員の生活行動にも及び得る．例えば，出張命令によって，制服の着用を命ずるなど，職務命令違反は懲戒事由になる．しかし，職務と関係のない私生活には及ばない．

関に対して発せられるものであるから，行政機関を拘束し，その職務の担荷者が変わってもそれによって影響を受けない．この点で，通達は同時に職務命令としての性質を併有している．

問題は，違法な職務命令に従う義務があるかどうかである．通説は，職務命令に公定力類似の性質を認め，重大かつ明白な違法がない限りこれに服従すべきだとする（東京高判昭和 49・5・8 行集 25 巻 5 号 373 頁，教育判例百選 88 事件）．しかし，公定力は外部効果のある処分に認められてきたものであり，行政内部規範に拡大することには強い批判がある．

思うに，職務命令には，その性質により，訓令的職務命令と非訓令的職務命令（例えば，服装の指定，出張命令，論文執筆の制限，卒業式でのピアノ伴奏命令）とがある．訓令的職務命令は機関に対するものであるから，受命公務員の個人的権利利益の侵害ということはないので，これに服さなければならない．他方，非訓令的職務命令の場合には，行政組織的側面よりも個人的不利益を甘受させてまで違法な命令に服することを強いることは許されない（塩野・行政法 III 315 頁以下）．最高裁は，職員が職務命令として地方議会議員の野球大会への随行を命じられた場合につき，旅行命令に「重大かつ明白な瑕疵がない限り，これに従う義務がある」とした（最判平成 15・1・17 民集 57 巻 1 号 1 頁，大浜・行政裁判法 323 頁）．また，都立学校の校長が教職員に対して入学式，卒業式等における起立・国歌斉唱・ピアノ伴奏を命ずる職務命令は，「教育公務員としての職務遂行の在り方に関する校長の上司としての職務上の指示であって，教職員個人の身分や勤務条件に係る権利義務に直接影響を及ぼさない」から行政処分には当たらないとした（最判平成 24・2・9 民集 66 巻 2 号 183 頁，行政判例百選 207 事件）．

2 行政規則の外部化現象

外部効果 行政規則は，実施命令（法規命令）と違って，本来行政の内部規範にすぎず，私人を拘束するものではない．しかし，一定の形式がとられ，公示されるものもあり，機能的に外部効果を有することも否定できない．

行政組織規則 (a) 行政組織について行政組織法定主義が妥当するが，組織の細部の事務分掌については，政令，府令，省令，行政規則によって規律されている．一般に，行政組織内部における権限の紛争や解釈の疑義については，

内閣総理大臣が閣議にかけてこれを裁定する(内閣法7). 裁判所で争われるのは, 機関訴訟として法律が規定している場合に限られる.

(b) 他方, 内部組織規則に違反した場合に何らの法的効果もないかというと, そうではない. 例えば税務署がその管轄外の私人に対して更正処分をするなど組織規範を逸脱して処分がなされた場合には外部的には無効になる. 同様に, 所掌事務の範囲を超えて行われた行政作用は, 瑕疵を帯びるのであって, その限りで外部効果を有する.

部分社会秩序の規則 (a) 伝統的行政法理論によれば, 公務員関係, 刑事施設における収容関係, 営造物の利用関係等には, 法治主義が及ばず, 包括的な支配服従関係に服するとされ, これを特別権力関係という概念で捉えてきた.

(b) 今日, 従来「特別権力関係」とされたものは, 法律で詳細に規定されている. また法律の根拠なしに「特別法律関係」の概念をア・プリオリに認めることは, 憲法上容認されない. もっとも, 一般権力関係と相対的に異なる部分社会の存在は認められており, 部分社会の内部秩序として規則を設けることは許される. 例えば, 国立大学の学生処分は内部の規則に従って行われるが, 処分が司法審査の対象になる場合は, 内部規則が適法性の基準となる. その限りで当該規則は外部効果を有することになる. 公共施設(営造物)の利用規則についても, 同様の外部効果を有することがある.

公共施設(営造物)の利用規則 (a) 学校, 病院, 公園等の公共施設は, 従来特別権力関係と把握され, その営造物利用規則は行政規則と考えられてきた[26]. これは立憲君主制の下で, 給付行政が権利ではなく恩恵として位置づけられていた思考の残滓といえよう. 給付行政も権利義務関係で捉えられるべきであるから, 可能な限り法規性を認める方向が望ましいであろう(芝池・総論121頁).

(b) 公共用物については, 国レベルでは, 道路法, 都市公園法, 河川法な

---

26) 営造物とは, 講学上, 行政主体によって特定の公の目的に供される人的物的施設の総合体をいい, 学校, 病院などがこれにあたる. かつては地方自治法も営造物の概念を使用していたが, 1963(昭和38)年改正で「公の施設」(244①)の用語に改め, これによって「住民の福祉を増進する目的」を持つ施設に限定されると同時に人的要素が不要とされた(その結果, 留置施設は「公の施設」ではない). 他方, 公物とは, 行政主体により直接公の目的に供される個々の有体物をいう. 道路, 河川, 公園などの公共用物と霞が関の庁舎や県庁の建物など官公署の用に供される物や敷地などの公用物がある.

どの公物管理法が整備され，また地方公共団体では「公の施設」の設置・管理について条例主義が採用されている(地方自治法244の2①)．他方，公共用物については，通説・判例は，国・地方公共団体ともに特別に法律がないので，郵政省庁舎管理規則を組織規程(訓令)として定めることができるとし，この規則に基づく広告物等の掲示の許可は，一般的禁止を解除する意味で処分であるが，被処分者に「当該場所を使用する何らの公法上又は私法上の権利を設定，付与する意味ないし効果を有するものではない」とした(最判昭和57・10・7民集36巻10号2091頁，公務員判例百選77事件)．しかし，庁舎等の利用は，内部職員に限られないのであるから，利用規則違反に問われた外部の者が当該規則の外部効果を争うことはできると解される．

解釈基準　(a) 通達行政を生み出したのは，市民社会の発展に伴う行政組織の肥大化と行政の専門化であるが，通達行政の重要性が増すにつれて，通達の外部化現象が見られるようになってきた．その典型が解釈基準であり，法令の解釈の統一性を確保するために上級機関が下級機関に対して発する通達がこれに当たる．行政手続法の定める「審査基準」(5①，2・8号ロ)および「処分基準」(12①，2・8号ハ)には「解釈基準」が含まれる[27]．

(b) 法解釈は裁判所の専権に属するので，解釈基準が裁判所を拘束することはない．解釈基準が法令の許可基準の解釈を誤っている場合には，当該解釈基準に従ってなされた処分は違法となる．

(i)パチンコ球遊器製造業者らが，東京国税局長の通達の変更によって，従来課税されていなかったパチンコ球遊器に課税されることになったのは，通達課税であって租税法律主義に反するとして課税処分の無効確認および納付金の返還を求めて出訴した事件がある．最高裁は「本件の課税がたまたま所論通達を機縁として行われたものであっても，通達の内容が法の正しい解釈に合致するものである以上，本件課税処分は法の根拠に基く処分」といえるとした(最判昭和33・3・28民集12巻4号624頁＝パチンコ球遊器に関する通達，行政判例百選54事件)．しかし，約10年間も課税対象とされていなかった物品を通達変更に

---

[27] 上級庁がまず解釈基準(5①)を設けて，訓令・通達の形で下級庁に示す場合もあれば，処分庁自身が独自に解釈基準を設ける場合もあり得る．

よって法令上の「正しい解釈」に切り換えるのは，行政庁の誤りで課税してこなかったリスクを一方的に納税者に転嫁するとともに国民の信頼を著しく裏切るものであり，法的安定性を害する．かかる場合にはやはり法律改正で臨むべきであろう．また，より一歩進めて，通達に対する取消訴訟ないし差止訴訟を認めるべきであろう(行訴法3②⑦)[28]．また，納税(申告)義務の不存在確認訴訟(同法4)も可能である．

(ii) 他方，無許可の製造業者が，函数尺が計量法12条に規定する計量器に当たる旨の通産省重工業局長の通達の取消訴訟を提起した事件で，東京地裁は「通達であってもその内容が国民の具体的な権利，義務ないし法律上の利益……に変動をきたし，通達そのものを争わせなければその権利救済を全からしめることができないような特殊例外的な場合」には処分性があるとした(東京地判昭和46・11・8行集22巻11＝12号1785頁＝計量法通達事件)．本件の場合，原告が無許可の製造業者であるため具体的処分を受けることがなく，刑事訴訟手続の中でしか争えないことから，通達の処分性を争うことを認めたのであろう．しかし，行訴法4条の義務不存在確認訴訟によって争うこともできるであろう(大浜・行政裁判法292頁)．

(iii) ある種の行政処分が，解釈通達によって大量に反復して行われた場合，平等原則が重要な意味をもつが，そのことによって解釈通達が外部効果を持つことがある．スコッチライトと呼ばれる信号製品に対して，各地の税関長が異なった税率に基づいて課税処分をした事件で，不利な取扱いを受けた者が平等原則違反を主張した事件において，大阪高判は，特定の期間特定の課税物件について，内部通達に従い，法定の税率より軽減された税率で関税の賦課徴収をしてきており，しかもその後，法定の税率との差額を実際に徴収したこともなく，また追徴する見込みもない状況にあるときには，租税法律主義ないし課・徴税平等の原則により，右状態の継続した期間中は，法律の規定に反して多数の税務官庁が採用した軽減された税率の方が，実定法上正当なものとされるのであって，かえって法定の課税標準・税率に従った課・徴税処分は，たとえそ

---

[28] 通達に処分性があるかがポイントであるが，私見によれば，通達も「その他公権力の行使に当たる行為」(行訴法3②)に当たる場合があると解される(大浜・行政裁判法94頁)．

れが租税法律主義の解釈上正しいものであっても,「実定法に反する処分として,みぎに軽減された課税標準ないし税率を超過する部分については違法処分と解するのが相当である」とした(大阪高判昭和 44・9・30 判時 606 号 19 頁).

解釈通達が事実上法規の機能を有することを認めた判決であるが,平等原則が適法処分の原則に優越するとの判断には疑問がある.裁判所は,解釈通達を違法と判断するのであれば,それに従ってなされた処分は違法として扱うべきであって,それが大量に反復して行われたとしても適法になるものではない.また何人も平等の名の下に違法な行為を行政に要求することは許されないというべきである(「違法における平等なし」の原則)[29].事案の解決の仕方としては,過少課税した税関の処分については追徴によって処理するのが妥当であって,状況的にそれが難しいのであれば,信義則によって追徴を許さないとすれば足りよう.

(iv) 課税当局は,従前,ストックオプションの権利行使によって得た利益を一時所得として扱っていたので,X が一時所得として確定申告したところ,税務署長 Y はこれを給与所得に当たるとして増額更正処分をした上,併せて過少申告加算税の賦課決定をした.そこで,X が取消訴訟を提起した事案がある.問題は,課税庁が課税上の取扱いを変更したにもかかわらず,通達によりこれを明示しなかったことが過少申告加算税の賦課決定ができない「正当の理由」(国税通則法 65④)に該当するかどうかにあった.最高裁は,「課税庁が従来の取扱いを変更しようとする場合には,法令の改正によることが望ましく,仮に法令の改正によらないとしても,通達を発するなどして変更後の取扱いを納税者に周知させ,これが定着するよう必要な措置を講ずべき」であるとし,本件課税処分は違法だと判示した(最判平成 18・10・24 民集 60 巻 8 号 3128 頁,最判平成 19・7・6 集民 225 号 39 頁も同旨).通達そのものに外部効果を認めたものではないが,通達のもつ国民への周知機能を重視した結果,外部機能が認められたものといえよう.

裁量基準　(a) 法律が,行政処分にあたって行政庁に一定の自由な判断の余

---

[29] 通達が裁量基準の場合には,平等原則に違反することはあり得よう(原田・要論 42 頁,宇賀・概説Ⅰ59 頁).

地を与えている場合がある．その際，恣意的な判断になることを避け判断の合理性を確保するために予め裁量の基準を設定することがある．行政庁が適切な裁量義務を果たしたことを明視的なものにすることはデュー・プロセスの要求ともいえる．裁量基準は，行政内部の基準であるから行政規則の性格を有し，法律の根拠を必要としない．

(i) タクシー事業の免許基準を定める道路運送法 6 条は抽象的な免許基準を定めているにすぎないので，最高裁も「内部的にせよ，さらに，その趣旨を具体化した審査基準を設定し，これを公正かつ合理的に適用」すべきだとした (最判昭和 46・10・28 民集 25 巻 7 号 1037 頁＝個人タクシー事件，行政判例百選 117 事件)．この基準は，行政組織内部の規範にすぎないが，実際には，これに基づいて処理がなされているのであるから法規として機能しているともいえる (裁量基準の外部効果)．この場合でも，私人は行政規則たる基準そのものを争うことはできず，基準に基づく処分を争うことになる．

(ii) 原子炉設置許可処分に当たっても，裁判所は，具体的審査基準が設定され (原子炉等規制法旧 24)，行政庁がその審査基準を適用して決定する場合には，具体的審査基準の内容の合理性と当該原子炉施設が具体的審査基準に適合するとした判断の合理性を審査するとしている (最判平成 4・10・29 民集 46 巻 7 号 1174 頁＝伊方原発訴訟，行政判例百選 77 事件)．つまり，行政規則の性質を持つ具体的審査基準 (裁量基準) の合理性が行政処分の適法性の前提となるので，裁量基準がその限りで外部効果を有するだけでなく，法源性まで獲得した観を呈することになる．

(iii) 行政手続法は，申請に対する処分については審査基準 (5)，不利益処分については処分基準 (12) の作成・公表を規定している．これらは個別の法律の趣旨によって，解釈基準である場合もあれば，裁量基準である場合もあるが，その法的性格は行政規則である．これらの基準が外部効果を持つことは疑問の余地がないにもかかわらず，行政処分基準の作成手続については何らの規定も置いていなかった．これらの基準が行政内部規範であるとの認識に立っているためであろう．もっとも，2005 (平成 17) 年の手続法改正で，第 6 章「意見公募手続等」が追加された折に，審査基準，処分基準について新たに定義規定が設けられ (2・8 号ロ・ハ)，意見公募手続の対象となった．

(ⅳ)風営法26条1項は，営業停止命令等の処分基準として「停止命令等の量定等の基準に関する規定」を定めて公表している．本件では営業停止命令の効果が，営業停止の期間に限られ，期間経過後には本件処分の取消しを求める訴えの利益が失われるかどうかが争点となった．最高裁は，処分基準は不利益処分に係る判断過程の公正と透明性を確保し，相手方の権利利益の保護に資するために定められ公にされるものであるから，裁量権の行使における公正かつ平等な取扱いの要請や基準の内容に係る相手方の信頼の保護等の観点から，処分基準の定めと異なる取扱いをすることを相当と認めるべき特段の事情がない限り，行政庁の処分における裁量権は，処分基準に従って行使されるべきことが覊束されているとした(最判平成27・3・3民集69巻2号143頁，行政判例百選175事件)．裁量基準の外部効果を認めた最高裁判決である．

(b) 問題は，処分庁が裁量基準を逸脱した処分を行った場合，処分が違法となるかどうかである．裁量基準は行政規則に過ぎないので，裁量基準に違反した処分が直ちに違法性を帯びることはない．判例も，裁量基準は「本来，行政庁の処分の妥当性を確保するためのものなのであるから，処分が右準則に違背して行われたとしても，原則として当不当の問題を生ずるにとどまり，当然に違法となるものではない」としている(最大判昭和53・10・4民集32巻7号1223頁＝マクリーン事件，行政判例百選76事件)．しかし，行政庁としては，適法性を主張する限り，公表された裁量基準によらなかったことに合理的根拠があることを示す必要があろう(東京地判平成15・9・19判時1836号46頁)．裁量基準は「できる限り具体的なもの」であることが求められているが，その具体性の程度は，行政処分の「性質に照らして」決まるものであって，行政庁の裁量の幅が審査基準だけに収斂するものではない．つまり，行政庁としては，個別の処分にあたって当該処分に個別の事情を十分斟酌することは許されるといえよう．逆に裁量基準に従っていればそれだけで適法ということもない[30]．裁判所

---

[30] 例えば，道路運送法ではタクシーの運賃規制につき，裁量基準(自動車局長通達)として「同一地域同一運賃の原則」が採用されていた．Xが運賃の値下げ申請をしたところ，「同一地域同一運賃の原則」に反しているとして不認可となったので，これを争った事案において，裁判所は同一地域同一運賃原則の適法性を前提としつつ，法律は多重運賃を容認しており，Y(地方陸運局長)は他の事業者との間に不当な競争を引き起こすおそれがないかどうか，道路運

は裁量基準の合理性についてまず審査し，それが不合理で裁量の踰越濫用に当たる場合には処分を取り消すことになる．

(c) 裁量基準は，審査基準であれ，処分基準であれ(両者を合わせて行政処分基準という)，「公にしておく」ことが肝要である(審査基準は義務的＝5③，処分基準は任意的＝12①)．それによって私人に対して当該基準に従って処分が行われるという予測可能性と信頼を生み出し，法的安定性に寄与するものである．仮にその信頼が裏切られ，行政処分基準が適用されなかった場合には，違法性を帯びると解される．

(d) さらに，行政手続法は，審査基準，処分基準ばかりでなく，行政指導指針を「命令等」に含めて意見公募手続の対象としている(2・8号ニ)．その結果，これらも案・関係資料を公示して意見を公募し「当該命令等制定機関に対し提出された当該命令等の案についての意見」を十分に考慮しなければならないとされている(42)．このこと自体，審査基準，処分基準，行政指導指針がもはや単なる内部基準でないことを意味している．

給付基準 (a) 給付行政において，国および自治体が法律・条例の根拠なしに私人に補助金の交付や物品を給付することがある．この場合，実務上は内部規則や要綱などで融資基準や交付基準が定められる場合が多い．法令に具体的な定めがないので，広義の裁量基準の一つともいえよう．ただ，給付基準に従わない場合には，平等原則に違反して違法となる可能性があり，その限りで外部効果を有するといえる．

(b) この点につき給付基準が法律の委任がないことを理由に，相手方に補助金等の請求権を否定する見解がある(塩野・行政法Ⅰ119頁)．しかし，必ずしもそうはいえず，個別事案によっては請求権を認めてよい場合もあろう．法律の根拠のない予算補助の場合でも，当事者訴訟(行訴法4)の一つとして給付訴

送法(旧)8条2項に定める基準に該当するかどうかについて十分な調査をしていないとして処分を取消した(大阪地判昭和60・1・31判時1143号46頁＝MKタクシー事件)．つまり，裁量基準に従った処分でも違法な場合があるということである．なお，道路運送法(旧)8条2項1号「能率的な経営の下における適正な原価を償い，且つ，適正な利潤をふくむものであること」の要件は，「能率的な経営の下における適正な原価に適正な利潤を加えたものを超えないものであること」(9の3②1号)に改まり運賃の上限規制であることを明確にした．それに伴い，1993年に「同一地域同一運賃の原則」を定めた通達も廃止された．

訟を提起することができると解される．また，補助金適正化法の適用がある場合であれば，補助金の交付は処分性を持つので抗告訴訟で争うことができよう(櫻井＝橋本・行政法 71 頁)．もっとも，行政規則(給付規則)は「法令」とはいえないので，不作為の違法確認訴訟(行訴法 3⑤)や義務付け訴訟(行訴法 3⑥2 号)を提起することはできない．

指導要綱　(a) 指導要綱とは，地方公共団体が行政指導を行うために定めた内部基準(行政規則)のことである．議会の承認を得た指導要綱もこれに含まれる(最判平成 5・2・18 民集 47 巻 2 号 574 頁＝武蔵野マンション事件，行政判例百選 98 事件)．指導要綱は，宅地開発，住宅建設，ゴルフ場造成等にあたって，法律よりも厳しい基準を設定したり，住民との協議や同意を義務づけたり，業者に一定の寄付を求めたりするものであって，事実上の外部効果の機能を有していたことは疑いがない．とりわけ，従わない者には建築確認の留保，上下水道の利用拒否，負担金の要求などを定める場合には強力な事実上の効果が認められる．しかし，その法的性格は行政規則であるから，要綱それ自体は勿論のこと，要綱に基づく具体的な行政指導も処分ではないので，取消訴訟で争うことはできない．

1999(平成 11)年改正前の地方自治法では，自治体事務の多くが機関委任事務で占められていたし，法律先占論もまだ強力であったが，そうした時代において，限られた権限の中で自治体の独自性を打ち出すために指導要綱が大きな役割を果たしたことも否めない．

(b) 行政手続法は，地方公共団体の行政指導に直接適用されないが(行政手続法 3③)，「行政指導指針」の定義を置き(行政手続法 2・8 号ニ)，その作成・公表を義務づける(行政手続法 36)とともに，これを行政立法手続として扱うことにしている(行政手続法 38①)．地方公共団体の行政手続条例でも同様の規定が置かれているので，外部効果性は一層強まるものと思われる．

第 3 章

行政上の法律関係

第1節　私人の地位

1　総　説

(a) 伝統理論によれば，法律関係は公法関係と私法関係に二分され，訴訟法上も前者には行政事件訴訟法，後者には民事訴訟法が適用される．この理論は，いうまでもなく明治憲法下で成立した行政法理論を日本国憲法下でもほぼそのまま維持するものであった．しかし，日本国憲法の下で行政裁判所は廃止され，国家と社会の対立を背景とした公法・私法二元論はもはや制度的基礎を失ったばかりでなく，原理的にも理論的妥当性を失っている．

(b) 法の支配を基本原理とする意思自治原則の下では，行政法は市民社会が必要とする公共政策を法律に基づいて実現するために市民社会に公権力を行使する形で介入する．その際，多用されるのが行政処分である．行政処分によって，国家と私人との間に特定の権利義務関係が形成される．これを行政上の権利義務(法律)関係という．行政上の法律関係も，基本的には私法上の法律関係と同じく，行政主体と私人間の権利義務の設定，変更，消滅の問題として考察すれば足りる．ただ，私法上の法律関係と違い行政上の法律関係においては，公共政策を遂行する必要上，行政の側が一方的に権利義務を形成することが多いという特色がある[1]．また行政契約の形式をとる場合にも，公共性や法規に

---

1) 行政上の法律関係の発生原因としては，①行政処分によって権利義務関係が形成される

基づく制約がかかってくるので，純粋な民事上の法律関係とは同一視することはできない場合も多い．そこで，本章では，まず行政上の法律関係の一方の当事者である私人の地位を伝統的通説と対比して検討し，次に行政上の法律関係に民法規定の適用があるかどうかの問題を扱う．

2 公権論と私人の地位

(a) 伝統的通説は，公法関係は法律によって規律された関係であるとし，そこに形成される権利・義務を公権・公義務として私法上の権利・義務と対置し，その特殊性を説いた．公権には，国家的公権(国家・公共団体が私人に対して持つ権利)と個人的公権(私人が国家・公共団体に対して持つ権利)とがあるとされた[2]．

国家的公権には，警察権，統制権，公用負担特権，課税権等があり，行政権の主体が法律によって優越的意思の主体としての地位を与えられている点にその特色がある．もっとも，これらの国家的公権は法律によって授権された抽象的な権限にすぎず，具体的な権利ではない．他方，個人的公権は，私人が公法関係において直接自己のために一定の利益を主張し得る権利をいうが，私権と異なり公益上一定の制約が課されている点にその特色があった．これを公権の不融通性の理論という[3]．具体的には，①相対性(公権は公益上の目的から合理的な範囲で制限を受ける)，②権利放棄の禁止(公務員の俸給請求権，恩給権，選挙権等の放棄は，公権の本来の趣旨に反するので認められない)，③権利の移転・差押えの制限(公権は公益上その者に専属する権利だから)等があげられてきた．判例にも，これを認めたものと否定したものがある[4]．

場合の他，②行政処分以外の法律原因に基づく場合(例えば，他の市町村への義務教育の委託や予防接種の医師会への委託)，③法律の規定によって直接 XY 間に一定の法律関係が形成される場合(戸籍法は人の出生や死亡に際して届出義務を課しそれを怠ると過料の制裁)がある．
　2) 公権と反射的利益とは区別された．というのは，公権概念の成立は，行政裁判制度による保護と結びついたため，その反面として法律が国または個人の作為・不作為を規定していることの結果として，たまたま特定の個人に生ずる利益は事実上のものにすぎないとして保護されないという理論を生み出した．例えば，医師法が医師の診療義務を規定した結果として，患者が診療を受ける利益は反射的利益とされる(田中・上88頁)．
　3) 個人的公権は，参政権，受益権，自由権に分けることができる(田中・上85頁)．なお，公権論については，遠藤＝阿部・講義 I 145頁以下(宮崎良夫執筆)参照．
　4) 判例にも，①「公水使用権は，それが慣習によるものであると行政庁の許可によるものであるとを問わず，公共用物たる公水の上に存する権利であることにかんがみ，河川の全水量

(b) 公権論は19世紀の半ば以降，ドイツで形成されたものであるが，元来は国家と国民との関係を政治学的な支配・服従の関係ではなく，法律的な権利義務関係で捉えることによって，国民の主体的地位を確立することを狙ったものであった[5]．しかし，それは当時の公法・私法(国家・社会)二元論を前提にしていた点でも限界を有していたことを忘れてはならない．

ところで，公権の性質とされる相対性や処分不可能性は，必ずしも公権に特有のものでなく，それぞれの権利自体の本来的な性質の分析から導かれるべきものである．それに，公権論の前提にあった公法・私法二元論は，今日制度的にも理論的にも存立の基盤を喪失している．したがって，個別具体的な法律の規定を離れて，伝統的な公権論から私人の地位を一般的抽象的に論じてみても無意味である．では，本書の立場からは，私人の地位をどのように考えるべきであろうか．

3　意思自治理論と私人の地位

主権者としての国民　(a) 法の支配の原理の下では，法律は主権者たる国民の一般意思を具体化したものである．そこでは，私人の地位は，法律によってまず抽象的に定められている．行政は，その執行機関として授権された権限を法律に従って執行しなければならない．法律の執行過程は，政治的には政策の遂行過程であるが，法的には行政庁(Y)の処分によって私人(X)との間に具体的な法律関係を設定する過程である．つまり，執行過程においては，主権者たる国民は法律関係における一方当事者であり，一私人にすぎない．

を独占排他的に利用しうる絶対不可侵の権利ではなく，使用目的を充たすに必要な限度の流水を使用しうるに過ぎない」としたもの(最判昭和37・4・10民集16巻4号699頁，行政判例百選18事件)，②自作農創設特別措置法による農地買収対価の増額請求権が公権であることを理由に譲渡性を否定したもの(浦和地判昭和24・5・17行裁月報19号149頁)，③生活保護法に基づく保護受給権は，被保護者自身の最低限度の生活を維持するために当該個人に与えられた一身専属の権利であって，他に譲渡しえないとしたもの(最大判昭和42・5・24民集21巻5号1043頁＝朝日訴訟，行政判例百選16事件)などがある．もっとも，④条例に譲渡禁止の規定がなく，議員の生活を保護すべき必要性がないことを理由に地方議員の報酬請求権は譲渡可能だとしたものがある(最判昭和53・2・23民集32巻1号11頁)．

[5]　ローマ法以来の洗練された民法の概念(意思表示，相続・時効等)を公法関係に持ち込むとともに，裁判制度によって権利保護を与えることができるからである．

(b) このように，「主権者たる国民」と「私人たる当事者」との間には，言葉の上でも，概念の上でも距離がある．従来の議論ではこの点の分析が不十分であったように思われる．意思自治理論の下にあっては，国民は社会において自己実現を果たすために憲法を制定して国家を作り，一定の公共的政策決定および執行の権限を国家機構に委ねざるを得ない．法執行の段階における法的瑕疵は裁判所で統制することになる．国家の目的は人権の保障にあるからである．

意思形成過程における私人 (a) 法の支配の原理の下では，私人の地位は，①国民は国家意思の形成過程にあっては主権者であるが，②その執行過程にあっては私人たる地位(行政処分の客体)に甘んずる他はない．そして，③両者を架橋するのが手続的権利だということになる．

(b) 国家意思の形成過程においては，国民は主権者である．しかし，国民は原則として「選挙された国会における代表者を通じて行動」する(憲法前文)のであって，国政の決定に直接参加するのではない．その代わり，国会は「主権者たる国民」の人権を尊重しなければならない．つまり，「主権者たる国民」の概念は，行政というよりも国会との関係で重要な意味をもつ．

イェリネックの公権論は国民の主体的地位の確立に寄与したが，そこで語られた自由権，受益権，参政権は人権カタログの分類であって，行政に対する権利とはいえない．すなわち，国会は，①自由権・財産権を尊重して法律を作らなければならず，②受益権を充足する法律を作らなければならず，③参政権の実現を図るための法制度を整備しなければならないが，これらの義務の名宛人は国会であって行政ではない．これらの義務違反は，究極的には，個別具体的な事件を通して裁判所で争われる．

執行過程における私人 (a) 法律の執行過程において，法律要件が充足された場合には XY 間に具体的な権利義務関係が発生する．この場合，X は私人としての立場で Y に対することになるが，それには次のような態様があり得る．

①Y の処分が法律要件に違反するものであった場合には，X は自己の不利益を排除するため違法処分の取消訴訟を提起することができる．

②憲法の定める生存権を充足させるため，生活保護法をはじめ各種の社会保障法が制定され，私人に給付請求権が認められるようになった．もっとも，こ

れらの法律は，まずXが申請をし，一定の要件が備わる場合に，Yの処分をまって具体的な権利義務関係が発生するという仕組みがとられている．Xの申請に対して，要件事実が存在するにもかかわらず，Yが拒否処分をした場合には，Xは通常，取消訴訟を提起するが，2005(平成17)年の行政事件訴訟法改正によって，義務付け訴訟を併合提起することができるようになった(行訴法3⑥2号，37の3③)．

③Xの建築物が建築基準法に違反する場合，隣人AはYに対して建築物除却命令を出すよう請求することができるか．伝統理論の下では，Yが権限を発動するかどうかはその裁量に委ねられているものとされ，他方，隣人Aの利益は反射的利益にすぎず，Aには何らの権利もないと考えられた(東京高判昭和26・11・12行集2巻11号1981頁参照)[6]．

(b) しかし，権限発動の全てが行政の裁量に委ねられていると解することには疑問がある．日本国憲法の下では，国家の役割は質量ともに拡大し，単に公共の安全と秩序を維持するだけでなく，国民の生存権的利益(健康・生活環境の整備，社会的リスクの除去)の確保も果たさなければならない．立法権が十分に機能せず，機動的な対応ができない現状の下では，行政の執行過程においてある程度，立法の不全を代替しなければならない．それを行政の役割の変化(公益の管理者から調整者へ)と捉えることもできるが，むしろ，《執行過程の民主的コントロール》を強調すべきであろう．行政が新しい《立法》機能を担うのではなく，執行過程のあり方の理論的基礎を練り直すことが重要だからである．すなわち，執行過程においては，行政庁(Y)と被規制者(X)との二面関係ではなく，第三者(A)の人権を基底においた三面関係として把握すべきである．換言すれば，行政の公益独占思想の崩壊とともに，公益独占の裏面であった反射的利益論は徐々に私人の権利・利益論に変容していかざるを得ないであろう．

---

[6]　伝統理論の下では，行政の任務はもっぱら国家公共の秩序保持に向けられる．したがって，規制行政においては，公共の利益と被規制者の私的利益との二元的利益に収斂され，第三者たる私人の利益は行政庁の管理する公益の中に解消される(反射的利益論)．ここでは，私人が行政庁に対して無法者を取り締まってくれと請求する権利(行政介入請求権)は理論的に組み込まれないのである．他方，行政庁の義務はもっぱら国家公共に対するものであって，私人に対しては何らの義務もないとされる．したがって，行政権限を行使するかしないかは行政庁の自由裁量となる(行政便宜主義)．

(c) こうした変化は判例の中にも見られる[7]．かつて最高裁は質屋営業の許可を同業者が争った事件で，ためらいもなく反射的利益論をとった(最判昭和34・8・18民集13巻10号1286頁)が，やがて距離制限を伴う公衆浴場の許可を既存業者が争った事件では，距離制限は公益保護ではなく既存業者の法律上の利益を認めたものとして原告適格を承認した(最判昭和37・1・19民集16巻1号57頁，行政判例百選170事件)[8]．もっとも，これによって「行政介入請求権」[9]が直截に承認されたとみるのは早計である．判例の中には未だに反射的利益論を説くものもあり[10]，完全に克服されたとはいえない．ただ，義務付け訴訟の法定(行訴法3⑥，37の2，37の5)によって，新地平が開かれたことは確かである．

(d) 法律の執行過程において，行政は行政処分を発動するに当たって，私人に対して一定の手続的義務を負わなければならない(デュー・プロセスの法理)．何故ならば，「私人」は本来「主権者」であり，法律の執行そのものが国民意思の実現であることを相手方である私人に納得してもらうために他ならない．すなわち，国民は「国政」を国家機関に委ねるとはいえ，国家作用の単なる客体になりさがる訳ではなく，主権者として「その福利」を享受する地位にある．

---

[7] 村道の自由使用は，伝統的に反射的利益とされてきたが，最高裁は，村道の通行妨害行為に対して，村民の「通行の自由権」の侵害として民法上の妨害排除請求権を認めた(最判昭和39・1・16民集18巻1号1頁，行政判例百選17事件)．同じく，建築基準法に基づく位置指定道路(42①5号)に基づく「通行利益」は反射的利益とされてきたが，利用者が道路敷地所有者により通行を妨害された事案について，妨害排除請求権(人格的権利)を認容した(最判平成9・12・18民集51巻10号4241頁)．前者は「公の施設」(地方自治法244②③)，後者は建築基準法の接道義務(43)によって保護された利益でもある．したがって，道路管理者に対する差止めないし義務付け訴訟(行訴法3⑥⑦)の可能性もあろう．

[8] その後も，第三者(A)に原告適格を認めた判例として，風営法上，一定の距離内では許可しないとの施行条例の下で，診療所の経営者(A)の提起した取消訴訟を認めたものがある(最判平成6・9・27判時1518号10頁)．その他，原告適格を拡大した判例は枚挙にいとまがない．その流れは，2004年の行訴法改正で，9条2項の中に立法化されるに至った(大浜・行政裁判法128頁以下)．

[9] ドイツにおける警察介入請求権に由来する概念であって，第三者Aに対する規制権限の行使を認めるものである．行政介入請求権が成立するためには，違法性の態様とAの不利益を比較考量して介入の可否を決定することになろう(原田・要論96頁参照)．

[10] 法律の規定が直接には公益の保護を図っていて，それを通して個々人の利益が保護される場合には，反射的利益と解されるようである．最判昭和53・3・14民集32巻2号211頁＝ジュース訴訟，行政判例百選132事件；最判昭和57・9・9民集36巻9号1679頁＝長沼ナイキ訴訟，行政判例百選177事件；最判平成4・9・22民集46巻6号571頁＝もんじゅ訴訟，行政判例百選162事件などがそうである．

私人の手続的権利は，行政の執行過程において，これが具体化されたものである．

第2節　行政上の法律関係と民法の適用

1　総　　説

(a) 行政上の法律関係は，行政契約でも問題になるが，ここでは行政処分を契機とするものを中心に考察する．今日，行政活動は行政需要に応じて拡大・多様化しているが，Y(行政庁)X(私人)の関係は「法律に基づく行政の原理」によって律せられ，行政処分は法の拘束の下におかれる．政策実現を目的とする行政作用は，権利義務関係の成立・変更・消滅の過程として表現される．

(b) 現実の社会では行政法と民法は幾重にも交錯しているが，行政法は民法を修正補完するものであるから，近代社会の基礎的ルールを表現した民法の適用(ないし準用)を認めなければならない場合がある．本節では，行政上の法律関係の問題を民法の体系に沿って整理・検討することにする．

2　民法総則

民法の適用　行政活動は行政法規に基づいて行われるが，不備・欠陥のためその適用にあたって不十分な場合が少なくない．他方，民法は市民社会における私人相互間の利害を調整し，紛争を解決することを目的として定められたものであって，行政主体の行政活動に際して適用されることを予想していない．しかし，民法には，法の一般原則および法技術上の規定が含まれている．信義誠実の原則や権利濫用禁止の原則(民法1②③)などは前者の例であり，期間の計算についての定め(民法138)などは後者の例である．これらの規定は，行政法に適用されて然るべきものである．それ以外にも，民法規定の適用ないし類推適用によって行政上の法律関係を律することができるものがある．

信義誠実の原則・禁反言の法理　(a) 現代行政では，法律を補充する通達や行政指導の役割や機能が増大している．通達や行政指導は，国民の権利義務に直接変動をもたらすものではないが，行政を円滑に遂行する上では重要な役割

を果たしている．問題は，通達や行政指導等の事実上の行政作用が客観的に違法である場合，これを信頼した私人を保護する必要があるのではないか，すなわち信義則の適用があるかどうかである．特に租税行政の分野で問題になることが多い．

一つの考え方は，法律に基づく行政の原理を重視し通達や行政指導が違法である場合には，私人がこれを信頼したからといって，保護する必要はないとする．いま一つは通説・判例の立場であって，信義則が適用になるかどうかは，法律による行政の原理(租税法律主義)と私人の信頼利益との比較衡量によって決めるべきだとする(最判平成8・7・2判時1578号51頁は，日本人の配偶者の在留資格での在留資格の変更申請を本人の意思に反して「短期滞在」に変更する旨の申請ありとして扱った点を信義則に反し裁量権濫用に当たるとした)[11]．

(b) しかし，法律の執行過程においては結果の適法性が全てではなく，むしろ執行過程が適正に行われること(デュー・プロセスの法理)が重要である．私人の信頼を裏切る形で執行活動が行われれば，当該行為はデュー・プロセス違反の行為として手続的違法性を帯びることになる．最高裁は，酒類販売業を営んでいたAの相続人であるXが，青色申告の承認を得ないまま自己の名義で青色申告を続けていた事案において，Xが青色申告の承認を受けていた被相続人Aの事業を承継した場合であっても，「青色申告の承認申請書を提出せず，税務署長の承認を受けていないときは，……青色申告としての効力を認める余地はない」．「課税処分について，法の一般原理である信義則の法理の適用により，右課税処分を違法なものとして取り消すことができる場合があるとしても，

---

11) また東京地判昭和40・5・26行集16巻6号1033頁は，YがXに対して固定資産税の非課税通知を行い課税していなかったのに，8年後に過去に遡って課税し差押処分をしたために，Xが差押処分の取消しを求めた事案である．判決は原告の請求を認容したが，禁反言の原則は「法の根底をなす正義の理念より当然生ずる法原則……であって，国家，公共団体もまた，基本的には，国民個人と同様に法の支配に服すべきものとする建前をとるわが憲法の下においては，いわゆる公法の分野においても，この原則の適用を否定すべき理由はない」とした．そして，その適用の要件の問題として，「行政庁の誤った言動をするに至ったことにつき相手方国民の側に責めらるべき事情があったかどうか，行政庁のその行動がいかなる手続，方式で相手方に表明されたか，……相手方がそれを信頼することが無理でないと認められるような事情にあったかどうか，その信頼を裏切られることによって相手方の被る不利益の程度等の諸点」が吟味されるべきだとしている．

法律による行政の原理なかんずく租税法律主義の原則が貫かれるべき租税法律関係においては，右法理の適用については慎重でなければならず，租税法規の適用における納税者間の平等，公平という要請を犠牲にしてもなお当該課税処分に係る課税を免れしめて納税者の信頼を保護しなければ正義に反するといえるような特別の事情が存する場合に，初めて右法理の適用の是非を考えるべきものである」と判示した(最判昭和62・10・30判時1262号91頁，行政判例百選24事件)．そして，「特別の事情」として，①信頼の対象となる行政庁による公的見解の表示，②私人が表示を信頼して行動したこと，③表示に反する課税処分がなされた結果，経済的不利益を受けたこと，④私人に帰責事由がないこと，をあげた[12]．最高裁は「租税法律主義」と私人の信頼利益を比較衡量した上で信義則の適否を決定したのである．行政執行の過程が基本的に権利義務関係として行われるものである以上，理論的には，行政上の法律関係の根底に信義則の適用は当然あるというべきである．

昭和56年改正前の国民年金法では，在日韓国人は区民年金受給資格がなかったが，担当職員の勧誘によって加入手続を行い，15年間保険料を納入した後，年金の裁定請求が却下された事案において，信頼保護を覆す程の公益上の要請がないとして，処分を取り消した裁判例がある(東京高判昭和58・10・20行集34巻10号1777頁)．また，健康管理手当の受給権を取得した被爆者(X)がブラジルに出国したために，広島県知事が(旧)厚生省の局長通達(国外に居住地を移した被爆者については受給権を失権として扱う)を理由に健康管理手当の支給を打ち切った事案において，最高裁は，県が地方自治法236条により消滅時効を主張することは，「通達に基づく失権の取扱いに対し訴訟を提起するなどして自己の権利を行使することが合理的に期待できる事情があったなどの特段の事情のない限り，信義則に反し許されない」と判示した(最判平成19・2・6民集61巻1号122頁，行政判例百選27事件)．

問題はいかなる要件の下に信義則違反を認定できるかにある．信義則・禁反言の法理を適用するための要件としては，①信頼対象適格性を有すること(当

---

[12] これらの要件は，信義則適用の要件というよりも「特別の事情」が存在するかどうかを判断する際の考慮要素として掲げられているといえよう．

該行政が専門的要素を含み市民が法律の規定を見ただけでは必ずしも法律の内容を明確に認識できず，行政庁の見解に依拠せざるを得ない状況にあること)，②行政庁による公的見解の表示があること，③私人が行政庁の公的な表示を信頼して行動したこと，④私人に帰責事由がないこと，が必要であると思われる．

(c) 逆に，私人の側の継続した違法行為に対する信頼が保護されるかの問題がある．公務員は，禁錮以上の刑に処せられると失職する(国家公務員法76，38・2号，地方公務員法28④，16・2号)が，失職事由が発生した後，任命権者がこれを知らなかったために27年勤務を継続した後に事実が露見して失職扱いとされた事案において，最高裁は信義則に反するとはいえないとした(最判平成19・12・13判時1995号157頁)．しかし，現業の郵政事務官になる前の公務執行妨害罪であったこと，刑の言渡し失効後25年も経過していること等を考えると，本人の公務に対する信頼が損なわれているとはいえないので，失職の規定を適用することは許されないというべきであろう．

(d) 判例は，公務員の勤務関係について安全配慮義務を認めている．すなわち，安全配慮義務は，「ある法律関係に基づいて特別な社会的接触の関係に入った当事者間において，当該法律関係に付随義務として当事者の一方又は双方が相手方に対して信義則上負う義務として一般的に認められるべきもの」とした(最判昭和50・2・25民集29巻2号143頁，行政判例百選26事件)．安全配慮義務は債務不履行責任の追及に用いられるが，不法行為責任の追及に較べると，時効期間の点ではメリットがあるが，債務内容の特定や安全配慮義務に違反する事実の主張・立証責任の点では困難な面もある．

ノーアクションレター (a) ノーアクションレターとは，「民間企業等が，実現しようとする自己の事業活動に係る具体的行為に関して，当該行為が特定の法令の規定の適用対象となるかどうかを，あらかじめ当該規定を所管する行政機関に確認し，その機関が回答をおこなうとともに，当該回答を公表する手続」のことである．平たくいえば，私人が自己の事業活動の具体的な行為について，事前に行政機関の法令の解釈を問い合わせるものである．2001(平成13)年3月27日に閣議決定された「行政機関による法令適用事前確認手続の導入について」が，日本版のノーアクションレターに当たるとされている[13]．

(b) この制度は，アメリカの証券取引委員会(SEC)の制度をモデルにしたも

のであるが，民間企業が新たに起業したり，新商品の開発をしたりする際に，事前に，①法令に基づく不利益処分適用の可能性の可否，②許認可・届出・登録・確認等を受ける必要性，および受けない場合の罰則の有無について，所管行政庁に照会する制度である[14]．問題は回答と異なる処分をした場合である．

制度自体が閣議決定を受けて各府省庁の通達によって実施細則が定められているので，回答自体は内部効果しかなく，回答が処分を拘束することはない．また制度の仕組みをみると，回答は各府省庁の指針を示す狙いが主であって，個別の指導ともいい難い．ただ，回答がホームページに掲載され公表されているので，私人の信頼性の程度は高いといえよう．したがって，回答と異なる不利益処分がなされた場合には国家賠償責任が生ずる可能性は高い．しかし，行政庁の具体的処分の違法性を基礎づけるものではなく，また回答自体は行政指導であって「確約」ではないから，取消訴訟を提起することはできないと解される（阿部・解釈学II 309頁は，回答に対する差止訴訟の提起を可とする）．

比例原則　(a) 比例原則は，「スズメを撃つのに大砲をもってするな」（F・フライナー）といわれるように，ドイツ警察法において，目的と手段の均衡を要求する行政作用上の原則として展開されてきた．明治憲法下に，警察権の限界論の一つとしてドイツから輸入された．ただ当時，警察権は天皇大権の一つとされ，法律の根拠なしに行使することができたので，私人の自由を確保するため

---

13) 平成13年の閣議決定によれば，対象となるのは，①当該条項（違反すると処分や刑事制裁の対象となると定める事項）が「申請」（行政手続法2・3号）に対する処分の根拠を定めるものであって，当該条項に違反する行為が罰則の対象となる場合，②当該条項が「不利益処分」（行政手続法2・4号）の根拠を定めるものである場合である．この制度は，当初，その対象をITや金融等の新規産業に関係する法令に限定していたが，「行政機関による法令適用事前確認手続の拡大等について」（平成16年3月19日閣議決定）によって，その対象が民間企業等の事業活動に係る行政処分に関する法令全般に拡大された．さらに2007（平成19）年の閣議決定により，行政処分だけでなく，直接義務を課し（届出義務も含まれる）または権利を制限するものにも対象を拡大し，原則として紹介者名を公表しなくてよい等の改正がくわえられた．しかし，この制度は，①自治体の機関が国の法令に基づいて行う処分を対象外としているし，②自治体の条例・規則に基づく処分も対象外とされている点で限界がある．今後，①②の克服だけでなく③一般私人からの法令適用についての事前確認制度全般に拡大していくことが課題とされよう．

14) 実施細則は省庁ごとに定められるが，行政庁は照会を受けて30日以内に回答し，回答後30日以内に照会者，照会内容，回答内容を府省庁のホームページで公開することになっていた．しかし，2007年の閣議決定で30日を超えてから公表することができるとされた．

に条理上これに合理的な制限(必要性と比例性)を設ける必要があったのである[15]．日本国憲法の下では，警察権といえども法律の根拠なしに行使することはできない．そこで，警察比例の原則は，《警察》の部分がとれて，行政作用一般に全般に適用される《比例原則》として生まれ変わることになった[16]．というのも，この原則は，行政(政策)目的と手段の適正なバランスを求める点で，普遍的な内容をもっているからである．

　(b) 問題は，比例原則の妥当範囲である．規制行政の分野ばかりでなく，過剰な給付の禁止など給付行政の分野にも妥当するものと解される．また比例原則は，立法作用にも及ぶものと解される[17]．実際，アメリカにおいては，表現の自由の違憲審査基準として「より制限的でない代替的手段(Less Restrictive Alternative)」のテストが大きな役割を果たしているが，「より制限的でない」を「より適合的な」手段と置き換えれば，《当該政策目的にとってより適合的な手段といえるか》を問うテストとして利用することができよう．法律には，この原則を明文化しているものがある(警察官職務執行法1②，国税徴収法48①)．

　(c) 判例には，タクシーの運転手Xが，転回禁止区域において，巡査の注意を無視して行った転回は，本来軽微な運転免許停止処分の事由にすぎないが，公安委員会は当該違反行為が先の免許停止処分の期間満了の日から起算して1年以内になされたこと，他にも交通法令違反による20回の刑事処分や9回の運転免許停止処分を受けていた等の事情を考慮して，(当時の内部基準であった)「その他情状により処分を加重する必要があると認めるとき」に該当するとして免許取消処分にしたのは，法令の範囲内における適正な裁量権の行使の範囲にとどまるとしたものがある(最判昭和39・6・4民集18巻5号745頁)．また，生

---

15) 警察比例の原則は，「権力行使の中身」を縛るものであり，権力行使という「手段」が過剰にならないように「目的」との関係において，必要最小限の侵害に止めることを要求するものであった(14頁注12参照)．
16) 比例原則は，行政処分だけでなく，行政上の強制執行，行政指導，行政調査等の事実行為にも及ぶ．
17) 国家公務員法102条の合憲性に関して，「より制限的でない他の選び得る手段(LRA)」に依拠して適用違憲の判断をした裁判例がある(旭川地判昭和43・3・25下刑集10巻3号293頁；札幌高判昭和44・6・24判時560号30頁)．条例を無効とした裁判例に，福岡高判昭和58・3・7行集34巻3号394頁＝飯盛町事件がある．

活保護法 27 条に基づき仕事以外での自動車の運転を一切禁止する「指示」に違反したことを理由として，保護の廃止処分をしたことは，被保護者の最低限度の生活の保障を奪う重大な処分であるから，これを行うには，指示の違反行為に至る経緯や違反の内容等を総合的に考慮しつつ違反の程度が重大であることが必要であり，それに至らない程度の違反行為についてはより軽い処分を選択すべきであるとした裁判例がある(福岡地判平成 10・5・26 判時 1678 号 72 頁)．

住所 (a) 行政上の法律関係においても，選挙権の行使や納税義務などの権利義務関係で私人の住所が問題となるが，行政法規には住所に関する一般的規定がない．民法 22 条は「各人の生活の本拠をその者の住所とする」と規定している．また法人の住所については，「その主たる事務所の所在地」(一般社団法人及び一般財団法人に関する法律 4)あるいは「その本店の所在地」とされている(会社法 4)．そこで，行政上の法律関係についても，格別の規定がない場合には，民法 22 条が適用されると解される(地方自治法 10①，住民基本台帳法 4)．

「生活の本拠」については，基本的には生活の中心地であるという客観的事実で決まるが，場合によっては当人の主観的意思を補足的に考慮して決定すべきである．現代における社会生活は複雑多様化しているので，すべての社会生活を通して一カ所に限定される単一説ではなく，法律関係ごとに住所を認定する複数説(法律関係基準説)が妥当であろう．

(b) 判例を見ておこう．(i) 公職選挙法上の住所につき，大学の学生寮に居住する学生について，大学寮の所在地で起臥し主食の配給もうけている場合には，生活の本拠は寮にあるとした(最大判昭和 29・10・20 民集 8 巻 10 号 1907 頁)．また「選挙権の要件としての住所は，その人の生活にもっとも関係の深い一般的生活，全生活の中心をもってその者の住所」と解すべきだとした(最判昭和 35・3・22 民集 14 巻 4 号 551 頁，行政判例百選 30 事件)．

(ii) 国民健康保険法上の住所について，最高裁は，不法滞在外国人が国民健康保険を求めた事案において，被保険者の要件である「(市町村の)区域内に住所を有する者」(国民健康保険法 5)を満たすためには，「当該市町村を居住地とする外国人登録をして，入管法 50 条所定の在留特別許可を求めており，入国の経緯，入国時の在留資格の有無及び在留期間，その後における……我が国における滞在期間，生活状況等に照らし，当該市町村の区域内で安定した生活を継

続的に営み，将来にわたってこれを維持し続ける蓋然性が高いと認められることが必要である」と判示した(最判平成16・1・15民集58巻1号226頁，社会保障判例百選16事件)．

(iii)生活保護法30条は，「生活扶助は，被保護者の居宅において行う」と規定している．日雇労働者で野宿状態にあったXが，厚生施設での収容保護ではなく居宅保護を希望する生活保護申請を出した事案について，「要保護者が現に住居を有しない場合であっても，そのことによって直ちに同項〔生活保護法30条1項但し書〕にいう「これによることができないとき」に当たり，居宅保護を行う余地がないと解することは相当でな(い)」と判示した(大阪地判平成14・3・22賃社1321号10頁＝佐藤訴訟，Y大阪市立厚生相談所長が控訴したが，控訴棄却．大阪高判平成15・10・23賃社1358号10頁，社会保障判例百選86事件)．

(iv)住民基本台帳法の住所について，都市公園内に不法に設置されたキャンプ用テントを起居の場所として日常生活を営んでいる事実関係の下では，「社会通念上，右テントの所在地は客観的に生活の本拠としての実体を具備しておらず，同所に住所を有するものとはいえない」として住民基本台帳法に基づく転居届の不受理処分を適法とした(最判平成20・10・3判時2026号11頁)．

(v)消費者金融の武富士の創業者の長男が生前贈与を受けた海外資産に1330億円の相続課税処分を争った事案(当時の税法では非課税扱い)において，最高裁は香港での滞在日数は65％と認定して「生活の本拠は香港」にあったとし納税義務はないとした(最判平成23・2・18＝武富士長男事件，判例集未登載)．

権利能力 (a) 行政法上の法律関係においても権利能力が必要であるが，一般的にいえば，必ずしも民法上のそれと同じではない．民法3条2項は「外国人は，法令又は条約の規定により禁止される場合を除き，私権を享有する」と規定しているが，民法上の自然人の権利能力は，平等が原則であるのに対して，行政法上の権利能力は，それぞれの行政分野の特殊性に応じて一様ではなく，基本的には立法政策に委ねられる．

(b) 外国人は，国家賠償法で相互主義が採られているので，賠償請求権を有しない(国家賠償法6)．また，鉱業権者は条約に別段の定めがない限り日本国民または日本国法人に限られている(鉱業法17)．公職選挙法は，日本国民に限って選挙権・被選挙権を与えている(9, 10)．法律に明文の規定のない場合に

は，行政上の運用(有権解釈)で権利能力を決定している場合もある．死亡者に対する叙勲はその例である．外国人の公務就任能力については，一般的にこれを制限している法律はないが[18]，内閣法制局は「公務員に関する当然の法理として，公権力の行使または国家意思の形成への参画にたずさわる公務員となるためには日本国籍を必要とする」との行政解釈をとってきた(昭和28・3・25法制局1発29号)．なお，公立大学の教員については，「公立の大学における外国人教員の任用等に関する特別措置法」によって任用できることが定められている．

(c) 法人が権利能力を有することも民法と同様である．しかし，実質的に政府組織の一つと見られる場合には，国との関係で人格の独立性を否定される場合がある(最判昭和53・12・8民集32巻9号1617頁，行政判例百選2事件)．

(d) 権利能力なき社団・財団は法人格を有しないが，法律によっては，代表者または管理人の定めがある者について法人とみなす，規定を置くものがある(国税通則法3，地方税法12，行政不服審査法10は当事者能力を認めている)．

行為能力 (a) 行為能力についても，行政法規に特別の定めがない限り，原則として民法の規定の適用がある．もっとも，特別の規定がある場合でも，資格要件や欠格事由の規定が権利能力の定めか行為能力の定めか不明の場合が多いので，個別に検討する必要がある．

(b) 行政法規に特別の定めのない場合には，私人の行為が財産法的内容(例えば営業許可の申請)の場合にのみ民法の行為能力の規定が適用されると解される．運転免許については，18歳未満の者は欠格事由の一つとなっているが，運転免許の申請は未成年者も単独でなし得る(道路交通法88①1号)．国籍の届出は，15歳以上であれば行える(国籍法18)．納税申告や旅券発給の申請(旅券法5①)についても同様である．

意思能力 (a) 私人が行政上の行為を有効に行うには意思能力が必要である．

---

18) 国家公務員については，人事院規則8-18第9条は，国家公務員の受験資格を日本国籍を有するものに限定している．地方公務員法には特段の規定はない．管理職試験受験の申込を拒否された韓国籍の東京都の保健師Xが慰謝料および受験資格の確認を求めたのに対して，最高裁は公権力の行使に当たる地方公務員には日本国籍を有する者が想定されているとした(最大判平成17・1・26民集59巻1号128頁)．

最高裁は，法定代理人または後見人がいない意思無能力者にも，相続税申告書の提出義務は存在するが，その期限が到来しないにすぎず，税務署長は申告書の提出期限とかかわりなく相続税法35条2項1号に基づく課税価格又は相続税額等の決定を行い得ると解すべきであり，意思無能力者に対してもなし得るとした(最判平成18・7・14判時1946号45頁)．

(b) 意思表示の受領能力については，民法98条の2が原則的に適用されるものと解されるが，ある種の処分については例外が認められる場合もあり得よう．

意思表示の瑕疵 (a) 民法の法律行為ないし意思表示の規定は，私的自治の原則の下で表意者の真意を尊重しながら，同時に取引の安全を保護することを狙いとしている．これに対して，行政処分では，行政庁(あるいは職務の担荷者)の内心の自由意思は問題とならない．適法処分の原則の下で，表示された意思が客観的に法規に適合することが重要である．したがって，民法90条以下の法律行為の規定は，行政法に適用されないのが原則である[19]．

(b) 他方，処分の前提となる私人の意思に瑕疵がある場合には，原則として民法の規定を適用すべきである．例えば，公務員関係の成立(任命)，消滅(分限免職，懲戒免職，依願免職)ともに行政処分と解するのが判例である(最判昭和37・7・20民集16巻8号1523頁)．依願免職の場合，私人の「辞職願」の提出だけで公務員関係が消滅するのではなく，任命権者が承認処分をすることによって法律関係は消滅することになる(地方公務員については規定がないが，国家公務員については，人事院規則8-12第51条は書面による辞職の申出があったときは特に支障がない限り，これを承認するとしている)．

処分の前提となる退職願いが「要素の錯誤」により無効であれば，依願免職処分はその前提を欠くので無効である(千葉地判昭和43・5・20行集19巻5号860

---

[19] 杉村・総論55頁．判例も，真の農地所有者XがAと謀って登記をAに移転し，農地委員会YがAを相手方として買収処分をしたのでXがこれを争った事案において，民法94条2項は権力作用である農地買収処分に適用されないとした(最判昭和28・6・12民集7巻6号649頁)．これに対して，意思の欠缺または意思決定の瑕疵について民法の規定を類推適用すべきだとの有力説もある(田中・上111頁)．記述が簡単であるため，その意図を十分に理解しがたいが，本文で述べた要素の錯誤や強迫による退職願の例は，処分そのものの瑕疵ではなく，私人の意思表示の瑕疵であることに注意する必要がある．

頁). これに対して，瑕疵が取消原因である場合(強迫による退職願)，私人がこれを取り消したのに退職処分が行われれば，その処分は違法となる(東京地判昭和57・12・22行集33巻12号2560頁).

(c) 行政上の法律関係においては，処分が行われる前の段階であれば，私人は意思表示を撤回し得る．公務員の退職願いの撤回につき，判例は撤回する者に信義に反する帰責事由のない限り退職辞令の交付があるまでは自由であるとしている(地方公務員の口頭による撤回につき，最判昭和34・6・26民集13巻6号846頁，行政判例百選128事件).

(d) 判例には，納税申告に要素の錯誤がある場合について，原則95条適用否定説に立つものがある．すなわち共同相続の制度を知らなかったため，旧法のような家督相続が行われたものと誤解し，すべてX自身が相続したと思いこんで確定申告したのは要素の錯誤により無効だと主張したのに対して，「確定申告書の記載内容の過誤の是正については，その錯誤が客観的に明白且つ重大であって，……所得税法の定めた方法以外にその是正を許さないならば，納税義務者の利益を著しく害すると認められる特段の事情がある場合でなければ，……法定の方法によらないで記載内容の錯誤を主張することは，許されない」と判示した(最判昭和39・10・22民集18巻8号1762頁，行政判例百選125事件)．つまり，所得税法が申告記載事項の過誤の是正につき特別の規定(修正申告および更正の請求制度)を設けた以上，原則としてその制度を採用すべきだとしたのである．しかし，修正申告制度および更正の請求制度(国税通則法19, 23)だけでは私人の救済に十分とはいえず，また申告納税制度は本来，私人の意思を尊重したものであるから，確定申告には原則として民法95条の適用を認めるべきである．

代理 (a) 法律で代理を規定している例もある(行政不服審査法12①, 特許法9〜13, 国税通則法107, 土地収用法136①)．特に代理を許す旨の規定がない場合においても，私人の行為については一般に代理が可能だと解される．その場合，特別の規定がない限り民法の規定が準用される．法律で代理が許されないとしているものに，婚姻の届出，離婚届，認知届，養子縁組・離縁届等がある(戸籍法37③但し書).

判例には，現金出納の権限を有しない村長が村議会の議決に基づき，村の名

義でAから金員を借り入れた事案について，村とAとの間には消費貸借は成立しないが，民法110条の類推適用を認めたものがある(最判昭和34・7・14民集13巻7号960頁，行政判例百選12事件)．他方，判例は，登記申請や印鑑証明の下付申請行為などの私人の公法上の行為は，民法110条の基本代理権とはならないとする(最判昭和39・4・2民集18巻4号497頁)．また，普通地方公共団体の長が当該地方公共団体を代表して行う契約の締結には，民法108条が類推適用されるが，議会が長の行為を追認したときには，民法116条の類推適用により本人たる地方公共団体に法律効果が帰属する(最判平成16・7・13民集58巻5号1368頁＝世界デザイン博事件，行政判例百選6事件)．

(b) 選挙，直接請求などの合成行為(多数人の意思が集まって一個の意思が形成され，その意思によってなされる行為)の場合には，個々の意思は独立の意味を持たないので，例外規定(地方自治法74の3②)がない限り，錯誤，詐欺等を理由に無効や取消しを主張することはできない．

期間の計算 (a) 期間の計算の方法については，法の技術的約束に関するものであるから，特別の定めがない限り行政上の法律関係についても民法の規定に従ってよいであろう(塩野・行政法Ⅰ91頁)．期間の起算について，時間によって期間を定めたときは，即時から起算し(民法139)，日，週，月または年によって期間を定めたときは，午前零時から始まるときでない限り，期間の初日は算入しない(民法140)．これは一日の端数を切り捨てることで所定の期間を保障する趣旨である．法律によっては，当日起算の定め(初日参入主義)を置くものもある(国会法14，戸籍法43)．期間の終了は末日の終了をもって満了する(民法141)．

(b) 公職選挙法34条6項(旧)5号は「町村の議会の議員及び長の選挙にあつては，少なくとも7日前(現行法では「少なくとも5日前」)」に告示しなければならないと規定していたが，判例は「選挙期日の前日を第1日として逆算して7日目に当たる日以前を指すものと解す(べきである)」と判示した(最判昭和34・6・26民集13巻6号862頁)．初日を不算入として「選挙期日の前日を第1日」としたものである．選挙の場合，法令の公布と同様に当日の午前零時に告示があったと擬制して，期間の計算にあたっては告示日を算入すべきだというのが実務の取扱いである．

(c) 行政事件訴訟法は，取消訴訟の出訴期間を「処分又は裁決のあった日から6箇月」または「処分又は裁決の日から1年」としている(14①②)．この計算方法は，初日を算入せず，翌日から起算することになる(行訴法7，民訴95①，民法140)．満了日については，期間の末日が日曜日，土曜日，国民の祝日に関する法律に規定する休日に当たるときは，期間は，その翌日に満了する(行訴法7，民訴95③)．

時効 (a) 時効には取得時効と消滅時効とがある(民法162，166)．まず，行政法上，取得時効が問題になる公物について(国有財産法18は行政財産の管理・処分を制限・禁止しているが，公共用財産等に民法162の取得時効が適用されるかについては明文がない)，かつては，公物の不融通性を理由に，明示的な公用廃止決定がなされない限り時効取得の対象とならないとされてきた．しかし，判例は，公図上水路として表示されている国有地について取得時効の成否が争われた事案で，「公共用財産が，長年の間事実上公の目的に供用されることなく放置され，公共用財産としての形態，機能を全く喪失し，その物のうえに他人の平穏かつ公然の占有が継続したが，そのため実際上公の目的が害されるようなこともなく，もはやその物を公共用財産として維持すべき理由がなくなつた場合には，右公共用財産については，黙示的に公用が廃止された」として取得時効の成立を認めた(最判昭和51・12・24民集30巻11号1104頁，行政判例百選32事件)[20]．これに対しては，公用負担付きの取得時効として認めるべきだとの制限的肯定説の他，黙示の公用廃止という擬制的法律構成による必要はなく，端的に公物にも取得時効の制度を適用すべきとの時効取得説があった(塩野・行政法III 368頁)．思うに，公用負担を強いる制限的肯定説は，原始取得としての時効制度

---

[20] この判決前には，都市計画において未だ公園として公用開始していない予定公物について，「市は右土地につき直ちに現実に外見上児童公園の形態を具備させたわけではなく……，したがつて，それは現に公共用財産としてその使命をはたしているものではな(い)」として時効取得を認めた判例がある(最判昭和44・5・22民集23巻6号993頁)．また，最高裁昭和51年判決後，同じ基準によって，道路敷地であった係争地について，黙示の公用廃止を認めて時効取得の成立を認めたもの(最判昭和52・4・28金融商事535号47頁)，公有水面埋立法2条による埋立免許を受けて工事が完成したが，同法22条による竣工認可がされていない埋立地について，黙示的に公用が廃止されたものとして取得時効の対象となるとしたもの(最判平成17・12・16民集59巻10号2931頁)がある．

と矛盾する．時効取得説は，「国家意思」に固執する意味のないことを理由とするが，公物の概念自体，意思的要素（公用開始行為）を前提とするのであるから，これをまったく無視することはできない．黙示の意思を認める立場が，支持されるべきである[21]．

(b) 次に，会計法30条は，「金銭の給付を目的とする国の権利で，時効に関し他の法律に規定がないものは5年間これを行わないときは，時効に因り消滅する．国に対する権利で，金銭の給付を目的とするものについても，また同様とする」と規定している（地方自治法236も同旨）．通説は，国を当事者とする金銭債権のうち，公法上の金銭債権についてのみ適用されるとし，「他の法律」として会計法の適用がないのは，私的性質をもつ民法上の債権とその他の特別法で定めた債権であるとしている（田中・総論241頁，塩野・行政法Ⅰ31頁以下）．

判例も同様の立場をとり，普通財産の売却代金につき民法の適用を認め（最判昭和41・11・1民集20巻9号1665頁），また宅地の賃借権に基づく賃料の供託金取戻請求権の消滅時効についても，弁済供託が寄託契約の性質を有するので民法の規定により10年とした（最大判昭和45・7・15民集24巻7号771頁，行政判例百選147事件）．さらに，自衛隊員Ａが勤務中に同僚の車にひかれて死亡したので，その両親Ｘらが自動車損害賠償保障法に基づき損害賠償を請求した事件において，最高裁判所は「会計法30条が金銭の給付を目的とする国の権利及び国に対する権利につき5年の消滅時効期間を定めたのは，国の権利義務を早期に決済する必要があるなど主として行政上の便宜を考慮したことに基づくものであるから，同条の5年の消滅時効期間の定めは，右のような行政上の便宜を考慮する必要がある金銭債権であつて他の時効期間につき特別の規定がないものについて適用されるものと解すべきである」し，国の安全配慮義務違反に基づく損害賠償請求権には「行政上の便宜」を考慮する必要はないので会計法30条は適用されず，消滅時効期間は10年だとした（最判昭和50・2・25民集29巻2号143頁，行政判例百選31事件）．

この判決の観点は，公法・私法二元論を前提としないので注目を浴びたが，

---

21) 福永実「公物と取得時効」大阪経大論集57巻2号127頁以下は，日米比較の視点から，この問題を考究している．

その後，最高裁は，「公立病院において行われる診療は，私立病院において行われる診療と本質的な差異はなく，その診療に関する法律関係は本質上私法関係というべきである」から，民法(平成 29 年改正前)170 条 1 号により 3 年と解すべきであるとした(最判平成 17・11・21 民集 59 巻 9 号 2611 頁)．私法上の債権の概念を用いたために，公法・私法二元論への先祖がえりではないかとの推測を生むことになった．

　思うに，会計法 30 条や地方自治法 236 条は，伝統的通説が説くように「公法上の金銭債権」の時効についての一般的規定ではなく，他の法律に規定がない場合の補足的な規定と解するべきであろう(原田・要論 25 頁)．判例にも，自治体職員の日当請求権は，公法上の債権であるが，労働基準法 115 条の適用により，2 年間行使しなければ時効により消滅するとしたものがある(最判昭和 41・12・8 民集 20 巻 10 号 2059 頁)．

　(c) 会計法 31 条 1 項は，金銭の給付を目的とする国の権利(あるいは国に対する権利)の時効消滅については，時効の援用を要せず，時効の利益の放棄もできないと規定するが，他方，同条 2 項は，金銭の給付を目的とする国の権利(あるいは国に対する権利)について，消滅時効の中断，停止等について「適用すべき他の法律の規定がないときは，民法の規定を準用する」と規定している．

　判例は，地方公共団体に対する債権の事案について，「国家賠償法に基づく普通地方公共団体に対する損害賠償請求権は，私法上の金銭債権であって，公法上の金銭債権ではなく，その消滅時効については，地方自治法 236 条 2 項にいう「法律に特別の定めがある場合」として民法 145 条の規定が適用され，当事者が時効を援用しない以上，時効による消滅の判断をすることができない」としている(最判昭和 46・11・30 民集 25 巻 8 号 1389 頁)[22]．これに対して，有力説は会計法の時効制度は公私を問わず全ての国の債権債務に適用されるとしている．当事者の意思いかんにもかかわらず会計帳簿を画一的に整理し，国の債

---

22) 会計法 31 条・32 条につき，判例は国有財産売払いの代金債権は本質上私法関係であるとした(最判昭和 41・11・1 民集 20 巻 9 号 1665 頁)．国の私法上の金銭債権に会計法 31 条 1 項が適用されるかについて，判例は不法行為法に基づく損害賠償請求権は私法上の金銭債権であって，公法上のものではないから「別段の規定」である民法の規定が適用されるとした(最判昭和 44・11・6 民集 23 巻 11 号 1988 頁)．

権を早期に確定する必要性を理由とする．

3 物　　権

行政処分と民法 177 条　(a) 行政処分に民法 177 条の適用があるか否かの問題は，古くから見解の対立がある．以下では，まず判例の動向を見ておこう．

(i) X は，A から本件農地を買い，代金を支払い，引渡しを受けたが所有権移転登記をせず，在村内の居住者である B に小作させていたところ，農地改革の際，地区農地委員会 Y が自作農創設特別措置法に基づき本件農地を不在地主 A の所有地であるとして買収計画を立てたので，X が取消しを求めた事案において，最高裁は「農地買収処分は，国家が権力的手段を以て農地の強制買上を行うものであって，対等の関係にある私人相互の経済取引を本旨とする民法上の売買とは本質を異にする」ので，私経済上の取引の安全を保障するために設けられた民法 177 条の規定は，自創法による農地買収処分には適用がないと解し，X を勝訴させた（最大判昭和 28・2・18 民集 7 巻 2 号 157 頁＝①判決）．

(ii) X は昭和 21 年，A より本件土地を買い代金を支払ったが，未登記のままであった．しかし，魚津税務署長 B に対し，本件土地が自己の所有であると申告し納税した．その後，A は昭和 24 年度の国税を滞納したため B 税務署長よりその所有する工場の機械器具を差し押さえられた．ところがたまたまその頃，富山市より本件土地の納税通知書が A に送達されたので，A はこれを奇貨として魚津税務署長 B に機械器具に代えて本件土地を差し押さえるよう陳情したところ，B はこれを容れ，事務を本件土地の管轄庁である富山税務署長 Y_1 に引き継ぎ，Y_1 は昭和 25 年，本件土地を差し押さえ，その登記を経由し公売処分を執行し，Y_2 が競落人として所有権移転登記を完了した．そこで，X は，①Y_1 に対し公売処分の無効確認および②Y_2 に対し所有権移転登記の抹消を求めて出訴した．

最高裁は「滞納者の財産を差し押さえた国の地位は，あたかも民事訴訟法上の強制執行における差押債権者の地位に類するもの」であるから，「滞納処分による差押の関係においても，民法 177 条の適用がある」とし，問題は Y_1 は民法 177 条の「第三者」といえるかにあるとし，Y_1 が「第三者」に当たらないというためには，Y_1 が本件土地を X の所有として取り扱うことを強く期待す

る「特別の事情」があったか否かにつき審理せよとして破棄差戻した(最判昭和 31・4・24 民集 10 巻 4 号 417 頁)．破棄差戻し後の上告審は，Y_1 の本件土地の所有権取得に対し「登記の欠缺を主張するについて正当な利益を有する第三者に当たらない」とし「本件公売処分は滞納者の所有に属しない目的物件を対象としてなされたものとして競落人たる Y_2 に目的物件の所有権を取得せしめる効果を生じないとする意味において無効となる」と判示して，X の両請求を認容した(最判昭和 35・3・31 民集 14 巻 4 号 663 頁＝②判決，行政判例百選 11 事件)．

(iii) Y は自作農創設特別措置法に基づき A の土地につき農地買収処分をしたが，未登記のままであった．他方，X は A と売買予約に基づき本件農地につき所有権移転請求権保全の仮登記をした．そこで Y は X に対して，Y の所有権取得は絶対的なものであるから民法 177 条の適用はなく，無権利者と予約した X の仮登記は無効だとして抹消を請求した．最高裁は「買収処分に基づいて国が取得した所有権は，原則として，耕作者に対し自作農とするために売り渡され，その結果，右農地の所有権は，私法上の取引関係の対象に入ることが当然予想されるのであつて，国の取得した所有権については民法 177 条の適用がある」と判示して，Y を敗訴させた(最判昭和 39・11・19 民集 18 巻 9 号 1891 頁＝③判決，民法判例百選 58 事件)．

(b) 公法・私法二元論に立つ伝統理論は，公法関係を権力関係と管理関係に分け，前者について私法規定の適用を否定し，後者については原則として私法規定の適用を肯定した(田中・総論 229 頁)．この立場から見ると，判例には矛盾があり，①判決は田中説そのままであるが，②判決・③判決はこれを採用していない．そこで，有力説は，公法と私法の区別を出発点とするのではなく，法律の趣旨あるいは仕組みに即して解釈すべきだとし，①判決は自創法の趣旨が，登記簿上の所有者ではなく真実の所有者から農地を買収することにあるから，民法 177 条が適用されず，②判決は滞納処分も民事の強制執行も，ともに債務者の責任財産の範囲は登記によるという点で共通するが故に民法 177 条が適用されるのだとする(塩野・行政法Ⅰ 33 頁)．これも一つの合理的な説明であろう．しかし，法律の趣旨の解釈というだけでは必ずしも理論的に十分な説明とはいえない[23]．

法の支配による解釈　(a) 法の支配に基づく意思自治理論を行政法の基本原

理と考える本書の立場からは，次のように考えるべきである．第一に，公共政策を遂行するための法律の制定とその具体化である実体的権利義務の形成(政策の執行)とは国家における別個の作用であるから，両者を混同してはならない．伝統的な公法・私法二元論は，公法関係を権力関係と非権力関係に二分するが，これは法律のレベルで両者の原理が異なることを前提とするものである．しかし，行政法は市民法の修正であって，行政法それ自体は一つの原理から成り立っていると考えるべきである．他方，学説の中には，行政活動における手段に着目して，行政処分を権力行為と非権力行為に二分するものがある．しかし，これでは法律の執行に種類の異なるものがあることになるが，法律の執行行為は，単に法律の定める要件を認定して，その効果を発生させるだけのものであり，執行行為を権力的行為と非権力的行為に分ける意味はない．

(b) 第二に，自創法が私的自治を修正して達成しようとした公共政策の中身は，従前の寄生地主制と高率小作料から農民を解放し，自作農を創設して新しい農業秩序を形成することにあった．この政策目的は，私人間の自由な競争・合意に委ねておいたのではとうてい達成できないので，議会は法律を制定し，行政庁にこれを執行させることによってその実現を図るのである．①判決の農地買収処分は，自創法の執行として行われるものであるから，私法における自由な取引・競争関係のルールである民法177条の適用がないのは当然であって，決してそれが権力行為たる性質を持つから適用されないのではない[24]．

(c) 第三に，意思自治原則を基本原理とする近代法のシステムは，実体的な権利義務関係の形成のルールとその強制・救済のルールとの組み合わせによって初めて完結した体系性が得られる．私法においては，私人の自由な合意によって形成された権利義務関係は，履行の強制・救済制度なしには意味をなさないが，この点は行政法においてもまったく同様である．ただ行政法の場合，英米法系の国では強制・救済制度が行政法・私法を通じて一元化されているのに

---

23) 高柳信一「行政処分と民法第177条」田中二郎先生追悼論文集『公法の課題』(有斐閣・1985年)305頁以下参照．
24) 自創法3条1項1号に基づく農地買収処分は，法律要件を充足する事実が存在する限り，実体的法律効果を発生させるべく法定されているのであるから，行政庁の事実認定および効果の発生の過程に民法177条が適用されることはない．

対して，大陸法系の国では，強制・救済制度が自律性を有している点に特色がある．

大陸法系に属するわが国では，行政処分の中に，法規範の執行具体化として権利義務関係を形成する法判断行為としての処分と，これが任意に履行されない場合に強制的に実現する実力強制行為としての処分の二つが存在するが，②判決は後者に属する．つまり，既に形成された権利義務関係を履行済みの状態にするための処分である．したがって，ここでは，債権者としての国が，市民社会の構成員の一人として債務者の財産にかかっていけるかが問題になっているのであるから，私債権の場合と別異に解すべき理由はなく民法177条の適用がある．私法上の差押債権者に民法177条の適用があるのと同様に，国も市民社会の構成員の一人として市民法の規律に服するのである[25]．

(d) 第四に，判決①と③は，農地買収処分のケースでありながら，民法177条の適用の可否という点で結論を異にしている．これは何故なのか．①判決は自作農創設という政策目的を実現するための法律の執行行為の過程での事件であるのに対して，③判決は法律の執行行為が終了した後の事件である．①では，Yの行為は自創法が目指す特定の権利義務関係を形成すべく法律に羈束されているので民法177条の適用はないが，③では，Yの執行行為は既に終了しており，その結果，農地所有権は国に帰属している．したがって，その後の国の所有権は市民法秩序に服さなければならず，その所有権を第三者に対抗するためには登記が必要となるのである（最判昭和41・12・23民集20巻10号2186頁，最判平成8・10・29民集50巻9号2506頁も同旨）．

---

25) ②判決では，差押登記の時点における私人Xの未登記の所有権の対抗力が問題になっているのであるから，その相手方が私人の債権であれ，国の租税債権であれ，両者間に優劣をつける訳にはいかない．換言すれば，市民法秩序にとって，既に成立した権利義務の強制実現の段階にある民事上の強制執行と行政上の強制徴収との間に差異を設けることは，アンフェアーになってしまう．本件では未登記（したがって本来負けるはず）のXが勝訴したが，判決はその理由を民法177条の対抗問題の文脈でのみ捉えている．すなわち「Y_1はXの本件土地の所有権取得に対し登記の欠缺を主張するについて正当の利益を有する第三者に該当しない」それ故Y_1のした差押え並びに一連の公売処分は無効だとするのである．結論に異論はないが，一度目はXから次にはAから税金をとったY_1の法執行行為そのものの違法性を見逃すべきではない．

4 債　権

相殺　(a) 民法505条の相殺の規定は，行政上の法律関係にも適用があるか．行政主体の債権は自働債権の場合と受働債権の場合がある．国税や地方税を受働債権とする相殺は「法律の別段の規定」がない限り禁じられているが(国税通則法122，地方税法20の9)，それ以外については解釈に委ねられている．古くは，行政主体の債権の優越性(自律執行力がある)を理由に相殺適状の前提を欠くとする説もあったが，現在の否定説は，国の債務は必ず支払われること，予算主義の原則(財政法14，歳入歳出はすべて予算に編入しなければならない)，収入支出統一の原則(会計法2，各省各庁の長は所掌事務に属する収入を国庫に納めなければならない)等を根拠とする．他方，肯定説は，国の債権の管理等に関する法律が相殺を認めていることを前提としていることを根拠とする．もっとも，この法律は国のイニシアチブでの相殺を義務付けたものであり，私人の側から相殺できると規定している訳ではない．思うに，民法の相殺の規定は，当事者間に債権債務関係が存在する場合における履行の便宜のための技術的規定あるいは法の一般原理と解釈することができるので，原則として私人の側からの相殺も認められると解すべきであろう．

(b) 判例は，地方公務員である公立学校の教員に対し，欠勤した分につき賃金の過払いがあったとして，数カ月後に給与から減額した措置は相殺に当たるが，相殺が許容されるのは，労働基準法24条1項本文(賃金全額払いの原則)の法意を害さない例外的な場合に限られるとして原告の減額分の支払請求を認容した(最判昭和45・10・30民集24巻11号1693頁)[26]．

行政上の事務管理　事務管理とは，一般に法律上の義務なくして他人のためにその事務を管理することをいう(民法697)．行政法上では，自治体が災害等に際して，救助などの活動をしたり，行き倒れの死人の取扱いをしたりするなどの例が考えられる．法律が特別の規定を置いている場合(災害対策基本法91以

---

26) もっとも，昭和40年の地方公務員法改正により，25条2項で職員給与の全額支払の原則が規定されたので，労働基準法24条1項は適用除外とされた．国家公務員については，労働基準法は全面的に適用除外とされている(附則16)．

下，災害救助法33，35)もあるが，法律の規定がない場合には，費用の償還等の利害の調整が必要な場合もあるので，民法の規定に準じてよいであろう．

行政上の不当利得 (a) 法律上の原因なくして他人の財産又は労務によって利益を受け，このために他人に損失を及ぼすことを一般に不当利得という(民法703)．行政法上は，租税の過誤納，給料の過誤払等がその例として考えられる．個々の法律に特別に規定してある場合もある(関税法13，国税通則法56以下，74)が，一般的な規定はない．

(b) 私人の不当利得返還請求権　通説によれば，不当利得が行政処分に基づいて発生した場合は，公定力が発生しているので，法律上の原因なくして利得したことにならない．したがって，不当利得返還は認められないとされてきた．判例は，後発的貸倒れによって利息債権が回収不能となったケースで，貸倒れの発生とその数額が格別の認定判断をまつまでもなく客観的に明白な場合には，「課税庁又は国は，納税者に対し，その貸倒れにかかる金額の限度においてもはや当該課税処分の効力を主張することができない」から，既に徴収したものは，正義公平の原則上，法律上の原因を欠く利得としてこれを納税者に返還すべきだとした(最判昭和49・3・8民集28巻2号186頁，行政判例百選33事件)[27]．なお，所得税法に救済規定が設けられた後においては，貸倒れ債権について不当利得として返還請求することはできないとされている(最判昭和53・3・16判時884号43頁)．他方，登録免許税は，登記の時に納税義務が成立し，納税すべき額が確定する自動確定の国税であるから，納税義務者が「過大に登録免許税を納付して登記等を受けた場合には，そのことによって当然に還付請求権を取得し，国税通則法56条・74条により5年間は過誤納金の還付を受けることができ，還付がされないときは，還付金請求訴訟を提起することができる」とされている(最判平成17・4・14民集59巻3号491頁，行政判例百選161事

---

27) 後発的貸倒れの場合，現行法では更正の請求(所得税法152)によるが，当時の所得税法には「是正措置を請求する権利を認めた規定がなかつた」ので，判決は正義公平の原則に反する限度で「効力の主張制限」という判断になったものと思われる．本件のポイントは，更正処分の存在が不当利得の要件である「法律上の原因」といえるのかどうかにあるが，学説には，課税処分は回収不能となった債権金額に対応する税額の範囲内で無効とする説がある．本件のような場合には，取消訴訟の排他的管轄の客観的範囲外にあると見ることもできよう．

件).

(c) 国の不当利得返還請求権　社会保障法，公務員法，補助金交付等の領域では，国から私人に対して違法に給付が行われる場合があり得るので，国が私人に対して不当利得返還請求する場合もあり得る．給付額の決定が行政処分に基づく場合は，取消訴訟の排他的管轄が及ぶので処分を取り消す必要がある．もっとも，私人は当該処分に信頼を寄せるのが通常であるから，取消権制限の法理が働くことに注意しなければならない．そのため，相手方たる私人に帰責事由がない場合，処分の過誤に基づく違法を理由に処分を取り消し，利益の返還を請求することはできない(生活保護法80，補助金適正化法18③)．

返還の範囲については，原則として民法703，704条の適用があるものと解する．したがって，悪意の受益者は全額返還しなければならない(生活保護法78，79，児童福祉法56の3)．

第3節　行政法と民事法

1　民事特別法としての行政法

公営住宅法　(a) 行政主体が，公企業を経営する場合，実態は民法上の関係と異ならないのに，民法とは異なる特別の規定がおかれることがある．例えば，公営住宅は「住宅に困窮する低額所得者に対して低廉な家賃で賃貸」することを目的としており(公営住宅法1)，地方自治法244条1項の「公の施設」に当たる[28]．そこで，入居決定については行政処分の仕組みがとられている(22, 25)．そこで，公の施設を利用する権利に関する処分に不服がある者(入居が認められなかった場合)は，不許可処分に対する不服申立てができる(地方自治法244の4①)．

(b) 他方，公営住宅の利用関係そのものは，私法上の賃貸借契約の性質を

---

28)　公の施設の「設置及びその管理に関する事項は，条例でこれを定めなければならない」(地方自治法244の2①)．すなわち，公営住宅については，公営住宅法およびこれに基づく条例が特別法として，民法と借家法に優先して適用になるが，特別法に定めがない限り，一般法としての民法および借家法が適用されると理解することができよう(阿部・解釈学Ⅰ203頁)．

有するので，明渡し請求については借地借家法が適用になる（公営住宅法32①，38）．すなわち，「入居者(X)が家賃を三月以上滞納したとき」事業主体(Y)は明渡しを請求でき(32①2号)，Xは「請求を受けたときは，速やかに当該公営住宅を明け渡さなければならない」(32②)とされている．この場合，Yは催告なしに明渡しを請求できるであろうか．換言すれば，民法541条は適用されないのであろうか．条文通りに直ちに明渡し請求ができるとの解釈も不可能ではない．しかし，住宅困窮者のための住宅に対して民法よりも解除の要件を緩める合理的理由はない．むしろ公営住宅法は民法541条の適用を当然の前提として，「三月以上」という要件を加重したものと解するべきであろう(大阪地判昭和34・9・8下民集10巻9号1916頁)．

(c) 公営住宅の入居(賃貸借)関係に民法で確立している信頼関係理論(賃借人の債務不履行があっても，それが信頼関係を破壊しないものである場合には解除できず，逆に，債務不履行といえない場合であっても，信頼関係が破壊されるような生活妨害等の事由があれば解除ができる)の適用があるかどうかが争点となった事件がある．入居者Xが，無断増改築をした上，割増賃料の支払いを怠っていたので，東京都(Y)が増築部分を収去して土地を原状に復し，かつ，割増賃料を支払うよう催告したが，Xがこれに応じないので，Yが公営住宅法旧22条1項の定める明渡し請求事由に該当するとして，使用許可を取消し，住宅の明渡しを求めた．最高裁は「公営住宅の使用関係については，公営住宅法及びこれに基づく条例が特別法として民法及び借家法に優先して適用されるが，法及び条例に特別の定めがない限り，原則として一般法である民法及び借家法の適用があり，その契約関係を規律するについては，信頼関係の法理の適用がある」とした(最判昭和59・12・13民集38巻12号1411頁，行政判例百選9事件)．

建築基準法との関係 民法234条1項は，建物を建築するには境界線より50cm以上離すことを要求している．他方，建築基準法65(現63)条は，「防火地域又は準防火地域内にある建築物で，外壁が耐火構造のものについては，その外壁を隣地境界線に接して設けることができる」と規定している．接境建築といわれる．今，AがBの土地との境界線に接して鉄筋3階建ての建物を建築し始めたので，Bが民法を根拠に境界線から50cm以内の建物の収去を求めた事案において，最高裁は，建築基準法65条は民法234条1項の特則を定

めたものであって、「建基法65条所定の要件を満たす限り、民法234条1項の適用を排除して、民法上も接境建築が許される」とした（最判平成元・9・19民集43巻8号955頁、行政判例百選10事件）。妥当な見解というべきである。

2 行政法規違反の私法上の効力

取締規定と効力規定 （a）行政法規は、市民の安全の維持や弊害の除去等のために私人の特定の行為を禁じたり、一定の政策目的を達成するために市民社会に介入したりする。行政法規には、㋑取締規定（事実としての行為を命じたり禁止したりするもので、行政法規に違反した場合に行政罰等の制裁措置が定められている）と㋺効力規定（法律行為の規制を目的とするもので、強行法規に違反した場合、私法上無効とする）とがある。

（b）取締法規違反の例としては、不衛生な食品等の販売の禁止（食品衛生法6、71）、許可を受けないタクシー営業の禁止（道路運送法4、80①、81①1・4号）、営業許可なしの宅地建物取引業を行うことの禁止（宅建業法3、79・1号）、営業許可なしの風俗営業の禁止（風営法3①、49・1号）等がある。これらの規定に違反した場合、行政上の制裁を科されるが、当該法規に違反して締結された契約の効力については規定が置かれていない。判例は、食品衛生法による営業許可を受けずに、食肉の売買契約をした事案につき、「同法は単なる取締法規に過ぎないものと解するのが相当であるから」民事的に全て無効にならないとする（最判昭和35・3・18民集14巻4号483頁、行政判例百選13事件）。警察取締法規は、本来、公共の安全や秩序の維持といった社会的価値が害される場合に、これを除去する消極的な作用を意味するのであって、社会の安全なり秩序が回復されればそれで目的は達成され、それ以上に私的自治に介入する必要はないからである。

もっとも、禁止規定の内容次第では、そこでの法律行為が民法90条の公序良俗違反を構成したり、権利濫用、信義則違反に該当したりすることはあり得る。判例にも、アラレの製造販売業者が食品衛生法で製造が禁止されていることを知りながら、有毒物質である硼砂をあえて製造し販売業者に継続的に売り渡した場合には民法90条に違反して無効だとしたものがある（最判昭和39・1・23民集18巻1号37頁）。

(c) 効力規定は，ある法規が事実としてある行為の禁止を命ずるだけでなく，当該法規に違反する行為の効力を否定するものをいう．強行規定（強行法規）ともいう．効力規定に違反した行為は無効である．旧地代家賃統制令，旧食糧管理法，利息制限法などがこれに属する．例えば，恩給法 11 条は恩給を受ける権利を「譲渡シ又ハ担保ニ供スル」ことを禁止しているが[29]，かねてより生活に困った者が高利貸等（債権者）からカネを借りる際に，委任契約を締結して（恩給の取立てを委任し恩給証書を交付し，恩給受領の代理権を与え，債権者が恩給を代わって受領し弁済に充当する），債務者は弁済の終わるまで委任を解除しない契約を結ぶことが多い．そこで，委任契約と不解除特約を一体とみて全部を無効とする説も有力であったが，最高裁は，「恩給金による債務の弁済充当についての合意はもとより有効ではあるが，その委任契約の解除権の放棄を特約する」部分のみを恩給法 11 条の「脱法行為」[30]として無効とした（最判昭和 30・10・27 民集 9 巻 11 号 1720 頁）．したがって，いつでも恩給証書と委任状の返還を請求できる．その他，判例には，臨時物資需給調整法上の無資格者である者が配給統制物資である煮干鰯を法令に違反して売買したケースで，この法令は無資格者による取引の効力を認めない趣旨の強行法規であるから，売買契約は無効としたものがある（最判昭和 30・9・30 民集 9 巻 10 号 1498 頁）．

経済統制法規は，今日必ずしも多くはないが，行政目的を達成するための効力規定として制定されたもの（農地法 3⑦，銀行法 30①）である限り，私法上の効力を否定するのは当然であろう．もっとも，物価統制法規違反の取引の場合，超過部分についてのみ無効とされている（最判昭和 31・5・18 民集 10 巻 5 号 532 頁）．また，宅地建物取引業者が法定された報酬を超えて報酬契約を結んだ時は，超過部分のみ無効と解される（最判昭和 45・2・26 民集 24 巻 2 号 104 頁）．

また，船舶海上保険の約款の変更が主務大臣の認可なしに行われた場合の効力につき，最高裁は，保険契約の内容を律する普通保険約款に対する「行政的

---

29) 国家公務員共済組合法 48 条，厚生年金保険法 41 条，国民年金法 24 条，児童福祉法 57 条の 5，障害者自立支援法 13 条など，社会保障法の領域では，恩給法と同様に受給権の譲渡，担保設定・差押え禁止を規定する法律が多い．
30) 脱法行為とは，強行規定に直接抵触することを回避して，実質的に目的を達成する行為をいう．

監督は補充的なものに過ぎず，主務大臣の認可を受けないで保険契約を締結したとしても，その変更が保険業者の恣意的な目的にでたものでなく，強行法規や公序良俗に違反し特に不合理なものでない限り，約款が無効とされるものではない」とした（最判昭和45・12・24民集24巻13号2187頁）．

効力規定に反する行為は形の上でこれを回避する手段を弄しても無効である．

（d）通説・判例は，取締規定（警察取締法規）に違反する私法上の行為は有効とし，効力規定（強行法規）に違反する私法行為は無効とする（田中・上77頁）．この結論は一般的には妥当であろう．しかし，個々の法規がいずれに属するかはそれほど明確ではない．そこで，従来，色々な考え方が主張されてきた．最も古典的な説は，各行政法規の趣旨，目的，取引の安全に及ぼす影響，当事者間の信義・公正等の要因を総合的に勘案して判断する他ないとするものである（我妻栄『新訂民法総則』岩波書店・1966年，264頁）．柔軟な解釈を可能にするものであるが，取締規定と効力規定の概念をそのまま維持する点で，問題が残る．というのも，政府の規制緩和路線がとられる中で，現在，行政法規の持つ意味も変質しつつあるからである．

そこで，新しい議論が出てきた．一つは，契約の履行前と後で区別し，当事者の双方が履行前であれば契約を無効とするが，片方でも履行した後は契約の効力を認める説（履行段階説）である[31]．前者の場合は履行行為を無効としても混乱はないが，後者の場合行政法規が禁止したものが私法上効力をもつとするのは矛盾である．そこで，この説も，履行後は当事者が悪意の共謀によって取引を続けた場合には無効とする余地があるとする．最高裁は，建築基準法に違反して確認済証や検査済証を詐取して違法建物を実現しようとした大胆かつ悪質な建物建築の請負契約が民法90条に違反するとして無効とした（最判平成23・12・16判時2139号3頁）．他方，取締規定を警察法令と経済法令に分け，後者は消費者保護や，金融商品取引，独占禁止等の市場秩序の維持を目的とする私法上の公序が整備されつつあることを重視して，私法上の効力を否定すべきだとの説（経済公序論）がある[32]．この説は，私法上の公序と経済秩序とがオー

---

[31] 川井健「物資統制法規違反契約と民法上の無効（上・下）」判例タイムズ205号14頁，206号14頁．

バーラップするとの認識に立って，民法90条違反による無効に持ち込むことができる点に魅力があるが，消費者保護や市場秩序を絶対視するべきではないであろう．

　これらが民法上の「公序」の一翼を担っていることは承認するとしても，民法90条はいわゆる絶対無効の規定であり，裁判規範である．他方，行政法規は行為規範であって，そこには保護すべき様々な利益が考慮されているとはいえ，行政法規違反が民法と同じ裁判規範のレベルで「絶対無効」まで行政に義務を課したといえるか疑問もある．むしろ民法90条違反の一つの判断要素として位置づけるべきであろう．

　独占禁止法違反の私法上の効力　(a) 独禁法は，違反に対して，公正取引委員会の排除措置と罰則をもってのぞむが，違反行為の私法上の効力については，経過規定として制定時にそれぞれの規定に違反するものは効力を失う(附則2)旨定めている他，特に持株会社の原則禁止(9)[33]および会社の合併の制限(15)に関し，会社の設立および合併の無効の訴えについて会社法の特例を設けている(18)．

　(b) 問題は，独禁法違反の法律行為の私法上の効力をどう考えるかである．学説には，独禁法を経済憲法と見てこれを無効とする説，公序良俗に反しない限り有効だと見る説，独禁法に違反する履行前の契約は無効であるが，それが任意に履行された場合には無効とせず，もっぱら公正取引委員会の排除措置を待つべきだとする制限的無効説，規定の趣旨と違法性の程度，取引の安全等の諸般の事情を個別具体的に考慮して決定すべきだとする説が主張されている．判例は，独禁法違反行為を直ちに無効とはしていない(最判昭和52・6・20民集31巻4号449頁，行政判例百選14事件)．

---

32)　大村敦志「取引と秩序」同『契約法から消費者法へ』(東京大学出版会・1999年)163, 187頁以下，なお山本敬三『公序良俗論の再構成』(有斐閣・2000年)31, 239頁以下参照．
33)　従来，会社が他の会社の株式を取得し，又は所有することによって，会社の事業を支配する事業持株会社のみが禁止の対象外であった(独占禁止法10)が，経産省，財界主導の規制緩和政策の中で，従来，禁止されていた純粋持株会社が，1997年の改正で実質的に解禁された(9③〜⑥)．

3 公物と民事法

公物の意義と性質 （a）公物とは，国または自治体によって直接公の目的に供されている有体物をいう[34]．公物は，原則として民法の所有権の対象になるが，直接公の目的に供用されるために，その達成を阻害しないように，個別実定法によって，私法の適用が一定の範囲で制限ないし排除されることがある（公物制限）．

（b）河川は公共用物であるが，「河川の流水は，私権の目的となることができない」（河川法2①②）と規定されている．国や自治体も「流水」を所有することはできないと解される．もっとも，占用許可（同法23）を受けた者は一定の利水目的のために占用することができる[35]．他方，河川区域内の土地は，国・自治体，私人の所有権が認められるが，工作物の設置，土地の掘削その他土地の形状を変更するには河川管理者の許可を要する（同法26・27）．道路法は「道路を構成する敷地，支壁その他の物件については，私権を行使することができない．但し，所有権を移転し，又は抵当権を設定し，若しくは移転することを妨げない」（同法4）と定めている．これは道路が所有権の対象になり得ることを前提として，その公物としての目的を妨げる私権の行使を制限する趣旨である．

Aから国に贈与され，Y市長によって道路法に基づいて適法に供用開始された未登記の道路敷地について，Aの相続人から当該土地の譲渡を受けて登記を経たXが，Yに対して権原なく不法に市道敷地として使用しているのは不法行為に当たるとして損害賠償請求をした事案において，最高裁は，Yは登記のあるXに所有権を対抗しえないが，Xは道路法4条の制限の加わった

---

[34] 公物は，㋑目的に従って，公共用物（道路，河川，公園，港湾などのように，直接一般公衆の用に供されるもの）と公用物（官公署・官公立学校の建物・敷地のように国や自治体自身の使用に供されるもの）に分かれ，㋺成立過程の相違により，自然公物（海浜，自然の流水など）と人工公物（道路，学校の建物など）に分かれ，㋩所有権の主体の差により，国有公物，公有公物，私有公物に分かれ，㋥管理権と所有権の関係の違いにより，自有公物と他有公物に分かれる．

[35] 公物の使用には，①自由使用（道路の通行，公園の散策），②許可使用＝警察許可（道路でのデモ行進の許可），③特許使用＝占用許可（道路に電柱・ガス管を設け，河川区域内の土地にダムを建設したり，河川の流水を発電用に利用したりすること），④私法上の使用権（官公庁内の食堂の設置）の形態がある．

状態における土地所有権を取得するにすぎないと判示して，土地の使用収益権の行使が妨げられていることを理由とする損害賠償を認めなかった(最判昭和44・12・4民集23巻12号2407頁，行政判例百選63事件).

(c) 公物が国・自治体の行政財産である場合，民法上の所有権は認められるが，民事法の適用は制限される．①行政財産は原則として貸し付け，交換，売却，譲与，信託の目的とすることができず，また私権を設定することができない．もっとも，規制緩和政策の流れの中で，平成18年に国有財産法18条が大幅に改正され，行政財産の貸付対象が拡大された．②これらの規定に違反した行為は無効である(18⑤)．③行政財産は，その用途・目的を妨げない限度で使用を許可することができるが，それは私権を設定するものではなく，借地借家法の適用はない(国有財産法18，地方自治法238の4)[36]．

公物の管理作用と警察作用　(a) 公物は「公の目的」に供されているとはいえ，「有体物」自体に対する所有権，地上権，賃借権等の何らかの権原を有していなければ成立し得ない．公用物は事実上の使用が開始されればよいが，公共用物は，一般公衆の利用に供される形態があるほか，公用開始行為が必要である．何らの権原もなく他人の物について公用開始行為をしても無効である(東京高判昭和44・1・31判時559号36頁).

(b) 公物管理権とは，公物の存立を維持し，できるだけその本来の目的を達成させるために行われる一切の作用をいう．公物が不法に占用されたような場合，①行政主体は土地所有権に基づいて，民事訴訟を提起し，土地明渡し，工作物撤去を請求しうる．②地方公共団体が，国に所有権がある道路の無償貸し付け(道路法90②)を受けて[37]，一般交通の用に供するために道路管理権を有する場合において，判例は，その管理の内容・態様によれば，社会通念上，道路が当該地方公共団体の事実上の支配に属する客観的関係にあると認められる

---

36) 平成18年改正の趣旨は，国有財産の効率的な活用のために，民間利用の促進等のための行政財産の貸付対象の拡大，国有地の売却を容易にするための交換制度の拡充，庁舎等の使用についての必要な調整および実地監査等の規制の整備などであった．

37) 道路法施行法5条は，「新法施行の際，現に旧法の規定による府県道，市道又は町村道の用に供されている国有に属する土地で，新法の規定により都道府県道又は市町村道(……)の用に供されるものは，……都道府県……又は市町村……に無償で貸し付けられたものとみなす」旨規定されている．

場合には，当該地方公共団体は，道路法上の道路管理権を有すると否とにかかわらず，道路敷地について占有権を有するので，占有権に基づく妨害排除請求ができるとする(最判平成18・2・21民集60巻2号508頁)．

それ以外にも，③公物管理権に基づいて，道路の占用許可を与えたり(道路法32)，工作物の除却を命じたりすることができる(河川法75①，道路法71①)．これは，所有権その他私法上の権利に基づくものではなく，個別の実定(公物)法に基づく権限である．判例は，Y市が道路用地として土地を購入し，道路供用開始決定をしたが，未登記だったところ，背信的悪意者Xが当該土地を取得して登記を経た場合でも，供用開始決定は有効であるから，当該土地が転売されても，譲受人は道路法の制限を受けるので，道路管理権に基づく妨害物(プレハブ建物)の撤去を求めることができるとした(最判平成8・10・29民集50巻9号2506頁)．

(c) これに対して，公物警察権は，一般警察権に基づいて公物の使用に関して生じる公共の安全秩序に対する障害を除去する作用をいう．所轄警察署長が，道路に露店，屋台店を出したり，祭礼行事のため道路の一時使用許可を与えたり(道交法77)，あるいは都道府県公安委員会が道路交通の危険防止のために交通規制をする(道交法4)などがこれである．

まとめ このように，公物は公の目的に供されるために，民法の「物」とは異なる性質を持つため，個別実定法によって民法の適用が一定範囲で排除されている．しかし，民事上の権利が成立する余地は残されており，伝統的な公法・私法二元論がもはや通用しないことを示している．

第4節　特別の法律関係

1　特別権力関係の概念

意義　(a) 伝統的通説によれば，法律関係は公法関係と私法関係に二元的に区分され，公法関係はさらに一般権力関係と特別権力関係に分かれる．一般権力関係とは，私人が国民あるいは住民の地位において国または地方公共団体の統治権に服することによって成立する関係のことである．これに対して，特別

権力関係とは，特別の法律上の原因に基づき，公法上の特定の目的を達成するために，必要な限度において一方が他方を包括的に支配する権能を取得し，他方が，これに服従すべき義務を負うことを内容とする関係をいう(田中・上89頁)．具体的には，刑事施設における受刑者の収容関係，公務員の勤務関係，国公立の学校・病院・図書館等のいわゆる営造物の利用関係などがこれに当たるとされた．

(b) 一般権力関係においては，法治主義の原則が支配し，私人は法律によってのみ自由と財産を規律され得るのに対して，特別権力関係においては，当該法律関係の設定された目的を達成するのに社会通念上必要だと判断される合理的な範囲で法律の根拠なしに行政に包括的な支配権が与えられ，その限りで法治主義の適用が排除されるとされてきた．すなわち，その内容は次の三点に集約することができる．

①特別権力関係の主体には，命令権・懲戒権などの包括的な支配権が(個別法の授権なしに)与えられる．命令権は，公務員に対する個別の職務命令の形をとることもあれば，営造物の管理規則や国公立の学校における学則，あるいは刑事施設における規則のような一般的規範の形をとることもある．②相手方は，法律の根拠なしに行政目的の達成に必要な範囲で，権利，自由を制限されたり義務を課されたりする．また相手方が命令または規則に従わない場合には，懲戒権を発動し得る．③特別権力関係においては，その自律性と裁量権が尊重されるべきであるから，内部の規律保持のための処分には司法的救済が及ばない．もっとも，単純な内部規律の範囲を超えた処分(地方議会議員の除名処分，学生の退学処分等)については，司法審査が及ぶ．

特別権力関係論の批判 (a) 特別権力関係論は，19世紀における立憲君主制下のドイツ行政法学の産物であって，行政を外部関係と内部関係に二分し，外部関係には法治主義が妥当するが，内部関係においては，行政意思の対立はあり得ないので法治主義は妥当しないとされた．明治憲法下の行政法理論はこれを継受したが，その狙いが行政権の独立，すなわち議会および裁判所による統制の及ばない行政の自由な支配領域を確保しようとする点にあったことは明らかである．

(b) しかし，この理論は日本国憲法下の行政法理論としては，とうてい採

用することはできない．第一に，日本国憲法は，基本的人権の尊重の理念の下に国民主権を採用し，執行機関としての行政権は，国会と裁判所のコントロールの下にあるのであって，法律から自由な行政独自の意思を問題にする余地はない．換言すれば，官制大権に裏付けられた行政の内部関係という概念自体が日本国憲法の下では存在し得ない．第二に，日本国憲法の下では，個別具体的な法律関係を抜きにして，ア・プリオリに特別権力関係なるものを措定し，そこでは一般的に法治主義が妥当しないという原則を立てる憲法上の根拠がない．特別の権力関係にあるという理由で人権が制限されたり，司法審査が排除されたりするということはおよそ想定し得ない．また，実際にも，これまで特別権力関係とされてきた領域も，今日では実定法の規律が詳細に定められている[38]．

このように，今日，特別権力関係の概念は不要であって，特別権力関係とされてきた法律関係も個別具体的に検討を加えれば事足りるものといえよう．ただ，その場合においても，従来，特別権力関係とされた法律関係に何らかの特色があることを認め，「特殊法」あるいは「特殊の社会関係」として考察すべきだとの学説が有力である（兼子・総論 36 頁，藤田・総論 68 頁）[39]．本書では「特別の法律関係」として考察する．

2　個別問題の検討

在監者（刑事施設収容者[40]）　（a）法律上の特段の委任がないのに，未決拘禁者に対する喫煙禁止を定めた旧監獄法施行規則 96 条の合憲性が争われた事件で，判例は，特別権力関係の用語を慎重に避け，被拘禁者の自由に対して「必要かつ合理的な制限」を加えることができるが，その判断は「制限の必要性の程度と制限される基本的人権の内容，これに加えられる具体的制限の態様」との比較衡量で決せられるとして，規則の合憲性を導いた（最大判昭和 45・9・16

---

[38]　明治憲法下では，官吏は勅令（官吏服務規律）で規律されていたが，現在では国家公務員法が詳細に規定している．
[39]　行政手続法は，学校・刑務所・公務員等の従来，特別権力関係とされた法律関係について適用除外の規定を置いている（3・7 号〜9 号）が，これらに「特殊な社会関係」があるとしても，全面的な適用除外には問題がある．
[40]　明治 41 年の監獄法は，平成 17 年に「刑事収容施設及び被収容者等の処遇に関する法律」に改正された．

民集24巻10号1410頁).また死刑囚の信書の発信および新聞の購読・ラジオの聴取の禁止処分の適法性が争われた事件で,特別権力関係の用語を用いながら,受刑者の人権制限には具体的な法律の根拠が必要であり,法律による制限は「設定目的に照らして必要最小限の合理的制限」に限定されるとした.そして,(旧)監獄管理者の裁量権の「範囲を逸脱し,社会観念上著しく妥当を欠いている」行為は違法であって,司法的救済を求めることができると判示して,実質的に特別権力関係論を否定した裁判例がある(大阪地判昭和33・8・20行集9巻8号1662頁)[41].

(b) このように,特別権力関係の典型とされた受刑者収容関係においても,今日ではカテゴリカルな問題の処理の仕方はされていないのであって,個別具体的な人権とこれを制限する管理者の自由裁量のバランスの問題として処理されているといえよう.

公務員の勤務関係 公務員の勤務関係は,今日,法令によって詳細に規定されており,特別権力関係として捉える意味は失われている.判例は,国家公務員の勤務関係を「公法的規律に服する公法上の関係である」とし,不利益処分は行政処分だとしている(最判昭和49・7・19民集28巻5号897頁,行政判例百選8事件).また公務員に労働基本権の保障があることを認めているが(最大判昭和41・10・26刑集20巻8号901頁=全逓東京中郵事件,憲法判例百選144事件;最大判昭和44・4・2刑集23巻5号305頁=都教組事件,憲法判例百選145事件),現行の法令は労働基本権を制限しており,行政庁の広範な裁量権の承認と相俟って,私企業の労働者との隔たりが大きい.判例は,労働基本権を制限する現行の公務員法制をほぼ全面的に支持しているが[42],その背景には革新的な時代の空気に

---

41) 最高裁判所は,未決拘留者の新聞閲読の自由が問題になった「よど号新聞記事抹消事件」で,ほぼ同様の判断枠組みを用いたが,「監獄法31条2項は,在監者に対する文書,図画の閲読の自由を制限することができる旨を定めるとともに,制限の具体的内容を命令に委任し,これに基づき監獄法施行規則86条1項はその制限の要件を定め,更に所論の法務大臣訓令及び法務省矯正局長依命通達は,制限の範囲,方法を定めている」として,法律上の根拠に言及している(最大判昭和58・6・22民集37巻5号793頁,憲法判例百選16事件).

42) 判例は,公務員の争議行為の一律禁止を合憲と判断した.最大判昭和48・4・25刑集27巻4号547頁=全農林警職法事件,憲法判例百選146事件;最大判昭和51・5・21刑集30巻5号1178頁=岩手教組事件,憲法判例百選148事件;最大判昭和52・5・4刑集31巻3号182頁=全逓名古屋中郵事件,憲法判例百選147事件.また,公務員の政治活動の自由の制限

対する秩序維持重視の姿勢も窺われる．その意味で，公務員法制の論点は，特別権力関係論の眼目であった行政の自由裁量領域の確保の問題ではなく，公務員の人権制限によって別の価値を実現することが意図されていると読むこともできよう．今後は，冷戦終結後の21世紀の国家と社会のあり方を見据えて，公務員法制の改革を論じていく必要があろう．

在学関係　(**a**) 国公立学校の在学関係について，従前は特別権力関係とされ，学生に対する退学処分等は行政処分とされてきた(最判昭和 29・7・30 民集 8 巻 7 号 1501 頁＝京都府立医科大事件；最判平成 8・3・8 民集 50 巻 3 号 469 頁，行政判例百選 81 事件)．国立大学が，独立行政法人化される以前においても，大学と学生の関係については契約説が有力に主張されていた[43]．まして 2004 年に独立法人化された後においては，一般の学校法人による大学と同様に行政契約と解される(塩野・行政法 III 100 頁)．裁判例にも，契約関係説に立つものがあった(東京高判平成 19・3・29 判時 1979 号 70 頁)．

(**b**) 他方，学生の懲戒処分は，学校教育法 11 条に基づくものであるが，国公立ばかりでなく私立にも適用されるので，これを特別権力関係論で説明することはできない．そこで，国公立大学が独立行政法人となったことを理由に，もはや学生の懲戒を公権力の行使と見るべきではなく，私立学校のそれと同様に解すべきであろう(原田・要論 92 頁)．懲戒措置については民事訴訟で争うことになる．

部分社会論　(**a**) 判例は，大学は国公立大学と私立大学とを問わず，「その設置目的を達成するために必要な事項を学則等により一方的に制定し，これによつて在学する学生を規律する包括的権能を有する」とする(最判昭和 49・7・19 民集 28 巻 5 号 790 頁＝昭和女子大事件，憲法判例百選 11 事件)．これは，特別権力関係論に基づいて，国公立と私立とを峻別する二元論を捨て，大学の在学関係を一元的に捉え，特別権力関係論に代えて「部分社会」論を採用するものである．すなわち，大学は「一般市民社会とは異なる特殊な部分社会を形成して

についても，合憲判断をしている．最大判昭和 49・11・6 刑集 28 巻 9 号 393 頁＝猿払事件参照．

43)　独立法人化については，大浜啓吉「学問の自由と大学の自治」大浜啓吉編『公共政策と法』(早稲田大学出版部・2005 年)1 頁以下参照．

いる」ので，単位認定は「それが一般市民法秩序と直接の関係を有するものであることを肯認するに足りる特段の事情のない限り」司法審査の対象にならないとする(最判昭和52・3・15民集31巻2号234頁＝富山大学事件，行政判例百選145事件)．その結果，退学処分や学部卒業認定のような一般市民法秩序と直接関係を有する措置は司法審査の対象とされる(最判昭和52・3・15民集31巻2号280頁)．

(b) 判例のとる部分社会論は，大学だけでなく，地方議会，宗教団体，政党等の自律的法規範を有する社会(ないし団体)内部の紛争についても言及されている[44]．しかし，およそ部分社会であれば司法審査の対象とならないという憲法上の根拠はなく，当該「部分社会」の自律性と紛争や問題となっている人権の性質等を見定めながら具体的に処理する方向が望ましい．

---

44) その他，部分社会の法理に関する判例として，①地方議会議員の懲罰につき，最大判昭和35・10・19民集14巻12号2633頁，行政判例百選144事件．②宗教団体の内部における懲戒処分につき，最判平成元・9・8民集43巻8号889頁．③政党の党員に対する除名処分につき，最判昭和63・12・20判時1307号113頁，憲法判例百選189事件．

第 4 章

行政処分

第1節　執行作用の基礎

1　国家における行政の役割

社会と政府―Our Government　(a) 市民社会は，西ヨーロッパの社会を範とする思想化されたモデルであって，その形成と発展は，歴史的背景によって各国まちまちである[1]．一般的にいえば，教会，ギルド，身分，中間団体等によって特徴づけられる封建的地域社会が，生産力の増大，交換形態の発達，交通の拡大によって瓦解し，商業ブルジョアジーが勃興し，王権が彼らと手を結ぶことで絶対主義国家が成立した．絶対主義(中央集権)国家においては，君主の支配権が領土と国民に直接及ぶようになり，近代国家の基礎的条件が整うのであるが，やがて支配の客体にすぎなかった市民が，資本主義的生産様式の確立によって力を蓄え，近代市民革命によって，これを打倒し自らが統治の主体となる立憲的近代国家が成立するに至った．もっとも，ドイツにおいては市民革命が不全に終わったため立憲君主制国家が成立し，これを支える原理として法治国家が唱えられ，君主主権の下で，自由と財産の問題についてだけは国民

---

[1]　市民社会は，古代アテネの自由で平等な政治共同体に起源を持つが，近代ヨーロッパ社会の特質を示す概念として用いられるようになった．ホッブス，ロック，スミスからヘーゲル，マルクスまで様々な概念の変容がある．現代におけるグローバル資本主義の登場とともに，論争は過熱している．市民社会と国家との関係は，行政の役割を論じる上で重要なテーマであるが，本書ではその射程を行政法総論の理解に必要な範囲に限定するため「社会」の語を用いる．

代表議会の制定する法律なしに，国民の権利を制限し義務を課すことはできないとされたのである．明治憲法体制が，これをモデルにしたことはいうまでもない．

(b) 18, 19 世紀の近代国家においては，国家と社会(したがって個人)が対立し，国家の市民社会への介入は必要最小限であることが望ましいとされた(警察国家)．市場における経済主体の自由な活動(自由放任)が経済社会を発展させると考えられたのである．しかし，現実には，重商主義による保護貿易主義の下で一部の企業による市場の独占が現出した．かくして，自由放任主義の下では，市場主義メカニズムがうまく機能せず，劣悪な労働と貧困，失業，疾病等さまざまな社会問題を惹起し，その解決のために国家(政府)介入を必要とするに至った．

このことは，英米においては，法の支配の観念の変容をもたらした[2]．古典的法の支配の観念は，市民社会の共通法であるコモン・ローにその基礎があった．それは市民社会のルールを体現したものであった．市民法(民法)は形式的平等を建前として，自由な市場こそ市民に「よき結果」を保障するという信念で貫かれていた．社会も市場も法も中立であり，私人の自由な活動を保障してこそ正義が実現すると考えられたのである[3]．

しかし，現実には，自由な市場は独占・寡占を生み，強者には利益をもたらすが，弱者には貧困をはじめ凄まじい結果の不平等をもたらした．市場そのものが情報の面でもまたゲーム参加者の財力の上でも不完全である以上，「市場の失敗」は必然であった．やがて，市場そのものが実は社会の創作物にすぎないことが認識され，公害等のいわゆる外部不経済や公共財の効率的な資源配分などの問題について解決能力を欠いており，「神の見えざる手」が働かないことが明らかとなった．こうして国家＝政府介入の手段としての行政法が登場するに至る．

20 世紀半ばに制定された日本国憲法は，他国に先駆けて社会権を保障し，

---

[2] 「法の支配」の観念の変容については，大浜啓吉「制限審査法理の変容と法の支配」高柳信一先生古稀記念論集『行政法学の現状分析』(勁草書房・1991 年) 479 頁以下参照．

[3] 「社会」を経済学的に捉えたとき，これを「市場」と呼ぶ．ここでは社会＝市場と捉えて，市場は生産，流通，消費の循環する場であるとしておこう．

福祉国家を目指すことを謳っている．現代福祉国家においては，単に権力の恣意から私人の自由を護る(規制行政)だけでなく，生存権を具体化し様々な行政サービスによって国民の福利の向上に資すること(給付行政)が重要な任務となってきた[4]．このように福祉国家は，市場主義の欠陥を補うイデオロギーとしての意味も帯びていたことを忘れてはならない．「政府の失敗」もいわれるが，行政介入なしに現代社会の健全性を保つことはできないし，生存権保障の理念を現実化するためにも国家(行政)介入は不可欠である．

（c）近代国家においては，国家と個人の対立の図式の中で，国家ないし行政が公共性を独占してきた．すなわち古典的行政理論の下では，規制行政は行政(Y)と私人(X)の対立だけで考えられたため，被規制者(X)以外の第三者(A)には，反射的利益しかないとされてきた．これは国家が公共性＝公益を独占し，社会の中に公共性＝公益を認めない思想である．しかし，現代においてはこのモデルは行き詰っており，市民社会の中にこそ公共性＝公益が存在し，これを法的にもきちんと位置づける必要性が高い．国家の公益独占の思想は，立憲君主制モデルの枠組みにすぎず，現代社会においては既に破綻している．

（d）21世紀の今日，グローバリズムが世界を席巻し，社会も一層複雑・高度化するに及んで福祉国家は危殆に瀕している．福祉国家のモデルとされていたイギリスにサッチャー政権が誕生し(1979年)，新自由主義的な改革が始まり，アメリカのレーガン政権(1981年)，日本の中曽根政権(1982年)も同一の歩調をとった．小泉政権(2001年～2006年)は，新自由主義路線を徹底し絶対的市場主義と評された[5]．ケインズ的な福祉国家路線は「大きな政府」を招いたと批判され，市場を絶対視する「小さな政府」論が流行となり，英米に追従して日本もまた新保守主義路線に基づく経済政策＝規制緩和路線が政府の基幹政策となった．新古典派経済学は，アダム・スミスの学問体系(利己心と共感・連帯)から

---

[4] 福祉国家には一致した定義はないが，市場経済制度を基本としつつ，①所得の再配分政策を推進し，道路，港湾，空港等の公共施設，教育，医療，住宅，年金等の社会保障制度(準公共財)を政府が供給し，他方で，②例えば，土地利用規制のような私有財に制限を加え，③景気調整のために政府の経済政策を肯定し，もって，④市民生活の安定を図ることによって，平等公正な社会を実現しようとするものといえよう．

[5] 郵政民営化は，そのシンボルであったが，アメリカに一周遅れているといわれたように，既に新自由主義路線の弊害が顕著になった後に行われた点に問題があった．

共感と連帯を除いたものとも評される.

　日本は機動性を備えた市場型国家へ向けて国家役割の見直しが進んでいる. その結果, 規制緩和路線が基幹政策としてあらゆる方面で採用され, 医療・福祉等の社会保障分野の予算は大幅に削減され, 自立自助の自己責任が奨励され,「福祉国家」の理想は投げ捨てられた観がある. 国家が担わなければならない役割は, 国防, 警察, 消防, 河川・道路・港湾等の建設管理等に限定すべきだとの議論が有力であり[6], 行政の役割の縮小が進んでいる.

　行政法の仕組み　(a) 行政法は, 社会を健全に維持し, ときどきの公共性のある問題を解決するための政策を具体化したものである. 明治憲法下では, 国家は市民社会に優越する地位にあり, 行政は天皇が臣民を統治する手段に過ぎなかった. これに対して, 日本国憲法の採用した三権分立制度の下では, 国家介入のシステムは, いうまでもなく, 議会がメタ政策を決定し, 行政がこれを執行するという形態をとる. しかし, 現実には, 政策立案の実質も行政にシフトしてきている. 行政権は立法機能を飲み込むほどに肥大化しつつあり, それは人権への脅威を内在させており, 行政権に対する統制手法が重要である. すなわち立法と司法による統制ばかりでなく, 執行過程の中に内在的な統制の仕組みを考えることが求められている.

　(b) 執行過程における行政活動の中心を占めるのが行政処分である. 行政処分は, 行政庁(Y)が職権で, あるいは私人(X)の申請に基づいて一方的に法的効果のある決定をするものである. 執行過程を統制するのが「法律に基づく行政の原理」である.

2　国家介入の類型

　公的規制　(a) 行政法は,「市場の失敗」を是正し市場に委ねておいたのでは実現し得ない「公正の実現」を図ることを目的として登場した新しい法(体系)であり, 社会への介入を本質とする.

　国家介入のあり方は一般に公的規制と呼ばれる. 1988(昭和63)年, 第2次行

---

[6]　これに対する批判として, 大浜啓吉「土地所有権と土地政策」大浜啓吉編『都市と土地政策』(早稲田大学出版部・2002年)1頁以下参照.

革審「公的規制の緩和に関する答申」によれば，公的規制とは「国や地方公共団体が企業・国民の活動に対して特定の政策目的実現の為に関与・介入するもの」をさす．ここでは，政策目的の観点から整理してみよう[7]．

(b) 第一は，社会的規制である．社会の秩序維持，安全の確保など社会の害悪を防ぐ警察規制から徐々に，私人の健康の保持，水質汚濁，騒音，悪臭など環境の保全の確保等を目的とする規制に拡大してきた．

(c) 第二は，経済的規制である．いわゆる「市場の失敗」ないし市場に存在する障害のために取引が適切に行われないとか，社会的公正が達成できない場合がある．その障害を取り除き，経済の健全な発展を図るための規制である．自然独占を理由とする公益事業規制(電気，ガス，水道，通信，放送事業)や自然独占ではないがサプライサイドに問題があるために自由取引では適切な結果が得られないための事業規制(運輸，金融)，情報不足など消費者サイドに障害があるため，薬，食品等の安全性を確保し，情報提供を義務付けたり，品質を規制したりするなどがこれに当たる．

(d) 第三は，政府が財やサービスを提供する給付作用である．㋑社会的弱者に対する助成活動(生活保護，障害者保護)，㋺社会政策を目的とする助成やサービスの提供(特殊金融，各種産業の保護，公営住宅のサービス)，㋩公共財の提供(道路，公園，ごみ処理場)などがこれに属する．

第2節　行政処分の意義と種類

1　行政処分の意義

市民法と行政法　(a) 近代においては，神の支配を離れ人間の理性を根拠に社会と国家が構想された．すべての人間が理性を持った自由で平等な存在として把握され，法制度上も理性に基づく自由意思を尊重すること＝意思自治原則が全ての法律関係の指導原理とされている．

---

7)　公的規制については，古城誠「公的規制と市場原理」公法研究60号109頁以下，同「公的規制と法」岩波講座『現代の法8』(1997年)103頁以下．

(b) 市民法は，それまでの封建的階級制度を打破した18世紀末の個人の自由の思想を根本的な指導原理とするものであるから，所有権の絶対性，契約自由の原則，過失責任主義の三原則を基礎としている．時代の推移とともに，生存権保障および個人の実質的平等の思想が重視されるようになり，権利のもつ社会性が深く認識されるようになったが，市民社会における法律関係は，私人間の自由意思によって形成される．

(c) 行政処分は，主として，行政庁が法律の執行として行う行政作用法上の決定をいうが，行政不服審査法の紛争裁断行為として行う行政統制法上の決定もこれに含まれる．一般的には，「行政処分」とは，行政庁が法律に基づき一方的に行政主体と私人の法律関係を変動(形成・消滅)させる行為をいう．行政庁の権限については，個別の法律が規定している．

行政行為と行政処分 (a) 伝統的通説は，「行政行為(Verwaltungsakt)」の概念を中心に行政法学の体系化を図ってきた[8]．そこで，行政行為とは「行政庁が，法令の規定に基づき，優越的な意思の発動又は公権力の行使として，人民に対して，具体的な事実に関し法的な規制をなす行為」をいうと定義してきた(田中・上104頁)[9]．判例も，「処分庁の処分」とは「行政庁の法令に基づく行為のすべてを意味するものではなく，公権力の主体たる国または公共団体が行う行為のうち，その行為によつて，直接国民の権利義務を形成しまたはその範囲を確定することが法律上認められているものをいう」と定義している(最判昭和39・10・29民集18巻8号1809頁，行政判例百選148事件．この定義はその後の判例にも引き継がれている)．

(b) 「行政行為」は，学問上の用語であって，法令上の用語ではない．法令上は通常「行政庁の処分」ないし「処分」の語が使われるが，稀に「行政処分」の語も使われている(地方自治法242の2①2号，民事訴訟法338①8号，民事執

---

[8] ドイツでは法令上の用語である「行政行為(Verwaltungsakt)」が，日本では学術用語として使われてきた．

[9] 今日は通説は，「優越的意思の発動」の語は使わず，行政行為とは，「行政の活動のうち，具体的場合に直接法効果をもってなす行政の権力的行為である」とか(塩野・行政法Ⅰ124頁)，「行政庁が，行政目的を実現するために法律によって認められた権能に基づいて，一方的に国民の権利義務その他の法的地位を具体的に決定する行為」と定義している(原田・要論133頁)．

行法193①，銀行法49①5号，金融庁設置法20①)．行政行為と行政処分とは，ほとんど同じ意味で用いられることが多いが，「行政庁の処分」は行政手続法，行政不服審査法，行政事件訴訟法で用いられており，学問上の行政行為に当たらない場合でも，取消訴訟の対象としての「処分」に当たることがあり得るので，両者は厳密には一致しない．行政行為の概念は，もともとドイツにおいて，行政法学の体系を創る際に民法の法律行為論をモデルにしたものであった(藤田・総論189頁以下)．古典的な行政行為論は既に役割を終えているので，本書は，「行政処分」ないし「処分」の語を用いる．

(c) 行政処分のメルクマールとしては，①行政庁[10]の一方的行為であること(契約や合同行為は除かれる)[11]，②特定の私人の権利義務を具体的に決定する行為であること(法的効果を伴わない事実行為や行政指導，行政組織内部の行為である通達・職務命令は除かれる)[12]をあげることができよう．

2 行政処分の分類

古典的分類 (a) 伝統的通説は，「行政行為」を民法の法律行為のアナロジーで分類した(図1)．伝統理論は，行政庁の一定の法律効果の発生を欲する意思(効果意思)が法的効果の内容としてどの程度保障されるかという観点から，

---

[10] 前掲最高裁昭和39・10・29判決は，行政処分の主体を「行政庁」としていたが，近年の規制緩和・民営化路線の中で，公の事務の民間委託が進行しており，建築主事のほか，私人である指定確認検査機関も行うことができるようになった(建築基準法6の2①)．

[11] 公務員の任命を処分とする規定はない．そこで，契約ないし公法上の労働契約と見る説も有力であるが，通説は私人の申請を前提として，任命権者が一方的に採否の決定をし，法律の定めた地位につけるものであるから「同意を要する行政行為」だとした(田中・中245頁)．判例も任命・依願免職を行政処分だとしている(最判昭和37・7・13民集16巻8号1523頁)．公務員の採用内定については，「事実上の行為」であって行政処分ではないとしている(最判昭和57・5・27民集36巻5号777頁，公務員判例百選6事件)．

[12] 法令や条例も一般的抽象的な内容しかないので，原則的に行政処分には含まれない．都市施設(道路)に関する「都市計画決定」も，立法的性質をもつ一般処分であることを理由に行政処分ではないとするのが判例である(最判昭和62・9・22判時1285号25頁)．行政処分が《要件事実の認定→事実の構成要件への当てはめ→行為内容の選択→処分権発動の決定》のプロセスをとるのに対して，都市計画決定は《原案の作成→その公告・縦覧→都道府県都市計画審議会の議を経ること→都市計画決定》のプロセスをとる行政内部決定にすぎない．このため都市計画決定にはデュー・プロセスの法理が働かない．大浜啓吉「小田急線高架訴訟と行政裁量」法学教室2002年2月号52，55頁．

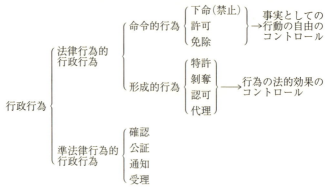

図1 行政行為の古典的分類

行政行為を法律行為的行政行為と準法律行為的行政行為に分けた(田中・上 120 頁以下).

(b) 法律行為的行政行為とは,行政庁の意思表示を要素とし,表示された通りの権利義務の変動を発生させる行為のことである.この意思表示は,公権力の行使として行われる.その法効果の内容の相違を基準として,命令的行為と形成的行為に分類される.

命令的行為とは,私人の「自然の自由」を制限して一定の作為・不作為を命じ(下命・禁止),または義務を解除する行為(許可・免除)である[13].法律に覊束された行為であることが多いが,裁量が認められる場合もある.命令的行為は,事実としての行動(行われること,あるいは行われないこと)が適法に行われるよう規律するものである.

形成的行為とは,私人が本来有していない権利能力,行為能力その他の包括的地位を与えたり,奪ったりする行為をいう(特許,剝奪,認可,代理)[14].形成

---

13) これには,児童の就学免除,納税義務の免除などがある.
14) 特許(設権行為)とは,本来私人の有しない自由について,新たな独占的排他的な権利その他法律上の地位を付与する行為である.鉱業許可(鉱業法 21),電気事業(電気事業法 3 以下),ガス事業(ガス事業法 3 以下),道路運送事業の許可ないし免許(道路運送法 4 以下),軌道を敷設した運送事業(軌道法 3),公務員の任命行為(国家公務員法 34①1 号)等がその例である.剝奪とは,一旦与えた権利ないし法律上の地位を奪う行為をいう.土地の収用裁決,農地買収処分,公務員の免職などがこれに当たる.認可とは,私人の有効な法律行為を補充して,

的行為は，法律的行為の効力要件であり，裁量行為とされることが多い．

(c) 準法律行為的行政行為とは，行政庁の意思表示ではなく，それ以外の判断，認識，または観念通知を中核的な要素とするが，これに法律上一定の法効果の発生が結び付けられているものをいう[15]．

分類の考え方 (a) 法律行為的行政行為と準法律行為的行政行為の分類は，私人に対する法的効果の観点からの分類(前者は意思の効果，後者は法規の定める効果)であるのに対して，命令的行為と形成的行為の分類は，国家と社会の二元論を前提にしたものであり，行政行為が，私人の権利義務にどう関わるかという観点からの区別(前者は私人が事実としてある行動をすることしないこと自体を規制し，後者は行動の法的効果に関わる規制)である．すなわち，まったく異なった観点に立つ分類方法を一つの体系に混在させるものである(藤田・総論197頁以下)．また，何よりも「行政行為」概念は，行政主体の意思が私人の意思に優越することを法的に承認することが前提とされている．これは法の支配の原理とは相容れない思想である．

(b) 意思自治理論に立つ本書は，伝統的な国家と社会の二元論に立って，

その効果を完成させる行為をいう(補充行為)．例えば，農地の権利移転の許可(農地法3①)，銀行の合併等に対する内閣総理大臣の認可(銀行法30)，河川占用権の譲渡の承認(河川法34)等がある．代理とは，本来，相手方が行うべき行為を行政機関が代わって行う行為をいう．日銀総裁の内閣による任命(日銀法23)，独立行政法人の長の主務大臣による任命(独立法人通則法14①)などがこれである．

15) 表示の性質によって，次の四種類に分かれる．(i)確認　特定の法律事実または法律関係の存否について判断し，これを表示する行為であるが，法律上法律関係を確定する効果が認められる．公有水面埋立の竣功の認可(土地所有権の原始取得)，土地収用の事業の認定，所得額の更正決定，建築確認，当選人の決定，恩給権の裁定，市町村の境界の決定などがある．(ii)公証　特定の法律事実または法律関係の存在とその内容とを公に証明する行為をいう．公証は認識の表示であり，反証によって覆すことができる．どのような効果を生ずるかは，個別の法律の定めるところによる．選挙人名簿・土地台帳その他公簿への登録，戸籍への記載，犬の鑑札の交付，退職者の恩給証書，各種の証明書，弁護士の登録などがその例である．(iii)通知　特定の人または不特定多数の人に対して，特定の事実を知らしめる行為をいう．意思通知(納税の督促，代執行の戒告など)と，観念通知(土地細目の公告および通知，特許出願の公告など)とがある．一般的な法効果は，それに後続する行為を適法ならしめることにあるが，別段の法効果を生じない場合もある．(iv)受理　届出，申請などの行為を有効なものとして受領する行為をいう．申請・申出の適法性についての審査・判断を伴う．婚姻・離婚の届出(民法740，743)，自動車登録(道路運送車両法36の4)，不服申立ての受理，明渡裁決の申立ての受理(土地収用法47の4①)などがある．

行政庁の意思に特別の法効果を認める伝統理論に与することはできない．伝統理論の基盤となった立憲君主制国家においては，基本的人権の保障はなく，主権を持つ天皇の対極に立つ臣民は単に「自然的自由」を有するにすぎず，法律の裏付けがあって初めて「権利」と認められた(法律の留保の原則)．これに対して，日本国憲法の下では，国民は主権者であるとともに人権の享有主体である．したがって，国会が作った法律は主権者の意思であり，行政権は個別の法律によって一定の権限行使を義務付けられる．しかも，法律が要件・効果方式で規定されている以上，行政庁の任務は法律を正しく解釈し，適正な手続を踏みながら，要件事実を認定して処分をすることにある．勿論，法律要件の中に行政庁による裁量権(実質的には裁量義務)の行使が組み込まれている場合もある．

(c) 行政処分を分類するにあたっては，次の点に留意しておかなければならない．第一に，行政作用法は，社会に存在する公共的な政策課題を解決することを目的とするものであるから，行政処分の在り方は国家の社会に対する介入の類型の中で捉えるべきであろう．本書では，介入の類型を規制作用と給付作用に大別して説明することにしたい．従来，水道・電気・ガスの供給，交通・運輸・通信事業，住宅・道路・公園などの生活基盤整備などは，「給付行政」に含めて説明されてきた．ここで「給付行政」一般を詳論する余裕はないので，給付作用のうち，行政処分の形式をとるものに少し言及するに留める．

第二に，行政処分は国民意思を実現する手段であって，《行政の有権解釈→事実認定→処分》という過程を経て行政主体と私人間の具体的な法律関係を形成するものである．法的効果は法律そのもの(国民の意思)が付与するのであって，行政庁の意思の効果ではない．行政庁に委ねられたのは，事実認定と法規範適合性の判断だけである．適法処分の原則を満たす上では，処分が客観的に法律の規定に合致することが重要である．

第三に，権利義務関係そのものが争われる市民法(民法)と異なり，抗告訴訟の訴訟物は「行政庁の処分その他公権力の行使の違法性」である．この「違法性」の中には実体的違法性ばかりでなく，手続的違法性が含まれる．とりわけ後者は，行政過程の開始のイニシアティブを握る行政庁に対抗し，手続の適正を担保するものであり根底にデュー・プロセスの法理があることが留意されなければならない．本書では，手続的行為の概念の下で整理することにした．

規制作用上の処分　(a) 規制行政にも社会的規制と経済的規制があるが，一般的にいえば，私人の権利・自由を規制することによって，社会の秩序，安全性，健全性，優れた環境等を維持・保全したり，一定の価値を保護したり，あるいは市場に存する障害を除いて経済的発展を図ることを目的とする．規制の必要性次第で，一定の行為を禁止するだけのもの(許可)，強力な介入をするもの(特許)，効力まで否定するもの(認可)まで，国家介入の形態に相違がある．

(b) 警察許可とは，本来，私人が有している自由を放置しておくと社会的な弊害(デメリット)が生ずるので，一旦一般的に禁止の網をかけ，法律の定めた要件を充足する場合に，私人の申請に基づいて禁止を解除する行為である．事実上の自由を回復するという効果を与える．例えば，旅館を経営しようとする者は都道府県知事の許可が必要であり，許可なしに営業した場合には処罰される(旅館業法3①, 10)．要件を満たす場合は，必ず許可しなければならない羈束行為である．風俗営業の許可，自動車の運転免許，医師免許，建築確認，開発行為の許可などがこれである．

(c) 従来の通説は，本来私人の有していない権利能力(法人の設立)・行為能力・特定の権利(鉱業権の設定，公物使用)または包括的な法律関係を設定する行為(公企業の特許，公務員の任命)を「特許(設権行為)」としてきた．私人に付与される「権利能力・権利・地位」等は先験的に国家が独占の権利を有しているのであって(絶対君主政の下で君主の財政収入として特定人に権利を付与したことが起源である)，私人は何らの権利等を有していないとの思想が背景にあった(国家・社会二元論)．

確かに，一般公衆の利用に供される河川や道路，あるいは海や湖といった公有水面等の公物について，特定の私人が一般利用者を超えて独占的に使用したり，埋め立てたりする権利がないのは当然である．そこでこれら公物(公共用物)の利用は「公物の特許使用」と呼ばれてきた[16]．しかし，もともと国家は社会の公共的事務を処理する機関であるから，公物といえども，これを社会のために有効に利用しようとする場合，私人がこれに対してビジネスチャンス

---

16) 公物でも，一定以上の幅，重量，高さ，長さの車両が道路を通行するには通常の許可が必要である(道路法47の2)．

(取引の当事者となる権利)を持つことは何らおかしいことではない．他方，電気・ガス事業，鉄道事業，道路運送事業等の「公企業の特許」についても同様であって，社会生活の基幹的事業であるから，必ず国家がやらなければならないというものではない．公物を利用したビジネスであれ，いわゆる「特許」事業であれ，憲法22条の保障する「職業選択の自由(営業の自由)」の範疇に包含されると解すべきである．

このように，従来特許とされてきた概念は，立憲君主制の概念の残滓と言うべきものであって，現憲法の下では国民の人権の観点から再構成されなければならない．すなわち，これらの事業は，私人間の取引と違う公共性の強い性質をもつために，警察許可と違った強力な国家介入があって然るべきであろう．具体的には，①特許を受けた企業は，営業を継続して，市民に対して安定した内容の商品(電気，ガス，輸送など)を提供し，主務官庁の監督に服すること，②営業を休・停止するには主務官庁の承認がいること，③料金の規制があること等の特色がある．つまり，市民のライフラインに深く関わる事業であるため政策上より厳格な介入が正当化されている．本書では「厳格許可」と呼ぶことにする[17]．

(d) 認可とは，一定の要件の下に私人間の法律行為を補充して法律上の効果を完成させる行為である．認可のない場合は法的効果そのものが否定されるとしてきた．農地の所有権をAがBに移転する場合，農業委員会(Y)の「許可」が必要とされており，許可がない場合には所有権は移転しない(農地法3①⑦)．AとBの売買契約は私法上の行為であるが，Yの認可処分があって初めて所有権の移転の効果が生じる．すなわち，認可は，所有権移転の成立要件ではなく，効力要件である(最判昭和36・5・26民集15巻5号1404頁，行政判例百選15事件)．河川占用権の譲渡の承認，土地改良区の設立認可なども「認可」である．

(e) 下命とは，私人に対して作為，不作為，給付，受忍を命ずる行為をいう．

---

[17] 「厳格許可」の例としては，河川や道路の占用許可，公有水面埋立許可，鉱業権設定の免許，土地収用の際の事業認定，電気事業・ガス事業・道路運送事業の許可などがある．他方，公務員の任命，外国人の帰化の許可などがある．

銀行に対する業務改善命令・停止命令・免許取消し処分(銀行法26, 27), 建築物の除却命令(建築基準法9①), 道路の占用の禁止・制限(道路法37①), 納税の告知(国税通則法36)および課徴金の納付命令(地方自治法227〜229), 道路管理者による調査・測量等のための土地立入り又は一時使用の受忍(道路法67)等がこれに当たる.

(f) 確認とは, 特定の事実または法律関係を確定する行為をいう. 不服申立てに対する裁決(行審法44), 市町村の境界の裁定(地方自治法9), 租税の更正処分(国税通則法24), 恩給権の裁定(恩給法12), 当選人の決定(公職選挙法95〜98)などが含まれる.

給付作用上の処分 (a) 資本主義の発展は, 工業化, 都市過密化による環境の悪化, 階級分裂と貧富の発生等をもたらした. そこで現代国家は積極的に市場に介入し国民の福祉の向上を図り, セイフティーネットを張って生存権の保障を目標に加えざるを得なくなった. 給付行政作用は, 規制行政のように命令・強制の形態ではなく役務提供が中心となる[18]. 義務教育, 社会保険の強制加入のように義務化されるものもあるが, 社会保障給付であれ, 事業活動給付であれ, 人々に諸種の便益を与えることを目的とするものであるから, 給付が私人の意に反して行われることはない.

(b) 給付行政においては, ㋑各種の社会保障の給付決定のように個別法に基づく給付処分によって私人に諸種の便益を与えるのが原則であるが, ㋺法律・条例の根拠なしに(要綱等の内部措置に基づいて)支給される場合もある.

㋑の場合は, 私人との間に一定の給付を行うべき権利義務関係が形成されるので, 私人に受給請求権が発生する. もっとも, 補助金等適正化法のように, 給付の中身について実体的な規定を欠き交付手続の定めしかない(あるいは自治体で要綱に基づく手続規定しかない)場合においても, 行政処分として扱われてよいが, 紛争処理については取消訴訟のほか当事者訴訟で争うことも不可能では

---

[18] 給付行政には, ①水道・電気・ガスの供給, ②交通・運輸・通信手段, ③住宅・道路・公園などの生活基盤整備, ④医療・社会福祉・教育文化施設, ⑤社会保障(生活保護・社会保険), ⑥生活資金助成などがあり, 原理的には国民の給付請求権と行政の給付義務の原理が一般に予定されている(兼子・行政法学55頁, 総論62頁). 本書では, 給付行政作用上の処分としては, ④⑤⑥に関係するものだけを扱う.

ないと解される．㊁の場合，権利義務関係は成立しないので私人に給付請求権はない．

手続的行為　(a) 手続的行為とは，行政決定(行政処分を含む)をするに当たって踏まなければならない手順のことをいう．手続的効果の発生をもたらす点に特色がある[19]．手続的行為の根底にあるのは，憲法上の人権としての《デュー・プロセスの法理》である．すなわち，行政処分は私人に対して行われるので，その名宛人および利害関係者は当該処分が(自分もその一人である)国民の意思を適法に実現するものであるかどうかを知る(認識する)権利がある．これは憲法によって認められた手続的権利である．特に，行政作用が公権力の行使として行われる場合において，法令によって実体的権利を与えられていない私人にとって手続的権利はきわめて重要な機能を果たす．行政手続法は「申請」について定義規定を置いたが(行政手続法2・3号)，これは，当該申請が実体法上の請求権がない場合でも，手続上の権利があることを確認したものと解される．手続上の権利(申請)の発動に対して，行政庁には，①適法な申請に対する受理義務，②実体的要件の有無を審理する義務，③「諾否の応答」義務が発生する(最判昭和36・3・28民集15巻3号595頁，公務員判例百選44事件；最大判昭和53・10・4民集32巻7号1223頁＝マクリーン事件，行政判例百選76事件)．

私人の手続的権利を充足させるために遵守しなければならない行政庁の行為がここでいう「手続的行為」である．これには，通知，受理の他，行政手続法の聴聞の際に行われる告知，弁明，反対尋問，記録の閲覧，理由提示等がある．弁明，反対尋問，記録の閲覧は，それ自身は私人の行為であることもあるが，行政機関の行為を伴うこともある．聴聞手続の中で聴聞主宰者がこれを禁止ないし認めないという形で関わる場合もあるし，いずれにせよ私人の行為との絡

---

[19]　手続的行為の概念は，今村・入門〔5版〕81頁以下の創見にかかるが，本書はこれと同じではない．第一に，手続的行為を「行政行為」の分類の一つとは考えない点で異なる．第二に，今村説は手続的行為として，公証，予告，受理(第8版ではこれは省かれている)，拒否(受理拒否)をあげるが，受理「拒否」は通常の行政処分として扱えばよいのであって，手続的要素はない．また「公証」につき，判例は地代家賃統制令に基づく家賃台帳を公証行為だとして，行政処分性を否定している(最判昭和39・1・24民集18巻1号113頁)．また住民票への記載につき「公証行為」であって処分性はないとしている(最判平成11・1・21判時1675号48頁)．

みの中で行われるものであり，行政決定の枠組みの下で行われる限りで手続的行為としての性質を帯びる．

　(b) 通知とは，一定の事項を人に知らせる行為をいう．納税の督促(国税通則法37①)や代執行の戒告(行政代執行法3①)，土地立入りの通知(土地収用法12②)等がその例である．これらはそれ自体としては新たな義務を課するものではないので，行政処分に含める必要はない．これらの手続的行為を欠いて租税滞納処分や代執行をした場合には，当該行為は違法となる．もっとも，通知の中にも何らかの法律効果が発生するものは行政処分として行政事件訴訟法上の処分性が与えられる．しかし，このことは分類論とは次元の異なる問題である．

　(c) 受理とは，行政庁が私人の申請等があった場合，形式的要件を満たしているものと判断し受領する行為をいう．従来，受理には「申請に対する受理」と「届出に対する受理」の二種類があるとされた．キャバレー，ナイトクラブ，パチンコ屋などの「風俗営業」を営もうとする者が許可を求めて申請する場合が前者であり(風営法2①，3①)，個室付浴場やラブホテル等の「店舗型性風俗特殊営業」を営もうとする者が届出をする場合が後者である(同法2⑥，27①)．そして「申請に対する受理」の内容としては，応答(許否決定)義務が考えられ，「届出に対する受理」については，実体的な応答の義務はなく形式的要件の審査としての受理の観念だけが組み込まれていた[20]．そこで，実務上，届出の受理拒否や届出の返戻等，申請の場合と同様の問題が生じた．

　行政手続法は，受理の観念を排除したと解する説が有力である(塩野・行政法Ⅰ 320, 340頁)．申請に対する受理では，到達によって審査応答義務が発生する(行政手続法7，つまり申請権と審査応答義務が対応する)ので，受理(拒否)，受付(拒否)，返戻といった事実上の行為が行われなくなることが期待され，また仮にかかる行為が行われても，申請があった以上，すでに審査義務があるので，受理拒否状態は法律上，審査懈怠を意味することになり，これを前提とした法的評価が必要になると解されている．その結果，不受理の取消訴訟はなくなり，

---

　20) 「受理」が準法律行為的行政行為とされたのは，《届出受理》である．つまり形式的要件の審査を行い，行政庁が「適法な届出である」と判断を示した場合に法効果が生ずるとされた．婚姻届出の受理(戸籍法74)，宗教法人の規則の認証申請の受理(宗教法人法14①)などがこれである(兼子・総論129頁参照)．

申請が到着したかどうかの紛争は，法的効果の存否を当事者訴訟(行訴法 4 後段＝確認の訴え)で争えばよいとされるのである．しかし，申請が到着したかどうかを争う意味は実際上ほとんどないであろう(大浜・行政裁判法 111 頁)．届出受理については，次に検討する．

3　届出・登録

行政手続法上の届出　(a) 届出は，行政機関が必要な情報を収集することを目的としているが，申請と同様，それ自体は私人の行為であるが，一定の法効果(届出義務の消滅)と連動している．

行政手続法は，届出とは，「行政庁に対し一定の事項の通知をする行為(申請に該当するものを除く．)であって，法令により直接に当該通知が義務付けられているもの(自己の期待する一定の法律上の効果を発生させるためには当該通知をすべきこととされているものを含む．)をいう」(2・7 号)と定義した．「行政庁に対し一定の事項の通知をする行為」とは，法効果を伴わない通知を意味する[21]．「法令により直接に当該通知が義務付けられているもの」とは，「法令」により義務付けられる必要があるので，「処分により」通知を義務付けられたものは含まない．他方，「自己の期待する一定の法律上の効果を発生させるためには当該通知をすべきこととされているもの」とは，届出により一定の行為を自由に行える法効果を伴う届出(風営法 27 ①による店舗型性風俗営業の届出，国籍法 17 ①による届出など)を意味する．

(b) 注意すべきは，個別の法令における「申請」「届出」の名称と行政手続法の「申請」「届出」の概念が必ずしも一致しないことである．例えば，旧外国人登録法 3 条 1 項にいう新規「登録の申請」は，応答義務が予定されていないので，ここでいう「申請」ではなく「届出」に当たる．したがって，行政手続法 37 条の「届出」が適用される[22]．なお，婚姻の届出(民法 739, 740)は，

---

[21]　行政機関による情報の収集・状況把握を目的として義務を課すものであり，大規模小売店舗立地法の新設の届出(5 ①)，感染症に罹った者や動物の診察をしたことの届出(感染症法 12 ①，13 ①)，核燃料物質の盗取，事故等の届出(原子炉等規制法 63)，土地売買契約の知事への届出(国土利用計画法 23 ①)等がこれである．届出事項の不備欠陥は行政指導で処することができよう．

「受理」が予定されているので諾否の応答に当たり，行政手続法上は「申請」に当たるとの説がある（仲・すべて13頁，宇賀・概説Ｉ424頁）．しかし，婚姻の自由は憲法上の人権であるからこれを利益処分で要請される「申請」と解することには疑問がある．いずれにせよ，戸籍法127条は行政手続法の適用除外の規定を置いているので，理論上の争いにすぎない．

（c）届出制が，個別法によって，届出事項の審査の結果，勧告，何らかの措置・命令等と組み合わされる場合（浄化槽法5①②③，外為法27，30，大気汚染防止法6～10，水質汚濁防止法5～9）や届出義務違反に対しては刑罰が科される仕組みがとられる場合（大規模小売店舗立地法17①，風営法49・5号）がある．これらの仕組みでは，「受理」の観念（浄化槽法5②）や，「法（あるいは「計画」等の）適合性」の審査（都市計画法58の2③，外為法27③，大気汚染防止法9，水質汚濁防止法8）が組み合わされていることが多い[23]．届出制は，行政庁の処分がなくても禁止が解除される点で，許可制を緩和した面があることは否めないが，審査基準が義務付けられず，処分基準であれば努力義務しかないので，行政庁としては基準を作り公表しなくていいというメリットもある．私人の救済手段は，むしろ劣化しているというのが現状である．

届出の効果　（a）行政手続法37条は，「届出が届出書の記載事項に不備がないこと，届出書に必要な書類が添付されていることその他の法令に定められた届出の形式上の要件に適合している場合は，当該届出が法令により当該届出の提出先とされている機関の事務所に到達したときに，当該届出をすべき手続上の義務が履行されたもの」と定めている．届出においては，多くの場合，当該法令によって必要事項の記載や書類の添付を要求される（大規模小売店舗立地法5①②，老人福祉法29①②，鉄道事業法28の2）．行政庁が形式的要件の審査権限を有していることはいうまでもない．届出書に記載漏れがあったり，法定の添

22）　平成21年に制定された「出入国管理及び難民認定法及び日本国との平和条約に基づき日本の国籍を離脱した者等の出入国管理に関する特例法の一部を改正する等の法律」により，外国人登録法は，2012年7月9日に廃止された．
23）　行政手続法の規定する「届出」には「受理」の観念が否定されているとする説（塩野・行政法Ｉ320頁，宇賀・概説Ｉ430頁）では，ここでの「受理」概念を説明できない．無理な概念構成の一例といえよう．

付書類が欠けたりした場合，行政庁は補正の行政指導をすることができる．

(b) 問題は，相手方が行政指導に従わないため書類の不備が是正されない場合，あるいは行政指導でカバーできないような場合でも，「手続上の義務が履行された」という効果が発生するのかどうかである．有力説は，形式的要件を欠く届出の場合，事務所に到達しても手続上の効果は発生しないから無届出として取り扱われるとする(宇賀・概説Ⅰ 145 頁)．裁判例も，「法令に定められた形式上の要件に適合している場合には，……提出先とされている都道府県教育委員会に到達したときに，手続法の義務を履行」したことになるとする(福岡高那覇支判平成 9・11・20 判時 1646 号 54 頁；名古屋地判平成 13・8・29 判タ 1074 号 294 頁＝MK タクシー事件も改正前の道路運送法 44 条 1 項に基づく無償旅客自動車運送事業の届出につき同旨．もっとも，両判決ともに受理の概念が排斥されたとまでは述べていない)．つまり，形式的要件を充足しない届出の場合には，「届出の形式上の要件に適合している」(行政手続法 37)といえないので，手続上の義務履行の効果は発生しないことになる．

(c) 伝統的に届出制は，行政庁が書類要件の形式審査の実を行う受理・不受理処分と結びついて理解されてきた(兼子・行政法学 74 頁)．ところが，行政手続法から受理の観念を排除したとする説によれば，申請の場合と同様，届出についても受理の観念を入れる余地はないので，形式的要件を充足しているかどうかについての争いは，不受理処分・却下処分ではなく，届出の存在・不存在を前提とした訴訟の形をとることになる(塩野・行政法Ⅰ 341 頁)．

しかし，第一に，受理の観念は，他の法令において存在するだけでなく，行政実務の世界では未だ生きており，果たして明文を欠いたまま解釈で「受理」の観念を消滅させる理由とメリットがあるのか疑問である．むしろ，受理の観念を無理に排除した結果，無用な混乱が起きているのが現状である．理論上も，行政庁が，形式的要件が不足しているとか，虚偽の届出であるという認識を私人に対して示すことの方が，行政の責任を明確にする上でもはるかに重要である．

第二に，届出の到達について紛争が生じた場合の訴訟形式をどのように考えるかであるが，受理の観念を認める以上，不受理処分の取消訴訟を認めるべきであろう(兼子・行政法学 75 頁，阿部・解釈学Ⅱ 32 頁)．少なくとも，行政機関に

公簿登載義務(手続的義務)が発生する届出の場合(戸籍法25，48，52，121)，形式的要件の瑕疵は不受理処分と捉える方が簡明である[24]．もっとも，この場合において，届出をしたことの確認訴訟も適法に提起できると解すべきである．両訴訟は排他的関係にある訳ではないので併用を認めればよい(阿部・解釈学Ⅱ33頁)．

(d) 届出について，行政庁の側に実体的要件を審査する権限がないとの説がある(塩野・行政法Ⅰ340頁，室井ほか・コンメ297頁)．しかし，届出義務とは，「手続上の義務」(通知行為を完了させる義務)と「実体上の義務」(真実を通知する義務)が含まれていると解される．個別法には法令に違反しないことを要件としているものがあるので，真実義務に反している場合には当然，実体法上の効果は発生しない．届出と勧告や命令が連動しているような場合，あるいは刑罰で届出制が担保されている場合にも，真実を通知する義務が含まれている場合が多いといえよう．行政手続法は実体的義務については触れていないが，かかる場合においては，行政庁としては実体的要件の審査をせざるを得ないと解される(兼子・行政法学74頁以下，稲葉一将「届出制の法理」争点74頁以下参照)．

名古屋市のＢ区からＣ区への転入届けを区長Ｙが受理しなかった事案において，判例は，不受理の処分性を認めた上で，住民基本台帳法の規定による「転入届があった場合には，その者に新たに当該市町村(指定都市にあっては区)の区域内に住所を定めた事実があれば，法定の届出事項に係る事由以外の事由を理由として転入届を受理しないことは許されず，住民票を作成しなければならない」とした(最判平成15・6・26判時1831号94頁＝アレフ転入届け事件)．他方，届出の返戻を事実上の行為として取消訴訟の処分性がないとした裁判例がある．本件は，無償旅客自動車運送事業経営届出の返戻について届出不受理の取消訴訟が提起された事案であるが，届出が(改正前34条の)道路運送法施行規則の定める「形式上の要件に適合するものである限り，本条所定の時期，すなわち，提出機関の事務所への到達時に効力を生じると解すべきであり，提出機関によ

---

[24] 子どもの出生届に際して，名前に「曽」の文字を使用することができないとして不受理とされたことを争った事案において，裁判所は「当該文字が社会通念上明らかに常用平易な文字と認められるときには，当該市町村長に対し，当該出生届の受理を命ずることができる」と判示した(最決平成15・12・25民集57巻11号2562頁)．

って当該届出が受理されるか否かは前記効力の発生に影響を及ぼさない」とした(名古屋地判平成13・8・29判タ1074号294頁＝MKタクシー事件；東京地判平成13・12・17判時1776号32頁は，届出拒否の取消判決をした)．しかし，ここでの争点は，無償運送事業の適法性であり，当局は違法として刑事告発の方針をとっていたのであるから，むしろ不受理処分の取消訴訟を認めた方が紛争解決には簡明かつ適切であったというべきであろう(阿部・解釈学Ⅱ32頁)．

登録　(a) 登録とは，行政機関の管理する法令の定める様式を具備した公簿に一定の法律事実または法律関係を記載することをいう．選挙人名簿の登録のように職権で行われるものもあるが(公職選挙法22①，42①)，私人の申請によるものもある(医師法6，弁護士法8，特許法66，金融商品取引法29)．登録には，法令によって種々の法効果が認められている．選挙人名簿へ登録の場合，登録されて初めて公職選挙法による投票権を行使できるようになる．医師免許の医籍への登録は免許の方法であって，実質は許可と見てよい．弁護士登録は弁護士となる要件である．

(b) 登録には，公の証拠力が認められるので，虚偽の登録申請に対しては罰則が設けられる場合があるし(毒物及び劇物取締法3，24〜27，金融商品取引法29〜，197〜)，職権による訂正が認められる場合もある．

(c) 登録の性質は，従前は準法律行為たる公証とされた．選挙人名簿への登録などはそれに当てはまるが(兼子・総論164頁)，警察許可と違いのないものもあれば，狭いながらも裁量の余地のあるものについては，許可制と届出制の中間にあるもので軽易な許可制というべきものある(原田・要論172頁，芝池・総論139頁)．他方，金融商品取引法の登録は詳細な審査が予定されており，許可より強い行政介入が行われている(金融商品取引法29の4)．

護身用具(ポケットサイズのカートリッジを霧状に噴射して相手を開眼不能にする)の輸入業の登録について，原審(東京高判昭和52・9・22行集28巻9号1012頁)は登録を警察許可と解したのに対して，最高裁は，輸入業者の営業に対する規制は，専ら設備面から登録を制限することをもって足りるとし，毒物および劇物の用途を直接規制していないので，行政庁が輸入物品の人体への危害の虞があることを理由に登録を拒否することは許されないと判示した(最判昭和56・2・26民集35巻1号117頁＝ストロングライフ事件，行政判例百選60事件)．これは，

法が毒物・劇物の具体的な用途の規制をしていない点に着目し，用具の用途に従って使用されることによる「人体に対する危害が生ずるおそれ」を理由に登録拒否は許されないとしたものである．

登録の申請があった場合，行政庁はこれを審査するが，通常は一定の拒否事由がない限り登録される(道路運送法79~79の4)．行政手続法上は，「申請に対する処分」に当たるといえよう(芝池・総論139頁)．自動車の登録申請が受理拒否された事案において，不受理処分は取消訴訟の対象となるとした裁判例がある(名古屋地判平成13・10・29判タ1074号297頁)．

4 行政処分の類型

利益処分と不利益処分 （a）行政行為は様々な観点から類型化され得るが，処分が私人にとって利益をもたらすものか，不利益をもたらすものかによって，利益処分と不利益処分に分かれる．行政手続法は基本的にこの類型に従っている．

利益処分とは，その処分によって私人に一般には認められない法律上の地位，権利利益，サービス等の利益が生ずるものをいう．営業許可処分，生活保護決定などがこれである．通常，行政庁に対する申請に基づいて行われるので，行政手続法は「申請に対する処分」(行政手続法2・3号)という用語によった．

不利益処分とは，行政庁が法令に基づき特定の者を名宛人として，直接これに義務を課し，又は権利を制限する処分のことである(行政手続法2・4号)．税金の賦課決定，営業停止処分，違法建築物の除却命令などがこれに当たる．行政手続法上，処分基準の設定，弁明の機会の付与，聴聞，理由の提示等が要求される．

（b）全ての処分をこの二類型に峻別することはできないのであって，近時においては，ある処分が処分の相手方にとっては利益であっても，近隣の第三者にとっては不利益であるといった二重効果処分が増えている．例えば，風俗営業許可は申請者にとっては利益処分であるが，近隣の住民にとっては環境悪化をもたらす不利益処分となり得る．同様に建築確認処分や原子炉設置の許可処分などについても，処分の相手方には利益処分でも，地域住民にとっては，日照権の侵害，電波障害，生活環境，安全や健康への侵害を齎す不利益処分に

なりかねない.

対人処分と対物処分　(a) 行政処分が人に着目してなされるか,物に着目してなされるかによる分類であり,地位の相続や承継の可否,許可の失効の有無等の解釈に相違がでてくる.

(b) 相手方の能力,職歴等の人的要素に着目するのが対人処分であり,医師免許,運転免許などがその例である.対人処分の効果は,原則として一身専属的であるから許可された地位の譲渡や相続はない.

(c) 対物処分は,物的設備や物の状態等の対象物件の客観的要素に着目してなされる処分であって,その効果は対象物件の譲受人や相続人等の承継人にも及ぶ(文化財保護法56,都市計画法64②,土地区画整理法129,なお土地収用法45の3のように,収用裁決開始の登記制度を採用している例もある)[25].開発許可,建築確認,重要文化財の指定,物的設備の検査・検定等がこの例である.

(d) 質屋の営業許可や公衆浴場の営業許可のように,物的要素以外に人的要素に着目するのを混合処分という(質屋営業法3①,旅館業法3①,公衆浴場法2②)[26].

第3節　行政裁量

1　総　　説

意義　(a) 裁量という言葉は,一定の枠の中で自由に意思決定できることを意味する.公法学上は,三権のそれぞれについて,立法裁量,司法裁量,行政裁量がある.このうち,行政裁量には行政立法裁量,行政計画裁量,行政契約裁量,行政処分の裁量があるが,ここで扱うのは行政処分における裁量の問題

---

[25]　対物許可に関連する制度に,基準認証制度がある.製品(商品)の品質・安全性・互換性の確保や環境保全のため,遵守すべき基準を定め,これに合致していることを認証することによって,製品の流通・使用を事前に規制する制度である.国またはその指定機関等が製造業者からの申請を受けて行う.その他,第三者が行う第三者認証制度,事業者等が自ら技術基準への適合性を宣言する自己適合宣言制度もある.

[26]　名古屋地判昭和53・1・30行集29巻1号49頁は,公衆浴場の許可を対人処分としている.

である．

　(b) 社会が単純素朴な時代には国民代表議会が全てを決定することも不可能ではなかったが，社会関係が複雑高度化し，行政需要も多様になってくると，かつての議会を中心とした統治構造は変容をきたし，政策決定(法律)の実質は議会から行政にシフトするに至る．市民社会を適切に維持し，管理するには膨大な情報を集め分析し，これに機敏に対応する必要があり，行政権の方がより適しているという力関係の変化があった．すなわち，法律によって市民社会に介入する場合にも，①専門技術的に判断すべき事項があること，②市民社会そのものがグローバルな流動化の真只中にあり，事前に立法で統制するよりも，執行段階における行政の政策判断に委ねた方がよい事項が増大してきたこと，③行政の任務として社会秩序の安全維持のほか，専門的知識に基づく社会的利害関係の調整が加わったこと，等々の事情がある．議会において議員立法が減少し，内閣提出法案が常態化してきたのも，行政に大量かつ良質の情報が集まり，「優れた正しい法」を発見・創造するのに行政権がより適切だったからであった．裁量問題はこのような現代における統治構造の変質と無縁ではない．

　(c) 法の支配の原理は，行政権の肥大化現象に対し，一方で，執行過程の民主化＝手続的統制を強め，他方で，行政活動に対する裁判統制の強化という方策を生み出してきた．両者は，紛争の解決の場面では，裁判的コントロールの問題に収斂する．

　行政の執行過程において，行政が行政処分によって私人との間に法律関係を形成する場合，一定の事項について行政の自由な判断に委ね，法律による拘束を緩めたり，解いたりすることを「裁量」という．委ねられる事項は，おおよそ，①行政の専門性を活かすべき事項，②柔軟かつ機動的に対応することが望ましい事項，③具体的状況を勘案して処理すべき事項などである[27]．

　法律執行の段階で紛争が生じれば，司法権との関係が問題になる．法の支配の原理の下における裁判所は，モンテスキューが説いたように「法の口」(法適用機関)に尽きるものではなく，人権保障を任務とする法原理機関だからであ

---

27) 逆に，行政が判断するにふさわしくない事項(犯罪の構成要件の策定，精神的自由の規制)を裁量事項とした場合には，違憲の問題を生ぜしめる．

る．特に，現代における裁量問題は，司法的統制にその重心を移しつつある．

羈束処分と裁量処分 （a）行政裁量の問題において，どの程度法律に縛られるかの観点から，羈束処分と裁量処分に分類されてきた．

羈束処分とは，法律が全面的に行政庁を羈束し，行政処分はただ法の具体化または機械的執行として行われる行為のことをいう．例えば，医師法は，「医師になろうとする者は，医師国家試験に合格し，厚生労働大臣の免許を受けなければならない」(2)とし，「未成年者，成年被後見人又は被保佐人には，免許を与えない」(3)と絶対的欠格事由を定め，「医師が，第3条に該当するときは，厚生労働大臣は，その免許を取り消す」(7①)としている．つまり，厚生労働大臣は医師国家試験に合格した者に対しては欠格事由に該当しない限り，医師免許を与えなければならず，逆に欠格事由に該当する場合には，免許を取消すべく拘束されており，免許処分に裁量の余地はない．公職選挙における当選人の決定(公職選挙法95)，滞納者の財産の差押(国税徴収法47①)なども羈束処分の例である．

（b）これに対して，裁量処分とは，法律が行政目的の実現のために行政庁(Y)に対し，行政処分の一部またはすべてについて，自由な判断の余地を与えている場合をいう．次の形式をとることが多い．

㋑法律が処分要件について何も規定していない場合，Yに一定の裁量が与えられていると解される．河川法24条が「河川区域内の土地……を占用しようとする者は，国土交通省令で定めるところにより，河川管理者の許可を受けなければならない」と定めるのがその例である(農地法3①もその例)．

㋺法律が単に「できる」という文言を用いている場合(道路交通法4②，国有財産法18③，出入国管理及び難民認定法14～18の2)には，要件事実を認定しても，処分をするかどうかはYの裁量に委ねられると解される．

㋩法律が処分要件について不確定概念を用いたり，抽象的な公益概念を用いたりする場合がある．例えば，道路交通法の「免許を受けた者が自動車等を運転することが著しく道路における交通の危険を生じさせるおそれがあるとき」は，公安委員会は「その者の免許を取り消し，又は6月を超えない範囲内で期間を定めて免許の効力を停止することができる」(103①8号)との定めがその例である．このように，法律はしばしば一義的に内容の不明確な概念(不確定概

念)を用いて行政処分の要件・内容を定めることがある[28]．このような場合にも，Yは他の目的のために処分をしてはならないという意味では法律の拘束を受けるが，具体的な処分に際しては裁量の余地がある．

2　伝統的裁量論

伝統理論の枠組み　(a)　明治憲法下の行政裁判所は，処分の適法性(法律問題)のみを審査し，公益適合性(裁量問題)を審査する権限を有していないとされた(自由裁量不審理原則)．行政裁判所は，羈束処分と羈束裁量，および裁量権の逸脱の問題については「判断代置」方式を採用した．他方，裁量の濫用があったかどうかについては，「逸脱審査」の方式で審査した[29]．

(b)　当時は，羈束処分と裁量処分は「カテゴリー」の違いと観念されていた．戦後，両者の相違は「程度」問題と考えられるようになった．裁量処分は，さらに羈束(法規)裁量と自由(便宜)裁量に分けられる．羈束裁量とは，何が法であるかの裁量であり，法律の予定する客観的基準が存在するので，これを誤ると違法となる．質屋営業法の許可(2①)などがこれに当たる．これに対して，自由裁量とは，何が行政の目的に合し公益に適するかの裁量である．公益判断については，当不当の問題はあっても，原則として違法の問題は生じないが，例外として，行政庁が自由裁量の枠を破った場合には(①比例原則違反，②平等原則違反，③事実誤認として)，違法となる．

区別の基準　(a)　伝統理論の枠組みの下での最大の関心は，羈束裁量と自由裁量を何によって区別するかであり，要件裁量説と効果裁量説で対立していた．

(b)　要件裁量説は，法律の文言を重視し法の規定によって区別する立場である(佐々木・行政法論総論 69 頁)．すなわち，行政活動の究極の目的は公益の実現にあるが，個々の行政活動はより具体的な(中間的)目的を追求するものであ

---

28)　例えば，「公益上やむを得ない必要があるとき」(河川法 75②5 号)，「災害を防止するため必要な措置」(宅地造成等規制法 9①)，「土地の適性且つ合理的な利用に寄与する」(土地収用法 20・3 号)などがある．

29)　小早川光郎「裁量問題と法律問題——わが国の古典的学説に関する覚書」『法学協会百周年記念論文集第 2 巻』(有斐閣・1983 年)333 頁以下．ここで「逸脱審査」とは，行政機関の行動が一定の模範から逸脱しているのではないかとの観点から，その適否を審査する方式のことである．

る．そこで，④法律の文言が，まったく要件を定めていない場合，あるいは行政の究極目標である公益概念を示すだけ（「公益のため必要があるとき」という文言が用いられている等）の場合は，自由裁量である．⑩法律の文言が，「公衆衛生上必要があるとき」のように具体的な中間目的を示す不確定概念で規定している場合には羈束裁量である．これは，法律要件の認定に裁量を認める立場であり，あくまでも立法者の判断を重視して，自由裁量は法律によって明示されていなければならないとするものである．すなわち，立法者が具体的公益判断を行っている場合には自由裁量を否定し，したがって裁判所による審査も認めるが，立法者の公益判断が明示されていない場合には，行政の自由裁量を認め，したがって司法審査も認めない立場である．

(c) 効果裁量説は，法律要件の認定は法解釈の問題であるから裁判所の審査権が及ぶとし，行政処分の効果に着目し処分を行うか否かの判断の段階に裁量を認める立場である（美濃部・行政裁判法152頁）．すなわち，行為の性質に重きを置き，次の三基準をたてた．①人民の権利を侵害し，これに負担を命じ，または自由を制限する行為は自由裁量行為ではなく，羈束行為または羈束裁量行為である．②人民に権利を設定し利益を与える行為は，原則として自由裁量行為である（もっとも法律が相手方に請求権を与えていれば別）．③人民の権利義務に直接効果を及ぼさない場合は，原則として自由裁量行為である（美濃部三原則）．要件認定については，法律の明文による制限の他に条理上の限界があることを認め，法律が不確定概念を用いて処分の要件を定めているときでも，その認定については自由裁量を認めない．

(d) 第一に，佐々木説が，法律の文言に忠実であることによって解釈者の恣意を排除し，法的安定性の確保に力点を置くのに対して，美濃部説は，法律効果に視点を据えることで市民の自由と財産の保護に力点を置くものである．力点の相違があるとはいえ，両者はともに明治憲法下における法治国家論を基盤とするものであった．第二に，佐々木説は立法者が公益判断をした場合にだけ司法審査を認めるものであるが，立法技術の完全性を前提にした議論であり，形式的にすぎる．美濃部説の場合，人権保障の希薄であった明治憲法下ではメリットがあったと思われるが，人民に権利利益を与える行為であっても行政処分を羈束する必要がある場合もあるし，逆に権利自由を制限する処分であって

も裁量を認めてよい場合もある．裁判統制が及ぶのは侵害処分だけであり，利益処分が埒外だというのも法的根拠はない．ここには法律の留保論と同じ発想があるのであって，いってみれば立法論的な原則でしかない．また要件の認定についても，一切裁量を排除する必要があるかどうかは疑わしい．第三に，佐々木説が司法権を法律の適用機関(モンテスキューのいう「法の口」)と捉えているのに対して，美濃部説は侵害行為に対する司法審査を認める点で裁判所を単なる法適用機関とは見ていない．第四に，両説ともに行政手続的発想が決定的に欠如している．両説は明治憲法下の議論であって，現代において重要とはいえない．

戦後の展開 (a) こうした議論を経て，戦後有力化したのが田中説である．この説は，羈束裁量と自由裁量との区別はカテゴリカルなものではなく，相対的なものにすぎず(区別相対化論)，結局のところ，法の趣旨目的の合理的解釈によって区別する他はないと主張する(田中・上118頁)．すなわち，①法が近代法治国家の原則に照らして事柄の性質から行政庁の自由な裁量を許さず一般法則性を予定している場合は羈束裁量である．②法が行政の目的に照らし行政庁の政治的裁量または技術的裁量を許容する趣旨である場合が自由裁量である．そして，羈束裁量を誤る行為は，違法行為であり訴訟の対象となるが，自由裁量を誤る行為は単に不当行為であるにとどまり，法律に別段の定めのない限り行政上の不服申立ての対象となっても，訴訟によってその取消しまたは変更を求めることはできない(請求棄却)とする．

(b) 田中説の特色の第一は，美濃部説を基本的に継承していることである．例えば，不確定概念を用いて規定された要件については，客観的な経験に従ってなされるべきことを理由に羈束裁量だとしている点がある(田中・総論290頁)．第二は，戦前のカテゴリカルな思考を脱し，行政行為の内容を①要件，②内容，③決定の三点に分けて裁量の限界を検討すべきだとしたことである．これは，裁量問題の分析の視点として今日の学説の基盤となっている．その結果，第三に，法の趣旨・目的の合理的解釈をベースに裁量行為かどうかの判断をすべきだという新しい解釈手法が提示された．田中の行政法体系は，もともと柔軟な解釈を特質とするが，裁量論にもそれが遺憾なく発揮されている．しかし，田中説も，手続法的視点が欠如していることは難点である．また「法の趣旨・目

的の合理的解釈」という判断基準はあまりに茫漠としている.

　(c) 羈束裁量と自由裁量の区別相対化論は,判例にも確実に定着していった.ここで判例の大摑みの傾向を略説すると,①法律がまったく構成要件を定めていないような事案について,判例はかなり早い段階で自由裁量を否定している[30].②法律要件に行政の究極目標を示す文言とされる「公益上必要がある場合」(地方自治法232の2)を用いていた場合につき,裁判所は司法審査をしている[31].これらは,従来の要件裁量説(佐々木説)によれば,自由裁量に当たるとして司法審査が排除されていたものである.③中間目的を示す概念,例えば,「災害の防止上支障がないものであること」(原子炉等規制法〔当時の〕24①4号)の要件については,判例は自由裁量を認めている[32].他方,④従来,効果裁量説によって,自由裁量とされてきた利益処分についても,近時は処分の相手方以外の第三者が争うケースが増えており,司法審査が行われるようになっている[33].また,⑤美濃部の効果裁量説によれば,要件裁量(要件認定の段階の行政庁の判断に終局性を認めること)は否定されていたが,現在の判例はこれを認めている[34].他方,効果裁量(処分決定の段階に行政庁の自由な判断を認めること)に

---

30) ①農地賃借権の設定・移転につき当時の農地調整法で行政庁の許可又は承認が必要であったが,その要件について規定が定められていなかった事案につき,当該処分は農地委員会の自由裁量ではない(最判昭和31・4・13民集10巻4号397頁,行政判例百選71事件).②皇居外苑の使用の許否をめぐり,その使用が公共の用に供せられる目的に沿うものであるかぎり,その許否は管理者の単なる自由裁量に属するものではない(最大判昭和28・12・23民集7巻13号1561頁,行政判例百選65事件).

31) 名古屋高判昭和51・4・28判時840号45頁,その上告審である最判昭和53・8・29判時906号31頁は「公益上の必要に基づくものであること」を認めた.

32) 最判平成4・10・29民集46巻7号1174頁=伊方原発訴訟,行政判例百選77事件.

33) ①原発訴訟は第三者住民が原告となって提起されていることを想起せよ(前掲最高裁平成4・10・29判決は要件裁量に関わるものである).その他,②旧清掃法15条1項の許可について,市町村長の自由裁量に委ねられているとしたもの(最判昭和47・10・12民集26巻8号1410頁,行政判例百選74事件),③生活保護法による生活保護基準の設定は厚生大臣の合目的的な裁量に委されているとしたもの(最大判昭和42・5・24民集21巻5号1043頁=朝日訴訟,行政判例百選16事件)などがある.

34) 判例として,①旅券の発給をするかどうかは原則として外務大臣の政治的判断にまつべきものとしたもの(最大判昭和33・9・10民集12巻13号1969頁=帆足計事件),②旧教育委員会法34条但し書の「急施を要する場合」の解釈につき,行政庁の裁量を認めたもの(最判昭和36・4・27民集15巻4号928頁),③出入国管理令21条3項に基づく法務大臣の「在留期間の更新を適当と認めるに足りる相当の理由」があるかどうかの判断につき,法務大臣の裁量を肯定したもの(最大判昭和53・10・4民集32巻7号1223頁=マクリーン事件,行政判例

ついても，判例はこれを認めている(最判昭和52・12・20民集31巻7号1101頁＝神戸税関事件，行政判例百選80事件)．

(d) 学説・判例のこうした傾向を受けて，行政事件訴訟法も，「裁量処分については，裁量権の範囲をこえ又はその濫用があつた場合に限り，裁判所は，その処分を取り消すことができる」と定めた(30)．2004(平成16)年の行訴法改正で，義務付け訴訟等に同趣旨の規定が置かれたことにも注意を要する(行訴法37の2⑤，37の3⑥，37の4⑤)．現在の判例の傾向としては，裁量判断の有無は，法律の文言や処分の性質(羈束裁量か自由裁量か)ではなく，政策的あるいは専門技術的事項を判断する事実が含まれるかどうかにシフトしているといえよう．換言すれば，司法権の果たすべき役割や裁判所が適切に判断し得る能力があるかどうかという観点を重視して，裁量判断の違法性が判断される方向にある[35]．

3　現代行政裁量論のパースペクティブ

現代の問題状況　古典的裁量論の枠組みが崩れ，いわゆる相対化論が主流を占めるようになると，裁量論の論点にも変化が見られるようになった．立法の中で行政に裁量を委ねる事項は確実に増えているが，この現象をどのように捉えるべきか．問題は二つに大別できる．一つは，立法に当たって，どのような事項が行政裁量とされているかである．これを明らかにするためには，行政処分の構造を分析し，行政裁量が処分のどこに組み込まれているかを認識する必要がある．いま一つは，裁量による処分が争われた場合の司法統制のあり方である．まず，前者について考察し，後者については項を改めて検討する．

行政処分の構造　(a) 法律の条文は，通常，《要件・効果》という形式で書かれている．行政法規の場合，民法や刑法と違い，行政庁(Y)の処分によってYとX(処分の相手方)との間に具体的な法律関係が発生する点に特色がある[36]．

百選76事件)がある．

[35]　例えば，教科書検定における審査・判断は，「様々な観点から多角的に行われるもので，学術的，教育的な専門技術的判断であるから，事柄の性質上，文部大臣の合理的な裁量に委ねられるものというべきである」(最判平成5・3・16民集47巻5号3483頁＝第一次家永教科書訴訟，行政判例百選79事件)としたもののほか，伊方原発訴訟，マクリーン事件などがある．

①解釈		(国公法82①3号)「国民全体の奉仕者たるにふさわしくない非行」とは
②要件認定	Ⓐ裸の事実	業者から金を受けとったか
	Ⓑ構成要件へのあてはめ	その事実が「非行」にあたるか
	Ⓒ手続	(行政手続法不適用．国公法89)
③処分決定	Ⓓ処分内容	免職・停職・減給・戒告のいずれにするか
	Ⓔ処分を発動するか	停職1カ月か2カ月か
	Ⓕ処分時期	いつ処分するか

図2　行政裁量

つまり，一般的抽象的な規律である法律が，処分によって，《具体的な権利義務関係》に転換するのである．そこで，法律要件のどの部分に裁量が組み込まれているかを明確に認識するためには，まず行政処分の構造を分析しておく必要がある．

　行政処分は，①適用される法律の要件を解釈した上で，②法律の定めた要件事実を一定の手続を踏んで認定し，③処分を決定する，という三段階の過程をとる(図2)．どのような事項を行政の裁量に委ねるかは立法権が決定する(立法的規律)．現代における裁量論の関心は，裁量処分の司法統制に移っているといえよう．

　(b) 法律解釈については，Yは法律の執行者として有権解釈権がある．法律の文言に不確定概念が用いられている場合，Yに一定の裁量が働くであろうが，法律の解釈については司法権が最終的な解釈権限を有しているので，行政の解釈がこれに優越することはない．立法権といえども，司法権の統制を排除するような自由をYに与えることはできないというべきである．

---

36)　行政庁(Y)は行政主体の意思を決定し表示する機関にすぎず，法人格がないので，権利義務の主体にはなり得ないが，説明の便宜上，「YX間の法律関係」として表現することにする．

(c) 要件認定は，Ⓐ裸の事実の認定，Ⓑ事実の構成要件へのあてはめ，Ⓒ事実認定の手続の段階からなる．通常の場合，ⒶⒷⒸが別個の手続として行われるのではなく，統合して行われると考えてよい．日本の司法権は憲法上，事実認定と法の解釈の権限を有しているので，司法統制はⒶⒷⒸのすべてに及ぶ．

(d) 処分決定の段階は，Ⓓ処分内容の決定＝内容裁量，Ⓔ処分するかどうか＝発動裁量，Ⓕ処分時期＝時期の裁量，に分かれる(順序は可変的)．この段階は，これまで効果裁量と呼ばれてきたが，決定裁量(ないし行為裁量)と呼ぶ方が実態に即している．ⒹⒺⒻのいずれについても，法律がYに裁量を与えることは許されるが，すべて司法審査の対象となる．

構成要件事実の認定 (a) 裸の事実の認定　法律の執行過程は，裸の事実の認定から始まるが，裸の事実の認定をまるごとYの裁量に委ねることは許されない．裁判所は，事実誤認があれば，当該処分を違法と判断する．たしかに原子力・医療等の巨大技術や高度の科学技術の領域では，事実上，専門家でなければ認識ができない事項があり得るが，憲法上，司法権が事実認定権を持つ以上，これを完全に奪う立法的規律は違憲となり許されない．

(b) 構成要件へのあてはめ　実定法規を個別の事案にあてはめる作業である．行政手続法は「審査基準」(5)と「処分基準」の公表(12)を定めたが，これら解釈基準や裁量基準(法的性格は行政規則)は，構成要件へのあてはめの段階で機能する[37]．行政庁の裁量は，多くこの段階で行われる．構成要件が法律で覊束されていない場合(白地要件，不確定概念など)においては，行政庁は個別の事案ごとに《適切な判断》を強いられる[38]．その際，判断の基礎となる事項を考慮事項(考慮要素)という．

(c) 「あてはめ」の段階に裁量を認めた判例として，(i)大学の学生の行為が「懲戒に値するものであるかどうか，懲戒処分のうちいずれの懲戒処分を選ぶ

---

[37] 判例には，個人タクシーの免許基準が内部規則で「年齢61歳」となっているところ，62歳9カ月の者の申請を却下した事案を違法とした例がある(東京地判昭和45・3・9判時587号10頁)．

[38] 不確定概念を裁量と区別する見解がある(小早川・下Ⅱ200頁，下Ⅰ26頁)．理論的にはこれを区別することができるが，論者も裁量と類似した「作業」であることを認めている．本書では裁量に含めて説くことにする．なお，阿部・解釈学Ⅱ379頁以下も「政策的・政治的・専門技術的事柄についてはある程度の裁量が認められる傾向にある」としている．

べきかを決する」にあたって,「当該行為の軽重のほか,本人の性格および平素の行状,右行為の他の学生に与える影響,懲戒処分の本人および他の学生におよぼす訓戒的効果等の諸般の要素を考量する必要」をあげたものがある(最判昭和 29・7・30 民集 8 巻 7 号 1501 頁＝京都府立医科大事件).

(ii) 外国人の在留期間の更新請求が問題になった事案で,最高裁は,在留期間の「更新の許否を決するにあたつては,外国人に対する出入国の管理及び在留の規制の目的である国内の治安と善良の風俗の維持,保健・衛生の確保,労働市場の安定などの国益の保持の見地に立つて,申請者の申請事由の当否のみならず,当該外国人の在留中の一切の行状,国内の政治・経済・社会等の諸事情,国際情勢,外交関係,国際礼譲など諸般の事情をしんしやくし,時宜に応じた的確な判断をしなければならないのであるが,このような判断は,事柄の性質上,出入国管理行政の責任を負う法務大臣の裁量に任せる」のが適切だとした(最大判昭和 53・10・4 民集 32 巻 7 号 1223 頁＝マクリーン事件,行政判例百選 76 事件).いわば政治的裁量を認めたものである.

(iii) 温泉掘削の許可が問題となった事件で,温泉法旧 4 条の「その他公益を害する虞があると認めるとき」という要件の認定は,「主として,専門技術的な判断を基礎とする行政庁の裁量により決定さるべきことがら」だと判断した(最判昭和 33・7・1 民集 12 巻 11 号 1612 頁).

(iv) 原発訴訟においても,行政庁の行う原子炉等規制法 24 条 1 項 3 号および 4 号の定める安全基準の認定は,「各専門分野の学識経験者等を擁する原子力委員会の科学的,専門技術的知見に基づく意見を尊重して行う内閣総理大臣の合理的な判断にゆだねる趣旨と解するのが相当である」とした(最判平成 4・10・29 民集 46 巻 7 号 1174 頁＝伊方原発訴訟件).裁量という言葉こそ用いていないが,実質的に要件裁量を認めたものである[39].

(v) 都市計画法事業認可の取消訴訟において,都市計画事業の認可はその基礎にある都市計画決定を前提とするから,都市計画決定の適法性を判断しなければならず,そのためには「重要な事実の基礎を欠く」か,「事実に対する評

---

[39] 判決は事実認定の裁量を認めたものではなく,安全性という概念,つまり,《構成要件へのあてはめ》の段階に裁量を認めたものと解される.

価が明らかに合理性を欠く」かどうかについて裁量審査をしなければならないとした(最判平成18・11・2民集60巻9号3249頁＝小田急線訴訟，行政判例百選75事件)．

　これらは，しばしば政治・政策的裁量あるいは専門技術的裁量という概念で整理されるが，政策判断にせよ，専門技術的判断にせよ，今日，これを行政が独占する根拠は失われている．法律要件が不確定概念で規定されている場合であっても，原則として裁判所の審査に服するべきである[40]．勿論，行政判断をある程度尊重する余地はあり得る(判断余地説)が，その場合でも，行政の当該裁量判断が具体的にどのような人権と接点を持ち，どのような価値選択の上に行われたのかを明らかにし，Yが適切な裁量義務を尽くしたかどうかを検討すべきであろう．

　(d) 事実認定の手続　行政手続法が制定され，行政処分については所定の手続を踏むことが義務づけられている．

　処分決定について　(a) 処分要件事実と「あてはめ」を満たした場合に，処分するかしないか(発動裁量)，どのような内容の処分をするか(内容裁量)，いつ処分をするか(時期の裁量)の問題である．処分要件は既に満たしていることが前提である．時期の裁量については明文がある場合もある(建築基準法6④)．

　(b) 道路の占用許可について，道路法33条は「道路管理者は……許可を与えることができる」と規定している．この場合には，許可するかどうか，いつするかについての裁量が認められると解される．行政財産の使用許可の規定(地方自治法238の4⑦，国有財産法18⑥)，河川法の定める流水占用許可(23)，土地の占用許可(24)，土石等の採取許可(25)についても，処分発動の裁量が認められる．

　他方，処分発動の裁量が認められないこともある．例えば，都市計画法は市

---

40)　タクシー運賃認可は，道路運送法9条2項1号(平成12年改正前)の「能率的な経営の下における適正な原価を償い，かつ，適正な利潤を含むものであること」という基準に基づいて行われるが，判例には，右基準に合致するか否かは，行政庁の専門技術的な知識経験と公益上の裁量的判断を必要とすることを認めた上で，裁量権行使の内部基準としての通達に定められた運賃原価算定基準の合理性を是認したものがある(最判平成11・7・19判時1688号123頁，行政判例百選72事件)．

街化区域内の開発許可について「……と認めるときは，開発許可をしなければならない」(33①)と規定し，市街化調整区域の開発行為については「……次の各号のいずれかに該当すると認める場合でなければ，都道府県知事は，開発許可をしてはならない」(34)と規定している．これらの場合は，要件を満たす限り処分発動の裁量はないと解される．飲食店営業の許可(食品衛生法52①②)や病院の開設許可(医療法7④)も羈束行為であるから，裁量の余地はない．

(c) 建築基準法9条1項は，一定の要件の下に「当該工事の施工の停止を命じ，又は，相当の猶予期限を付けて，当該建築物の除却，移転，改築，増築，修繕，模様替，使用禁止，使用制限その他これらの規定又は条件に対する違反を是正するために必要な措置をとることを命ずることができる」と規定している．処分の選択についての裁量が認められているが，違反事実との相関関係の下で選択することになろう(比例原則が含意されている)．

時期の裁量 時期の裁量については，法律の文言に潜在しているものとして，不作為の違法確認訴訟における「相当の期間」がある(行訴法3⑤)．これを超えた場合は，権限の踰越として違法性を帯びる．リーディングケースとなった事案は次のようなものであった．Xがある建物の建築工事に必要な建築資材を建築現場に搬入できるようにするために，「特定車両通行認定」(道路法47④，車両制限令5②)を申請したが，Yは付近住民が日照等の妨害を理由に反対運動を展開し，建築阻止の態勢を整えていたために，認定を5カ月余留保したので，Xがその間の工事の中断により損害を被ったとして国家賠償法1条による損害賠償請求をした．最高裁は，「認定」が裁量の余地のない確認行為の性格を有するとしながら，認定に条件を付することができること，認定が許可制度と実質的に変わらないことを理由に，「認定に当たつて，具体的事案に応じ道路行政上比較衡量的判断を含む合理的な行政裁量を行使することが全く許容されないものと解するのは相当でない」と述べ，「実力による衝突の回避」を考慮事項とした本件における処分時期の裁量を適法とした(最判昭和57・4・23民集36巻4号727頁，行政判例百選123事件)．問題は，認定の根拠法令の趣旨・目的からは判決のあげる住民との紛争の回避に対する考慮ということが読み取れない点である．したがって，Yの裁量は認定権限の行使としてのものではなく，行政指導の許容性の問題とみることもできる．また本件は国家賠償法上の違法

性が問題になったのであって，処分そのものの法適合性が問題になったのではない．その意味では，時期の裁量を正面から扱ったものではない．

これに対して，時期の裁量を明確に認めた最高裁判決(最判平成元・11・24民集43巻10号1169頁，行政判例百選222事件)がある．多額の借金を抱えるA不動産業者の仲介で不動産売買をして740万円の損害を被ったXが京都府Yを相手に，業務停止処分・取消処分等の規制権限を怠ったことを理由に国家賠償請求訴訟を提起した事案において，最高裁は，免許の取消しの要件(宅建業法66)について「その要件の認定に裁量の余地があるのであって，これらの処分の選択，その権限行使の時期等は，知事等の専門的判断に基づく合理的裁量に委ねられている」と判示した．

裁量問題の考え方 (a) 従来の議論の特徴は，裁量の問題を行政庁の「権限とその限界」の角度からアプローチしてきた点にある(これを「権限アプローチ」という)．しかし，行政裁量の本質は権限ではなく義務である(これを「義務アプローチ」という)．

行政庁の権限は，法律によって授権されたものであるが，その本質は権利ではなく義務である．権利は放棄できるのに対して義務は放棄できない．その意味で，行政庁の権限の本質は《義務の束》であって，《自由な権限行使＝裁量》という用語そのものが本来馴染まない性質のものなのである．

(b) 《義務アプローチ》においては，実体的側面においては，Yが与えられた義務を行使するに当たって，行政内部に集積している情報の中から当該事案と関連のある事項を見定めて，必要な利益衡量を尽くして判断の基礎としなければならない．他方，手続的側面においては，当該処分によって影響を受ける被処分者および(処分によって影響を受ける)第三者の手続的権利を尊重したかどうかが問われる．意思自治原則の視点からYX間の法律関係を見ると，YはXを含む国民全体の意思である法律を執行する(義務を遂行する)地位にあるにすぎない．デュー・プロセスの観念は，行政庁が法律によって授権された義務を法律の趣旨に則って適切に遂行することを求めるものであるから，義務の遂行が適切に行われない場合には(実体的・手続的に)違法となる．従来，「行政庁の裁量権には一定の限界がある」とされたのは，このことを別の角度から述べたものといえよう．

裁量は「カテゴリカルな」問題ではなく「程度」の問題であるから，行政処分の判断形成プロセスに着目して，個別具体的に検討する必要がある．裁量義務を適切に行使したといえるためには，①個別の実定法の解釈の観点から，行政庁の義務(法目的の実現)の内容を確定すること，②個々の法執行の具体的状況において，適正手続を遵守した正確な要件事実の認定を行い，③特に，政策的あるいは専門技術的性質を有する事項については要考慮事項を十分に吟味(場合によっては複数の選択肢を比較)検討した上で，④行政目的実現のために適切な時期に公正な決定をする必要がある．

4　裁量審査の方法

はじめに　(a)　行政庁の裁量権(義務)は，もともと法律が命じたものであるから，裁判所はその権限(ないし義務)が適切に行使されたかどうかを審査することができる．問題は，裁判所はどのような方法で，どこまで審査できるかである．行訴法 30 条は「行政庁の裁量処分については，裁量権の範囲をこえ又はその濫用があつた場合に限り，裁判所は，その処分を取り消すことができる」と規定している．この規定は，裁量といっても個別法が与えた「一定の枠」があることを前提としている．この枠を超えた場合には権限の「踰越」として，また枠内であっても，法律が裁量権を与えた政策目的を逸脱した判断がなされた場合には「濫用」として，ともに違法となる[41]．もっとも，判例はかなり早い時期から，踰越と濫用を概念的に区別せずに一体的に用いているが，近時，後述する新しい審査方法が展開されてきた．

(b)　伝統的な裁量審査の方式によれば，㋑羈束処分と羈束裁量には判断代置方式がとられ，㋺自由裁量処分は原則として審査しなかった(裁量不審理原則)．他方，㋩自由裁量の例外をなす行為には(比例原則違反，平等原則違反，事実誤認等の法理を用いて)「著しい」濫用があったかどうかの審査(恣意・明白性審

---

41)　行訴法が成立した 1962(昭和 37)年当時，学説・判例は「羈束裁量と自由裁量の相対化」が主流を占めていた．杉本良吉『行政事件訴訟法の解説』(法曹会・1963 年)．憲法が権力分立を認めている以上，行政権の合目的的な活動については，それが法によって許容されている範囲内に止まる限り，司法権はその当否を審判し得ない．雄川一郎『行政争訟法』(有斐閣・1957 年)122 頁．

査)をした．しかし，羈束裁量と自由裁量の相対化が承認されるようになってくると，裁量は行政処分という「カテゴリー」の問題ではなく，行政処分の①解釈，②要件認定，③処分決定，という各要素に多かれ少なかれ存在する「程度」の問題と認識されるようになった．

司法審査の在り方も，法律が行政処分の各要素に裁量を組み込んだ趣旨を行政庁が適切に具体化したかどうかを判断のプロセスごとに審査密度の濃淡を設け，行政庁の裁量義務が適切に遂行されたかを吟味検討するようになった．裁量審査の方法も変化してきたのである．ここでは，裁判所の主要な判断基準の型にそって検討しておこう．

判断代置方式 (a) 判断代置方式とは，裁判所が行政庁と同一の立場に立って独自の判断を形成し，裁判所の判断と行政庁の判断とが一致すればこれを是認し，異なる判断に至った場合には，自己の判断を行政庁の判断に置き代えて，行政庁の判断を違法としてこれを取り消すという審査方式のことである．行政庁の裁量を許す必要がない場合に用いられるものであるから，羈束処分の典型である租税の賦課処分や農地買収処分などの審査に用いられる．

(b) 法解釈権は，憲法上司法権に認められた重要な権能である．行政庁の法律解釈に誤りがあれば裁判所がこれを違法と判断するのは当然である．法解釈は，何が法に適うかについての裁量(羈束裁量)であるから，判断代置方式がとられる．

旧農地調整法 4 条(1938 年制定，1952 年農地法の制定により廃止．現在は農地法 3 条)は，農地の賃借権の設定移転は都道府県知事の許可又は市町村農地委員会の承認がなければ効力を生じないと規定していたが，その要件については規定されていない．最高裁は，「法律が承認について客観的な基準を定めていない場合でも，法律の目的に必要な限度においてのみ行政庁も承認を拒むことができるのであって，農地調整法の趣旨に反して承認を与えないのは違法である」とした(最判昭和 31・4・13 民集 10 巻 4 号 397 頁，行政判例百選 71 事件)．これは，伝統的には羈束裁量とされていた処分に当る．また，都道府県知事が行う水俣病の認定(公害健康被害の補償等に関する法律 4②)は，「客観的事象としての水俣病のり患の有無という現在又は過去の確定した客観的事実を確認する行為であって，この点に関する処分行政庁の判断はその裁量に委ねられるべき性質の

ものではない」と述べて，判断代置方式をとった(最判平成25・4・16民集67巻4号1115頁，行政判例百選78事件)．

　(c) 事実認定権も，司法権に与えられた憲法上の権能である．事実認定の裁量審査は，三つの段階ごとに考察しておく必要がある．①「裸の事実」については，裁判所は自らの認定を基礎に置く(判断代置方式)．②「構成要件へのあてはめ」については，場合を分けて考える必要がある．㋑羈束処分の場合は，判断代置方式がとられる．㋺行政の専門技術的判断や利害調整を要する政策決定の類の処分については，個別法が行政の適正な裁量を期待しているのであるから，後述の政策決定の判断過程を審査する方式(判断過程審査方式)がとられるべきであろう．③手続の遵守によって処分の合理性が担保されているような場合は，手続型審査方式(手続が遵守されたかどうかの審査)で足りよう．

社会観念審査　(a) 社会観念審査方式とは，行政庁の裁量判断の適否を審査するに当たって，原則的に審査を差し控えるが，①重大な事実誤認がある場合，②処分の根拠法律に関係ない目的ないし不正な動機に基づいて裁量権が行使されている場合等，「社会観念上著しく妥当を欠く場合」に限って処分を違法とするものである(「恣意・明白性審査」ともいう)．

　(b) 公務員の懲戒処分の事件で，処分決定の段階(処分をすべきかどうか，いかなる処分を選択すべきか)における裁量権の行使が「社会観念上著しく妥当を欠いて裁量権を付与した目的を逸脱し，これを濫用したものと認められる場合に限り違法である」としたもの(最判昭和52・12・20民集31巻7号1101頁＝神戸税関事件，行政判例百選80事件)，学生に対する処分決定の段階(処分に値するかどうか，いずれの処分を選択するか)の裁量につき「その決定が全く事実上の根拠に基かないと認められる場合であるか，若しくは社会観念上著しく妥当を欠く）」場合に違法とするものがある(最判昭和29・7・30民集8巻7号1501頁＝京都府立医科大事件)．

　構成要件の「あてはめ」の段階の裁量についても，法務大臣の外国人の在留期間更新許可の裁量につき，「判断の基礎とされた重要な事実に誤認があること等により右判断が全く事実の基礎を欠くかどうか，又は事実に対する評価が明白に合理性を欠くこと等により右判断が社会通念に照らし著しく妥当性を欠くことが明らか」であると認められる場合に限り違法となるとされた(最大判昭

和 53・10・4 民集 32 巻 7 号 1223 頁＝マクリーン事件).

（c）一般的に社会観念審査は，従来の類型でいう自由裁量の例外に相当するケースの審査に用いられる場合が多い．学説には，府立医大事件(最判昭和 29・7・30 民集 8 巻 7 号 1501 頁)や神戸税関事件(最判昭和 52・12・20 民集 31 巻 7 号 1101 頁)を裁量濫用型審査と呼んで，これらはもはや先例とならないとする見解もある(阿部・解釈学 II 375 頁)．確かに「全く事実の基礎を欠く」という表現は裁量統制の方法として，弱すぎるであろう．最高裁小田急線訴訟判決は，都市計画決定の裁量判断につき，「全く事実の基礎を欠く」ではなく「重要な事実の基礎を欠くこと」を違法判断の基準としたが，社会観念審査方式を採用したというよりも，後述の判断過程審査方式の中で述べられていることに注意しなければならない(最判平成 18・11・2 民集 60 巻 9 号 3249 頁，行政判例百選 75 事件)[42]．裁量審査の方法は，判決文の中では用語の混在がみられるが，全体としては判断過程審査の方向にベクトルが向いているように思われる．

比例原則違反を内容とする判例もある．都立学校の式典における国歌斉唱時に校長の職務命令に反して，起立して斉唱しなかったことに対する懲戒処分として X_1 に停職処分が許されるためには，学校の規律や秩序の保持等の必要性と処分による不利益との権衡の観点から停職処分を選択することの相当性を基礎づける具体的な事情が認められなければならない．過去 3 回の不起立行為で減給処分を受けたことのみを理由とする停職処分は重きに失し社会観念上著しく妥当性を欠き，裁量権の範囲を超えて違法である(最判平成 24・1・16 判時 2147 号 127 頁②事件)．同じく服装等の職務命令違反で戒告 1 回の処分歴があることのみを理由とする減給処分は重きに失し裁量権の範囲を超えている(最判平成 24・1・16 判時 2147 号 127 頁①事件，地方自治判例百選 78 事件)．他方，最高裁は，退職後の再雇用の採用候補者選考にあたり国旗に向かって起立して国歌斉唱せよとの職務命令に違反したことを特に重視すべき要素として不合格の判断をしたことは，合理性を欠くとはいえないとして広い裁量を認めた(最判平成 30・7・19 判時 2396 号 55 頁)．

---

[42] 最判平成 18・2・7 民集 60 巻 2 号 401 頁，行政判例百選 73 事件も，国家賠償法の違法性についてであるが，「重要な事実の基礎を欠く」の文言を用いている．

判断過程審査——実体関係型 （**a**）判断(形成)過程審査方式は，あらゆる行政処分に適用されるのではなく，主として政策実現の手法が高度の専門技術的判断や利害関係人の聴聞あるいは審議会の諮問手続を要する行政決定等(原発訴訟や都市計画をめぐる紛争など)に適用される手法である．権限行使の結果よりも判断形成過程の適正さ(裁量義務が尽くされているか)に重点が置かれる点に特色がある．すなわち，①行政の判断形成過程において，考慮すべき事項・価値を考慮し，考慮すべきでない事項・価値を考慮(他事考慮)していないか，②考慮要素のバランシングは適切になされているか，その際，行政庁の恣意・不正な動機・独断が働いていないか(実体的要素)，③基礎的事実と結論の間に合理性があるか，といった点が審査される．

考慮要素のバランシング(比較衡量)は，単にどのような要素を重視または軽視したかを問題にするだけでなく，しばしばそれによって護られた価値は何かにまで遡って検討されるので，相当程度「実体的価値」に踏み込むことになる．《実体型審査》と呼ぶ所以である[43]．

（**b**）実体型関係審査の嚆矢となったのは，(ⅰ)東京高裁の日光太郎杉判決であった．これは東京オリンピックの際，日光国立公園内の幹線道路の拡幅工事計画を実施に移す過程で起きた事件である．Y_1(当時の建設大臣)がY_2(起業者である栃木県知事)の申請に基づきX(日光東照宮)の境内地内の本件土地について事業認定をし，Y_2が土地収用法に基づく土地細目の公告を行った．Xは，これによって樹齢500年を超える日光太郎杉を含む巨杉15本が伐採されるほか日光表玄関の比類なき景観が破壊されるとして，事業認定および土地細目公告の取消訴訟を提起した．第一審(宇都宮地判昭和44・4・9行集20巻4号373頁)は，判断代置方式によってXの請求を認容したためY_1Y_2が控訴した．

控訴審判決は，認定事実の評価に関わる裁量権行使の判断過程に着目し，「事業計画が土地の適正且つ合理的な利用に寄与するものであること」(土地収用法20・3号)の要件事実の認定は裁量判断の余地があるとした上で，裁量判断を

---

[43] 判例には，言葉の上では考慮要素を比較検討する形式をとりながら，実際には裁判所による判断代置や社会観念審査に近いものもある(小早川・下Ⅱ199頁参照)．審査手法の相対化も指摘されているが，問題は裁判所がどの点を違法として統制したかにあるといえよう．

する過程でどのような事項を考慮すべきかの点は裁判所が審査すべき事項だとし，この要件は，その土地がその事業の用に供されることによって得られる公共の利益と，その土地がその事業の用に供されることによって失われる利益とを比較衡量した結果，前者が後者に優越すると認められる場合に充足されるとした．比較衡量に当たっては，「本来最も重視すべき諸要素，諸価値を不当，安易に軽視し，その結果当然尽すべき考慮を尽さず，または本来考慮に容れるべきでない事項を考慮に容れもしくは本来過大に評価すべきでない事項を過重に評価し，これらのことにより同控訴人のこの点に関する判断が左右されたものと認められる場合には，同控訴人の右判断は，とりもなおさず裁量判断の方法ないしその過程に誤りがあるものとして，違法となる」と判示した(東京高判昭和 48・7・13 行集 24 巻 6 = 7 号 533 頁 = 日光太郎杉事件，環境法判例百選 77 事件)．この判決は，裁量判断の形成に際して，他事考慮(オリンピックの開催に伴う自動車交通量の増加)を問題にし，本来考慮すべき事項(文化的諸価値ないし環境保全の価値)を適切に考慮していない場合は違法となるという手法で要件の認定を統制した．すなわち，要考慮事項の適切なバランシングが行われたかどうかを軸に，実体面における判断形成過程の合理性の有無を判断する手法をとっている．

　(ii) その後，アイヌ民族の聖地といわれる北海道の 1 級河川である沙流川水系二風谷地域にダムを建設するに際して，土地収用法 20 条 3 号の事業認定が問題になった事案において，事業計画の達成によって得られる公共の利益と事業計画により失われる公共ないし私的利益とを比較衡量するにあたって，「後者の利益が国際人権規約 B 規約 27 条および憲法 13 条で保障される人権であることに鑑み，その制限は必要最小限において認められるべきである」とし，建設大臣(当時)が「本件事業計画により得られる利益がこれにより失われる利益に優越するかどうかを判断するために必要な調査，研究等の手続を怠り，本来最も重視すべき諸要素，諸価値を不当に軽視ないし無視」し，「アイヌ文化に対する影響を可能な限り少なくする等の対策を講じないまま前者の利益が後者の利益に優越するものと判断」した点に裁量権を逸脱した違法があるとした(札幌地判平成 9・3・27 判時 1598 号 33 頁 = 二風谷事件，環境法判例百選 79 事件)．いずれの場合にも，発想において実質的証拠法則[44]と類似した構造を読み取ることができる[45]．

(c)「判断過程審査」は，その後，最高裁の採用するところとなり，政策的裁量・専門技術的裁量の裁判統制の主流を形成していく．代表的な判例をあげておこう．

(i)最高裁は，小学校校長の職にあった者を平教員に降格する分限処分の違法性が争われた事件で，Y(任命権者)は「その職に必要な適格性を欠く」(地方公務員法28①3号)という要件の解釈についてある程度の裁量権はあるが，「考慮すべき事項を考慮せず，考慮すべきでない事項を考慮して判断するとか，また，その判断が合理性をもつ判断として許容される限度を超えた不当なものであるときは，裁量権の行使を誤つた違法のもの」であるとした(最判昭和48・9・14民集27巻8号925頁＝分限降任事件)．

(ii)国家賠償法上の違法性判断については，相関関係説からは行政処分自体の違法性とは異なる考慮が必要であるが(大浜・行政裁判法406頁)，判例上，判断過程審査方式が影響を与えていることは確かである．Y(当時の文部大臣)の教科書検定不合格処分の違法性が争われた事案において，最高裁は，Yによる検定の審査・判断は「学術的，教育的な専門技術的判断であるから，事柄の性質上Yの合理的な裁量に委ねられる」が，教科用図書検定調査審議会の(検定基準を教科書原稿の記述にあてはめる)判断の過程に，「看過し難い過誤があって，Yの判断がこれに依拠してされたと認められる場合には，右判断は裁量権の範囲を逸脱した」ものとして国家賠償法上違法となるとした(最判平成5・3・16民集47巻5号3483頁；最判平成9・8・29民集51巻7号2921頁＝家永教科書検定訴訟，行政判例百選79事件)[46]．

---

44)　実質的証拠法則とは，行政庁の事実認定にそれを裏付ける実質的証拠が備わっている場合には，裁判所はその事実認定を採用するよう拘束される原則をいう．裁判所が審査するのは，証拠と認定された事実との間に合理性があるかどうかであって，自らの事実認定を行政の認定に置き換えない．大浜啓吉「実質的証拠法則」行政法の争点〔3版〕120頁参照．

45)　ドイツでは，不確定概念の適用について行政と裁判所の見解が対立した場合，実体的な判断代置審査を基礎にするが，行政の判断が裁判所の許容し得る範囲内のときは行政余地を認めてこれを尊重し，裁判所は自己の判断を代置することを抑制する説が主張されている(判断余地説)．しかし，価値判断についての客観的基準がないことを理由に行政の裁量権を認めることには問題がある．

46)　学校教育法旧85(現137)は「学校教育上支障のない限り……学校の施設を社会教育その他公共のために，利用させることができる」と規定している．公立小中学校の教職員の職員団体が学校施設の使用を不許可とした市教育委員会の処分に対して国家賠償請求を求めた事案

(iii)高等専門学校の学生が，信仰上の理由による剣道実技の履修拒否のため退学処分になった事案において，代替措置について何ら検討せずに体育科目を不認定としたのは，「考慮すべき事項を考慮しておらず，又は考慮された事実に対する評価が明白に合理性を欠き，その結果，社会観念上著しく妥当性を欠く」として裁量権の範囲を超える違法があるとした(最判平成8・3・8民集50巻3号469頁＝エホバの証人剣道拒否事件，行政判例百選81事件)．

(iv)原子炉設置の許可の違法性が争われた伊方原発訴訟において，判例は，原子炉等規制法24条1項3号および4号の定める安全基準の適合性の認定は，「各専門分野の学識経験者等を擁する原子力委員会の科学的，専門技術的知見に基づく意見を尊重して行うY(当時の内閣総理大臣)の合理的な判断にゆだねられる」とし，裁判所の審理・判断は「原子力委員会若しくは原子炉安全専門審査会の専門技術的な調査審議及び判断を基にしてなされたYの判断に不合理な点があるか否かという観点から行われるべき」であって，①調査審議に用いられた具体的審査基準に不合理な点があり，あるいは，②当該原子力施設が右の具体的基準に適合するとした原子力委員会若しくは原子炉安全専門審査会の「調査審議及び判断の過程に看過し難い過誤，欠落があり，Yの判断がこれに依拠してされたと認められる場合は，Yの右判断に不合理な点があるものとして」処分は違法となると判示した(最判平成4・10・29民集46巻7号1174頁＝伊方原発訴訟，行政判例百選77事件)[47]．

(v)旧建設大臣が東京都に対してした都市計画事業の認可(都市計画法59②)[48]

において，最高裁は，目的外使用の許否は原則として管理者の裁量に委ねられているとした上で，「裁量権の行使が逸脱濫用に当たるか否かの司法審査においては，……その判断要素の選択や判断過程に合理性を欠くところがないかを検討し，その判断が，重要な事実の基礎を欠くか，又は社会通念に照らし著しく妥当性を欠くものと認められる場合に限って，裁量権の逸脱又は濫用として違法となる」とした(最判平成18・2・7民集60巻2号401頁，行政判例百選73事件)．本判決は，判断過程審査の特色である考慮要素に着目している点が注目されるが，裁判所自ら右翼団体等による具体的な妨害の動きがあったとは認められない等の事実認定の上で判断しており，拒否処分の「基礎となる事実」の欠如の部分には判断代置方式の側面もあるといえよう．山本隆司「行政裁量の判断過程審査」行政法研究14号1頁参照．

47) 最判平成17・5・30判時1909号8頁＝高速増殖炉もんじゅ訴訟も同様のアプローチを採用している．なお，福島原発事故(2011年3月11日)の後，原子力委員会と原子力安全委員会は廃止され，従来内閣府，経産省，文科省に分かれていた権限を一元化した原子力規制委員会(環境省の外局)が設置された．原子力規制庁はその事務局である．

につき，本件事業地内に土地所有権を有する住民Ｘらが取消訴訟を提起した事案(小田急線高架訴訟)において，第一審判決は，都市計画事業の認可はその基礎にある都市計画決定を前提として，その上に積み重ねられる手続であるから，都市計画決定が違法であれば，都市計画事業の認可も違法になるとした(違法性の承継)[49]．そして，都市計画決定は広範な裁量に委ねられているが，その違法性を検討するにあたっては，Y(東京都)が都市計画決定を行う際に考慮した事実およびそれを前提としてした判断の過程を審査すべきだとし，①考慮要素の適否については，騒音の問題を看過し，②判断内容の適否については，高架式採用のデメリット，事業費の検討等について著しい誤りがあるとして，違法性を導いた(東京地判平成 13・10・3 判時 1764 号 3 頁＝藤山判決)[50]．第二審(東京高判平成 15・12・18 訟月 50 巻 8 号 2332 頁)は，原告適格を否定して請求を棄却したが，原告適格に関する受理申立につき，最高裁大法廷(最大判平成 17・12・7 民集 59 巻 10 号 2645 頁，行政判例百選 165 事件)は，原告適格を認めた(大浜・行政裁判法 142 頁)．本案について，最高裁は，都市計画決定の「基礎とされた重要な事実に誤認があること等により重要な事実の基礎を欠くこととなる場合，又は，事実に対する評価が明らかに合理性を欠くこと，判断の過程において考慮すべき事情を考慮しないこと等によりその内容が社会通念に照らし著しく妥当性を欠くものと認められる場合に限り，裁量権の範囲を逸脱し又はこれを濫用したものとして違法となる」とした(最判平成 18・11・2 民集 60 巻 9 号 3249 頁，行政判例百選 75 事件)．

　(vi) 一般公共海岸区域で桟橋設置の占用不許可処分の違法性が争われた事件

---

48) 都市計画決定には処分性がないことは確立した判例である(最判昭和 57・4・22 民集 36 巻 4 号 705 頁，行政判例百選 153 事件)．
49) 都市計画決定自体は内部行為であるから「行為規範型審査」(法律関係の枠組みがなく被処分者が存在せず，優れた政策形成を目的とする都市計画決定のような場合，法規範は実体要件＝目標と手続規定＝手段を組み合わせた形をとる．司法審査は行政庁が行為規範を遵守して裁量権の適正な行使をしたかどうかに向けられる)が妥当する．大浜啓吉「小田急線高架訴訟と行政裁量」法学教室 257 号 52 頁以下参照．
50) 藤山判決の裁量論は厳密には行政処分の裁量ではない．藤山判決は，判断過程審査方式を採用しているが，仔細に検討すると実質的には判断代置方式に近い．つまり，裁判所が考慮要素の判断の中身に立ち入ってその適否を判断しているように思われ，いわば「隠れた判断代置方式」ともいえよう．

において，最高裁は「考慮すべきでない事項を考慮し，他方，当然考慮すべき事項を十分考慮しておらず，その結果，社会通念に照らして著しく妥当性を欠き，裁量権の範囲を超え又はその濫用があった」ものとして違法となるとした(最判平成19・12・7民集61巻9号3290頁).

判断過程審査——手続型 (a)「判断過程」には，行政庁の判断が正確な事実に基づき，かつ利害関係人等の意見が反映されるような適正な手続の下で行われたかどうかを審査するものがある(手続型).手続型の典型例は，個人タクシー事件[51]，群馬中央バス事件[52]である.裁量過程の統制に新風を吹き込んだ重要な判例であり，行政手続法の制定にも多大な影響を与えた判決である.行政手続法制定後においても，道路運送法(旧)9条2項1号「能率的な経営の下における適正な原価を償い，かつ，適正な利潤を含むものであること」という基準に適合するか否かは，行政庁の専門技術的な知識経験と公益上の判断を必要とし，ある程度裁量的な要素があることを認めつつ，手続的裁量統制の手法が採用されている(最判平成11・7・19判時1688号123頁＝三菱タクシーグループ運賃値上げ申請却下事件，行政判例百選72事件は，行政庁＝地方運輸局長が道路運送法

---

[51] この事件は，個人タクシーの免許の拒否処分が争われたものである．行政庁(Y)は道路運送法6条1項の要件の有無を判断するために，17項目の内部基準を定めていたが，本件のXは，このうち「本人が他業を自営している場合には転業困難なものでないこと」および「運転歴7年以上の者」の基準に該当しないと認定した．この内部基準はXに告知はされていなかったが，仮に事前に知っていれば，軍隊時代の運転歴を算入して基準を満たすことができたにもかかわらず，知らされていなかったために，この点を主張することができなかった．最高裁判所は，「多数の者のうちから少数特定の者を具体的個別的事実関係に基づき選択して免許の許否を決しようとする行政庁としては，事実の認定につき行政庁の独断を疑うことが客観的にもっともと認められるような不公正な手続をとってはならない」とし，道路運送法6条のように抽象的な審査基準を定めているときには，「その趣旨を具体化した審査基準を設定し，これを公正かつ合理的に適用すべく，とくに右基準の内容が微妙，高度の認定を要するようなものである等の場合には，右基準を適用するうえで必要とされる事項について，申請人に対し，その主張と証拠の提出の機会を与えなければならない」と判示した(最判昭和46・10・28民集25巻7号1037頁，行政判例百選117事件).

[52] この事件は，X(群馬中央バス株式会社)が既設バス路線の延長を計画し，Y(当時の運輸大臣)に対して道路運送法に基づいて，事業の免許申請をしたところ，Yは東京陸運局長の聴聞，運輸審議会の公聴会の結果を踏まえて，「事業の開始が輸送需要に対し適切なもの」(道路運送法6①1号)に当たらないとして拒否したので，Xが取消訴訟を提起したものである．最高裁は，本件処分を適法としたが，手続過程の重要性に深い理解を示した(最判昭和50・5・29民集29巻5号662頁，行政判例百選118事件).

〔平成12年改正前〕9条2項1号の基準に適合するかどうかを「個別に審査判断」するために原価計算算定根拠について説明を求めたのに，これを明らかにしなかったために申請却下処分をしたものであるが，この判断に裁量権の逸脱濫用はないとされた）．

(b) 手続型審査は，行政庁の裁量の実体的側面ではなく，もっぱら手続(審査基準・処分基準の設定・公開がなされたか，告知・聴聞の適切性，審議会諮問手続等の履践等々の手続要素)に着目して，行政手続法ないし個別法の定めた手続が履践されたかどうかを審査する手法である．その根底にあるのは，デュー・プロセスの法理である．すなわち，専門的判断や複雑な利害関係の調整を必要とする政策決定については，一定程度の裁量が不可避であるため，行政決定過程に多様な国民(専門家，利害関係人，審議会等)の意見を組み込むことで行政決定の合理性を担保する仕組みがとられている場合が多い．他方，裁判所は，《法の解釈と事実認定》の最終的判断権を憲法上保障されているものの，公共政策についての専門家ではないので，この種の裁量の審査には限界が伴う．そこで，この種の政策決定裁量の審査は，処分内容に踏み込むよりも決定過程の手続が適正に履践されたかどうかを審査すれば足りるとされるのである．

その他の裁量判断基準 (a) 従来から，裁量権の逸脱・濫用を導くために用いられてきた基準として，㋑平等原則違反，㋺比例原則違反，㋩目的逸脱・動機の違法等の法理がある．これらの基準は，構成要件の認定ではなく処分決定のレベルで用いられる．

(b) 平等原則違反　例えば，同一条件の複数の者のうち，一人のみ滞納処分を行うのは平等原則違反として違法である．判例として，食管法に基づく供出米の割当通知の取消しが問題になったケースで「行政庁は，何等いわれがなく特定の個人を差別的に取り扱いこれに不利益を及ぼす自由を有するものではなく，……行政庁の裁量権には一定の限界がある」と判示したが，処分の違法性は否定した(最判昭和30・6・24民集9巻7号930頁)．判例は著しい差別となる場合でなければ違法としない傾向にあるので，この基準は「社会観念審査」に吸収されることになろう．

(c) 比例原則違反　比例原則は，もともと警察比例の原則(警察権は公共の安全と秩序の維持に必要な最小限度で発動できる)に由来するものであるが，今日では憲法13条を根拠に人権尊重のために過剰規制を抑制する一般法理として確

立した原則である．すなわち，裁量権の発動として選択された手段は，公益上の必要性を超えて相手方の権利自由を侵害するものであってはならず，目的と手段との間に可能な限り正当な比例関係を保つべきことを内容とする．

　例えば，①運転免許の取消しについては，公安委員会に一定範囲の裁量権があるが，軽微な違反なのにその取消しが行われた場合には比例原則違反の可能性があるとしたもの(最判昭和39・6・4民集18巻5号745頁——比例原則に違反しない)，②学力テスト反対行動に参加した中学校教員に対する懲戒免職処分が比例原則に違反することを指摘したもの(最判昭和59・12・18労判443号23頁，公務員判例百選37事件)があり，他方，③法律よりも強度の規制を定めた条例を無効と判断するに当たって，比例原則違反を理由としたものがある(福岡高判昭和58・3・7行集34巻3号394頁＝飯盛町旅館建築規制条例事件)．比例原則は目的と手段の比例性を求めるものであるから，この比例性が崩れた場合には，「社会観念上著しく妥当性を欠く」違法として利用されることが多い．

　(d) 目的逸脱　目的逸脱の例として，ソープランドの開業を阻止するために，児童遊園設置を急遽許可した動機に違法があるとして国賠法上の違法性を導くとした判例がある(最判昭和53・5・26民集32巻3号689頁，行政判例百選29事件；最判昭和53・6・16刑集32巻4号605頁＝山形県余目町個室浴場事件，行政判例百選68事件)．根拠法によってカバーされない目的の逸脱があったケースである．また，公立学校の教諭の転任が当局の思想調査に基づく場合には違法になるとした裁判例もある(札幌地判昭和46・11・19判時651号22頁)．

　(e) 信義則違反　当該処分が信義則に違反する場合に用いられる基準である．出入国管理及び難民認定法に基づき「日本人の配偶者(X)」の資格で上陸を許可された中国人女性に対し，法務大臣は婚姻無効確認訴訟が係属中であることを理由に，本人の意思に反して「短期滞在」に変更申請があったとして扱い在留資格変更許可を行った．当該訴訟が中国人の勝訴で確定した後，法務大臣は短期滞在資格による在留期間の更新をする理由がなくなったとして更新不許可処分を行った．最高裁は，滞在資格を変更した際の経緯を考慮していない点につき，法務大臣は信義則上，「短期滞在」の在留資格によるXの在留期間の更新を許可した上で，Xに対し，改めて「日本人の配偶者」という在留資格での滞在を継続すべき相当の理由が存在するか否かにつき，公権的判断を受ける

機会を与えるべきだとして裁量権の濫用による違法性を認めた(最判平成8・7・2判時1578号51頁).

第4節　行政処分の成立と効力

1　行政処分の成立

民事と行政の違い　(a) 私法上の法律関係は，基本的に当事者(AとB)の意思の合致によって効力を生じる．当事者(AまたはB)の意思に瑕疵がある場合，無効となったり，取り消し得る行為となったりするが，それは当事者だけの問題である．

これに対して，行政上の法律関係は趣が違う．行政庁(Y)が私人(X)に対して課税処分(更正処分)をした場合，YX間に1000万円の租税債権債務関係が成立するが，Yの処分は法律の執行(国民意思の現実化)としての意味を持つので，「適法処分の原則」が働く．YがXの収入の認定を誤り，700万円の課税が正しいとすれば，その処分は違法となる．

(b) 私法上の法律関係では，債権者Aが債務者Bを訴える．これに対して，行政上の法律関係では，債務者Xが債権者Yを訴える．Xは黙っていては1000万円の滞納処分を打たれてしまうので，自ら取消訴訟を提起して，「Yの1000万円の処分は違法だ」と主張しなければならない．Xは民事の確認訴訟を提起して，自分の債務は700万円だと主張することはできない．これを取消訴訟の排他的管轄(行訴法3②③)という．

行政処分の成立　(a) 行政処分は，行政庁がその内容を決定し，これを外部に表示することによって成立する(最判昭和57・7・15民集36巻6号1146頁＝高砂市ガソリンスタンド事件，行政判例百選57事件)．内部的な意思決定が行われたとか，処分権者の書類の決裁がすんだというだけでは行政処分は成立しない．

(b) 行政庁の意思決定を外部に表示する方法について，一般的な定めはない．個別の法律で，書面(通知書，令書等)の作成や公簿への登載が指定されている場合もある．一般的には口頭や電話で行ってもよいが，確実性の点からは書面の方が望ましい．書面による場合には，行政庁の意思表示が相手方に到達

することが必要である．行政処分の相手方が特定しておりかつ居所が明らかであるときは，郵送すればよい[53]．行政庁が相手方を知ることができないとか，その所在が不明の場合には公示送達の方法による．個別法で公示送達の方法を規定している場合もある(国税通則法 12〜14①②，農地法 9②③，旅券法 19 の 2)が，規定がない場合には基本的には民法 98 条によるべきであろう(内閣法制局意見昭和 28・7・28 法制局第一部長回答)[54]．ただ，民法上の公示送達は擬制にすぎないので，不利益処分を内容とするような場合にまで常にこれで足りるとすると，私人にとって争訟の機会を喪失するなど不利益が大きい．そこで，当該処分の性質・内容上，名宛人の不利益と比較衡量して行政上の必要性がこれを上回る限りにおいて，適切な公示方法で行うことができると解すべきであろう(兼子・総論 184 頁)．相手方が不特定多数の場合には告示(官報に掲載)による(国組法 14①)．

処分の発効の時期　(a) 行政処分が効力を持つためには，処分が相手方に到達する必要がある．問題はどういう場合に到達したといえるのかである．口頭(電話を含む)の場合には即時に相手方に到達する．隔地者間の場合には「その意思表示が相手方に到達したとき」に効力が生ずる(最判昭和 29・8・24 刑集 8 巻 8 号 1372 頁)．これを到達主義という．つまり相手方が現実に了知し，または相手方が了知し得る状態に置かれればよい(最判平成 11・10・22 民集 53 巻 7 号 1270 頁，行政判例百選 59 事件)．

2002(平成 14)年に制定された行政手続オンライン化法(行政手続等における情報通信の技術の利用に関する法律)により，オンラインによって処分通知等を行うことができるようになったが，この場合には，「処分通知等を受ける者の使用に係る電子計算機に備えられたファイルへの記録がされた時に当該処分通知等を受ける者に到達した」ものとみなされる(4③)．

(b) 効力の発生時期について，個別法に特別の定めがあるときはこれに従う．特別の定めには，法律に明文の定めがある場合(国籍法 10②)に限らず，法

---

[53] 出奔して所在不明になった地方公務員に対する懲戒免職処分の人事発令通知書および処分理由説明書は，右職員の最後の住所においてその妻に交付し，かつ県の公報に掲載する方法で行うことで足りるとした(最判平成 11・7・15 判時 1692 号 140 頁，行政判例百選 58 事件)．
[54] 生活保護申請の決定の送達につき，東京地判昭和 45・6・25 判時 601 号 51 頁．

律全体の趣旨から解釈される場合もある(最判昭和50・6・27民集29巻6号867頁は，税理士に対する懲戒処分の確定時期は処分確定の時であるとした).

2 適法な行政処分の効力

拘束力　(a) 行政処分が適法である場合には，直接の相手方は表示されたところに従わなければならない．これを拘束力という．これに対して，拘束力の概念を不要とする説があった[55]．拘束力も公定力によって担保されていることを理由とするが，私見によれば，ここでは実体法上の効力を問題にしているのであるから，公定力によって担保されていることを理由とすることはできない．公定力については，後述するように，取消訴訟制度(不服審査，抗告訴訟，職権取消しを含む)の反射的効力にすぎず[56]，実体法上の効力として認める必要のないものである．拘束力は意思自治原則の理論的帰結であり，処分によって具体的な権利義務関係が形成された以上，処分の相手方が実体法的に拘束されるのは当然である．処分が適法になされた限り，相手方だけでなく行政庁も拘束される．

(b) 拘束力は「適法な」処分に認められる効力であって，「違法な」処分には認められない．私人は，適法な処分を事実上争うことはできるが，実体法的に適法である以上，従わざるを得ない．

規律力　(a) 一方的に具体的法律関係を形成する力(処分のもつ権力性)を「規律力」と呼び，行政処分の効力の一つに加える説がある(塩野・行政法Ⅰ155頁以下)．確かに行政庁(Y)と私人(X)との間の法律関係は行政処分によって規律されているように見える．しかし，それは行政処分の結果であって，処分によってXY間に権利義務関係が形成される以上，規律力を「処分の効力」といってみても，格別の意味はない．塩野説は，権限ある機関が処分を取り消すまでは，具体的法関係は維持され，公定力と結合することで取消訴訟の排他的管轄の機能があるとしている．しかし，規律力によって具体的法関係が形成された

---

[55]　塩野・行政法Ⅰ〔初版〕105頁．
[56]　伝統理論は公定力を実体的効力として認識し，しかもこれをア・プリオリに存在するものとしてきたが，立憲君主制時代の行政法理論の残滓にすぎない．もっとも，反射的効力を手続法的見地から公定力と呼ぶことは不可能ではないが，それは言葉の問題である．

としても，そこから取消訴訟でしか争えない(排他性)という理屈は出てこない．行政と私人間を規律する権限(規律権)は，行政庁の法律を執行する権限に包摂されたものでしかない(大浜・行政裁判法 44 頁以下)．

(b) 処分の効力を根本に遡って考えてみよう．個々の行政法規は一定の行政目的を達成するために制定されているが，これは行政処分によって XY 間の法律関係を通して実現するものである．したがって，憲法上，行政権には「行政上の法律関係を規律する」権能が認められているのである．行政庁の処分は，個別の法律によって抽象的に規律されている XY 間の法律関係を具体的権利義務関係に転換するものである．つまり処分によって XY が規律されるのは，行政処分レベルで，行政の意思力(処分)に与えられた「効力(権力)」と見るべきではなく，憲法上行政権が有する「法律を誠実に執行する」(憲法 73・1 号)権限を行使した結果に過ぎない．また，仮に行政処分に規律力を認めたところで，客観的に違法な処分にどのような内容の規律力が認められるであろうか．規律力が違法な処分さえ「有効＝適法」とする効力だとすれば，実体的公定力概念の焼き直しの意味しか持ちえず，法の支配の原理とも相容れない．塩野説は，取消訴訟は公定力排除訴訟ではなく，「法的行為としての行政行為」そのものの存在をなくす(行政行為の規律力そのものを否定する)訴訟だとする．何となれば，「公定力の排除だけであると，公定力のない法行為がなお存在することになるが，それでは原状回復は完成しない」からだという(塩野・行政法 II 85 頁)．しかし，第一に，公定力は処分が違法な場合に発生する効力であるから，公定力のない行為は違法であり，私人はこれに拘束されない．だから塩野説のように「行為そのものの存在をなくす」必要はない．第二に，塩野説のように，取消訴訟は規律力(一方的に具体的法律関係を形成する力)そのものを否定する訴訟だとすることは取消訴訟の訴訟物を処分の違法性と考える立場と矛盾することになろう．むしろ法律の執行を任務とする行政権には憲法上「規律権」が内在しており，「適法処分」を義務付けていると考えるべきである．

執行力 (a) 行政処分が適法であるにもかかわらず，相手方がこれに従わない場合，処分の内容を行政権が自力で実現し得る効力を自力執行力という．

私人間の権利義務の争いでは，自力救済は原則として禁止されている．権利を実現するには，必ず裁判所に訴えて債務名義(強制執行できる法的資格)を得る

必要がある(民事執行法22). 強制執行は申立てにより, 裁判所または執行官が行う(民事執行法2). これに対して, 例えば租税債務の督促を受けながら納税しない滞納者に対して, 国や自治体は裁判所に出訴することなく, 国税徴収法またはその準用法律に基づいて直ちに自力で差押え, 公売の強制執行を行うことができる. その意味で, 自力執行力は「裁判省略の特権」の付与という実質をもつものである(兼子・総論203頁).

(b) かつては, 執行力は義務を課す行政処分の本質に内在する固有の属性と解されていた. これは, 裁判判決と行政処分とを等位的国家行為と見た結果であって, 今日の憲法体制の下では妥当しない. 現憲法の下では, 授権執行の原則により, 私人の義務を強制するためには, 行政代執行法をはじめ別の法律の根拠が必要である. したがって, 法律が認めた行政処分のみが, 法律の認めた限度, 内容において有する効力であって行政処分に一般的に備わっているものではない(申請拒否処分や生活保護の給付決定には執行力はない). また執行力は具体的義務を課す処分に限られ, 相手方に権利利益を与える処分については認められない.

3 違法な行政処分の効力

取消訴訟の排他的管轄 (a) 行政処分が違法の場合には, 取消訴訟の排他的管轄が及ぶとされてきた(行訴法3②③). 排他的管轄とは, 行政処分によって形成された法律関係の争いは, 取消訴訟のルートだけが利用でき, 民事訴訟や当事者訴訟は利用できないという意味である. 例をあげれば, 今, Xの土地が違法な土地収用処分(権利取得裁決)によってY(自治体)に移転したとしよう. Xは, Yとの法律関係を民事の権利義務関係に引きなおして, 民事訴訟によって土地所有権の確認訴訟や土地の引渡しを求める給付訴訟を提起して自らの権利を護ることができる筈である. しかし, 行訴法3条があるため, Xは処分の違法については取消訴訟でしか争うことはできない. 換言すれば, 所有権に基づく土地返還を求める民事訴訟では, 処分の瑕疵(取消事由)を争うことができないことを意味する. しかし, すべての公権力の行使に排他性があるのではなく, 排他性は「行政庁の処分」に限定し,「その他公権力の行使に当たる行為」については当事者訴訟や民事訴訟も許容すべきである(大浜・行政裁判法

127 頁参照).

(b) 英米の司法国家では，行政事件も民事訴訟で処理される．日本も戦後の行政訴訟改革の中で，行政事件も民事訴訟で処理するという選択肢もあり得たが，明治憲法下で採用されていた行政訴訟方式が選択された．その決め手となったのが，公定力理論である．公定力は行政訴訟制度を構想する際の前提となっている．その結果，取消訴訟は「公定力を排除する訴訟」だとされる．そして，諸々の行政制度が公定力理論を背景に打ち立てられた[57]．では，公定力とは何か．

公定力の意義 (a) 公定力とは，行政処分が権限ある機関(行政庁または裁判所)によって取り消されない限り，原則として有効とされる効力をいう．判例も公定力を認めている(最判昭和 30・12・26 民集 9 巻 14 号 2070 頁，行政判例百選 67 事件)．この概念は，もともと戦前において，司法裁判所が公権力の行使をめぐる争いについて管轄権を有していなかったことに由来する．すなわち行政処分の効力が先決問題となる場合において，司法裁判所は行政処分が無効の場合だけ審査でき，処分の瑕疵が違法原因にとどまるときは審査権が及ばないとされた．つまり，処分が違法の場合には行政裁判所で取り消さない限り，司法裁判所は，当該処分を適法として扱わなければならなかったのである．

(b) 公定力を認めた明文の規定はない．その根拠について，かつての通説は自己確認説(天皇の手足である官吏が確認したから適法である)をとっていたが，近時の通説は，実体的な観点からこれを基礎づけるのではなくて，手続的観点，すなわち取消訴訟の排他的管轄の反射的効果であるとしている．しかし，これは形式的な説明にすぎないので，実質的な根拠(制度目的)として，行政目的の早期実現，行政関係の安定性，あるいは公益の円滑な実現，紛争処理の合理化・単純化に適している等があげられている．

公定力批判 (a) 公定力理論の基盤は，立憲君主制という国家構造にあった．行政権独立の思想や司法裁判所と行政裁判所の管轄問題を解決する法技術的必

---

57) 従来，①適法性の推定と立証責任の分配，②取消訴訟の訴訟物，③処分性，④取消訴訟の性質論，⑤執行力，⑥執行停止原則および仮処分排除，⑦民事・刑事訴訟における先決問題の審査などの諸制度があげられてきた．宮崎良夫『行政争訟と行政法学〔増補版〕』(弘文堂・2004 年)197 頁以下参照．

要性もこれを支えた．これらはいずれも，日本国憲法の採用する法の支配の原理と相容れない．すなわち，①司法権からの行政権の独立というテーゼ自体が成り立たない．②行政裁判所は存在せず，司法裁判所との管轄問題があり得ない．③「法律に基づく行政の原理」の下では，「適法処分の原則」が働くので，違法な行政処分を有効だとして他の国家機関や国民を拘束する根拠がない．④国民の意思を体現していない「違法な処分」を有効としたところで，取消訴訟の可能性がある以上，真に「行政目的」を実現したことにならないし，「法的安定性」がもたらされるものではない．法的安定性はむしろ不可争力の問題である．⑤紛争処理の合理化・単純化は排他的管轄の問題であって「処分の効力」とする必要性はない．公定力理論は，もはや存立する基盤を喪失し，存在意義を失っていると言わざるを得ない[58]．

（b）戦後，強い批判が加えられたにもかかわらず，公定力の概念が生き残っているのは何故であろうか．それは行政事件訴訟法で取消訴訟が制度化されたからである．多くの学説・判例は，3条（取消訴訟の排他的管轄）の規定が公定力を前提にした規定だと解釈し，あるいは3条から公定力の概念を引き出し，しかも公定力を事実上「（処分に内在する）実体的効力」として理解している．取消訴訟を形成訴訟と理解するのはその現れの一つである．

しかし，「排他的管轄」とは，行政処分には取消訴訟だけが適用されるという意味でしかない．排他的管轄の規定から，実体的公定力概念を引き出すことはできない[59]．せいぜい手続的効力しかもち得ない．意思自治原則から引き出された「法律に基づく行政」の原理の下では，公定力の概念は，きっぱりと否定すべきである．行訴法3条2項の「行政庁の処分」に限って，取消訴訟の排他的管轄が及ぶと解すれば十分である[60]．

---

[58] 大浜啓吉「法の支配と行政訴訟」原田尚彦先生古稀記念『法治国家と行政訴訟』（有斐閣・2004年）25頁以下．

[59] 形式的処分概念が提唱されているが，その場合は取消訴訟のほかに民事訴訟で争うこともできることになり，排他性の概念自体が成り立たない．前掲・大浜「法の支配と行政訴訟」32頁以下参照．

[60] 他方，行訴法3条2項の「その他公権力の行使に当たる行為」には排他的管轄は及ばないと解される（大浜・行政裁判法127頁）．正面から公定力の概念を使わない教科書もある（宇賀・概説Ⅰ339頁）．

排他的管轄の範囲 (a) 取消訴訟の排他的管轄は，処分の相手方および第三者に及ぶ．これらの者が，民事訴訟法や当事者訴訟で処分の効力を否定することは原則としてできないので，当該処分の取消訴訟が係属しない裁判所にもその効果が及ぶことになる(芝池・総論149頁)．取消訴訟の排他的管轄は，その処分の違法性が争点となる場合に限る(排他的管轄の客観的範囲)．以下，場合を分けて考察しておこう．

(b) 民事上の法律関係が処分の目的と無関係の場合　(i) 戦没軍人 A の恩給につき，恩給局長 Y が A の実父 X_1 と継母 X_2 を同順位受給権者とする処分(それぞれ 2 分の 1 の扶助料)をし，X_1 が代表して給付を受けていた．その後 X_1 と X_2 の関係が悪化したらしく，X_2 が自分の扶助料の分与を求めて出訴した．判決は「公定力の及ぶ範囲は，それぞれの行政処分の目的，性質に応じこれを認むべき合理的必要の限度に限られるものと解するのが相当である」とし，Y の処分は受給原因発生の有無の判断はするが，受給権者と主張する者が数人ある場合に，その間の争いを裁いて唯一の受給権者を裁定することを目的としていないから，公定力(取消訴訟の排他的管轄)もそこまでは及ばないとした．したがって，X_2 は X_1 の後順位者であって未だ扶助料を受ける権利を有していないものとしても差し支えないとした(東京地判昭和 39・6・23 判時 380 号 22 頁)．

(ii) A 原子力発電所が原子炉設置の「許可」を受けたとしても，付近住民 X らの人格権に基づく差止請求が取消訴訟の排他的管轄(公定力)によって妨げられることはない．

(c) 申請拒否処分と再申請の場合　申請に対する拒否処分の後に，再度，必要な法律要件を充足したとして同一の許認可等の再申請をすることがある．この場合，最初の拒否処分の排他的管轄によって，再度の拒否処分の取消訴訟が不可能になるものではない．下級審判例の中にも，遺族年金の申請が却下された後，新資料を添付して再申請したケースについて，「行政処分は原則として確定判決のような一事不再理の効力を有するものではなく，申請を却下した処分が争訟提起期間を経過して確定した場合であつても，法令に特別の規定がない限り，当事者は新たに取得した資料を添えて同一事項につき再申請をすることが許され，行政庁はこれに対して改めて処分を行うべき義務がある」と判示したものがある(東京地判昭和 56・10・28 行集 32 巻 10 号 1854 頁；最判昭和 29・5・

14 民集 8 巻 5 号 937 頁は, 一般論としてこれを認めたが, 争訟裁断行為について, 行政庁が一度した裁定を取り消して異なる裁定をすることは許されないとした). この場合, 最初の拒否処分の違法性自体が問題になっていないので, 最初の拒否処分の排他的管轄が, 再度の拒否処分に及ぶことはないと解される. 再度の申請を許容したところで, 行政庁に実質的に何らの不都合も生じない以上, 行政庁は事情変更に基づく再度の申請に対しては, 当然応答すべき義務がある[61].

なお, 同一の住民から同一内容の住民監査請求がなされた事案において, 最高裁は住民監査請求を重ねて行うことはできないとした(最判昭和 62・2・20 民集 41 巻 1 号 122 頁, 行政判例百選 130 事件). 他方, 監査委員が適法な住民監査請求を不適法であるとして却下した場合,「当該請求の対象とされた同一の財務会計上の行為又は怠る事実を対象として再度の住民監査請求をすることも許される」と判示した(最判平成 10・12・18 民集 52 巻 9 号 2039 頁, 地方自治判例百選 97 事件).

処分が無効の場合　(a) 処分の違法性が争点となる場合でも, 取消訴訟の排他的管轄が及ばない場合がある(排他的管轄の限界).

(b) 処分が無効の場合には, 取消訴訟の排他的管轄には服さない. 農地買収処分の無効を理由に民事訴訟を訴えることはできる(東京地判昭和 41・9・26 行集 17 巻 9 号 1081 頁).

---

61) 学説には, この問題を不可争力の角度から取り上げ, 再度の申請に対する拒否処分に対して取消訴訟を認めると, 第一回の処分に対して出訴期間を置いた意味がなくなるから, 行政庁としては, 申請に対する審査義務は特段の事情がない限り生じないとするものがある(塩野・行政法 I 176 頁, より細かい分析として小早川・下 I 31 頁以下参照). 判例にも, 再度の労災保険法に基づく遺族補償年金支払い請求に対して,「第一次請求に対して第一次処分がなされてこれに不可争力が生じたにもかかわらず, 特段の事情もないのに第一次請求と請求者, 労働者及び災害を同じくする請求を許容することは第一次処分に不可争力を認める現行法制度の趣旨に反する」ので, かかる「請求がなされたときは, 特段の事情がない限り, 一事不再理の法理が働く」と判示したものがある(浦和地判平成元・12・15 判時 1350 号 57 頁). しかし, 本文で述べたように, この問題はむしろ取消訴訟の排他的管轄の問題として捉えるべきである. 前の手続と後の手続の対象が同一である場合は公定力が及び, 新しい審査はできないとする見解もある. 再申請が繰り返される場合を念頭においているのであろうが, 濫用にわたる場合には, 申請権の濫用の法理によって対処すれば足りるのであって, 申請拒否処分の場合, 処分の中身は何もないのであるから, 対象が同一であっても, 別異に扱う理由はない. この論点については, 人見剛「行政処分不可争後の権利救済の可能性──行政処分の不可争力の限界」東京都立大学法学会雑誌 39 巻 1 号 121 頁以下参照.

産業上利用することができる発明をした者は，新規性・進歩性などの要件を備えると特許権を受ける(特許法29，30，32)．特許に無効事由があるとして，これを争う者は特許無効審判でその効力を争い，その審決に不服のある者はさらに審決取消訴訟を提起することになっている(同法123，178)．したがって，民事訴訟で特許の無効を判断することはできず，取消訴訟の排他的管轄の下にあると認識されてきた．ところが，最高裁は，特許の無効審判が確定する以前であっても，特許侵害訴訟を審理する裁判所は，特許に無効理由が存在することが明らかであるか否かについて判断することができるとし，「審理の結果，当該特許に無効理由が存在することが明らかであるときは，当該特許権に基づく差止め又は損害賠償の請求は，特段の事情のない限り，権利の濫用にあたり許されない」と判示した(最判平成12・4・11民集54巻4号1368頁＝キルビー事件，特許判例百選74事件)．この判決は，「無効理由が明らかであるとき」に限って，取消訴訟の排他的管轄の対象にならないとしたものである．

国家賠償訴訟の場合　(a) 行政処分によって損害を受けた者が，処分の取消訴訟を提起せずに国家賠償訴訟を提起しても差し支えない．国家賠償訴訟でも処分の違法性は審理の対象となるが，それは金銭によって損害を塡補すべきかどうかの観点からの違法性であって，処分の効果それ自体とは関係がない(大浜・行政裁判法404頁以下)．判例も「行政処分が違法であることを理由として国家賠償の請求をするについては，あらかじめ当該行政処分につき取消又は無効確認の判決を得なければならないものではない」と述べてこの理を認めている(最判昭和36・4・21民集15巻4号850頁)．なお，処分内容が金銭支払にかかわる課税処分については，特別な不服申立て手続や行政訴訟の仕組みが無意味になるとして国家賠償請求訴訟を認めるべきではないとの見解があったが，最高裁は，固定資産税の登録価格について，「公務員が納税者に対する職務上の法的義務に違背して当該固定資産の価格ないし固定資産税額を過大に決定したときは」地方税法上の不服申立手続を経由せずに直截に国家賠償請求を行い得ると判示した(最判平成22・6・3民集64巻4号1010頁，行政判例百選233事件)．

(b) 申告納税制ではなく，賦課課税方式を採用している固定資産税について，近時の裁判例の中には，行政処分が違法の瑕疵を有するにすぎない場合であっても，取消訴訟と国家賠償とは制度の趣旨・目的を異にすることを理由に，

取消訴訟の排他的管轄が及ばないとするものがある(浦和地判平成 4・2・24 判時 1419 号 105 頁).

(c) 年金支給拒否処分についても，取消訴訟を提起せずに，損害賠償によって拒否された分の年金を受け取ろうとした事案について，これを認めた裁判例がある(鳥取地判昭和 55・3・13 判時 969 号 103 頁).

刑事裁判の場合 行政処分(営業停止命令)に違反した場合に刑罰を科すことがある(風営法 26, 49). この場合，行政処分の排他的管轄は，起訴された被処分者 X の刑事裁判には及ばないと解される(兼子・総論 200 頁，芝池・総論 149 頁). そうでなければ，X は刑事裁判の場で行政処分の無効や違法を理由に無罪を主張できなくなり，別途に取消訴訟を提起することを余儀なくされる. 判例は処分が無効でない以上は刑事裁判にも公定力(取消訴訟の排他的管轄)が及ぶとしている[62]. また有力説は犯罪構成要件の解釈に関わる問題だとする(塩野・

---

[62] 判例をあげておこう. ①X は，個室付浴場(いわゆるソープランド)の許可申請をしたが，距離制限に違反しているという理由で申請却下処分を受けたが，これを無視して営業したために，無許可営業の罪に問われた. 判決は，大阪市長の距離制限規定に基づく不許可処分が違法なものであることは明らかであると認定しつつ，「不許可処分が違法であるからといつて本件営業につき大阪市長の許可があつたことにはならない. ……許可がない限り，その行為は行政法上の命令禁止に違反するが故に犯罪とされる」とした(大阪高判昭和 41・11・13 判時 481 号 134 頁). ②比較的軽微な交通違反(反則)行為については，簡易・迅速な処理をするために反則金を納付すれば公訴提起されないことになっている(道路交通法 128②). X はスピード違反をしたので，本来反則金の納付ですむはずであるが，過去 1 年以内に交通事故による免許停止処分の前歴があったので起訴された. しかし，その後交通事故について無罪の判決が確定した. X は免許停止処分の取消訴訟を提起していなかったので，果たしてこの起訴が適法かどうか問題となった. 判決は，免許停止処分は処分庁によっても，また裁判所によっても取り消されていないから，速度違反事件の公訴の提起は適法だとした(最判昭和 63・10・28 刑集 42 巻 8 号 1239 頁). 取消訴訟の排他的管轄(公定力)が及ぶとの前提に立つものであろう. ③虚偽申告による輸出に対して無許可輸出罪が問われた事件で，最高裁判所は輸出許可がある以上無許可輸出罪は成立しないとした(最判昭和 45・10・22 刑集 24 巻 11 号 1516 頁). ④X が A 町に個室付浴場を計画し，Y 県知事(Y_1)に対して公衆浴場法の許可を申請したところ，婦人団体等が反対運動をくり広げ A 町・Y 県ともに開業阻止の方針をたてるに至り，Y_1 は X の営業許可より 1 月程早く異例の速さで，開業予定地から 130 メートルの場所に児童遊園の設置を認可した. 風俗営業法 4 条の 4 第 1 項は特定施設の周囲 200 メートル区域内での営業禁止を規定し罰則を定めている. それでも X は営業を開始したので，県公安委員会 Y_2 は 60 日間の営業停止処分をし，X は起訴された. 判決は「トルコぶろ営業の規制を主たる動機，目的とする……本件認可処分は，行政権の濫用に相当する違法性があり，X のトルコぶろ営業に対し，営業を規制しうる効力を有しない」と述べ無罪を言い渡した(最判昭和 53・6・16 刑集 32 巻 4 号 605 頁＝山形県余目町個室浴場事件，行政判例百選 68 事件). 本判決が認可処分の違法

行政法 I 169 頁).しかし,公定力は刑事訴訟には及ばないと考えるべきである(兼子・総論 200 頁).刑事裁判では実体的真実が追求されるのであって,そのためには処分の瑕疵も審理し得ると解さなければならない.また実体的に違法な処分を刑罰によって担保することは憲法 31 条に違反する.さらに刑事事件の被告に取消訴訟提起の負担を強要するのは妥当とは思われない.

違法性の承継の場合 (a) 違法性の承継とは,先行処分に瑕疵がある場合に,後行処分には瑕疵がないのに,先行処分の瑕疵が後行処分に承継されることをいう.先行処分を A,後行処分を B とする.A 処分と B 処分が別個の処分である限り,本来行政処分の瑕疵は独立に問擬すべきであり,原則として違法性の承継は認められるべきではない(なお,A 処分が無効の場合には,B 処分でその瑕疵を争うことはできる).この場合,何故 A 処分自体を争わないのかといえば,A 処分は出訴期間の徒過によって不可争力を生じているからである[63].違法性の承継の問題は,排他的管轄=公定力の背景にある法律関係の安定ないし第三者の信頼保護の要請と適法処分の原則ないし私人の権利保護の要請との妥協と調和の中で成立したものであるから,一定の限界がある.すなわち,あらゆる場面で違法性の承継が認められるのではない.では,どのような場合にこれが許されるのか.

思うに,A,B という一連の処分が各々強い独立性を持たず,本来的には同一目的の実現を目指すものであって,A 処分はむしろ B 処分の内部手続に近いものである場合に瑕疵の承継が認められる.本命は B 処分であるにもかかわらず,A,B という二つの処分を独立の処分としたのは,行政手続的発想で行政の適正化を図ろうとしたからであろう.ただ,A 処分について排他的管轄の原則を外すからには,それなりの合理的理由がなければならず,特に私人の権利救済の要請が強い場合でなければならない.

性を審査したことは,当該処分に取消訴訟の排他的管轄(公定力)がないことを前提としている点で評価されてよい.

[63] B 処分の効力それ自体を直接争うものではないので,論理的には取消訴訟の排他的管轄=公定力の問題ではないということになる.ただ,違法性の承継を認め,その違法が認定されると B 処分は取り消されることになり,A 処分の効果もなかったことになるから,排他的管轄=公定力の範囲と無関係とはいえない.塩野・行政法 I 164 頁,小早川・上 297 頁参照.

(b) 先行処分に対する争訟手段が存在しない場合や不完全な場合には, 違法性の承継を認めるべき場合が多い.

(i) 農地買収計画と買収処分の場合, 農地買収計画の争訟期間はきわめて短期という点で不完全といえるし, また買収計画は買収処分の準備として行われるにすぎないから, 違法性の承継を認めてよい. 判例もこれを認めている(最判昭和25・9・15民集4巻9号404頁).

(ii) 土地収用法によれば, 起業者が土地を収用しようとする場合, 国土交通大臣又は都道府県知事による事業の認定を受け(16, 20), 事業認定の告示後1年以内に収用委員会に収用の裁決を申請し(39), 収用の裁決を受ける(47の2). 収用の裁決によって起業者は土地所有権を取得する(101). 裁判例によれば, 事業認定に存する瑕疵は収用裁決に承継される(大阪高決昭和30・12・21行集6巻12号2963頁, 土地収用判例百選9事件; 名古屋地判昭和51・6・23行集27巻6号917頁, 街づくり・国づくり判例百選85事件).

事業認定と収用裁決については, 行政手続の不完全性が指摘できる. すなわち事業認定に対する当事者適格を持つ者と収用裁決について当事者適格を持つ者とが必ずしも一致せず, 先行行為である事業認定が事業区域内の土地所有者および利害関係人に多大な影響を与える二重効果処分であるにもかかわらず, 手続的保障に欠け, 争訟手段が不完全であるところから, 事業認定の取消しを求める適格性のない者が収用裁決を争うのも致し方なかった. もっとも, 2001(平成13)年の土地収用法改正で, 第三者の手続的保障が相当程度充実するに至ったので, 違法性の承継が従来通り認められるかどうかはやや微妙である[64]. 裁判例は, 事業認定の取消訴訟で請求棄却された者が, 収用裁決の取消訴訟の審理において事業認定の違法性を主張することは許されないとした(東京高判平成24・1・24判時2214号3頁). この事案は必ずしも一般化できないであろう[65].

---

64) 起業者は事業認定を受ける前に説明会等を開催する義務があり(15の14, 23), また国土交通大臣, 都道府県知事は事業認定処分をする場合には, あらかじめ社会資本整備審議会やその他の合議制機関の意見を聴取しなければならず(25の2), 事業認定の理由を告示しなければならない(26).

65) 藤田宙靖「改正土地収用法をめぐる若干の考察」『行政法の基礎理論(下)』(有斐閣・2005年)344頁以下参照.

(iii)差押えと公売処分は滞納処分の一連の手続として行われるものであるから，差押えの違法は公売処分に承継される(札幌高函館支判昭和29・9・6下民集5巻9号1447頁)．

(iv)一定規模以上の建築物を建築するためには，まず都市計画法による開発許可(29①)を得てから，建築基準法による建築確認(6①, 6の2①)を得なければならない．建築主(X)が建築確認を受けようとする場合，建築基準法は都市計画法29条1項の「規定に適合していることを証する書面」(都市計画法施行規則60条が定めているので一般に「60条証明書」という)を確認申請書に添付しなければならないと規定している(建築基準法施行規則1の3⑨)．他方，都市計画法施行規則は，Xに都道府県知事(開発許可権者Y)に対するこの証明書(「60条証明書」)の交付請求権を定めている．本件では，Xが「60条証明書」の交付申請をしたところ，Yは「本件は開発行為を伴うものではないから都市計画法29条1項に該当せず，開発許可は不要」だとして，開発行為許可不要証明書を交付した．近隣の住民Aらは，本件建築計画は「開発行為」を伴うものであり，開発許可を受けずにした建築確認処分は違法だとして争った．裁判所は，60条証明書の交付行為は，XやAの法律上の地位に直接影響を与えないから処分性がないが，建築確認処分がこれに依拠してなされた場合には，違法性が承継されるとした(横浜地判平成17・2・23判例自治265号83頁)[66]．先行行為に処分性がない場合に違法性の承継を認めた点でも注目される[67]．

(v)都市計画事業の認可はその基礎にある都市計画決定を前提として，その上に積み重ねられる手続であるから，都市計画決定が違法であれば，都市計画事業の認可も違法になるとした(東京地判平成13・10・3判時1764号3頁〔藤山判決〕，最判平成18・11・2民集60巻9号3249頁＝小田急線訴訟)．

---

66) 他方，開発許可には処分性があるので，開発許可の違法は建築確認訴訟では争えないとされている．しかし，開発行為は「主として建築物の建築」(都市計画法4⑫)のために行うものであり，建築確認を予定しない開発行為はない．しかも不服申立て前置主義がとられ，不服申立て期間も60日と短い．宅地の造成・整地行為がいい加減である場合，その上の建物の安全性も危ういことを思うと，違法性の承継を認めるべきであろう．金子正史「建築確認取消訴訟と60条証明書(上・下)」自治研究82巻3号49頁，5号51頁以下参照．

67) 小田急線高架訴訟(東京地判平成13・10・3判時1764号3頁)は，都市計画決定には処分性がないのに，後行処分(都市計画事業認可)に違法性の承継を認めたケースである．

(vi)東京都建築安全条例によれば，延べ面積 1000 m² を超える建築物の敷地は 8 m 以上の道路に接していなければならないが，周囲の空地その他の状況により知事(特別区では Y 区長)が安全認定した場合は適用除外となる．訴外 A らは Y 区長から安全認定処分を受けた上で，建築主事からマンション建築確認を受けたところ，付近住民 X らは Y を相手に，安全認定および建築確認の取消訴訟を提起した．最高裁は，「建築確認における接道要件充足の有無の判断と，安全認定における安全上の支障の有無の判断は，異なる機関がそれぞれの権限に基づいて行うこととされているが，もともとは一体的に行われていたものであり，避難又は通行の安全の確保という同一の目的を達成するために行われる」こと，「安全認定は，建築主に対し建築確認申請手続における一定の地位を与えるものであり，建築確認と結合して初めてその効果を発揮する」こと，他方，住民に「安全認定について，その適否を争うための手続的保障が」十分に与えられていないことを考慮すると，安全認定が行われた上で建築確認がされている場合，安全認定の違法性は建築確認に承継されるとした(最判平成 21・12・17 民集 63 巻 10 号 2631 頁，行政判例百選 84 事件)．

(c) 手続の目的が異なり，相互の手続の間に目的手段の関係がない場合には，違法性は承継されないと解される．

(i)租税賦課処分と滞納処分については，前者は納税義務者の納税義務の範囲を確定する処分であるのに対して，後者は納税義務不履行に対して義務の履行を強制する処分であるから，目的を異にし，別個の手続に属するから違法性の承継は認められない(京都地判昭和 31・5・23 行集 7 巻 5 号 1132 頁)．

(ii)青色申告書提出承認の取消処分と法人税額の決定処分の場合，前者は帳簿書類の備付けの不備を理由とするのに対して，後者の更正決定の処分は提出された納税申告書の記載が違法であること，または納税申告書を提出すべき者がこれを提出しなかったことを理由とする．青色申告の承認が取り消されたときは更正処分がなされる場合が多いが，両者は必然的に結びついている訳ではない．したがって，違法性の承継はない．

(iii)農地買収と売渡処分の場合も，手続的には別個の目的とみるべきであるから違法性は承継されない(最判昭和 28・4・17 民集 7 巻 4 号 348 頁)．

不可争力 (a) 処分が違法な場合であっても，一定期間経過後は，それに不

服がある者でも争うことができなくなる．これを不可争力あるいは形式的確定力という．平たくいえば，行政処分の法的安定性を確保するために，出訴期間の制限，不服申立て期間の制限を設けているということである．

処分庁ないしその上級庁に対する不服申立ての場合は，原則として処分があったことを知った日の翌日から起算して3月以内に申立てをしなければならない(行政不服審査法18，行審法では審査請求期間という)．取消訴訟を提起する場合は，処分があったことを知った日から6カ月以内(初日不算入で翌日から起算)に提起しなければならない(行訴法14①，行訴法では出訴期間という)．民事裁判の場合には，利益のある限り原則として出訴期間の制限はなく，いつまでも訴えを提起することができるが，行政処分の場合には，それができないのである．その意味で不可争力の基盤も取消訴訟の排他的管轄にある．

(b) 違法な処分ばかりでなく，適法な処分にも認められる効力である．もっとも，処分庁は期間経過後といえども，自ら職権取消しを行うことは可能である．

不可変更力 (a) 不可変更力とは，一度行った処分を行政庁が自ら取り消し，または変更することができない効力のことをいう．自縛力ともいう．学説・判例で認められたものである．不可変更力は，不服申立てにおける裁決・決定等の争訟裁断行為や利害関係人の参与によって行われる確認的性質を持った処分(土地収用法118の協議の確認など)に限って認められる．裁判判決における自縛力と同様に，争訟裁断行為(利害関係人の参加の下に行った確認的性質を持つ行為も，実質的には争訟の裁断と類似性がある)の蒸し返しを避けるためである．判例も，農地買収計画に対する訴願の裁決について，不可変更力を認めている(最判昭和29・1・21民集8巻1号102頁，行政判例百選69事件)．

(b) 不服申立てに対して，行政庁が一旦下した裁決を取り消してあらためて裁決を下した場合，新たな裁決は不可変更力に反して違法となる．違法な処分に対しては，取消訴訟の排他的管轄(公定力)が及ぶので，無効とはならないとするのが判例である(最判昭和30・12・26民集9巻14号2070頁，行政判例百選67事件)．しかし，不可変更力違反は重大な瑕疵であり，無効と解すべきであろう．

実質的確定力 (a) 行政処分の内容が以後，当該法律関係の規準となり，上

級行政庁も裁判所も矛盾した判断をなし得ない効力のことを実質的確定力という．これは学説上主張された概念であるから，必ずしも一致した定義がある訳ではない．元来，この概念は民事訴訟の判決に認められた既判力(紛争の蒸し返しを防ぐために判決内容が以後の法律関係の規準となり，後の裁判所もこれと矛盾する判断ができなくなること)に由来するものであるから，一般の行政処分の全てに認められる訳ではない．

(b) 問題は，審査請求の裁決のような行政争訟の裁断行為に実質的確定力が認められるかどうかである．有力説は，これを肯定し(田中・上126頁，塩野・行政法Ⅰ176頁)，判例にもこれを認めたと思われるものがある(最判昭和42・9・26民集21巻7号1887頁，行政判例百選70事件)．しかし，行政不服審査法の定める不服審査の手続は裁判手続と較べれば簡略であり，確定力を担保するだけの慎重かつ精密な構造を有していないから，裁判手続に準ずる効力を認めるべきではない．

第5節　行政処分の瑕疵

1　瑕疵の意義

瑕疵ある行政処分　(a) 法律に基づく行政の原理は，行政処分が法律に適合すること(適法処分の原則)を要求する．行政処分が，法律に適合するためには，①権限ある処分庁が，②適正な手続を踏んで，③正しく構成要件事実を認定し，④そこに裁量がある場合には法律の範囲内で適正に裁量義務を尽くし，⑤処分決定をしなければならない．これらの一つでも欠ければ，その処分は瑕疵を帯びる．ところが，民法と違って，行政法には行政処分の瑕疵が処分の効力にどのような影響を及ぼすかを定めた一般的規定が存在しない．したがって，この問題は理論的に解決するほかない(田中・上135頁以下)．

この問題を理論的に考察する場合，まず私人の権利が実体法上どのように保障されており，その権利が行政処分によってどのような影響を受けたかを確定する必要がある．その上で，権利利益の侵害がある場合，私人はこれを裁判に訴えて救済を図るという手順になる．近代法においては，「権利あるところに

救済あり(ubi jus ibi remedium)」が常識である．ところが，わが国では，この点も明治憲法下の行政裁判時代の思考を引き摺っている面があり，訴訟手続の枠組みが実体法の理論を規定するという逆転した発想が支配してきた．実体的な権利利益の侵害があるかどうかを分析する前に，行政事件訴訟法の規定する「法律上の利益」の解釈が先行し，実体的権利利益の救済を狭め，人権救済機関としての司法権の役割を自ら限定するやり方が行われてきた[68]．わが国の裁判所は，しばしば実定法準拠主義と揶揄されるが，法の支配の下の司法権にはより重大な人権保障の任務があることを忘れるべきではない．

(b) ところで，通説・判例は，「取り消し得べき瑕疵」と「無効の瑕疵」とを区別して論じてきた(この区別は，明治憲法下の行政裁判法において存在した概念である)．この区別は実定法に根拠を持つものではなく，抗告訴訟制度によって規定され，それが実体法に反映しているにすぎない．すなわち，行政事件訴訟法は，取消訴訟中心主義を採用し，瑕疵ある処分は原則として取消し原因とし(3)，出訴期間を制限している(14)．不服申立てについては自由選択主義をとったが，例外的に審査請求前置の制度(8①但し書)を残しており，その結果，比較的短期間で不可争力が発生してしまう．

このように，私人の権利救済よりも行政上の法律関係の安定性を重視した制度の下では，違法性の程度の強い処分については，処分の無効を前提とする民事訴訟や当事者訴訟を提起できる可能性を残しておく必要がある．そこで行訴法は，争点訴訟の規定(45)を設けるとともに，無効等確認訴訟(3④)を抗告訴訟の一類型として制度化し，取消訴訟に適用される出訴期間の制約・不服申立前置の制約等の規定をはずすとともに，厳しい原告適格の制約を加えた(36)．

(c) 実体法上の行政処分の瑕疵を整理しておこう．

第一に，行政処分の瑕疵には違法な瑕疵と，不当な瑕疵がある．違法な瑕疵とは，法解釈，事実認定，処分決定のいずれかにおいて法律に違反した場合，および裁量権を逸脱または濫用した場合である．違法な瑕疵ある処分には，取消訴訟の排他的管轄が及ぶと同時に処分庁による職権取消しの対象にもなる．

---

68) イギリスにおいても，近代社会以前には，「救済方法があるところに権利あり(ubi remedium ibi jus)」とされたが，日本の現状は，むしろこれに近かったのではなかろうか．

不当な瑕疵とは，裁量義務(裁量権)を適切に行使しなかった場合に生じるものであり，処分庁による職権取消し，あるいは行政不服審査法の不服申立ての対象となる(1)．

　第二に，瑕疵の程度が著しいものについては，取消訴訟の排他的管轄の及ばない無効の瑕疵の概念を立てる必要がある．取消訴訟の排他的管轄の制度は，私人にとっては取消訴訟を強いられ，民事訴訟の提起ができない点では不利益であるが，他方，行政にとっては，不可争力や執行力と連動しており，特権付与に等しい．また処分に無効の瑕疵がある場合，私人は当事者訴訟か民事訴訟を提起し，その先決問題として処分の無効を争うことができるし，無効等確認訴訟(行訴法36)を提起することもできる．問題は，取消しの瑕疵と無効の瑕疵をどうやって区別するかである．

2　無効と取消しの区別

重大明白説　(a)　通説・判例は，処分に内在する瑕疵が重要な法律要件に違反しており，しかも通常人が見てその瑕疵が明白である場合には処分は無効であるとする(田中・上140頁，最判昭和34・9・22民集13巻11号1426頁，行政判例百選82事件)．重大明白説という．瑕疵の存在は，主体，内容，手続，形式の各要素で判断される．

　問題は「明白な瑕疵」とは何かである．一つは，明白性の対象であるが，法規解釈の明白性(処分要件として何が必要か)と，事実誤認の明白性(具体的な要件事実の欠如)を意味する(東京地判昭和35・4・20行集11巻4号872頁)．いま一つは，誰にとっての明白かの問題であるが，外見上一見明白説と客観的明白説(調査義務違反説)とがある．判例は外見上一見明白説をとっている(最判昭和37・7・5民集16巻7号1437頁)．これに対して，客観的明白説は，行政庁が通常期待される調査をすれば明白になる程度で十分だとする(東京高判昭和34・7・7行集10巻7号1265頁)．この説は，明白性の範囲を拡大することを狙いとしており，実質的には少し調査すれば違法性が明らかになるものも含めようとするものである．両者の相違は，外見上一見明白説が通常人の眼を基準とするのに対して，客観的明白説は専門家たる行政庁の眼を基準とする点にあり，後者の方が瑕疵の発見能力は高いから当然無効の範囲は拡がることになる．

瑕疵の明白性が要求されたのは，もともと旧憲法下で司法裁判所に行政事件の審査権がなかったことに由来する．当時，行政処分の無効は民事訴訟の先決問題として登場したことから，行政処分の適法性について，本来審査権を有しない司法裁判所が無効であることを認定できるのは，その瑕疵の存在が誰の目にも明白である場合に限られたのである．

(b) 判例のとる外見上一見明白説を整理すると，①重大明白な違法とは，処分要件の認定についてのものであること，②明白性の基準時は処分成立時であること，③明白性とは，外形上何人の判断によっても同一の結論に到達し得る程度に明白であること，④明白性の有無の判断は行政庁が怠慢により調査すべき資料を見落としたかどうかに関係ないこと，といった内容になろう(芝池・総論159頁)．

重大説 戦前から存在した説であり，瑕疵が重大であれば行政行為は無効となるとする(美濃部・日本行政法上271頁)．重大説は行政裁判所が廃止された今日，司法裁判所は行政事件に関する管轄権をもち，行政行為の適法性の審査権を有するに至ったのだから，もはや明白性を要求する理由はないとする．無効となる範囲は拡大することになる．

明白性補充要件説 この説は，瑕疵の重大性は無効の要件となるが，その他いかなる加重要件を課すか課さないかは，利益状況によって一概に判断できず，その意味で明白性の要件は補充的加重要件の一つと考えるのが適当だとする見解である(塩野・行政法Ⅰ182頁，芝池・総論164頁)．

判例にも，(i)所得税法上の譲渡所得の課税処分について，本人Ｘのまったく知らない間に，訴外Ａが債権者からの差押えを免れるため自己所有の土地をＸに移転登記し，その後当該土地を売却したところ，税務署長ＹがＸに課税処分を行った事案がある．最高裁は「当該処分における内容上の過誤が課税要件の根幹についてのそれであって，徴税行政の安定とその円滑な運営の要請を斟酌してもなお，不服申立期間の徒過による不可争的効果の発生を理由として被課税者に右処分による不利益を甘受させることが，著しく不当と認められるような例外的な事情のある場合には，前記の過誤による瑕疵は，当該処分を当然無効ならしめるものと解するのが相当である」とした(最判昭和48・4・26民集27巻3号629頁，行政判例百選83事件)[69]．重大な瑕疵は認定したが，明白

性については触れていない.

(ii) 他方，法人税の更正処分の無効が争われた事案において，瑕疵が「本件各更正の成立の当初から外形上，客観的に明白」でない場合は，仮に更正処分に課税要件の根幹についての過誤があるとしても，「例外的事情がある場合」に該当せず，当然無効とはいえないとした判決がある（最判平成16・7・13判時1874号58頁＝天下一家の会・第一相互経済研究所事件）.

利益衡量説　（a）この説は，行政処分の無効は類型的紛争場面ごとの機能に鑑み，行政と関係個人との利益を具体的に比較衡量して決定すべきだとする．これは，無効の問題は重大明白説のように単一的基準で処理することはできないとの認識の下に，個々の具体的な場合ごとに，様々の具体的利益の衡量の上で決すべきであるとするものであり，具体的価値衡量説ともいう（兼子・総論201頁，藤田・総論255頁以下）.

（b）基本的には利益衡量説が正しい方向であろう．本書も基本的にこの説に従う．第一に，重要な法律要件に違反する処分は「絶対的違法」として無効である．これを「絶対的違法」の基準と呼ぶことにする[70]．重要な法律要件違反の場合，事実上，当該違法は明白な場合が多いであろうが，理論的には明白性は必須の要件ではない．

第二に，重要でない法律要件に違反する処分は原則として違法であるが，例外的に無効となる場合もないとはいえない．この場合にはXY間の利益および利害関係人の利益を具体的に比較衡量して無効の判定をすべきである．これを「相対的違法」の基準と呼ぶ．利益衡量のファクターとしては，①行政庁の

---

[69] 同様に，「例外的事情」を認めた判決がある（最判平成9・11・11判時1624号74頁）．これは職業転換給付金に課税することを禁止している雇用対策法17条（現・労働施策総合推進法22条）に反してなされた国民健康保険税の賦課処分には「課税要件の根幹についての過誤が」あり，被課税者に処分による不利益を甘受させることが著しく不当と認められるような例外的事情にあたるので，処分は無効であるとした．

[70] 判例にもこの立場をとるものがある．①国籍離脱の届出が，本人の意思に基づかずかつ父の名義をもってなされた事案で，最高裁判所は「国籍離脱の届出は無効であり，かつその後，右国籍離脱を前提として為された国籍回復に関する内務大臣の許可もまた無効である」とした（最大判昭和32・7・20民集11巻7号1314頁）．②判例は，第三者が所有する土地に対してなされた差押え並びに公売処分は無効だとしている（最判昭和35・3・31民集14巻4号663頁，行政判例百選11事件）．

側の過誤の評価，②相手方たる私人の不利益救済の必要性，③第三者の信頼保護の必要性，等が考えられる．すなわち，㋑換地処分，公売処分，農地買収売渡し処分のように第三者が当該処分に関係してくる場合には，①②の要素が③をはるかに凌ぐような場合でないと無効とはならない．㋺公務員の懲戒免職処分，課税処分，差押処分のように XY 間の単純な関係の場合には，処分要件が重要であり，①②の要素が強ければ無効と見てよい．

3 無効の具体例

主体に関する瑕疵 (a) 例えば知事が公安委員会の権限である風俗営業の許可をしたとか，市長が行うべき租税滞納処分を会計管理者が行ったというように，無権限の者が処分をした場合は重要な法律要件の欠缺であり当該処分は無効となる．無権限には，事項的無権限の他，地域的無権限，対人的無権限がある．

(b) 行政委員会などの合議制機関の場合には問題がある．判例は，農地委員会のメンバーに欠格者がいたケースで，農地買収計画樹立決議は違法ではあるが，「他に著しく決議の公正を害する特段の事由の認められない本件においては，右農地買収計画樹立決議の瑕疵は同決議を無効ならしめるほど重大な違法とはいえない」とした(最判昭和 38・12・12 民集 17 巻 12 号 1682 頁，行政判例百選 114 事件)．しかし，合議制機関の意思決定は参加者が相互に議論し，より妥当な決定に到達する可能性を持つので，無資格者が参加した場合には無効と考えるべきである．また，県知事が温泉湧出量を増加させるための動力装置の設置を許可するに当たって，温泉法旧 20 条の定める温泉審議会(現在の自然環境保全審議会)の意見を聞かなければならないのに，審議会を開催せず持ち回りの方法によって決議を行った事案で，判例は取消原因たる瑕疵にすぎないとしている(最判昭和 46・1・22 民集 25 巻 1 号 45 頁，行政判例百選 113 事件)が，疑問であり，無効と解すべきであろう．

(c) 「事実上の公務員(de facto Beamten)」の理論についても，ここで触れておこう．これは本来無権限の公務員が行った処分も行政法関係の安定性および相手方の信頼を保護するために有効な行為として扱おうというものである．この場合には，相対的違法の基準が適用になる[71]．

形式的瑕疵　(a) 法律が処分に当たって，書面によるなど一定の形式を要件としている場合がある．例えば，運転免許の取得は免許証の交付が必要であり(道路交通法92①)，風俗営業も許可証の交付が必要とされている(風俗営業法5②)．また納税告知書(国税通則法36②)や督促状(同法37①)も書面によらなければならない．したがって，この形式を欠いてなされた処分は絶対的違法として無効となる．

(b) もっとも，記載事項の不備の場合には，それが処分の相手方の権利利益にどのような影響を与えるかで判断すべきであり，相対的違法と判断される場合もある．判例には，外国人に対する退去強制令書において，執行者の署名捺印を欠いていても「その署名捺印は執行者の何人であるかを明確にする意義を有するに止まり，これを以て右令書執行の要件をなすものと解することはできない」としたものがある(最判昭和25・12・28民集4巻12号683頁)．しかし，退去強制令書の執行は身体に対する直接強制の性格を有するものであり，執行者が誰であるかを示す令書上の署名捺印はきわめて重要な要素と解すべきであるから，これを欠く場合は無効というべきであろう．

内容の瑕疵　(a) 行政処分の内容が法律の根拠を欠く場合には法律上不能であり，絶対的違法として無効な処分となる．

(b) 処分要件が欠如しているため事実上実現不能なものである場合には，絶対的違法として無効な処分となる．死者に対する営業免許とか，土地を所有していない者に対する固定資産税の賦課処分，存在しない建物に対する除却命令などがその例である．

(c) 行政処分の内容が不明確な場合にも，絶対的違法として無効となる．例えば「農地の買収令書においてその目的たる農地を特定することを要する」のであって，対象の特定されていない場合は無効となる(最判昭和26・3・8民集5巻4号151頁)．

手続的瑕疵　(a) 伝統的学説は，行政手続に固有の価値を認めず，行政処分

---

71)　判例によれば，村民による解職請求(地方自治法81)に基づく解職賛否投票が行われたが，投票の無効が宣言されても，その間になされた後任村長の処分は無効ではない(最大判昭和35・12・7民集14巻13号2972頁，地方自治判例百選A5事件)．

が実体的・内容的に適法であれば手続の瑕疵は治癒し得るものとする傾向が強かった．すなわち，①法令に行政手続についての規定がない場合には，違法の問題は生じない．②法令に行政手続が求められている場合には，当該手続が行政の公正を期すために公益上の必要から設けられたものであれば，取り消し得るにすぎないが，相手方あるいは利害関係人の権利利益を保護する目的から設けられているのであれば，原則として無効だとしてきた．

(b) 有力説は「手続の履踏はそれ自体が目的ではなく，処分内容の公正を期するための手段であるから，手続上瑕疵があっても，処分の内容に影響を及ぼしうる性質のものでなければ，取消事由とも無効事由ともなりえない」とする(原田・要論182頁)．しかし，これは行政手続の理念を実体法の侍女に貶める思想であって，法律の執行過程を支配するデュー・プロセスの法理とは相容れない考え方だといわなければならない．行政手続は，法律の執行に当たって，それが国民の意思の具体化のプロセスであることを確認するために不可欠のものである．法律の執行過程は，単に法定の実体的要件の存否だけが問題なのではなく，行政が国民の意思を忠実に具体化していることを処分の相手方に十分示すことが重要である．

4　瑕疵の治癒と転換

瑕疵の治癒　(a) 瑕疵の治癒とは，行政処分の時点で欠けていた法律要件が後に事情の変化等のため充足された場合や違法性が軽微で処分を取り消すまでもない場合に，当該処分を適法な処分として扱うことをいう．

(b) 法律要件の充足を認めた判例には，①農地売渡通知書に売渡区域が特定されていなくても，分筆登記によって特定されたときには瑕疵は治癒されたとするものがある(最判昭和31・6・1民集10巻6号593頁)．また，② X は工場の増築の建築許可を得るために関係者 A に嘘の説明をして承諾をとり，道路位置廃止処分の申請をした．これを受けて東京都知事 Y は道路の廃止処分をしたが，その結果，A の土地は袋地となり，その上の建物は建築基準法43条1項の接道要件に欠けることになった．原審(東京高判昭和41・2・21民集26巻6号1260頁)が他の者の同意を欠いた本件処分を必要欠くべからざる根本要件を欠いたものとして当然無効としたのに対して，最高裁判所は，A がその後公

道に面した隣接地を購入し袋地でなくなったことを理由に，処分の瑕疵が治癒されたものと解した(最判昭和47・7・25民集26巻6号1236頁)．疑問の残る判決である．

(c) 手続の瑕疵に関するものとして，農地買収計画につき異議・訴願の提起があるにもかかわらず，これに対する決定・裁決を経ないで事後の手続を進行させた違法は，事後に決定・裁決があったときに瑕疵は治癒されるとした判決がある(最判昭和36・7・14民集15巻7号1814頁，行政判例百選85事件)．しかし，これも行政手続の思想が未熟な時代の判例であり，今日どれほど判例としての意味があるかは疑問である．むしろ処分前に行われるべき温泉審議会の意見聴取を処分後に持ち回りの方法によって行っても瑕疵は治癒されないとした判例(最判昭和46・1・22民集25巻1号45頁，行政判例百選113事件)の方が重要である．

(d) 瑕疵の治癒は，新たに処分を繰り返すことが行政経済的に無駄だと思われる場合に例外的に認められるものであるから，瑕疵が軽微で処分相手方の利益を侵害しない限られた場合に認めるべきであって，安易に認められるべきではない．

(e) 瑕疵の訂正は治癒と区別すべきである．瑕疵の訂正とは，無効原因にも取消原因にもならない瑕疵であって，行政行為の表現上の誤謬(書き損じ・誤算)の類はいつでもこれを訂正することができ，相手方も特別の手続によらないで訂正を要求することができるものと解される．

違法行為の転換 (a) 違法行為の転換とは，行政処分が本来は違法あるいは無効であるが，別個の処分として見ると法律要件を満たしている場合に，別の処分としてその効力を有効なものとして扱うことをいう．例えば，死者に対してなされた鉱業許可や農地買収処分をその相続人を名宛人とした処分と見て有効とする場合がこれに当たる．

(b) 判例には，①買収処分の名宛人たる登記簿上の所有者が既に死亡していた場合に，その死亡の事実が事前に行政庁にわかっていたとすれば，「特段の事情のないときは，その行政庁の意思は，その他の買収要件が同一であるかぎり，死亡者の相続人から買収する意思であったものと解することができる」として，相続人に対して有効な処分としたものがある(東京地判昭和45・12・2判時637号34頁)．また，②農地買収計画について，村農地委員会が意図して

いた条文では違法であるが，別の条文によれば適法になるとしたものがある（最大判昭和29・7・19民集8巻7号1387頁，行政判例百選87事件）．

(c) 違法行為の転換は，もっぱら行政庁の側の処分の有効性を維持するために用いられる．行政処分は個別の法律を具体的な権利義務関係に転換するものであるから，本来当該処分の法律要件の有無で有効無効が決まるのであって，たまたま別の条文でなら有効になるというものではない．ただ，相手方私人に実質的な不利益をもたらさない場合に限って転換を認めることができるものと解される．

第6節　行政処分の取消しと撤回

1　瑕疵ある行政処分と取消し

取消しの意義　(a) 行政処分の取消しとは，行政処分が成立の当初から瑕疵を帯びる場合，行政庁の側から自発的にこれを取り消すことをいう．ここでいう「瑕疵」とは「違法又は不当」がある場合をいうとするのが判例である（最判平成28・12・20民集70巻9号2281頁＝辺野古訴訟）．行政庁が「当を得た」処分をするために取り消す判断をすることに問題はない．しかし，裁判所の審理は当不当（公益）の問題には及ばないと解される．取消しは，法律関係をもとに戻すことに眼目があるから，輸入許可のように輸入行為によって効果が完成したものは，取消してももとに戻らないので，取消しはできない（塩野・行政法Ⅰ188頁）．「争訟による取消し」と区別する意味で「職権取消し」ともいう．職権取消しも行政処分の一つである．

(b) 職権取消しを認める明文の規定はない．しかし，適法処分の原則がある以上，処分庁は自ら瑕疵を発見したときはそれを取り消す義務と権限がある．処分庁の取消権は，理論上処分権限に内包されているともいえる（兼子・行政法学139頁）．

(c) 職権取消しは，理論上認められたものであるから，特に所定の手続が定められている訳ではないが，それが私人にとって不利益な効果を与える場合には，行政手続法の「不利益処分」(2・4号)として同法第3章の手続規定の適用

がある．

取消しの主体　処分庁の上級行政庁が，その指揮監督する下級行政庁の処分を取り消し得るかについては争いがある．法律に根拠がない場合が問題である．通説は，代執行権と取消権とを分け，代執行権はないが，取消権は監督権の行使として許されるとする(塩野・行政法 III 41 頁)．しかし，上級機関には下級機関に対する指揮監督権があるとはいえ，権限の分配は原則として法律で定められる以上，代執行権も取消権もないと解すべきである．取消権の行使は，下級機関の権限を代執行するに等しく，組織規範を破ることになるからである．これを代替執行禁止の原則という．もっとも，指揮命令権を根拠に処分庁に対して取消しを命じることはできると解される．

取消しの効果　(a) 取消しの効果は遡及する．したがって，初めから行政行為がなかったものとして扱われる．処分庁は不可変更力のある処分を取り消すことはできない(最判昭和 42・9・26 民集 21 巻 7 号 1887 頁，行政判例百選 70 事件)．しかし，仮にこれを取り消した場合にはどうなるだろうか．判例は，不可変更力と公定力が衝突する場合には公定力が優先するとしている．つまり，この瑕疵を取消原因としている(最判昭和 30・12・26 民集 9 巻 14 号 2070 頁，行政判例百選 67 事件)．しかし，一方で取消訴訟の排他的管轄(公定力)の根拠を行政上の法律関係の安定性に求めながら，他方で不可変更力を持つ処分を覆す自由を与えるのは平仄が合わない．むしろ無効な処分と見るべきである．

(b) 利益処分の取消しの効果が私人の信頼を害する場合には，取消しの効果は将来に向かってのみ生ずるとの見解がある．社会保障の給付決定に誤りがあり，過大な給付が行われていたが，その原因がもっぱら処分庁の判断の誤りにあった場合，取消しの効果は将来についてのみ生じ，過去に支給した金員の返還を求めることができないとするのがこれである(松山地宇和島支判昭和 43・12・10 行集 19 巻 12 号 1896 頁)．しかし，不当利得返還請求は，相手方が善意であれば民法 703 条によって現存利益の返還で足りるし，逆に取消原因が詐欺その他の不正手段を用いるなど悪意の場合には「受けた利益に利息を付して」返還させればよい(民法 704)のであるから，遡及効を認めても差し支えないと解する[72]．

取消権制限の法理　(a) 私人に不利益な処分は，適法性を回復するためこれ

を取り消しても何ら不都合はない．他方，違法な処分であっても，それが私人にとって利益処分である場合には，処分がなされたことを前提に既に一定の資本が投下されていたり，当該処分を基礎に新たな法律関係が形成されていたりするため，取消しはそうした既存の利益にダメージを与えることになる．そこで，かかる場合には，「適法処分の原則」と私人の信頼や法的安定性ないし既存利益の尊重を比較衡量し，前者が後者を上回るのでない限り取消権は制限される．これを「取消権制限の法理」という[73]．この法理は，比較衡量をその本質とするが，「適法処分」が原則であり私人の側の事情は例外でなければならない[74]．

判例もこの法理を認めている．自作農創設特別措置法に基づいて，不在地主T所有の農地として買収され，X_1，X_2，X_3 に売り渡された農地が，実は買収計画以前に小作人Aに売り渡されていたことが判明したので，農地委員会が売渡処分から5年後に買収計画・売渡処分を取り消した事案で，判例は「処分をした処分庁その他正当な権限を有する処分庁においては，自らその違法または不当を認めて，処分の取消によって生ずる不利益と，取消をしないことによってかかる処分に基づきすでに生じた効果をそのまま維持することの不利益とを比較衡量し，しかも当該処分を放置することが公共の福祉の要請に照らし著しく不当であると認められるときに限り，これを取り消すことができる」と述べ，違法な買収処分によって蒙ったAの不利益は，違法な売渡処分に基づき所有者となったXらが同処分の取消しによって蒙る不利益に対して著しく大であるとした（最判昭和43・11・7民集22巻12号2421頁，行政判例百選88事件）[75]．

---

72) 本判決の控訴審判決は，私見と同様の立場にたって，民法703条により現存利益についてのみ返還義務があるとしたが，実際には現存利益を認定しなかった（高松高判昭和45・4・24判時607号37頁）．
73) 取り消す場合に一部取消しが認められるかという問題がある．取消権の制限が認められる以上，処分が可分である場合には，これを認めてもよいと解する．買収目的の農地の一部を取り消せば適法性が回復されるという場合などがこの例である．
74) 例えば，生活保護法上「保護の必要」がないのに，誤って保護決定をした場合には，処分が違法である以上，取消権は制限されない．
75) その他の判例として，農地買収処分後，3年4カ月経過後に目的地の10分の1に満たない部分が宅地であったとして，全部を取り消すのは「特段の公益上の必要」がある場合でない限り違法であるとしたものがある（最判昭和33・9・9民集12巻13号1949頁）．

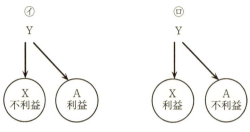

図3　二重効果処分の取消し

　行政事件訴訟法の事情判決(31①)や行政不服審査法の事情裁決(45③, 64④)の規定が類推される場合には，取消しが認められないとの見解がある．例えば土地収用手続の一部の違法を理由にこれを取り消すとダム建設が全面的に台なしになるような状況の下では，公共の利益を護る見地から収用処分は取り消されるべきではないという(原田・要論188頁)．しかし，利益処分の取消しの場合には，相手方の信頼を害し，不利益を及ぼすので，この法理の類推適用はないと解すべきであろう．

　他方，利益処分が私人の虚偽申告その他不正の行為によって行われていた場合には，当然に取り消し得る．風俗営業法8条1号は，これを確認したものと解される．

　(b)　二重効果処分の取消しの場合には，比較衡量の方法がやや複雑である．処分庁YのXに対する処分が第三者Aに対しても影響を与えるとしよう(図3)．この場合においても，比較の対象となるのは，あくまでも「適法処分の原則」と私人側の利益である．ただ私人の側の利益がXとAの両極に分かれている点に複雑さがあるにすぎない．したがって，まず私人XとAとの利益を衡量の上で優劣を決定し，しかる後にYとの利益衡量をするというのが筋道であろう．以下，場合を分けて検討する．

　㋑Yの処分がXに対しては不利益，Aに対しては利益をもたらすとしよう．まず，XとAとの諸要素を比較衡量の結果，Aの利益の方が大である場合，Yの処分取消しはAの利益を奪うことになる．そこで，次にYの側の「適法処分の原則」とAの利益とを比較衡量することになる．私人の利益が大である場合，これを一方的に奪うことは許されないので，適法処分の原則とバラン

シングの上で取消権の制限の可否を決めることになろう．

㊁Yの処分がXに対しては利益，Aに対しては不利益をもたらす場合において，XとAとの諸要素を比較衡量の結果，AがXに優越するとしよう．次にYの処分取消しはAの不利益を消滅させるものであるから，Yは原則に戻って取り消さなければならないと思われる．

2 適法な行政処分と撤回

通説の定義 （a） 伝統的通説によれば，撤回とはその成立に瑕疵のない行為について，公益上その効力を存続せしめ得ない新たな事由が発生したために，将来にわたりその効力を失わしめるためにする独立の行政行為をいうと定義されてきた(田中・上154頁)．

「取消し」との相違は，①取消しが成立時に瑕疵があるのに対して，撤回は成立時には適法な行為であったこと，②取消しの効力が遡及するのに対して，撤回は将来に向かって効力を有すること，③取消しが違法(または不当)を理由とするのに対して，撤回は「公益上の必要」から行われるものであること，の三点にある(藤田・総論233頁)．

（b） 私も①②については異論がないが，③については賛成しがたいので少し検討しておきたい[76]．その前に，確認しておきたいのは，個別の法律には，明文の規定をおき，その要件を限定列挙するものがある(風営法8, 26, 医薬品・医療機器等法75, 食品衛生法55, 56, 道路法71, 道路交通法103, 所得税法150, 旅館業法8)が，規定がある場合はその規定を遵守しなければならないのは当然である．ここで問題にするのは，法律の規定がない場合である．つまり，法律に規定がない場合において，一般に「公益上の必要」があれば撤回できるとされていることである．一体「公益違反」とは何を意味するのであろうか．

公益とは何か （a） 美濃部達吉によれば，「公益ニ反スル行為ハ之ヲ違法行為ト区別スルガ為ニ普通ニ不当ノ行為ト謂フ．行政官庁ノ自由裁量ニ任ゼラル

---

[76] 「公益上の必要」の他に，「相手方の法令違反」や「要件事実の事後消滅」があげられている(芝池・総論175頁，原田・要論190頁)が，「公益上の理由」が特に排除されているのではない．

ル場合ニ於テ官庁ガ其ノ裁量ヲ誤ルコトニ依リテ生ズルナリ」とされる(美濃部達吉『日本行政法(総論)』国文社出版部・1928年, 208頁). その後の学説も基本的にはこの概念に従っているといえよう. そしてこれを支えているのは,「処分庁は公益の管理者としてつねにもっとも国民全体の利益に適した状況を作りだすべき使命を負っている」という思想である. だからこそ,「公益上適当でない」と判断した場合には, 自由にこれを撤回できるということになる. すなわち, 法律に合致するかどうかは適法・違法の概念であり, 公益に合致するかどうかは当・不当の概念である. そして前者は裁判所が最終的な判断者であるが, 後者の何が公益に合致するかは行政が最終的な判断者であるべきであり, 裁判所はこれに介入できないということになる.

(b) しかし, この考え方には賛成できない. 第一に, 伝統的学説が行政を「公益の管理者」と見る考え方は, 立憲君主制的行政の観念であって現憲法にはそぐわない. 行政はあくまでも「法律の執行機関」(憲法73・1号)として捉えるべきである. したがって, 行政が「公益の管理者」たる立場にあることを根拠に, 一方的に私人の利益を奪うことは許されない.

(c) 第二に, 美濃部説をはじめ多くの学説は, 不当=裁量違反としているが, 裁量違反であるならば, 何故に処分成立の時点で問題にせず, 処分成立後にその公益違反性を問題にするのか説明がつかない. 仮に公益違反性をどの時点で問題にするかは行政の専権事項だというのであれば, それはかえって行政の恣意を許す結果になりはしないか.

(d) 第三に,「不当」という概念は, 従来, 法律には違反していないが, 制度の目的からみて適当ではないという意味で用いられてきた. しかし, 法律に違反していない限り, 当該処分は違法とはいえないし, また裁量が「カテゴリカル」な問題ではなく「程度」の問題にすぎないことは, 既に述べたように, 今日共通の認識であるから, 不当の概念が常に裁量処分とセットになっていると考えるべきではないであろう. 換言すれば, 羈束処分であっても客観的に見て「適当ではない」場合はいくらでもあり得る. だからこそ行政不服審査法は「不当」な処分も不服審査の対象にしているのである. このように考えてくると, 法律に違反していない処分を, それが「適当ではない」ということを理由として, 行政庁が一方的にその効力を失わしめる権限を理論的に導き出すこと

は困難である．したがって，撤回は「公益上の必要」から行うことはできず，あくまでも違法を理由とすべきであろう．このように考えると，撤回の定義は，「処分時に適法であった処分が，その後の事情の変更によって違法と判断された場合に将来に向かってその効力を否定する処分をいう」ということになる．

撤回の意義 (a) 要するに，行政処分の成立時の違法は「取消し」によって，成立後の違法(事後違法)は「撤回」によって効力を失わしめることになる．行政は「法律の執行機関」であるから，行政処分によって作り出された法律関係が継続的性質を持つ限り責任を負うのである．法律自体が，立入検査等の監督システムや営業の禁止・停止や改善命令等の様々な手法を用いて適法性の確保を図っている場合もある(食品衛生法55，56，旅館業法8)．しかし，そうした特別の規定がない場合であっても，当初の要件事実が消滅(欠格事由が事後に発生)したり，相手方の根拠法律に対する義務違反が生じたり，その後の事情によって違法状態が出現した場合には，処分庁は「法律の執行機関」の立場から処分の効力を将来にわたって消滅させることができるのである[77]．

(b) 撤回の手続についても，一般的な規定はないが，撤回(取消しも同じ)が私人にとって不利益な効果を与える場合には，行政手続法の「不利益処分」(2・4号，13①1号イ)に該当するので，聴聞または弁明手続が必要である．

撤回は講学上の用語であり，法令上は「取消し」の語が使われる(もっとも，平成16年の改正で民法は540条2項等で「撤回」の用語を採用した)．また，撤回は法律関係を消滅させるものであるから，公務員の免職処分のように既に勤務関係が消滅している場合には，撤回の余地はない(塩野・行政法Ⅰ192頁)．

(c) 撤回は失効とは区別される．すなわち，失効とは相手方の死亡(医師免許等)，目的物の消滅(建築物の除却命令等)，期限の到来など一定の事実に基づいて当然に効力を失うことをいう．これに対して，撤回は行政処分である．

撤回の法的根拠 (a) 利益処分の撤回を法律の根拠なしに行えるのかについ

---

[77] 膝に傷病が発生して東京都市町村職員共済組合Yから療養費等を受けたXが，その後，同一の傷病につき地方公務員災害補償法に基づく通勤災害との認定を受け補償がなされた，しかし，地方公務員等共済組合法は重複支給を禁止しているので，Yは返還請求書をXに交付した．最高裁は返還請求書の交付決定を撤回と解し，不当利得返還請求権を認めた(最判平成24・3・6判時2152号41頁)．撤回の遡及効を認めたことになる．

ては争いがある．通説は，法律の根拠がなくても公益上の必要性があれば撤回できるとしている（塩野・行政法Ⅰ193頁，原田・要論190頁）．これに対して，法律の根拠が必要との説があり（杉村・総論249頁），また社会的に有害な結果をもたらす恐れを生じたときは明文の規定がなくても撤回できるが，社会的制裁として撤回を行うときには明文の規定が必要だとの説が有力である（今村・入門〔5版〕104頁）．

　思うに，撤回は行政庁がもともと法律の執行機関として適法な行政執行を担う責務があることに由来するものである．処分時点では適法であっても，事後に違法性を帯びるようになれば，それを将来に向かって撤回し得るのでなければ，適正な法律の執行とはいえない．根拠法律に内在した権限として，事後違法がある場合には，明文の規定なしに撤回し得ると解する（芝池・総論181頁）．

　(b) 東京地裁は，スモン訴訟において，医薬品の製造承認およびその取消し（講学上のいわゆる撤回）が自由裁量処分であるとしつつも，当時の薬事法に明文の規定がないにもかかわらず（薬事法がその後改正された．74の2），国がキノホルムの欠陥が明らかになった後に製造承認を取り消さなかったことは国家賠償法上違法とした（東京地判昭和53・8・3判時899号48頁＝スモン訴訟）．これは，まさに法律の目的に反する事後違法であったからであろう．同じく国家賠償訴訟においてではあるが，旧厚生大臣の「医薬品製造の承認の撤回権限」を認めた判例がある（最判平成7・6・23民集49巻6号1600頁＝クロロキン訴訟，行政判例百選223事件）．

　また，最高裁判所は，虚偽の出産証明書によって実子斡旋を行った医師に対して，母体保護法（平成8年に旧優生保護法を「母体保護法」に改正）に明文の規定がないにもかかわらず，撤回すべき公益上の必要性が高いことを理由に「妊娠中絶手術をできる医師」の「指定（14①）」の撤回処分を適法としたが（最判昭和63・6・17判時1289号39頁＝実子あっせん指定医取消事件，行政判例百選89事件），本件の場合，指定の目的を逸脱する違法性があったとはいえず，疑問が残る．

　撤回の主体　撤回をなし得るのは，原則として当該処分をした行政庁だけであり，上級庁といえども法律に特段の定めがない限り撤回権を有しない．上級庁に取消権を認める説でも，撤回については認めていない．これは，撤回は行政執行の一面として事後違法の回復を狙いとするものであるから，より直截に

処分権限が前面に出てくるためであろう．もっとも，上級庁は撤回の命令を出すことはできる．

撤回権制限の法理　適法な行政処分は，処分庁といえども特別の規定がない限り自由に撤回できないのが原則である．しかし，処分後，事情の変更によって「違法」と判断された場合には例外的に撤回が許される場合がある．例えば，処分要件が事後的に消滅した場合や根拠法の規定する義務に違反した場合がこれに当たる．「違法性」の判断は処分要件違反に限定されず，客観的に見て「処分の目的」を侵害する場合を含むと解する．もっとも，利益処分の場合には，撤回権制限の法理が妥当するから，撤回に当たっては，当該権利の性質，被処分者の帰責事由の有無，第三者の地位や利益侵害の程度等も考慮した上で，ここでも，現状維持の利益と撤回によって得られる利益との比較衡量が必要である．

撤回と損失補償　(a) 撤回によって私人に損失を与える場合には補償を与えることを明記した法律がある（国有財産法 19, 24，河川法 41，道路法 72，都市公園法 28 など）．

(b) 法律に補償の規定がない場合にも補償を与えるべきかが問題になる．国有財産法と違い，公有の行政財産の目的外使用許可の撤回について，地方自治法は補償の規定を置いていないが，判例はこの場合に国有財産法の規定 (19, 24) を類推適用すべきだとした（最判昭和 49・2・5 民集 28 巻 1 号 1 頁，行政判例百選 90 事件）[78]．

---

78) この事件では，都有の行政財産たる土地を期間の定めのない使用許可によって借り受けていたケースであったので，最高裁は「当該行政財産本来の用途または目的上の必要を生じたときはその時点において原則として消滅すべきものであり，また，権利自体に右のような制約が内在しているものとして付与されているものとみるのが相当である」とし，「その例外は，使用権者が使用許可を受けるに当たりその対価の支払をしているが当該行政財産の使用収益により右対価を償却するに足りないと認められる期間内に当該行政財産に右の必要を生じたとか，使用許可に際し別段の定めがされている等により，行政財産についての右の必要にかかわらず使用権者がなお当該使用権を保有する実質的理由を有すると認めるに足りる特別の事情が存する場合に限られる」とした．

第7節　附　款

意義　(a) 行政処分をするに当たり，法律の定めた処分内容に付加して効果を制限したり，特に義務を課したりすることがある．これを附款という．学問上の用語であって，法令上は「条件」といわれる．

(b) 行政処分を民法の法律行為論のアナロジーで体系化していた時代には，「行政行為の効果を制限するために意思表示の主たる内容に付加される従たる意思表示」と定義された(田中・上127頁)．したがって「準法律行為的行政行為には附款は付し得ない」ということになる．しかし，民法の法律行為をモデルに行政処分を語る必然性はない．むしろ，処分の実体法的効果を制限するために行政庁によって主たる処分効果に付加された従たる効果内容(兼子・総論172頁)という定義の方が，附款の持つ柔軟な対応を可能にするものといえよう．

附款は，利益処分に付されるのが通例であるが，行政庁に実質的な裁量権がなければならない．覉束処分には付すことができない[79]．法律で明文の根拠をおくこともあるが(都市計画法79，道路法34，87①，河川法90①，農地法3⑤，18④，公衆浴場法2④，風営法3②)，明文がなくても，行政庁に裁量権が与えられている場合には附款を付すことができる．

法律によって直接行政処分の効果を制限する場合があり，これを法定附款という(国家公務員法59①)．

種類　(a) 条件　行政処分の効果を発生不確実な将来の事実にかからしめることをいう．その条件たる事実の成否未定の間は処分の効果の発生は不確実の状態にあり，条件の成就によりその効力を生じ(停止条件)またはその効力を失う(解除条件)．道路舗装工事の完成を条件として路線バス事業免許を与えるのは停止条件であり，指定期間をすぎても運輸を開始しない場合に免許が取り消

---

[79] 道路交通法91条は，覉束処分である自動車の運転免許に附款を認めている．しかし，明文がない場合に，覉束処分に附款を付すことはできない．行政庁が法律要件を作るに等しいからである．

されるのが解除条件である．

　(b) 期限　行政処分の効果を将来発生することの確実な事実にかからしめることをいう．確定期限，不確定期限，始期・終期に区別される．当該事実がいつ到来するか確定しているものを確定期限(運転免許は○年○月○日まで有効)といい，到来することは確実であるが，いつ到来するか確定していないものを不確定期限という[80]．事実の到来により行政処分の効力が発生するのを始期といい，消滅するのを終期という．

　地方公務員法では明示的に公務員の任期付き採用の規定がない場合において，最高裁は「小学校教員の任期付き任用も退職勧奨の円滑な運用を期する上で必要があり，本人が了承している場合には違法とは言えない」と判示した(最判昭和38・4・2民集17巻3号435頁，行政判例百選91事件)．人事院規則は，この判決を前提に作られている[81]．

　法律には，許可・免許等につき「有効期限」を定めているものがある．放送局(無線局)の免許の有効期間は5年を超えない範囲内(電波法13①，省令で5年・2年・1年)とされているし，運転免許は5年等(道路交通法92の2)，漁業権の存続期間は10年・5年(漁業法21)，薬局は6年(医薬品・医療機器等法4④)とされている．このような附款を設ける趣旨は，更新の時点で税金の確保，あるいは有効期間の節目で許可を受けている者の状況を審査し必要な規制をするためである．したがって，更新の申請があったときは有効期間の満了によって許可等が失効すると考えるべきではなく，効果は依然として継続しているものと解すべきである．申請が拒否された場合には，実質的に処分の撤回と見て撤回権制限の法理が妥当するものと解する．判例は，放送の再免許は実質的に免許更新であるとの立場をとった(最判昭和43・12・24民集22巻13号3254頁，行政判例百選173事件)．

---

80)　許認可に付された期限が，1年ないし5年とか比較的短期の期限の場合，道路の占用条件，あるいは河川の使用条件の更新時期と解される(東京地判昭和43・8・9行集19巻8＝9号1355頁)．もっとも，短期の占有許可が期間の満了によって当然消滅するとした裁判例がある(東京地判昭和53・6・26行集29巻6号1197頁)．
81)　本判決は「期限」の許容性についての最高裁判決として意味があったが，平成10年の地公法改正で22条の2が追加されたので，現時点では法令に規定がない場合でも期限付き任用が認められる点でなお意義がある(塩野・行政法Ⅰ201頁)．

(c) 負担　特別の義務を命ずるものをいう．道路，河川の占有許可に当たって占有料の納付を命ずるように利益処分の場合が多い．本来の処分とは別の義務を命ずるのであるから，法律の根拠が必要である．条件と異なり，処分の効力は完全に発生する．義務の不履行の場合でも，当然に処分の効力が失われることはない．相手方が負担を履行しないときは，負担の履行を強制するか，本体たる許可等の処分を撤回することができる．

(d) 撤回権の留保　行政処分に当たって，一定の場合に，処分を撤回する権利を留保することをいう．取消権の留保ということもある．実務では，公共物や公共用の占有の許可に際して，撤回権の留保をつける場合が多いが，条件を明示せずに，例文的に留保条項をつけても全て適法というものではなく，条理上の制限があるものと解される．

(e) 法律効果の一部除外　法令がその処分に付した効果の一部の発生を除外することをいう．法律の認めた効果を除外するのであるから，法律上の根拠が必要である(国家公務員等旅費法46)．自動車事業の免許にあたり，通行する自動車の範囲を限定する(道路運送法47③)などがその例である．

附款の限界　(a) 附款は，法律の目的を確実に実現するためのものであるから，法律の目的と無関係の附款を付すことはできない(目的適合性の法理)．例えば，風俗営業の許可に当たって，都市環境保全の観点から，看板やネオンの色に規制をかけるのは目的適合性の法理に反することになろう．下級審裁判例には，自作農創設特別措置法16条による売渡処分に将来売渡しを受けた者がこれを他に売却する場合の相手方について条件を定められていたとしても，かような条件はそれ自体無効であるとしたものがある(大阪地判昭和33・4・28行集9巻4号582頁)．この附款は，売渡処分の目的と無関係だからである．

また，附款はその行為の目的に照らして必要な限度に止まらなくてはならず，比例原則に反して過大な義務を課す附款は違法となる(最決昭和50・9・30刑集29巻8号702頁参照)．条理上，平等原則も適用がある．

(b) 附款は処分の一部であるから，取消訴訟の排他的管轄が及ぶ．問題は，附款が違法である場合，附款だけを争えるのか，それとも処分の全体を争うのかである．附款が処分本体とどういう関係にあるかによって決定する他にない．附款が処分の重要な要素である場合は，附款は処分本体と不可分ということに

なるから，附款の違法は処分全体の違法となる．したがって，附款だけの取消訴訟は認められず，訴えは却下される．被処分者は，附款の変更を求める義務付け訴訟(行訴法3⑥)を提起することができよう(原田・要論175頁)．しかし，附款が重要でない場合，あるいは羈束処分に負担を課したような場合には，本体の処分と可分だと考えられるので，附款だけの取消訴訟も可能である．

　デモ行進の許可の際に「進路変更」の附款をつける場合がある．デモ行進を許可処分と考えれば，進路変更の附款は一部拒否処分と見て附款部分のみの執行停止が可能となる．しかしこの場合，許可がない限りデモはできないから拒否処分以前の状態と何ら変わらず，元のデモコースを行進することはできない．そこで通説は，この附款を負担付届出受理と解し，負担部分について裁判所の執行停止がでれば，申請者は当初のコースを行進する自由が回復されると解した．これに対して，近時，進路変更は「条件」と解すべきではなく，まさに本体の問題と考えるべきだとの見解がある(塩野宏「附款に関する一考察」『行政過程とその統制』有斐閣・1989年，146頁)．これによれば進路変更は「変更許可」とみるべきであり，その変更許可は申請拒否処分と申請変更を前提とする許可処分に分解でき，拒否処分の取消訴訟の提起が可能だとする．しかし，申請拒否部分を執行停止しても意味がない．2004年の行訴法改正によって仮の義務付けによる救済(行訴法37の2)が規定されたので，当初の進路の仮の義務付けを求める救済が可能となった．

第5章 行政手続

第1節　行政手続の意義

1　行政手続とは何か

行政手続の意義　行政手続とは，行政権が行政決定をするに当たって事前に踏まなければならない手順のことである．行政決定の類型に対応して，行政計画手続，行政立法手続，行政指導手続，行政調査手続，行政処分手続，行政強制手続，行政契約手続等を考えることができる．行政決定後の事後救済手続（行政不服審査法）を含めることもあるが，ここでは事前手続を考察する．一般には行政決定がなされるまでに事前に踏まなければならない手順を規律する法律を行政手続法という．

行政手続の性格　(a)　一般に，ドイツ・フランスにおいては行政訴訟制度が発達したが，そこでは実体法が重視され，行政手続法は等閑視されてきた．すなわち，伝統的な「法律による行政の原理」の下では，国民の権利自由を保障するためには，行政活動を実体法によって拘束するというアプローチがとられた．そこでは，最終的な行政処分が実体法に適合するか否かが重大な関心事となり，行政決定がどのような過程をたどり，どのような手続によってなされるべきかは重要視されない．ドイツ法を継受した戦前のわが国の行政法がこれに倣ったのは当然のなりゆきであった．

(b)　これに対して，資本主義の発達の早かったイギリスでは，当初から手続重視の思考が強く，本来は司法審査の指導原理である自然的正義(natural justice)の原理が行政手続にも妥当するものとされた．他方，アメリカでは，手続的正義の思想はデュー・プロセス・オブ・ロー(due process of law)の法理として発展した．戦後わが国はアメリカ法の圧倒的影響の下に憲法を制定したこともあって，少なくとも戦後初期にはアメリカの法制度がわが国に影響を与えた．国や自治体における合議制の行政委員会制度の創設，営業許可の取消し等の不利益処分を課す場合における事前の聴聞や弁明手続の規定などがその例である．もっとも，公正取引委員会や労働委員会における行政審判手続を別にすれば，わが国では一般的な行政手続の制度は根づかなかった．

(c) その後，資本主義の発展とともに，一方で行政需要は多様化し，行政の高度な専門技術性が進行するとともに，他方で地球規模での国際取引の発展によって，わが国の行政規制の不透明さが国際的にも問題視されるようになった．こうした趨勢に対して，かつてのような行政実体法によるシンプルな行政のコントロールだけでは，適切に対処することが困難になってきた．情報公開法制定の動きも根本において同一の水脈に発するものだといってよい．この間，統一的な行政手続法制定の動きがなかった訳ではない．

行政手続法制定 (a) 日本で行政手続が注目されるようになったのは，第二次世界大戦後のことである．周知のように，アメリカ憲法の圧倒的影響の下に日本国憲法が制定されたが，その後，英米の行政手続の思想が紹介されるようになった．1952(昭和27)年には，許可等の停止または取消しの際の弁明の機会の付与や聴聞手続等を盛り込んだ国家行政運営法案が国会に提出されたが成立せず，1964(昭和39)年の第一次臨時行政調査会において「行政手続法草案」が作成され，内閣総理大臣に答申されたが，立法に至らなかった．

(b) 1993(平成5)年11月，「行政手続法」が成立した．2005(平成17)年には，命令等制定手続を盛り込んだ改正案が成立した．2014(平成26)年6月，新「行政不服審査法」の成立に伴い，「行政手続法」の一部が改正された．

他方，2000(平成12)年に，高度情報通信ネットワーク社会形成基本法(IT基本法)が制定され，ITネットワーク社会形成のための国家戦略を打ち出し，必要な施策を展開するための基本理念，施策策定の基本方針，重点計画，行政組織等について定めた．ここで掲げられた電子政府の計画を実現するために2002(平成14)年，行政手続オンライン化関係3法が成立した[1]．これによって，

行政への申請，届出等法令に基づく行政手続についてオンラインで行うことが可能になった．

2 行政手続と憲法上の根拠

憲法上の根拠 （a）アメリカでは，連邦憲法のデュー・プロセス条項（連邦憲法修正5, 14）は行政手続にも適用するのが学説・判例である．日本国憲法には，適正な行政手続を明示的に保障した規定がない．憲法31条には，直接的には刑事手続に関する規定であり，特に「財産」の文言がないので行政手続の根拠となり得ない．そこで，行政手続の根拠をどこに求めるかで学説は分かれる．

（b）まず，行政手続は憲法の具体的条文によるのではなく，日本国憲法における法治国の原理の手続的理解の下に，国民の権利・利益の手続的保障が憲法上の要請であるとする手続的法治国の原理に求める説がある（塩野・行政法Ⅰ301頁）．しかし，いうところの「法治国の原理」の根拠と内容が必ずしも明確でなく，その保障のあり方も人権として理解するのではなく，「機能」的なものと捉えており，実質的にはプログラム規定説に近い．理論的には制定法準拠主義と何ら変わらず，裁判規範としての実効性が微弱である[2]．

（c）憲法に根拠を求める説は，憲法31条説と13条説に分かれる．31条説は最も古典的な理解であって，行政手続にも憲法31条の適用があるとする[3]．しかし，31条は条文の位置と文言上からは刑事手続に限定されるのではないかという難点がある．他方，憲法13条説（杉村・総論96頁，佐藤・憲法192頁以下）は，近時多数を占めつつあるように思われるが，これは13条が実体的権利ばかりでなく手続的権利にも適用があることを前提とする点に新しさがある．

---

1) 行政手続等における情報通信の技術の利用に関する法律，同整備法，電子署名に係る地方公共団体の認証業務に関する法律がこれである．宇賀克也『行政手続オンライン化3法』（第一法規・2003年）．
2) 奥平康弘『憲法裁判の可能性』（岩波書店・1995年）222頁以下も，「手続的法治国」説は，行政手続を司法によって執行されるものであるよりは，行政を客観的に拘束する規範としてしか捉えていず，市民が国家に先行してなんらかの権利をもっているという考え方をとらないと批判している．
3) 鵜飼信成『憲法』（弘文堂・1968年）106頁．

ただ13条は包括的な人権規定であって，具体的な内容を導き出すのは困難ではないかとの批判がある．そこで，31条・13条併用説（野中ほか・憲法Ⅰ414頁）が唱えられた．これは，理論上の根拠として13条を援用し，具体化のために31条の刑事手続に要請される適正さを基本に，必要な修正をほどこすことを狙いとするものである．

　(d) 行政権は，議会の決定を執行する機関であるから，国民の意思である法律を個別具体的な法律関係に転換するに際して，それが適正な法の執行であることを明視的にすることは当然の要請である．行政手続の根拠は「法律を誠実に執行する」の文言（憲法73・1号）に求められる．まず法律関係を形成することを命じられている行政は，法律の有権解釈権を与えられ，私人に実体的要件事実の存否を認定しなければならない．次に要件事実の認定は行政が一方的になすのではなく，私人の反論を聞く必要がある（私人の手続的権利）．行政の裁量権の行使にも同様のことがいえる．「法の支配」の実現にとって，実体的・手続的適法性は不可欠の前提であり，「法律を誠実に執行」には，両者が含意されていると解される．

手続的権利の性質　(a) 第一に，行政手続法制によって具体化された権利の性質をどう捉えるかの問題がある．判例および通説は，行政手続は実体判断の適正を確保する手段的性質をもつものと考えてきた（田中・上148頁）．通説の場合，①判断の慎重・合理性を担保し，行政の恣意を抑制する「機能」を重視すること，②制定法に行政手続の規定がない場合には手続的保障を認めないこと（制定法準拠主義）にその思想の特徴がよく現れている．そこでは，あくまでも実体法的統制に力点が置かれ（実体法的アプローチ），手続的権利を人権とみる視点がない．この点は，後継有力説によっても十分克服されたとは言い難い．

　(b) 第二に，手続的権利が人権たる性質を有するとすると，現行の行政手続法がカバーしていない行政領域（あるいは処分）についても，個々の行政活動の場面で一定の手続が要請される可能性が出てくる．制定法がない場合においても，「どのような事前手続が適正であるか……は，立法当局の合理的な立法政策上の判断にゆだねるほかはない」[4]ということにはならないのであって，

---

　4)　平成4年の最高裁判所判決（最大判平成4・7・1民集46巻5号437頁）における園部裁

裁判所は手続的権利の保障のために当該決定にとって何が重要な手続要素であるかを論定する必要がある.

判例 （a）最高裁は，行政手続の根拠について，明確な憲法上の根拠を明示していない．特に憲法31条，13条などを行政手続の根拠だとはしていない．しかし，行政手続の主要な要素については有意味な判断を示してきた．

(i) 個人タクシー事件において，個人タクシー事業の免許申請の拒否を決する手続について，審査，判定の手続，方法に関する明文の規定はなかったが，多数の者のうちから少数特定の者を具体的個別的事実関係に基づき選択するには，「事実の認定につき行政庁の独断を疑うことが客観的にもっとも認められるような不公正な手続をとってはならない」とし，公正な事前手続であるためには，①内部的にせよ具体的審査基準を設定し，②右基準について申請人に十分な主張，立証の機会を与えなければならないと判示した(最判昭和46・10・28民集25巻7号1037頁，行政判例百選117事件).

(ii) 道路運送法は，バス路線延長の免許処分をするに当たって，運輸審議会への諮問を法定しているが，処分を行う行政庁自体ではなく，諮問機関に過ぎない運輸審議会の手続も公正な手続が確保されなければ違法となると判示したのが群馬中央バス事件である．本件で問題になったのは(答申)過程の瑕疵であるが，最高裁は運輸審議会の公聴会における審理手続は，「関係者に対し，決定の基礎となる諸事項に関する諸般の証拠その他の資料と意見を十分に提出してこれを審議会の決定(答申)に反映させることを実質的に可能ならしめるようなものでなければならない」と判示した(最判昭和50・5・29民集29巻5号662頁，行政判例百選118事件).　もっとも本件事案では，「X(申請者)が審議会の認定判断を左右するに足る意見及び資料を追加提出し得る可能性があったとは認め難い」ので瑕疵はないとした．

(iii) 成田新法(新東京国際空港の安全確保に関する緊急措置法)3条1項に基づき，運輸大臣がいわゆる団結小屋に対する工作物使用禁止命令を出した事件において，最高裁は「憲法31条の定める法定手続の保障は，直接には刑事手続に関するものであるが，行政手続については，それが刑事手続ではないとの理由の

判官の意見参照．

みで，そのすべてが当然に同条による保障の枠外にあると判断することは相当ではない．しかしながら，同条による保障が及ぶと解すべき場合であっても，一般に，行政手続は，刑事手続とその性質においておのずから差異があり，また，行政目的に応じて多種多様であるから，行政処分の相手方に事前の告知，弁明，防御の機会を与えるかどうかは，行政処分により制限を受ける権利利益の内容，性質，制限の程度，行政処分により達成しようとする公益の内容，程度，緊急性等を総合較量して決定されるべきものであって，常に必ずそのような機会を与えることを必要とするものではない」とし，まったく手続規定を欠く本法を違憲ではないとした(最大判平成4・7・1民集46巻5号437頁，行政判例百選116事件；最判平成15・11・27民集57巻10号1665頁＝象のオリ事件)5)．

(b) このように，最高裁判所は，憲法31条の法定手続の保障が一般論として行政手続にも及ぶことを認めつつも，基本的には制定法が存在する場合のみ事前手続の履践を求める立場(制定法準拠主義)に立っているといえよう6)．憲法的基礎を欠いている点に問題がある．

第2節 行政手続法

1 総 則

対象・目的・性質 (a) 行政手続法は，「処分，行政指導及び届出に関する手続並びに命令等を定める手続に関し，共通する事項を定めることによって，行政運営における公正の確保と透明性(行政上の意思決定について，その内容及び

---

5) 大浜啓吉「新国際空港事業認定取消請求事件」判例評論556号164頁以下．
6) 理由付記についての判例(最判昭和60・1・22民集39巻1号1頁，行政判例百選121事件)も，旅券法14条の解釈から手続的保障の意義を説いている．なお，下級審判例の中には，併用説を明示するものがあることは注目される．東京地判昭和38・9・18行集14巻9号1666頁＝個人タクシー事件；東京地判昭和38・12・25行集14巻12号2255頁＝群馬中央バス事件参照．なお，最高裁判所は，①第三者に対し，告知・弁明・防御の機会を与えないで，第三者の所有物を没収する旨を定めた関税法118条1項による没収(最大判昭和37・11・28刑集16巻11号1593頁，憲法判例百選194事件)，②第三者に追徴を命ずる処分(最大判昭和40・4・28刑集19巻3号203頁)については，憲法31条(および29条)に違反するとしている．

過程が国民にとって明らかであることをいう……)の向上を図り，もって国民の権利利益の保護に資することを目的」としている(1①．本節では，特に断らない限り行政手続法の条文を指す)．対象は，①処分[7]，②行政指導，③届出，④命令等の制定手続に限定されている．これらが行政運営上，不公正・不透明が問題とされることが多かったからである．本節では「処分」を中心に解説し，受理，届出，行政指導，命令等(行政立法)手続については当該箇所で触れることとする．

(b) 行政手続法の目的は，行政運営における公正の確保と透明性の向上を図り，国民の権利利益の保護に資することにある(1)．「公正」とは，行政決定が恣意的であってはならないという意味であり，司法国家原理を背景にして公正手続の思想が表明されている．「透明性」は，法令上初めて用いられた用語であるが，法律自体が「行政上の意思決定について，その内容及び過程が国民にとって明らかであることをいう」と説明している．法律の仕組みを見る限り，ここでいう「透明性」は，処分の相手方を中心とした手続関係者に対する透明性を意味しており，国民全体はおろか利害関係を有する第三者に対して向けられたものではなく，必ずしも民主的契機を取り入れたものではない．他方，国民の権利保護が目的とされたことは，行政手続法の自由主義的側面を示すものである．

(c) 行政手続法は，行政手続の一般法である．「他の法律に特別の定めがある場合」は，その定めが優先する(1②)．行政手続法の制定に当たっては，同時に360本の法律の整備を行ったが，それでもなお個別法で行政手続法の適用を除外したものがある．行政手続法に従えば聴聞の行われないケースに特別に聴聞の規定をおいたり，聴聞の公開を規定したり，行政手続法よりも厳しい規定をおいたりしたものについては問題ないが，逆に個別法で，よりゆるやかな規定を設けることもできる点は立法の在り方として問題がある．なお，適用除外された処分等についても，憲法上の適正手続が適用されることは言うまでも

---

[7] 処分(2・2号)には，行政上の強制執行，即時執行，行政調査等の事実上の行為は含まれない(2・4号)．これらは，手続的処分というべきものであって，事実上の行為(行政代執行，精神保健及び精神障害者福祉法29の入院措置，感染症法29②の物の廃棄)であったり，単に行為の範囲や時期等を明らかにするための手続としての処分であったりするにすぎないからである．

ない．

適用除外 （a）行政活動はきわめて多岐にわたるので，行政手続法の規定する手続を画一的に適用することが妥当でない分野がある．そこで，行政手続法は，処分と行政指導，命令等を定める行為については16項目の適用除外の規定を置いた(3)．

（b）定義上(2・2号)で「処分」の概念に含まれるものでも，不利益効果を有する「事実上の行為及び事実上の行為をするに当たりその範囲，時期等を明らかにするために法令上必要とされている手続としての処分」(4号但し書イ)および「情報の収集を直接の目的としてされる処分」(3①14号)は，適用除外となる[8](塩野・行政法I 307頁)．

（c）16項目の適用除外は，おおよそ次の類型に分けることができる．

㋑司法権・立法権が関与するもの(3①1号〜6号)　3条1項1号〜3号には「行政指導」の語がないが，これは2条5号の定義する「行政機関」ではないからである．もっとも，平成17年改正で，2条5号の「行政機関」に会計検査院が加わったため3条1項4号は「会計検査の際にされる行政指導」と改められた．

㋺行政庁との特別な関係に立つ行為(3①7号〜10号)　ここに掲げられたものは，従前いわゆる特別権力関係とされたものである．つまり一般国民(私人)に対する手続的保障を直接適用するのが適当でないとされ，独自に公正な手続が設けられるべき分野とされた．しかし，学生に対する処分について，何らの手続的権利を保障しないのは疑問である．また公務員に対する処分については，説明書の交付手続がある程度であり(国公法89，地公法49)，きわめて不十分であって，適用除外とする根拠に乏しい．

㋩性質上行政手続法の適用になじまない行為(3①11号〜16号)

（d）地方公共団体の機関がする処分及び地方公共団体の機関に対する届出で条例・規則に根拠があるものは適用除外となる(3③)．これは，条例，規則

---

[8]　したがって，行政代執行法に基づいて行われる戒告，代執行，いわゆる即時執行，土地収用法35条1項および11条に基づく立入りも事実上の行為に当たるので，不利益処分から除かれる(宇賀・三法の解説53頁)．

に基づく処分，届出について地方自治の尊重を配慮したものであり，自治体は自ら必要な措置(手続的条例，規則，要綱など)を講ずるよう努める義務がある(46)．もっとも，行政手続法はナショナル・ミニマムを定めたものではないので，手続条例の内容が行政手続法以下のレベルでも違法とはいえない．逆に，自治体の機関のする処分および届出でも法律(または法律に基づく命令)を根拠にするもの(開発許可，都市公園の占用許可，飲食店監督など)には行政手続法の適用がある[9]．この場合，事務の種類は，自治事務でも法定受託事務のいずれであってもよい．他方，自治体の行う行政指導，命令等についてはいわゆる組織区分型を採用し，法律の根拠のあるなしを問わず一切行政手続法の適用はない(3③)．

(e) 国の機関又は地方公共団体若しくはその機関が，その固有の資格において処分の相手方となり，あるいは届出の主体となる場合には，適用除外となる(4①)．「固有の資格」とは，一般私人が立ち得ないような立場にある状態をさす．行政手続法は，私人の手続的権利の保護を目的とするものだからである．

行政指導については，法律の根拠のあるなしを問わず，また「固有の資格」において相手方になるかどうかを問わず一律に適用除外とされる．

(f) 特殊法人と一定の認可法人等に対する処分(4②)，さらに行政事務代行型の指定機関等に対する処分(4③)も，解散命令，設立認可の取消し，役員解任等の処分を除き，適用除外となる．

2005(平成17)年の改正で，国または地方公共団体の組織内部の事項やこれに準ずる事柄，国と地方公共団体との関係，地方公共団体相互間の関係，国や地方公共団体の機関と特殊法人等の関係についての命令等を定める行為についても適用除外が規定された(4④)．これらは私人との関係を規律するものと同様の手続規制を設けることは適当でないからである[10]．

---

9) 国家法としての行政手続法を一律に自治体にも及ぶとするべきかどうかは立法政策の問題であるが，行政手続法は，いわゆる根拠法規区分型を採用した．その結果，法律を根拠とする処分については自治体の事務であっても行政手続法の適用があり，条例または規則を根拠とする処分については適用除外とした(3③)．なお，行政手続法が「行政庁」の概念を使う場合には法律に基づく場合を指し，「行政機関」の用語による場合には，「地方公共団体の機関(議会を除く)」を含む(2・5号ロ)．

10) 行管センター・逐条解説119頁．

(g) 2005(平成17)年改正で「第6章　意見公募手続等」が追加されたため，3条2項は「次に掲げる命令等を定める行為については，第6章の規定は，適用しない」として1号から6号までを明記した．

(h) 行政手続法自体には規定がないが，特定の分野において独自の手続法体系が形成されているもので適用が除外されるものがある．例として，準司法的手続により行われる処分(海難審判法に基づく処分，破壊活動防止法に基づき公安委員会がする処分)，国税に関する処分(国税通則法74の14)，福祉施設への措置に関する処分(児童福祉法33の5)，保護の実施に関する処分(生活保護法29の2)等がこれに当たる．

2　処分手続の概要

二つの処分類型　(a) 行政手続法は，行政処分を「申請に対する行政処分」(実質的には「利益処分」に当たる)と「不利益処分」の二つの類型に分けた．ここでは，2条の定める定義規定のうち，「法令」と「処分」について見ておこう．

(b) 法令とは，「法律，法律に基づく命令(告示を含む)，条例及び地方公共団体の執行機関の規則(規程を含む．以下「規則」という．)」をいう(2・1号)．「法律に基づく命令(告示を含む．)」であるから，法律の委任が必要であり，行政規則や法律の委任のない告示は含まれない．

(c) 処分とは，「行政庁の処分その他公権力の行使に当たる行為をいう」(2・2号)．この定義は，行政不服審査法1条2項や行政事件訴訟法3条2項と同一の内容である．したがって，処分には，対物処分(建築基準法46に基づく壁面線の指定など)や一般処分(道路法18②に基づく道路の供用開始決定など)も含まれる．「その他公権力の行使に当たる行為」には，精神保健法に基づく病院への入院措置のような事実行為も含むと解される(4号の「不利益処分」の定義では「事実上の行為」が除かれている)．

手続関係者　(a) 古典的な規制行政においては，行政上の法律関係は私人の「自由と財産」の保護を主眼とした単純な二面的関係で捉えられていた．しかし，現代における法律関係は，規制者(行政)，被規制者，第三者(規制の受益者)の三面的な関係で捉えるべきである．ところが，行政手続法は，自由主義的国

家観に基づいて，行政上の法律関係を規制者と被規制者との単純な二元的関係を中心に捉えている．そのため，規制によって利益を受けている者の手続的権利については保護が薄い．

(b) 行政処分は，行政庁の名で行われるが，国や地方公共団体の機関に限らない．

(c) 行政手続法は，申請に対する処分の名宛人は「申請者」と呼び(7)，不利益処分の名宛人は「不利益処分の名あて人」(13①)または「当事者」と呼んでいる11)(16①)．

(d) 利害関係人については，申請に対する処分と不利益処分の両者について利害関係をもつ者があり得るが，行政手続法は前者については何ら規定を置かず，後者のうち聴聞手続の場合に限って利害関係人の参加の制度を設けた．

審理の原則 (a) 行政手続法は，「審理」手続について明文の総則的規定は置いていないが，およそ次のような仕組みになっている．

(イ)審理非公開の原則　申請に対する処分には，審理そのものが予定されていない．非公開は当然視されている．不利益処分についても，行政庁が公開を相当と認めるときを除き，非公開とされている(20⑥)．

(ロ)職権主義の原則　利益処分・不利益処分ともに原則として職権主義が採用されている．

(ハ)書面審理主義と口頭審理主義　申請に対する処分の手続においては，審理は行政庁内部で行われるから口頭審理はあり得ず，書面で審理される．不利益処分の手続においては，聴聞手続では口頭審理主義が採用されているが，弁明手続では原則として書面で行われ，行政庁が「認めたとき」だけ口頭で行われる(29①)．

(b) 行政手続法は，行政実体法の目的とする政策を実現するための手段合理性を追求するものである．行政の意思形成もその範囲に限定される．行政手続においては，行政庁，処分の相手方(利益処分における申請者，不利益処分にお

---

11)　名宛人が法人である場合におけるその役員等の解任・除名を命ずる不利益処分をしようとする場合の聴聞の通知があったときは，名宛人である法人のほか，当該処分において解任等をすべきこととされている役員等も当事者に当たる(28①)．これを「みなし当事者」という．

ける被処分者)および利害関係人と利害関係が三面構造になっている．ところが，行政手続法は行政庁と被処分者の二元的な構造がとられていて(しかも，申請者の手続的権利さえ十分に保障されているとは言い難い)，利害関係人への配慮が不十分である．手段合理性は，基本的に利害関係人を含めた三者の実体的利益保護を目的としているのであるから，可能な限り三者の手続的権利を保護する方向の解釈が望まれる．

3　申請に対する処分

手続の概要　(a) 行政庁に対して許可・認可等の申請書を出すことは日常的に行われている．しかし，従来，行政の対応は必ずしもルール化されておらず，窓口で取下げや内容の修正の指導が行われたり，返戻されたり，あるいはなかなか返答がもらえなかったりと国民の不満は大きかった．行政手続法の定める「申請に対する処分」手続は，法定の拒否事由がないときはテキパキと迅速に処理することによって手続の透明性を高めることを狙ったものである．手続の流れはいたって簡単であり，①告知(申請)→②審理(審査)→③処分(決定)というプロセスをとる．

(b) 利益処分は申請によって始まる．申請とは，「法令に基づき，行政庁の許可，認可，免許その他の自己に対し何らかの利益を付与する処分(以下，「許認可等」という．)を求める行為であって，当該行為に対して行政庁が諾否の応答をすべきこととされているものをいう」(2・3号)．「法令に基づ」くことが必要であるから，事実上の申請は排除される．具体的には，製造，販売，サービス提供等の事業を開始するための許可や免許，一定の資格や条件を満たしていることの確認や登録，年金裁定，医療費支給，身障者手帳交付等の給付決定などがある．いずれも「申請者」に対する利益処分を求めるものであるから，申請者が名宛人にならないものや，第三者への処分を求めるものは処分には含まれない．また「諾否の応答」が義務づけられている必要があるから，職権による処分は含まれない[12]．

---

[12]　市町村による老人ホームへの入所措置(老人福祉法11)や都道府県による児童養護施設への入所措置(児童福祉法27，27の2，24②)等は職権利益処分といわれることがあるが，本

審査基準の設定・公表 (a) 利益処分について審査基準(「申請により求められた許認可等をするかどうかをその法令の定めに従って判断するために必要とされる基準をいう」2・8号ロ)を定め,「公にして」おく義務がある[13](5①③).もっとも,「行政上特別の支障があるとき」は例外的に「公に」しなくてよい(5③).公表については,個人タクシー事件の最高裁判決も基準の公表までは要求していなかったので,立法で踏み込んだ解決を図ったことになる.行政運営の公正と行政庁の決定過程の透明性を確保するためである.公表の方法は行政機関の「事務所における備付けその他適当な方法」によることが例示されているが,基本的には行政庁の判断に委ねられる.申請者の利便性を配慮して,いつでも見ることのできる状態にしておくことが肝要である.裁判例には,申請に当たって申請者が提出すべき書類を列挙した一覧を交付したことをもって審査基準を公にしたことにはならないとしたものがある(東京高判平成 13・6・14 判時 1757 号 51 頁＝医師国家試験受験資格事件)[14].

(b) 審査基準には,裁量基準ばかりでなく解釈基準も含まれるが,「できる限り具体的なもの」でなければならない(5②).もっとも,法令で既に具体化されている場合には,行政規則のレベルで審査基準を改めて設定・公表する必要はなく,考慮事項を摘示する程度でもよいであろう(塩野・行政法 I 318 頁).その具体性の程度は,「処分の性質に照らして」判断される必要がある.大量・反復型の処分の場合には細部にわたる十分な具体性が要求され,逆に法律の目的がリスク防止・安全確保にある場合には,可能な限り最新の科学的知見を取り入れて柔軟に対応するためによりソフトな具体性のある基準の方が法律の目的を達成できることになろう(芝池・総論 294 頁).

人申請に代替する仕組みと見ることができるので「申請処分」と解される(兼子・行政法学 70 頁).

[13] 行政指導(36)については,「公表」の語を用いているが,審査基準(5)では「公にしておかなければならない」と表現されている.前者は行政指導の濫用を防止する趣旨から一般に周知徹底することが求められているのに対して,後者は,処分の場合必ず法令に根拠があるため,関係者の範囲も明確であり関係者から求められた場合に示せば足りる趣旨だとされている(行管センター・逐条解説 260 頁).

[14] 本判決は,行政手続法の重要な手続(審査基準の公表および理由提示)を履践しないで行われた処分は,当該申請が不適法なものであることが一見して明白であるなどの特段の事情がある場合を除き,取消原因となるとした.

審査基準は，処分の違法性判断の基準となることがある(最判平成4・10・29民集46巻7号1174頁＝伊方原発訴訟)．つまり審査基準の合理性の有無が違法性判断を左右するということである．酒類販売業の免許申請に対する拒否処分が争われた事案において，判例は酒税法10条11号該当性の認定基準が合理性を有している場合には，これに適合する処分を適法としている(最判平成10・7・16判時1652号52頁)．

(c) 許認可に際して附款を設ける場合，附款自体についても基本的には設定・公表を義務づけられると解される(兼子・行政法学99頁)．また，審査基準の設定・公表の懈怠は，申請拒否処分の取消事由になると解される(東京高判平成13・6・14判時1757号51頁；那覇地判平成20・3・11判時2056号56頁)．

標準処理期間の設定　(a) 行政庁は，申請がその事務所に到達してから当該申請に対する処分をするまでに通常要すべき標準的な期間を定めるよう努め，これを公にしておかなければならない(6)．申請処理の透明性を確保し，申請者の権利利益の保護を目的とするが，同時に申請が放置されることに対して歯止めをかけ，迅速な処理を期待する趣旨である．「その事務所」とは，原則的に行政庁の所在する本庁の受付窓口のことである．「当該行政庁と異なる機関」(6カッコ書)とは，いわゆる経由機関のことであり，下部機関としての地方支分局，都道府県知事，市長村長や自治体の委員会等の場合も含まれる．結局，行政庁の場合と経由機関の双方につき，別々に標準処理期間を定めることになる．

(b) 標準処理期間は申請が適法であることを前提としており，補正(7)に要する期間は含まれない．これは努力義務であるが，処分の性質上これを定めることが困難な場合を慮ったものであろう．行政庁が有するいわゆる「処分時期の裁量」を基準化したものとみるべきではない．

(c) 行政庁の義務は標準処理期間を設定することであって，その期間内に申請に対する処分をする義務を申請者に対して負うのではない．したがって，当該処分が標準期間を超えた場合でも，不作為の違法確認訴訟(行訴法3⑤)において当然に「相当の期間」を超えたことにはならないし，ましてや当該処分が違法性を帯びるものでもない．標準処理期間の徒過は重要な考慮要素の一つであるが，あくまでも個別的に判断する他ない．

審理・応答 （a）審理の段階において，行政庁は，申請が「その事務所」[15]に到着したときは，速やかに審査を開始しこれに応答する義務がある（7）．応答義務がある点で「届出」（2・7号）と区別される．

公衆浴場の営業には都道府県知事の許可制がとられているが，一定の地域には一軒しか浴場を設けてはならないとの距離制限規定は，条例に委任されている（公衆浴場法2③）．最高裁は，既存の浴場との距離が300メートル以上とされている同一地域で複数の申請が出されたときには，先願者に許可を与えなければならないとした（最判昭和47・5・19民集26巻4号698頁，行政判例百選64事件）．これを先願主義という．公衆浴場の営業許可は羈束処分であるから，適法な申請がなされた以上，行政庁が許可すべき法律関係は成立していることになるからである．

（b）申請が到達した後，まず形式的要件を審査し，不備があれば，速やかに申請の「補正」を求めたり[16]，あるいは「申請の取下げ」（33）の行政指導をしたり等の窓口指導をすることができる．もっとも，従来の実務で行われていたような窓口指導に従わない者に対して申請書の受取りを拒否したり，申請書を返戻したりすることは許されない．しかし，現実には，返戻も受領拒絶も起こり得る（大浜・行政裁判法111頁）．（ⅰ）行政手続法制定前の事件であるが，昭和天皇の大喪の日に大阪市の音楽堂の使用許可申請が行われたのに対して，大阪市職員が受領を拒絶し，後に内容証明郵便で申請書類を返戻した事件で，大阪地判は「これらの行為は申請者から適正手続の保障という重大な利益を奪うこ

---

15) 6条の「その事務所」と同義と解される．経由機関の事務所への到達についても，行政庁の本庁事務所への到達と同様に解して，行政庁は諾否の処分をなすべき義務を負うと解される（室井ほか・コンメ122頁）．この点，経由機関は固有の審査権限をもっていないことを理由に，経由機関に審査開始義務はなく，行政庁の事務所に提出されたときに審査義務が発生するとの説がある（塩野宏＝高木光『条解行政手続法』弘文堂・2000年，153頁）．経由機関における渋滞の責任は行政庁が負うと解すべきであろう．裁判例には，県の建築主事に出すべき建築確認申請を経由機関である町長に提出した事案につき，町長は建築主事の一機構と見るべきであるから，町長に対する申請書の提出は建築主事に対する申請と同一の効力を有するとしたものがある（名古屋高金沢支判平成元・1・23行集40巻1＝2号15頁）．

16) 申請書に不備があり，それが手直しのきくものである場合には原則として「補正」指導すべきであろう．補正指導をせずに形式的拒否処分をした場合には，手続的瑕疵を帯びるものと解する．これに対して，申請の形式的要件に適合しない申請については，補正を求めても，拒否処分をしてもよく，補正は義務づけられないとの見解がある（宇賀・三法の解説98頁）．

とになる」として国家賠償法上の違法性を認めた(大阪地判平成4・9・16判時1467号86頁). (ⅱ)医療法7条に基づく病院開設許可申請書が提出されたにもかかわらず,事前協議を経ていないことを理由として,申請者の同意がないのに,申請書を返戻する行為を,行政手続法7条に違反するとした裁判例がある(名古屋高金沢支判平成15・11・19判夕1167号153頁). 他方,ゴルフ場等の開発事業事前協議の申請書を返戻した行為を申請拒否処分に当たるとして,不作為の違法確認訴訟を却下した裁判例もある(千葉地判平成8・10・11判時1620号58頁). 不受理処分か実体的な拒否処分かを明確にする意味でも,受理概念は重要だといえよう. 実務でも受理概念は日常的に使われており,制定法も,受理概念を用いている(建基法6④). 受理を締め出すことはできない証左といえよう.

（c）申請書の不備が補正できないようなものである場合には,形式的要件を欠くものとして「形式的拒否処分」をする. これを「不受理処分」という. この場合,却下によって当該申請の処理は終了したことが示されたことになる. 不受理処分にも理由を提示する必要がある.

この点について,7条は受理の観念を排除しているとの説がある[17]. しかし,申請には応答義務があるから受理の概念が不要だということにはならない. 申請書類等が形式的要件を充足しているかどうかの審査の問題は残るし,応答するまでの手続過程において手続的瑕疵が生じる場合もないとはいえない. 行政手続法によって否定されたのは受付(収受)の拒否であって,行政庁が申請は形式的要件を充足していると判断して公印を申請書に押す行為——これが通常「受理」と呼ばれる——が禁じられる訳ではない. 確かに,行政手続法は受理

---

17) 申請書の受取り拒否や返戻が事実上の強制力を発揮し,申請者に法令に定められていない負担を課すことになっていたので,こうした実務慣行を排除するために,7条によって「受理」の観念は否定されたというのである(仲・すべて39頁,塩野・行政法Ⅰ320頁,宇賀・概説Ⅰ429頁). 裁判例の中には,廃棄物処理事業の許可申請および産業廃棄物処理施設の許可申請(廃棄物処理法14④, 15①)が,いずれも返戻された事件で,廃棄物処理法は「行政庁の受理行為を予定していないし,不受理の場合を念頭に置いた規定」もないから,「審査の拒否は事実上の措置というほかはなく,これをもって何らかの法的効果を伴う行政処分がなされたと認めることは困難である」としたものがある(仙台地判平成10・1・27判時1676号43頁).

の観念を用いていないが，これは法律の仕組みの中に受理の観念を取り込まなかったにすぎず，行政庁が形式審査の後，実体審査に進む過程を明確にする意味でも受理は有用な概念である[18]．問題はむしろ従前の受理の概念が実務的に多様な意味に用いられてきたことにある．受理とは「形式的要件を満たしていると判断する行為」と純化して捉えるべきである[19]．

 (d) 7条の規定する応答義務が形式的要件の審査に限られるのか，それとも実体的要件の審査にも及ぶのかの問題がある[20]．7条の文言からしても，また行政手続法が実体審査について規定していない点からしても，実体的適法性の判断を7条に持ち込む必要性はない．つまり，形式的要件を欠く場合は，7条に基づく拒否処分(却下処分)をすることになる．

 (e) 申請が形式的要件を満たしている場合には，これを「受理」し，実体審査に入る．行政手続法2条3号は「行政庁の諾否の応答」と規定しているが，これが実体審査を前提とするものであることはいうまでもない．実体審査においては，行政庁は当該申請が法律の定める実体的要件(より具体的には，自ら設定した審査基準)を満たすかどうかを検討する．その結果，申請が要件を充足する場合には認容処分を行い，要件に欠ける場合には実体的拒否処分を行う．

 (f) 行政庁は「申請をしようとする者又は申請者の求めに応じ，申請書の記載及び添付書類に関する事項その他の申請に必要な情報の提供に努めなければならない」(9②)．これは努力義務である．

理由の提示　(a) 行政庁は，申請により求められた許認可等を拒否する処分をする場合，処分の相手方に対して処分の理由を提示しなければならない(8)[21]．処分は要式行為の場合もあれば，口頭の場合もあるが，行政手続法は

---

18) 兼子・行政法学111頁．兼子によれば，受理・不受理は性質が異なり，「不受理」が補正され得ない不適法な申請に対する形式審査による却下処分であるのに対して，「受理」は実体審査への移行を決める行政内部措置にすぎず，処分ではない．
19) 兼子説は，受理を処分ではなく内部措置とするが，これはおそらく私人に効果が及ばないことを慮ってのことであろう．申請受理は原則的に手続的効果しかないが，個別法で法効果があるとされる場合もあり得ると思われる．すなわち形式的に適法だと判断する結果，婚姻の届出受理(民法740)のような場合には，私人に直接効果が及び，他方，通常の申請のような場合には，実体審査へ移行する手続上の義務(私人の側からすれば実体審査を受ける手続的権利)が発生すると考えることができよう．
20) 芝池義一「行政手続法における申請・届出に関する一考察」法学論叢139巻6号1頁．

必ずしも一般的に処分が書面で行われることを要求していない[22]．書面による処分の場合は，書面による理由提示が必要である(8②)．法が「理由の提示」という語を用いたのは，口頭による処分を含めて規定したからであるが，実際には書面による理由提示(従来は「理由付記」と称した)が問題になることが多い．

例外として，「法令に定められた許認可等の要件又は公にされた審査基準が数量的指標その他の客観的指標により明確に定められている場合であって，当該申請がこれらに適合しないことが申請書の記載又は添付書類その他の申請の内容から明らかであるとき」(8①但し書)には，申請者から求められたときに理由を示せば足りる．

申請に対する一部拒否処分であっても，理由を提示する必要がある．また申請が形式的要件を欠いているという理由で拒否する場合にも，明文はないがその理由を相手方に知らせるべきであると解される．理由の提示は，積極的な許認可処分等についても必要だと解される．現代行政においては，いわゆる二重効果処分が問題になり得るが，とりわけ原子炉の設置の許可等については付近住民の側にとっては不利益処分として機能するからである(芝池・総論312頁)．

(b) 理由提示の法理は，課税処分の分野を中心に形成されてきたものであり，行政手続法8条，14条はその適用範囲を拡大する意味を持つ[23]．そこで，この法理の形成過程を一瞥しておこう．

伝統的通説および判例は，理由付記が必要なのは個別の法律が要求している場合のみだとし，理由付記の瑕疵は行政行為の形式的瑕疵に当たるとしてきた(田中・上148頁，最判昭和32・1・31民集11巻1号201頁)．そのため，青色申告では理由付記が必要であるが，白色申告では理由を明示する必要はないとされ

---

21) 行政手続法制定以前に理由付記を明記した法律としては，青色申告の更正処分(所得税法155②，法人税法130②)，旅券発給の拒否処分(旅券法14)，公務員の意に反する不利益(国公法89，地公法49)，争訟裁断行為(行審法41①，国税通則法84④，101)など僅かしかなかった．行政手続法が不利益処分ばかりでなく，申請拒否処分に対しても理由の提示を一般的に義務づけた意義は大きい．

22) もっとも，法律が書面を要求している場合には，書面の交付がない限り処分は有効に成立しないとするのが判例である(最判昭和57・7・15民集36巻6号1146頁，行政判例百選57事件)．

23) 租税の賦課徴収については，原則として行政手続法の適用は除外されているが，理由の提示の規定は適用されている(国税通則法74の14①)．

てきた(白色申告についての最判昭和 43・9・17 訟月 15 巻 6 号 714 頁)．白色申告では，大量に処分が行われていることが理由とされたのである．その後，青色申告の更正処分に関して理由提示(付記)の判例法理が形成され，理由提示の手続的機能を認めるに至っている．

　第一に，理由提示を要求している趣旨は，①判断の慎重・合理性を担保しその恣意を抑制すること，②処分理由を相手方に知らせ争訟提起の便宜を与えることにある(最判昭和 38・5・31 民集 17 巻 4 号 617 頁，行政判例百選 119 事件)．

　第二に，判例は理由提示の明文規定がある場合に，その性質を訓示規定ではなく強行規定と解し，その結果，理由付記の瑕疵を独立の取消原因であるとした(最判昭和 38・5・31 民集 17 巻 4 号 617 頁)．また理由の追完による瑕疵の治癒(理由の追完や差替え)を認めない(最判昭和 47・12・5 民集 26 巻 10 号 1795 頁，行政判例百選 86 事件)．

　第三に，理由提示(付記)の程度について，行政手続法は特段の定めを置かなかったが，従来の判例の集積がある．すなわち，①青色申告の更正処分において，納税者の「帳簿書類の記載以上に信憑力のある資料を摘示して処分の具体的根拠を明らかにすることを必要」とする(最判昭和 38・5・31 民集 17 巻 4 号 617 頁)．②審査請求棄却決定の理由が問題とされた事案において，「請求人の不服の事由に対応してその結論に到達した過程を明らかにしなければならない」とした(最判昭和 37・12・26 民集 16 巻 12 号 2557 頁，行政判例百選 139 事件)．③旅券発給の申請に対して「旅券法 13 条 1 項 5 号に該当する」との理由を付して拒否処分をした事件で，単に旅券発給拒否の根拠規定を示すだけでは足りず，「いかなる事実関係に基づきいかなる法規を適用して一般旅券の発給が拒否されたかを，申請者においてその記載自体から了知しうるものでなければならな」いとした(最判昭和 60・1・22 民集 39 巻 1 号 1 頁，行政判例百選 121 事件)．④公文書の非開示決定が争われた事件で「開示請求者において，本条例 9 条各号所定の非開示事由のどれに該当するかをその根拠とともに了知し得るものでなければならない」とした(最判平成 4・12・10 判時 1453 号 116 頁)．⑤審査基準の公表との関係で，いかなる事実関係についていかなる審査基準を適用して当該処分を行ったかを，申請者においてその記載自体から了知し得る程度に記載することを要するとした(東京高判平成 13・6・14 判時 1757 号 51 頁)．要するに，処

分の性質および各法律の趣旨・目的に照らして決定すべきだということである．

審理手続の欠陥 (a) 申請に対する処分については，実体審査について何らの規定を置いていない．審理[24]はまったく行政庁の内部で行われるだけである．非公開は当然視され，申請者に何らの手続上の権利も与えられていない．本来なら申請者の意見陳述や弁明の機会の付与等の防御権保障等の審理手続を置く必要があったのではないかと思われる．利益処分といっても多種多様であり，年金の受給決定のように，法律に照らしてあっさり結論のでる単純な処分もあるが，二重効果的処分のように，既存業者や地域住民の利害の複雑にからむものもある(例えば，原子力発電所の設置許可を地域住民が争う場合，新規営業許可を既存業者が争う場合，マンションの建築許可を第三者住民が争う場合など)．この種の利害関係が輻輳する処分については，行政は利害関係者の利益調整の役割も期待されているのであるから，行政庁としても自ら「調査」(行政調査)した上でないと法律の適正な執行はできないであろう．そのためにも，行政庁の一方的判断で処分するのではなく，利害関係者の意見陳述の手続を設けるべきであった．33条が「内容の変更」の行政指導を予定しているのもそのためである．

(b)「申請者以外の者の利害を考慮すべきことが当該法令において許認可等の要件とされているもの」については，必要に応じて公聴会の開催その他の適当な方法により第三者の意見を聴取する機会を設けるよう努めなければならない(10)．いわゆる嫌忌施設(火葬場，ゴミ焼却場，原発など)に許可を与える場合などがこれに当たるが，原告適格を有しない者もここに含まれることはいうまでもない(とりわけ「個別保護要件」は不要と解される)．この規定の趣旨は，利害関係人の参加を保障するためのものではなく，むしろ行政庁の情報収集の手段として理解されており，しかも努力義務に過ぎない[25]．また，公聴会をどのよ

---

24) 行政手続法7条は，「審査」の言葉を用いているが，行政手続も裁判手続をモデルにしたものであるから，一般的な用語である「審理(hearing)」の方が相応しい．審理は手続全体を表す概念であるが，「審査」は行政庁の行為に着目した手続の一つでしかない．不利益処分では「審理」(20⑤⑥)の用語が用いられている．

25) 塩野・行政法Ⅰ320頁，仲・すべて45頁．もっとも，意見陳述が憲法上の要請となり得る場合もあり得る(松山地決昭和43・7・23行集19巻7号1295頁は，公有水面埋立免許に際して，漁業権を侵害される者に意見陳述の機会を与えなかったことを憲法31条違反の疑いがあるとした)．

うな手続で行うかについては何らの規定もない．しかし，市民の合意形成のために積極的に活用することが望まれるし，当該法律の解釈によって，二重効果処分の申請の審査に拡大適用する余地もあろう．

(c) 行政庁は，申請の処理をするに当たり，他の行政庁において同一の申請者からされた関連する申請が審査中であることをもって自らすべき許認可等をするかどうかについての審査又は判断を殊更に遅延させるようなことをしてはならない(11①)．新築の店舗で飲食店を営業する場合，建築基準法6条に基づく建築確認の申請と食品衛生法52条に基づく都道府県知事に対する営業許可申請をする必要があるが，両手続は本来別個のものであるから，片方の行政庁が他の行政庁の処分がなされていないことを理由に自らの審査や判断を遅延させてはならないことなどがその例である．また，一の申請又は同一の申請者からされた相互に関連する複数の申請に対する処分について複数の行政庁が関与する場合においては，当該複数の行政庁は，必要に応じ，相互に連絡を取り，当該申請者から説明の聴取を共同して行う等により審査の促進に努めるものとされている(11②)．例えば，電源開発のために行われる電気事業法47条の工事計画の認可申請，都市計画法29条開発行為の許可申請，農地法4条の農地転用の許可申請などがこれに当たる．

(d) 行政手続法が，こうした類型の処分について審理手続を一切置かなかったことは時代遅れの感覚と批判されても仕方ないであろう．何となれば，行政実体法は一定の政策を実現するものであり，それが国民の意思の具体化である以上，手続のありかたとしては事実認定の正確性(の価値)を確保し受容性(の価値)を満たす上でも，利害関係者を手続に関与させるのは当然のことだからである．行政手続法は余りに能率性(の価値)を重視しすぎており，十分に公正な手続とは言い難い．

申請者の手続上の権利　「申請に対する処分」については，審理手続がないため書面による意見陳述ないし弁明も，口頭による意見陳述・弁明も，文書閲覧の権利も一切認められていない．手続的権利としては，ただ申請権が認められているにすぎない[26]．この権利の対極には，行政庁の応答義務があるが，仮

---

26)　「申請権」とは，法令の規定により，個人が行政機関に対し，何らかの行為をなすべき

に行政庁が申請書の到達後「遅滞なく」申請を開始しなかったとしても，申請者がこれを直接攻撃する手だてはない．

4 不利益処分の概説

手続の概要 (a) 不利益処分とは，「行政庁が，法令に基づき，特定の者を名あて人として，直接に，これに義務を課し，又はその権利を制限する処分をいう」(2・4号)．許認可等の取消し，改善命令，行為の中止・禁止命令，金銭納付命令，法人の解散命令や役員の解任処分などがこれに当たる．

もっとも，この不利益処分からは，事実上の行為およびこれをするに当たりその範囲，時期等を明らかにするためにとられる手続としての処分(つまり，行政上の強制執行，行政代執行法に基づく代執行，即時執行，行政調査，立入りなど)，申請に対する拒否処分，申請に基づく拒否処分，名宛人の同意の下にすることとされている処分，許認可等の基礎となった事実が消滅した旨の届出があったことを理由としてなされる処分などは除かれる(2・4号但し書)．

(b) このうち，「申請に対する拒否処分」については問題がある．というのも，申請拒否処分を不利益処分として扱わないということになると，聴聞はもちろんのこと，弁明書の提出も認められないことになってしまうからである．従来の判例は，申請拒否処分に聴聞手続を認めていた(最判昭和46・10・28民集25巻7号1037頁＝個人タクシー事件)のであるから，行政手続法は判例より後退したことになり，立法論上，問題の残るところである．また，許認可等が継続的性質を有する場合において，更新の申請を拒否する処分は，不利益処分に当たると解するべきであろう．仮にこれを単なる申請に対する応答行為とみる場合には，申請者は何ら意見を述べる機会も与えられないことになり不都合だからである．

(c) 不利益処分手続の流れは，①告知(通知)→②審理→③処分というプロセスをとる．行政手続法は，不利益処分の審理手続を，不利益の度合いの強弱によって，聴聞手続と弁明手続の二つに分けた(13①)[27]．聴聞手続は，さらに二

ことを申請することができるものとされている場合に認められる権利である．兼子・行政法学108頁参照．

種類に分かれる．一つは，許認可等の取消し，名宛人の資格または地位を直接剝奪する処分，名宛人が法人である場合における役員の解任命令・除名処分などの法定聴聞(13①1号イ〜ハ)であり，いま一つは，行政庁が「相当と認めるとき」に行われる裁量聴聞である(13①1号ニ)．弁明手続は，聴聞に較べて略式の手続である．なお，不利益処分には，当該処分の行われる具体的状況や処分内容の特殊性から聴聞・弁明手続が不要と判断された処分がある(13②)[28]．

処分基準の設定・公表 (a) 行政庁は処分基準(「不利益処分をするかどうか又はどのような不利益処分とするかについてその法令の定めに従って判断するために必要とされる基準をいう」2・8号ハ)を定め，「公にして」おくよう努めなければならない(12)．審査基準と違って努力義務としたのは，不利益処分の場合，処分の原因事実の評価が事案ごとにまちまちであること，また予め公表することによって脱法行為を招きかねないからである．公表の方法についても，審査基準のような「事務所における備付けその他の適当な方法により」という文言がない．これは不利益処分では被処分者が申請のために事務所に訪れることが予想されていないからである．官報，事務所への備付け，問合せに応える等，処分の形態に応じて適切な判断をすれば足りよう．

(b) 処分基準として，二つの基準が明記されている点も留意すべきである．つまり，「不利益処分をするかどうか」の基準と，「どのような不利益処分をするか」の基準があり，前者が不利益処分の要件に，後者が処分の具体的な内容・程度に関係する．特に後者の基準は5条の審査基準にはないものである．不利益処分の場合には，同一の要件の下で不利益の度合いの異なる複数の処分が定められる場合が多いので，具体的な定めがないと意味がないからである．

---

27) 行政手続法とは別に，個別の法律で審理手続を規定しているものがある．①意見聴取の手続として，道路交通法104条(免許の取消し・停止処分)．②意見書提出の手続として，都市計画法17条2項，都市再開発法16条2項，83条2項，土地区画整理法20条2項，土地収用法25条1項．③公聴会の規定を置くものとして，国土利用計画法8条3項，都市計画法16条1項，土地収用法23条1項．

28) これらは，①緊急な公益保護の必要性を優先させるべき処分(1号)，②無資格の事実が自明となった場合の処分(2号)，③遵守すべき事項が技術的基準で明確にされている場合の処分(3号)，④金銭納付を命ずる処分や金銭給付決定を取り消し・制限する処分(4号)，⑤ごく軽微な処分(5号)であり，手続的権利よりも，緊急な公益保護の必要性を優先させるべき処分(1号)と行政の能率性の確保を優先させるべき処分(2号〜5号)に大別できる．

(c) 処分基準には，解釈基準と裁量基準の両者を含む．処分基準が通達・要綱等で定められた場合には，法規とはいえない(最判昭和43・12・24民集22巻13号3147頁＝墓地埋葬法事件)が，外部効果を持つものと解される．したがって，合理的理由なしに処分基準に違反した場合には，手続的瑕疵を帯び，処分基準自体が不合理である場合も，処分は違法となろう．判例(最判平成27・3・3民集69巻2号143頁)は，処分基準は行政庁の行政運営上の便宜にとどまらず，不利益処分に係る判断過程の公正と透明性を確保し，相手方の利益の保護に資するために定められ公にされるのであるから，裁量権の行使における公正かつ平等な取扱いの要請や基準の内容に係る相手方の信頼の保護の観点から処分基準の定めと異なる取扱いをすることを相当と認めるべき特段の事情がない限り，処分基準に従って行使されるべきことが羈束されており，これに反する処分は裁量権の範囲の逸脱または濫用に当たると判示した．

理由の提示　(a) 行政庁は，不利益処分をする場合には，その名宛人に対し，同時に，当該処分の理由を提示しなければならない(14①)．ただし，当該理由を示さないで処分をすべき差し迫った必要がある場合は，この限りでない(14①但し書)．時間的余裕がない場合がこれに当たる．この場合，相手方の所在が判明しなくなったときその他処分後において理由を示すことが困難な事情があるときを除き，処分後相当の期間内に理由を示す必要がある(14②)．不利益処分を書面でするときは，理由も書面で示さなければならない(14③)．

(b) 理由の程度については，明文の規定はないが，処分基準が公にされている場合は，根拠条文を示すだけでなく，基因事実を具体的に相手方が知り得る程度に特定し，どの事実が処分基準のどの項目に該当するかを明示する必要があろう(兼子・行政法学129頁，塩野・行政法Ⅰ327頁).

最高裁は，一級建築士の懲戒処分が問題になった事案において，「複雑な処分基準の下では処分の根拠法条及びその法条の要件に該当する具体的な事実関係を示すだけでは足りず，いかなる理由に基づいてどのような処分基準の適用によって当該処分が選択されたのかを知ることができなければ理由の提示を欠いた違法な処分となる」と判示した(最判平成23・6・7民集65巻4号2081頁，行政判例百選120事件).

問題は，行政庁が聴聞主宰者の聴聞調書の内容および報告書に記載された主

宰者の意見を参酌(26)せず，これに反する処分をした場合である．この場合は，従わなかった理由をより詳細に示す必要がある．

（c）理由の提示のない処分は違法な処分となると解される．

5 聴聞手続

聴聞手続の構造　（a）聴聞手続は，聴聞主宰者の下で行政庁による処分理由の説明とそれに対する名宛人の口頭による反論の場を提供するものである．行政手続の根底には，法の支配の観念がある．資本主義の発達に伴って行政(国家)介入が必然化したが，アメリカ法では，市民の権利義務については裁判所が決定するという古典的「法の支配」観念が変容し，裁判手続の基本原理は行政手続に移植されることになった．すなわち，裁判手続は，①告知(notice)，②審理(hearing)，③公正な決定(fair judge)を柱とする基本構造をもっているが，これが行政手続の構造となることによって，行政手続(行政決定)は「法の支配」の原理を体現する装置となり得たのである．わが国は，第二次世界大戦後，アメリカ連邦行政手続法(APA)から多くのものを学んだが，公正取引委員会の行政審判手続はこれを導入したものである．行政手続法の定める聴聞手続は，APAの定めるインフォーマルな手続に近いが，なお相当の隔たりがある．

（b）主要な相違点を指摘すれば，第一に，審理手続がインフォーマル化されている．第二に，公正な決定についても，APAでは行政庁から独立した行政審判官(administrative law judge)が審理を主宰するが，わが国ではこの制度は採用されなかった．第三に，APAには司法審査(judicial review)の規定が置かれており，実質的証拠法則(substantial evidence rule)をはじめ行政法に特有の審理の法理が確立されているが，わが国の行政手続法には存在しない．それどころか，伝統理論は，行政手続の観念を知らず，行政手続の発想もなかったに等しい．公定力理論は，その典型である．今日においても実体法を重視し手続法を軽視する体質が抜けたとは言い難い．行政手続法が制定されるに及んで，公定力が行政手続までカバーするのか，換言すれば，手続規範に反する処分の司法審査の在り方という新しい課題が登場することになった．

通知　（a）行政庁は聴聞の期日までに相当の期間をおいて名宛人に対し，①不利益処分の内容及び根拠となる法令の条項，②不利益処分の原因となる事実，

③聴聞の期日及び場所，④聴聞に関する事務を所掌する組織の名称及び所在地，を書面で通知(告知)しなければならない(15①)．特に②の原因事実は，聴聞手続を充実させる上で重要であり，具体的なものでなければならない．

(b) この書面において，聴聞の期日に出頭して意見を述べ，及び証拠書類または証拠物を提出し又は聴聞の期日への出頭に代えて陳述書及び証拠書類等を提出することができることを教示しなければならない(15②)．名宛人の住所が判明しない場合には，公示による通知も認められる(15③)．

審理手続 (a) 聴聞における審理は，「行政庁が指名する職員その他政令で定める者が主宰する」(19①)．これを「主宰者」という(17①)．主宰者は必ずしも一人である必要はなく，複数の者でも構わない．聴聞の主宰者は，その公正さを担保するため一定の者を除斥する規定が置かれている(19②)．行政庁と聴聞主宰者との関係について，法は職能分離規定を置いていないが，聴聞の公正さを保つためには，主宰者に職務の独立性が保障されていると解される．その意味からは，処分担当課の責任者(起案者等)は主宰者になるべきではなく，別のセクションの職員を指名する運用が望ましい(兼子・行政法学126頁)．

(b) 行政手続法は，当事者以外の者であって当該不利益処分につき利害関係を有すると認められる者を「関係人」と呼び(17①)，その者が聴聞の主宰者の許可等により手続に参加する場合に，これを「参加人」と呼ぶ(17②)．聴聞主宰者は，当該聴聞に関する手続に参加することを求め，または参加することを許可することができる．現代的紛争の典型である環境権や安全権等の相反利害関係人を広く参加人に加えて公正な手続を行うことが望まれる[29]．

聴聞手続の当事者(「不利益処分の名あて人となるべき者」15①)および聴聞手続の参加人は「代理人」を選任することができる(16, 17②)．

(c) 最初の聴聞期日の冒頭において，主宰者は行政庁の職員に「予定される不利益処分の内容及び根拠となる法令の条項並びにその原因となる事実」を説明させる(20①)．これは既に事前に「通知」(15)されていることであるが，口頭で述べる点に意義がある．これに対して，当事者または参加人は聴聞期日に出

---

[29] 原子炉等規制法69条3項は，一定の処分につき利害関係人が当該聴聞に関する手続に参加することを求めたときは，これを許可しなければならないと規定している．

頭して，意見を述べ，証拠書類・証拠物(証拠書類等という)を提出し，行政庁の職員に質問することができる(20②)．当事者に認められたこれらの権利(意見陳述権，証拠書類等提出権，質問権)は，論点を明確にし処分の適法性を検討する上で最も重要なものであり，対審型審理(adversary hearing)の核心をなすものである．当事者または参加人は，主宰者の許可を得て，「補佐人」とともに出頭することができる(20③)．補佐人とは，聴聞期日に不利益処分の原因となる事実について専門的知識をもって当事者・参加人を援助する第三者で，当事者または参加人の発言機関としての立場から陳述を行う者である．外国人，難聴者，言語障害者を補佐する場合のほか，学識経験者等が陳述を補佐する場合もあり得よう．補佐人の陳述は，当事者・参加人の陳述とみなされる．

第一に，意見陳述権について，聴聞手続は行政庁の事実認定と法律適用が適正かどうかの検討を行うものであるから，当事者の意見は法解釈にも当然に及ぶものといえよう．第二に，証拠書類等提出権および質問権は，反対尋問権(cross-examination)に相当するものとして解すべきであり(浦和地判昭和49・12・11行集25巻12号1546頁は，運転免許取消しの事案につき，反論立証の機会を与えるべきだとした)，行政庁の説明義務と表裏一体をなしている．またそのように運用することが望まれる．したがって，質問権は，行政庁の職員に対して聴聞の場に出席要求権を含んでいると解される(兼子仁『行政手続法』岩波新書・1994年，124頁)．質問は聴聞「主宰者の許可を得て」行うという文言になっているが，これは聴聞手続の秩序上のものであって，質問権を制限するものではない．

他方，聴聞主宰者は，必要があると認めるときは，当事者もしくは参加人に対し質問を発し，意見の陳述もしくは証拠書類の提出を促し，または行政庁の職員に対し説明を求めることができる(20④)．この権限はいわゆる釈明権であるが，当事者・参加人の権利利益の保護のために行使される必要がある．このように，審理は口頭によって行われるのが原則であるが，当事者または参加人が望めば書面ですますこともできる(21)．主宰者は，当事者または参加人の一部が出頭しないときであっても，聴聞の期日における審理を行うことができる(20⑤)．不出頭は，権利の放棄と同視できるからである．欠席せざるを得ない当事者または参加人は聴聞の期日への出頭に代えて，聴聞の期日までに陳述書および証拠書類等を提出することができる(21①)．聴聞主宰者は，聴聞期日に

出頭した者に対し，その求めに応じて，その陳述書および証拠書類を示すことができる(21②)．このように，聴聞手続においては，行政庁または聴聞主宰者が手続の主導権を握る．

　(d) 聴聞の審理は，行政庁が公開することを相当と認めるときを除き非公開とされている(20⑥)．プライバシーや企業秘密の保護，行政庁の負担がその理由であるが，立法論としては，公開を原則とし，当事者の申立てによって非公開とする方法も考えられよう．

　(e) 聴聞主宰者は，一回の審理だけでは不十分であり「なお聴聞を続行する必要がある」と判断するときは，さらに新たな聴聞期日を定めることができる(22①)．続行期日においても，当事者および参加人に「次回の聴聞の期日及び場所」を書面で通知しなければならない(22②)．この通知は，行政庁ではなく，聴聞主宰者が行う．

　なお，聴聞主宰者は，当事者の全部もしくは一部が「正当な理由なく」聴聞の期日に出頭せず，陳述書もしくは証拠書類等を提出しない場合，あるいは当事者の出頭が相当期間引き続き見込めない場合には，聴聞を終結することができる(23①②)．

　文書閲覧権　(a) 文書閲覧権は，対審型審理を実のあるものにするために不可欠のものである．そこで，当事者及び当該不利益処分がなされることになる参加人(「当事者」等という)は，聴聞の通知があったときから聴聞が終結するまでの間，行政庁に対し，当該事案についてした「調査の結果に係る調書その他の当該不利益処分の原因となる事実を証する資料の閲覧を求めることができる」(18①)．当該処分により利益を受ける参加人には文書閲覧請求権はない．コピーの請求権は保障されていないが，運用で認めることが望ましい．閲覧請求の対象文書は，「調査の結果に係る調書」と「その他の当該不利益処分の原因となる事実を証する資料」である．前者は，処分に当たって職権で行われた個別の事案調査を指すが，事前の行政調査の結果を取りまとめた書類が対象となる．後者の「事実を証する」とは証明するの意味であり，「資料」とは書類その他の物件を指す．処分を根拠づける資料はもちろんのこと，当事者に有利な資料や意思形成過程の資料もこれに含まれる．聴聞調書や報告書が閲覧対象となることはいうまでもない(24④)．

(b) 行政庁は第三者の利益を害するおそれがあるときその他正当な理由があるときには，これを拒否できる(18①後段)．参加人の場合は，「当該不利益処分がされた場合に自己の利益を害される」参加人だけに文書閲覧権がある(18①)．迷惑施設の操業停止が問題となっている場合の近隣住民のように名宛人と利益相反関係にある参加人には，文書閲覧権はない．これらの人々の利益は公益に包含されると解されるからであろうが，むしろ行政手続を三面関係で捉えて手続的権利を認めるべきであろう．なお，正式聴聞以外の弁明手続や申請に対する処分の手続に文書閲覧を認めなかったのは，行政手続法の限界を示すものである．

(c) 文書閲覧制度は，証拠開示制度の一つである．行政不服審査法38条も，審査請求人と参加人に提出書類等の閲覧および写しの交付請求権を認めている．また，文書閲覧請求権は，証拠の開示という点で情報公開法とも類似した面がある．情報公開制度は主観的利益と無関係な客観的制度であるのに対し，行政手続法の文書閲覧制度は当事者と「当該不利益処分がなされた場合に自己の利益を害されることとなる参加人」の主観的利益保護を目的としている．

(d) 閲覧請求権は，聴聞の通知のあった時から終結するまで，当事者等が「期日における審理の進行に応じて必要となった資料の閲覧」を更に求めることができる(18②)．行政庁は，閲覧の日時・場所を指定することができる(18③)．

聴聞調書・報告書 (a) 聴聞主宰者は，各期日に「聴聞の審理の経過」を記載した聴聞調書を作成しなければならない．これには「不利益処分の原因となる事実に対する当事者及び参加人の陳述の要旨」を記載しなければならない(24①)．調書は，審理が行われた場合には聴聞期日ごとに作成しなければならない．当該期日に(当事者の不出頭や陳述書の提出で終わる等で)審理が行われなかった場合には，聴聞の終結後速やかに調書を作成する(24②)．

聴聞主宰者は，聴聞の終結後，当事者等の主張に理由があるかどうかについての「意見」を記載した報告書を作成し，聴聞調書とともに行政庁に提出しなければならない(24③)．報告書は，決定案ではなく，聴聞主宰者の意見である．報告書の主な記載事項は，①原因事実に対する当事者等の主張，②これに対する聴聞主宰者の意見とその理由，③処分原因事実を処分の根拠とすることの当

否についての意見，④意見には，事実認定や法律解釈ばかりでなく処分内容・程度について述べることもできると解する．当事者または参加人はこれらの閲覧を求めることができる(24④).

(b) このように，聴聞調書と報告書は，審理手続の公正さを担保するだけでなく，処分決定の合理性を結び付ける重要な役割がある．アメリカ連邦行政手続法(APA)のように実質的証拠法則は採用されていないが，処分は審理の中で出された記録と当事者等の反対尋問にさらされた事実を前提にすることが求められていることになる．聴聞調書は，事実の範囲を画するものであり，報告書はそこから引き出された主宰者の意見の合理性を裏付けるものといえよう．

(c) 行政庁が，聴聞終結後に新たな証拠書類等を収集したり，あるいは既存の証拠書類等に瑕疵が発見されたりした場合に「必要があると認めるとき」は，聴聞主宰者に報告書を返戻して聴聞の再開を命ずることができる(25).

不利益処分の決定 (a) 行政庁は不利益処分の決定をするときは，聴聞調書の内容および報告書に記載された聴聞主宰者の意見を十分に参酌しなければならない(26)．行政庁は，聴聞主宰者の意見に拘束されないが，あくまでも調書を基礎に判断しなければならない．相手方に通知してない事実について聴聞を経ずに基礎として判断することはできない．こと事実に関しては，行政庁は合理的理由のない限り聴聞主宰者の意見に拘束されると解するべきであろう．その意味で，当事者等が文書閲覧請求権を行使する機会のなかった調査資料を基礎に事実認定をするべきではないであろう(塩野・行政法Ⅰ330頁)．重要なことは処分原因事実については，反対尋問にさらされる必要があるということである．

(b) 行政庁は，聴聞の結果，聴聞の通知で示した不利益処分よりも軽い処分をすることもできると解される．また不利益処分をしないと決定することもあり得る．この場合は，名宛人にその旨を通知すれば足りる．

不服申立ての制限 (a) 聴聞手続の過程で行われる付随的処分またはその不作為については，行政不服審査法による審査請求をすることができない(27)．付随的処分には，利害関係人の参加許可請求(17①)，当事者の文書閲覧請求(18①)，行政庁の職員に対する質問許可請求(20②)，補佐人の出頭許可請求(20③)などがある．聴聞手続の公正さと能率性を重視したものであるが，これら

に対して審査請求を認めなくても，最終処分を争うことができる(塩野・行政法Ⅰ328頁).

(b) もっとも，文書閲覧請求に対する開示決定がなされた場合，それによって不利益を受ける第三者は開示決定の取消訴訟が認められると解される(宇賀・三法の解説155頁). そうでなければ，決定の違法性を争う道が閉ざされてしまうからである.

役員等の解任の場合の不利益処分 (a) 行政庁がその監督下にある特殊法人等の役員の解任等を命ずる聴聞等については，法人を名宛人として行われるが，聴聞手続の通知は，①解任を命じられた当該法人の役員，②法人の業務に従事する者(試験委員，検査員等)，③当該法人の会員(商品取引所の構成員である会員)にもなされたものとみなされる(28①).

(b) 聴聞手続を経て法人に対して行われた役員等の解任命令に当該法人が従わない場合，行政庁がこれを理由として法令の規定に基づき当該法人の「役員の解任」または「業務に従事する者の解任」を行う場合には，聴聞手続は不要である(28②). 何故ならば，処分の原因となる事実が当該法人に対して行われた命令の原因となる事実と同一のものだからである.

6 弁明手続

弁明手続の意義 (a) 弁明手続は，聴聞手続の対象とならない不利益処分に対して行われる(13①2号). 一般的にいえば，聴聞手続よりも不利益の度合いが軽いものについて適用される略式の手続であるが，規定上は不利益処分の原則的手続である. 例えば，業務停止命令は(許認可等の取消しよりも重い場合もあるが)，弁明手続で足りるし，また施設の改善命令，建物の除却命令など，「物」については一律に弁明手続が適用される[30].

他方，免許取消処分を相当と考えて聴聞手続を行っていたが，その過程で免許停止が相当と判断したときは，手続を弁明手続に切り換えることはできると解される. しかし，逆に，弁明手続の途中で免許停止から取消しに変更するに

---

30) もっとも，建築物の除却命令については，処分の名宛人は意見書の提出に代えて公開による意見の聴取を行うことを請求することができる(建築基準法9③).

は改めて聴聞手続を踏むことが必要である．

（b）行政庁は，弁明書の提出期限（口頭による弁明の機会の付与を行う場合には，その日時）までに相当の期間をおいて，不利益処分の名宛人に対し，①不利益処分の内容及び根拠となる法令の条項，②不利益処分の原因となる事実，③弁明書の提出先及び提出期限（口頭による場合には出頭すべき日時及び場所），を書面で通知しなければならない(30)．例外的に公示による通知も認められる(31，15③)．

手続の内容　（a）弁明とは，名宛人に通知された「不利益処分の原因となる事実」(30・2 号)についての意見の表明をいう．弁明手続は，原則として書面で行われる（書面主義）．すなわち，弁明は弁明書および証拠書類を提出して行う(29①②)．例外的に，口頭による弁明の機会の付与が認められたことがあるが，その場合も聴聞手続のように行政庁を相手に対審的な審理が保障されている訳ではない．もっとも，聴聞類似の手続をとることが禁じられているということでもないので，可能な限り事案に適した運用をすることが望ましいであろう．聴聞手続は聴聞主宰者が審理を主導するが，弁明手続では聴聞主宰者の存在が予定されていない．審理手続についての 20 条，聴聞調書および報告書の作成についての 24 条の準用がなく，文書閲覧請求権(18)も認められていない．能率性が重視された仕組みがとられているのである．

（b）弁明手続においても代理人を選任することはできる(31，16)が，参加人，補佐人の制度については見解が分かれる．消極説は，31 条が 17 条を準用していないことを重視して，参加人，補佐人の観念はないとする（塩野・行政法 I 332 頁）．しかし，行政庁が職権で関係人から意見を聞くことまで否定されている訳ではないので，参加人も弁明書・証拠書類等を提出し得る場合もあろう．少なくとも，そうした運用が望まれる（芝池・総論 308 頁）．

（c）弁明手続の対象となる処分も多様であるから，行政庁が個別の事案において職権で文書の閲覧を認めたり，参加人や補佐人を認めたりすることを禁ずるものではないと解される[31]．また，裁判所が判決で，より手厚い手続保障を

---

31) このことは，申請に対する処分についても同様にいえることであって，私人の手続保障を厚くする方向での手続の運用は決して違法ではない．とりわけ，二重効果処分の場合，処

7 手続の瑕疵と行政処分の効力

手続の瑕疵の意義　(a) 行政手続法制定前の判例は，行政手続を重視していなかった．旧特別都市計画法10条に基づく土地区画整理事業で換地処分の際，事前に土地区画整理委員会の意見を聞くこととされていたのに，意見をきかなかった事案において，「意見を聞くことは必ずしもその処分の有効要件」ではないとした(最判昭和31・11・27民集10巻11号1468頁)．当時の通説も同様の見地にたって，その手続が相手方たる私人をはじめ利害関係人の権利，利益を保護する目的から設けられている場合には，その手続を欠く行為は原則として無効であり，その手続が単に行政の円滑かつ合理的な運営を目的としている場合には，その手続を欠いても取り消し得るにとどまるとした(田中・上146頁)．その後(行政手続法施行前)の判例も，瑕疵の性質に着目し，適正な手続を踏めば異なる実体判断に到達した可能性がある場合にだけ処分の違法性を認めるという立場を採用していた(最判昭和46・10・28民集25巻7号1037頁＝個人タクシー事件；最判昭和50・5・29民集29巻5号662頁＝群馬中央バス事件；最判昭和49・12・10民集28巻10号1868頁＝会議公開の瑕疵事件，行政判例百選115事件)．

このように，行政手続法制定前の通説・判例は，基本的に実体法を重視し，手続の瑕疵についてはその性質が利害関係人の権利利益を保護する場合にのみ違法な処分となるとしていた[32]．これは手続的瑕疵を理由に処分を取り消しても，公正な手続を踏んで再度やり直したところで同一の処分がなされることになると考えたからであろう．行政手続は正しい実体を形成する侍女にすぎない

分の相手方ばかりでなく，利害関係人を手続に参加させる仕組みを運用において行うことはむしろ奨励されてよい．

32)　もっとも，行政手続法施行前の下級審において，行政手続の意義を重視する判決が出始めていたことは注目に値する．一般乗用旅客自動車事業の免許取消処分において，被処分予定者に対し，取消原因となるべき具体的事実を告知しなかった聴聞の瑕疵は，処分に実体的根拠があるかどうかに拘わらず，取消事由になるとした(大阪地判昭和55・3・19判時969号24頁＝ニコニコタクシー事件)．また法定された聴聞を完全に懈怠したまま処分がなされた場合には，処分権者の認定判断を左右するに足りる資料及び意見を提出し得る可能性のあったか否かを問うまでもなく取消事由となるとされた(大阪地判平成元・9・12行集40巻9号1190頁)．

と考えられたのである．

　(b) 行政手続法は，行政手続の一般法として制定されたのであるが，学説上，行政手続法制定前の通説・判例の延長線上でこれを理解する見解がある．すなわち，告知・聴聞，理由の提示，文書閲覧，審査基準の設定・公表については，明確に行政庁の行為義務として規定されているので手続上の権利が付与されており，その権利侵害は処分の違法事由となるが，行政庁の行為義務として規定されていないものについては，手続上の権利が付与されないと解する．法律の規定を根拠にするものであるから，実質的には制定法準拠主義と変わらない．

　(c) しかし，私人は憲法上「適正手続によって処分を受ける権利」(手続的権利)があると解すべきである．しかも，この手続的権利は制定法準拠主義のような法律によって与えられるものではなく，「法の支配」の原理に基礎をもつ憲法上の「人権」である．すなわち，行政は国民意思の表明である法律を執行する機関であり，執行行為の本質は，主権者である個々の国民の意思を実現する作用である．だからこそ要件事実の認定をはじめ裁量権(裁量義務)の行使も適正に行われていることを処分の相手方(私人)に示し，他方で私人の側は主権者として行政の行為の適法性を確認する手続的権利を有するのである(デュー・プロセスの法理)．

　このように考えると，手続要件と実体要件を分け，実体的には適法だが手続的には違法だという考え方(これを峻別論という)をとることはできない．まして，手続的瑕疵ある処分は手続をやり直すことが可能であるという考え方は，人権としての手続的権利を蔑ろにするものであって許されない．行政手続は，個別的処分に当たって踏まなければならない手続準則であるから，本来，実体処分は手続を抜きにしては実現しえないはずのものである．つまり，個別法律の規定する実体的要件と行政手続法の規定する手続的要件とは，国民意思(政策)の実現にとっては車の両輪に等しいものであって，法律執行の次元においては元来不可分一体のものと見なければならない(これを一体説と呼ぶ)．つまり，実体的要件も手続的要件もともに行政庁が遵守しなければならない要件であるから，実体的瑕疵も手続的瑕疵もともに行政処分の瑕疵を構成する．

　(d) 手続的違法と実体的違法がともに主張された場合，いずれを先に審理

すべきであろうか．裁判例には，実体的違法を先にすべきだとするもの(大阪地判昭和55・9・9判タ430号90頁)と手続的違法を先にすべきだとするもの(大阪高判昭和57・2・25判時1052号54頁)がある(最判昭和60・1・22民集39巻1号1頁＝旅券発給拒否処分事件の第一審と控訴審である)．いずれかを先に審理しなければならないとの法規範はないが，行政処分は適正手続を踏まずに実体的適正を導くことはできないと考えるべきであろう(原田尚彦『訴えの利益』弘文堂・1973年，179頁)．

公定力と手続的瑕疵　(a) 公定力理論は，行政手続の思想も概念も知られていなかった明治憲法下で誕生したものであるから，実体的要件の瑕疵が前提とされていた．つまり公定力が《手続の瑕疵》をカバーすることはあり得なかった．だからこそ当時の学説は，《手続の瑕疵》を形式的瑕疵として位置づけて実体要件にとり込む解釈が主張されていたのである．

(b) 行政手続法が制定された今日，《手続の瑕疵》がある場合にまで公定力を拡大適用することはできない．行政手続法の制定によって，行政処分の概念は全く装いを新たにしたことになり，公定力はその存在の基礎を失ったというべきであろう．公定力概念を支えていたのは，明治憲法下におけるおよそ天皇の官吏は誤りをおかさないとのイデオロギーであった．しかし日本国憲法下において，行政手続は本来，法律を実現するための手順を示した規範であるから，行政庁は手続を遵守して初めて実体法上の権限を適法に執行したといえるし，手続を遵守して初めてその行為は有効となるのである．すなわち，個別法が行政庁に対して権利義務関係の形成を命じている以上，行政庁が実体要件の有権解釈権を持ち，要件事実を認定する他ない．行政庁に認められた事実上の法律関係決定の優先権は，行政目的の早期実現や法律関係の安定性の要求を根拠とする．その代わりこの局面は「適法処分の原則」が支配している．他方，行政目的の早期実現や法律関係の安定の価値といえども，私人の有する「憲法上の手続的権利」を奪うことはできない．デュー・プロセスの法理は，手続形成を支配する原理だからである．《手続の瑕疵》にまで公定力を持ちだすことは，行政手続の思想と本質的に矛盾する．

(c) 行政処分は行政手続の遵守によって初めてその効力を持つのであるから，《手続的瑕疵》は無効ないし取消事由となると解すべきであろう．もっとも，行

政手続も告知，聴聞，反論の機会，証拠の提出等々様々な手続要素からなるし，今日の段階で必ずしも理想的な行政手続が完備している訳ではない．また，手続要素がすべて同一の価値をもっている訳でもなく，実体要件と同様に手続要件にも価値の軽重がある[33]．処分の性質によって手続要素にも違いがあるので，個別の手続においてどの手続要素が損なわれたかを検討した上で重要な手続要素が欠けた場合には処分は無効と解すべきである．

合議体の議決の瑕疵 水産業協同組合法37条2項は，特別の利害関係を有する理事が議決に加わることはできないと定めている．判例には，A町がB漁業協同組合に1000万円を貸し付けるに当たって利害関係を有する理事が複数含まれていた事案において，「特別の利害関係を有する理事が議決権を行使した場合であっても，その議決権の行使により議決の結果に変動を及ぼすことがないときは，議決の効力が失われない」と判示した(最判平成28・1・22民集70巻1号84頁)．しかし，法の趣旨は理事会の議決の公正を図り，漁業組合の利益を保護することにあり，合議体の審議に参加することで直接・間接的に影響を与える可能性がある以上，議決は違法とするべきであろう．以下では，処分類型ごとに具体的に検討してみよう．

申請に対する処分 (a)「申請」が欠如しているにもかかわらず，許認可等がなされたとしても，原則として処分の瑕疵を構成しない．もっとも，私人の行為に無効の瑕疵がある場合，その行為を前提としてなされた行政処分は瑕疵を帯びる(塩野・行政法Ⅰ409頁)．判例は，国籍離脱の届出が本人の意思に基づかず，父の名義でなされた場合には届出は無効であり，右国籍離脱に関する許可も無効であるとした(最大判昭和32・7・20民集11巻7号1314頁)．

(b) 行政庁の行為義務違反に着目してみよう．⑦審査基準(5①)は「法令」ではなく，性格としては行政規則に過ぎず，裁量規則であったり解釈規則であったりするので，手続要素の違法は直ちに処分の違法に結びつかない[34]．審査

---

[33] この点については，大浜啓吉「行政決定手続の構造分析——アメリカにおけるインフォーマルな決定を中心に」比較法学29巻2号77頁参照．

[34] 行政手続法は審査基準の設定・公表を義務付けているのであって，「審査基準の遵守」を義務付けているのではない．5条1項の趣旨は，行政決定過程を透明にし，私人の申請権を保護し，行政庁の恣意的行為を排除し，併せて申請者の予測可能性を確保することにある．審

基準が公表されている場合，原則として行政機関は審査基準に拘束される(東京地判平成15・9・19判時1836号46頁)．審査基準は「できる限り具体的なもの」でなければならないが(5②)，その程度は当該処分の性質によって異ならざるを得ない．大量処分や反復されてきた処分の場合には，かなり硬い審査基準を定めることが可能である．これに対して，国民の危険防止や安全確保を目的とする処分の場合には，最新の科学的知見を柔軟に取り入れるためにラフな基準になりがちである．

(c) 標準処理期間の設定・公表(6)について瑕疵があった場合の違法性は弱い．単なる努力義務にすぎないからである．しかし，仮にまったく標準期間を設定しない場合には他の瑕疵と相まって処分の違法性を導く場合もあり得る．

(d) 情報提供(9)，公聴会の開催(10)ともに，処分の違法を構成しない．これらも単に行政庁の努力義務を定めるものにすぎないからである．

不利益処分 (a) 処分基準の設定・公表については，処分基準の設定そのものについては何らの手続的規制がないので，それ自体を攻撃することはできないが，処分基準を基礎に処分がなされる以上，処分基準の瑕疵は処分自体の違法を構成する．

(b) 告知を欠く場合には手続の瑕疵として処分は違法となる．告知の内容も一様ではないが，行政手続法制定以前の判決も，公告手続を経ない買収計画(最判昭和33・11・4民集12巻15号3268頁)や農地の売渡しの相手方をAからBに変更し，知事が公告縦覧手続をせずにBに売渡した処分を無効としている(最判昭和29・10・8民集8巻10号1831頁)．他方，縦覧期間が一日不足している農地買収処分については無効とまではいえないとしている(最判昭和36・3・2民集15巻3号558頁)．また裁判例には，一般乗用自動車運送事業の免許取消処分において，(当時の)道路運送法122条の2によって聴聞する場合には，聴聞前に被処分者に対して免許取消し等の処分原因となるべき具体的違反事実を告知

査基準が裁量基準の場合，客観的に裁量の範囲を逸脱していることもあろう．具体的な処分の段階で，行政庁が個別事案の処理として審査基準に従わなかったが結果的には適法な処分となり，逆に，審査基準を遵守したために結果的には違法処分ということもあり得る．他方，審査基準が解釈基準の場合は，それが客観的に法令に違反していれば，これを遵守した処分は違法となる．

しなければならず,そのような告知を欠く聴聞の瑕疵は重大な瑕疵であって,処分に実体的根拠があるかどうかにかかわらず処分を取り消すべき事由となるとした(大阪地判昭和55・3・19行集31巻3号483頁=ニコニコタクシー事件).

(c) 聴聞手続の瑕疵については,2週間もあれば聴聞手続を行うことができたのに,工事を知ってから工事中止命令を出すまでに1カ月余りが経過した場合,(当時の)道路法71条3項但し書にいう「緊急やむを得ない場合」に該当せず,これを懈怠したのは重大な違法だとして,道路法に基づく工事中止命令を取り消した裁判例がある(大阪地判平成元・9・12行集40巻9号1190頁).とりわけ文書閲覧請求権(18)については,当事者の防御権の実質をなすものであるから,重視する必要がある.

(d) 不利益処分における理由の提示の瑕疵については,基本的には8条の場合と異ならない.ただ,行政手続法の制定される以前においても,不利益処分に対する理由付記が憲法上の要請であるという議論が行われていたことを思うと,その瑕疵の程度は8条よりも重いと考えられる.とりわけ,行政庁が聴聞主宰者の作成した調書および報告書を基礎とせずに,あるいはそれと異なった処分を行う場合には,裁判所において厳しく審査されることになろう.

第6章

行政契約

第1節　行政契約

公法契約から行政契約へ　(a)　明治憲法下では，行政が契約の手法を利用することを公法契約と呼んだ．そこでは，伝統的意味での公法・私法二元論が支配していたため，公法上の契約と私法上の契約が峻別された．そこで，通説によれば，例えば，庁舎の建築等の土木請負契約や，事務用品の調達などは私法上の契約として民法学の対象とされたのに対して，公法上の契約は法律上明示的に認められた場合に限って成立し得るとされた．

　その後，明示の法律的根拠のない場合にも公法上の契約を認めるべきだとの説が有力化し(田中・上112頁)，公用負担契約や報償契約[1]などの許容性が論議されてきた．しかし，公法契約の一般法理はついに確立されることはなかったといってよい[2]．

---

1)　報償契約とは，電気・ガス・鉄道事業等の独占的性質を有する事業者と自治体との間に締結される契約である．自治体は，事業者に対して事業経営に必要な道路その他，公物の占用を許可すると共に道路占用料等を徴収しないとか特別税を賦課しないとかの優遇措置をとることを約束し，他方，事業者の側は，自治体に対する報償金の納付や自治体の監督に服すべきことを約束するものである．報償契約が初めて締結された当時は，税制や各種の事業に対する公法的規制が未整備であったので，一定の役割を果たしたが，現在は各種の事業法，道路法等の公物管理法が整備され，報償契約の持つ意味はほとんど失われてしまった．

2)　もっとも，公法契約の特色として，①公法契約には私法規定の適用が排除されること(例えば，私有地を公道敷地とする契約などに，民法541条の解除の規定を適用することは，その内容の公共性からあり得ないと考えられた)，②公法上の契約には，行政事件訴訟法4条

（b）日本国憲法の制定によって，国家原理が行政国家から司法国家へ転換されるに伴い，公法契約論を支える理論的基盤であった公法・私法二元論が衰退し，その結果，多くの論者が公法契約の概念および用語を捨て去り，これに代わって行政契約の概念を用いるようになった．

行政契約論は，①公法契約・私法契約二分論では，この両者を実体法上区別すること自体が難しいこと，②区別の実定法上の根拠とされる民事訴訟法と公法上の当事者訴訟との訴訟手続上の差異はさして重要性がないこと，③行政目的実現の手段としての契約には，公法・私法を問わず共通の配慮事項ないし性質が認められること等を理由に，行政の手段とされる契約を公法・私法の区別なく一括して行政契約として考察するものである（芝池・総論239頁，原田・要論209頁，碓井・行政契約5頁以下）．

行政契約の意義　（a）行政契約は，広義には行政主体間の契約を含めるが，狭義には行政主体と私人間の契約だけをいう．以下では，主として狭義の行政契約について述べる[3]．

（b）行政は，その政策目的を実現するために契約という手法を用いることがある．とりわけ現代行政の活動範囲の拡大とともに，契約の手法が政策実現にとって適合的な領域が拡大してきた．

民法上，契約とは相対立する当事者間の法律効果の発生を目的とする意思の合致によって成立する法律行為をいうが，そこでは，①当事者，②目的，③意思表示の三つが不可欠の要素をなしている．他方，行政契約は，政策目的を達成するために民法上の契約手法を利用するものであって，例えば，「まち作り」政策にとって不可欠なインフラである道路や公園の用地の確保などは，土地収用の手法ではなく，多くは民法上の売買契約で行われている．

（c）行政契約は，行政主体が一方当事者となって，行政上の公共政策の実現を目的とし，当事者間の反対方向の意思の合致によって成立するものである．第一に，契約当事者は，行政主体と私人である．行政庁には法人格がないので，契約の主体にはなれない．第二に，公共政策の実現を目的とするものでなけれ

の当事者訴訟が妥当すること，が主張されていた．
 3）碓井・公共契約法，同・行政契約は，緻密にして浩瀚な大著であり，「宝の山」である．

ばならない．行政主体間で契約が締結される場合も，それが政策目的を実現するものである限り行政契約に含めてよいであろう．他方，政府契約の中でも，単純な物品の納入契約や庁舎の建築請負契約などは，政策目的の実現を直接的に意図するものではないので，私法上の契約にすぎず，行政契約には該当しない．第三に，意思の合致が必要である点で単独行為たる行政行為と異なり，またその内容が反対方向にある点で合同行為とも異なる．

行政契約と行政処分　(a) 市民生活に必要な資源の分配の仕方には様々なアプローチがあり得る．本来，必要な資源を政府(行政)が供給するか，それとも市民社会の自律に委ねるかは，どのような国家観に立ち，どのような政策を選択するかの問題に帰着する．1980年代以降，わが国も，イギリス，アメリカで行われたサッチャー，レーガン革命に倣って，小さな政府，規制緩和，民営化，行政改革が政治的政策課題として登場し，行政サービスの民営化が図られた．

(b) 行政がある種のサービスを提供する場合にも，これを行政処分の形式で行うか，あるいは契約の形式で行うかは，立法政策の問題である[4]．行政契約も行政処分もともに行政目的実現という点では共通するが，行政契約が契約当事者の意思を重視するのに対して，行政処分は処分庁を処分の根拠法律によって縛る点に相違がある．ただ，契約自由の原則(私的自治)も現代社会では附合契約をはじめ変容を余儀なくされているのであって，意思の自由が擬制にすぎないこともあれば，権利濫用法理によってきわめて狭隘化している場合もある．他方，行政処分の方も，法律要件と効果の両面で行政庁の裁量性を組み込む場合には，処分庁の自由意思の範囲は拡大し，行為規範性は弱まる．また構造的にも，利益処分を例にとれば，私人の申請を契約申込み，処分を承諾と見ることも不可能ではない．医療等の給付を指定医療機関等に委託して行うためには，国と医療機関等の間で「指定」によって一定の法律関係が成立していなければならない(生活保護法49，児童福祉法24の2)が，この「指定」の法的性格は，行政契約と解することも，行政処分と解することもできる[5]．いずれにせ

---

[4] 小早川光郎「契約と行政行為」『基本法学4 契約』(岩波書店・1983年)115頁以下参照．
[5] 健康保険法の定める保険医療機関の指定(旧43・1号＝63③1号，65①)の性格について，

よ，実質的にみると，両者の相違はそれ程大きいものとは必ずしもいえないのである．

両者の最も大きな相違は，行政処分であれば抗告訴訟により，行政契約であれば民事訴訟または当事者訴訟によって争うこととなる点にある．同じ政策目的を実現するものであるのに，行政処分であれば第三者による訴訟の可能性があるが，行政契約の場合はそれが許される余地がない（芝池・総論248頁）．

行政契約論の特色　(a) 市民法上の契約と行政契約とでは存立の基礎が異なる．市民法では契約によって，生活必需品の配分や資金の調達，労働力の利用といった財貨ないし価値の移動が行われる．権利能力の平等と意思の自由という制度的枠組みは，自由競争の保障と相俟って市民社会の基本的要件をなしている．これに対して，行政は，本来法律の執行をその任務とする国家機関であって，公共政策の実現を目的とするものである．したがって，対等な当事者間の法律関係を規律する民法の規定がそのまま妥当することはない．

(b) 近代社会も近代国家も，元来，自立した市民を前提として成り立っている．理性に基づく自由な意思こそ富の適正な配分を可能にし，社会の進歩をもたらす原動力である．個人の意思が法制度の上で最大限に尊重されるのはそのためである．その意味で，合意が守られなければならないのは近代法の大原則である．行政契約の問題を考える場合にも，この近代国家の原理に立ち返って検討することが必要であろう．行政権が憲法に基礎を置く以上，その活動が憲法的拘束を受けることはいうまでもない．行政契約が法執行（行政作用）として行われる以上，平等原則，デュー・プロセスの法理，人権尊重，比例原則などの法理は適用されることになる．

(c) 行政契約の当事者の一方が行政主体である以上，契約の手法による政策の実現といっても，そこには自ずから一定の限界がある．すなわち，行政権が法律の執行機関として位置づけられている以上，国会が本来行うべき政策のメタ決定にまで踏み込むことはできない．にもかかわらず，現代行政の中には，伝統的な行政処分の手法ではなく，行政契約の手法で公共政策の実現を図るこ

「双務的付従的契約」とする裁判例がある（大阪地判昭和56・3・23判時998号11頁，社会保障判例百選22事件）．

とがより妥当な領域が現れてきていることも事実である．執行過程の枠組みの下でどのような政策類型に契約手法が可能であるかを検討しなければならない．

第2節　行政契約の問題点

1　総　説

(a)　土木請負(公共事業の受注)契約や納品契約などのいわゆる政府契約[6]や，行政庁が財産管理者として締結する物品納入契約は，「公共政策の実現を目的」としないので，行政契約の概念に含めてもあまり実益がない[7]．公共用地の買収契約，国・公有財産の貸付・交換・売払い契約等も同様である．この種の契約は，一方当事者が行政主体というだけであって，その法律的効果において私人間の契約と差異がなく，特に規定がない限り，私法規定が適用される[8]．

ただ，この種の契約にも契約の公正さや確実さを担保する見地から，法律で種々の特別の規定が設けられている．例えば，契約担当官が決められており，

---

[6]　「政府契約の支払遅延防止等に関する法律」は，政府契約を「国を当事者の一方とする契約で，国以外の者のなす工事の完成若しくは作業その他の役務の給付又は物件の納入に対し国が対価の支払をなすべきもの」(2)と定義している．

[7]　多くの学説が，この点の認識を共有している．塩野・行政法Ⅰ209頁は，官庁用建物の建築(請負契約)や事務用の物品の購入(売買契約)等を「行政が物的手段を整備する行為」と捉えて，「準備行政における契約」とするが，同時に「基本的には民法の法理によって解決される」ものであって，「民法とは別の法理を形成しているわけではない」としている．また，芝池・総論240頁はこれを「行政手段調達のための契約」としている．本文で述べたように，この種の契約が契約締結方法等について行政法規による制約を受けており，公正かつ厳格な手続が必要である点も学説上異論がない．問題は，「行政契約」の概念に含めるかどうかである．そこで，行政契約と政府契約等を包括して「公共契約」の概念を用いる説がある(碓井・公共契約法1頁以下)．ただ，従来公共事業の受注契約や業務委託契約については，入札手続など契約締結手続等に行政法規による制約が課されている(会計法29の3，地方自治法234)が，こうした制約は行政内部の規律にすぎず，その違反は原則として契約自体の効力に影響を与えないとされてきた(最判昭和62・5・19民集41巻4号687頁)．もっとも，住民訴訟において，従来，内部問題にすぎなかった財務会計法規が違法性の根拠とされ外部化される場合が登場している点に注意する必要がある．本書では，とりあえず作用法上の契約に限定して論ずる．

[8]　地方公共団体が土地開発公社と締結した土地先行取得の委託契約が，取得する必要のない土地で高額に過ぎることを理由に私法上無効になるかどうかを争点とした住民訴訟がある(最判平成20・1・18民集62巻1号1頁，行政判例百選95事件)．

契約の締結方式は，一般競争入札によることが原則とされ，例外的に指名競争契約または随意契約によっている（会計法29, 29の2, 29の3, 29の5, 地方自治法234②）[9]．また，契約内容は当事者の自治に委ねられているものの，実際上は政令または内規で定められた契約条件に従って締結される傾向が強い．したがって，この種の契約は，一種の附合契約ないしは片務契約的な性格を有している．

(b) 国有財産法は，行政財産の管理・処分については行政処分で対応しているが，行政処分と構成することにどれだけの合理性があるか疑問がある[10]．他方，普通財産の処分については，民商法の適用があることを前提にした上で若干の特則を置いている（国有財産法20以下）．なお，公有財産についても国有財産法と同様の規定が置かれている（地方自治法238の4, 238の7）．

(c) 公務員の勤務関係や国立大学法人と学生の関係は，契約関係と解される（兼子・行政法学12頁，塩野・行政法Ⅰ206頁）．また，宅地開発（負担）協定は，宅地開発指導要綱に基づいて行われてきた開発負担金や公共施設用の土地の提供を契約形式に組み替えたものである（大阪高判平成元・5・23判時1343号26頁）．

(d) 行政契約をどのような視点から整理するかは，難しい問題であるが，以下では，基本的に契約主体に着目しつつ，これに政策類型を加味して検討を加えることにする．

---

9) 公共事業の請負契約において，国の場合は指名競争入札が行われる場合が多い．指名競争入札は信頼性の高い業者を選択できるメリットがある反面，談合が行われやすいデメリットも指摘されている．そこで，2002（平成14）年に「入札談合等関与行為の排除及び防止並びに職員等による入札等の公正を害すべき行為の処罰に関する法律」が制定された．他方，自治体の場合は，指名競争入札のほか随意契約が非常に多いようである．自治体が随意契約をすることのできる要件の一つとして「〔契約〕の性質又は目的が競争入札に適しない」ことがある（地方自治法施行令167の2①2号）が，最高裁は「競争入札の方法による契約の締結が不可能又は著しく困難というべき場合」に限定されず，「当該契約の性質に照らし又はその目的を究極的に達成する上でより妥当であり，ひいては当該普通地方公共団体の利益の増進につながると合理的に判断される場合」もこの要件に該当するとした（最判昭和62・3・20民集41巻2号189頁，地方自治判例百選51事件）．

10) 行政財産は，「貸し付け，交換し，売り払い，譲与し，信託し，若しくは出資の目的とし，又は私権を設定することができない」とし，これに「違反する行為は，無効とする」と規定している（国有財産法18①⑤）．もっとも，「その用途又は目的を妨げない限度において，その使用又は収益を許可することができる」（これを「目的外使用許可」という）が，これには借地借家法の規定の適用はない（18⑥⑧）．

2　行政主体間の契約

（a）行政主体相互間に締結される契約である．自治体相互間における教育事務の委託(学校教育法40)，公の施設の管理委託(地方自治法244の2③)，区域外での公の施設の設置に関する協議(同法244の3①)[11]，地方公共団体間の事務の委託(同法252の14)[12]，相互救済事業の委託(同法263の2)などがある．「事務の委託」は事務処理の権限が受託者である自治体に移転してしまい，委託自治体はその事務について管理執行権を失う点で民法の委任とは概念が異なる．したがって，法律の根拠なしには行えない．地方公共団体の事務の共同処理の方式として，連携協約(252の2以下)，協議会の設置(252の2の2以下)，委員会の共同設置(252の7以下)などがある．

その他の例として，市町村相互間の消防相互応援協定(消防組織法39②)，境界地の道路・河川管理の費用分担の協議(道路法54，河川法65)，地方税徴収の嘱託(地方税法20の4)などがある．理論的には，国と自治体または特殊法人との間に締結される契約もこの類型に含まれる[13]．

（b）行政の事務は，組織法によって各機関に分配されているから，行政主体の意思のみでこれに変更を加えることはできず，組織の変更には法律の根拠が必要である．

（c）行政主体間において，民法上の契約が成立することはいうまでもない．

3　給付行政における契約

給付行政と行政契約　（a）規制緩和路線が採用される以前から，給付行政の分野では契約の手法が採用されてきた．例えば，国，自治体，公共企業体等が

---

11)　ここでいう「協議」は組織上の契約である(原田・要論210頁)．
12)　消防業務の事務の委託，公営競技の事務委託などがあるほか，個別法による事務委託の制度として，公平委員会の事務委託(地公法7④)，教育事務の委託(学校教育法40)等がある(碓井・行政契約381頁以下)．後者の場合，双方の自治体の議会の議決が必要である(地方自治法252の14③，252の2③)．
13)　判例は，社会保険診療報酬支払基金が保険者等から診療報酬の支払いを受ける関係は「公法上の契約である」とした(最判昭和48・12・20民集27巻11号1594頁，行政判例百選4事件)．

国民に提供する各種のサービス(水道，公営住宅，鉄道，バス，公営体育館，病院等)がこれである．これらは，かつて公物・公企業の利用関係として特別権力関係論の下で行政処分によって法律関係が形成されていたものであるが，特別権力関係論の衰退とともに契約方式に改められた[14]．これらのサービスの利用関係は，市民の側からみれば，民間企業が行う電気，ガス等の公益事業の利用関係と基本的に同様の性格を有している．したがって，行政処分の形式よりも，契約の方が市民感覚にもフィットするし，合理性がある場合が多い．

(b) 社会保障上の給付，例えば，生活保護の保護決定(生活保護法7, 24)は勿論のこと，厚生年金や国民年金の保険給付の裁定(厚生年金保険法33, 国民年金法16)も，行政処分とされている(西村・社会保障法515, 52頁)．判例も未支給の老齢年金の請求について「画一公平な処理により無用の紛争を防止し，給付の法的確実性を担保するため」には行政処分が必要だとした(最判平成7・11・7民集49巻9号2829頁，行政判例百選66事件)．

他方，社会福祉サービスに係る法律は，行政が自らの事務・事業として責任をもって行うために「措置」制度がとられてきた．これは全国的に一定のサービスを提供する上でも大きな役割を果たしてきた．「措置」決定は，職権に基づく行政処分であるとされた．そのためサービスの利用は権利ではなく，行政機関の措置義務から派生する反射的利益にすぎないとされていた．その結果，申請権が否定され，利用者の意向が措置内容に反映しない等の問題が指摘されてきた．そこで，身体障害者福祉法，知的障害者福祉法では，2003(平成15)年から，施設入所者・サービス利用者が福祉サービス提供者と直接契約を締結し，市町村等が利用者に対するその費用を支給する「支援費支給制度」が導入された[15]．児童福祉法も平成9年の改正で「保育する措置を採らなければならない」の文言が「保護者の申し込みがあったときは，……保護しなければならない」に変わった．そこで，入所の法律関係における「措置」が廃止され，「契

---

[14] もっとも，判例は公の施設(地方自治法244)である市民会館等の利用関係の設定・廃止について行政処分としている(最判平成8・3・15民集50巻3号549頁＝上尾市福祉会館事件，地方自治判例百選57事件)．

[15] 身体障害者福祉法，知的障害者福祉法は，平成18年に障害者自立支援法によって契約制に移行した．

約」に移行したと解する見解が有力となったが，保育所への入所「決定」は行政処分の形式がとられている[16]．

(c) 介護保険法に基づく介護サービス契約においては，要介護・要支援の認定(処分)を受けた被保険者(利用者)は，介護サービス計画に従ってサービス提供機関との間で介護サービス契約(民法上の準委任)を締結する．介護サービス契約の中身は，省令によって，サービス提供機関の契約内容・手続の説明義務，サービス提供拒否の禁止など規制されている．

給付行政契約の特徴　(a) 給付行政上の行政契約には，次のような特色が認められる．第一に，平等取り扱いの原則および附合契約の形態がとられることである．行政が一方当事者である以上，平等かつ公正な手続が要求されることは当然である(地方自治法244③)．附合契約の形態も平等主義の帰結といえる．最高裁は，別荘地として利用する「住民の地位に準ずる地位にある」給水契約者に対し基本料金を別荘以外の給水契約者より高額に設定する改正条例における水道料金の設定方法は，これを正当化するに足りる合理性を有するものではなく，地方自治法244条3項に違反するものとして無効であるとした(最判平成18・7・14民集60巻6号2369頁，行政判例百選155事件)[17]．サービスの内容は管理規則，供給規定，要綱，告示等で一律に定められ，契約当事者ごとにサービスの内容を変更することはまずあり得ない(選考基準を法定するものとして，公営住宅法25)[18]．

(b) 第二に，契約強制主義の採用である[19]．また，公共性の高いサービスであるから供給が義務づけられ(水道法15①，道路運送法13)[20]，役務・便益の

---

16) 保育所の利用関係は，保護者，市町村，保育所の三者が軸となっている．入所決定に力点を置くと行政処分であるが，実質を見ると「契約」の観念を排除できない．交告尚史「行政法演習」法学教室2004年10月号130頁．

17) 最高裁は，市営住宅の入居者が暴力団員であることを理由に明渡しを認める条例の規定は，合理的な理由のない差別とはいえず，憲法14条に違反しないとしている(最判平成27・3・27民集69巻2号419頁)．

18) 契約内容の重要な要素である価格・料金について，財政法3条は，国の独占事業の価格・料金は法律または国会の議決に基づいて定めるとしている．

19) 最高裁は，NHKの受信契約につき放送法64条1項は，任意に受信契約を締結しない受信設備設置者については，承諾の意思表示を命ずる判決の確定によって強制的に受信契約を成立させるものであるとした(最大判平成29・12・6民集71巻10号1817頁)．

20) この点，民間の公益事業においても同様である(電気事業法18，電気通信事業法25，

提供は，一般に「正当事由」がなければこれを拒み得ない．それに違反した場合には罰則がつくこともある(水道法15, 53・3号)．強制契約主義の下においては，契約は申込みがなされた日に成立したものと解される(東京地八王子支決昭和50・12・8判時803号18頁＝武蔵野マンション〔仮処分〕事件)．業務停止の事由が厳格に制限されるのも同様の理由からである(郵便法6)．他方，契約の解除は，私人の側に不正があった等法律の定める正当な事由がない限り許されないと解される(水道法15③)．判例は，水道法15条1項の「「正当の理由」とは，水道事業者の正常な企業努力にもかかわらず給水契約の締結を拒まざるを得ない理由を指すものと解される」とし，「近い将来において需要量が給水量を上回り水不足が生ずることが確実に予見されるという地域にあっては，……新たな給水申込みのうち，需要量が特に大きく，現に居住している住民の生活用水を得るためではなく住宅を供給する事業を営む者が住宅分譲目的でしたものについて」給水拒否をすることは「正当の理由」に当たるとした(最判平成11・1・21民集53巻1号13頁＝志免町給水拒否事件，地方自治判例百選43事件)．

(c) 第三に，契約の継続性が前提とされていることである．給付行政は，もともと私人に対する各種の便宜供与を目的としたものであるから，対価を得て役務財貨を提供する「公企業」の概念と相当部分において重なる場面があるといえよう．国または自治体がおこなう水道の供給契約，公立病院・公営住宅，鉄道・バス事業等，いずれの事業も個別の法律の根拠に基づいて行われるのが通例であるが(地方自治法263)，私人の日常生活に不可欠なものであるため法定の事由がない限り解除は制限される(水道法15②)．

4　行政主体と民間事業者の契約

民間委託　(a) 民間委託とは，行政の事務・事業の一部を民間業者に代行処理させる契約のことをいう．行政の供給形態の角度から見ると，現代では直営方式だけが唯一のあり方ではなく，「住民の福祉の増進」のために「最少の経費で最大の効果を挙げる」(地方自治法2⑭)ためには，第三セクターの利用や委託方式など多様な形態があり得る．委託方式にも，住民委託(老人クラブ・自治

ガス事業法16，鉄道営業法6)．

会)や団体委託(福祉・教育法人)があるが，ここで取り上げるのは企業に外注する民間委託である．

　(b) 昭和40年代から，自治体ではゴミの収集，学校給食，学校の事務室の清掃・夜間警備等，主として事務の減量化・能率化のために民間業者に行政上の事務の一部(事実行為)を委託することが行われていた[21]．しかし，理論的には，必ずしも自治体の事務に限らない．国家事務においても検疫・防疫，薬品の安全検査，食品安全検査等の民間委託の利点がつとに指摘され，立法政策論として議論されてきた．また，現業事務ばかりでなく，各種の計画構想，予測調査・研究，コンピューターのシステム設計といった頭脳労働，さらに，自治体によっては税務行政のうち，課税計算，台帳作成，土地・家屋現況調査等の権力行政に密接に関わる業務の民間委託も一部行われている．

　(c) 第一に，民間委託の対象となる事務は，基本的には事実行為の「内部事務委託」に限られ，権限の委譲を伴う委託や代理委託(権限は自治体に留保されるが，受託者に権限を代理行使させるもの)については，法律または条例の根拠が必要である．例えば，指定車両移動保管機関に対する車両移動(レッカー移動)保管関係事務の委託(道交法51の3)，パーキング・メーターに関する事務の委託(道交法49③)，一般廃棄物の収集・運搬・処分の委託(廃棄物処理法6の2②③)などがこれである．

　契約によって公権力を創出することは認められないとされている(塩野・行政法Ⅰ214頁)[22]．公権力の行使には法律の根拠が必要だからである．行政の事務を民間に委託する民間委託は，民事契約と異なって，契約上，行政が計画から執行まで指導，監督責任を果たし得ることを明確にしておく必要がある．

　(d) 第二に，業務の遂行過程で住民に損害を与えた場合，行政が最終的に賠償責任を負うことになる．仮に契約で行政の免責条項を規定したとしても，

---

21)　下水道終末処理場の運転管理業務の委託契約は，条例の根拠がなくても，下水道法3条に違反しないとした下級審決定がある(名古屋地決平成2・5・10判時1374号39頁)．
22)　放置車両の確認および標章の取付けに関する事務の委託(道交法51の8)および放置違反金に関する事務の委託(51の15)などは，厳密には事実行為であるが，公権力の行使の一環をなすものである．他方，建築基準法は，規制緩和政策の一環として指定資格検定機関(指定確認検査機関・指定認定機関等)の制度を設けた(5の2, 6の2, 77の2以下)．これは「公権力の行使」を「契約」で認めたのではなく，法律に基づくものである．

それを理由に行政の責任を免れることはできないと解すべきである．

(e) 第三に，民間委託によって正規の職員数を減らすことはできるが，業務についての最終責任を免れるものでない以上，行政の管理業務は一層高度化されると同時に，人的・組織的な体制作りが求められる．

PFI 法制の導入 (a) PFI(Private Finance Initiative)とは，1999(平成 11)年の「民間資金等の活用による公共施設等の整備等の促進に関する法律」に基づき，民間の資金，経営能力，技術能力を活用することで，公共施設等の設計，建設，維持管理，運営まで民間業者に一括して委ねることで，効率的に公共的サービスを提供することを目的としている．民間業者が建築所有し事業終了時に行政に譲渡する方式と，施設建設後に行政に譲渡し管理運営する方式がある．

(b) 事業や事業者の選定手続の公平性，事業契約を結んで当該事業の役割・責任分担を明確化し，事業の全過程の透明性を確保するとともに，従来の民間委託ではできなかった処分権限の委任ができるようになった．選定事業者に対する行政財産の貸付制度があるが，行政と業者の癒着の防止を監視するために，内閣府に監視機関(官民競争入札等監理委員会)が置かれている．

資金交付契約・補助金 (a) 行政主体が私人との間に，補助金の交付契約(地方自治法 232 の 2，生活保護法 74，児童福祉法 56 の 2)や資金の貸付契約(母子・父子・寡婦福祉法 13, 32)を締結する場合がこれに当たる．このような資金補助行政は，社会政策の分野ばかりでなく，経済・産業政策的な分野(中小企業等経営強化法 6)でも重要な役割を果たしている．

補助金とは，行政主体が特定の公共目的のために行う無償の金銭給付をいうが，その種類はきわめて多様であり，必ずしも行政主体と私人間で交付されるとは限らず，国が自治体に交付する場合も含む．しかし，ここでは前者に限って取り上げる．

(b) 国の補助金の交付は，法律あるいは予算によって根拠づけられる必要があるが，交付決定は行政処分の形で行われる(補助金適正化法 6)．したがって，交付拒否に対しては抗告訴訟を提起することになる(東京地判昭和 51・12・13 行集 27 巻 11＝12 号 1790 頁＝摂津訴訟．その控訴審である東京高判昭和 55・7・28 行集 31 巻 7 号 1558 頁，地方自治判例百選 117 事件)．

(c) 自治体の補助金については，地方自治法 232 条の 2 で「公益上必要があ

る場合」という制約があるほか，補助金適正化法の適用はなく，それ以外にも手続を定めた法律はないので，行政契約の可能性が論じられている．条例に基づく補助金については法律と同様に解されているが，多くの自治体は，補助金交付規則に基づいて行っている．これは，地方自治法施行令173条の2が「普通地方公共団体の財務に関し必要な事項は，規則でこれを定める」と規定しているからであろう．この場合，交付決定は，行政処分であると同時に補助金交付契約の締結行為としての性質を持つと解する見解もある．

5 規制行政における契約

公害防止協定 (a) 公害防止協定とは，自治体が公害発生源の企業と公害防止を目的とする諸措置について協定することをいう．規制行政における契約の一つである[23]．1964年に横浜市が関係企業との間で締結したのを嚆矢とするが，その後全国的に拡がった．経済の高度成長期には，経済成長の負の側面である公害への認識は甘く，これを規制する法制度も未整備の状態にあった．他方，公害被害は各地に現実化し，自治体は次第にその対応を迫られるようになった．公害防止協定は，自治体が国の法律との抵触を避けながら有効な対策を講ずるための手段の一つであった．その後，公害規制の法整備が進むと，公害防止協定は制定法が定めていない部分の義務化や制定法より厳しい義務を企業に課す手法として利用される面がでてきた．法律の規定していないところを契約で強制できるのかという新たな問題が登場することになった．

(b) 公害防止協定の内容は，企業側の一方的な約束として，①公害の防止，排除に最善の努力をすること，②定められた公害防止対策を実行すること，③防止対策の実施・変更，あるいは生産施設の拡大に際しては，自治体側と協議してその指示に従うこと，④自治体側の指導，資料提出要求，必要な限度での立入調査に協力し，あるいは受忍すること，⑤公害を発生せしめた時またはその発生が予測される際には，操業の停止・改善等の必要な措置をとるとともに

---

23) 県知事のダム工事実施認可の前に住民と電力会社間で，漁業被害や流木被害があれば補償するとの協定書が締結された場合，「特別の事情の存しない限り，当事者に対して何ら法的拘束力がないとは解されない」とした判例がある（最判昭和42・12・12判時511号37頁＝赤石村ダム協定事件）．

自治体側の指示に従うこと，⑥施設の建設・操業等に起因して住民に与えた損害を賠償すること，⑦住民の苦情に対しては誠意をもって解決に努力すること，等が規定されることが多い．協定の形式は，協定書，覚書，契約書など様々である．

(c) 今日，公害法制は相当程度整備されてきたが，それでもなお，公害防止協定には，次のような存在理由がある．①法律には不十分なところがあり，また上乗せ規制の条例にも限界があるし，さらに法律や条例による規制はどうしても画一的にならざるを得ない．これに対して，協定は個々の事業者との協議によるから，状況に応じた柔軟な対応を図ることができるし，法令の不備を補完するメリットがある．②協定の方が法律等の権力的措置よりも，円滑な対策を講じやすく，また公害防止の新技術を迅速にとり入れやすい．

(d) 公害防止協定の法的性質については，包括的行政指導説，紳士協定説，契約説の対立がある．包括的行政指導説は，公害防止協定を地方公共団体が企業に対して公害排除に必要な条件を一括して提示し，企業が任意にこれを受諾するという形式をとる包括的な行政指導としての性質を有するとする．紳士協定説は，企業の道義的責任を宣言したる紳士協定にすぎないとする．契約説は，当事者の合意により具体的な権利義務関係を定め得るとし，協定に法的効力を認め，裁判手続による強制が可能とする（原田・要論217頁）．

下級審判例も，基本的には契約説に立っていたが（名古屋地判昭和53・1・18行集29巻1号1頁＝渥美町公害防止協定事件；札幌地判昭和55・10・14判時988号37頁＝伊達火力発電所事件，環境法判例百選4事件），近時，産業廃棄物業者と町との間で締結した公害防止協定において，産業廃棄物の最終処分場の使用期限を定め，当該期限を超えて産業廃棄物処分を行わないと約束していたが，業者がこれを遵守しなかったので，町が最終処分場の使用差止を求めて提起した事件がある．最高裁は，本件公害防止協定の契約としての効力を認めた上で，県知事の与えた許可は，許可が効力を有する限り，事業や処理施設の使用を継続すべき義務を課すものではなく，「処分業者が公害防止協定において，その事業や処理施設を将来廃止することを約束することは処分業者自身の自由な判断で行なえることであり，許可が効力を有する期間内に事業や処理施設が廃止されることがあったとしても，廃棄物処理法に何ら抵触するものではない」とした

(最判平成 21・7・10 判時 2058 号 53 頁 = 福間町公害防止協定事件，行政判例百選 93 事件)．法令の内容を超える規制を定めた協定を有効とした点が注目される．

(e) 公害防止協定は，地域全体の生活環境の保全，住民の健康保護を目的とするものであり，特定人の私益，特に財産上の利益の保護を目的とするものではない．企業はそれ自体，公共性を有する社会的存在であるから，自らの判断で公共政策に参加・協力することがあっても，何ら契約たる性質を否定する理由にはならない．問題は，法律に基づく行政の原理との関係である．法令が禁止していない範囲内において企業は自由な財産権の行使を保障されているのではないかという点である[24]．協定の内容が地域環境の保全や住民の健康の保護といった公共性を有するもので，内容に合理性がある限り，企業が自らの意思で，法令に上乗せした基準に合意した内容を違法とすることはできないであろう．行政契約としてその法的効力を承認し，そこから発する紛争は公法上の当事者訴訟によって解決すべきである．

私人間の合意の第三者効　(a) 私人間の合意＝契約に行政庁が承認(認可)を与えることによって，一定の政策目的を達成するものがある．例えば，建築協定や緑地協定がこれである．これらは，規制行政として行うのが本筋ともいえるが，契約的手法を取り込むことでより柔軟な政策的対処を可能とする手法といえよう．行政庁の認可によって契約内容が第三者効をもつに至る．

(b) 建築協定とは，地域の住宅環境または商店街としての利便を高度に維持増進するために，土地所有者および建物所有を目的とする地上権・借地権者の全員の同意で建築に関わるより高次の基準(区域内における敷地，位置，構造，用途，形態，意匠又は建築設備)を協定として定め，特定行政庁の認可を受けるものである(建築基準法 69 以下)．建築協定区域内では権利者が変動しても協定が維持される(第三者効)．

建築協定の法的性質については，協定の締結・変更が土地所有者等全員の任意の合意によってのみなし得ることを理由に私法上の契約だと解するのが通説

---

[24]　公害防止協定の内容として法律の定めより厳しい規制を行い，行政庁側に立入検査権などを認めることはできないとの説がある(塩野・行政法 I 214 頁)．しかし，合意に基づく立入検査は任意性を保障するものであり，違法とはいえないであろう．

である．しかし，建築協定は建築基準法に根拠を有し，条例で定めることを条件とし，かつ公告・縦覧等所定の手続を経た認可によって初めて効力を有するものである．行政処分(認可)と違うのは，協定の内容が土地利用，住環境の改善といった公共性を有するところにある．したがって，行政契約として考察すべきあろう[25]．

(c) 緑地協定は，都市計画区域内における一定区域の土地について，土地所有者全員の合意によって，良好な市街地の環境の確保を目指すものである(都市緑地法45以下)が，この法的性質も建築協定と基本的に同様に解することができよう．その他，この種の性質を持つものに，景観協定等(景観法81以下)，立体道路の制度(道路法47の7)，農用地の保全及び利用に関する協定(集落地域整備法8①)があり，第三者効(対世効)が認められている．

(d) 私人間の合意ではなく，行政庁と私人との合意に第三者効が認められる場合もある．調整池管理協定は，自治体が河川流域内の土地所有者と協定を締結して管理するものである(特定都市河川浸水被害対策法27以下)．

6 行政契約の統制

行政契約の限界 (a) 公共政策を行政契約の形式で実現する場合があり得るにしても，無制限に行える訳ではない．地方公共団体が締結する契約には，議会の議決が必要な場合がある(地方自治法96①5号)．問題は，法律に基づく行政の原理との関係をどのように考えるかである．

①法律が行政活動を明確に規定している分野については，これに反する契約を締結することは許されない．例えば，警察権の行使を契約によって私人に委ねることは許されない．また，行政庁が租税の減免や延納契約を結んでも無効である．②法律の規制がまったく存在しない分野については，行政契約を締結することは原則として可能である．例えば，公共用地の取得につき，土地収用方式か任意買収方式かについて，行政主体に広範な裁量が与えられている場合

---

25) もっとも，建築協定に違反した場合でも，建築主事は他に法令違反がない限り建築確認を拒否できないし，建築協定違反を理由に建築基準法9条に基づく是正命令や行政代執行を行うことはできない．その点では，行政契約といっても未熟なものであり，立法的見直しが期待される．

には，全面的に任意買収方式を採用することも許される．③法律の規定があっても，その趣旨・目的に反しない契約であれば許されるものと解される．例えば，一定期限内は代執行を行わないとの契約の場合，行政代執行法2条は「他の手段によつてその履行を確保することが困難であり」としているから，その限りで許容されると解される(藤田・総論314頁以下)．

(b) 契約と類似の機能を有するものに「確約」の法理がある．行政が私人に対して，将来における自己の行為を約束する意思表示を「確約」という．相手方との合意を必要としない点で，契約とは類型が異なるとの見解もあるが，広い意味では契約と捉えることもできよう．ドイツでは連邦行政手続法38条に規定されているが，わが国ではまだ十分確立した法理とまではいえない．例えば，土地を買収しないという農地委員会の約束，市の住宅団地建設計画の変更はないとの約束，税の新設等はしないとの約束などがこれに当たる[26]．行政庁が自己の権限に属する公権力の発動に関して約束することは「適法処分の原則」に抵触する可能性があるので，裁量が認められている場合に限って契約類似の効果を認めることができよう．私人の信頼は保護されなければならないからである．

手続的統制 (a) 行政契約の手続的統制には，デュー・プロセスの法理が妥当するものと解される．この法理は，本来，行政処分に適用されるべきものであるが，公正かつ透明な手続という点で共通するものがあるというべきであろう[27]．他方，公共契約を規律する規範として，従来から国レベルで会計法，地方公共団体レベルで地方自治法があったが，2000(平成12)年に「公共工事の入札及び契約の適正化の促進に関する法律」が制定された．これは国，特殊法人および地方公共団体が行う公共工事の入札および契約についてその適正化の基本となるべき事項を定めるものである．また2002(平成14)年には，「入札談合

---

26) 確約の法理は，信義則・禁反言の法理と同一の思想的基盤に立つものであるが，行政契約の場面で用いられるところに特色がある．東京都知事が行った職員採用内定通知も確約の一つに当たると思われるが，最高裁判所は，これは採用手続を支障なく行うための事実上の行為にすぎないとして，拘束力を否定した(最判昭和57・5・27民集36巻5号777頁，公務員判例百選6事件)．

27) 学説には，公共契約(公共部門を一方当事者とする契約)の基本原則として，経済性原則，競争性原則，公正性原則，透明性原則をあげるものがある(碓井・公共契約法8頁以下)．

等関与行為の排除及び防止に関する法律」，2006(平成18)年には，国と民間事業者との関係が契約関係であることを前提にして，競争入札や落札者との契約の締結・変更・解除等について定めた「競争の導入による公共サービスの改革に関する法律」が制定された．これらは広義で手続的統制に関する規範であるが，サービスの利用者との関係については何ら定めがない．

(b) 自治体が契約するには，原則として一般競争入札，例外として指名競争入札，随意契約がある(地方自治法234)．村が発注する公共工事の指名競争入札において，「地元優先」指名のため指名排除措置をとったことの違法性が問題となった(国家賠償)事案がある．最高裁は，主たる営業所が村内にないことのみを理由として，一切の工事につきXを指名せず指名競争入札に参加させない措置をとることは，「考慮すべき事項を十分考慮することなく，一つの考慮要素にとどまる村外業者であることのみを重視している点において，極めて不合理であり，社会通念上著しく妥当性を欠くものといわざるを得ず，そのような措置は裁量権の逸脱又は濫用」に当たるとした(最判平成18・10・26判時1953号122頁，行政判例百選94事件)．

裁判的統制　(a) 行政契約に関する紛争は，基本的には民事訴訟法で争うことになる．裁判例にも，談合による入札を当然無効とし，支払済み代金の一部等の不当利得返還請求を認容したものがある(東京地判平成12・3・31判時1734号28頁，その控訴審・東京高判平成13・2・8判時1742号96頁＝社会保険庁シール談合事件)．もっとも，「公法上の法律関係」に該当する行政契約(公務員の勤務関係)などは当事者訴訟で争うことができるが，民事訴訟法との間に実質的な相違はない．

(b) 指名競争入札における指名は，処分ではなく契約の準備行為とされている(宮崎地都城支判平成10・1・28判時1661号123頁)．そこで，実務上，指名排除を巡る紛争は，過去の実績に照らして得ることのできたであろう利益の損害として国家賠償請求で争われることが多い．指名競争入札において，誰を参加させるかの判断は首長の広範な裁量に委ねられていると解されるので，国家賠償請求訴訟では，その排除措置が裁量権の濫用にあたるかどうかが争点となる．他方，多くの自治体では，指名排除措置についての基準や手続を設けているが，これらは裁量権行使を制限する基準として機能する．

（c）本来，契約の性質を有するものでも法律が処分の形式（形式的行政処分）を採用している場合には，民事訴訟や当事者訴訟ではなく，取消訴訟を提起しなければならない（生活保護法 69，国民年金法 101 の 2，厚生年金保険法 91 の 3）．これらは大量処分が予測されるため個別的な契約ではなく，処分の形式がとられているものであり，処分の違法性を訴訟物にする方が事案の解決としても適しているといえよう．

（d）地方公共団体の行う契約の場合，契約当事者でない住民が訴訟を提起できる（地方自治法 242 の 2）ので，公金の支出や財産の処分等の財務会計上の行為については，裁判的コントロールの範囲は拡大される結果となる．

第7章

行政上の事実行為

第1節　行政指導

1　行政指導の意義

意義　(a)　行政指導とは「行政機関がその任務又は所掌事務の範囲内において一定の行政目的を実現するため特定の者に一定の作為又は不作為を求める指導，勧告，助言その他の行為であって処分に該当しないものをいう」(行政手続法2・6号)．「特定の者に」とあるので，不特定多数の者に対して行われる情報提供型の行政指導および経営指導，技術指導等のサービス的色彩を持つ助言的・利益的な行政指導は除外されている．平たくいえば，行政指導は，行政機関が一定の政策目的を達成するために特定の私人に対して指導，勧告，助言等の方法によって一定の行為を働きかける事実行為のことである．行政処分ではないので処分庁が行う必要はなく，行政機関(2・5号イ)であればよい．行政機関は組織法によって与えられた所掌事務の範囲内で行動する必要がある．

(b)　行政指導は一定の政策の実現という点では行政処分と共通するが，目的達成の手法の点で異なる．法令に根拠がある場合もあるが，根拠なしに行われる場合もある．法令上に規定が置かれるときは，指導，助言，勧告，勧奨，指示などの言葉が用いられる(都市計画法80①，水質汚濁防止法13の4，文化財保護法37①②など，逆に指導，指示の言葉でも生活保護法27条1項のように行政処分と解されるものがある．秋田地判平成5・4・23判時1459号48頁)．行政機関と私人間に法律関係は形成されないので，法的に強制する手段はなく，これに従うか否

かは相手方の自由である．しかし，事実上の強制力を伴うことが多い．

 (c) また，「特定の者」(個人，法人，団体等)に対してなされる点で，上級行政機関が下級行政機関に対して指揮監督権に基づいて行う指導と異なる．規制のあり方としては行政処分より弱いが，法律による制約なしに自由な政策形成の可能性がある点では強力な機能を有している．

 (d)「一定の作為又は不作為を求める」ものでなければならない．したがって，ノーアクションレターに対する行政機関の回答は，私人に何らかの行為を求めるものではないので行政指導に含まれないことになる．

行政指導の機能 (a) 政策遂行の手法としての行政指導は，諸外国でも注目を集めてきた．わが国では，明治維新以降，八幡製鉄所等に見られるように，国家がその財産を民間にただ同然に払い下げることによって，懸命に資本主義を育ててきたという歴史がある．戦前の富国強兵策，戦後の経済の高度成長政策が示すように，わが国は「欧米に追いつき追い越せ」という国家目標を官民一体となって必死に追求してきた．そういう風土の中で，企業も市民も官の言うことを素直によく聞くという文化的基盤が形成されてきた．行政指導という法的効力の無い事実行為が絶大な威力を発揮してきたのもまさにこうした歴史的背景ないし法文化を抜きにしては語ることができない．

 (b) 明治憲法下では，主権が天皇にあったので「お上」の指導が特に問題とされることもなかった．戦後の高度成長期において，行政指導は政府の政策遂行の重要な手段として，産業構造の急激な変化に対応するための産業の育成や不況期における需給調整あるいは対米関係における貿易黒字の解消などの国際公約の達成といった幅広い領域で用いられてきた．また経団連等の経済団体，業界団体等が圧力団体として登場し，事実上の政策立案者的役割を果たすようになると，行政指導による政策遂行は企業立地の指導や企業合併の勧奨といった方面にも多用されるようになる．しかし，現憲法の国民主権が浸透し，人権意識も高まってくるにつれて，法律によらないインフォーマルな政策遂行の手法に疑問が持たれるようになった．やがて裁判で行政指導が問題とされる例も出てくるようになり，行政法学も関心を持たざるを得なくなった．

 (c) 高度成長を支えた経済政策は，官主導によって進められた．そこでは様々な規制権限を背景に行政指導によって政策を遂行するといった特色があっ

た．ところが，国内では高度成長が終わりを告げ，他方，冷戦構造の崩壊によって，世界規模での経済の国際化・自由化が進展するに及んで，アメリカを中心とした諸外国から行政指導の組み込まれたわが国の規制システムは不透明だとの批判を浴びるようになった．また行政指導はしばしば行政と業界との癒着を生み，接待行政や腐敗の温床になったことも事実である．

2　行政指導の種類

機能的分類　(a) 通説によれば，行政指導は機能的に次のように分類される（塩野・行政法Ⅰ221頁）．①私企業等の活動を規制する目的で行われる規制的行政指導．住環境の維持の観点からなされるもの（建築行為に関する日照，通風等の見地からの規制）や料金の値上げ抑制の行政指導がこれにあたる．②企業活動，あるいは私人の生活に対する各種の情報を提供しその活動を助成しようとする助成的行政指導．行政の方針に沿った生産・経営活動をするならば，補助金を交付するという形での指導もある．③私人間の紛争を調整する手法として用いられる調整的行政指導．建築紛争の調整がその典型である．

　(b) もっとも，通説もこれらの分類が相互に排斥的ではなく競合することを認めている．通説の分類の意図は，法律の留保原則の下で，それぞれの行政指導が行政過程の中で果たす機能とその限界を明らかにすることにあるように思われる．事実行為にすぎない行政指導が行政過程の中で，私人の権利利益を侵害する場合があり得るので，概念の整理としても役立つであろう．しかし，逆に行政指導が政策遂行手段として果たしている機能がぼやけてしまう恐れもない訳ではない．

政策を基準にした分類　(a) そこで本書では，行政指導が行政行為と並ぶ政策遂行手段であることに着目した分類を試みたいと考える．従来の分類論では行政指導の実態を捉えきれないと思われるからである．

　(b) 政策決定型の行政指導　これは，行政が作用上の法的根拠なしに政策決定を行い，特定の政策を遂行するタイプの行政指導である．立法型行政指導といってもよい．例えば，高度成長期に，旧通産省は貿易自由化を控えて国内自動車産業の保護・育成政策を展開したが，その主要な手段となったのは行政指導であった．本来このような政策は法律によって行われるべきである．実際，

旧通産省も1963(昭和38)年から64(昭和39)年にかけて三回にわたって国際競争力強化のために特定産業振興臨時措置法案を提出したが，廃案になったため，その後は行政指導によって産業(とりわけ自動車産業)政策を実施せざるを得なかった[1]．具体的には企業間の合併や連携，再編成といった施策が行政指導によって行われた．その他，政策決定型行政指導の例としては，産業構造の転換に伴う新規産業の育成，企業間の合併，業界系列化の指導などがある．

　この立法型の行政指導は，業界団体等を通して行われるが，実効性を持たせるためには適切なアメとムチが必要である．この種の行政指導は利害関係が輻輳するため規制的，調整的，助成的性格を併有する．また，行政指導の結果もたらされる政策は，国民の生活利益に客観的に相当なインパクトを与えるにもかかわらず，実際には行政機関と一部の業界団体との間の密室の協議・指導の下で政策決定が行われるため問題が多い．国会で議論される論点が国民の眼に明らかにならないだけでなく，国民の間の各界・各層の利益が反映されない．また，ことの性格上，行政手続法の規制からはすっぽり抜け落ちてしまう．この種の行政指導には，多元的な利害関係を反映できるような手続を工夫する必要がある．

　(c) 政策遂行型の行政指導　これは，行政が新たな政策決定を行うのではなく，法律に化体された特定の政策を遂行するに当たって法令を補完したり，執行の円滑化を図ったり，臨時応急的な対応のためにとられるタイプのものである．行政指導の大半はこの類型に属する．

　第一に，事前審査型の行政指導がある．かつては，銀行の出店調整の行政指導(銀行法旧8)[2]，旧大規模店舗法の参入規制[3]，バス路線の免許申請(道路運送

---

　1)　この間の経緯については，大山耕輔『行政指導の政治経済学』(有斐閣・1996年)111頁，180頁以下参照．
　2)　かつては銀行が支店その他の営業所を設置するには，旧大蔵大臣の「認可」が必要であった(銀行法旧8)．そして新設枠の基準は旧大蔵省令で厳しく定められており，良好な場所には銀行間の希望が競合するため，銀行局が正式に申請する前に「事前審査」を行い，「内認可」を受けた銀行だけが申請するやりかたが行われており，これを「出店調整」と呼んだ．現在は日本国内での支店等の設置は届出制となり(8①)，外国における支店等の設置等については内閣総理大臣の認可が必要とされている(8②)．
　3)　旧大店法の「事前審査つき届出制」と呼ばれる行政指導(旧大店法3, 8)もこの類型に当たる．旧大店法は，新規出店の参入と投資を規制していたが，法形式上は届出制がとられて

法5)に対する行政指導などがこのタイプの典型とされ,行政指導の主流を占めていた.しかし,規制緩和路線が国の基幹政策として採用され[4],事前規制から司法審査を中心とした事後規制への政策転換が行われた結果,このタイプの行政指導は激減している.行政指導そのものは個別的に行われるが,それ自体が一つの制度として機能しており,関係業界が行政指導によって保護される側面があったことは否定できない.法律の規定を超えた大幅な裁量権の行使がインフォーマルな行政指導を通して行われることは,法律に基づく行政の原理の上からも好ましいことではない.

第二に,法令補完型の行政指導がある.かつての減反政策(米の生産調整)はその例の一つである[5].減反政策は1960年代半ば以降の急激な経済の高度成長,都市化,工業化等による農業の「曲がり角」に対処するためのものであり,日本型護送船団方式の農政版とでもいうべきものであった[6].市場主義にたった経済政策が主流をなしている現在,このタイプの行政指導は当面影を潜めざるを得ないであろう.

第三に,状況対応型の行政指導がある.例えば,狂乱物価に対処するため政府は土地臨調の答申を受けて,1987(昭和62)年10月に閣議決定された緊急土地対策要綱をとりまとめ,自治体に対して国土利用計画法に規定のある「監視

いた(3,5).すなわち建物設置者と建物内の小売業者の届出を旧通産大臣または都道府県知事が「中小小売業の事業活動に相当程度の影響を及ぼすおそれがあるかどうかを審査し,そのおそれがあると認めたときは」審議会の審議等を経て,必要があれば変更勧告・命令を出す.しかし,実際には,強力な行政指導によって大型店と中小小売店,既存店と新規店との利害調整を行うので,事前の審査・調整が終わらなければ届出は受理されなかった.もっとも,旧通産省は,大店法が規制緩和路線にそぐわないとして廃止の方向を打ち出し,第142回国会(1998年)で成立した大規模小売店舗立地法附則2条によって廃止された.

4) 大浜啓吉「土地所有権と土地政策」大浜啓吉編『都市と土地政策』(早稲田大学出版部・2002年)21頁以下参照.

5) 旧農業基本法によれば,国は「需要が減少する農産物の生産の転換」につき,「その政策全般にわたり,必要な施策を総合的に講じなければならない」(2①1号)と規定していたが,農水省は,行政指導によって米の生産調整を実施していた.生産調整は稲から他作物への転作等を促進するために奨励補助金の交付とセットになって実施されていた.加藤一郎『農業法』(有斐閣・1985年)358頁参照.

6) その基本的枠組みを作ったのが農業基本法(昭和36年6月12日公布,法127)であったが,その後の農業を取り巻く環境の激変によって同法は1999(平成11)年に廃止され,同年,新たに「食料・農業・農村基本法」が制定された.新基本法では国家目標としての自給率の設定,農産物への市場原理の導入等新たな理念が闡明されている.

区域」の機動的運用や「規制区域」の指定，土地取引の監視の強化等を指導するとともに，金融機関に対して土地融資の適正化を指導した[7]．自治体に対する指導は，厳密には「行政指導」の概念に含まれないが，自治体の私人に対する行政指導という形で間接的には影響は出てくる．また，オイルショックの際に行われた価格抑制や需給調整の行政指導などもこの類型に属する．

(d) 非政策型の行政指導　これには，助成型と調整型がある．前者には，公共職業安定所(ハローワーク)が求職者に対して行う職業指導(職業安定法8)や児童相談所が児童およびその保護者に対して行う必要な指導(児童福祉法11①2号ニ)などがある．後者には，私人間の建築紛争の調停や小売市場開設者または小売商と周辺地域内の中小小売商との紛争に対する都道府県知事のあっせん・調停・勧告(小売商業調整特別措置法15，16の3，17)などがある．

助成型は，単なる情報の提供とは違って，政策目的達成の手段としての機能を有している点に特色があるが，事実上も強制的色彩を有しない．これに対して，調整型は政策目的達成のためというのではなく，私人間の紛争解決のための話し合いの場を設定したり，利害の調整者としての役割を担ったりする点に特色がある．この点で，両者ともに政策型の行政指導と区別される．

(e) 判例上しばしば問題になるのは調整型である．建築基準法によれば，建築主事は建築確認の申請を受理して35日ないし7日以内に審査し確認処分をしなければならないとされている(6④)．マンション建築をめぐって建築主と付近住民とが対立し，建築確認を留保したので，原告が確認留保期間中の請負代金増加額および金利相当額の損害賠償を請求した事件で，最高裁判所は，建築主が行政指導には応じられない旨を明確に表明している場合には「当該建築主が受ける不利益と右行政指導の目的とする公益上の必要性とを比較衡量して，右行政指導に対する建築主の不協力が社会通念上正義の観念に反するものといえるような特段の事情が存在しない限り，行政指導が行われているとの理由だけで確認処分を留保することは，違法である」と判示した(最判昭和60・7・16民集39巻5号989頁=品川区マンション事件，行政判例百選124事件)．この判決は，

---

[7]　大浜啓吉「戦後日本における都市法の生成——土地法における公共性概念の形成」大浜啓吉編『現代日本の法的論点』(勁草書房・1994年)262頁以下．

このタイプの行政指導を容認しつつも，行政の役割が適切に行われたかどうかには司法審査が及ぶことを明確にした点が注目される．

小括 （a）行政指導は政策類型を基準に分類することによって，①行政指導が行政処分と並ぶ政策遂行の手段として用いられていること，②この政策形成手段が広い意味での行政裁量として行われていること（したがって，政策が国民の意思ではなく官僚と国民の一部のグループで決定される），③行政手続法の規定ではカバーできない領域があること，等が明確になる．行政指導が現実の行政において多用されてきた理由もまた，そのインフォーマルな性格にあった．平たくいえば，行政指導によって政策を先取りしたり，法律の不備・欠陥を補って適切な政策執行を機敏に行ったりする上で，使い勝手の良い手法だった点にあるといえよう．

（b）他方，市場主義に基づく規制緩和路線によって，事前規制から事後規制に基幹政策の転換が行われた結果，政策実現の面における行政指導の役割は相対的に小さくなったことも確かである．行政指導の根本的な問題は，「法律に基づく行政の原理」をいかに貫徹するかにある．行政指導に法的効果がない以上，授権執行の原則も適法処分の原則も働かない．そこで，行政手続法は，申請に関連する行政指導，および許認可等の権限に関連する行政指導の二類型について，手続的観点から行政庁の行動を規律した．

3 行政指導と法律の根拠

法律の根拠 （a）行政指導を行うには，組織規範が先行していなければならない．行政手続法2条6号の「行政機関がその任務又は所掌事務の範囲内において」との文言はこのことを表現したものである．内閣総理大臣の行政指導（「任務又は所掌事務」）が問題になったロッキード事件において，最高裁は「内閣総理大臣が行政各部に対し指揮監督権を行使するためには，閣議にかけて決定した方針が存在することを要するが，（その）方針が存在しない場合においても，……内閣の明示の意思に反しない限り，行政各部に対し，随時，その所掌事務について一定の方向で処理するよう指導，助言等の指示を与える権限を有する」と判示した（最大判平成7・2・22刑集49巻2号1頁＝ロッキード事件丸紅ルート，行政判例百選19事件）．これは内閣総理大臣の国務大臣罷免権（憲法68），首長と

しての性格(憲法66)の規定の中に組織法的権限だけでなく作用法的権限も読みこむか，あるいは「行政各部の指揮監督」(憲法72)の文言が直接作用法的授権を含むと解釈することを意味しよう．換言すれば，「閣議にかけて決定した方針」(内閣法6)を権力的指揮監督作用(行政処分)に限定し，主任の大臣(旧運輸大臣)に対する一般的「指示」(行政指導)の場合は，閣議にかけずに行えるということである．また憲法72条も「内閣を代表して」という文言がある以上，閣議決定の方針なしの「指示」ということは予定されていないというべきであろう．事案は収賄罪の要件としての内閣総理大臣の職務権限が争点であった点を留意しておかなければならない．

2011(平成23)年3月11日の東日本大震災の際の東京電力の福島第一原発事故によって，放射能汚染をはじめ様々な問題が噴出したが，菅直人総理大臣は，同年5月7日に中部電力に対し浜岡原発の停止を要請した．総理大臣には電力会社に対する監督権限はないので，行政指導として行われたとしても越権行為であり，違法というほかはない(経済産業大臣の行政指導として行うべきであった)．

(b) 行政指導に作用法上の根拠が必要か否かについては説が分かれる．原則として法律の根拠は不要とする説，助成的指導に対しては不要であるが，事実上規制的に作用することが客観的に予測し得るような場合には法律の根拠が必要だとする説(塩野・行政法Ⅰ228頁)などが主張されている．

判例は，①行政指導が法的には国民の権利義務の変動を生ぜしめるものではないこと，②相手方の自由意思が存在すること，③行政指導は本来，法律の不備を補って行政需要に機敏に対応して行政責任を全うする点にこそメリットがあること，④行政指導の根拠規定を設けても概括的な規定にしかならないこと等を理由に，法律の根拠を不要としている(最判昭和60・7・16民集39巻5号989頁，行政判例百選124事件)．

(c) 従来の議論の特徴は，行政指導を法律の留保論のベースで議論していることである．すなわち法的効力を持たない行政指導を法的に「無」だと捉えるのではなく，行政指導が既存の法理論に落とす「影」を捉えて行政法的にこれを認知しその統制を考えようとするものといえよう(藤田・総論343頁)．

第一に，従来の説は行政指導を法形式の視点から捉えた．そのために事実行為であるから法的に「無」だと見たり，あるいはその「影」を捉えて法的統制

を考えたりした．しかし，行政指導は行政処分と並ぶ政策実現の手段という視点から見るべきである．そうすると，行政指導を政策型と非政策型に分けることが可能になり，各類型に応じた問題の所在を明らかにすることができる．

　第二に，政策型は，さらに政策決定型と政策遂行型に分かれる．㋑政策決定型においては，行政の政策決定そのものが許されるのか，あるいはどの程度許されるのかが問題となる．この点は立法学的に見ても困難な問題を含んでいるが[8]，民主主義のルールとしては原則として議会で政策決定すべきである．㋺政策遂行型の場合は，基本的な政策決定は法律で行われているから，行政指導はつまるところ個別的な行政執行のあり方の問題にすぎない．したがって，一般的に法律の授権を問題にする必要はない．もちろん法律の不備といった問題はあり得るが，政策を軸に考える限り，政策の中核部分について国民の合意ができている以上，枝葉の問題について法律の授権を要求するには及ばないであろう[9]．当該行政指導が法律の趣旨にはずれる場合には，個別の対応（国家賠償請求・取消訴訟）によって問題を解決する他はない．申請の競合，あるいはある行政指導が第三者に実質的な影響を与える場合の手続的規制の必要性が高いが[10]，今後の課題である．

---

　8)　というのは，この種の行政指導には，特定の業種だけを対象とするものもあるからである．つまり英米法には private law の伝統があるが，わが国にはない．政策実現の手法として，何が何でも法律を作らなければならないかは一つの問題である．わが国の行政指導は，業界あるいは業界団体との丁寧な話し合いに基づいて行われていることは周知のことであるが，あるいは法律を作るより，こうした行政指導の手法の方が目的達成の観点から優れている場合もあり得る．問題は本文でも触れたように，話し合いが密室で行われやすく，公共政策が利害関係者の意見を公正に反映し得ない場合があることにある．手続的規制を提唱するのは，このような理由からである．

　9)　石油ヤミカルテル事件について，最高裁判所は「石油業法に直接の根拠を持たない価格に関する行政指導であっても，これを必要とする事情がある場合に，これに対処するため社会通念上相当と認められる方法によって行われ，「一般消費者の利益を確保するとともに，国民経済の民主的で健全な発達を促進する」という独禁法の究極の目的に実質的に抵触しないものである限り，これを違法とすべき理由はない」と判示した（最判昭和59・2・24刑集38巻4号1287頁，行政判例百選96事件）．なお，最高裁は違法な行政指導に従ってヤミカルテルを締結した場合でも，事業者団体の行動を通じ事業者間の競争に「実質的制限」をもたらすことがあれば独禁法違反の罪（独禁法89・1号）を免れないとした（最判昭和57・3・9民集36巻3号265頁）．

　10)　もっとも，行政手続法3条1項12号は「相反する利害を有する者の間の利害の調整を目的として法令の規定に基づいてされる……行政指導」を適用除外としている．この種の三面

第三に、非政策型の行政指導の場合、助成型については国民の側からは問題がない。調整型については、基本的には判例法理の線でよいであろう。今後様々な領域で判例の積み重ねが期待される。

行政指導の限界 (a) 行政指導は、行政処分によって対処することが妥当でないと考えられる場合に行使されるのが通常であり、その便宜性に慣れて濫用される危険を持つ。行政指導も法律に基づく行政の原理に反することはできない。

(b) 行政指導の法的限界として次の点を指摘できよう。①行政指導は組織法上の所掌事務の範囲内でなければならない(行政手続法32①)。②行政指導は、法律および法の一般原則に違反してはならないし、内容上適正なものでなければならない(東京地判昭和51・8・23判時826号20頁は、銃砲刀剣類所持等取締法にいう銃砲に該当しないコンドルデリンジャーの製造・販売の中止を違法な行政指導とした)。法律が行政指導を規定しているような場合がある(環境影響評価法34①に基づく勧告、騒音規制法12①に基づく計画変更・改善勧告)。行政処分と違って直截に法効果と結びつくものではないが、個別法によっては、勧告に従わない場合に行政処分(命令)と連動させて罰則で担保している場合もあれば(騒音規制法12②、29)、公表される場合もある(国土利用計画法24①の土地取引の勧告など、大規模小売店舗立地法9①)。③行政指導は、憲法上の基本的人権の原理、平等原則、比例原則などによって覊束される。これらに違反する場合には、違法行為となる場合がある。判例には、公務員に対する執拗な退職勧奨(行政指導)を違法としたものがある(最判昭和55・7・10判タ434号172頁)。④行政指導は相手方が指導に従う意思がないのにこれを強制したり、許認可の権限を背景に強圧的な態度を取ったりしてはならない(行政手続法32～34)。⑤行政指導に違反した場合には、制裁措置(公表)がとられることがある(国土利用計画法26、国民生活安定緊急措置法6③、7②)。

構造をもつ調整的な行政指導は、二面関係を基本とする行政手続法の規定にはなじまないとされているのである。千葉勇夫「行政手続法に見る行政指導(1)」大阪経大論集46巻6号84頁参照。

4　行政手続法による規律

　行政手続法は，行政指導を行う場合に遵守すべきルールを定めたものである．2014(平成 26)年に成立した新「行政不服審査法」が，不服申立ての対象を行政処分に限定したために，行政不服審査法で議論されていた行政指導の問題が行政手続法の改正として行われることになった．①行政処分を背景とする行政指導が権限濫用にならないように新たな規定が設けられた(35②③④)，②法令違反の行政指導に対する中止の申出(36 の 2)，③法令違反の是正のための処分・行政指導の申出(36 の 3)が新設された．以下，実体的規制(32～34)と手続的規制(35，36)に分けて説くことにしよう．

　実体的規制　(a) 行政指導の一般原則　行政手続法 32 条は，行政指導の一般原則を明らかにしたものである．第一に，行政指導を行うに際して，「行政指導に携わる者は，いやしくも当該行政機関の任務又は所掌事務の範囲を逸脱してはならないこと及び行政指導の内容があくまでも相手方の任意の協力によってのみ実現されるものであることに留意しなければならない」(32①)．「行政指導に携わる者」とは，行政処分についての「処分庁」概念に対応するものであって，行政指導に関与する職員全体を指す．相手方に対して直接働きかける者はもちろん，当該行政指導の責任者も含まれる．また「相手方の任意の協力」が必要であるから，行政指導に従わないことの「真摯かつ明白な意思表示」があれば，それ以降も許認可等の留保をすることは原則として違法となる(最判昭和 60・7・16 民集 39 巻 5 号 989 頁)．

　第二に，行政指導に従うかどうかは相手方の自由であるから，「行政指導に携わる者は，その相手方が行政指導に従わなかったことを理由として，不利益な取扱いをしてはならない」(32②)．「不利益」とは，不利益な効果のある行為一般をいうのではなく不当な制裁行為をいう．法的行為でも事実行為でもよい．

　(b) 申請に関連する行政指導　「申請に対する処分」については，行政手続法第 2 章が規定している．ただ，申請については，窓口でしばしば行政指導が行われてきた．行政の側の事情で，申請を受理せず申請の取下げや内容の変更を求めることも多い．こうした行政指導が，まったく禁止されるものではなく，相手方の任意に行われる限り違法とはいえない．行政の任務遂行には，様々な

ことがあり得るから，行政手続法もある程度相手方の任意の協力を求める行政指導はこれを許す態度をとっているが，そこには限度がある．行政手続法は「申請の取下げ又は内容の変更を求める行政指導にあっては，行政指導に携わる者は，申請者が当該行政指導に従う意思がない旨を表明したにもかかわらず当該行政指導を継続すること等により当該申請者の権利の行使を妨げるようなことをしてはならない」(33)と定めて，申請権の保障を完全ならしめたのである．

教科書検定における行政指導が問題となった事案において，最高裁は，平成元年改正前の教科書検定規則が定めていた改善意見[11]を「文部大臣の助言，指導の性質を有するもの」と解した上で，「教科書の執筆者又は出版社がその意に反してこれに服さざるを得なくなるなどの特段の事情がない限り，その意見の当不当にかかわらず，原則として，違法の問題が生ずることはない」とした（最判平成9・8・29民集51巻7号2921頁，行政判例百選97事件）．ここで問題となったのは国家賠償法上の違法性であるが，「特段の事情」の認定次第では，行政手続法33条に違反した違法の範囲よりも狭くなるように思われる．

(c) 許認可等の権限に関連する行政指導　Y(行政庁)とX(私人)との間に許認可権を背景に継続的な監督関係が存在する場合がある．電気通信事業，運送業，銀行業，証券業，製薬業などがその例である．こうした業種では，監督官庁が個々の経営のあり方や製品の安全性等について細かい行政指導をすることが日常化している．また官庁の情報が企業の死活に関わることも多いため，Xの側から日常的「接待」を通してY側に接触を求めることも多い．そこで，許認可権を有する行政機関(末端の役人を含む)が，正当な権限の行使でもなく，また相手方にその意思がないにもかかわらず，権限を背景にXの任意性を損なう行政指導を行うことがあり得る．

そこで，行政手続法34条は「許認可等をする権限又は許認可等に基づく処分をする権限を有する行政機関が，当該権限を行使することができない場合又は行使する意思がない場合においてする行政指導にあっては，行政指導に携わ

---

[11] 昭和55年当時の検定規則では，検定意見に「修正意見」と「改善意見」の二種類があり，後者は行政指導に当たるとされていた．

る者は，当該権限を行使し得る旨を殊更に示すことにより相手方に当該行政指導に従うことを余儀なくさせるようなことをしてはならない」と規定した．「許認可等に基づく処分」とは，許認可を受けて行われる業務や活動が適正かつ適法に行われていると認められる場合に行われる業務の改善命令や停止命令，あるいは許認可の取消し等のことである．「当該権限を行使することができない場合」とは，権限自体がない場合，権限はあっても要件を充足しない場合等のことである．また，「当該権限を行使する意思がない場合」とは，権限はあるが，行政指導の時点では権限を行使するつもりがない場合をいう．

手続的規制 （a）方式　行政指導の方式としては，口頭で行われるか書面で行われるかを問わず，「行政指導に携わる者は，その相手方に対して，当該行政指導の趣旨及び内容並びに責任者(担当課で指針を決めた場合，責任者は課長)を明確に示さなければならない」(35①)．これを「明確性の原則」という．相手方が行政指導に協力するかどうか自由に判断するためのものである．また，行政指導に携わる者は，当該行政指導をする際に，行政機関が許認可等をする権限又は許認可等に基づく処分をする権限を行使し得る旨を示すときは，その相手方に対して，①当該権限を行使し得る根拠となる法令の条項(1号)，②当該条項に規定する要件(2号)，③当該権限の行使が当該要件に適合する理由(3号)，を明示する義務が課されている(35②)．2項は，2014(平成26)年の改正で新設された規定であるが，行政機関が許認可権限等を濫用して，事実上，相手方が行政指導に服することを余儀なくさせることを防ぐために設けられた規定である．

　（b）書面交付　行政指導は口頭で示すこともできるが，その相手方から「前二項に規定する事項を記載した」書面の交付を求められたときは，行政指導に携わる者は「行政上特別の支障がない限り，これを交付しなければならない」(35③)．書面交付請求の対象が2項にまで拡大された．これは，行政指導の存在，内容および責任の所在を明確にするためのものであるが，事後に訴訟を提起する場合の証拠にもなる．書面の交付請求の形式は，口頭でも書面でもいずれでもよい．また，Xの請求は，行政指導に従ったことを証明するためのものではないから，請求後，必ずしも行政指導に従う必要はない．

　Xが書面の交付を求めたとき，行政指導に携わる者には，書面交付義務が

発生する.この義務の性質は単なる職務上の義務にとどまらず,X に対する手続上の義務である.他方,X には交付請求権があるものと解される.交付が拒否され,それによって相手方に損害が発生した場合には,国家賠償の対象となり得るほか,当事者訴訟を提起する余地がある.行政指導に従わないために不利益処分を受けるおそれがあるときは,処分差止訴訟を提起できると解される.

(c) 交付義務の免除および適用除外　行政上特別の支障がある場合には,書面の交付義務が免除される(35④).「行政上特別の支障」とは,単に事務量ないし煩雑さが増大するとか,迅速に対応する必要があるといったことでは不十分である.行政指導が書面で明らかになることで,行政目的達成に著しい支障が生ずる場合に限定される.対外交渉に関して行われる行政指導や私人間の権利調整の過程における個々の指導などがこれである(仲・すべて 67 頁).また,行政指導がその場限りで終わってしまうもの(35④1 号)や既に文書または電磁的記録により相手方に通知されている事項と同一の内容を求めるもの(35④2 号)については,2 項の書面交付義務の適用除外とされている.

(d) 行政指導指針の作成・公表　「同一の行政目的を実現するため一定の条件に該当する複数の者」を対象として行政指導を行う場合,「行政機関は,あらかじめ,事案に応じ,行政指導指針を定め,かつ,行政上特別の支障がない限り,これを公表しなければならない」(36).ある業界団体を通して,傘下の個々の企業に対して行政指導を行うような場合がこれに当たる.いわゆる要綱行政なども,本来その典型であるが,自治体の行政指導は行政手続法の適用除外とされている(3③).

行政指導指針とは,「同一の行政目的を実現するため一定の条件に該当する複数の者に対し行政指導をしようとするときにこれらの行政指導に共通してその内容となるべき事項をいう」(2・8 号ニ)が,意見公募手続の対象となる.また,36 条の「公表」は,5 条 3 項,6 条の「公にしておかなければならない」と違って,積極的に周知させることが含意されている(宇賀・概説 I 413 頁).行政指導の恣意性を排し,行政指導の明確性,透明性,公平性を確保する趣旨である.もっとも,全ての行政指導を一律に義務付けるものではなく,「事案に応じ」行うことを求めているにすぎない.

(e) 2014(平成26)年の改正で，法令違反の行政指導に対する事後救済手続として中止等の求めの制度(36の2)が新設された．すなわち，法令に違反する行為の是正を求める行政指導(その根拠となる規定が法律に置かれているものに限る)の相手方は，当該行政指導が当該法律に規定する要件に適合しないと思料するときは，当該行政指導をした行政機関に対し，その旨を申し出て，当該行政指導の中止その他必要な措置をとることを求めることができる(36の2①本文)．ただし，当該行政指導がその相手方について弁明その他意見陳述のための手続を経てされたものであるときは，この限りでない(同項但し書)．

行政指導の中止等を申し出るには，①申出をする者の氏名または名称および住所または居所，②当該行政指導の内容，③当該行政指導がその根拠とする法律の条項，④前号の条項に規定する要件，⑤当該行政指導が前号の要件に適合しないと思料する理由，⑥その他参考となる事項，を記載した書面を提出しなければならない(36の2②)．口頭で行うことはできない．当該行政機関は，行政指導の中止等の申出があったときは，必要な調査を行い，当該行政指導が当該法律に規定する要件に適合しないと認めるときは，当該行政指導の中止その他必要な措置をとらなければならない(36の2③)．「申出」は「申請」(2・3号)とは異なり「行政庁」ではなく当該「行政機関」に対して行われるが，申出を受けた行政機関に通知・連絡等の応答義務はない．

(f) 同じく2014(平成26)年の改正で，新たに「第4章の2」が設けられ，法令違反の是正のための処分・行政指導の申し出(36の3)の規定が新設された(処分発動申出制度)．すなわち，何人も，法令に違反する事実がある場合において，その是正のためにされるべき処分または行政指導(その根拠となる規定が法律に置かれているものに限る)がされていないと思料するときは，当該処分をする権限を有する行政庁または当該行政指導をする権限を有する行政機関に対し，その旨を申し出て，当該処分または行政指導をすることを求めることができる(36の3①)．処分だけでなく「法律に基づく行政指導」も対象に加えたのは，これを処分に準ずると見做したからであろう．

なお，「申し出」は，①申し出をする者の氏名または名称および住所または居所，②法令に違反する事実の内容，③当該処分または行政指導の内容，④当該処分または行政指導の根拠となる法令の条項，⑤当該処分または行政指導が

されるべきであると思料する理由，⑥その他参考となる事項，を記載した申出書を提出してしなければならない(36の3②)．口頭で行うことはできない．申出を受けた行政庁または行政機関は，必要な調査を行い，その結果に基づき必要があると認めるときは，当該処分・行政指導をしなければならない(36の3③)．

もともと，この規定は非申請型義務付け訴訟(行訴法3⑥1号)に対応する不服申立て類型として構想されたもので，行政不服審査法で不利益処分を行政機関が発動するよう求める仕組みとして規定された(行審法46②)．例えば，有害物質を排出する工場に対して付近住民が，水質汚濁防止法13条に基づく改善命令を出すことを求める場合がこれにあたる．事前手続の性格をもつため行政手続法に規定することになった．もっとも，行政庁または行政機関に応答義務はないので，非申請型義務付け訴訟とは本質的に性格が異なる．また「何人」とあるため，処分または行政指導の直接の相手方だけでなく，その他の第三者からの申出も認められる．しかし，これは処分等を求める権利を付与したものではなく，むしろ職権発動の端緒を狙ったものと解される．

5 行政指導と救済方法

行政訴訟 （a）行政指導は事実行為であって法的効果を持たないので，原則として取消訴訟を否定し，例外的に不服従に対して制裁が予定されているような強い規制力を持つものについては取消訴訟を許容するのが通説である(芝池・総論262頁，原田・要論202頁)．従来，判例は否定的だと考えられてきた(保険医の戒告について，最判昭和38・6・4民集17巻5号670頁，海難原因裁決について最大判昭和36・3・15民集15巻3号467頁，行政判例百選158事件)[12]．しかし，判例も処分性概念を柔軟に解するようになってきているし，また近時，最高裁も従来

---

12) 36年判決は海難審判，38年判決は保険医の戒告についてのものであり，ともに行政事件訴訟特例法時代に起きた事件である．しかし，同じく事実上の観念通知とされる「納税告知」，貨物が輸入禁制品に該当する旨の「税関長の通知」，食品衛生法違反の「通知」については，既に最高裁で処分性が承認されるに至っており(最判昭和45・12・24民集24巻13号2243頁，行政判例百選61事件；最判昭和54・12・25民集33巻7号753頁；最判平成16・4・26民集58巻4号989頁)，既に判例は変更されたとみてよいであろう．

行政指導と解されてきた病院開設中止勧告(医療法 30 の 7)に処分性を認めるに至っている(最判平成 17・7・15 民集 59 巻 6 号 1661 頁, 行政判例百選 160 事件)[13].

　このような動向を踏まえると，行政指導の違法性判断の可能性は，より容易になったものと思われる．行政指導も「公権力の行使」(行訴法 3)に当たるとして取消訴訟の利用可能性を拡大することもあり得よう．他方，2004(平成 16)年の行訴法改正によって，行政指導に従う義務のないことの確認という形で，当事者訴訟の利用も可能となった．また行政指導を無視した結果，不利益処分が課される恐れがあるときは，差止訴訟(行訴法 3⑦)を利用することもできよう．

　(b) 他方，建築確認に際して行われる行政指導の内容は「話し合いによる円満な紛争の解決を求める」というものであり，建築確認処分の留保(法定期間内になすべき処分の不作為)とは別個の概念である．私人(X)が行政(Y)の行政指導に同意することは，建築確認処分の留保への同意を意味しない．両者は本来別個に評価されるべき事柄である．ただ，行政指導への同意が一定程度，建築確認処分の留保を正当化するというにすぎない．したがって，X の争い方としては，①建築確認処分の留保を捉えて，不作為の違法確認訴訟(行訴法 3⑤)，②建築確認の義務付け訴訟(同法 3⑥2 号)，③行政指導に従う義務のないことの確認訴訟(同法 4)，④違法な行政指導に従わない場合に不利益処分の発動のおそれが高いというときは，差止訴訟(同法 3⑦)，⑤建築確認処分の留保それ自体で被った損害賠償請求(国賠法 1①)，を提起する方法があり得る．これらの訴訟は建築確認留保に限らず，状況に合わせて，行政指導に対する救済手段として一般的に利用し得ることはもちろんである．

　国家賠償　(a) 違法な行政指導による損害の発生に対して，国家賠償法の適用が認められるか．問題になるのは，公権力の行使，因果関係である．行政指導には相手方の任意性が認められることから，「公権力の行使」に該当しないとか，あるいは損害との間に因果関係が否定されることを根拠に消極的に解する説もある．しかし，通説は，「公権力の行使」について広義説にたった上で，事実上強制的な行政指導もこれに当たるとし，また因果関係についても規制的

---

13) これは行政事件訴訟法 3 条 2 項の「行政庁の処分その他公権力の行使に当たる行為」といえるかどうかの解釈問題である．大浜・行政裁判法 104, 122 頁以下参照．

な力が強い場合にこれを肯定している(芝池・総論263頁，原田・要論203頁)．相手方が行政指導に依拠せざるを得ないような客観的事情が存在する場合は，「公権力の行使」を肯定してよいであろう．裁判例には，建築確認に際して開発負担金を求めたことが地方財政法4条の5に違反するとしたもの(大阪地堺支判昭和62・2・25判時1239号77頁)，誤った法解釈に基づく行政指導に公権力性を認めたものがある(東京地判昭和51・8・23判時826号20頁＝コンドルデリンジャー事件)．

(b) 助成型行政指導のような規制力の弱い行政指導の場合，民法の不法行為で対処することも考えられるが(芝池・総論263頁)，行政機関の行う活動の一つであるから国家賠償法を適用して差し支えないであろう．特に，誤った行政指導のせいで，給付行政上の受給権を喪失したような場合には，信義則を媒介に受給権の回復を認めるべき場合もあり得よう(原田・要論204頁)．

6 要綱行政

要綱行政の意義 (a) 要綱行政とは，行政機関の内部規範であって，明文化された一定の基準(要綱)に基づいて行われる行政活動のことである．国においては総合土地対策要綱，公共用地の取得に伴う損失補償基準要綱，少年警察活動要綱などがあり，地方公共団体においては宅地開発指導要綱，補助金交付要綱などがある．もっとも，要綱行政という場合，普通には自治体で行われているものを指す．給付行政の分野でも，私立幼稚園助成要綱といったものがあるが，特に問題となっているのは，地域開発や環境保護の分野に関わる宅地開発指導要綱，マンション建設指導要綱，日照指導要綱等である．

(b) 要綱は地方公共団体の長によって策定され，告示や訓令の形式がとられる．要綱は，開発業者に職務運営上の指針を示したものであって，条例や規則のように正式な法形式をとらない場合が多い．ただ，開発主の理解と任意の同意・協力の下に特定の行政目的を達成しようとするものであるから，基本的には行政指導の性質を有するといえよう．

(c) 1960年代後半以降，大都市への人口集中に伴い都市近郊に住宅需要が発生し，土地の高度利用の必要性が高まった．その結果，一方では，既存の住宅地に隣接して高層マンション建設やミニ開発が行われ，近隣住民との間に日

照や環境をめぐって様々な紛争を引き起こし，他方では，こうしたマンション建設や宅地開発に伴う急激な人口増加によって，自治体は小中学校，道路，公園，下水道等の公共施設の整備等の財政支出を迫られた．ところが，わが国の自治体には主体的なまちづくりの権限が十分に与えられていないし，また条例や規則でこれらを規制するには国の法令との関係で無理があった．そこで，やむを得ず考え出されたのが要綱行政だったのである．

1990年代に入り，市場原理主義の下，規制緩和が基幹政策となると，先に見た「政策決定型」の国による行政指導などは，官主導のカルテル化，護送船団方式などの法律に代替する強力な機能を持ち，グローバル化や市場原理と相容れない事態もでてきたが，現在は次第に影を潜めている．

これに対して，自治体の行政指導の場合は事情が違う．1999(平成11)年の地方分権一括法が成立する以前の自治体は，機関委任事務にがんじがらめになって，あたかも国の下請機関の観があった．そうした状況の下で，国の法令の不備欠陥を補い，地域社会のニーズに柔軟かつ機敏に対応して，地域社会の安全性と快適性を確保するために生み出されたのが「要綱行政」と呼ばれる行政指導であった．したがって，要綱行政を「法律に基づく行政の原理」に反するものとして一律に性悪視すべきではない．あくまでも内容の社会的必要性，妥当性，その事実上の効果を問題の実質に即して判断する必要がある．要綱行政は地域社会に貢献している面もあるし，法形成の端緒となることも珍しくない．

要綱の内容　要綱の内容は，①一定の高さ以上のビルを建てる場合には，事前に計画を公表し，日照，電波障害等について自治体と協議し，自治体の改善勧告等に従うこと(協議条項)．②開発計画について近隣住民の同意を得ること(同意条項)．③要綱に従わない者に対しては行政サービス(上下水道の利用拒否，清掃など)の提供を行わない，あるいは従わない業者を公表すること(制裁条項)．④道路や緑地などの公共施設に用地の無償提供や負担金を拠出すること(負担条項)，などである．

判例　(a) 制裁条項が問題になったケースに武蔵野市給水拒否事件がある．武蔵野市長および同市の水道事業の管理者であるYが，同市の指導要綱の定める教育負担金条項に従わなかった建設業者X_1とマンション購入者X_2からの給水の申込みを拒否し，水道法15条1項に違反した罪で起訴されたもので

ある.最高裁判所は,「X_1 が指導要綱に基づく行政指導には従わない意思を明確に表明」した後は「給水契約を締結して給水することが公序良俗違反を助長することとなるような事情」がない限り,「指導要綱を順守させるための圧力手段として,水道事業者が有している給水の権限を用い……給水契約の締結を留保することは許されない」と判示した(最決平成元・11・8 判時 1328 号 16 頁 = 武蔵野マンション事件,行政判例百選 92 事件).本件では,水道法 15 条の「正当の理由」の解釈がポイントであり,水道法の解釈としては妥当であるが,判決が要綱行政の正当性を否定したと見ることはできない.

(b) 教育負担金について,要綱に基づく事業計画承認願いを提出する際に,「寄付願」を添付し 1500 万円余を支払った後,原告 X はこの寄付は強迫によるものだったとして返還請求したが,一審,控訴審ともに請求を棄却した.X は二審で国家賠償法 1 条違反の主張を追加した.最高裁は原審が強迫の主張を斥けた点を支持した上で,「指導要綱の文言及び運用の実態からすると,……教育施設負担金の納付を事実上強制しようとしたもの」であるから,「本来任意に寄付金の納付を求めるべき行政指導の限度を超えるものであり,違法な公権力の行使である」と判示して,国家賠償法のレベルの「違法性」を認定した(最判平成 5・2・18 民集 47 巻 2 号 574 頁 = 武蔵野マンション事件,行政判例百選 98 事件).開発負担金の徴収およびそのための行政指導一般を違法とした訳ではない.本件(武蔵野市の指導要綱)の場合,要件・形式ともに条文化されており,内部規範上は適法であるが,外部的には強制に及ぶ場合に限って違法性を帯びるとしたことになる.

限界と展望 (a) 要綱行政の評価については二つの立場がある.一つは,要綱行政は形式的には任意の同意の下に展開される行政指導であるとしても,実質的には相手方の自由を制約する事実上の権力行政であり,法律の根拠なしに行われる限り,違法だとする立場である.いま一つは,法の不備が原因で形式的な合法性と実質的な正当性が乖離している状況において,緊急の需要に対して迅速的確に対処するためには,やむを得ない方法であり,要綱の内容が合理的である限り,かかる要綱に基づく行政指導は違法ではないとする.

(b) このように,行政指導と同種の議論が行われてきたが,行政指導とやや異なる点にも注意が必要である.第一に,要綱行政が自治体においてかなり

広範に行われており，しかも，その背景には自治体の権限が憲法規範(「地方自治の本旨」)を必ずしも反映せず，歪められているという認識に支えられていることである．第二に，要綱の多くは公示され，その内容が明確であり，行政指導につきまとう密室性がないことである．第三に，要綱とそれに基づく個別の行政指導とを分けて議論すべきことである．要綱は行政指導の根拠となる内部規範であり，それ自体を違法視する訳にはいかない．問題は個別の行政指導である．第四に，1999年の地方分権一括法制定以降，要綱を生み出す基盤となった狭隘な条例制定の範囲にも大きな変化がみられる．要綱から条例への格上げの政策展開の可能性は拡大しつつある．

第2節　行政調査

1　行政調査の意義

意義　(a) およそ行政が何らかの決定を行う場合，情報の収集，整理，分析といった作業(調査)が前提になる．これを大別すれば，政策立案のための調査(政策調査)と政策遂行に伴う調査(執行調査)の二つに分類し得る．後者はさらに，いわゆる行政運営のための一般調査と具体的な権限行使(処分)の準備作業として行われる事案調査に分けることができる．行政調査は広義では，これら全てを含むが，ここでは私人の権利利益と直接関係する狭義の事案調査を扱う．

(b) 従来の学説は，行政調査を行政の独立した活動形式としてではなく，即時強制の概念の中に取り込んで扱ってきた．しかし，質問，検査，臨検といった行為は，性格上実力行使になじまず強制の概念にあてはまらないこと，即時強制が行政目的の実現に向けられた制度であるのに対し，質問・調査等は目的実現のための補助的手段であること，等の特徴を持っている．そこで，これらの行為について，新しく行政調査の概念をたてて即時強制の概念から切り離す方がよいとの主張がなされた(塩野宏「行政調査」法学教室II期3号132頁)．行政調査は，具体的な処分の準備段階として行われる資料収集活動(事実行為)であって行政目的を直接実現するものではないので，基本的に正しい方向を示すものといえよう．

(c) 行政調査の主体については法律で規定すべきであるが，条例は法律と同様の民主的基礎を有するから，自治体の事務の範囲内であれば条例で行政調査を規定することも許される．行政調査は事実行為であるから，必ずしも行政庁が行う必要はなく行政機関の職員であればよい．

(d) 事案調査の手段としては，①土地家屋等への立入検査・調査・報告[14]，②住居等への立入検査・臨検[15]，③収去[16]，④質問・検査・報告・資料の提出[17]，など様々な方法がある．事案調査の目的も様々であるが，多くは事業活動の現状調査や課税のために行われる．また私人との関係では，単なる事実行為としての任意調査，刑罰に担保されている調査，物理的実力行使を伴う調査などがある．実効性を高めるために抜き打ち的に行われる場合もある．行政調査が強制にわたる場合には作用法上の根拠が必要である．

任意調査と法律の根拠 (a) 任意調査には，明文で関係者の同意を要件としているものがあるが(水道事業者の立入検査につき水道法17①，宗教法人施設への立入調査につき宗教法人法78の2①)，明文規定がない場合にも，行政調査が相手方の同意の下に任意で行われる場合には，組織法上の根拠があればよく，作用法上の根拠は不要である．任意でも一定の限界があることはいうまでもない．ここでは任意調査として議論される所持品検査と自動車の一斉検問を取り上げる．

(b) 所持品検査は，警察官職務執行法2条1項に基づく職務質問に付随して行われるが，判例は「所持品検査は，任意手段として許容されるものであるから，所持人の承諾を得てその限度でこれを行うのが原則であるが，職務質問

---

14) 具体例として，国土利用計画法41①，都市計画法25，82①，土地収用法11，35，都市再開発法60，土地区画整理法72①，住宅地区改良法20，生産緑地法17②，河川法78①，大気汚染防止法26①，水質汚濁防止法22①，医薬品・医療機器等法69などがある．

15) 具体例として，銀行法25①②，52の12①，52の32②，貸金業法41の5①②，独占禁止法47①②③，国税徴収法142①②，消防法4①，16の5①，食品衛生法28①，公衆浴場法6①，風俗営業法37①，覚せい剤取締法32①②，銃砲刀剣類所持等取締法10の6②，火薬類取締法43①②③，生活保護法28①，44①などがある．

16) 具体例として，食品衛生法28①，覚せい剤取締法32①②，火薬類取締法43①などがある．

17) 具体例として，銀行法24①②，金融商品取引法56の2，57の10，国税徴収法141，銃砲刀剣類所持等取締法10の6①②，27の2②，食品衛生法28①，公衆浴場法6①，覚せい剤取締法32①などがある．

ないし所持品検査の目的，性格及びその作用等にかんがみると，所持人の承諾のない限り所持品検査は一切許容されないと解するのは相当でなく，捜索に至らない程度の行為は，強制にわたらない限り，たとえ所持人の承諾がなくても，所持品検査の必要性，緊急性，これによって侵害される個人の法益と保護されるべき公共の利益との権衡などを考慮し，具体的状況のもとで相当と認められる限度において許容される場合がある」と判示し，巡査が相手方の「承諾がないのに，その上衣左側内ポケットに手を差し入れて所持品を取り出したうえ検査した」行為を所持品検査の許容限度を逸脱した違法があるとした(最判昭和53・9・7刑集32巻6号1672頁)．また警職法2条1項を根拠に，相手方の同意なしに大量の紙幣の入っているボーリング・バッグのチャックを開けた行為について，「強制にわたらない限り適法」とした判例がある(最判昭和53・6・20刑集32巻4号670頁，行政判例百選106事件)．「必要性，緊急性，相当性」の限定をつけたとしても，所持品検査の実態は強制と変わらないことが多いので，疑問がある．さらに警職法2条1項は，所持品検査の即時執行を授権した規定と解することはできない．警職法2条4項は，逮捕者についての凶器の有無の検査ができるとしているので，それ以外の場合には所持品検査は否定しているものと解釈されるからである．

　(c) 自動車の一斉検問は法律で規定されておらず，警察内部の訓令や通達に基づいて行われている．判例は「警察法2条1項が「交通の取締」を警察の責務として定めていることに照らすと，交通の安全及び交通秩序の維持などに必要な警察の諸活動は，強制力を伴わない任意手段による限り，一般的に許容されるべきものであるが，それが国民の権利，自由の干渉にわたるおそれのある事項にかかわる場合には，任意手段によるからといつて無制限に許されるべきものでない」とし「それが相手方の任意の協力を求める形で行われ，自動車の利用者の自由を不当に制約することにならない方法，態様で行われる限り，適法なもの」としている(最決昭和55・9・22刑集34巻5号272頁，行政判例百選107事件)．しかし，自動車検問にも，①交通検問，②警戒検問，③緊急配備活動としての検問の三類型があるが，①過剰積載車両や外観上整備不良車両等の危険防止の必要があると認められる(道路交通法61，63，67)，あるいは③特定の犯罪発生の後の緊急配備活動としての検問の場合であれば問題は少ない．しかし，

①②の形態の下に，一般的な交通違反の「予防」や不特定の一般犯罪の「予防」を目的として無差別検問が行われるとしたら，これらは特定の処分をめざす事案調査とは異なる行政活動であり，法的根拠を欠いている点で問題がある．

これを警職法2条1項の「職務質問」の一形態として認める説もあるが，自動車検問と職務質問を同一視することは無理がある．警察法2条1項の「交通の取締」に根拠を求める見解もあるが，警察法は組織法であって作用法ではない．結局，任意調査として認める他ないが，任意調査の範疇に入れることに無理があり，道路交通法で規定をおくべきであろう．

立入調査と物理的実力行使　(a) 相手方が立入調査を拒否した場合において，物理的実力行使が認められるかどうかは問題である．以下，類型に分けて検討してみよう．

㋑明文規定で占有者の承諾を要件にしているもの　例えば都市計画法25条4項は「日出前又は日没後においては，土地の占有者の承諾があつた場合を除き，前項に規定する土地に立ち入つてはならない」と規定している．これは，相手方の立入り拒否を実力で排除できないことを意味するが，逆に日中の実力行使が認められるかについては解釈が分かれる．実力行使まで認めたものとの解釈もあり得ようが，日中は占有者の承諾なしに立ち入ることができるというだけであって実力行使までは認められないとも解し得る．実際，行政調査の規定のほとんどは，立入検査等を拒み妨げもしくは忌避した者，あるいは虚偽の陳述・記載をした者を刑事罰で間接的に強制する方法がとられている(都市計画法92・1号，土地収用法11, 35, 143)．この場合には，実力行使は認められないと解するべきであろう．相手方の抵抗を実力で排除するためには実体・手続の両面での規定が必要と解されるからである．

㋺罰則の担保がないもの　2018(平成30)年4月1日に国税犯則取締法が廃止され，国税徴収法に吸収されることになったが，「裁判官ノ許可ヲ得テ臨検，捜索又ハ差押」ができると規定していた旧国税犯則取締法2条1項は消滅してしまった．他方，国税徴収法は質問検査権や捜索の権限があるが(141～144)，罰則はない．この類型の場合，法律が罰則を付けなかったのは実力行使を認める趣旨だと解する見解と罰則がない以上，任意捜査と解すべきとの見解がある．今後の実務の動向が注目される．

（b）土地立入調査を認めたものの中にも，罰則の担保がないが，その目的が事業目的のためであって，行政目的でないものがある．例えば，鉱業法101条，電気事業法59条，公有水面埋立法14条は，他人の土地への立入調査を認めているが，罰則はない．これらは事業目的から立入りを認めたものであるから，あえて処罰するまでの必要性がないとされたものと思われる．したがって，この場合には物理的実力行使は許されない．

2　行政調査の要件と限界

行政調査の実体的要件　（a）行政調査について定めた一般的な規定はない[18]．また行政調査の態様も様々である．法律で行政調査を規定した場合でも，権限の行使は事実行為であるため行政機関の裁量によって行われる．したがって，そこではプライバシー等の人権と行政決定の適正さとの担保とが衝突することになる．とりわけ，行政調査が罰則によって担保されていたり（所得税法242，運輸安全委員会設置法18②1号～7号，32），実力行使が許されていたり（出入国管理及び難民認定法31①，32）する場合には，比例原則が適用されるものと解される．

（b）所得税の確定申告につき，過少申告の疑いをもたれたために，所轄税務署職員が自宅店舗を訪れて帳簿書類や工場内を見せて欲しいと述べたが，Xがこれを拒否したため所得税法の定める不答弁罪および検査拒否罪に当たるとして起訴された事案がある．最高裁は質問検査権を「客観的な必要性があると判断される場合」に発動し得るとした上で，「この場合の質問検査の範囲，程度，時期，場所等実定法上特段の定めのない実施の細目については，右にいう質問検査の必要があり，かつ，これと相手方の私的利益との衡量において社会

---

[18]　1983（昭和58）年に公表された行政手続法研究会（第一次）の草案では，行政調査について次のような規定を置いていた．第0301条　行政庁は，職権により，事実関係を調査するものとする．第0302条　調査の方法及び範囲については，関係者の利益を考慮し，かつ，相当な限度にとどまらなければならないものとする．第0303条　行政庁による立入検査その他の権限は，犯罪捜査のために認められたものと解してはならないものとする．他方，行政手続法は，行政調査は行政手続法の一般的規定に馴染まないとの認識から「報告又は物件の提出を命ずる処分その他その職務の遂行上必要な情報の収集を直接の目的としてされる処分及び行政指導」を適用除外とした（3①14号）．

通念上相当な限度にとどまるかぎり，権限ある税務職員の合理的な選択に委ねられているもの」と解し，比例原則の適用を認めた(最決昭和48・7・10刑集27巻7号1205頁＝荒川民商事件，行政判例百選104事件)．

(c) 調査によって知り得た関係者の秘密をみだりに他に漏らしてはならない(消防法4④)．

行政調査の手続的要件　(a) 調査の日時，場所等の事前の通知は，調査目的を阻害することにもなりかねないので当然には必要とされない．判例も，事前の通知を憲法上の要請ではなく，「質問検査を行なううえの法律上一律の要件とされているものではない」としている(最決昭和48・7・10刑集27巻7号1205頁＝荒川民商事件)．しかし，そうでない場合には事前の通知が必要であろう(例えば，土地収用法12)．

(b) 立入検査・質問検査については，通常の場合，職員の身分証明書の携帯と関係人への提示義務を定めるものが多い(土地収用法15，河川法78②，食品衛生法28②，風営法37③，消防法4②)．

行政調査と犯罪調査　(a) 調査権限は当該事案のために用いられるべきであって，他の目的のために用いることはできない．とりわけ犯罪捜査のために行政調査を利用することは許されない(河川法78③，風営法37④)．犯罪捜査は，刑事訴訟法の定める捜査手続に則って行われなければならないからである．これをファイア・ウォール(情報遮断措置)というが，行政調査で得た情報を犯則部署に報告することは許されない．調査権限は当該事案のために用いられるべきだからである．

(b) 個別の法律で犯罪捜査のために利用することはできないことを明記しているものがある(河川法78③，風営法37④，独禁法47④等にも同様の規定がある)．しかし，実際には，行政(税務)調査の結果，犯罪であることが発覚することも多い．この点につき，最高裁は「質問又は検査の権限は，犯罪の証拠資料を取得収集し，保全するためなど，犯則事件の調査あるいは捜査のための手段として行使することは許されないと解するのが相当である」としながら，「上記質問又は検査の権限の行使に当たって，取得収集される証拠資料が後に犯則事件の証拠として利用されることが想定できたとしても，そのことによって直ちに，上記質問又は検査の権限が犯則事件の調査あるいは捜査のための手段として行

使されたことにはならない」と判示した(最決平成16・1・20刑集58巻1号26頁，行政判例百選105事件)．つまり，税務調査を犯則調査の「手段として行使」していない限り，取得収集された資料を犯則調査や刑事手続に利用することは許されることになる．その場合，本決定は，質問検査権の行使により取得収集された証拠資料の刑事手続における証拠能力も肯定している．

　他方，犯則調査で収集した資料を用いて税務署長が更正処分や重加算税賦課処分をすることはできると解される．判例も「収税官吏が犯則嫌疑者に対し国税犯則取締法に基づく調査を行った場合に，課税庁が右調査により収集された資料を右の者に対する課税処分及び青色申告承認の取消処分を行うために利用することは許される」と解している(最判昭和63・3・31判時1276号39頁)．

　(c) 実質的に刑事責任の追及につながる犯罪捜査的性質を有する調査については，裁判官の許可を必要とするものがある(金融商品取引法211①，関税法121①，出入国管理及び難民認定法31①，独占禁止法102，警察官職務執行法3③，児童虐待防止法9の3①)．

　(d) 判例は，旧国税犯則法に基づく国税犯則調査手続は，国税の公平確実な賦課徴収という行政目的を実現するための行政手続の性質をもつものであり(もっとも，行政手続法の適用は3条6号で除外されている)，実質的には租税犯の捜査としての機能を営むものであるから，これによって得た資料を実質上刑事責任の追及に用いる場合には憲法38条1項の供述拒否権の保障が及ぶとしている(最判昭和59・3・27刑集38巻5号2037頁，憲法判例百選124事件)．ただし，憲法38条1項は，供述拒否権の告知を義務付けるものではなく，告知を要するとすべきかどうかは，その手続の趣旨，目的等により決められるべき立法政策の問題であるから，収税官吏が質問をするにあたり告知をしなかったとしても，憲法38条1項には違反しないとした(最判昭和47・11・22刑集26巻9号554頁)．また，道路交通法67条3項による警察官の呼気検査は，酒気を帯びて車両等を運転することの防止を目的とする調査であって「供述を得ようとするものではない」から憲法38条1項に反しないとされている(最判平成9・1・30刑集51巻1号335頁)．

　(e) 純粋な行政手続としての行政調査に，憲法35条の定める令状主義の保障が及ぶかどうかの問題がある．最高裁は旧所得税法70条10号，63条の規

定が令状なしに強制的に質問検査権を認めていたことが問題となった事件で，「憲法35条1項の規定は，本来，主として刑事責任追及の手続における強制について，それが司法権による事前の抑制の下におかれるべきことを保障した趣旨であるが，当該手続が刑事責任追及を目的とするものでないとの理由のみで，その手続における一切の強制が当然に右規定による保障の枠外にあると判断することは相当ではない」とした(最判昭和47・11・22刑集26巻9号554頁＝川崎民商事件，行政判例百選103事件)．ただ，本件の検査が，①行政目的のものであって刑事責任の追及を目的とするものでないこと，②資料の取得収集が刑事責任追及に直接結びつかないこと，③刑罰による間接強制を直接的物理的な強制と同視すべきでないこと，を理由に裁判官の令状を不要とする質問検査は憲法35条に違反しないとした．この判旨からは，調査が犯罪捜査と連動し直接的物理的な強制に及ぶ場合には令状主義が及ぶことになるが，所得税法上の検査拒否罪の罰則(1年以下の懲役又は20万円以下の罰金)は軽いとはいえないから，憲法35条の適用外とすることには疑問が残る．

さらに最高裁は，成田新法(新東京国際空港の安全確保に関する緊急措置法)3条3項に基づく立入り等は，①同条1項に基づく使用禁止命令が既に発せられている工作物につきその命令の履行を確保するために必要な限度のみ認められるものであること，②立入の必要性が高いこと，③刑事責任追及のための資料収集に直接結びつくものではないこと，④強制の程度，態様が直接的物理的なものでないこと等を総合的に判断すれば，裁判官の発する令状を要しないとしても憲法35条の法意に反しないとした(最大判平成4・7・1民集46巻5号437頁，行政判例百選116事件)．

(f) 憲法38条の供述拒否権の保障が行政調査に及ぶかについても，川崎民商事件の最高裁判決は，「純然たる刑事手続においてばかりではなく，それ以外の手続においても，実質上，刑事責任追及のための資料の取得収集に直接結びつく作用を一般的に有する手続には，ひとしく及ぶ」と解しながら，本件の検査・質問の性質はそうした作用を有しないから，判決は供述拒否権を予め告知することは必要なく憲法38条に違反しないとした(最判昭和47・11・22刑集26巻9号554頁)．たしかに所得税法上の質問検査は更正決定等の資料収集を目的とするものであるが，刑事責任追及のために利用される可能性がないとはい

えない．したがって，憲法38条の保障を及ぼさないのであれば，質問検査によって得られた資料は刑事手続における証拠とすることはできないとすべきであろう．

3 行政調査の瑕疵

(a) 法律が行政調査の目的や手続等について規定を置いている場合，それに違反して行われた行政調査は違法となる．税務調査と犯則調査とでは目的と性質を異にするから，犯罪捜査の目的で税務調査をすることはできないし，逆に更正決定のために犯則調査を行うこともできない．

行政調査の結果，行政が事実認定を誤りそれに基づいて処分をした場合は(実体的瑕疵)，処分の瑕疵となる．行政調査が処分の前提として組み込まれている場合には，調査の瑕疵は処分の瑕疵を形成するものと解される(名古屋高判昭和48・1・31行集24巻1＝2号45頁)．

(b) 事実行為としての行政調査に瑕疵がある場合，行政調査と処分は相対的に独立しているから行政調査の違法が当然に処分の違法を構成するとは言い難い．しかし，例えば，職員が身分証明書の提示を拒否したとか，相手方の抵抗を排して立入検査を強行したような場合には，刑事訴訟における違法収集証拠の法理に倣って手続的瑕疵が「違法の処分」を導くものと解すべきである(兼子・総論137頁)．行政調査の適正な行使を担保し，私人の人権を護るためにはそうした法理の確立が必要である．

税務調査について，下級審判例は，①税務調査の違法と課税処分の違法を峻別するもの(大阪地判昭和59・11・30判時1151号51頁)，②調査手続の違法性の程度がたとえば刑罰法令に触れ，あるいは社会正義に反するなど公序良俗に反する程度にまで至った場合には処分の瑕疵を構成するとして，厳しく限定するもの(東京地判昭和48・8・8行集24巻8＝9号763頁；東京高判平成3・6・6訟月38巻5号878頁)，③調査に重大な違法性がある場合には，調査によって収集した資料を処分の資料として用いることはできないとするもの(東京地判昭和61・3・31判時1190号15頁)に判断が分かれている．調査手続は事実行為であるが，デュー・プロセスの法理は行政決定過程を統制するものであるから，行政調査に②③のような瑕疵がある場合には，それに基づく行政決定も違法性を帯びると

考えるべきであろう．

第3節　即時執行

1　総　　説

意義　(a) 即時執行とは，行政機関が相手方に義務を課す行為を先行させず，私人に対して直ちに実力を行使して，行政目的を実現する制度をいう．目前急迫の障害を除去するため予め義務を命ずる暇のない場合や事柄の性質上，義務を命じたのでは目的を達成することができない場合に行われる．延焼を防ぐために風下の家屋を倒壊する破壊消防活動(消防法29)，感染性の強い病気の感染を防ぐための強制入院(感染症の予防及び感染症の患者に対する医療に関する法律19，以下，「感染症法」という)や交通遮断(感染症法33)などがこれである．

(b) 従来の学説は，「即時強制」の概念の下に臨検・検査・立入り等もこれに含めていたが，近時は行政調査を個別の概念としたため，残余の部分についてはこれを即時執行と呼ぶ見解が通説化している(塩野・行政法Ⅰ277頁)．もっとも，即時執行においても，相手方の受忍義務は前提とされているので，処分によって義務を課さず即時に執行できる点に特色がある．また即時執行は相手方が抵抗しても強制的に行うことができる．この点，罰則によって間接強制する行政調査と異なる．

(c) 即時執行は，目前急迫の障害を除くという緊急の必要性が必須の要件とならなければならない．即時執行は私人の身体・財産に対する重大な規制をかけるものであるから比例原則の適用があり，必要最小限度のものでなければならない．判例も，鉄道係員が旅客・公衆を車外等に退去させることができると定めた鉄道営業法42条1項は「鉄道事業の公共性にかんがみ，事業の安全かつ確実な運営を可能ならしめるため，……鉄道事業者に直接にこの排除の権限を付与したものである．……鉄道公安職員がピケを張っている労働組合員をごぼう抜きして強制退去させるに当たっては，……具体的事情に応じて必要最小限度の強制力を用い得る」と判示した(最大判昭和48・4・25刑集27巻3号418頁，行政判例百選99事件)[19]．

(d) 即時執行を条例によって行えるかについて，有力説は行政上の強制執行が法律の専権事項とされていること(行政代執行法1)を理由に基本的には消極に解するが，明白な危険行為や危険物を除去する措置については許されるとする(原田・要論241頁)．自治体が地域社会の秩序保持などの事務の範囲内で条約を制定するものであれば，許されると解される(放置自転車や騒音防止条例など)．

警察官職務執行法 (a) 即時執行は私人の身体および財産に対する直接的な規制であるから法律の根拠が必要である．即時執行を広く一般的に規定している法律として警察官職務執行法がある．

(b) 警察官職務執行法は，警察官が個人の生命，身体および財産の保護等を遂行するために必要な手段を定めたものであるが，精神錯乱・泥酔等，応急の救護を必要とする者に対する保護(3①)，天災等の危険な事態がある場合における避難等の措置(4)，犯罪の予防のための警告および危険行為の制止(5)，他人の土地・建物等への強制立入(6)[20]，武器の使用(7)等が，義務を課すことなく即時執行できることを定めている．これらの手段は「目的のため必要な最小の限度において用いるべき」である(1②)．

警察官は，その職務のため小型武器を所持することができる(警察法67)．武器使用(例えば拳銃の発砲)については，必要性の要件(「犯人の逮捕若しくは逃走の防止，自己若しくは他人に対する防護又は公務執行に対する抵抗の抑止のため必要であると認める相当の理由のある」こと)と比例原則の要件(「その事態に応じ合理的に必要と判断される限度」内であること)の二つが備わる場合に許される(7)．平たくいえば，拳銃の使用は，相手方が警察官に対して積極的に暴行を加えて来るとか，あるいは一般市民に対して危害が及ぶ恐れがあるなどの場合でなければ，許されないといえよう．必要性の要件と比例原則の要件は，現場の警察官が行う他ないが，これが認められるためには共に客観性がなければならないであろう．

---

19) 本件は，旧国鉄の労働争議に際して鉄道営業法42条1項に基づき，鉄道公安職員が組合員をごぼう抜きの退去強制(即時執行)した事件である．田中二郎裁判官等は「排除対象行為は比較的軽微な秩序違反であり，鉄道施設外への退去の緊急性・重大性もきわめて程度の低いものであり，同条項が即時執行を規定したと見ることはできない」と説得力のある反対意見を述べた．

20) 本書では，既述のように，立入については行政調査の箇所で論じた．

職務質問中に逃走した者を追跡したが，反抗したために拳銃を発砲し，左大腿部の銃創による失血のため死亡した事案において，判例は，逃走者は被告人（警察官）の接近を阻もうとしたに過ぎないと認定した上で，「その罪質，抵抗の態様に照らすと，被告人としては，逮捕行為を一時中断し，相勤の警察官の到来を待ってその協力を得て逮捕行為に出るなど他の手段を採ることも十分可能」であったとして，比例原則の要件を満たしていないとして発砲を違法とした(最決平成 11・2・17 刑集 53 巻 2 号 64 頁，行政判例百選 100 事件)．

即時執行の態様　(a) 個別法で定めた即時執行にも様々なものがあるが，以下では身体と財産に分けて整理してみよう．身体に対する即時執行としては，外国人の身柄の収容・強制送還を定めた出入国管理及び難民認定法がある．旅券を所持せず，あるいは上陸許可を受けずに本邦に入国・上陸した外国人(不法入国者)は，一定の手続の下で「収容」され「退去強制」させることになっている(39，51 以下)．また，精神保健及び精神障害者福祉に関する法律によれば，警察官は，異常な行動その他周囲の事情から判断して精神障害のため自身を傷つけ又は他人に害を及ぼすおそれがあると認める者を発見したときは，保健所長を経て都道府県知事に通報の義務がある(23)．通報を受けた知事は指定医に診察させ，一定の要件の下にその者を入院させる(29①)．ここでは「診察」を受けさせることも，「入院」させることも即時執行に当たる．同様に，感染症法 19 条 1 項・3 項，20 条 2 項や，麻薬取締法 58 条の 8 にも，即時執行に当たる強制「入院」の規定が置かれている．

(b) 財産に対する即時執行には，破壊消防活動(消防法 29②③)，物の廃棄(感染症法 29②)，不衛生食品等の廃棄(食品衛生法 54)，無償収去(火薬類取締法 43①)，狂犬の処分(狂犬病予防法 9①但し書)，未成年者の所持する酒・タバコの没収(未成年者喫煙禁止法 2，未成年者飲酒禁止法 2)[21]，携帯品の留置(関税法 86)，銃刀類の仮領置(銃砲刀剣類所持等取締法 25)，違法駐車のレッカー移動(道交法 51③⑤⑥)，海上保安官の武器使用(海上保安庁法 20①)，自衛官の武器使用(自衛隊法 89①②，92②③，93①，94①，96③)などがある．

---

21) これは刑罰ではなく，行政上措置としての没収である．

2 即時執行の問題点

令状主義との関係 （a）行政上の即時執行は，義務の賦課を前提としない実力強制の手続であるから，個人の権利自由の保障のため憲法33条，35条の令状主義による保障の必要性が大きい．他方，即時執行は多くの場合，目前急迫の障害を除くため，あるいは義務を命ずることによっては目的を達しがたい場合に行われるので，令状を求めることが事実上不可能な場合が多い．

（b）通説によれば，即時執行は行政手続であるから憲法31条以下の規定は直接的に適用されない．たしかに，狂犬病発生時の措置（狂犬病予防法14，18の2），消防法上の破壊消防活動（消防法29）などの場合は，措置の必要性と被侵害利益の関係，事案の緊急性，大量性などを考慮すると令状制度になじまない面があることは否めない．しかし即時執行が公権力の行使であり，かつかなり多くの規定が置かれている現状に照らすと，類型によって令状主義を採用したり，あるいは事前手続を整備したりする必要性があるものもあると思われる．例えば精神病院への強制入院などは，裁判官の関与が考案されてもよいのではなかろうか．

有形力の行使の可否 即時執行の行使に当たり，公務員は有形力を行使して抵抗を排除することができるか．即時執行には抵抗はつきものであるから，具体的状況に応じて必要最小限度の実力行使は許されると解される．しかし，濫用にわたってならないことは勿論であって，警察比例の原則や条理上の制限がある．判例も抽象論ながら，このことを認めている（最大判昭和48・4・25刑集27巻3号418頁）．

即時執行と救済 （a）即時執行が法律に基づいて行われるといっても，それが違法に行われ私人に損害を与えた場合には国家賠償法が適用になることはいうまでもない．損失補償の規定がある場合（消防法29③）はそれによることができる．

（b）行政機関による人の収容や物の留置など，権力的かつ継続的性質の事実行為の場合には，行政不服審査法2条の「処分」に当たるので，審査請求ができる（行政不服審査法2）．また事実行為に対する取消訴訟が認められるものと解される[22]．この場合には出訴期間の規定は適用されない．また，原状回復訴

訟や即時執行を受ける義務不存在確認の訴え(行訴法4),差止訴訟(行訴法3⑦)も認められると解される(塩野・行政法 I 281 頁).

---

22) 即時執行は事実行為であるから,行政事件訴訟法3条の「処分」とはいえない.そのため,かつてはこれを処分に含める解釈上の工夫が主張された.一つは,即時執行の根拠法規は行政権に対する実力行使の授権と国民に対する実力行使を受忍する義務の二つに分析し得るとし,行政庁によってとられる措置は事実行為であって意思表示は含まれていないが,事実行為の取消判決はその違法宣言判決としての意味があると解し,形成的効果は生まれないが,判決の拘束力により行政庁は判決の趣旨に従って行動することを要するとする説(今村成和「事実行為の取消訴訟」北大法学論集 16 巻 2=3 号 3 頁)である.いま一つは,この事実行為には黙示的に表示された受忍下命が含まれていると解し,取消判決によって,事実行為の中に含まれている受忍下命の効果が消滅せしめられ,判決の拘束力(行訴法33)により,行政庁は受忍義務のない相手方に対して事実上受忍を強いる状態を継続することができなくなるとする説(田中・上 309 頁)である.このような分析も無意味ではないが,本文で述べたように,今日では端的に処分性の概念の中に入れて解すればよいと思われる(塩野・行政法 I 281 頁).なお,取消訴訟の対象となるのは物の領置や精神保健法による強制入院のように継続的なものでなければならず,その場合出訴期間は継続するものと解される.

第8章

行政上の強制

第1節　行政上の強制の基本構造

1　行政上の強制執行

意義と特質　(a) 民事上の法律関係では自力救済は禁止されているので，義務者が義務を履行しない場合には，私人は民事訴訟を提起し「債務名義」(民事執行法22＝執行力を有する判決やそれと同視される文書)を得て，申立てにより裁判所または執行官が権利の強制的実現を図る．これに対して，行政上の法律関係においては，私人は行政処分または直接法令によって義務を負うが，私人が義務を自ら履行しない場合には，行政主体に自力救済が認められる．これを「行政上の強制執行」(あるいは「行政的執行」)という．いわば「裁判省略の特権」が与えられているのである．例えば，租税債務者が課税・督促の行政処分を受けてなお税金を滞納する場合，行政庁は自ら出訴することなく，国税徴収法に基づいて差押えや公売の強制執行をすることができる．

(b) 民事上の強制執行が他力執行であるのに対して，行政上の強制執行は自力執行であることを特色とする．行政上の強制執行の概念は，元来ドイツ法の影響を受けたものである．ドイツの古い法制では，国家機関の決定(判決・命令)を執行するための単一の制度であったが，後に行政上の強制執行として独立した．他方，アメリカでは，私人の権利義務の決定およびその履行については裁判所の任務とされているから，行政上の義務についても司法的執行(judicial enforcement)を原則とし，行政が自ら執行するのは例外とする制度が採用

されている[1]．

(c) 行政については，何故に自力執行(裁判省略の特権)が認められているのか．通説は，①執行のあり方そのものの中で行政的判断を必要とすること，②裁判所に委ねていたのでは時間がかかること，③国家の権限は法律によって社会秩序を保つために与えられたものであって，実力行使も社会秩序の維持という正当化根拠を持つことを理由として挙げている(塩野・行政法Ⅰ250頁)．これらの理由は，行政の迅速性，能率性を重視するものであるが，いずれも立憲君主制的行政観の残滓があるというべきである．迅速性や能率性の要請は私権についてもいえることであって，行政に特有のものではない．裁判省略の特権は，立法政策的には再考の余地がある．

(d) 行政強制をどのように分類するかについては，色々な考え方がある[2]．本書では，一方で現行システムの問題性(立憲君主制型行政法理論の残滓)を浮き彫りにするとともに，他方で人権の角度から政策の実現の手法を検討する必要上，「強制」の要素に着目した分類をとることにする．

明治憲法下の行政強制　(a) 明治憲法下においては，国の行政作用について行政上の強制執行制度がほぼ完全な形で整備されていた．まず，国税の強制徴収については，国税徴収法(明治30年法律21号)に強制徴収手続が規定されており，その他の公法上の金銭債権の徴収についても，個別の法律によってこれが準用された．

(b) 金銭債権以外の行政上の義務については，警察および他の執行機関の行政執行の一般的根拠法として行政執行法(明治33年法律84号)が代執行，執行罰，直接強制の三種類の手続を一般的制度として規定していた(5)．そのため行政処分には自力執行力が内在しているとされた．また，行政執行法は，同時に検束・仮領置(1)，家宅の侵入(2)，強制診断・居住制限(3)，土地物件の使用，

---

1) アメリカには，裁判所侮辱(contempt of court)の制度があり，裁判所の命令を担保する民事的裁判所侮辱(civil contempt)と刑事的裁判所侮辱(criminal contempt)がある．制裁手段としては拘禁と制裁金がある．

2) 「行政強制」の語を用いるのが古典的な整理の仕方であったが，今日では行政上の義務履行確保の視点から制度として捉える立場(塩野・行政法Ⅰ243頁以下)や義務の実効性確保の視点から体系化する立場(小早川・上235頁)等が有力化している．本書では説明の便宜上，行政活動の中で強制的性質を有するものを一括してここで扱うことにした．

処分または使用制限(4)などの即時執行の規定を置いており，行政権の自律性と強大化を支える装置ともなっていた．他方，行政上の義務については民事上の強制執行手続は用いることができないと解されていた．

　行政執行法は，行政強制および即時強制の一般法であって，強力な行政国家的執行体制の手段として機能した．そのため国民の権利自由を侵害することが多く，日本国憲法の想定する国家および人権思想と相容れないので，昭和23年に廃止された．

　日本国憲法下の行政的執行　(a) 新憲法の制定によって法の支配を基本原理とする司法国家体制が採用されたにもかかわらず，行政上の義務については，アメリカ法的な司法的執行制度がそのまま導入されなかった[3]．その結果，行政法上の義務を民事執行で行なえるかにつき，解釈の相違が生まれることになった．憲法論レベルでの司法国家体制の採用は，行政上の義務の司法的強制を必然化するものではないが，一方で行政の自力執行の制度を温存しながら，他方で裁判所に依存する刑事罰を多用するというちぐはぐな現行制度には，一貫したポリシーが感じられない．立憲君主制的な行政法理論を払拭する意味でも，原則として司法国家体制の原理に忠実な制度設計のあり方が望ましいように思う[4]．

　もっとも，司法国家体制が行政法学にまったく影響を与えなかったかというと必ずしもそうではなく，①下命権と強制権とを二元的に捉えるようになったこと[5]，②行政上の義務違反に対して刑事罰が多用されるようになったこと，③行政上の義務を民事裁判で強制し得る可能性が出てきたことには，憲法体制の変化が反映しているものといってよい．

---

　3)　この点について，明治憲法下の行政執行制度が縮小された形で残存しているとされている(塩野・行政法Ⅰ245頁)．しかし，旧制度が憲法論のレベルで残存している訳ではない．
　4)　現行制度の理解としても，解釈上，民事上の強制執行の可能性を開いておく必要がある．
　5)　かつての通説は，下命権と強制権とを一元的に考え行政上の下命権は強制権を本質的属性として随伴すると考えた．この立場では，行政上の強制執行は既存の行政法上の義務をそのまま実現するものであるから，下命権の授権さえあれば強制執行でき，新たな制限，負担を課すものである場合に限り別個の法的根拠が必要だということになる．しかし，今日では下命によって義務付けることと，その内容を実現することとは別の性質をもつと考えるのが通説である．したがって，強制執行には常に別個の授権法が必要である．

(b) 現行の実定法にも，行政上の義務について，民事執行ないし司法的執行の仕組みを導入したものがある．行政権の独自の判断に委ねるのではなく，裁判所の判断を介在させることによってより公正な行政上の義務の実現が可能となる．公正取引委員会の申立てにより，裁判所が私的独占・不当な取引制限等の「規定に違反する疑いのある行為をしている者に対し」発する緊急命令はその一例である(独禁法70の4)．他にも同様の規定がある(金融商品取引法192①，労組法27の20)．また，地方自治法(245の8①～⑪)は，普通地方公共団体の長による法定受託事務の管理または執行の関与としての「代執行」について，「各大臣は，……高等裁判所に対し，訴えをもつて，当該事項を行うべきことを命ずる旨の裁判を請求する」ことができ，都道府県知事がこの裁判に従わない場合は，各大臣は当該事項につき代執行を行うことができると定めている(なお，同245の8⑫により，市町村の法定受託事務の管理執行については，都道府県知事が「関与者」となる)．この訴訟は機関訴訟であるが，英米法流の司法的執行システムを導入したものである(阿部・解釈学Ⅰ596頁参照)．

(c) 行政上の義務の履行は，本来，どのような方法で確保されるべきであろうか．近代国家における法律関係の根本(意思自治原則)に遡って考えてみると，当事者が任意に義務を履行しないとき，その実効性を担保するのは裁判所である．かつては，行政上の法律関係においては，行政処分が公権力の行使の結果だという理由で，行政に自力執行力が内在していると考えられたが，公権力がア・プリオリに優越性を持つという議論は日本国憲法の下では成り立たない．行政権による自力執行は，法律が認めた限りの例外でしかない．したがって，特別の規定のない限り，行政上の義務の履行は原則として，司法裁判所に訴えてその実現を図るべきである(司法的強制)．

民事強制以外に，行政上の義務履行を強制するための制度としては，①行政罰，②行政上の強制執行制度(強制徴収，代執行，直接強制，執行罰)，③サービス拒否・公表制度等の新たな制度が存在することになる．

2 民事執行と行政的執行

問題の所在　戦後，行政執行法に代わる一般法として新たに行政代執行法が制定されたが，この法律は代替的作為義務の強制執行を規定したものにすぎな

い．その他の義務については個別に立法されない限り行政上の強制執行はできないことになった．そのため，個別の法律で義務の履行方法を規定していない場合，この義務の履行を確保することはできなくなる可能性がでてきた．そこで，個別の法律で行政上の強制執行が定められていない義務(非代替的作為義務や不作為義務)について，民事執行(民事上の強制執行)の手段をとることができるかが問題となる．

法律に強制手続の定めがない場合 (a) まず，金銭的執行については，水道料金や公営住宅の使用料のように，国税徴収法の準用規定がない場合，一般原則通りに，民事訴訟法および民事執行法を用いることが許される[6]．

(b) 次に，非金銭的執行について，行政上の義務の履行確保の手続が法定されていない場合(河川法75，道路法71，大気汚染防止法14，18の11)に，民事上の強制執行を選択することができるか．実務的には，民事上の義務と行政上の義務とは性質が異なること，行政上の権限は本来行政自身が自律的に行使すべきことを理由に，当該義務が行政代執行法の要件に該当しない場合には強制的に義務の履行をさせることはできないとする考え方が強いようである[7]．以下，裁判例を検討しておこう．

(i)河川区域内において無許可で土砂の採取を行った者に対して，河川管理者が原状回復命令を発したが，これに従わなかったので民事訴訟を提起したケースにおいて，裁判例は，「本訴は河川法75条による原状回復命令の履行を求める訴えであるが，同法には何ら強制執行の規定がない以上，非常の場合の救済手段である行政代執行法による代執行によらないで，裁判所にこれが履行を求める訴えを提起することも許されるものと解される」と判示した(岐阜地判昭

---

6) 地方自治総合研究所監修・古川卓萬＝沢井勝編『逐条研究地方自治法 IV』(敬文堂・2000年)136頁．

7) 漁港管理者である町が漁港(河川)における船舶の航行の安全と住民の危難を防止するために係留用に不法に設置された鉄杭を根拠法なしに撤去したのは違法な公金の支出に当たるとして住民訴訟(旧4号訴訟)を提起された事件で，最高裁は撤去のための公金の支出は緊急避難に当たり違法性はないとして町の実力行使を是認した(最判平成3・3・8民集45巻3号164頁，行政判例百選101事件)．緊急避難性を安易に認めた点に問題がある．行政権は法の定める強制執行の範囲を超えてむやみに拡大してよいものではない．原田尚彦「行政権による緊急避難」法学教室135号40頁参照．

和44・11・27判時600号100頁）．非常の場合は行政代執行法に拠るべきであるが，通常の場合は民事執行法に拠るのが原則であるとの考え方を前提にしているものと思われる．また，市庁舎の一室の使用許可取消行政処分があったにもかかわらず，相手方が明け渡さない場合，明渡し義務は行政代執行の対象にならないので，市は当事者訴訟あるいは庁舎所有権に基づく民訴法上の強制的実現方法（明渡しまたは仮処分）によるべきだとした裁判例もある（大阪高決昭和40・10・5行集16巻10号1756頁）．

　(ii) 市の条例に違反する建築物に対して，市が建築続行禁止の仮処分を申請した事案で，大阪高裁は，本件条例には，建築中止命令に従わない場合に，これを強制的に履行させる規定がなく，性質上，行政代執行上の代執行によって強制的に履行させることもできない．このような場合，市は裁判所に履行を求める訴えを提起することができると判示した（大阪高決昭和60・11・25判時1189号39頁）．

　このように，従前の下級審裁判例では，行政的執行が法定されていない場合に，民事訴訟，民事執行法による司法的救済を認める例が多かった．思うに，司法国家においては権利の強制実現についての権限は，原則として裁判所が有すると解すべきであり，また民事執行は当事者の対等性を基礎とするものであるから，相手方に不利益を与えるおそれもない．したがって法律に特に規定のない限り，原則に戻って民事執行を選択できると解すべきである[8]．

　(c) ところが，最高裁は，行政上の義務の民事執行の道を切断する判断を示した．条例でパチンコ店等の建物を建築するには市長の同意が必要であるが，建物の位置が市街化調整区域内であるときは同意しないとされていた．Xが同意なしに建築工事に着手したので，条例に基づいて市長は建築中止命令を発したが，Xは工事を続行したので，市が続行禁止を求める仮処分を申し立て，認容決定（神戸地伊丹支決平成6・6・9判例自治128号68頁）を得た上で，建築工事の続行禁止を求める民事訴訟（「行ツ」とあるので当事者訴訟）を提起した．最高裁

---

[8] 塩野・行政法 I 246頁，中野貞一郎『民事執行法〔増補新訂第5版〕』（青林書院・2006年）117頁．なお，この場合，民事執行法172条1項の「債務の履行」の文言には行政上の義務を含むと解されるから，金銭支払命令ができることになろう．

は国または自治体が「専ら行政権の主体として国民に対して行政上の義務の履行を求める訴訟は，法規の適用の適正ないし一般公益の保護を目的とするものであって，自己の権利利益の保護救済を目的とするもの」ではないから，裁判所法3条にいう「法律上の争訟」に当たらないと判示した(最判平成14・7・9民集56巻6号1134頁＝宝塚パチンコ店建築規制条例事件，行政判例百選109事件).

(d) しかし，「法律上の争訟」の観念を「財産権の主体として自己の財産上の権利利益の保護救済を求める」場合に限定して解釈することには疑問がある．最高裁によれば，「法律上の争訟」とは，①当事者間の具体的な法律関係ないし権利義務関係の存否に関する争いであること，②法律の適用により終局的に解決できるものであることの二要件が必要であると解されてきた(最判昭和56・4・7民集35巻3号443頁，憲法判例百選190事件)．平成14年判決は，①の要件を「財産権の主体」としての法律関係ないし権利義務関係の存否に限定し，「行政上の義務の履行確保」のための訴訟は公益保護を目的とするので，①を満たさないとする．しかし，行政処分によって行政主体と私人との間には，具体的な法律関係が生ずるのであって，これを否定するのであれば，取消訴訟制度は法律関係でないというおよそ考えられない理論を採用することになる[9]．司法国家の原点に返るべきであろう．

法律に強制執行手段が規定されている場合 (a) 個別の法律が，金銭支払義務について行政上の強制徴収を認めている場合がある．農業災害補償法は，農業共済組合 Y_2 の有する債権については強制徴収を認めていたが，県単位の農業共済組合連合会 Y_1 の有する債権については強制徴収の権限は認められていない．事案は，Y_1 が，その組合員である Y_2 に対して有する債権(農業共済保険料・賦課金)を確保するために，Y_2 の組合員である A に対して有する債権(共済掛金等)を保全すべく Y_2 に代位して民事訴訟を提起したものであるが，判例は「法が一般私法上の債権にみられない特別の取扱いを認めているのは，……農業共済組合が強制加入制のもとに，……租税に準ずる簡易迅速な行政上の強制徴収の手段によらしめることが，もっとも適切かつ妥当であるとしたからにほ

---

[9] 大浜啓吉「自治体訴訟の基礎」『自治体訴訟』(早稲田大学出版部・2013年)9頁以下，塩野・行政法 I 247頁.

かならない」と述べ，したがって「法律上特にかような独自の強制徴収の手段を与えられながら，この手段によることなく，一般私法上の債権と同様，訴えを提起し，民訴法上の強制執行の手段によつてこれらの債権の実現を図ることは，前示立法の趣旨に反し，……許されない」と判示した(最大判昭和41・2・23民集20巻2号320頁，行政判例百選108事件)．通説も，法律が行政強制というバイパスを設けているのは，その行政分野が行政の迅速性，効率性，経済性を必要としているのであるから民事執行手続を選択することはできないとする(塩野・行政法Ⅰ248頁)．これをバイパス理論という．

本件においては，強制徴収権を認められている債権は譲渡・差押えの対象とならず，したがって債権者代位権の対象とならないものであるから，民事上の強制執行は出来ないものであったと解される．

(b) 一般論としても，法律で行政強制のバイパスを設けたということは，それほど強力な理由とはいえない．行政上の強制執行を規定した法律の中には日本国憲法制定前に制定されたものもあるのであるから，たとえ立法意思が行政の自力強制を当然の前提としたとしても，司法国家体制をとる今日それを尊重しなければならない理由はない．また時効の中断など司法判決を必要とする特段の理由がある場合において，ただ法律があるということでこれを排除する積極的な理由も見出し難い．司法国家体制の下では，権利の強行的実現ないし強制徴収の権限は原則として司法権にあると考えるべきであって，行政の自力執行は例外だと考えるべきである．したがって，自力執行よりも司法的執行の方が権利の実現にとって望ましいと思われる場合には，民事執行手続を選択することも可能だと解する．

(c) このことは，個別の法律が行政上の義務の履行確保について明記している場合(建築基準法9⑫，土地収用法102の2②，砂防法36，農業災害補償法87の2③⑧)においても同様であって，民事訴訟・民事執行の手段をとることができると解される[10]．河川管理者は，河川法75条1項に基づく原状回復義務等については，行政代執行法によって目的を実現することもできるし，断行の仮処分

---

10) 同旨，兼子・総論206頁，原田・要論231頁．なお，阿部泰隆『行政法の解釈』(信山社・1990年)313頁．

を申請することもできると思われるが，裁判例には，行政代執行法によらず，原状回復義務の履行請求権を被保全債権とする仮処分の申請を，債務者に対して特に不利益を与えるものとはいえないとして適法としたものがある(富山地決平成2・6・5訟月37巻1号1頁).

第2節　直接的な強制執行システム

1　行政上の強制徴収

国の金銭債権　(a)　行政主体が私人に対して金銭上の債権を有し，それが民事的性質を有する場合(国有地の賃借料，授業料，水道料金)には，民事訴訟法および民事執行法によって強制執行が行われる(国の債権の管理等に関する法律〔昭和31年法律114号〕15・3号，地方自治法施行令171の2・3号).

(b)　他方，それが行政作用としての性質を有する場合には，行政上の金銭債権の徴収を定めた一般法はない．国税債権については，国税徴収法(昭和34年法律147号)が制定され，滞納処分手続によって租税債権の強制的実現が図られる．国税以外の行政上の金銭債権については個別の法律で強制徴収の方法として，「国税滞納処分の例による」との明文の規定が置かれるのが通例である．国税徴収法は実質的には行政上の金銭債権の一般法として機能しているといってよい[11]．行政上の強制徴収の根拠は法律で定める必要があり，条例で規定することはできないと解されている．

(c)　国税滞納処分は，①滞納者に対する納税の督促(国税通則法37，40)，②財産の差押(国税徴収法47以下)，③公売処分(同法94以下)，④換価代金の配当(同法128以下)の四段階の手続で行われる．国税はすべての公課その他の債権に対する一般的優先権が認められている(同法8)が，他方，地方税や私債権との調整の規定が置かれ，一般的優先権に制限が加えられている(同法12，15，23，

---

[11]　国税徴収法を準用している法律には，関税法11条，行政代執行法6条1項，都市計画法75条5項，道路法73条3項，河川法74条3項，国民年金法95条，補助金適正化法21条1項等がある．

26).

地方公共団体の金銭債権 地方税については，地方税法が税ごとに国税徴収法の滞納処分の例によることを規定している(48①，72の68⑥，331⑥)．地方税以外の自治体の金銭債権については，地方自治法が，地方公共団体の分担金(224)，加入金(226)，過料または「法律で定める使用料その他の普通地方公共団体の歳入」について強制徴収できると定めている(231の3③)．「法律で定める使用料その他……の歳入」には，入港料，下水道使用料等がある(同法附則6)．

2 直接強制

(a) 直接強制とは，私人が行政上の義務を履行しない場合に，直接に義務者の身体または財産に実力を加え，義務の履行があったのと同一の状態を実現する作用をいう．義務の不履行を前提とする点で，即時執行と区別される．義務の内容は，作為(代替的・非代替的)，不作為のいずれであってもよい[12]．

(b) 旧行政執行法では，代執行および執行罰によっては強制することができない場合または急迫の事情がある場合にのみ直接強制をなし得る(5③)と限定要件を付した上で，直接強制を一般的強制執行手段として認めていた[13]．しかし，濫用され人権侵害にわたったという歴史的経験と人権保障を旨とする日本国憲法の精神にそぐわない手段であるということから，現行法上，一般的制度としては存在していない．全て個別の法律で規定した場合に認められるにすぎない．条例を根拠に直接強制を設けることはできない(行政代執行法1)．

(c) 現行法で直接強制を規定している法律には，成田国際空港の安全確保に関する緊急措置法(成田新法)3条1項，6項，8項，9項，10項の定める，暴力

---

12) 直接強制は，現行法上認められているかどうかを別とすれば，理論的には，作為，不作為，受忍のいずれの義務についても考えられる．代替的作為義務についても，代執行の範囲を超えて直接強制に及ぶことは考えられる．例えば，建物の除却を代執行で行う際に，それに抵抗して居すわっている住人を強制的に連れだすこと(付随的権限行使)を法律で認める場合が想定されよう．

13) したがって，営業禁止命令(不作為義務)に違反した場合には，実力でこれを閉鎖する措置をとることができたし，予防接種を受けよとの命令(非代替的作為義務)に従わない者に対する強制的接種を行うことも可能であった．現行法では刑罰で担保する場合が多い．

主義的破壊活動に供されていると認められる建物の使用禁止命令(3①)に違反する工作物の封鎖，除去，強制退去，学校施設の確保に関する政令 21 条 1 項による学校施設の目的外使用禁止・返還命令などがある[14]．

出入国管理及び難民認定法に基づく収容や退去強制(39, 52)が直接強制に当たるのか，あるいは即時執行に当たるのかについては争いがあるが，事前に退去義務を課している訳ではないので即時執行と考えるべきであろう[15]．

(d) 直接強制については，事実行為に先行する命令に対して取消訴訟を提起することができる(塩野・行政法 I 261 頁)．

3 行政代執行

意義 (a) 代執行は，行政上の代替的作為義務の不履行に対して，行政庁が自ら義務者のなすべき作為をし，または第三者に行わせしめ，これに要した費用を義務者から徴収する作用である．行政代執行法 1 条は「行政上の義務の履行確保に関しては，別に法律で定めるものを除いては，この法律の定めるところによる」と定めている．この規定は，代執行法が一般法であり，強制執行の原則的手段であることを示している．ここにいう「法律」に条例は含まれない．したがって，条例によって行政上の強制執行(強制徴収，代執行，直接強制，執行罰)を創設することはできないものと解される．もっとも，立法論としては条例を根拠に直接強制，執行罰を認めるべきであろう(宇賀・概説 I 225 頁)．

(b) 1 条の「別に法律で定めるもの」とは，建築基準法(9⑫)，土地収用法(102 の 2②)，土地区画整理法(77①)等を意味する．代執行を行う権限を有する

---

[14] 旧性病予防法 11 条は「医師の健康診断を受くべきことを命じ，又は当該吏員に健康診断をさせることができる」と定めていた．後段について，直接強制と解するためには，医師の受診命令に対する義務の不履行があるという構成をとることになる．前段を単なる命令制度と理解し，後段はこれを受けないと解すると後段は即時執行ということになる．この法律は平成 11 年に廃止され，新たに「感染症の予防及び感染症の患者に対する医療に関する法律」が制定されたが，その 17 条 2 項は「健康診断を行わせることができる」と定めており，法的性格は即時執行である．

[15] 塩野・行政法 I 280 頁．退去強制のための収容は，退去強制令書を示して行うが，これは当該外国人に対して「本邦外に退去を強制する」と表示する文書であり，強制送還という即時執行を行うべき旨を表示するのであって，相手方に自発的に履行さるべき退去義務を課すものではない．

行政庁が,「当該行政庁」(行政代執行法2)である.権限を有する国の行政機関および地方公共団体の長,委員会等である.

実体的要件 (a) 代執行の実体的要件は,(1)代替的作為義務の不履行,(2)他の手段によって利己を確保することが困難であること,(3)不履行を放置することが著しく公益に反すること,である.

(b) 代替的作為義務の不履行があること(要件(1)) 第一に,代執行の対象となる代替的作為義務には,次の二種類がある(行政代執行法2).①法律(法律の委任に基づく命令,規則および条例を含む)により直接命ぜられた行為,または,②法律に基づき,行政庁によって命ぜられた行為(処分)である.

①の例としては,火薬類取締法22条(製造業者・販売業者が営業を廃止した後,火薬類の残量があるとき遅滞なく火薬類を譲渡するか,廃棄しなければならない義務)がある.問題はカッコ書であるが,「法律の委任に基づく」の文言は,命令,規則,条例のすべてに係る.「法律」には地方自治法も含まれると解する.その結果,地方自治法14条1項に基づく自主条例による代執行もできることになる[16].

②の例としては,建築基準法9条1項(除却命令),河川法31条2項(原状回復命令),同法75条1項(工作物の改築・除却命令),道路法71条1項(工作物の改築・移転・除却命令),宅地造成等規制法17条(改善命令),農地法49条1項(除去命令)などがある.行政処分によって義務付けるためには,処分が有効である必要があり,無効の場合には代執行を行えない.所有権等の権原に基づく請求や契約に基づく請求は,①②のいずれにも当たらないので代執行の対象とはならない.

第二に,不作為義務(立入禁止,営業停止),受忍義務(立入検査,受診),非代替的作為義務(出頭,入院,立ち退き)は代執行の対象とならない.したがって,例えば,風俗営業の経営者に営業停止命令を出した場合でも,営業停止は不作為義務であるから行政代執行はできない.また市長が職員組合に対して市庁舎の

---

16) これに対して,「法律の委任に基づく」の文言は,条例にはかからないとする説もある(原田・要論228頁).個別法律の委任条例に基づく義務だけしか代執行の対象になり得ないとすれば,自治権に基づく条例違反については代執行ができず不都合だからという.条例の定める義務を認める点で結論は変わらない.

使用許可を撤回した事件で，庁舎の明渡しや立ち退きも非代替的作為義務であるから代執行することはできないが，部屋に存置されていた物件の搬出も，代執行の対象とならない(大阪高決昭和 40・10・5 行集 16 巻 10 号 1756 頁)．搬出義務それ自体は代替的作為義務であるが，あくまでも明渡しの前提ないし付随する義務であるから独立した義務とはいえないからである．他方，同じ不作為義務の違反でも，例えば，X が河川敷地を不法占拠して工作物を設置した場合，直接強制の規定がない以上，行政庁はこれを直ちに除去することはできないが，まず工作物の除去命令を出し，不作為義務を代替的作為義務に転換すれば代執行が可能になる．

(c) 他の手段によって利己を確保することが困難であること(要件(2)) 補充性の要件であるが，「他の手段」とは特別の要件が付加されたのではなくて，代執行前に行政指導や話し合いをするというような比例原則の一適用を確認している規定である．行政罰は間接的な効果しかないので「他の手段」には含まれない．

(d) 不履行を放置することが著しく公益に反すること(要件(3)) 公益要件である．義務の不履行があれば即代執行の要件を満たすのではなく，公益違反が著しい場合に初めて代執行ができる．いずれにせよ，実体的要件(1)(2)は，裁量判断における法目的違反や比例原則違反によってその限界を画そうという趣旨と解される．

都知事が隣家の建築基準法違反の増築に対して代執行等の行為をとらなかったために自分の家の日照・通風が害されたとして損害賠償を請求したケースで，代執行の発動は行政庁の自由裁量に属するとした裁判例がある(東京高判昭和 42・10・26 高民集 20 巻 5 号 458 頁＝世田谷区砧町日照妨害事件)．他方，造成宅地の擁壁崩壊の事故のケースで，県知事が改善命令や代執行の権限を行使しなかったことの違法性を認めたものもある(大阪地判昭和 49・4・19 判時 740 号 3 頁)．

(e) 土地収用法 102 条の 2 第 2 項については問題がある．102 条は「明渡裁決があつたときは，当該土地又は当該土地にある物件を占有している者は，明渡裁決において定められた明渡しの期限までに，起業者に土地若しくは物件を引き渡し，又は物件を移転しなければならない」と規定し，102 条の 2 第 2 項は「その義務を履行しないとき」は行政代執行法の定めるところに従い代執

をすることができる旨定めている．条文にある二つの義務のうち「物件移転」の義務は代替的作為義務に当たるが，「引き渡し」義務は性質上いわゆる「与える債務」に属し代替的作為義務とはいえない．このような場合，果たして代執行が許されるのか．

飛行場建設のため土地収用が行われたが，土地所有者 X が明渡裁決で定められた明渡しの時期がきても起業者 Y_1 に引き渡さず，団結小屋に立て籠もって抵抗する姿勢を示したような場合を想定してみよう．有力説によれば，土地の明渡し義務は代替的作為義務ではないので代執行できないが，団結小屋のような収用対象外の物件は，土地の引渡しの障害となっているから代執行によって移転することができ，法 102 条の 2 第 2 項前段の代執行はまさにその意味であるという[17]．裁判例も，ほぼ同様の解釈をとっている[18]．しかし，団結小屋を含む存置物件の搬出によって占有が解かれれば，何故に土地の現実の支配が X から起業者 Y_1 あるいは県知事 Y_2 に移転するといえるのか理解に苦しむ[19]．理論的にはおそらく占有の放棄があったと構成するか，あるいは任意の占有の移転があったと構成するしかないが，それを代執行と呼ぶことには違和感を禁

---

17) 広岡隆『行政代執行法〔新版〕』(有斐閣・1981 年) 60 頁．起業者が土地所有権を原始取得していることを理由に引渡しを不要とする説もある(収用代執行研究会『土地収用の代執行』プログレス・2008 年，39 頁〔平松弘光〕)．しかし，所有権の原始取得は「占有の移転」(引渡し)を意味しない．占有者の「自己のためにする意思」が移転することにはならないからである．実務では，引渡し義務の代執行を断念して物件移転の代執行だけで問題を処理しているので，法律構成を別にすれば，実質的にはこれらの説とほとんど変わらないといえよう(雄川一郎ほか『行政強制』ジュリスト増刊 50 頁参照)．

18) 福岡地判平成 5・12・14 判例自治 143 号 72 頁は，土地収用法 102 条の 2 第 2 項は，引渡義務者が実力で引き渡しを拒否したときに身体に対する直接強制をすることまで授権したものではなく，存置物件を搬出することにより占有を解き，引き渡しの対象である土地物件の現実の支配を起業者に取得させることを授権したものと解した．また，都市再開発法 98 条 2 項にも土地収用法 102 条の 2 第 2 項前段とほぼ同じ規定があるが，東京地裁は「本件土地及び本件建物に存置された物件を搬出することによって，引渡しの対象である本件土地及び本件建物の現実の支配を東京都に取得させることは必ずしも代替不可能ではなく，右引渡しをもって代執行の対象となし得ない義務ということはできない」と判示した(東京地決昭和 56・10・19 判時 1022 号 32 頁＝飯田豪代執行事件)．これは，土地・建物の引渡しを身体に対する占有の排除と物件存置による占有の排除に峻別し後者だけに「引渡し」の代執行をみとめるものである．

19) 論者も，土地収用法 102 条の 2 が㋐土地・物件の引渡しと㋺物件移転の義務をともに，代執行の対象としようとするものではなく，本来代執行に親しみ得る㋺だけを代執行によって実現しようとする説であることを認めている．つまり，㋺だけで目的を達成しようとする考え方なのである．広岡隆『行政法閑談』(ミネルヴァ書房・1986 年) 146 頁以下参照．

図 1　代執行の手続

じえない．むしろ，法102条の2第2項は，物件移転の義務については代執行を認めるが，土地物件の引渡し義務は一種の直接強制を認めたものと解し，ただ手続については，行政代執行法の定める戒告，令書による通知などに従うべきだと解釈する他ないであろう（関哲夫『自治体行政の法律問題』勁草書房・1984年，41頁）[20]．

手続的要件　(a) 代執行の手続的要件としては，文書による戒告（行政代執行法3①）と代執行令書による通知（同3②）が必要である（図1）．非常の場合または危険切迫の場合において，当該行為の急速な実施について緊急の必要があり，これらの事前手続をとる暇がないときは，それを省くことができる（同3③）．

戒告および通知は適法な実力行使のための要件であって，これによって新たな実体法上の義務を課すものではない．戒告，通知ともに取消訴訟の対象となり得る（東京地判昭和48・9・10行集24巻8＝9号916頁．もっとも戒告の処分性を否定したものとして，東京地決昭和44・6・14行集20巻5＝6号740頁）が，義務賦課処分の違法性は戒告に承継されない（東京地判昭和41・10・5行集17巻10号1155頁）．これに対して戒告の違法性は代執行令書の通知に承継される（徳島地判昭和31・12・24行集7巻12号2949頁）．

(b) 代執行の実行は，行政庁が自ら行うか，あるいは第三者に行わせる．代執行現場に派遣される責任者は，証票を携帯し，要求があるときはそれを呈示しなければならない（行政代執行法4）．

代執行は実力を行使する事実行為であるが，義務者はこれを受忍しなければならない．問題は，実力行使に対して物理的抵抗が行われたときにどのように対処すべきかである．代執行はもともと代替的作為義務を代わって行うものであるから，抵抗を排除する強制力を含まない．有名な下筌（しもうけ）・松原ダムや成田空

---

[20]　土地収用法の制度的不備は明らかであるから，法改正による解決が望まれる．

港の代執行のケースでは，一方で公務執行妨害の現行犯として逮捕し，他方で団結小屋や地下壕に立て籠もった人々に対しては警察官職務執行法4条1項に基づいて避難させるという名目で現場から排除する方法がとられ，代執行手続は正面からとられなかった[21]．こうした処理には大いに疑問がある．民事執行法でさえ執行官には職務の執行に際して抵抗を受けるときはその抵抗を排除するために威力を用い，または警察上の援助を求めることができると規定している(民事執行法6)．明文の規定をおいて解決すべきであろう．

(c) 代執行にかかった費用は，義務者から徴収する(行政代執行法5)．納付の命令に応じないときは，国税滞納処分の例によって強制徴収される(同6)．

空家対策と行政代執行 (a) 2015(平成27)年，「空家等対策の推進に関する特別措置法」が制定施行された．空家の増加が防災，衛生，環境等の地域住民の生活環境に深刻な影響を及ぼしていることから，国が基本指針を策定し，市町村が対策計画を作成し，必要な施策を推進することになった．

(b) 倒壊や衛生上有害となるおそれのある「特定空家」について，①助言・指導，②勧告，③命令，④代執行の措置をとることができる．空家対策に協力しない所有者に対して増税するとか，勧告に従わない場合に，固定資産税を増税する等の措置がとられる．

第3節　間接的な強制執行システム

1　執　行　罰

意義 (a) 執行罰とは，不作為義務または他人が代わってすることができない作為義務の履行のない場合に，一定期間を定めて履行を求め，期限内に履行

---

[21] 東京都が新宿西口の地下道に動く歩道を設置するために，ホームレスの段ボール箱の小屋を撤去するのは，道路法71条に基づき除却命令を発し，行政代執行手続をとることが可能であったが，そうした手続を踏まず，警察官が居住者を排除した後に事実行為として撤去した．最高裁は，戒告の相手方や目的物の特定など困難を来し，実効性を期しがたいと認めてこれをやむを得ないとした(最判平成14・9・30刑集56巻7号395頁＝新宿西口段ボール箱撤去事件，行政判例百選102事件)．

されないときに金銭給付義務としての過料を課すことをいう．行政上の間接強制に当たる．罰という言葉が使われているが，金銭的負担を課する行政処分の一種である．義務の履行があるまで，雪ダルマ式に反復して課すことができるが，義務の履行があったときは，履行期限の経過後でもこれを徴収し得ないとされる．現行法では，砂防法36条に整理洩れとして残っているにすぎない．

(b) 手続は，義務者に対して一定期日までに義務の履行がないときは過料を課すべきことを戒告し，その期日までに履行がないときは国税滞納処分の例により，強制徴収できるものとされている．

制度の外延 (a) 戦後，執行罰の制度が廃止されたのは，過料の金額が定額で実効性に欠けたこと，間接強制が行政目的実現の手段として迂遠であり，人権尊重の趣旨に必ずしもそぐわないことを理由とするものであった．しかし，民事上の義務の不履行については，民事執行法が一般的に認めている(民事執行法172)．また，労働委員会の作為を命ずる命令の履行確保の方法として，当該命令の不履行日数が命令の日の翌日から起算して5日を超える場合には，その超える日数1日につき10万円の割合で算定した金額を加算して過料に処す制度がある(労働組合法32)．

(b) 近時，公害規制の領域では，①罰金刑が軽微なのに較べて執行罰は反復して課すことができること，②執行罰は行政のイニシアティブの下に課すことができること，等を理由にその再評価の動きがある．ただ，執行罰は高額でなければ実効性に欠けるが，かといって法外な金額を課すとなると罰金とのバランスの問題が生じかねない．また，行政庁がイニシアティブをもつことは，逆に濫用の危険も伴うことを意味する．さらに，条例で執行罰を設けることができれば意味があるが，条例で執行罰を規定することはできないと解されている．行政代執行法1条が「法律上の義務の履行確保に関しては……この法律の定めるところによる」と規定しているからである．現行法上はそうした難点があることを忘れてはならない．しかし，即時執行は条例を根拠に行えるのであるから，立法論的には，条例による執行罰を認めることが望ましい．

2 行 政 罰

意義と特色 (a) 行政罰とは，行政上の義務違反に対して制裁として科せら

れる罰をいう．行政罰には，二種類がある．一つは，行政刑罰であり刑法に刑名のある刑罰(死刑，懲役，禁錮，罰金，拘留，科料，没収)を科す．原則として刑法総則が適用される(刑法8)．いま一つは，行政上の秩序罰であり，行政上の秩序を維持するために過料を科す．これについては，刑法総則の適用はない．

(b) 行政罰には，次のような特色がある．①刑事罰が刑事犯に対して科せられるのに対して，行政罰は一定の行政目的達成のための命令・禁止の実効性を確保するために行政犯に対して科せられる．②執行罰が将来における義務の履行を強制する手段であるのに対して，行政罰は過去の義務違反に対する制裁である点で異なる．③行政罰が一般私人に対して科される制裁である点で，行政組織の内部秩序を保つために科される制裁である懲戒罰とも区別される．いずれにせよ，行政罰によって義務の不履行を防止するという点で，行政上の義務履行確保の機能を有することは確かである．

行政刑罰　(a) 行政刑罰を科するには，常に法律の根拠が必要である(罪刑法定主義)．法律により，個別具体的に委任することはできるが，白紙委任は許されない(憲法73・6号)．例外として，条例に対する罰則の一般的包括的委任がある(地方自治法14③)．

(b) 行政刑罰には，原則として刑事訴訟法の適用がある．行政刑罰にも刑法総則の適用があるが，「法令に特別の規定」があるときは，この限りでないとされている(刑法8但し書)．例えば，両罰規定(道交法123，大気汚染防止法36，鉱業法152)や過失処罰規定(大気汚染防止法33の2②，道交法118②，質屋営業法34)が「特別の規定」に当たる．このような規定が設けられたのは，もともと行政刑罰が行政上の義務違反(法定犯)を取り締まるという自然犯にはない特色を有するからであろう(団藤重光『法学の基礎〔第2版〕』有斐閣・2007年，133頁)．

(c) 伝統的学説は，行政刑罰のこのような特色を強調して，「法令に特別の規定」がない場合においても，刑法総則の適用について特別に扱う必要があると主張してきた(田中・上191頁)．すなわち行政犯にあっては，必ずしも犯意を要件とせず，過失があればよいとし，その理由として，①行政刑罰は犯人の主観的悪性に対して科するものではなく，行政上の義務違反を処罰するものであること，②行政法規の性質上，違法性の認識を欠くことについて過失の責めがある場合が少なくないことをあげる．

判例にも「特別の規定」とは，明文または法令の規定の性質上，刑法総則の規定の適用を除外することがその規定の目的を達するのに必要な場合をいうとしているものがある(大判大正 6・12・12 刑録 23 輯 1357 頁)．最高裁判所も，古物営業法が定める記帳義務違反の罰則(33)につき，過失犯を処罰する明文の規定がないにもかかわらず，「その取締る事柄の本質にかんがみ，故意に帳簿に所定の事項を記載しなかつたものばかりでなく，過失によりこれを記帳しなかつたものをも包含する法意である」と判示している(最判昭和 37・5・4 刑集 16 巻 5 号 510 頁)[22]．また，最高裁は，道路交通法上の故意による安全運転義務違反の罪(70, 119①9 号)につき，明文の過失犯処罰の規定がない場合であっても，道交法 70 条が「運転者の具体的個別的義務を補充する趣旨で設けられている」以上，処罰を免れないとした(最判昭和 48・4・19 刑集 27 巻 3 号 399 頁)．しかし，過失犯は本来，特別の規定がなければ処罰されない(刑法 38①但し書)．また，自然犯と法定犯の区別は相対的であり，行政刑罰の特色を理由に，「特別の規定」がないにもかかわらず，このような解釈をとることは憲法 31 条違反の疑いがある．その後，最高裁も，車庫法違反罪の成立につき，許可された時間を超えて駐車していることの認識がなければ故意はないと判示した(最判平成 15・11・21 刑集 57 巻 10 号 1043 頁)．従前の過失をも「犯意(故意)」に含める姿勢は転換したものといえよう．

(d) 両罰規定とは，法人の従業員(代表者や代理人も含む)が，業務に関して違法行為をしたとき，実行行為者だけでなく事業主体である法人を併せて処罰する旨の規定をいう．法人(事業主)に対する刑罰は罰金刑である．いわゆる刑事犯では法人は処罰されないが，行政犯にはその規定が多い．かつては，使用人等の責任が事業主に転嫁される無過失責任との説が有力であったが，今日の通説・判例は，両罰規定は，事業主の従業員の選任・監督その他違反防止につき必要な注意を尽くさなかった過失の存在を推定した規定であり，その注意を尽くしたことの証明のない限り，事業主も刑責を免れないとしている(最大判昭和

---

[22] 判例は，船舶の油による海水の汚濁の防止に関する法律に違反して燃料油を海面に流出させたケースで，過失犯も処罰の対象になるとした(東京高判昭和 54・9・20 高刑集 32 巻 2 号 179 頁：最判昭和 57・4・2 刑集 36 巻 4 号 503 頁)．

32・11・27刑集11巻12号3113頁).

秩序罰 （a）行政上の秩序罰とは, 届出, 登録, 通知などの手続を怠る等の軽微な行政上の義務違反行為に対して過料を科すことをいう. 届出義務違反 (住民基本台帳法52②, 戸籍法135)をはじめ比較的軽微な義務違反を担保する場合が多い. 行政刑罰との間に立法上の明確な基準がある訳ではなく, 立法裁量に委ねられている. 一般的に反社会性の強い行為に対しては行政刑罰を科す傾向が強いといえよう. 例えば, 独禁法は, 排除措置命令に違反した場合には過料, 確定した排除措置命令および確定した審決違反には行政刑罰を科している (独禁法97, 90・3号). なお, 2004(平成16)年の道路交通法改正で, 使用者責任が導入され, 車両の使用者が運転していたかどうかに関係なく, 都道府県公安委員会によって, 駐車違反者の使用者に放置違反金が科されることになった (道路交通法51の4). これは秩序罰の性格を有する. しかし, 裁判所ではなく都道府県公安委員会が科す.

（b）秩序罰は刑罰ではないので, 刑法総則の適用はない. したがって, 故意・過失等の主観的責任要件は不要であり, 客観的に違反事実が認められればよいとされている(浦和地決昭和34・3・17下民集10巻3号498頁). 刑事訴訟法の手続も適用されない.

（c）法令に基づく秩序罰については, 過料に処せられるべき者の住所地の地方裁判所がこれを科す[23]. 簡易裁判所の管轄とされる場合もある(住民基本台帳法53). 過料事件は, 裁判所が職権で事実を調査し, かつ申立により又は職権で必要と認める証拠調べをするが, 審理も非公開で行われる(非訟事件手続法30). 裁判は決定の形式で行われる(同54)[24]. 自己拘束力がないため裁判所は終局決定をした後, 不当と認めるときは一定の場合を除き, 取消し・変更が認

---

[23] 判例は, 既存の権利義務の確定を目的とする事件は訴訟事件であり, 裁判所が合目的の見地に立って, 裁量権を行使してその具体的内容の形成を目的とする事件が非訟事件であるとしている(最大決昭和40・6・30民集19巻4号1089頁, 憲法判例百選130事件).

[24] 過料を科す裁判の性格については, 裁判とする説もあるが, 最高裁は「一種の行政処分」と解し,「非訟事件手続法による過料の裁判は, もとより法律の定める適正な手続による裁判ということができ, ……憲法31条に違反するものではない」としている(最大決昭和41・12・27民集20巻10号2279頁, 行政判例百選110事件). もっとも, 行政手続法は, これを適用除外としている(3①2号).

められる(同59①).

(d) 独禁法97条は「排除措置命令に違反したものは，50万円以下の過料に処する」と規定しているが，裁判所は必ず科さなければならないのか．最高裁は，「排除措置命令に違反する行為が認められる場合には，原則として，当該行為をした者を過料に処すべきであるが，違反行為の態様，程度その他諸般の事情を考慮して，処罰を必要としないと認めるときは，上記の者を処罰しない旨の決定をすることもできる」と判示している(最決平成20・3・6判時2003号36頁).

行政上の秩序罰と行政刑罰との併科は二重の危険(憲法39)には違反しないと解される．訴訟上の秩序罰(刑訴160①による過料)と刑罰(刑訴161)の併科につき，「両者は目的，要件及び実現の手続を異にし，必ずしも二者択一の関係にあるものではなく併科を妨げないと解すべき」であると判示した(最判昭和39・6・5刑集18巻5号189頁)．なお，明文で行政刑罰と秩序罰との併科を禁じている例もある(住民基本台帳法50但し書，独禁法97但し書，会社法976但し書).

(e) 地方公共団体の秩序罰 地方公共団体の条例または規則違反に対しては，地方公共団体の長が行政処分の形式で過料を科す(地方自治法14③，15②，149・3号，228②③)．過料処分を科すに当たっては，告知・弁明の機会の付与が必要である(同255の3)．行政処分であるから取消訴訟の提起もできることはいうまでもない．期限までに納めないときは，地方税(ひいては国税)滞納処分の例による(同法231の3①③)．その収入は地方公共団体に帰属する．

3 犯罪のダイバージョン(非犯罪化)

行政刑罰には，原則として刑事訴訟法の適用があるが，次のような科刑手続の例外がある．一つは，行政犯の中には大量に発生するため，特別の仕組みを設けて刑事訴追をしない代わりに，一定額の金銭を納付することによって処理する間接国税・関税等に関する通告処分や，道路交通法における犯則金制度がこれである．犯罪を非犯罪化して処理するので，ダイバージョンと呼ばれる．いま一つは，道路交通法違反事件に関する交通事件即決裁判手続法がある．

交通反則金 (a) 道路交通法違反の罪のうち比較的軽微な定型的違反行為を「犯則行為」とし，行政庁(警視総監・道府県警察本部長)が犯則行為者に反則金の

納付を通告し，反則金を納付した者については刑事訴追を免ずるが，納付しないときは通常の刑事手続に移行する制度である(道交法125, 127, 128, 130)．道路交通違反行為が大量に発生するため，これを迅速に処理することを目的とする制度である．

(b) 反則金を納付した者は，通告に対する取消訴訟を提起することはできない(最判昭和57・7・15民集36巻6号1169頁，行政判例百選151事件)．道交法違反(犯則行為)に該当するかどうかは，取消訴訟で争うべきではないからである．無実を主張する者は，刑事訴訟の場で争う他はない．

国税通則法の通告処分 (a) 間接国税の犯則事件について，国税犯則取締法が通告処分制度を規定していたが，平成30年4月1日に廃止され，国税通則法に編入された．行政庁(国税局長または税務署長)は，犯則事件の調査により犯則の心証を得たときは，一定の事由にあたる場合を除いて，理由を明示して，罰金に相当する金額等を納付すべきことを通告しなければならない(国税通則法157①)．これが通告処分である．犯則者が通告処分の趣旨を履行した場合には，処分は確定判決と同一の効力を生じ，同一事件について訴追を受けない(157⑤)．犯則者が20日以内に履行しないと告発され，通常の刑事手続に移行する(158①)．通告処分は，一種の行政手続であるから(最大決昭和44・12・3刑集23巻12号1525頁)，これに対する取消訴訟は認められない(最判昭和47・4・20民集26巻3号507頁)．

(b) 間接地方税の犯則事件にも，同様の通告処分制度がある(地方税法22の27, 22の28)．また関税の犯則事件については，関税法146条に定めがある．とん税(外国貿易船の開港への入港に課する税)法14条，特別とん税(地方公共団体の財源に譲与するための課税)法12条は，関税法の犯則事件に関する規定を準用している．

交通事件即決裁判手続法による即決裁判 交通事件即決裁判手続法による即決裁判は，道路交通法違反事件の簡易迅速な処理のための刑事訴訟の特別手続であって，簡易裁判所は検察官の請求により，公判前に即日期日を開き(7)，公開の法廷で証拠調べその他の事実の取調べを行い，公判前，即決裁判で50万円以下の罰金または科料を科することができる(3)．被告人に異議がないことが必要である．即決裁判の宣告に対しては，14日以内に正式裁判の請求が

できる(同法13①).

略式手続 現在は，簡易裁判所が公判を開かずに書面審理によって一定範囲の財産刑を科す略式手続(刑事訴訟法461以下)が多用されている．被告人にとっても公判廷に出頭する負担がなく，検察官にも負担が少ないためであろう．被告人または検察官は，略式命令に不服があるときは，14日以内に正式裁判の請求をすることができる(刑事訴訟法465).

4 その他の措置

給付の拒否 (a) 近時，地方公共団体において見られるものであって，上水道・下水道，電気，ガス等の行政サービスの給付の拒否を担保に一定の行政上の義務履行の確保を図るものである．これらの公共サービスは人々の生活の基本に関わるものであるだけに，その効果は絶大であるが，他方，生存権侵害という重大な問題を惹起しかねない．また各サービスの関連法規の目的の範囲を超えて他の行政目的に利用されることが適法に行われ得るかも検討する必要がある．給水拒否を例にとると，水道法15条1項は，「水道事業者は，事業計画に定める給水区域内の需要者から給水契約の申込みを受けたときは，正当の理由がなければ，これを拒んではならない」と規定している．給水停止ができるのは，「当該水道により給水を受ける者が料金を支払わないとき，正当な理由なしに給水装置の検査を拒んだとき，その他正当な理由があるとき」に限定されている(水道法15③)．適法処分の原則は，元来，根拠法規だけを念頭に置いたものであるから，これを別の目的で制定された法律に違反したこと(例えば，建築基準法に違反した建物を建てたこと，所得税法に違反して税金を納付しないこと)を理由に給水拒否をすることは許されない[25]．

(b) 水道法15条3項にいう「正当な理由」とは「申込にかかる場所には事業計画上配水管が未設置であるとか，特殊な地形であるため給水が技術的に著しく困難であるなどの事由である場合など」水道法固有の問題に限定されると

---

25) 道路運送車両法は，自動車重量税(国税)，自動車税(都道府県税)，軽自動車税(市町村税)が納付されていない場合には自動車検査証を交付しないとしている(97の4，97の2)．これらは立法政策として目的の違う法律を連結させることで納税の確保を図るものであるが，解釈論で同様のことを行うことはできない．

解するのが一般である(大阪高判昭和53・9・26判時915号33頁). しかし, 近時の判例の中には, 水道法の目的に限定しない解釈をとる判例が増えている. 例えば, 契約の申込が権利濫用に当たる場合のあり得ることを認めるもの(東京地八王子支決昭和50・12・8判時803号18頁＝武蔵野マンション〔仮処分〕事件), あるいは不動産会社から建築予定のマンション420戸分の給水契約の締結を求めて民事訴訟が提起された事案では, 近い将来, 水不足が生ずることが確実に予見される地域にあっては, 「適正かつ合理的な施策を講じなければならず, その方策として」「専ら水の需給の均衡を保つという観点から水道水の需要の著しい増加を抑制するための施策を執ることも, やむを得ない措置として許され」給水計画を上回る給水申込みの拒絶は, 「正当の事由」に当たるとしたものがある(最判平成11・1・21民集53巻1号13頁＝志免町給水拒否事件). 「正当の理由」の解釈につき, 水道法固有の事由だけでなくその他の要素も考慮した点が注目される.

他方, 宅地開発指導要綱に従わない建設業者からの給水契約の申込書を受理しなかったために, 市長が水道法15条違反行為になるとして起訴された事案において, 最高裁は指導要綱に従わなかったことのみを理由として給水契約の締結を拒否することは, 「正当な理由」にあたらないとした(最決平成元・11・8判時1328号16頁＝武蔵野マンション〔教育施設負担金〕事件). 考え方としては, 給付の根拠法を基本としつつ, 給付拒否の根拠となっている規範の性格や具体的状況等の様々な要素を比較衡量して総合的に判断するべきであろう.

公表 (a) 最近の法律の中には, 行政庁の勧告や指示に従わなかった場合に, その事実を公表すると規定しているものがある(国土利用計画法26, 国民生活安定緊急措置法6③, 7②). また食品衛生法では,「食品衛生上の危害の発生を防止するため, この法律又はこの法律に基づく処分に違反した者の名称等」を公表すると規定している(食品衛生法63). このように, 公表は義務履行を確保する手段として用いられている場合がある.

自治体の条例の中にも, 条例違反や行政指導・勧告に不服従の者を公表することを規定しているものがある. 公表は, 消費者保護の見地から予防的に情報を提供することを意図する場合もあれば, 公表によって社会的非難を呼び起こすことを意図する場合もある. いずれの場合にも, 公表という手段によって義

務の履行を促し，間接的に行政目的を達成しようとするものである．

(b) 公表の前提として，行政上の義務がある場合もあるが，必ずしも全ての場合に行政上の義務がある訳ではない．後者の場合，行政代執行法1条の「義務の履行確保」に当たらないので，必ずしも法律の根拠は必要ではなく，条例で定めてもよい．公表に対する救済手段としては，国家賠償の請求が可能である．事前救済の必要性が強い場合には，当事者訴訟を利用して，公表の事前差止めないし，先行する行政指導の違法確認訴訟も可能であろう．人格権に基づく差止請求ができる場合もあり得よう．

課徴金 (a) 課徴金とは，広義では法令によって納付を命ぜられた金銭の負担で租税以外のものをいう(財政法3)．狭義では，違法行為等によって法の予定しない利得を得た者にそのまま利得を帰属させておくことが著しく社会的公正を害する場合に，国がこれを徴収するものである(独禁法7の2①，国民生活安定緊急措置法11①)．

(b) 課徴金の制度は，義務履行確保の手段そのものとはいえないが，現在，経済市場の公正なルールを遵守させるためにこの制度が注目を浴びている．金融商品取引法もインサイダー取引等を抑止するために経済的利得相当額の課徴金制度が導入された(金融商品取引法172以下)．すなわち，虚偽記載のある発行開示書類の提出および継続開示，風説の流布・偽計取引，現実取引による相場操縦および内部者取引をした者に対して，内閣総理大臣が一定の手続に従って国庫に金銭の納付を命じる．

金融商品取引法は，課徴金と行政刑罰としての没収・追徴とを併科しないように調整規定を置いている(185の7⑰)．違反行為により得た利得相当額の課徴金を科すことを目的とする以上，この調整規定は合理的なものといえよう．

(c) 独禁法でも2005(平成17年)改正で，不当利得を上回る額の課徴金が可能となった(7の2④)．すなわち，価格に影響を与える不当な取引制限および他の事業者の事業活動を支配する私的独占に該当する行為を行った事業者に対して，公正取引委員会が事業活動期間中の売上額の一定割合の課徴金の納付を命じる．2009(平成21)年改正では，排除型私的独占，不当廉売，差別的対価，共同の取引拒絶および再販売価格の拘束で同一の違反行為を反復した場合，押しつけ販売等に対象が拡大された(7の2④，20の2〜20の6)．したがって，課

徴金の性格も不当な経済的利得相当分の剝奪を超えて，違反行為抑制のための行政的措置ということになったといえよう．

独禁法違反の課徴金は行政刑罰と併科され得るが，最高裁は，カルテル行為について刑事事件で罰金刑が確定し，国から不当利得返還請求訴訟が提起されている場合でも，カルテル行為を理由に課徴金の納付を命ずることは，憲法39条，29条，31条に違反しないとした(最判平成10・10・13判時1662号83頁，行政判例百選112事件)．これは，両制度の性格の相違，すなわち，課徴金を違法行為による不当な経済的剝奪と抑止を目的とするもの，刑事罰を違反行為の反社会性に着目した制裁と説明するものといえよう(東京高判平成9・6・6判時1621号98頁＝本件原審)．もっとも，2005(平成17)年改正後においては，この説明では不十分であるとして，憲法39条が禁止しているのは，二重処罰ではなく，二重の訴追である(憲法39後段)として，むしろ憲法31条から罪刑均衡ないし比例原則を引きだして，これに違反しない限りは合憲だとする説が主張されている[26]．

加算税 (a) 国税のうち，申告納税方式および源泉徴収等について，申告義務または徴税義務の違反に対して，制裁として課される付帯税が加算税であり，過少申告加算税，無申告加算税，不納付加算税，重加算税の四種類がある(国税通則法2・4号，65～68)．地方税法では，加算税に相当するものを加算金と呼ぶ(1①14号，72の46，72の47)．その実質は，申告義務と徴収義務の確保を目的とする行政上の不利益措置といえよう．

(b) 他方，個別の税法において，同一の行為に対して加算税の他，刑事罰が規定されている場合(所得税法240，241，法人税法159，160等)，憲法39条の定める二重の危険に当たらないかが問題になる．判例は，加算税の前身である旧法人税法の追徴税と罰金の併科が問題になった事案について，「法48条1項の逋脱犯に対する刑罰が……脱税者の不正行為の反社会性ないし反道義性に着目し，これに対する制裁として科せられるものであるに反し，法43条の追徴税は，単に過少申告・不申告による納税義務違反の事実があれば，同条所定の

---

[26] 佐伯仁志「二重処罰の禁止について」内藤謙先生古稀祝賀『刑事法学の現代的状況』(有斐閣・1994年)275頁．

已むを得ない事由のない限り，その違反の法人に対し課せられるものであり，これによって，過少申告・不申告による納税義務違反の発生を防止し，以って納税の実を挙げんとする趣旨に出でた行政上の措置であると解すべきである」から，「刑罰たる罰金と追徴税とを併科することを禁止する趣旨を含むものではない」と判示した(最大判昭和33・4・30民集12巻6号938頁，行政判例百選111事件)．また，判例は，重加算税と刑罰の併科についても，合憲としている(現行の重加算税に関して，最判昭和45・9・11刑集24巻10号1333頁)．通説も，追徴税は納税の実を挙げんとする趣旨に出でた行政上の措置であるから憲法違反の問題は生じないとしている．しかし，重加算税は，実質上，罰金の性格を有するものであるから，刑罰との併科は憲法39条違反の疑いがある．また，加算税の課税にあたって十分な手続的保障がない(国税通則法74の14)点でもデュー・プロセスの法理に違反しており違憲の疑いが強いといえよう．

第3編

情報と市民

第 1 章

情報公開

第 1 節　情報公開の理念と意義

情報の意義　(a) 情報とは，あるものごとについての知らせをいう．1948年に，アメリカのノーバート・ウィーナー(1894-1964)がサイバネティックス(人間工学，人工頭脳学)を提唱し，日本にも 1950 年代に紹介された．この理論は，一般的にいえば，生物や動物の通信と制御の理論であって，目的に合致した行動をとるために情報をどのように感知し，伝達し，処理・記憶しているかに着目し，機械も生物・動物も同一であるとして，これを総合的に捉えようとしたものである[1]．情報は，表現形式と意味内容が分離される．形式としては記号の配列であるが，意味内容としては記号の系列によって意味(メッセージ)を持つ．形式のみに着目した場合の情報を符号(コード)といい，これは技術の発達で，人間を離れて客観的に伝達・処理できるようになりコンピューターなどに応用されている．しかし，社会科学で用いる場合には，意味内容を含めて理解されるので，情報の定義としては，「意味を持った記号の集まり」とするのが適当であろう．

(b) 情報は，生物にとっても生存に直結する重大な意味を持つが，人間もまた情報なしには生きていくことができないし，情報を獲得することで人格を

---

1)　ノーバート・ウィーナー，鎮目恭夫訳『サイバネティックスはいかにして生まれたか』(みすず書房・1956 年)，浜田純一『情報法』(有斐閣・1993 年)8 頁参照．

形成する．現代は，まさに情報化時代であり，情報伝達の媒体はますます多様化し，情報量も増大しており人間の生活にとっても，人格形成にとっても不可欠のものになってきた．すなわち，①情報は経済的な商品としての性格を有しているが，時間の次元でその価値が異なる場合がある(天気予報，ニュース)．マスメディアをはじめ情報を取引の客体とする企業は少なくない．時間次元に左右されない情報もある．私人の住所，氏名，年齢，職業等々も商品価値を持つに至っている．他方，②情報は，公共財としての性格を有している．現代における情報は，保存，複製が可能であるものが多い．また内容によっては，社会全体にとって有用な情報がある．安全，生活，健康，教育，治安，軍事等々は公共財ともいえるものであり，とりわけそれを国や自治体が握っている場合には，国民・住民・市民の「社会的共通資本」[2]である．

明治憲法下の情報 明治憲法下では情報公開は問題にならなかった．主権は天皇にあり，官吏服務規律(明治20年勅令)によって，官吏は「己ノ職務ニ関スル又ハ他ノ官吏ヨリ聞知シタルトヲ問ハス官ノ機密ヲ漏洩」することを禁じられ(4①)，「未発ノ文書」を関係人に「漏示」することも禁じられていた(5)．また，出版法は「外交軍事其ノ他官庁ノ機密ニ関シ公ニセサル文書及官庁ノ議事」は，当該官庁の許可なしに出版することも禁じていた(18①)．さらに，刑法85条は「敵国ノタメ間諜ヲ為シ又ハ敵国ノ間諜ヲ幇助シタル者ハ死刑又ハ無期若シクハ5年以上ノ有期懲役ニ処ス軍事上ノ機密ヲ漏洩シタル者又同シ」と規定していた(昭和22年削除)．これ以外にも，軍用資源秘密保護法(昭和14年)，国防保安法(昭和16年)によってさらに厳しい秘密保護が行われていた．明治国家における国民は，統治の客体でしかなかったので，表現の自由もなかったことを示している．

日本国憲法下の展開 (a) アメリカでは，第二次世界大戦の時期，政府の秘密主義に対して多くのジャーナリストが不満を持っていたとされるが，1950年代にアメリカ新聞編集者協会が「情報の自由に関する委員会」を設置し，情報公開法制への取り組みを始めていた．その後，ウォーターゲート事件(1972年)やヴェトナム戦争(1964-75年)を契機に，再び政府に対する不信が拡がった

---

2) 宇沢弘文の提唱した概念である．宇沢弘文『社会的共通資本』(岩波書店・2000年)参照．

が，こうした事情を背景に，1966年，アメリカで情報自由法(Freedom of Information Act)が制定された．

これは日本にも少なからぬ影響を与え，表現の自由の一環として「知る権利」が盛んに議論されるようになった．1970年前後から，判例も博多駅テレビフィルム提出命令事件(最大決昭和44・11・26刑集23巻11号1490頁，メディア判例百選6事件)[3]，日米の沖縄返還協定の密約をめぐる外務省秘密電文漏洩事件(最決昭和53・5・31刑集32巻3号457頁，メディア判例百選5事件)等で，「表現の自由」をめぐる議論は深まりをみせ，ロッキード事件(1976年発覚)をはじめとする政財界の汚職事件等をきっかけとして，「知る権利」の重要性が認識されていった．憲法の保障する「表現の自由」は，報道の自由や国民の知る権利，情報の公開を求める権利など豊富な内容を持つことが学説・判例の共通の認識となっていった．

(b) ところで，アメリカでは，表現の自由が経済的自由に優越するとされてきた(二重の基準の理論)が，その基礎となる理論を提供したのが，ホームズ裁判官(1841-1935)の創唱にかかる「思想の自由市場論」であった．これは，「真理の最良の判断基準は，市場における競争の中で，その思想がみずから認容させる力をもっているかどうかである」というものである．つまり，思想が市場に出回ることによって，人々は望みの商品＝真理に到達することができるというのである．これには批判もあるが，表現の自由が，①自己実現の手段であり，②真理の発見のための不可欠の過程であること，③自己統治の手段であること等の認識を前提とする限り，今日においても妥当する議論だといえよう[4]．

(c) ところが，現代社会は，コンピューターをはじめとする通信機器が飛躍

---

3) 最高裁は，この他にも，「読み，聴きそして見る自由」「意見，知識，情報の伝達の媒体である新聞紙，図書等の閲読の自由」「さまざまな意見，知識，情報に接し，これを摂取する機会」を持つ自由が憲法21条で保障されることを認めてきた(最大判昭和44・10・15刑集23巻10号1239頁＝悪徳の栄え事件；最大判昭和58・6・22民集37巻5号793頁＝未決拘禁者の新聞閲読の制限事件；最大判平成元・3・8民集43巻2号89頁＝法廷メモ・レペタ訴訟，メディア判例百選4事件)が，博多駅テレビフィルム提出命令事件において，初めて報道の自由が「国民の知る権利」に奉仕するものであるとして「知る権利」に言及した．

4) 芦部信喜『憲法学Ⅲ〔増補版〕』(有斐閣・2000年)248頁以下，奥平康弘『憲法Ⅲ』(有斐閣・1993年)163頁参照．

的に進歩し，人間の意識，生活，企業のあり方から国際関係に至るまで，情報の持つ意味が従前とは大きく変わった．情報の質と量の変化は国家の防衛戦略，企業の経営戦略，個人の私生活にまで大きな影響を与えているが，市民社会においては，何よりも情報の「送り手」と「受け手」の互換性が失われた点が重要である[5]．つまり，国家や巨大企業(マスコミを含む)が大量の情報を握り，市民の多くは「受け手」に回らざるを得ない．古典的「思想の自由市場論」では，コミュニケーションの流れの自由に重点があり，そのためにこれを権力的に阻害する検閲が憲法によって禁止された．しかし，現代では政府も検閲による思想統制などに関心を持ってはいない．問題は，「送り手」の国家やマスコミが，膨大な情報を収集し，蓄積し，これを利用して市民を操作しようとする点にある．他方，情報の「受け手」に過ぎない市民は，生存の空間が拡大しグローバル化すればする程，マスコミ等の他者の情報に依存する以外に世界を知るすべがない．そのため，為政者はしばしば市民を主権者として扱うのではなく，「情報操作の対象」として位置づける．情報の送り手と受け手の間の力のアンバランスは歴然としており，いわば「情報市場の歪みの是正」が喫緊の課題となっている．換言すれば，情報市場の歪みを是正し，必要な情報を入手できる環境を作ることが肝要である．そうでなければ，表現の自由の保障(知る権利)も画餅に帰し，表現の自由の本来の価値であった自己実現も自己統治も達成することは不可能である．情報公開制度は，市民が主権者であるための必須の条件であるとともに，情報の民主的コントロールの方策としてもきわめて重要な制度である．

(d) 情報公開制度は，自治体から始まった．1982(昭和57)年，山形県金山町が日本で初めて情報公開条例を制定した．同年，神奈川県，埼玉県がこれに続

---

[5] 市場の競争は一国を超えてグローバルな展開をみせ，情報技術のイノベーションは日々加速しつつある．地球レベルで空間の距離は縮まり，私人レベルでの情報の発信と流通も巨大化・迅速化している．現代では私人はSNSを通じて情報発信の手段を持つに致ったので「受け手」と規定することには問題がある．ただ国家権力は決して弱体化していない．軍事力，警察力，巨大な資金力と技術力をもち市民の知らない重要な情報を独占していることも事実である．国家間，国家と私人間，国家と社会間に新たな課題が生まれ，権力は聊かも透明化していない．ビッグデータを握るのも私人ではなく国家やグローバル巨大企業である．その限りで個々の私人は「受け手」としての性格を脱したとはいえないであろう．

き，その後，東京都，大阪府と多くの自治体が情報公開条例を制定していった．国のレベルでは，1999(平成11)年，「行政機関の保有する情報の公開に関する法律」が制定(以下，情報公開法と略称する)され，2001(平成13)年4月1日から施行された．ついで，同年，「独立行政法人等の保有する情報の公開に関する法律」(独立行政法人情報公開法)が制定された．以下では，情報公開法を中心に取り上げる．

第2節　情報公開法

1　基本構造

目的　(a)　情報公開法1条は，法律の目的を定めている．それによれば，「この法律は，国民主権の理念にのっとり，行政文書の開示を請求する権利につき定めること等により，行政機関の保有する情報の一層の公開を図り，もって政府の有するその諸活動を国民に説明する責務が全うされるようにするとともに，国民の的確な理解と批判の下にある公正で民主的な行政の推進に資することを目的とする．」

法律の制定過程で議論が集中したのが「知る権利」を理念として明記するかどうかであった．学説上もマスコミ論調の中でも積極的意見が強かったが，実際には，①憲法に明文の規定がないこと，②知る権利の概念の理解が学説上，一義的でないこと，③政府が保有する情報の開示を求める権利としての「知る権利」は最高裁によって認知されていないこと[6]，を理由に明記されなかった[7]．

法律の目的規定は「決定的に重要性を持つわけではない」(長谷部恭男)が，理

---

[6]　最高裁は，博多駅テレビフィルム提出命令事件(最大決昭和44・11・26刑集23巻11号1490頁，メディア判例百選6事件)で「知る権利」に言及しているが，これはプレスの取材・報道の自由に関連して，いわば消極的権利としての知る権利について触れたに留まり，積極的な請求権として言及したものではなかった．

[7]　小早川光郎編著『情報公開法』(ぎょうせい・1999年)3頁(長谷部恭男執筆)．これに対して，右崎正博「情報公開——情報公開法案の批判的検討」公法研究60号49頁以下は，「知る権利」を明記すべきだったと批判している．

念としての役割は重要であって，情報公開法が「原則開示」を貫くのであれば，不開示は例外であるという限界が一層はっきりと構造化されたのではないかと思われる．それに，「知る権利」は具体的権利性がないが，法律で開示請求権を定めることによって具体化される点も見逃してはならない．衆参両院は，「知る権利の法律への明記」を引き続き検討するとの附帯決議を行ったが，「知る権利」を明記しない理由として掲げられている事項も，消極説を決定的なものにする程強力とはいい難い．自治体の条例の多くが，「知る権利」を明記していることを思うと，敢えて明記しなかったのは，国民の権利自由への消極的姿勢が滲み出ているように感じられる．

(b)「知る権利」は明記されなかったが，情報公開法1条は，上述のように「国民主権の理念」を基礎として，「説明する責務」「民主的な行政の推進」の語を入れた．

第一に，「国民主権」にも議会の支配を正当化する点に力点がある「ナシオン(nation)主権」と民衆の具体的な政治参加に力点を置く「プープル(peuple)主権」があるが，1条には「文書の開示を請求する権利」の規定があるので，後者に近いといえよう．

第二に，「説明責任(accountability)」は，これまでわが国の法律用語にはなかった概念であるが，開示された文書の中身の説明を求めるという意味ではなく，生の情報を開示することによって，行政の活動の責任の所在を明確にするという意味である．すなわち，国民主権の下では公権力は国民の負託に基づくものであるから，政府の保有する情報は本来国民の共有財産である．国民は自らの主権を行使する上でも情報を知る必要があるから，政府の持つ情報にアクセスする権利を持つのは当然の帰結である．

第三に，「国民の的確な理解と批判の下にある公正で民主的な行政の推進に資する」とは，現代社会では，公害，環境破壊，薬害など集団的な利益が害されることが多いので，行政運営の密室性を打破して，資料を公開し，国民の監視の目にさらすことが，行政の透明性を高めると考えられたためである．

(c) このように，情報公開制度は，主観的権利利益を保護するものではなく，「何人も」当該行政機関の保有する行政文書の開示を請求することができる客観的な制度である．この点で，文書閲覧(行政手続法18)，提出書類等の閲覧お

よび写しの交付請求権(行政不服審査法38)，文書提出命令(民事訴訟法219以下)など主観的権利利益を護るための制度と異なる．

基本構造　(a) 情報公開法は，①行政情報の開示を目的とし，②その手段として国民に開示請求権を保障し，③その結果，政府が説明責任を果たし，公正で民主的な行政が実現されるという仕組みを作った．

(b) そのため，情報公開法の構造はいたってシンプルである．①国民には文書開示を請求する権利が与えられており，②請求された行政機関は，不開示事由に当たらない限り，これを請求人に開示しなければならず，③不開示決定に対しては，不服申立て等の救済手続がある．

「何人」も開示請求することができ，対象文書に種類としての限定はない．また開示の方法についても限定がない．請求人に対する開示は実質的には公開の意味を持つ．その文書をどのように使うかは自由だからである．

(c) 情報公開は，行政機関に集積した情報を私人の請求によって開示する制度である．本来，国民は，主権者として行政機関の保有する情報を知っておかなければ政府を有効にコントロールすることができない．私人の固有の権利利益に関係のない情報でも請求できる客観的制度として作られたのは，主権者たる国民が政府(our government)を民主的にコントロールする手段の一つだからである．他方，英米法に起源をもつ行政手続は，私人の権利利益に関する決定は裁判所が行うべきだという思想に依拠して，行政決定過程に裁判手続を導入したものであった．私人の具体的な権利利益を前提とするのはそのためである．両者は，客観的利益と主観的利益という相違があるが，共に「法の支配」の原理を基礎とする点では共通している．

2　当事者と対象機関

開示請求権　(a) 「何人も」行政機関の保有する行政文書の開示を請求できる(1, 3)．国民でなくてもよい．未成年者や権利能力なき社団でもよい．日本に居住している必要もない．世界はグローバル化しており，外国に居住する外国人や外国企業も日本で活動することがある．これらを排除する理由も特にない．この点，「国民主権の理念」と平仄が合うか，立法政策の上で問題がない訳ではない．しかし，アメリカ，フランス，オーストラリア，韓国なども「何

人も」としており，立法政策としては世界標準といえる．むしろ世界に向けて情報の窓を開くことに意義がある．

　(b) 開示請求権者は，請求に当たって，氏名または名称，住所，文書を特定するに足りる事項を記載した書面を提出しなければならない(4①2号)．「特定するに足りる事項」は，他の行政文書と識別できる程度の記載があればよい．請求の目的や使用方法などを記載する必要はない．行政機関の長は，開示請求書の形式に不備があると認めるときは，相当の期間を定めて補正を求めることができる(4②前段)．この場合において，行政機関の長は，開示請求者に対し，補正の参考となる情報を提供するよう努めなければならない(4②後段)．これは，「申請しようとする者又は申請者の求めに応じて」必要な情報を提供することを定めた行政手続法9条2項よりも，開示請求者の保護に厚い．なお，オンラインで開示請求をすることもできる(行政手続オンライン化法3)．

　(c) 開示請求者は，実費の範囲内で手数料を納めなければならない(16)．手数料には，開示請求に係る手数料と開示の実施に係る手数料が含まれる．具体的な額は政令で定められる．

　(d) 開示請求権が「法律上の利益」(行訴法9)に当たるかどうかについては，自治体の情報公開条例の下で争いがあった．神奈川県の公文書公開条例に基づき，Xが県内に建築予定のマンションの建築確認申請書および添付書類についてマンション建設の周辺環境への影響を知る目的で閲覧を請求したところ，知事Yが建築確認申請書は公開したが，マンション各階の平面図，立体図等について拒否した事案がある．原審は，「Xは，本件拒否処分によって，自己の具体的権利，利益等に影響を受け(ない)」として訴えを却下した(横浜地判昭和59・7・25判時1132号113頁)．これに対し，東京高裁は，公文書公開条例は，県内に住所等を有する者は，「当該公文書が自己の具体的な権利，利益と関係があるか否かを問わず，広く公文書の閲覧等」の「開示請求権」が保障されているとして，「法律上の利益」を認めた(東京高判昭和59・12・20行集35巻12号2288頁)．その後，最高裁を含めて訴えの利益を否定した判例はない[8]．

---

8) 最高裁は，条例に基づく請求権の事案について，請求権者の一身に専属する権利であって相続の対象となるものではないとした(最判平成16・2・24判時1854号41頁＝鹿児島県庁

情報公開訴訟は，何人にも開示請求権が認められ，開示請求の際にその「理由」も問われない客観訴訟としての性格が濃厚である．しかし，客観訴訟は条例では創設できない．にもかかわらず，訴えの利益が問題とされたのは，開示請求権が裁判上の救済を受ける上で手続上の主観的権利と解されたからであろう．

　対象機関　対象機関は，「行政機関の長」である(3)．国会，裁判所は対象機関ではない．内閣は文書管理をしていないので対象機関ではない．「行政機関」(2①)は，開示請求に関する事務を処理する基本的な組織の単位であるが，いわゆる事務配分的機関概念(国家行政組織法と同じ概念)が用いられており，公開を担当する部局を実施機関という．各省庁などがこれに当たり，「行政機関の長」は大臣などを指す．説明責任を全うするためには，国政を執行する全ての行政機関を適用対象とする必要がある．

　情報公開法2条は，①内閣官房，内閣法制局，安全保障会議，人事院(1号)，②内閣府，宮内庁，公正取引委員会，国家公安委員会，金融庁，消費者庁(2号)，③国家行政組織法が定める3条2項に規定する国の行政機関，つまり省，委員会，庁(3号)[9]，④国家公安委員会の「特別の機関」(内閣府設置法56)である警察庁(4号)，⑤国家行政組織法8条の2の定める「施設等機関」および8条の3の定める「特別の機関」のうち政令で定めるもの，具体的には，国立大学，大学共同利用機関，大学改革支援・学位授与機構，検察庁である(5号)．このほか，⑥内閣から独立した憲法上の機関であるが，会計検査院も対象とされている(6号)．

　対象文書　(a)　開示請求の対象となる文書(行政文書)は，行政機関の職員が職務上作成，取得した文書・図画・電磁的記録であって，職員が組織的に用いるもの(組織供用文書)として行政機関が保有しているものである(2②)．すなわち，行政文書であるためには，①職務上作成・取得したもの(職員自ら作成する必要はない)，②行政機関が組織的に用いるもの(決裁，供覧等の事案処理を終了し

食糧費事件)．
　9)　ここでいう「国の行政機関」には，審議会等(国家行政組織法8)，施設等機関(8の2)，特別の機関(8の3)，地方支分部局(9)が含まれる．

ていなくてもよい），③行政機関が保有しているもの（職員が個人的に持っているメモは含まれない），という三つの要件を満たす必要がある．

　(b)　もっとも，不特定多数の者に販売することを目的として発行しているもの（官報，白書，新聞，雑誌，書籍等）や国立公文書館等で特別に移管された「特定歴史公文書等」，政令で定める研究所その他の施設において，政令で定めるところにより，歴史的・文化・学術研究用の資料として特別の管理がなされているものは除外されている（2②但し書）．

　(c)　問題は録音テープ，ICレコーダー等の録音物が会議録調整のための補助手段として用いられた場合である．自治体の情報公開条例では対象文書を「決裁・供覧」済みのものとしているものがあるが，判例は「会議録と同様に決裁等の対象となるもの」であるから，「会議録が作成され決裁等の手続が終了した後は公開の対象となり得る」とした（最判平成16・11・18判時1880号60頁．もっとも，本件では会議録が作成されていない時点であったことを理由に対象文書とならないとした）．また，条例上，実施機関の「管理」する文書とは一般的な法的権限が帰属するかどうかではなく，首長の「保管」（地方自治法149・8号）の概念とは異なり，「当該公文書を現実に支配，管理していることを意味する」と解されている（最判平成13・12・14民集55巻7号1567頁）．

3　行政文書の開示

不開示情報　(a)　開示請求があった時は，原則として公開しなければならない(5)[10]．不開示は例外である．情報公開法は，不開示とされることによって保護される利益の視点から，事項的要素（「検査に関する行政文書」等）と定性的要素（「行政事務に著しい支障が生ずるおそれ」等をいう）を組み合わせて，(i)個人情報，(ii)法人情報，(iii)国の安全等の情報，(iv)公共の安全等に関する情報，(v)

---

[10]　この点について，国家公務員法100条の定める秘密保持義務との衝突が問題となるが，100条は，職員の服務規律の確保を目的とするものであり，情報公開法に基づく適法な開示は服務規律に反しないことが明確であるから，「秘密を漏らす」には該当せず守秘義務違反が問われることはないと解される．問題は，情報公開法の「不開示」規定に違反して開示した場合である．国公法上の法令遵守義務違反(98)となる可能性はあるが，公務員の守秘の対象は判例（最決昭和52・12・19刑集31巻7号1053頁，行政判例百選41事件）によって「実質秘」とされているので，個別に検討するほかはない．

意思形成過程(審議・検討・協議)情報，(vi)事務事業情報，の六類型の不開示情報を設けた(5・1号〜6号)．

（b）各号の「公にすること」とは秘密にせず，何人にも知りうる状態におくことを意味する．不開示情報該当性の判断に当たっては，「公にすることにより」保護利益を害する「おそれ」があるか等を判断することになる．不開示情報該当性の判断の時点は，開示決定の時点である．開示決定等は，行政手続法に規定する「申請に対する処分」に該当するので各行政機関の長は，予め審査基準を策定し公にする措置を適切に講ずる必要がある(総務省・詳解42頁)．以下，類型ごとに不開示情報について検討しておこう．

個人情報(5・1号)　（a）個人情報の不開示の定め方には，プライバシー保護型と個人識別型があるが，プライバシー型は本来的に守られるべきプライバシー情報に限定できる点で優れているが，侵害の判断基準が必ずしも明確ではない．他方，個人情報識別型は，判断基準は明確であるが，プライバシーと無関係な情報でも個人を識別できる情報であれば不開示となるので，その範囲が拡大しがちになるというデメリットがある．情報公開法は，特定の個人を識別することができる情報を原則として不開示情報とする個人識別型を基本とし，そこから開示すべきものを除外するという方法を採用した．

（b）個人に関する情報(事業を営む個人の当該事業に関する情報を除く)には，思想・信条等の内心，身体，身分，出自，地位，学歴，家族構成，所得・資産等の事実および評価等が含まれる．「事業を営む個人の当該事業に関する情報」が除かれている(1号カッコ書)のは，事業に関する情報であるので，法人等に関する情報と同様の条件により不開示情報該当性が判断されるからである．1号は，開示された情報を他の情報と照合することにより個人情報と識別され，個人の権利利益を侵害するおそれがあるので不開示とした(1号カッコ書)．これをモザイクアプローチという(理論的には，個人情報に限らず，すべての不開示情報との関係で適用可能である)．

個人識別型の場合，不開示の範囲が広がりすぎるので，例外として，①「法令の規定により又は慣行として公にされ，又は公にすることが予定されている情報」(1号イ)，②「人の生命，健康，生活又は財産を保護するため，公にすることが必要であると認められる情報」(1号ロ)，③公務員等の「職及び当該職務

遂行の内容」に係る情報(1号ハ)は，開示しなければならない．なお，③は公務員も「個人」の情報は保護されて然るべきであるが，「職務遂行情報」については説明責任を優先させる必要がある．公務員の氏名は「職及び職務遂行の内容」に含まれる場合には公開とされた[11]．

(c) 公文書に氏名冒用があった場合，これを開示すると，被冒用者の名誉を棄損するおそれがある．東京都公文書公開条例についての事案であるが，出席していない会議に出席者として職と氏名を冒用された場合に個人情報該当性を否定した裁判例がある(東京地判平成9・9・25判時1630号44頁)．

(d) 本人から開示請求があった場合(特に医療情報，教育情報で要請が多い)，これを認めるべきか否かについては見解が分かれる．否定説は，情報公開法が何人に対しても請求の目的の如何を問わず請求を認めていることから，開示請求者が誰であるかは考慮されず，特定の個人が識別される情報であれば不開示であるとする(総務省・詳解53頁)．裁判例も，情報公開法に基づく本人開示を否定している(名古屋地判平成14・10・30判時1812号79頁)．他方，不開示規定は，本人の権利利益を保護するものであるから，本人からの開示請求は認めてよいとする見解もある．判例には，自治体の情報公開条例の事案であるが，個人情報保護制度が採用されていない状況の下において，自己の個人情報の開示請求については，情報公開条例に本人開示を許さない趣旨の規定がおかれていず，当該個人の権利利益を害さないことが請求自体において明らかなときは，個人に関する情報であることを理由に請求を拒否することはできないとしたものがある(最判平成13・12・18民集55巻7号1603頁，行政判例百選38事件)．現在では，行政機関個人情報保護法が制定され，行政文書に記録された保有個人情報を教育情報，医療情報も含めて開示請求の対象にしたので，情報公開法による本人開示請求の必要性はもはやなくなったといってよい．

(e) 2016(平成28)年の法改正で行政機関個人情報保護法2条9項に「行政機関非識別加工情報」が規定されたが，情報公開法でも非開示情報に加えられた

---

11) 最高裁は，大阪市公文書(現情報公開)条例に関連して「公務員の職務に関する情報は，公務員個人の私事に関する情報が含まれる場合を除き，個人に当たることを理由に非公開情報に当たるとはいえない」とした(最判平成15・11・11民集57巻10号1387頁，行政判例百選35事件)．

(5・1号の2)．行政機関非識別加工情報とは，個人情報ファイルを構成する保有個人情報を特定の個人が識別できないように加工して得られる個人に関する情報であって，当該個人情報を復元することができないようにしたものである．

法人情報(5・2号)　(a) 法人その他の団体(国，独立行政法人等，自治体および地方独立行政法人を除く)に関する情報で，①公にすることにより当該法人等または当該個人の権利，競争上の地位その他正当な利益を害するおそれのあるものは不開示とされている(5・2号イ)．「正当な利益を害するおそれ」とは，「競争上の地位その他正当な利益が害される蓋然性が客観的に認められる」ことを意味する(最判平成23・10・14判時2159号59頁)．なお「個人の事業活動に関する情報」は，1号の個人情報から除外され(5・1号カッコ書)，2号の法人情報と同様に扱われている．

②行政機関の要請を受け，非公開という条件で任意に提供された情報で，非公開の約束(非公開約束条項)が合理的であると認められるものは非開示とされる(5・2号ロ)．日本では，行政指導として法人情報等の任意提出を求める事例が多いので，②を広く認めると骨抜きにされるおそれがある．野党がこの規定の削除を主張したのもそのためであった．そこで，「合理的と認められるもの」に限って不開示とされたのである．5条2号とほぼ同じ規定のある大阪市情報公開条例の事案において，判例は，個人に関わりのある情報であれば，原則として「個人に関する情報」に当たり，職務遂行情報も原則として「個人に関する情報」に含まれるとした．その上で，「法人等の代表者又はこれに準ずる地位にある者が当該法人等の職務として行う行為に関する情報のほか，その他の者のその行為に関する情報であっても，権限に基づいて当該法人等のために行う契約の締結等に関する情報」も法人情報に当たるので，「個人に関する情報」の非公開情報には当たらないと判示した(最判平成15・11・11民集57巻10号1387頁，行政判例百選35事件)．

(b) もっとも，①②の場合でも「人の生命，健康，生活又は財産を保護するため，公にすることが必要であると認められる情報」は例外として開示しなければならない(5・2号但し書)．「1号ロ」と同趣旨であるが，5条2号但し書または1号ロが適用される場合には，13条2項によって，第三者に対する意見書提出の機会を付与しなければならない．

国の安全等の情報(5・3号)　(a) 防衛，外交に関する秘密保持が必要な情報は不開示とされる．「国の安全」とは国土，国民および統治体制が平穏な状態に保たれていることをいう．これらの情報を事項的に不開示とするのではなく，「他国若しくは国際機関との信頼関係が損なわれるおそれ又は他国若しくは国際機関との交渉上不利益を被るおそれがあると行政機関の長が認めることにつき相当の理由がある情報」だけが不開示となる．

(b) 他の非開示事項と異なり「おそれ」のほか「相当の理由」の要件が加えられている．これらの事項は高度の政策判断が伴うことから，行政機関の長の要件裁量の判断が優先されることを明確にしたものと解される．したがって，司法審査も，「おそれ」の有無についての初審的(de novo)審査ではなく，行政機関の長による判断の合理性の有無に絞られることになる．特定秘密保護法(平成25年成立)の対象となる特定秘密を含む文書も開示請求の対象となる(塩野・行政法Ⅰ364頁)．防衛・外交情報は「聖域」ではない．国民主権の下では，情報を公開して議論することも重要である．

公共の安全等に関する情報(5・4号)　(a) 公共の安全等に関する情報については，「公にすることにより，犯罪の予防，鎮圧又は捜査，公訴の維持，刑の執行その他の公共の安全と秩序の維持に支障を及ぼすおそれがあると行政機関の長が認めることにつき相当の理由がある情報」は不開示にしなければならない．「その他」の文言があるので，ここに掲げられているのは例示である．刑事法の執行(司法警察)に限定されている．「おそれ」のほか「相当の理由」の要件が加えられている点は3号と同様，行政機関の長の裁量を尊重し，行政機関の長による判断の合理性の有無の審査をする趣旨である．

犯罪の捜査等の警察活動は権力的なものであって，市民の自由に対する脅威ともなり得ることを考えると，「その他の公共の安全と秩序の維持に支障を及ぼすおそれ」の文言はあまりに漠然としている．市民に対する違法な情報収集活動は4号で保護されないと解する必要性が高い．

(b) 4号も3号と同様，行政機関の長に要件裁量が認められているので，司法審査は合理性の有無に絞られる．「警察の裏金作り」への手段として「偽名(偽造された)領収書」の開示を滋賀県情報公開条例6条3号(情報公開法5条4号と同じ)に基づいて請求した事案において，原審(大阪高判平成18・3・29判例集不

登載)は公開すべきとしたが，最高裁は，「公共の安全等に関する情報」に該当するとし，「仮に本件領収書の記載が公にされた場合，県警において情報提供者からの捜査協力を受けることが困難になる可能性を否定できず，……犯罪の捜査，予防等に支障を及ぼすおそれがある」との県警本部の判断が合理性を欠くとはいえないとした(最判平成 19・5・29 判時 1979 号 52 頁)．また，県条例に基づき警察庁から県警本部長に送付された通達文書(凶悪重大犯罪に係る出所情報ファイル)の開示を求められた事案において，原審(東京高判平成 19・6・13 判例集不登載)は，県警本部長の判断は「社会通念に照らして著しく妥当性を欠くことは明らか」として裁量判断に合理性がないとしたが，最高裁は，対象となる出所者の入所罪名，出所事由の種別，および出所情報の有効活用に係る情報を公にすることは「犯罪捜査等に支障を及ぼすおそれがあると認めた新潟県警本部長の判断は合理性をもつ」と判示した(最判平成 21・7・9 判時 2057 号 3 頁)．いずれの事案も，裁量統制の手法に問題があり，公開を是とした原審の方に分があると思う．

審議・検討・協議(意思形成過程)情報(5・5号)　(a) 行政運営に関係する情報のうち，国の機関，独立行政法人等，地方公共団体および地方独立行政法人の内部または相互間における審議・検討または協議に関する情報で，公にすることによって，率直な意見の交換もしくは意思決定の中立性が「不当に損なわれるおそれ」「不当に国民の間に混乱を生じさせるおそれ」または「特定の者に不当に利益を与え若しくは不利益を及ぼすおそれ」があるものは非公開情報となる．

(b) これは，「意思形成過程情報」といわれるものであるが，法律はこの語を採用しなかった．行政情報については，非開示事項を一括して規定せず，5 号と 6 号(事務事業情報)に分解して類型化した．立法過程では，日弁連など意思形成過程情報に関する不開示類型を不要とする意見も強かった．意思決定に対する支障の内容を具体的に明記した点は評価されてよい．審議会等の情報については，それぞれの審議会の性質や審議内容に照らして，個別具体的に「率直な意見の交換若しくは意思決定の中立性」が不当に損なわれないかどうかを意思形成過程の開示によりもたらされる利益と弊害を比較衡量して判断することになる．行政機関の長の認定が要件とされていないことに注意せよ．

(c) 情報公開条例の事案であるが，ダムサイト候補地選定の重要な要素となる地質，環境等の自然条件や用地確保の可能性等の社会的条件について検討を経ない段階で，土木部河川課が作成した「ダムサイト候補地点選定位置図」は意思形成の過程における未成熟な情報であるから，公開により，協議会の「意思形成を公正かつ適切に行うことに著しい支障が生じるおそれのあるもの」が記録された公文書(京都府情報公開条例5・6号)に該当し非公開とした裁判例(大阪高判平成5・3・23判タ828号179頁)があり，最高裁もこれを是認した(最判平成6・3・25判時1512号22頁＝鴨川ダムサイト事件，行政判例百選36事件)．

事務事業情報(5・6号)　(a) 国の機関，独立行政法人等，地方公共団体または地方独立行政法人が行う「事務又は事業に関する情報」は，従来，行政運営情報，行政執行情報といわれてきたものであり，風俗営業の許認可，伝染病予防等の公衆衛生，薬事・食品・環境，建築規制等(行政警察)が対象となる．本来であれば，当然に情報公開されるべき事項であるが，例えば実施前の試験問題や交通取締りの計画のように開示したのでは，事務事業の目的が損なわれる．そこで，公にすると，その事務・事業の目的が損なわれ，それぞれの事務事業の性質上，「適正な遂行に支障を及ぼすおそれ」があるものは，非開示情報とした．「適正」といえるためには，公益的な開示の必要性等の種々の利益を比較衡量する必要がある．「支障」も実質的に判断されなければならない．

(b) 6号は，「その他当該事務又は事業の性質上，当該事務又は事業の適正な遂行に支障を及ぼすおそれ」と記し，包括的文言で不開示の対象を拡大しているが，この文言は行政機関に広範な裁量権を与える趣旨ではない．6号は，「イ」から「ホ」まで不開示とされる標準的な事務・事業情報を例示列挙することで拡大を防ごうとしている．最高裁は，内閣官房報償費の開示につき，報酬支払明細書等が公開されると様々な手段を駆使して積極的に情報収集がなされ照合，分析を通して，支払相手方や具体的使途が特定できる場合があり，その結果，国の安全が害され，他国との信頼関係が損なわれて交渉に支障を及ぼすおそれがあることを理由に，5条3号または6号の不開示情報に当たるとした(最判平成30・1・19判時2377号4頁)．

不開示情報の司法審査　不開示情報の司法審査については，国の安全等の情報(3号)・公共の安全等に関する情報(4号)だけが「相当の理由」の文言をおい

ており，行政機関の長について要件裁量の余地を認めているが，その他(1号，2号，5号，6号)の場合には，裁判所は「おそれ」の有無など要件の存否について全面的に司法審査することができる．

4　開示請求手続

開示請求に対する決定　(a) 行政機関の長は開示請求があったときは，不開示情報が含まれていない限り，開示しなければならない(5本文=原則開示制)．行政手続法上，開示請求は「申請」に当たり，開示決定は，「申請に対する処分」に当たるので，行政庁は審査基準を定めて公にしておかなければならない(行政手続法5)．開示決定には，全部開示決定と一部開示決定がある(9①)．行政機関の長は，申請者に対して，拒否処分(一部開示を含む)をする場合には，行政手続法8条1項に従って理由を提示しなければならない．

(b) 行政機関の長は，適法な開示請求があったとき，原則として30日以内に，開示または不開示の決定(「開示決定等」)を「書面により通知」しなければならない(9①②，10①)．もっとも，「事務処理上の困難その他正当な理由があるとき」は，期間を30日以内に限り延長することができる(10②)．開示請求に係る文書が著しく大量であるため，開示請求があった日から60日以内にそのすべてについて開示決定等をすることにより事務の遂行に著しい支障が生ずるおそれがある場合には，行政機関の長は，その相当部分を60日以内に決定し，その残りは相当の期間内に「開示決定等」をすればよい．その場合，開示請求者に対して30日以内に理由や残りの文書についての決定期限を書面で通知しなければならない(11)．

不開示決定　(a) 不開示決定の判断には，開示について裁量権は与えられていない．不開示決定をしたときは，開示してはならない職務上の義務を負う．不開示決定も，書面による通知が必要である(9②)が，オンラインによる通知も可能である(行政手続オンライン化法4①)．

全部不開示決定(9②)には，(i)行政文書の特定が不十分である等，形式的不備のため不適法である場合，(ii)行政文書の全部に不開示情報が記録されている場合，(iii)8条のグローマー拒否[12](行政文書の存否を明らかにしないで拒否処分をする)の場合，(iv)行政文書を保有していない場合または行政文書(2②)に該

当しない場合，(v)開示請求の対象が他の法律により適用除外となっている場合，(vi)手数料未納付の場合，(vii)権利濫用の法理が適用されるとき，が含まれる（総務省・詳解99頁）．いずれの場合においても，行政手続法8条によって理由を提示する必要がある．

　(b) 行政文書の開示決定等は，開示請求された行政機関の長が行うのが原則であるが，「他の行政機関により作成されたものであるときその他他の行政機関の長において開示決定等をすることにつき正当な理由があるときは，当該他の行政機関の長と協議の上」，他の行政機関の長に事案を移送することができる（12①前段）．事案が移送されたときは，これを受けた行政機関の長が開示決定等を行う（12②）．開示請求者に対しては，移送した行政機関の長が，移送した旨を書面で通知しなければならない（12①後段）．

　部分開示　**(a)** 当該行政文書の一部に不開示情報が記録されている場合，これを容易に区分して除くことができる（文書の分離だけでなく，一部を墨塗りにする等）ときは，これを除いた部分を開示しなければならない（6①，これを一般的部分開示という）．残りの部分が単に文字や記号・数字の羅列にすぎないなど「有意な情報」がない場合には，開示の必要はない．いずれにせよ，不開示部分については，その理由を提示しなければならない（行政手続法8）．具体的にどの部分を削除するかは，行政機関の長の合目的的な裁量に委ねる他はない．

　(b) 個人識別情報が記録されている場合，「氏名，生年月日その他の特定の個人を識別することができることとなる記述等の部分」を削除して残りの部分を開示しても「個人の権利利益が害されるおそれがない」と認められるときは，5条1号の「個人に関する情報」に含まれないと「みなして」，部分開示する

---

12) 仮に前科の記録の開示請求に対して，行政文書は存在するが5条1号により不開示と回答した場合，回答自体で前科の事実があることを認めたに等しい．他の情報についても，行政文書の存否自体を回答することで，保護利益が侵害される可能性は存在する．このように，文書の存否を答えるだけで不開示情報の規定によって保護しようとした権利利益を損なう可能性がある場合に，回答の拒否を認めることを「グローマー拒否」と呼ぶ．この場合にも，理由を提示する義務があることは勿論である（行政手続法8①）．理由の提示としては，「当該文書の存否を答えること自体が，5条○号の不開示情報を開示することになるので，請求対象文書であるともないともいえないが，仮にあるとしても，5条○号により不開示情報に該当する」と書く（宇賀・個人情報逐条139頁）．

ことができる(6②, 特別部分開示という). 個人識別情報についての特別規定を設けたものであるが,「みなして」とは, 理論的には個人に関する情報であるが, 個人に関する情報として取り扱わないという趣旨である. 病院のカルテや日記などは, 識別できなくても個人の権利利益が害されることになろう. 他方, 5条2号以下のその他の不開示情報については, 定性的不開示情報の捉え方をして, 各号に定められた「おそれ」を要件とすることで不開示の範囲の拡大を防ごうとしたものと解される.

(c) 部分開示に当たって, 行政文書のどの部分を開示し, どの部分を不開示とするかについて, 情報単位論(独立一体説)と呼ばれる考え方がある. 事案は, 大阪府公文書公開条例に基づいて, 府知事に知事交際費の関係文書(債権者の請求書・領収書, 歳出額現金出納簿・支出証明書)の公開請求を求めたものである. 最高裁(第一次上告審)は, 関係文書のうち「交際の相手方が識別され得るものは, 公開しないことができる文書に該当する」とし, 非公開事由につき更に審理を尽くさせるために破棄差戻した(最判平成6・1・27民集48巻1号53頁, 行政判例百選34事件). 差戻し後の第二次上告審(最判平成13・3・27民集55巻2号530頁＝大阪府知事交際費事件)は, 被告(知事)の主張をほぼ認めて,「公文書」と「情報」を区別した上で,「一個の公文書に複数の情報が記録されている場合において, ……非公開事由に該当する独立した一体的な情報を更に細分化し, その一部を非公開とし, その余の部分にはもはや非公開事由に該当する情報は記録されていないものとみなして, これを公開することまでをも実施機関に義務付けているものと解することはできない」とした. つまり, 支出証明書に記録された「情報」は全体として当該交際費に係る知事の交際に関する「独立した一体的な情報」をなす(これを「情報単位論」という)として, 実施機関の裁量を広く認めたのである[13].

---

[13] 大阪府公文書公開条例10条は, 部分開示を定めた情報公開法6条1項とほぼ同旨の規定があるが, 2項のような個人情報の部分開示についての規定がない. そこで, 最判平成13・3・27は, 情報公開法6条2項が個人情報につき, 氏名等を除いた部分を非公開情報に含まれないと「みなし」て, 開示を命じた創設規定であり, 逆に1項だけでは, 氏名等を除いた部分は本来なら非公開とされるべきことを意味していると解した. つまり, 非公開情報を個人識別型(事項的非公開情報型)に依拠したので, 個人識別部分のみを除くという部分開示義務はないとしたのである. 言うまでもなく, 本判決は情報公開法の個人情報とは無関係であるし, その

問題は，この情報単位論が個人情報につき特別の部分開示規定(情報公開法6条2項)がない法定の不開示事由(5条2号ないし6号)一般に広く妥当するかどうかである．その後，情報単位論を取る判決(最判平成14・2・28判時1782号10頁＝名古屋市長交際費事件)もあったが，最高裁(最判平成19・4・17判時1971号109頁＝愛知県庁食糧費事件，行政判例百選37事件)は，相手方に民間人と公務員双方が含まれた万博誘致対策で行った懇談会出席者名の公開につき，原審(名古屋高判平成17・11・17判例集不登載)の情報単位論(公務員の出席に関する公開情報と民間人の出席に関する非公開情報，および両者に共通する題名欄等の記載がある場合，それらは全て独立した一体的な情報であるから，非公開情報となる)を破棄して，「各文書中の公務員の氏名や所属名，職名等の出席公務員が識別される部分は，公務員の本件各懇談会出席に関する情報としてすべてこれを公開すべきである」と判示した．

思うに，①本件は個人識別情報の部分開示規定をもたない情報公開条例に関する事案であったが，情報公開法6条2項の趣旨を条例に読み込むことはできよう．この観点からすると，公務員に関する情報自体が不開示情報に当たらないのは明らかであるのに，これを一体的に捉えることで，すべてを不開示情報とすることは，情報公開法6条2項(部分開示規定)の趣旨に反し，②情報単位論は，情報のもつ重層的な構造と情報のもつ多様な社会的意味を見落とすものである(藤田宙靖判事の補足意見．藤田・総論177頁)から，本判決の立場(開示情報と不開示情報の共通部分に限定して不開示とし，それ以外は公開すべし)は支持されるべきである．

裁量的開示 (a) 不開示情報であっても，「公益上特に必要があると認めるときは」行政機関の長は，開示請求者に対し，裁量的開示決定をすることができる(7)．高度な行政判断により例外的に裁量的開示を認めたものである．ただし，行政機関非識別加工情報(5・1号の2)に関する不開示情報については，裁量的開示を行えない．

(b) 裁量的開示は，不開示情報に該当する場合には開示が禁止されることを前提として，なお個々のケースにおいて，例外措置を認めるものである．し

射程は情報公開法6条2項に対応する規定のない条例に限定されよう．

たがって，裁量権の行使に際しては，不開示情報の性質(不開示による利益)と開示による「公益上の必要性」を比較衡量することになろう．

文書存否の情報　(a) 開示請求に対する決定は，㋑文書が存在していれば，開示決定または不開示決定のいずれかが，㋺存在していなければ，不開示決定が行われるのが原則である．しかし，当該文書が「存在する」，あるいは「ない」というだけで不開示情報として保護する利益が損なわれることがあり得る．そこで，8 条は「開示請求に対し，当該開示請求に係る行政文書が存在しているか否かを答えるだけで，不開示情報を開示することとなるときは，行政機関の長は，当該行政文書の存否を明らかにしないで，当該開示請求を拒否することができる」と規定することで，不開示情報にさらなる例外を設けた．アメリカでは，これをグローマー拒否(Glomar denials) = 存否応答拒否と呼んでいる．情報類型の限定がないので，濫用の懸念が大きい[14]．

(b) 不服審査の手続は，文書の存在を前提としているので，存否そのものを明かさない「存否応答拒否」の場合，不服審査が機能しない可能性がある．また情報公開訴訟の場合，司法審査の段階でもインカメラ審理[15]を採用していないので，結果として行政機関の長の判断が最終的なものとして優先され，司法審査も限界があるということになりかねない．このように考えると，8 条の発動は必要最小限にとどめるべきであろう．

第三者の保護手続　(a) 請求文書に第三者情報が記録されているときは，行政機関の長は，開示・不開示を決定する前に第三者に対して意見書の提出の機

---

14) 探究的請求は，一般的にグローマー拒否に当たると解されるが，5 条各号の不開示情報類型の全てについて生じ得る．例えば，特定の個人の病歴に関する情報(1 号)，先端技術に関する特定企業の設備投資計画に関する情報(2 号)，情報交換の存在を明らかにしない約束で他国等との間で交換された情報(3 号)，犯罪の内偵情報(4 号)，国民生活に重大な影響を及ぼすおそれのある特定の物質に関する政策決定の検討状況の情報(5 号)，試験問題の出題予定に関する情報(6 号)などである(総務省・詳解 94 頁)．

15) インカメラ(in camera)とは，直訳すれば「裁判官の部屋(camera)で」の意味である．情報公開訴訟の審理において，原告が開示を求めている文書を原告に見せずに，裁判官がその文書を閲覧して不開示情報に該当するかどうかを判断することをいう．原告に見せてしまうと，開示したのと同じ結果になるので，証拠としての提出はできないが，だからといって，裁判官が当該文書を見ずに処分の適法性を判断することにも問題があるため，アメリカの情報公開訴訟ではインカメラ審理が認められている．日本の裁判所では，従来，裁判官は不開示決定された文書を見ずに，推認の方法で判断を下してきたとされている(判例については後述)．

会を与えることができる(13①)．第三者の情報については，行政機関の長が常に的確な判断ができるとは限らないので，当該第三者の判断を聴取することによって，誤った判断をしないようにこの規定が置かれた．もっとも，任意的な調査であって，意見聴取を義務付けられている訳ではない．したがって，方法は書面が望ましいが，口頭で通知してもよい．

(b) 他方，①人の生命，健康，生活または財産を保護するため，公にすることが必要であると認められる個人情報および法人情報(5・1号ロ，2号本文但し書)に該当する場合，②公益上特に必要ありとして非開示情報を裁量開示する場合(7)には，意見書提出の機会を与えることは義務的である(13②)．通知は口頭ではなく，書面による必要がある．開示決定は第三者との関係では，不利益処分となる可能性があるので，デュー・プロセスの原則を貫くためである．意見書の提出の機会を与えられた第三者が，開示に反対の意思を表示した意見書を提出したにもかかわらず，行政機関の長が開示決定をするときには，開示の実施の日までに2週間以上の期間を設けなければならない(13③)．これは，この期間内に当該第三者に開示決定を争う機会(審査請求や抗告訴訟の提起)を保障するためである．行政不服審査法では原則として審査請求は「処分があったことを知った日の翌日から起算して3月」，再調査の請求の場合は1月以内に提起しなければならない(18①)．また取消訴訟の出訴期間は，「処分又は裁決があつたことを知つた日から6箇月」以内である(行訴法14①)．したがって，第三者にとっては，実際には出訴期間の短縮を意味している．

開示の実施方法 (a) 行政文書の開示は，文書・図画については閲覧または写しの交付により，電磁的記録についてはその種別，情報化の進展状況等を勘案して政令で定める(14①)．開示を受ける者は，その求める開示の実施方法等を行政機関の長に申し出なければならない(14②)．申出期間は開示決定の通知があった日から30日以内である(14③)．

(b) 他の法令の規定によって，開示請求対象文書が何人に対しても14条1項本文に定める方法と同一の方法で開示されているときには，情報公開による開示を重ねて認める必要がないので，当該同一の方法による開示の限度で，本法による開示は行わない(15①)．

5 救済制度

開示請求に対する決定に不服がある請求者や第三者は，行政不服審査法に基づく審査請求や取消訴訟を提起することができる．情報公開制度は，主観的権利利益を保護するものではないが，開示請求権は主観的な手続的権利と解されるからである．

不服申立て制度　(a) 審査請求の当事者となるのは，不開示決定に対しては開示請求をした者であり，開示決定に対しては，それによって権利利益を侵害された第三者である．情報公開法上の開示決定等も行政不服審査法の適用を受ける．審査請求を受けた行政機関の長(諮問庁)は，情報公開・個人情報保護審査会(以下，審査会という)に諮問し，その調査・審議・答申を経た上で裁決をしなければならない(19)[16]．これは，①客観的な公正さを確保するために公正かつ中立的な第三者機関の判断が必要であること，②開示・不開示決定には行政機関の長の裁量に委ねるものもあるので，全てを第三者に委ねるのではなく，諮問にとどめ各省庁の判断を統一することが適当だと考えられたためであろう．もっとも，審査請求を却下するとき，あるいは裁決で審査請求の全部を認容し当該審査請求に係る行政文書の全部を開示するときは諮問をするには及ばないとされている(19①1号2号)．なお，13条3項の規定により第三者が「当該行政文書の開示について反対意見書が提出されている場合」は，必ず諮問しなければならないとされている(19①2号カッコ書)．

(b) 審査会は，情報公開・個人情報保護審査会設置法に基づき，総務省に置かれる(審査会法2)．委員15人をもって組織され(審査会法3)，優れた識見を有する者のうちから，両議院の同意を得て，内閣総理大臣が任命する(審査会法4①)．任期は3年である(審査会法4④)．性格は諮問機関であるが，実質的には3条機関に近い．

---

[16]　会計検査院長の開示・不開示決定に対して不服申立てがなされたときは，会計検査院情報公開審査会・個人情報保護審査会(会計検査院法19の2①)に諮問されることになっている(19本文カッコ書)．会計検査院は，憲法上の機関として内閣から独立しているので総務省内でこれを処理することは適当でないと判断されたために別に法律で定めることになったものである．

審査会は，原則としてその指名する3人の委員(委員会が定める場合には委員全員)をもって構成され，独立した第三者の立場で，審査請求に係る事件について調査審議する(審査会法6①②)．審査会の手続は，行政不服審査法に付加されたものであるが，実質的な審理ができるように，特別の審理方法が規定されている．

(c) 第一は，審査会段階におけるインカメラ審理である．アメリカでは裁判手続に導入されているものであるが，わが国では憲法の「裁判の公開原則」を理由に裁判手続への導入は見送られた．審査会は，必要があると認めるときは，諮問庁に対し，行政文書等または保有個人情報の提示を求めることができ，諮問庁はこれを拒んではならない(審査会法9①②)．事件の審議に当たる委員は直接当該文書を見分して，①当該文書が現実に記載されているか，②不開示等の判断が適法妥当か，③開示分の範囲が妥当か等について迅速に判断することができる．これをインカメラ審理という．文書の秘匿性は，委員の罰則付きの守秘義務によって担保される．もっとも，インカメラ審理も限界がある．開示請求者は，現物を見ることができないし，裁判の場でも原告は主張・立証の手掛りがない．また裁判官も現物を見ないので，審査会の判断を是とするか無視するかしかない．したがって，裁判では諮問庁の決定理由の合理性を審査することになる．その意味で，インカメラ審理をした答申の書き方は不開示理由を具体的かつ詳細に書くことが求められる．またグローマー拒否の場合は，必ずインカメラ審理を行うべきであろう．

なお，諮問庁から提出された文書については，何人も審査会に対して開示を求めることはできない(審査会法9①後段)．非開示事項等が審査過程で公開されないようにするためである．

(d) 第二は，ヴォーン・インデックス方式である(アメリカで，ロバート・ヴォーンが提起した訴訟に由来する)．審査会は，必要があると認めるときは，諮問庁に対し，行政文書等に記載されている情報の内容を審査会の指定する方法により分類・整理した資料(ヴォーン・インデックス)を作成して提出するように求めることができる(審査会法9③)．ヴォーン・インデックス＝説明書類は，文書量や情報量が多く，複数の不開示規定が複雑に関係するような事案には有用である．審査会は効率的に審査することができるし，不服申立て人も反論がし

やすい．また訴訟に際しても適正な訴訟手続にも資するところが大きいであろう．

(e) 第三は，当事者主義構造の審理である．審査会は，審査請求人，参加人，諮問庁(これらを以下，審査請求人等という)に意見書または資料の提出を求め，適当と認める者にその知っている事実を陳述させ又は鑑定を求めること，その他必要な調査をすることができる(審査会法9④)．そのため，審査会は審査請求人等から申立てがあったときは，審査請求人等に対して口頭による意見陳述の機会を付与しなければならない(審査会法10①)．審査請求人等は，審査会に意見書・資料を提出することができ(審査会法11)，また審査会に提出された意見書または資料の閲覧を審査会に求めることができる(審査会法13②)．審査会は，これらの写しを提出した審査請求人等以外の審査請求人等に送付するものとされている(審査会法13①本文)．ただし，第三者の利益を害するおそれや正当の理由があるときは，この限りでない(審査会法13①但し書)．審査会は，必要があると認める限り，これら提出された意見書または資料の写しを審査請求人等以外の審査請求人等に送付し，または審査請求人等に提出された意見書または資料を閲覧させようとするときは，これらの意見書または資料提出した審査請求人等の意見をきかなければならない(審査会法13③)．

(f) 審査会が答申したときは，答申書の写しを不服申立人及び参加人に送付するとともに，答申の内容を公表するものとされている(審査会法16)．諮問庁は，答申を受けた後に，審査請求に対する裁決を行う．諮問庁は答申に拘束されないと解される．諮問庁は格別の理由がない限り，答申を尊重するべきであろう．仮に答申と異なる判断をする場合には，答申内容を併記し，異なる判断をする理由を十分に提示すべきであろう．

　行政訴訟制度　(a) 開示決定等(情報公開法10①)に対して，請求者は抗告訴訟を提起することができる．開示決定に対して，従前は，もっぱら取消訴訟(行訴法3②)であったが，改正行訴法の下では，義務付け訴訟(同法3⑥2号)が可能になったので，今後は取消訴訟と併合提起(同法37の3③2号)されることになろう．他方，開示決定によって権利利益を侵害される第三者の場合，開示決定の取消訴訟や差止訴訟(同法3⑦)も提起することができよう．取消訴訟を提起する場合には，訴訟継続中に開示が実施されることを防ぐために，執行停

止を申し立てるべきである(同法25①).

(b) 取消訴訟において，インカメラ審理を行えるかについては，見解が分かれている．米軍海兵隊のヘリコプターが宜野湾市に墜落した事故をめぐって，沖縄県民原告Xが国に対して日米両政府の協議等の行政文書の開示請求をした訴訟において，原告が検証への立会権を放棄し，検証調書の作成を求めない旨の陳述をしたのを受けて，福岡高裁は「開示について最終的な判断権を有する裁判所が，当該文書を直接見分することが不可欠と考えた場合には，インカメラ審理を否定するいわれはない」として，本件不開示文書の検証物提出命令を出した(福岡高決平成20・5・12判時2017号28頁)．これは実質的にインカメラ審理を認めたに等しい．しかし，最高裁は，原審決定を破棄し，「訴訟で用いられる証拠は当事者の吟味，弾劾の機会を経たものに限られるということは，民事訴訟の基本原則であるところ，情報公開訴訟において裁判所が不開示事由該当性を判断するために証拠調べとしてのインカメラ審理」を行うことは，原告が立会権の放棄等をしたとしても明文の規定がない限り許されないと判示した(最決平成21・1・15民集63巻1号46頁，行政判例百選39事件)．注目すべきは，最高裁が憲法82条違反を理由にしなかった点である．インカメラ審理へ向けた法改正が望まれる．

情報公開法は，不開示情報該当性の主張・立証責任について規定を置いていない．開示請求者が不開示決定の取消訴訟や開示決定の義務付け訴訟を提起した場合，最高裁は不開示事由については被告・実施機関が主張・立証責任を負うと解した(情報公開条例に関して，最判平成6・2・8民集48巻2号255頁)．他方，行政文書を保有していないことを理由とする不開示決定の取消訴訟では，行政文書の保有が開示請求権の成立要件とされていることから，開示請求者に行政文書の保有の立証責任があるとした(最判平成26・7・14判時2242号51頁＝沖縄返還密約文書開示事件)．

(c) 2004(平成16)年改正前の行政事件訴訟法12条1項は，「行政庁を被告とする取消訴訟は，その行政庁の所在地の裁判所の管轄に属する」と規定していた．そこで，情報公開法21条では，原告の便宜に配慮して裁判管轄の特例を置き，原告の住所地を管轄する高等裁判所の所在地を管轄する地方裁判所(これを特定管轄裁判所という)にも情報公開訴訟を提起できるようにした．しかし，

2004年の行訴法改正で，この制度が押し拡げられて行訴法12条4項で一般的制度として採用されることとなった．

「同一又は裁決に係る同種若しくは類似の行政文書」に係る情報公開訴訟が他の裁判所に係属しているときは，行訴法12条5項の規定にかかわらず，情報公開法21条1項によって移送することができる[17]．行訴法12条5項が「事実上及び法律上同一の原因に基づいてされた処分又は裁決」と規定しているのに対し，情報公開法21条1項は「同一又は同種若しくは類似の行政文書」と規定しており，要件がやや広い．そこで，行訴法の特例として残したのである．

6 文書管理等

文書管理体制 （a）これまでわが国の行政機関では，行政文書の作成・分類・整理・保存・廃棄について統一した基準がなかった．情報公開制度を円滑に運用するためには，行政文書の管理が適切に行われることが前提である．従前の文書管理体制は，情報公開法における現用文書の開示請求を前提としたものであって，行政文書適正管理の原則を定めるとともに，行政文書の分類，作成，保存および廃棄に関する基準その他の行政文書の管理に関する必要な事項については，政令で定めて「一般の閲覧に供しなければならない」としていた（2009年改正前の情報公開法22条）．しかし，文書管理の運用が各府省に任せられ区々であったし，現用文書と非現用文書[18]を個別に規制するセグメント方式にも問題があった．2009（平成21）年に公文書管理に関する一般法として「公文書等の管理に関する法律」（以下，公文書管理法という）が制定され，2011（平成23）年から施行された．しかし，その後も南スーダンPKO派遣日報の廃棄，森友学園への8億円値引きされた国有地売却に関連する文書の不存在，加計学園の獣医学部新設を巡る文書の不存在問題など様々な不祥事が発生した．

（b）公文書管理法は，公文書等（国及び独立行政法人等の諸活動や歴史的事実の記録）が国民共有の知的資源であり，主権者である国民が主体的に利用し得る

---

17) 2014（平成26）年改正で，「開示請求に係る不作為に係る審査請求に対する裁決の取消しを求める（抗告）訴訟」も付け加えられた（21①②）．
18) 非現用文書については，国立公文書館法と情報公開法施行規則等で基本的事項が規定されていた．

ものであるとの理念にのっとり，行政文書等の適正な管理，歴史的公文書等の適切な保存および利用等を図り，行政が適正かつ効率的に運営されるようにするとともに，国民に対する説明責任が全うされることを目的としている(1)．

公文書管理法が対象とするのは，「公文書等」であるが，これには，行政文書[19]，法人文書，特定歴史公文書等があるが(1, 2④〜⑧)，保存期間満了前の現用文書と保存期間満了後の非現用文書の全体が含まれる．行政機関以外の立法機関，司法機関の歴史公文書等も保存の対象となる(14①)．

独立行政法人等の法人文書については，行政文書の管理に準じた措置が講じられている(11〜13)．

(c) 公文書管理法は，現用の行政文書の統一的管理ルール(作成基準，分類基準，保存期間基準，行政文書ファイル管理基準簿の記載事項，移管基準)について定めた(4, 5, 7)．行政文書管理規則は行政機関の長が作成する(10①)．独立行政法人等の法人文書管理についても，行政文書の管理に準ずる(11①)．

(d) 公文書管理法は，従来，現用文書は総務省，非現用文書は内閣府と分かれていた文書管理体制を内閣府に一元化するとともに，内閣府に「公文書管理委員会」を設置し，調査・審議・答申等を行わせることにした(28, 30)．できるだけ外部有識者や専門家の知見を活用しようとするものである．また，現用文書の移管・廃棄についても規定が置かれた(8)．なお，地方公共団体の文書管理については，公文書管理法の趣旨にのっとり必要な施策を策定・実施する努力義務が課されている(34)．

(e) 行政文書や法人文書が第三者の著作物である場合，これに対して開示請求がなされると著作権法上の著作物保護との関係が問題になる．そこで，情報公開法の施行に伴う関係法律整備法で，著作権法が改正された．一つは，未公表の著作物を行政機関に提出した場合，開示決定までの「別段の意思表示」をしない限り，当該著作物を公衆に提供し，または提示することにつき同意したものとみなされる(著作権法18③)．二つめは，写しの交付が複製権の侵害にな

[19) 「「行政文書」とは，行政機関の職員が職務上作成し，又は取得した文書(図画及び電磁的記録……)であって，当該行政機関の職員が組織的に用いるものとして，当該行政機関が保有しているもの」と定義されている(2④)．

るかの問題であるが，行政機関の長が著作物を公衆に提供し，または提示する場合，開示に必要と認められる限度において，行政機関の長は当該著作物を利用することができるとされた(著作権法42の2)．

内閣総理大臣の役割　内閣総理大臣には，公文書管理を監督する権限が与えられている．すなわち行政機関の長は，行政文書ファイル管理簿(密接な関連を有する行政文書を集めたもの)の記載状況その他の行政文書の管理の状況について，毎年度，内閣総理大臣に報告しなければならず，また報告・資料の提出を求め，当該職員に実地調査をさせることもできる(9①③)．また「必要があると認めるときは」行政機関の長に対し，公文書の管理について改善すべき旨の勧告をし，その結果についての報告を求めることができる(31)．

情報提供　(a) 情報公開制度を利用するには，どのような文書が，どこにあり，どのような手続によってそれを知ることができるかが分からなければ話にならない．そこで，行政機関の長は，公文書管理法7条2項に規定するもののほか，当該行政機関が保有する行政文書の特定に資する情報の提供その他開示請求をしようとする者の利便を考慮した適切な措置を講ずるものとしている(情報公開法22①)．他方，総務大臣は，情報公開法の円滑な運用を確保するため，開示請求に関する総合的な案内所を整備するものとされている(22②)．

(b) 政府は，その保有する情報の公開の総合的な推進を図るため，行政機関の保有する情報が適時に，かつ，適切な方法で国民に明らかにされるよう，行政機関の保有する情報の提供に関する施策の充実に努めなければならない(情報公開法24)．

公文書管理法の改正問題　(a) 2018(平成30)年，森友学園との国有地取引に関し，財務省の決裁文書の改ざんや意図的な廃棄が問題となった．以前には政策決定プロセスの詳細を記した「白表紙」が省内に存在したが，2001年に情報公開法が施行されて以降，これらは捨てられたばかりでなく，不都合な情報は記録に残さず私的メモ(「組織的に用いる」のでなければ行政文書ではない)にする慣行が広がったとされている．「消えた年金記録」等の問題を切っ掛けに公文書管理法ができたが，状況はむしろ法の目的・理念とは逆方向に向かっているようである．小さな政府論が人員整理を生み，その結果公文書管理制度の強化を阻んだと論ずる説もある(前田健太郎「『小さな政府』と公文書管理」『現代思想

──特集・公文書とリアル』2018年6月号).

(b) 改正の方向としては，①各省庁に文書監理官を置くか，独立性のある公文書管理庁を創設する，②文書の定義を業務に関連するメモ等に拡大する，③保存期間の延長および電子メールの自動廃棄の禁止，④改ざん行為には懲戒免職になることを明文化する，⑤公文書管理法には罰則規定がないが，刑事罰を設ける，などが検討されるべきであろう．

第2章

個人情報保護

第1節　個人情報保護制度の意義

総説　(a) パソコンやインターネットなどテクノロジーの目覚しい発達等高度情報通信社会の進展によって，近年，市民生活の様相は一変した．ネット上の買い物は普通になったし，電子政府・電子自治体構想も一部実現し，各種の申請や届出もオンラインで可能となってきた．反面，大量の個人情報がコンピューターでデータベース化され，官公庁だけでなく民間企業や民間団体にまで個人情報(を含むビッグデータ)が大量に収集・蓄積されるようになり，コンピューターによる結合処理で私人の秘密領域が侵されかねない状況にある．本人の知らないところで，様々な個人情報が把握され，売買され，時に深刻な被害を与える場合も珍しくない[1]．

(b) 個人情報を保護する取り組みは，欧米諸国では1970年代に始まり，1980年にOECD(経済協力開発機構)が「プライバシー保護と個人データの国際流通についてのガイドラインに関する理事会勧告」を採択したことで，この問題についての国際的標準(いわゆるOECD 8原則)[2]が確立したとされている．わ

---

[1] 情報公開制度が，行政機関のもっている情報の利用の側面を規制する客観法的制度であるのに対して，個人情報保護制度は，個人の自己情報コントロール(プライバシー)権保障の観点から行政機関等の情報の収集・保管・利用の側面を規制する点で異なる．

[2] OECD 8原則の内容は，次の通りである(一部要約)．①収集制限の原則(個人データの収集には制限を設けなければならず，データの収集は，適正かつ公正な手段によって，かつ適

が国の個人情報保護法制も基本的には OECD の勧告を踏襲している．日本では，川崎市や東京都などの自治体が，国に先行して，いちはやく個人情報の保護条例を制定したが，その後，国も 1988(昭和 63)年，「行政機関の保有する電子計算機処理に係る個人情報の保護に関する法律」を制定した．この法律は，行政機関の保有する電算機処理のみに限定したものであって，「マニュアル(手作業)処理情報」や教育(学校の成績評価・入学者選抜の記録)，医療(診療記録)，刑の執行関係などが対象外とされ，また訂正・利用停止請求権を認めないなど内容も不十分なものであった．そこで，2003(平成 15)年，これを全面改正した「行政機関の保有する個人情報の保護に関する法律」(以下，行政機関個人情報保護法という)が制定され，同時に「独立行政法人等の保有する個人情報の保護に関する法律」(以下，独立行政法人等個人情報保護法という)，「個人情報の保護に関する法律」(以下，個人情報保護法という)が制定された．これらは，個人情報保護の一般法ということができる(以下，これらを個人情報保護 3 法という)．

　2013(平成 25)年，「行政手続における特定の個人を識別するための番号の利用等に関する法律」(略称：マイナンバー法)が制定された．個人番号や法人番号が交付されることで，社会保障(年金，雇用保険，福祉給付，生活保護等)，税，災害対策の分野で効率的な情報の管理・利用・迅速な情報の授受を行うことにより，行政運営の効率化を図るとともに，国民の側も添付書類の軽減など利便性の向上も目的としている(1)．マイナンバー法は，個人情報保護 3 法の特別法

当な場合においては，データ主体に通知または同意を得て行わなければならない)，②データ内容の原則(個人データは，その利用目的に適合したものでなければならず，かつ利用目的に必要な範囲内で正確，完全で最新の状態に保たなければならない)，③目的明確化の原則(収集目的は収集時より遅くない時期に明確化される必要があり，その後における利用は当初の収集目的に矛盾することなく，かつ明確化されたものに制限すべきである)，④利用制限の原則(個人データは，本人の同意または法律の規定による場合以外，明確化された目的のために開示され，利用可能な状態に置かれ，またその他の形での使用に供されてはならない)，⑤安全保護の原則(個人データは，紛失，不正アクセス，破壊，使用，改竄，漏洩等のリスクに対し，合理的な安全保護措置により保護されなければならない)，⑥公開の原則(個人データに係る開発，実施，方針は一般に公開しなければならない．また個人データの存在，種類及びその利用目的とともにデータ管理者の名称・住所が分かるようにしておかなければならない)，⑦個人参加の原則(個人は，管理者が本人のデータを保有していることを確認できるようにすること，本人のデータについて異議申立てができる権利を有すること等)，⑧責任の原則(データ管理者は上記原則を実施するための責任がある)．

として位置づけられる(塩野・行政法Ⅰ379頁).

(c) 個人情報保護法は，基本法にあたる規定(1章〜3章)と民間部門に対する一般法の規定(4章〜7章)からなる．1章から3章までは，公的部門と民間部門，それに個人情報保護条例を含めて，個人情報保護の基本法の性質を有している．実際，個人情報保護法6条は，実施法の制定を予定しているので，行政機関個人情報保護法は，個人情報保護法の実施法の位置にある(塩野・行政法Ⅰ381頁).

(d) 個人情報保護法制は全体として三層で構成されている．第一は，個人情報保護の基本原則の理念的宣言(基本法)の部分(個人情報保護法1章〜3章)である．第二は，一般法としての役割を担う層である．個人情報保護法の民間部門を適用対象とする規定(4章〜7章)，行政機関個人情報保護法，独立行政法人等個人情報保護法がこれに当たる．自治体の制定する個人情報保護条例も一般法として位置づけられるべきものである．第三は，個人情報保護が特に強く要請される医療，信用(金融)，情報通信等の個別分野を規制する分野が考えられる．

個人情報保護法制の目的　(a) 個人情報保護法制の目的は，「個人の権利利益の保護」にある(個人情報保護法1，行政機関個人情報保護法1，独立行政法人等個人情報保護法1)．わが国の個人情報保護法制の基礎となっている，1980(昭和55)年のOECDの理事会勧告では，「プライバシーと個人の自由」の保護が謳われており，EU個人データ保護指令1条でも「自然人の基本的人権及び自由，特にプライバシーの権利を保護する」ことが目的とされている．しかし，わが国の法制はこれを採用せず，「個人の権利利益の保護」という用語を採用した．ドラフター(情報通信戦略本部個人情報保護法制化専門委員会)によれば，「個人の権利利益」とは個人情報の取扱いの態様いかんによって侵害されるおそれのある「個人の人格的，財産的な権利利益」全般であり，プライバシーはその主要なものであるが，それに限らないという[3]．また，自己情報コントロール権の概念も議論はされたが，条文には明記されなかった．

(b) 他方，個人情報保護法1条に，「個人情報の有用性に配慮しつつ」の文言がある点に注意する必要がある．すなわち，個人情報の利用は，顧客サービスの充実や報道による社会全体の利益に適う点で社会に利益をもたらす面があ

---

[3] 園部逸夫編『個人情報保護法の解説〔改訂版〕』(ぎょうせい・2005年)43頁以下参照．

るし，また一定の公共政策立案に不可欠な要素となる場合も容易に想像できる（医療情報，教育情報等）．立法にあたっては，個人情報のこうした要素を十分に配慮しなければならないであろう．

　理念のレベルでいえば，個人情報保護法制の根底に「個人情報コントロール権」があると考えるべきであろう．この権利は，①本人が知らないうちに情報が収集・利用されることを禁止すること（収集制限）[4]，②情報収集は明確な目的に基づきその目的に必要な範囲内でしか行ってはならず，目的外利用は許されないこと（目的外利用の禁止），③情報の正確さを担保するために本人の閲覧・訂正・使用停止の請求を認めること（閲覧・訂正等請求権）等を内容とする（高橋・立憲主義149頁）．これは「個人の尊厳」（憲法13）から派生する新しい人権の一つとして位置づけられるが，このような基本理念の下に，個人情報の適正な取扱いについてのルールを明確化したのが，個人情報保護法制である．個人情報保護法3条が「個人の人格尊重の理念」を謳っているのもそのためである．

第2節　行政機関個人情報保護法

　総説　行政機関個人情報保護法は，全ての行政機関（会計検査院を含む）を対象とした一般法である．この法律は，個人情報を扱う行政機関に個人情報取扱いのルールを定めた部分と本人関与を保障する部分とに大別できる．後者のうち，損害賠償請求や差止請求などは，この法律の中で処理されるのではなく，民間部門と同様の扱いになる．

　目的・対象機関　(a)　行政機関個人情報保護法（以下，本法という）の目的は，2016（平成28）年改正で書き換えられた．一つは，「行政機関において個人情報の利用が拡大していることに鑑み」の文言が加わったことである．改正前は電子計算処理された個人情報のみを対象としていたが，改正によってマニュアル処理の個人情報も対象とされた．二つめは，「行政機関非識別加工情報（行政機

---

　[4]　インターネット上に掲載された個人情報について，検索エンジンのサービス提供者に対して「削除請求権（忘れられる権利）」が認められるべきであろう．

関非識別加工情報ファイルを構成するものに限る.)の提供に関する事項を定める」ことが明記されたことである．ここでいう「非識別加工情報」とは，平たくいうと，ビッグデータの活用が産業発展の可能性を潜在させていることを背景に，個人を特定できないように加工して「匿名加工情報」にしたものである．三つめは，「個人情報の適正かつ効果的な活用が新たな産業の創出並びに活力ある経済社会及び豊かな国民生活の実現に資するものであることその他の個人情報の有用性に配慮しつつ」の文言が加えられたことである．ただ，本法の究極の目的は，「行政の適正かつ円滑な運営を図り」「個人の権利利益を保護すること」にある(1)．本法は，基本法(個人情報保護法1章から3章までの部分)に対して，公法部門の一般的規律の役割を担う．

(b) 本法の適用される対象機関は，個人情報を保有する内閣以外のすべての行政機関であり，情報公開法2条1項と同じである．

個人情報・保有個人情報・個人情報ファイル等の定義　(a)「個人情報」とは，「生存する個人に関する情報であって，当該情報に含まれる氏名，生年月日その他の記述等により特定の個人を識別することができるもの(他の情報と照合することができ，それにより特定の個人を識別することができることとなるものを含む)をいう」(2②)．死者の情報を含まず，生存者の個人識別情報に限っている点で，個人情報保護法2条と同じであるが，照合「容易性」を不要としている点で範囲が広い．「個人情報」は，日本国民の情報に限らず，日本に在住している必要もない．個人識別符号が含まれる情報は，単独で特定の個人が識別されるものとして個人情報に含まれる(2②2号，2③)．3項1号にはDNAデータ，指紋，声紋データなどが，3項2号には基礎年金番号，住民票コード，運転免許証番号などが含まれる．

(b)「要配慮個人情報」(2④)とは，個人情報保護法2条3項と同じである．本人の人種，信条，社会的身分，病歴，犯罪の経歴などがこれにあたる．不当な差別または偏見などの不利益を受けないように慎重に取り扱われるべきものである．

(c)「保有個人情報」(2⑤)とは，行政機関の職員が職務上作成し，または取得した個人情報であって，当該行政機関の職員が組織的に利用するものとして，当該行政機関が保有しているものをいうが，情報公開法2条2項に規定する行

政文書に記録されているものに限られる．当該行政機関が組織的に利用するものとして，保有しているもので，有形の媒体に記録されているものをいう．行政文書そのものではなく，そこに記録されている情報が対象である．「保有」とは，物理的に占有していなくても，当該個人情報の利用，提供，廃棄等について決定する権限を有し，事実上当該情報を管理している場合を指す(宇賀・個人情報逐条415頁)．

(d)「個人情報ファイル」(2⑥)とは，保有個人情報を含む情報の集合物であって，①一定の事務の目的を達成するために特定の保有個人情報を電子計算機を用いて検索することができるように体系的に構成したもの(1号＝データベース化された情報)，および，②それ以外で一定の事務の目的を達成するために氏名，生年月日，その他の記述等により特定の保有個人情報を容易に検索することができるように体系的に構成したもの(2号＝マニュアル処理された情報)，をいう．行政機関が個人情報ファイルを保有しようとするときは，当該行政機関の長は，あらかじめ，総務大臣に必要事項を通知しなければならないが(10①)，マニュアル処理の個人情報については，総務大臣への通知義務はない(10②11号)．また国の安全，外交上の秘密その他国の重大な利益に関する事項を記録する個人情報等，一定の例外が認められている(10②)．行政機関の長は，個人情報ファイル簿を作成・公表しなければならないが，これにも一定の例外が認められている(11①②)．行政機関の職員等が，違法に「個人情報ファイル」を提供したときは，罰則の対象となる(53)．

(e)「本人」(2⑦)とは，個人情報によって識別される特定の個人をいう．

(f)「非識別加工情報」(2⑧)とは，個人情報保護法で「匿名加工情報」と呼ばれるものである．個人情報に加工して当該個人情報を復元することができないようにした情報である．

(g) その他，本法は「行政機関非識別加工情報」(2⑨)，「行政機関非識別加工情報ファイル」(2⑩)，「行政機関非識別加工情報取扱事業者」(2⑪)について定義規定を置いている．

個人情報取扱いのルール　(a) 個人情報保護法3条は，「個人情報は，個人の人格尊重の理念の下に慎重に取り扱われるべきものであることにかんがみ，その適正な取扱いが図られなければならない」と規定している．この理念の下

に，行政機関個人情報保護法は，行政機関が個人情報を取り扱うに当たって，次のルール(個人情報保護取扱基準)を定めている．

①保有制限原則　行政機関が個人情報を保有するには，法令の定める所掌事務を遂行するために必要な場合に限り，かつ，その利用の目的をできる限り特定しなければならない(3①)．これは「利用目的」を基準にして，保護と利用の調整を図ろうとする趣旨であり，行政機関は当該利用目的に必要な範囲を超えて個人情報を保有してはならない(3②)[5]．利用目的の変更は，変更前の利用目的と相当の関連性を有すると合理的に認められる範囲に限られる(3③)．OECD 8 原則の「目的明確化の原則」を具体化したものであり，個人情報保護法 15 条に対応している．

②利用目的明示の原則　OECD 8 原則の「公開の原則」に対応する．本人から直接書面(電磁的記録を含む)に記録されたその個人情報を取得するときは，当該書面に記載する等の方法により，あらかじめ本人に対して利用目的を明示しなければならない．ただし，人の生命・身体・財産保護のために緊急の必要があるとき，利用目的を知らせるとかえって本人や第三者の権利利益を害するおそれがあるとき，国の機関，独立法人等の事務・事業の適正な遂行に支障を及ぼすおそれがあるとき，取得状況から利用目的が明らかなときは，明示義務を免除される(4)．個人情報保護法 18 条 1 項に対応するが，直接書面取得以外の場合の通知・公表義務がない点が異なる．また個人情報保護法 17 条に対応する規定もない．

③正確性確保の原則　利用目的の達成に必要な範囲内で，「保有個人情報」が過去または現在の事実と合致するように努めなければならない(5)．OECD 8 原則の「データ内容の原則」に対応する．個人情報保護法 19 条とほぼ同じ内容であるが，「個人データ」ではなくて，個人情報全般が対象とされている点で範囲が広い．

④安全確保の措置の原則　OECD 8 原則の「安全保護の原則」に対応する．

---

[5]　防衛庁海幕情報公開室で，情報公開リストに「反戦自衛官」「受験者の母」などの情報公開事務に必要な範囲を超えた個人情報が掲載されたことに対し，これを違法として国家賠償請求を認めた裁判例がある(東京地判平成 16・2・13 判時 1895 号 73 頁)．

行政機関の長は「保有個人情報」の「漏えい，滅失又は毀損」の防止その他適切な管理のために必要な措置を講じなければならない(6①)．他方，行政機関から個人情報の取扱いの委託を受けた者＝民間業者たる受託者は，「個人情報」の「漏えい，滅失又は毀損」の防止その他適切な管理のために必要な措置を講じなければならない(6②)．

「個人情報の取扱いに従事する行政機関の職員若しくは職員であった者又は受託業者の受託業務に従事している者若しくは従事していた者」は，その業務に関して知り得た個人情報の内容をみだりに他人に知らせ，または不当な目的に利用してはならない(7)．その業者が個人情報取扱い業者である場合は，個人情報保護法 20 条以下の義務も負う．個人情報保護法 20 条以下は，「個人データ」を対象としているので，「個人情報」全般を対象とするこちらの方が範囲は広い．

⑤利用・提供制限の原則　OECD 8 原則の「利用制限の原則」に対応する(個人情報保護法 16 条，23 条参照)．法令に基づく場合を除き，保有個人情報の目的外利用・提供は原則として禁止される(8①)．但し，「本人又は第三者の権利利益を不当に侵害するおそれ」がない限り，例外が認められる．例外事由としては，(i)本人の同意があるとき，または本人に提供するとき(8②1 号)，(ii)当該行政機関の内部で利用する場合であって，「相当の理由」があるとき(8②2 号)，(iii)他の行政機関，自治体等の行政主体に提供する場合で，提供を受ける者が事務または業務の遂行に必要な限度で提供に係る個人情報を利用し，かつ，利用することに「相当の理由」があるとき(8②3 号)，(iv)それ以外の者への提供であって，統計作成，学術研究目的，本人の利益が明白である場合，その他「特別の理由」があるとき(8②4 号)，の四つが挙げられている[6]．なお，2 号，

---

6) 個人情報保護法の成立前の事件であるが，最高裁は「前科及び犯罪歴(以下「前科等」という．)は人の名誉，信用に直接にかかわる事項であり，前科等のある者もこれをみだりに公開されないという法律上の保護に値する利益を有する」とし，「市区町村長が漫然と弁護士会の照会に応じ，犯罪の種類，軽重を問わず，前科等のすべてを報告することは，公権力の違法な行使にあたる」と判示した(最判昭和 56・4・14 民集 35 巻 3 号 620 頁，行政判例百選 42 事件)．前科等はセンシティブ個人情報(個人の生活や人格にかかわる個人情報)に当たるので，原則として収集禁止されるべきものである．判決は，例外として「前科等の有無が訴訟等の重要な争点になっていて，市区町村長に照会して回答を得るのでなければ他に立証方法がないよ

3号にいう「相当の理由」の判断については，全面的に司法的コントロールが及ぶと解される(塩野・行政法Ⅰ383頁)．また「特別の理由」といえるためには，行政機関が利用する場合と同程度の公益性や緊急性・必要性が求められると思われる．

(b) 他方，個人情報の取扱いに従事する行政機関の職員若しくは職員であった者等は，その業務に関して知り得た個人情報の内容をみだりに他人に知らせ，または不当な目的に利用してはならない(7)．また，行政機関の長は，8条2項3号又は4号の規定に基づき，「保有個人情報」を提供する場合において，必要があると認めるときは，保有個人情報の提供を受ける者に対し，提供に係る個人情報について，その利用の目的もしくは方法の制限その他必要な制限を付し，または漏えいの防止その他の個人情報の適切な管理のために必要な措置を講ずることを求めるものとされている(9)．

(c) ところで，個人情報取扱いのルールは，「保有個人情報」と「個人情報」とでは相違がある．正確性確保(5)，安全確保の措置(6①)，利用・提供制限(8)，開示請求権(12)，訂正請求権(27)，利用停止請求権(36)，それに「保有個人情報の提供を受ける者」に対する措置要求(9)の対象は「保有個人情報」である．他方，「個人情報」の対象になっているのは，保有の制限(3)，利用目的の明示(4)，受託民間業者の安全確保義務(6②)および従事者の義務(7)である．

本人の権利 (a) 行政機関個人情報保護法は，情報公開法と違って，個人の主観的権利利益の保護を目的とするものであるから，個人情報コントロール権を具体化することが望ましい．法は，本人情報の開示請求権だけでなく，訂正請求権，利用停止請求権について規定している．

(b) 開示請求権 何人も行政機関の長に対し，当該行政機関の保有する自己を本人とする保有個人情報の開示を請求することができる．本人が未成年者または成年被後見人の場合には法定代理人による請求を認めている(12)．情報公開法と同様に，開示請求手続，原則開示の義務(不開示事由の列挙)，部分開示，

うな場合」をあげた．犯罪人名簿の作成保管が市長村長の行うべき事務とする明文の規定は地方自治法にも存在しない．個人情報保護条例がセンシティブ情報の収集禁止を定めてある場合には，自己情報の開示，訂正，利用停止を請求する余地があるし，またプライバシーの侵害として国家賠償請求が認められるであろう．

裁量的開示，存否情報等の規定を置いている(13〜26)．

（c）訂正請求権　自己を本人とする保有個人情報の「内容が事実でないと思料するとき」は，当該保有個人情報の訂正(追加・削除を含む)を請求することができ(27)，行政機関の長は，これに理由があると認めるときは訂正義務を負う(29)．個人情報保護法と異なり，開示決定に基づき開示を受けた保有個人情報に限る(開示決定前置主義)．したがって，不開示情報は訂正請求権の対象にならない．問題は，訂正の範囲である．京都市の条例に基づく国民健康保険診療報酬明細書(レセプト)の訂正請求につき，最高裁は「レセプトを市が保管する目的は支払明細に係る歳入歳出の証拠書類とすることにあり，……診療を受けた者の権利利益に直接係るものということは困難であるから」記載部分の訂正は認められないとした(最判平成18・3・10判時1932号71頁，行政判例百選40事件)．

書面によって「請求の趣旨及び理由」(28①3号)，つまり，どのような訂正を望んでいるのか，正確な事実は何か，追加か削除かを明らかにしなければならない．また，訂正の対象は事実に限られ，評価は判断には及ばない．

なお，訂正がなされた場合，訂正前の保有個人情報に基づいて行政処分がなされているときは，訂正の効果は当該処分の効力に影響を与えないと解される．訂正の効果は当該個人情報それ自体に及ぶのであって，処分の効力と直接関係がないからである．換言すれば，訂正請求制度に取消訴訟の排他性は及ばない．

（d）利用停止請求権　自己を本人とする保有個人情報が，当該情報が違法に取得されたとき，保有制限原則(3②)に違反して保有されているとき，目的外の利用・提供制限(8①②)に違反して「利用」されているとき，のいずれかに該当すると思料するときは，当該保有個人情報の利用の停止または消去を請求することができる(36①1号)．また，目的外の利用・提供制限(8①②)に違反して「提供」されているときは，利用停止の請求をすることができる(36①2号)．個人情報保護法と異なり，訂正請求と同様に開示決定前置主義がとられていると解される(36③で「開示を受けた日から90日以内」とされているからである)．したがって，対象は，開示決定を受けた保有個人情報に限られる．利用停止を認めると「当該保有個人情報の利用目的に係る事務の性質上，当該事務の適正な遂行に著しい支障を及ぼすおそれがあると認められるとき」は，利用停止義務が免除される(36〜41)．

救済制度 （a）開示決定等，訂正決定等または利用停止決定等については，行政不服審査法による審査請求ができるが，情報公開制度と同様，行政機関の長は，一定の場合を除いて情報公開・個人情報保護審査会に諮問の上，裁決をしなければならない(42〜44).

（b）訴訟手続についても，情報公開法の場合と同様，取消訴訟，義務付け訴訟，差止訴訟等が利用されることになろう．

事項索引

あ 行

安全確保の措置の原則　479
安全配慮義務　202
イェリネック　13, 196
意見公募手続　175-, 330, 392
意思形成情報　→審議・検討・協議情報
意思自治原則(意思自治理論)　92, 96-98, 108-, 193, 216, 239, 269, 284, 288, 416
意思能力　207
意思表示　208-, 242, 282, 316, 375, 470
一元論　23-
一事不再理　289
一括法案　106
一般権力関係　184, 228
委任行政　48
委任命令　160
委任立法　163, 168, 171, 173, 174
──禁止の原則　162
違法収集証拠の法理　407
違法性の承継　293-
依命通牒(通達)　68, 181
インカメラ審理　463, 466, 468
ヴォーン・インデックス　466
営造物の利用規則　181, 184
応答義務　250-, 336-, 341, 394
OECD 8 原則　473, 479
オットー・マイヤー　17, 87
表の利益(裏の利益)　89, 108, 124

か 行

外局規則　164
会計法 30 条　24-, 212-
外見上一見明白説　300
戒告　249, 264, 328, 394, 427-429
開示決定等　467
開示請求権(個人情報保護法)　448, 481
開示請求権(情報公開法)　448-
解釈基準　85, 181, 185, 188, 265, 333, 344, 357
解釈通達　37, 186, 187
解釈論中心主義　102
階層制　62, 64
外部効果　160, 176, 183, 187-189, 191
閣議決定　54, 126, 127, 164, 203
閣議了解　54
学習指導要領　165
確認(処分)　255, 395
確約の法理　375
加算税　438
瑕疵
　形式的──　304, 355
　実体的──　354, 407
　手続的──　113
瑕疵の治癒　305
課徴金　437
下命　242, 246, 427
──権　415
過料　429-
環境基準　167
監視権　65
慣習法　32
官制大権　49, 230
間接強制　406, 408, 429
管理関係　23-, 215
議院内閣制　14, 50, 54, 125
機関委任事務　70, 76-, 80, 83-85, 140, 153, 191, 397
期間の計算　210
期限　317
基準認証制度　256
基準の理論　168
規制緩和　224
規制規範　4
規制行政　197, 204, 237, 245, 247, 371
規則　29, 31
羈束裁量　259-, 270-
羈束処分　258-, 270-
既存不適格　35
給水拒否(事件)　368, 397, 435, 436
給付基準　190
給付行政　89, 237, 244, 247, 365, 396

485

給付処分　247
給付請求権　196, 247, 248
教科書検定(規則)　94, 170, 263, 390
行政介入請求権　197
行政概念　6-8
行政監察　122
行政官署　47
行政機関
　　事務配分的——　46
　　理論的意味の——　45
行政機関個人情報保護法　476
行政基準　160
行政規則　160-162, 165, 176, 181-
　　——の外部化現象　183-
行政強制　19, 85
行政計画　128
　　——の類型　129
行政刑罰　430-
行政契約　359
行政国家　7, 360, 415
行政裁判所　7, 11, 15, 19, 22, 91, 93, 193,
　　259, 287, 288, 301
行政裁量　256-
行政作用法　51, 244
行政執行法　414, 416, 422
行政指導　379
　　——指針　176, 191, 392
　　——手続　321
　　——と救済方法　394
行政主体　4, 39
行政主体間の契約　360, 365
行政上の強制執行　204, 327, 413-
行政上の強制徴収　421
行政上の事務管理　218
行政上の不当利得　219
行政処分
　　——の意義　239
　　——の瑕疵　298
　　——の効力　284, 286, 353
　　——(行政行為)の古典的分類　241
　　——の成立　282
　　——の到達　283
　　——の取消し　307
　　——の類型　255
行政処分基準　176, 190

行政先例法　33
行政組織
　　——規則　183
　　——法　4, 49
　　——法定主義　50
行政代執行　423
行政大臣　55
行政庁　46
行政調査　399
　　——の瑕疵　407
　　——の実体的要件　403
　　——の手続的要件　404
行政的執行　413, 415, 416
行政手続　321
行政手続オンライン化法　283
行政罰　429
行政犯　430
行政文書の開示　447, 452
行政便宜主義　197
行政法規違反の私法上の効力　222
行政法の解釈　37
行政法の基本原理　87-
行政法の法源　29
行政立法　159
行政立法手続　180
許可　242, 245
規律力　284
緊急避難　417
緊急命令　7, 160
禁止　242
金銭債権の徴収　414
禁反言の法理　199
具体的価値衡量説　302
国の安全等の情報　456
国の関与　80
　　——の基本原則　81
グローマー拒否(存否応答拒否)　460, 463
訓令　181
　　——権　65
計画裁量　131
計画策定手続　132
計画担保責任　135
計画提案制度　132
計画手続　132
警察　14

事項索引　487

——公共の原則　14
——国家　11
——消極目的の原則　14
——責任の原則　14
——取締法規　222, 224
——比例の原則　15, 204, 280, 411
警察官職務執行法　204, 400, 409
形式的確定力(不可争力)　297
刑事施設収容者(在監者)　230
形成的行為　242
経由機関　334
決定裁量(行為裁量)　265
権限争議裁定権　66
権限の委任　66
権限の代理　67
権限の本質　269
建築基準法65条　221
建築協定　373
権利能力　206
権力関係　4, 22-, 215
権力説　20
権力分立　9
権力留保説　89
権利濫用禁止の原則　113, 199
行為規範　5, 6, 33, 34, 37, 361
行為能力　207
公営住宅の入居　221
——と信頼関係の理論　221
公益　20, 24, 259, 311
——独占の思想　16, 91, 197, 237
公害防止協定　371-
効果裁量　259
公共組合　44
公共事務　76
公共性　15, 24, 237, 373
公共用物　184, 226
公権の不融通性の理論　194
公権論　194
公証　243
公正な決定　345
構造的裁量　162
拘束力　284
公聴会　132, 325, 340, 343, 357
交通反則金　433
公定力　287

口頭審理主義　331
公表　333, 343, 388, 392, 436
公物　184, 226
——の管理作用　227
——の不融通性　211
公法契約　359
公法(行政法)・私法二元論　15, 21-
公法上の債権　23, 213
公法と私法　20-
後法優位の原則　29, 168
公務員制度　64
公務員の勤務関係　202, 231, 364
公務員の任命行為の性質　241
効力規定　222
告示　165
国体の原理　15
告知　247, 248, 332, 345
国務大臣　55
国務大臣＝行政大臣同一人制　55
国務の総理　9, 10, 99, 118
国立大学　41, 61, 451
——の在学関係　232
——法人　43
個人識別情報　460
個人情報　453
——コントロール権　476, 481
——ファイル　477
——保護　473
個人情報保護法　475
国家　10-
国会審議　102
国家緊急権　9
国家・社会二元論　21
国家主権論　13, 19
国家法人説　19
国庫理論　12
コモン・ロー(common law)　100, 236
固有の資格　80, 329
根拠規範　5

さ　行

再委任　166, 174
裁可(天皇の)　13, 31, 69, 101, 110
在監者(刑事施設収容者)　230
裁判省略の特権　286, 413, 414

事項索引

裁判的救済の原則　113
裁量　256-
　――基準　187
　――義務　111, 244, 267, 271, 274, 298, 300, 354
　――権の逸脱　280
　――権の踰越・濫用　270
　――処分　258
　――審査の方法　270
　――不審理原則　270
　時期の――　268
　処分発動の――　267, 268
参与機関　46
恣意・明白性審査(社会観念審査)　272
資金交付契約　370
時効　211-
事実行為　5, 241, 330, 369, 379-, 427
事実上の公務員　303
事実認定　244, 267, 272, 276, 299, 347, 407
自主条例　138
自主法　31
指針的計画　130
私人の地位　193
施設等機関　41
自然的正義　321
自然の自由　13, 14, 242
思想の自由市場　445, 446
自治基本条例　141
自治事務　75, 77
自治体　69-
　――の事務　75
　――の組織　70, 140
　――の長　73, 74
　――の内部組織　140
自治立法　136-
失効　313
執行過程　52, 102, 108, 112, 118, 120, 160, 195, 196-, 238, 257, 265, 305
執行機関　7, 46, 73, 104, 109, 137, 195, 312, 414
執行罰　428
執行命令　161, 163
執行力　285
実質的確定力　298
実質的証拠法則　345

実質的法治主義　92
実施命令　162
執政　8
実体形成　104
実体審査　337, 340
実体的アプローチ　173
実体的デュー・プロセス　106
質問　347, 350, 399, 400, 406
　――検査権　402, 403, 405
指定確認検査機関　48, 241
指定管理者制度　48
私的自治　18, 109, 208, 222, 361
自動車検問　401
指導要綱　191
支配関係　→権力関係
司法国家　287, 360, 415, 418-420
司法的執行　415, 420
司法法　102
市民法　239
事務事業情報　458
諮問　46, 74, 122, 175, 325, 465, 483
　――機関　46
社会観念審査(恣意・明白性審査)　272
自由裁量　259-263
住所　205
重大説　301
重大明白説　300
自由と財産　13, 15, 21, 51, 87, 93, 235, 260, 330
住民自治　18, 69, 73
授権代理　67
授権法律　163, 168, 174
主体説　20
受理　242, 243, 249, 252, 336
準法律行為的行政行為　242, 243
上位法優位の原則　29
条件　316
条件プログラム　128
情報　443
情報公開　443-
情報公開・個人情報保護審査会　61, 465, 483
情報提供　471
条約　30
省令　31, 164, 175, 181, 183, 317

事項索引　489

条例　31, 32
　　委任(施行)——　32
　　上乗せ——　146
　　基準——　139
　　公告式——　167
　　自主——　138
　　裾切り——　146, 154
　　任意的——　140
　　必要的——　139
　　法律と——　145-
　　横出し——　153
職　45, 47
職務質問　400, 402
職務命令　182, 183
所持品検査　400
助成的行政指導　381
職権主義　331
処分基準　176, 190
処分発動申出制度　393
書面審理主義　331
自力救済　285, 413
知る権利　445, 447, 448
指令　181
侵害留保説　88, 89
審議会　61, 74, 121
審議・検討・協議(意思形成過程)情報　457
信義誠実の原則　113
審査基準　176, 185, 190, 265, 333, 334
人事院規則　169, 317
申請　332
　　——拒否処分　289, 290, 334, 342
　　——に対する処分　332-
信頼保護の原則　135
審理(hearing)　340, 345
正確性確保の原則　479
生活保護基準　173, 262
政策(公共政策)　9, 94, 117, 119
政策評価法　119
制定法準拠主義　324, 326, 354
政府契約　361, 363
成文法源　30
政令　4, 31, 50, 65, 76, 110, 159, 163, 164, 176, 183
設権行為　242, 245

絶対王政　10
絶対主義国家　87, 235
説明責任　448
専決処分　71
専決・代決　68
全部留保説　89
総括整理職　63, 64
即時執行(強制)　408-, 412, 423
租税法律主義　144, 185-187, 200, 201
即決裁判　434
存否応答拒否　→グローマー拒否

た　行

大権事項　161
代行命令　160
代執行　427
退職願いの撤回　209
対人処分　256
代替的作為義務　424-
対物処分　256, 330
代理　66
宅地開発(負担)協定　364
他事考慮　274, 275
立入　342, 402, 408, 409
団体委任事務　69, 76
団体自治　18, 69, 144, 155, 156
秩序罰　432
地方公共団体　→自治体
地方公社　39
地方自治　69-
　　——の本旨　69, 70
地方分権　70, 75
　　——の原理　100
懲戒権　66, 229
調整の原理　62
聴聞　327, 345-354, 356
　　——期日　346-349
　　——主宰者　345, 347-350, 352
　　——調書・報告書　349
　　——手続　345-
直接強制　422
通達　181
通知　242, 249
訂正請求権　482
適正手続　→デュー・プロセスの法理

撤回　311
　　——権制限の法理　315
　　——権の留保　318
手続規範　345
手続的権利　196, 248, 323, 324, 329, 332,
　　341, 354, 465
手続的法治国　323
デュー・プロセス(適正手続)の法理　106,
　　107, 113, 118, 198, 200, 241, 244, 305, 355,
　　362, 375
　　実体的——　106, 107
　　手続的——　107, 112
天皇主権　13, 15, 17, 20, 91, 102
天皇大権　13, 93, 203
統括　60
到達主義　82, 283
登録　254
特殊法人　43
独占禁止法違反の効力　225
特別権力関係　228-
特別の法律関係　228-
特命担当大臣　59
独立行政法人　41
独立命令　160
特許　242, 245
届出　250
土木請負契約　359
取り消し得べき瑕疵　299
取消権制限の法理　309
取消権の留保　318
取消訴訟の排他的管轄　286-
取締規定　222

な 行

内閣　7-, 39, 50, 52
内閣官制　7, 49, 110
内閣人事局　58
内閣総理大臣の職務権限　386
内閣の法案提出　118
内閣府　59
内閣法制局　56, 57, 102, 103, 126, 164, 175,
　　207
二重効果処分　255, 294, 310, 352
任意調査　400
任意的条例　140

認可　242
ノーアクションレター　202

は 行

剝奪(行為)　242
パブリックコメント　175
犯罪のダイバージョン　433-
反射的利益　194, 197, 198, 237, 366
反則金　292
判断過程審査方式　174, 272, 273
判断代置方式　271
判断余地説　267
判例法　33
PFI 法制　370
非訟事件手続法　432
非代替的作為義務　417, 422, 425
標準処理期間　334
平等原則　34, 113, 186, 270, 362, 388
比例原則　30, 34, 82, 113, 203, 204, 259,
　　268, 270, 273, 280, 281, 362, 404, 408-410,
　　425, 438
ファイア・ウォール(情報遮断措置)　404
不開示情報　452, 458
不確定概念　258, 260, 264, 265, 267, 276
不可争力(形式的確定力)　297
不可変更力　297
附款　316
不作為義務　417, 424, 425, 428
負担　318
部分社会論　232
不文法源　29
プライバシー　403
　　——侵害　481
不利益処分　255, 342
府令　31
文書閲覧権　348
文書管理　469-
文書存否情報　463
文理解釈　38
並行権限　83, 157
並行条例　153
便宜裁量　→自由裁量
変更許可　319
弁明手続　351-
返戻　249, 253, 335, 336, 350

事項索引　491

法規　51, 88, 160, 162
法規命令　160-, 183
報償契約　359
法人情報　455
法制定の原理　105
放置違反金　432
法治国家(Rechtsstaat)　12-14, 16, 17, 21, 22, 25, 51, 87, 91, 93, 95, 110, 235, 260
法治主義　87-
法定受託事務　77
法定附款　316
法の支配(rule of law)　9, 17, 18, 93, 95-
法の片面的拘束性　12
法律先占論　145
法律に基づく行政の原理　199
法律による行政の原理　87, 91, 92, 109, 161, 200, 201
法律の支配　87, 92, 99
法律の遡及効　35
法律の法規創造力　87, 88, 92
法律の優位　87, 88, 92, 93
法律の留保　88
法律補助　94
法令事務条例　32, 138, 139
法令適用事前確認手続　→ノーアクションレター
補充行為　243
補助機関　46, 54, 60, 66-68, 73, 181
補助金　370
　——の交付　88, 190, 370
輔弼　14, 49, 88
輔弼機関　49
本質事項留保説　89

ま 行

美濃部三原則　260

民間委託　368
民事執行　416
民法177条　214
無効の瑕疵　299, 300, 356
命令　31
命令(的)行為　242
免除　242
目的論的解釈　38
目標プログラム　128, 132
モザイクアプローチ　453

や 行

有権解釈　207, 244, 264, 324
要件裁量　259, 262, 266, 456, 459
要綱行政　396-
予算補助　94, 190

ら 行

利益処分　255
立憲君主制　12
立法学　100-
立法の委任　163
理由の提示　337
理由付記　338
利用停止請求権　474
両罰規定　431
緑地協定　374
臨検　399, 400, 408
歴史的解釈　38
レッカー移動　369, 410
論理解釈　38

判例索引

〔略語〕
民録　　大審院民事判決録
刑録　　大審院刑事判決録
集民　　最高裁判所民事裁判集
民集　　最高裁判所民事判例集
刑集　　最高裁判所刑事判例集
行集　　行政事件裁判例集
高民(刑)集　高等裁判所民(刑)事裁判集
下民(刑)集　下級裁判所民(刑)事判例集

東高裁刑時報　東京高等裁判所刑事判決時報
行裁月報　　　行政裁判月報
訟月　　　　　訟務月報
判時　　　　　判例時報
判タ　　　　　判例タイムズ
判例自治　　　判例地方自治
金融商事　　　金融・商事判例
労判　　　　　労働判例
賃社　　　　　賃金と社会保障

〔大審院〕

大判大正 5・6・1 民録 22 輯 1088 頁　　23
大判大正 6・12・12 刑録 23 輯 1357 頁　　431

〔最高裁判所〕

最大判昭和 24・5・18 民集 3 巻 6 号 199 頁
　35
最判昭和 25・9・15 民集 4 巻 9 号 404 頁
　294
最判昭和 25・12・28 民集 4 巻 12 号 683 頁
　304
最判昭和 26・3・8 民集 5 巻 4 号 151 頁　　304
最判昭和 27・12・4 行集 3 巻 11 号 2335 頁
　137
最大判昭和 28・2・18 民集 7 巻 2 号 157 頁
　214
最判昭和 28・4・17 民集 7 巻 4 号 348 頁
　296
最判昭和 28・6・12 民集 7 巻 6 号 649 頁
　208
最大判昭和 28・12・23 民集 7 巻 13 号 1561 頁
　262
最判昭和 29・1・21 民集 8 巻 1 号 102 頁
　297
最判昭和 29・5・14 民集 8 巻 5 号 937 頁
　289
最大判昭和 29・7・19 民集 8 巻 7 号 1387 頁
　307
最判昭和 29・7・30 民集 8 巻 7 号 1501 頁
　232, 266, 272, 273
最判昭和 29・8・24 刑集 8 巻 8 号 1372 頁
　283
最判昭和 29・10・8 民集 8 巻 10 号 1831 頁
　357
最大判昭和 29・10・20 民集 8 巻 10 号 1907 頁
　205
最判昭和 29・11・24 刑集 8 巻 11 号 1866 頁
　36
最判昭和 30・6・24 民集 9 巻 7 号 930 頁
　280
最判昭和 30・9・30 民集 9 巻 10 号 1498 頁
　223
最判昭和 30・10・27 民集 9 巻 11 号 1720 頁
　223
最判昭和 30・12・26 民集 9 巻 14 号 2070 頁
　287, 297, 308
最判昭和 31・4・13 民集 10 巻 4 号 397 頁
　262, 271
最判昭和 31・4・24 民集 10 巻 4 号 417 頁
　215
最判昭和 31・5・18 民集 10 巻 5 号 532 頁
　223
最判昭和 31・6・1 民集 10 巻 6 号 593 頁
　305
最判昭和 31・11・27 民集 10 巻 11 号 1468 頁
　353
最判昭和 32・1・31 民集 11 巻 1 号 201 頁
　338
最大判昭和 32・4・3 刑集 11 巻 4 号 1319 頁
　146

最大判昭和 32・7・20 民集 11 巻 7 号 1314 頁
　　302, 356
最大判昭和 32・11・27 刑集 11 巻 12 号 3113 頁
　　431
最大判昭和 32・12・28 刑集 11 巻 14 号 3461 頁
　　33, 167
最判昭和 33・3・28 民集 12 巻 4 号 624 頁
　　185
最大判昭和 33・4・30 民集 12 巻 6 号 938 頁
　　439
最判昭和 33・5・1 刑集 12 巻 7 号 1272 頁
　　169
最判昭和 33・7・1 民集 12 巻 11 号 1612 頁
　　266
最判昭和 33・7・9 刑集 12 巻 11 号 2407 頁
　　174
最判昭和 33・9・9 民集 12 巻 13 号 1949 頁
　　309
最大判昭和 33・9・10 民集 12 巻 13 号 1969 頁
　　262
最大判昭和 33・10・15 刑集 12 巻 14 号 3313 頁
　　35, 167
最判昭和 33・11・4 民集 12 巻 15 号 3268 頁
　　357
最判昭和 34・6・26 民集 13 巻 6 号 846 頁
　　209
最判昭和 34・6・26 民集 13 巻 6 号 862 頁
　　210
最判昭和 34・7・14 民集 13 巻 7 号 960 頁
　　210
最判昭和 34・8・18 民集 13 巻 10 号 1286 頁
　　198
最判昭和 34・9・22 民集 13 巻 11 号 1426 頁
　　300
最判昭和 35・3・18 民集 14 巻 4 号 483 頁
　　222
最判昭和 35・3・22 民集 14 巻 4 号 551 頁
　　205
最判昭和 35・3・31 民集 14 巻 4 号 663 頁
　　215, 302
最大判昭和 35・7・20 刑集 14 巻 9 号 1243 頁
　　145
最大判昭和 35・10・19 民集 14 巻 12 号 2633 頁
　　233
最大判昭和 35・12・7 民集 14 巻 13 号 2972 頁
　　304
最判昭和 36・3・2 民集 15 巻 3 号 558 頁
　　357
最大判昭和 36・3・15 民集 15 巻 3 号 467 頁
　　394
最判昭和 36・3・28 民集 15 巻 3 号 595 頁
　　248
最判昭和 36・4・21 民集 15 巻 4 号 850 頁
　　291
最判昭和 36・4・27 民集 15 巻 4 号 928 頁
　　262
最判昭和 36・5・26 民集 15 巻 5 号 1404 頁
　　246
最判昭和 36・7・14 民集 15 巻 7 号 1814 頁
　　306
最判昭和 37・1・19 民集 16 巻 1 号 57 頁
　　198
最判昭和 37・4・10 民集 16 巻 4 号 699 頁
　　195
最判昭和 37・5・4 刑集 16 巻 5 号 510 頁
　　431
最大判昭和 37・5・30 刑集 16 巻 5 号 577 頁
　　136, 144
最判昭和 37・7・5 民集 16 巻 7 号 1437 頁
　　300
最判昭和 37・7・13 民集 16 巻 8 号 1523 頁
　　241
最判昭和 37・7・20 民集 16 巻 8 号 1523 頁
　　208
最大判昭和 37・11・28 刑集 16 巻 11 号 1593 頁
　　326
最判昭和 37・12・26 民集 16 巻 12 号 2557 頁
　　339
最判昭和 38・4・2 民集 17 巻 3 号 435 頁
　　317
最判昭和 38・5・31 民集 17 巻 4 号 617 頁
　　339
最判昭和 38・6・4 民集 17 巻 5 号 670 頁
　　394
最大判昭和 38・6・26 刑集 17 巻 5 号 521 頁
　　143
最判昭和 38・12・12 民集 17 巻 12 号 1682 頁
　　303
最大判昭和 39・1・16 民集 18 巻 1 号 1 頁　　198
最判昭和 39・1・23 民集 18 巻 1 号 37 頁

判例索引　495

最判昭和 39・1・24 民集 18 巻 1 号 113 頁
　248
最判昭和 39・4・2 民集 18 巻 4 号 497 頁
　210
最判昭和 39・6・4 民集 18 巻 5 号 745 頁
　204, 281
最判昭和 39・6・5 刑集 18 巻 5 号 189 頁
　433
最判昭和 39・10・22 民集 18 巻 8 号 1762 頁
　209
最判昭和 39・10・29 民集 18 巻 8 号 1809 頁
　240, 241
最判昭和 39・11・19 民集 18 巻 9 号 1891 頁
　215
最大判昭和 40・4・28 刑集 19 巻 3 号 203 頁
　326
最大決昭和 40・6・30 民集 19 巻 4 号 1089 頁
　432
最大判昭和 41・2・23 民集 20 巻 2 号 271 頁
　133
最大判昭和 41・2・23 民集 20 巻 2 号 320 頁
　420
最大判昭和 41・10・26 刑集 20 巻 8 号 901 頁
　231
最判昭和 41・11・1 民集 20 巻 9 号 1665 頁
　212, 213
最判昭和 41・12・8 民集 20 巻 10 号 2059 頁
　213
最判昭和 41・12・23 民集 20 巻 10 号 2186 頁
　217
最大決昭和 41・12・27 民集 20 巻 10 号 2279 頁
　432
最大判昭和 42・5・24 民集 21 巻 5 号 1043 頁
　195, 262
最判昭和 42・9・26 民集 21 巻 7 号 1887 頁
　298, 308
最判昭和 42・12・12 判時 511 号 37 頁　　371
最判昭和 43・2・16 教育人事関係裁判例集 6 巻
　49 頁　　68
最判昭和 43・9・17 訟月 15 巻 6 号 714 頁
　339
最判昭和 43・11・7 民集 22 巻 12 号 2421 頁
　309
最大判昭和 43・12・18 刑集 22 巻 13 号 1549 頁
　145
最判昭和 43・12・24 民集 22 巻 13 号 3147 頁
　33, 182, 344
最判昭和 43・12・24 民集 22 巻 13 号 3254 頁
　317
最大判昭和 44・4・2 刑集 23 巻 5 号 305 頁
　231
最判昭和 44・5・22 民集 23 巻 6 号 993 頁
　211
最大判昭和 44・10・15 刑集 23 巻 10 号 1239 頁
　445
最判昭和 44・11・6 民集 23 巻 11 号 1988 頁
　213
最大決昭和 44・11・26 刑集 23 巻 11 号 1490 頁
　445, 447
最大決昭和 44・12・3 刑集 23 巻 12 号 1525 頁
　434
最判昭和 44・12・4 民集 23 巻 12 号 2407 頁
　227
最判昭和 45・2・26 民集 24 巻 2 号 104 頁
　223
最大判昭和 45・7・15 民集 24 巻 7 号 771 頁
　212
最判昭和 45・9・11 刑集 24 巻 10 号 1333 頁
　439
最判昭和 45・9・16 民集 24 巻 10 号 1410 頁
　230
最決昭和 45・10・22 刑集 24 巻 11 号 1516 頁
　292
最判昭和 45・10・30 民集 24 巻 11 号 1693 頁
　218
最判昭和 45・12・24 民集 24 巻 13 号 2187 頁
　224
最判昭和 45・12・24 民集 24 巻 13 号 2243 頁
　394
最判昭和 46・1・20 民集 25 巻 1 号 1 頁　　171
最判昭和 46・1・22 民集 25 巻 1 号 45 頁
　303, 306
最判昭和 46・4・22 刑集 25 巻 3 号 451 頁
　37
最判昭和 46・10・28 民集 25 巻 7 号 1037 頁
　188, 279, 325, 342, 353
最判昭和 46・11・30 民集 25 巻 8 号 1389 頁
　213
最判昭和 47・4・20 民集 26 巻 3 号 507 頁

434

最判昭和47・5・19民集26巻4号698頁
335

最判昭和47・7・25民集26巻6号1236頁
306

最判昭和47・10・12民集26巻8号1410頁
262

最判昭和47・11・22刑集26巻9号554頁
405, 406

最判昭和47・12・5民集26巻10号1795頁
339

最判昭和48・4・19刑集27巻3号399頁
431

最大判昭和48・4・25刑集27巻3号418頁
408, 411

最大判昭和48・4・25刑集27巻4号547頁
231

最判昭和48・4・26民集27巻3号629頁
301

最決昭和48・7・10刑集27巻7号1205頁
404

最判昭和48・9・14民集27巻8号925頁
276

最判昭和48・12・20民集27巻11号1594頁
365

最判昭和49・2・5民集28巻1号1頁　　315

最判昭和49・3・8民集28巻2号186頁
219

最判昭和49・7・19民集28巻5号790頁
232

最判昭和49・7・19民集28巻5号897頁
231

最大判昭和49・11・6刑集28巻9号393頁
232

最判昭和49・12・10民集28巻10号1868頁
353

最判昭和50・2・25民集29巻2号143頁
202, 212

最判昭和50・5・29民集29巻5号662頁
279, 325, 353

最判昭和50・6・27民集29巻6号867頁
284

最大判昭和50・9・10刑集29巻8号489頁
145, 147

最決昭和50・9・30刑集29巻8号702頁

318

最大判昭和51・5・21刑集30巻5号615頁
166

最大判昭和51・5・21刑集30巻5号1178頁
231

最判昭和51・12・24民集30巻11号1104頁
211

最判昭和52・3・15民集31巻2号234頁
233

最判昭和52・3・15民集31巻2号280頁
233

最判昭和52・4・28金融商事535号47頁
211

最大判昭和52・5・4刑集31巻3号182頁
231

最判昭和52・6・20民集31巻4号449頁
225

最決昭和52・12・19刑集31巻7号1053頁
452

最判昭和52・12・20民集31巻7号1101頁
263, 272, 273

最判昭和53・2・23民集32巻1号11頁
195

最判昭和53・3・14民集32巻2号211頁
198

最判昭和53・3・16判時884号43頁　　219

最判昭和53・5・26民集32巻3号689頁
281

最決昭和53・5・31刑集32巻3号457頁
445

最判昭和53・6・16刑集32巻4号605頁
281, 292

最判昭和53・6・20刑集32巻4号670頁
401

最判昭和53・8・29判時906号31頁　　262

最判昭和53・9・7刑集32巻6号1672頁
401

最大判昭和53・10・4民集32巻7号1223頁
189, 248, 262, 266, 272

最判昭和53・12・8民集32巻9号1617頁
207

最判昭和53・12・21民集32巻9号1723頁
149

最判昭和54・12・25民集33巻7号753頁
394

最判昭和 55・7・10 判タ 434 号 172 頁　　388
最決昭和 55・9・22 刑集 34 巻 5 号 272 頁
　　401
最判昭和 56・1・27 民集 35 巻 1 号 35 頁
　　135
最判昭和 56・2・26 民集 35 巻 1 号 117 頁
　　254
最判昭和 56・4・7 民集 35 巻 3 号 443 頁
　　419
最判昭和 56・4・14 民集 35 巻 3 号 620 頁
　　480
最判昭和 57・3・9 民集 36 巻 3 号 265 頁
　　387
最判昭和 57・4・2 刑集 36 巻 4 号 503 頁
　　431
最判昭和 57・4・22 判時 1043 号 43 頁　　134
最判昭和 57・4・22 民集 36 巻 4 号 705 頁
　　134, 278
最判昭和 57・4・23 民集 36 巻 4 号 727 頁
　　268
最判昭和 57・5・27 民集 36 巻 5 号 777 頁
　　241, 375
最判昭和 57・7・15 民集 36 巻 6 号 1146 頁
　　282, 338
最判昭和 57・7・15 民集 36 巻 6 号 1169 頁
　　434
最判昭和 57・9・9 民集 36 巻 9 号 1679 頁
　　198
最判昭和 57・10・7 民集 36 巻 10 号 2091 頁
　　185
最大判昭和 58・6・22 民集 37 巻 5 号 793 頁
　　231, 445
最判昭和 59・2・24 刑集 38 巻 4 号 1287 頁
　　387
最判昭和 59・3・27 刑集 38 巻 5 号 2037 頁
　　405
最判昭和 59・12・13 民集 38 巻 12 号 1411 頁
　　221
最判昭和 59・12・18 労判 443 号 23 頁　　281
最判昭和 60・1・22 民集 39 巻 1 号 1 頁
　　326, 339, 355
最判昭和 60・7・16 民集 39 巻 5 号 989 頁
　　384, 386, 389
最大判昭和 60・10・23 刑集 39 巻 6 号 413 頁
　　145

最判昭和 62・2・20 民集 41 巻 1 号 122 頁
　　290
最判昭和 62・3・20 民集 41 巻 2 号 189 頁
　　364
最判昭和 62・5・19 民集 41 巻 4 号 687 頁
　　363
最判昭和 62・9・22 判時 1285 号 25 頁　　133, 241
最判昭和 62・10・30 判時 1262 号 91 頁　　201
最判昭和 63・3・31 判時 1276 号 39 頁　　405
最判昭和 63・6・17 判時 1289 号 39 頁　　314
最決昭和 63・10・28 刑集 42 巻 8 号 1239 頁
　　292
最判昭和 63・12・20 判時 1307 号 113 頁
　　233
最大判平成元・3・8 民集 43 巻 2 号 89 頁
　　445
最判平成元・9・8 民集 43 巻 8 号 889 頁
　　233
最判平成元・9・19 民集 43 巻 8 号 955 頁
　　222
最決平成元・11・8 判時 1328 号 16 頁　　398, 436
最判平成元・11・20 民集 43 巻 10 号 1160 頁
　　37
最判平成元・11・24 民集 43 巻 10 号 1169 頁
　　269
最判平成 2・1・18 民集 44 巻 1 号 1 頁　　166
最判平成 2・2・1 民集 44 巻 2 号 369 頁　　172
最判平成 3・3・8 民集 45 巻 3 号 164 頁　　417
最判平成 3・7・9 民集 45 巻 6 号 1049 頁
　　172
最判平成 3・12・20 民集 45 巻 9 号 1455 頁
　　68
最大判平成 4・7・1 民集 46 巻 5 号 437 頁
　　324, 326, 406
最判平成 4・9・22 民集 46 巻 6 号 571 頁
　　198
最判平成 4・10・29 民集 46 巻 7 号 1174 頁
　　188, 262, 266, 277, 334
最判平成 4・11・26 民集 46 巻 8 号 2658 頁
　　134
最判平成 4・12・10 判時 1453 号 116 頁　　339
最判平成 5・2・18 民集 47 巻 2 号 574 頁
　　191, 398

最判平成 5・3・16 民集 47 巻 5 号 3483 頁
170, 263, 276
最判平成 6・1・27 民集 48 巻 1 号 53 頁　　461
最判平成 6・2・8 民集 48 巻 2 号 255 頁　　468
最判平成 6・3・25 判時 1512 号 22 頁　　458
最判平成 6・4・22 判時 1499 号 63 頁　　134
最判平成 6・9・27 判時 1518 号 10 頁　　198
最大判平成 7・2・22 刑集 49 巻 2 号 1 頁
55, 385
最判平成 7・6・23 民集 49 巻 6 号 1600 頁
314
最判平成 7・11・7 民集 49 巻 9 号 2829 頁
366
最判平成 8・3・8 民集 50 巻 3 号 469 頁
232, 277
最判平成 8・3・15 民集 50 巻 3 号 549 頁
366
最決平成 8・3・26 刑集 50 巻 4 号 460 頁　　37
最判平成 8・7・2 判時 1578 号 51 頁　　200, 282
最判平成 8・10・29 民集 50 巻 9 号 2506 頁
217, 228
最判平成 9・1・30 刑集 51 巻 1 号 335 頁
405
最判平成 9・8・29 民集 51 巻 7 号 2921 頁
171, 276, 390
最判平成 9・11・11 判時 1624 号 74 頁　　302
最判平成 9・12・18 民集 51 巻 10 号 4241 頁
198
最判平成 10・7・16 判時 1652 号 52 頁　　334
最判平成 10・10・8 判例自治 203 号 79 頁
136
最判平成 10・10・13 判時 1662 号 83 頁　　438
最判平成 10・12・18 民集 52 巻 9 号 2039 頁
290
最判平成 11・1・21 判時 1675 号 48 頁　　248
最判平成 11・1・21 民集 53 巻 1 号 13 頁
368, 436
最決平成 11・2・17 刑集 53 巻 2 号 64 頁
410
最判平成 11・7・15 判時 1692 号 140 頁　　283
最判平成 11・7・19 判時 1688 号 123 頁
267, 279
最判平成 11・10・22 民集 53 巻 7 号 1270 頁
283

最判平成 12・4・11 民集 54 巻 4 号 1368 頁
291
最判平成 13・3・27 民集 55 巻 2 号 530 頁
461
最判平成 13・12・14 民集 55 巻 7 号 1567 頁
452
最判平成 13・12・18 民集 55 巻 7 号 1603 頁
454
最判平成 14・1・17 民集 56 巻 1 号 1 頁　　167
最判平成 14・1・31 民集 56 巻 1 号 246 頁
172
最判平成 14・2・28 判時 1782 号 10 頁　　462
最判平成 14・7・9 民集 56 巻 6 号 1134 頁
419
最判平成 14・9・30 刑集 56 巻 7 号 395 頁
428
最判平成 15・1・17 民集 57 巻 1 号 1 頁　　183
最判平成 15・6・26 判時 1831 号 94 頁　　253
最判平成 15・11・11 民集 57 巻 10 号 1387 頁
454, 455
最判平成 15・11・21 刑集 57 巻 10 号 1043 頁
431
最判平成 15・11・27 民集 57 巻 10 号 1665 頁
326
最決平成 15・12・25 民集 57 巻 11 号 2562 頁
172, 253
最判平成 16・1・15 民集 58 巻 1 号 226 頁
206
最決平成 16・1・20 刑集 58 巻 1 号 26 頁
405
最判平成 16・2・24 判時 1854 号 41 頁　　450
最判平成 16・4・26 民集 58 巻 4 号 989 頁
394
最判平成 16・4・27 民集 58 巻 4 号 1032 頁
178
最判平成 16・7・13 判時 1874 号 58 頁　　302
最判平成 16・7・13 民集 58 巻 5 号 1368 頁
210
最判平成 16・11・18 判時 1880 号 60 頁　　452
最判平成 16・12・24 民集 58 巻 9 号 2536 頁
152
最大判平成 17・1・26 民集 59 巻 1 号 128 頁
207
最判平成 17・4・14 民集 59 巻 3 号 491 頁
219

判例索引　499

最判平成 17・5・30 判時 1909 号 8 頁　277
最決平成 17・6・24 判時 1904 号 69 頁　48
最判平成 17・7・15 民集 59 巻 6 号 1661 頁
　395
最判平成 17・11・21 民集 59 巻 9 号 2611 頁
　213
最大判平成 17・12・7 民集 59 巻 10 号 2645 頁
　278
最判平成 17・12・16 民集 59 巻 10 号 2931 頁
　211
最判平成 18・2・7 民集 60 巻 2 号 401 頁
　273, 277
最判平成 18・2・21 民集 60 巻 2 号 508 頁
　228
最大判平成 18・3・1 民集 60 巻 2 号 587 頁
　110
最判平成 18・3・10 判時 1932 号 71 頁　482
最判平成 18・7・14 判時 1946 号 45 頁　208
最判平成 18・7・14 民集 60 巻 6 号 2369 頁
　367
最判平成 18・9・4 判時 1948 号 26 頁　134
最判平成 18・10・24 民集 60 巻 8 号 3128 頁
　187
最判平成 18・10・26 判時 1953 号 122 頁
　376
最判平成 18・11・2 民集 60 巻 9 号 3249 頁
　134, 267, 273, 278, 295
最判平成 19・2・6 民集 61 巻 1 号 122 頁
　201
最決平成 19・3・1 判例自治 271 号 60 頁
　151
最判平成 19・4・17 判時 1971 号 109 頁　462
最判平成 19・5・29 判時 1979 号 52 頁　457
最判平成 19・7・6 集民 225 号 39 頁　187
最判平成 19・12・7 民集 61 巻 9 号 3290 頁
　279
最判平成 19・12・13 判時 1995 号 157 頁
　202
最判平成 20・1・18 民集 62 巻 1 号 1 頁　363
最決平成 20・3・6 判時 2003 号 36 頁　433
最大判平成 20・9・10 民集 62 巻 8 号 2029 頁
　134
最判平成 20・10・3 判時 2026 号 11 頁　206
最決平成 21・1・15 民集 63 巻 1 号 46 頁
　468

最判平成 21・7・9 判時 2057 号 3 頁　457
最判平成 21・7・10 判時 2058 号 53 頁　373
最大判平成 21・11・18 民集 63 巻 9 号 2033 頁
　173
最判平成 21・12・17 民集 63 巻 10 号 2631 頁
　296
最判平成 22・6・3 民集 64 巻 4 号 1010 頁
　291
最判平成 22・9・27 判時 2126 号 143 頁　170
最判平成 23・2・18 判例集未登載　206
最判平成 23・6・7 民集 65 巻 4 号 2081 頁
　344
最判平成 23・9・22 民集 65 巻 6 号 2756 頁
　35
最判平成 23・10・14 判時 2159 号 59 頁　455
最判平成 23・12・16 判時 2139 号 3 頁　224
最判平成 24・1・16 判時 2147 号 127 頁　273
最判平成 24・2・9 民集 66 巻 2 号 183 頁
　183
最判平成 24・2・28 民集 66 巻 3 号 1240 頁
　174
最判平成 24・3・6 判時 2152 号 41 頁　313
最判平成 24・4・28 民集 66 巻 6 号 2367 頁
　174
最判平成 24・12・7 刑集 66 巻 12 号 1722 頁
　169
最判平成 25・1・11 民集 67 巻 1 号 1 頁　173
最判平成 25・3・21 民集 67 巻 3 号 438 頁
　145
最判平成 25・4・16 民集 67 巻 4 号 1115 頁
　272
最判平成 25・7・12 民集 67 巻 6 号 1255 頁
　165
最判平成 26・7・14 判時 2242 号 51 頁　468
最判平成 26・10・9 民集 68 巻 8 号 799 頁
　178
最判平成 27・3・3 民集 69 巻 2 号 143 頁
　189, 344
最判平成 27・3・27 民集 69 巻 2 号 419 頁
　367
最判平成 27・12・14 民集 69 巻 8 号 2348 頁
　169
最判平成 28・1・22 民集 70 巻 1 号 84 頁
　356
最判平成 28・12・20 民集 70 巻 9 号 2281 頁

　　　　307
最大判平成 29・12・6 民集 71 巻 10 号 1817 頁
　　　367
最判平成 30・1・19 判時 2377 号 4 頁　　458
最判平成 30・7・19 判時 2396 号 55 頁　　273

〔高等裁判所〕

東京高判昭和 26・11・12 行集 2 巻 11 号 1981
　　　頁　　197
札幌高函館支判昭和 29・9・6 下民集 5 巻 9 号
　　　1447 頁　　295
大阪高決昭和 30・12・21 行集 6 巻 12 号 2963
　　　頁　　294
東京高判昭和 34・7・7 行集 10 巻 7 号 1265 頁
　　　300
東京高判昭和 39・4・27 東高裁刑時報 15 巻 4
　　　号 73 頁　　68
大阪高決昭和 40・10・5 行集 16 巻 10 号 1756
　　　頁　　418, 425
東京高判昭和 41・2・21 民集 26 巻 6 号 1260 頁
　　　305
大阪高判昭和 41・11・13 判時 481 号 134 頁
　　　292
東京高判昭和 42・10・26 高民集 20 巻 5 号 458
　　　頁　　425
東京高判昭和 44・1・31 判時 559 号 36 頁
　　　227
札幌高判昭和 44・6・24 判時 560 号 30 頁
　　　204
大阪高判昭和 44・9・30 判時 606 号 19 頁
　　　187
高松高判昭和 45・4・24 判時 607 号 37 頁
　　　309
名古屋高判昭和 48・1・31 行集 24 巻 1 = 2 号
　　　45 頁　　407
東京高判昭和 48・7・13 行集 24 巻 6 = 7 号 533
　　　頁　　275
東京高判昭和 49・5・8 行集 25 巻 5 号 373 頁
　　　183
名古屋高判昭和 51・4・28 判時 840 号 45 頁
　　　262
東京高判昭和 52・9・22 行集 28 巻 9 号 1012 頁
　　　254
大阪高判昭和 53・9・26 判時 915 号 33 頁

　　　436
東京高判昭和 54・9・20 高刑集 32 巻 2 号 179
　　　頁　　431
東京高判昭和 55・7・28 行集 31 巻 7 号 1558 頁
　　　370
大阪高判昭和 57・2・25 判時 1052 号 54 頁
　　　355
福岡高判昭和 58・3・7 行集 34 巻 3 号 394 頁
　　　150, 204, 281
東京高判昭和 58・10・20 行集 34 巻 10 号 1777
　　　頁　　201
福岡高判昭和 58・12・24 判時 1101 号 3 頁
　　　166
東京高判昭和 59・12・20 行集 35 巻 12 号 2288
　　　頁　　450
大阪高決昭和 60・11・25 判時 1189 号 39 頁
　　　418
東京高判昭和 62・12・24 行集 38 巻 12 号 1807
　　　頁　　167
名古屋高金沢支判平成元・1・23 行集 40 巻 1 =
　　　2 号 15 頁　　335
大阪高判平成元・5・23 判時 1343 号 26 頁
　　　364
東京高判平成 3・6・6 訟月 38 巻 5 号 878 頁
　　　407
大阪高判平成 5・3・23 判タ 828 号 179 頁
　　　458
東京高判平成 9・6・6 判時 1621 号 98 頁
　　　438
福岡高那覇支判平成 9・11・20 判時 1646 号 54
　　　頁　　252
大阪高判平成 10・6・2 判時 1668 号 37 頁
　　　151
名古屋高判平成 12・2・29 判例自治 205 号 31
　　　頁　　152
東京高判平成 13・2・8 判時 1742 号 96 頁
　　　376
東京高判平成 13・6・14 判時 1757 号 51 頁
　　　333, 334, 339
大阪高判平成 15・10・23 賃社 1358 号 10 頁
　　　206
名古屋高金沢支判平成 15・11・19 判タ 1167 号
　　　153 頁　　336
東京高判平成 15・12・18 訟月 50 巻 8 号 2332
　　　頁　　278

判例索引　501

名古屋高判平成 17・11・17 判例集不登載
　　462
名古屋高判平成 18・2・24 判タ 1242 号 131 頁
　　153
大阪高判平成 18・3・29 判例集不登載　　456
名古屋高判平成 18・5・18 判例集未登載
　　151
東京高判平成 19・3・29 判時 1979 号 70 頁
　　232
東京高判平成 19・6・13 判例集不登載　　457
福岡高決平成 20・5・12 判時 2017 号 28 頁
　　468
東京高判平成 20・7・15 判時 2028 号 145 頁
　　68
福岡高判平成 20・10・21 判時 2035 号 20 頁
　　35
東京高判平成 21・3・11 訟月 56 巻 2 号 176 頁
　　35
東京高判平成 24・1・24 判時 2214 号 3 頁
　　294
東京高判平成 25・9・26 民集 69 巻 8 号 2391 頁
　　169

〔地方裁判所〕

浦和地判昭和 24・5・17 行裁月報 19 号 149 頁
　　195
京都地判昭和 31・5・23 行集 7 巻 5 号 1132 頁
　　296
徳島地判昭和 31・12・24 行集 7 巻 12 号 2949
　　頁　　427
大阪地判昭和 33・4・28 行集 9 巻 4 号 582 頁
　　318
大阪地判昭和 33・8・20 行集 9 巻 8 号 1662 頁
　　231
浦和地決昭和 34・3・17 下民集 10 巻 3 号 498
　　頁　　432
大阪地判昭和 34・9・8 下民集 10 巻 9 号 1916
　　頁　　221
東京地判昭和 35・4・20 行集 11 巻 4 号 872 頁
　　300
東京地判昭和 38・9・18 行集 14 巻 9 号 1666 頁
　　326
東京地判昭和 38・12・25 行集 14 巻 12 号 2255
　　頁　　326

東京地判昭和 39・6・23 判時 380 号 22 頁
　　289
東京地判昭和 40・5・26 行集 16 巻 6 号 1033 頁
　　200
東京地判昭和 41・9・26 行集 17 巻 9 号 1081 頁
　　290
東京地判昭和 41・10・5 行集 17 巻 10 号 1155
　　頁　　427
旭川地判昭和 43・3・25 下刑集 10 巻 3 号 293
　　頁　　204
千葉地判昭和 43・5・20 行集 19 巻 5 号 860 頁
　　208
松山地決昭和 43・7・23 行集 19 巻 7 号 1295 頁
　　340
東京地判昭和 43・8・9 行集 19 巻 8＝9 号 1355
　　頁　　317
松山地宇和島支判昭和 43・12・10 行集 19 巻
　　12 号 1896 頁　　308
宇都宮地判昭和 44・4・9 行集 20 巻 4 号 373 頁
　　274
熊本地玉名支判昭和 44・4・30 判時 574 号 60
　　頁　　135
東京地決昭和 44・6・14 行集 20 巻 5＝6 号 740
　　頁　　427
岐阜地判昭和 44・11・27 判時 600 号 100 頁
　　417
東京地判昭和 45・3・9 判時 587 号 10 頁
　　265
東京地判昭和 45・6・25 判時 601 号 51 頁
　　283
東京地判昭和 45・12・2 判時 637 号 34 頁
　　306
東京地判昭和 46・11・8 行集 22 巻 11＝12 号
　　1785 頁　　186
札幌地判昭和 46・11・19 判時 651 号 22 頁
　　281
東京地判昭和 48・8・8 行集 24 巻 8＝9 号 763
　　頁　　407
東京地判昭和 48・9・10 行集 24 巻 8＝9 号 916
　　頁　　427
大阪地判昭和 49・4・19 判時 740 号 3 頁
　　425
浦和地判昭和 49・12・11 行集 25 巻 12 号 1546
　　頁　　347
東京地八王子支決昭和 50・12・8 判時 803 号

18 頁　　368, 436
名古屋地判昭和 51・6・23 行集 27 巻 6 号 917 頁　　294
東京地判昭和 51・8・23 判時 826 号 20 頁　　388, 396
東京地判昭和 51・12・13 行集 27 巻 11 = 12 号 1790 頁　　370
名古屋地判昭和 53・1・18 行集 29 巻 1 号 1 頁　　372
名古屋地判昭和 53・1・30 行集 29 巻 1 号 49 頁　　256
東京地判昭和 53・6・26 行集 29 巻 6 号 1197 頁　　317
東京地判昭和 53・8・3 判時 899 号 48 頁　　314
大分地判昭和 54・3・5 行集 30 巻 3 号 397 頁　　133
鳥取地判昭和 55・3・13 判時 969 号 103 頁　　292
大阪地判昭和 55・3・19 行集 31 巻 3 号 483 頁　　358
大阪地判昭和 55・3・19 判時 969 号 24 頁　　353
福岡地判昭和 55・6・5 判時 966 号 3 頁　　70, 144
大阪地判昭和 55・9・9 判タ 430 号 90 頁　　355
札幌地判昭和 55・10・14 判時 988 号 37 頁　　372
大阪地判昭和 56・3・23 判時 998 号 11 頁　　362
東京地決昭和 56・10・19 判時 1022 号 32 頁　　426
東京地判昭和 56・10・28 行集 32 巻 10 号 1854 頁　　289
大阪地判昭和 57・2・19 行集 33 巻 1 = 2 号 118 頁　　168
東京地判昭和 57・12・22 行集 33 巻 12 号 2560 頁　　209
横浜地判昭和 59・7・25 判時 1132 号 113 頁　　450
大阪地判昭和 59・11・30 判時 1151 号 51 頁　　407
大阪地判昭和 60・1・31 判時 1143 号 46 頁　　190

東京地判昭和 61・3・31 判時 1190 号 15 頁　　407
大阪地堺支判昭和 62・2・25 判時 1239 号 77 頁　　396
福島地郡山支判平成元・6・15 判タ 713 号 116 頁　　135
大阪地判平成元・9・12 行集 40 巻 9 号 1190 頁　　353, 358
浦和地判平成元・12・15 判時 1350 号 57 頁　　290
名古屋地決平成 2・5・10 判時 1374 号 39 頁　　369
富山地決平成 2・6・5 訟月 37 巻 1 号 1 頁　　421
浦和地判平成 4・2・24 判時 1419 号 105 頁　　292
大阪地判平成 4・9・16 判時 1467 号 86 頁　　336
神戸地判平成 5・1・25 判タ 817 号 177 頁　　152
秋田地判平成 5・4・23 判時 1459 号 48 頁　　379
福岡地判平成 5・12・14 判例自治 143 号 72 頁　　426
神戸地伊丹支決平成 6・6・9 判例自治 128 号 68 頁　　418
千葉地判平成 8・10・11 判時 1620 号 58 頁　　336
盛岡地判平成 9・1・24 判時 1638 号 141 頁　　151
札幌地判平成 9・3・27 判時 1598 号 33 頁　　275
神戸地判平成 9・4・28 判時 1613 号 36 頁　　151
東京地判平成 9・9・25 判時 1630 号 44 頁　　454
仙台地判平成 10・1・27 判時 1676 号 43 頁　　336
宮崎地都城支判平成 10・1・28 判時 1661 号 123 頁　　376
福岡地判平成 10・5・26 判時 1678 号 72 頁　　205
東京地判平成 12・3・31 判時 1734 号 28 頁　　376
名古屋地判平成 13・8・29 判タ 1074 号 294 頁

252, 254
東京地判平成 13・10・3 判時 1764 号 3 頁
　278, 295
名古屋地判平成 13・10・29 判タ 1074 号 297 頁
　255
東京地判平成 13・12・17 判時 1776 号 32 頁
　254
大阪地判平成 14・3・22 賃社 1321 号 10 頁
　206
徳島地判平成 14・9・13 判例自治 240 号 64 頁
　153
名古屋地判平成 14・10・30 判時 1812 号 79 頁
　454
東京地判平成 15・9・19 判時 1836 号 46 頁

189, 357
東京地判平成 16・2・13 判時 1895 号 73 頁
　479
横浜地判平成 17・2・23 判例自治 265 号 83 頁
　295
名古屋地判平成 17・5・26 判タ 1275 号 144 頁
　151
福岡地判平成 20・1・29 判時 2003 号 43 頁
　35
東京地判平成 20・2・14 判タ 1301 号 210 頁
　35
那覇地判平成 20・3・11 判時 2056 号 56 頁
　334

大浜啓吉

1946 年生まれ．早稲田大学名誉教授．法学博士
専攻：行政法，土地法
著書・共編著
『行政法学の現状分析』(勁草書房，1991)
『行政法問題集』(成文堂，1993)
『現代日本の法的論点』(勁草書房，1994)
『行政救済法講義』(成文堂，1994)
『都市復興の法と財政』(勁草書房，1997)
『現代日本社会の現状分析——政治学・経済学・法律学の視点から』(敬文堂，1997)
『行政法総論』(岩波書店，1999)
『都市と土地政策』(早稲田大学出版部，2002)
『公共政策と法』(早稲田大学出版部，2005)
『行政法総論 新版』(岩波書店，2006)
『行政裁判法 行政法講義 II』(岩波書店，2011)
『行政法総論 第三版 行政法講義 I』(岩波書店，2012)
『自治体訴訟』(早稲田大学出版部，2013)
『「法の支配」とは何か——行政法入門』(岩波書店，2016)

行政法総論 第四版　行政法講義 I
2019 年 10 月 24 日　第 1 刷発行

著　者　大浜啓吉
　　　　おおはまけいきち

発行者　岡本　厚

発行所　株式会社 岩波書店
　　　　〒101-8002 東京都千代田区一ツ橋 2-5-5
　　　　電話案内 03-5210-4000
　　　　https://www.iwanami.co.jp/

印刷・三陽社　カバー・半七印刷　製本・牧製本

Ⓒ Keikichi Ōhama 2019
ISBN 978-4-00-061370-5　Printed in Japan

行政裁判法 行政法講義Ⅱ	大浜啓吉	A5判 568頁 本体 4800円
「法の支配」とは何か 行政法入門	大浜啓吉	岩波新書 本体 840円
現代行政法	橋本博之	A5判 310頁 本体 2600円
統治構造の憲法論	毛利 透	A5判 404頁 本体 5700円
体系憲法訴訟	高橋和之	A5判 432頁 本体 3800円
憲法 第7版	芦部信喜 高橋和之補訂	A5判 488頁 本体 3200円

———— 岩波書店刊 ————

定価は表示価格に消費税が加算されます
2019年10月現在